KB060926

프랭크 게리

BUILDING ART

프랭크 게리

건축을 넘어서

폴 골드버거 지음 | 강경아 옮김

◈ 을유문화사

현대 예술의 거장

프랭크 게리

건축을 넘어서

발행일 2022년 12월 30일 초판 1쇄

지은이 폴 골드버거
옮긴이 강경아
펴낸이 정무영, 정상준
펴낸곳 (주)을유문화사

창립일 1945년 12월 1일
주소 서울시 마포구 서교동 469-48
전화 02-733-8153
팩스 02-732-9154
홈페이지 www.eulyoo.co.kr

ISBN 978-89-324-3153-6 04610
ISBN 978-89-324-3134-5 (세트)

수전에게

네모난 모자를 쓴 합리주의자들은
생각한다, 네모난 방 안에서
바닥을 내려다보고
천장을 올려다보며.
그들은 직각 삼각형에
자신을 옭아맨다.
그들이 붙든 게 마름모나
원뿔, 곡선, 타원형이었다면
그러니까, 반달 같은 타원형이었다면
합리주의자들은 솜브레로 모자를 썼을 텐데.

월리스 스티븐스WALLACE STEVENS,
「여섯 가지 의미심장한 풍경Six Significant Landscapes」, VI

일러두기

1. 본문 하단에 나오는 각주와 미주는 모두 지은이 주다.
   옮긴이의 주석은 분문 중 소괄호 안에 '옮긴이'로 표시했다.
2. 책, 잡지, 신문은 『 』로, 논문, 기사, 시는 「 」로,
   영화, TV 프로그램, 노래, 안무, 오페라, 뮤지컬, 미술 작품은 〈 〉로,
   전시회는 《 》로 표기했다.
3. 주요 인물, 언론사(신문, 잡지)명은 첫 표기에 한하여 원어를 병기했다.
   이름의 한글 표기는 기본적으로 국립 국어원의 표기 원칙을 따랐으나,
   일부 관례로 굳어진 표기는 예외로 두었다.

차례

서문

1974년 봄, 『뉴욕 타임스*The New York Times*』 소속의 20대 기자였던 나
는 미국건축가협회American Institute of Architects가 개최하는 연례행사
에 참석하기 위해 워싱턴 D.C.로 향했다. 그런 행사에 자주 가는
편은 아니지만, 당시 나는 건축 비평가가 된 지 얼마 지나지 않았
던 터라 전국에서 건축가가 가장 많이 모이는 자리에 함께하면
그럴싸한 이야깃거리를 몇 개 주워듣거나 적어도 건축가들과 안
면을 틀 수는 있겠구나 싶었다. 미국건축가협회는 개관한 지 얼
마 안 된 신설 본사 건물을 한껏 자랑하고 싶어 했다. 그래서 그날
파티는 호텔 대연회장이 아니라 뉴욕 애비뉴에 있는 미국건축가
협회 건물에서 개최되었다. 나는 사람들이 들락거리는 파티장 끄
트머리에 서서 동료인 에이다 루이즈 헉스터블Ada Louise Huxtable과
얘기를 나누고 있었다. 그때, 콧수염이 있고 마흔 살은 되어 보이

는 한 상냥한 남자가 그녀에게 다가와 인사를 건넸다.

그 남자도 나와 마찬가지로 그런 행사에 자주 나타나는 사람은 아닌 듯했다. 잘 차려입은 다른 건축가들과 달리 그는 1970년대 초의 보험 회사 영업 사원이나 대학교수가 입을 법한 다소 가벼운 차림이었다. 그 남자의 태도에는 차분하면서 열정적인 산뜻함이 깃들어 있었다. 그는 에이다 루이즈에게 자신을 로스앤젤레스에서 건축가로 활동하는 프랭크 게리Frank Gehry라고 소개했다. 그의 이름을 듣고도 내게는 떠오르는 게 없었다. 그는 몇 년 전쯤 블루밍데일스Bloomingdale's 백화점에서 판매된 판지 가구 얘기를 들어 본 적이 있을 거라며, 그게 자신이 디자인한 거라고 말했다. 판지 가구에 대해서는 어렴풋이 들어 본 적 있는 것 같았지만, 그의 건축물은 확실히 하나도 아는 게 없었다. 게리는 우리의 기자 업무뿐만 아니라 비평이나 아이디어에 대해서도 궁금해했다. 그는 자기가 동료 건축가들보다 로스앤젤레스의 예술가들과 더 친하다고 말했다. 그는 그 파티에서 아는 사람이 별로 없는 것 같았다. 그가 아웃사이더라는 사실을 알아채는 데는 시간이 그리 오래 걸리지 않았다. 하지만 게리는 전형적인 아웃사이더가 아니었다. 만약 그랬다면 그 파티에 나타나지도 않았을 테니까 말이다. 게리는 무리에 끼고 싶어 하는 아웃사이더였다. 하지만 나는 시간이 지나며 그가 자기만의 방식으로 무리에 들어가고 싶어 한다는 사실을 알게 됐다.

에이다 루이즈는 양해를 구한 뒤 호텔로 돌아갔고, 게리와 나는 계속 얘기를 나눴다. 그날 저녁 그렇게 시작된 우리의 대화는 이후 40년이 넘게 이어졌다. 이 책은 바로 그 대화의 산물이다. 게리는 내게 로스앤젤레스에 오게 되면 얘기를 더 나누자고 했고, 마침 나는 로스앤젤레스에 자주 들르던 참이었다. 나는 많은 뉴욕 사람들과 달리, 로스앤젤레스는 건축과 도시 계획의 실험실로 더 진지하게 평가돼야 한다고 생각하고 있었다. 하지만 그때까지만 해도 로스앤젤레스에서 벌어질 일의 중심에 프랭크 게리가 있으리라고는 상상조차 하지 못했다. 그와 별개로 나는 로스앤젤레스에서 게리의 작품을 구경하는 걸 좋아했다. 1976년, 나는 『뉴욕 타임스 매거진 *The New York Times Magazine*』에 「세심한 휘갈김」이라는 글을 실었다. 화가 론 데이비스Ron Davis를 위해 게리가 말리부에 설계한 주택에 관한 글이자, 게리의 건축물에 관한 글로서는 처음으로 전국구 발행물에 실린 글이었다. 그래서 나는 내 경력의 아주 이른 시점부터 게리의 초기작부터 쭉 그의 작업을 기록해 왔다.

시간이 흘러 내가 게리의 작품을 존경하고 훨씬 더 잘 이해할 수 있게 된 동시에 그의 작품도 훨씬 규모가 커지고 복잡해지자, 나는 기자이자 비평가로서의 본거지라 할 수 있는 『뉴욕 타임스』, 『뉴요커 *The New Yorker*』, 『배니티 페어 *Vanity Fair*』에 게리의 작품에 관한 글을 더 자주 실었다. 게리의 작품을 주제로 한 연구서를 쓰는 것에 관해 게리와 여러 번 얘기를 나누기도 했지만 번번이 허사였다. 그러다 어느 날 앨프리드 A. 크노프Alfred A. Knopf가 내게 게리의 전기를 집필해 보는 건 어떻겠냐고 제안했다. 그즈음 게리는 이미 세계에서 가장 유명한 건축가가 된 터였다. 그렇게 나는 게리에게 연구서 대신 전기를 쓰는 작업을 도와줄 수 있겠냐고 물었다. 만약 함께 작업한다면, 게리가 지닌 기록물을 내게 보여 주고, 개인적으로나 업무적으로 괴롭고 행복했던 순간들에 대해 들려줘야 한다고 말했다. 무엇보다 글을 편집하는 권한은 전적으로 내게 있다는 데 동의해야 한다고 설명했다. 게리는 고맙게도 이 모든 조건을 수락했다. 이 책이 바로 그 결실이다.

1
슈퍼문이 뜨던 밤

2011년 3월 19일, 로어맨해튼의 한 아파트에서 파티가 열렸다. 뉴욕시의 부동산 개발자인 브루스 래트너Bruce Ratner가 아직 완공되지 않은 72층 펜트하우스에서 개최한 파티로, 새 빌딩의 개관을 기념하는 파티치고는 참석자 리스트가 독특했다. 가수이자 인권 운동가인 보노Bono를 시작으로 척 클로스Chuck Close, 클라스 올든버그Claes Oldenburg 등 수많은 예술가가 모습을 드러냈다. 벤 가자라Ben Gazzara, 캔디스 버겐Candice Bergen과 같은 배우들도 자리를 빛냈다. 아트 딜러인 래리 거고지언Larry Gagosian, 브루클린음악아카데미에서 오랫동안 총감독을 지낸 하비 릭턴스타인Harvey Lichtenstein, 호텔리어 이안 슈레거Ian Schrager에 이어 몰리 세이퍼Morley Safer, 톰 브로카우Tom Brokaw, 칼 번스틴Carl Bernstein과 같은 유명 저널리스트들도 참석했다. 그 빌딩은 뉴욕시에서 가장 높은 주거용 건물이 될 거라고 이름이 났던 터라, 사람들 사이에서 건물 내부에 관한 온갖 추측이 무성하던 참이었지만, 파티에 참석한 명사들은 그저 철갑을 두른 새 빌딩을 구경하려고 온 게 아니었다. 참석자 대부분은 브루스 래트너의 지인도 아니었다. 대스타들과 3백여 명의 유명인들은 키가 작고 다부진 체격에 안경을 끼고 머리가 하얗게 센 한 남자의 친구이자 지인이었다. 그는 까만 티셔츠에 정장을 차려입고 파티에 나타나서는, 펜트하우스 북쪽 창가에 서서 맨해튼 스카이라인과 브루클린 브리지Brooklyn Bridge의 탑이 화려하게 펼쳐진 풍경을 하염없이 바라봤다. 그는 그 빌딩을 설계한 사람이자, 두말할 것 없이 세계에서 가장 유명한 건축가였다.

그로부터 대략 2주 전, 프랭크 게리는 82번째 생일을 맞았다. 브루스 래트너는 그의 생일 파티를 개최하는 것이 빌딩 완공을 기념하는 가장 완벽한 방법이라 생각했다. 그렇게 하면 약 21개월 전, 래트너가 이 아파트 타워보다 훨씬 큰 프로젝트에서 갑자기 게리를 해고한 사건도 사람들의 기억 속에서 지워 버릴 수 있을 것 같았다. 그건 애틀랜틱 야드를 위한 마스터플랜과 건축을 구상했던 대규모 부동산 프로젝트였다. 래트너의 회사 포레스트 시티 래트너Forest City Ratner가 다운타운 브루클린의 조차장 위쪽에 건물 17채를 올리는 프로젝트였는데, 곧 뉴저지에서 브루클린으로 연고지를 이전할 네츠Nets 농구단의 새 경기장 건설 계획도 포함되어 있었다. 게리는 경기장 디자인과 몇몇 고층 건물의 설계안은 물론 전반적인 개발 계획을 구상했고, 게리의 참여 덕에 애틀

왼쪽부터 벤 가자라, 브루스 래트너, 보노, 칼 번스틴, 프랭크 게리. 스프루스 스트리트 8번지의
래트너 타워 펜트하우스에 모인 모습이다.

랜틱 야드는 다른 상업 부동산 프로젝트와 달리 진중한 분위기를 풍겼다. 하지만 래트너는 게리의 계획안으로 프로젝트 예비 승인을 받은 뒤 게리 대신 다른 회사와 일을 진행했고, 건물 디자인도 게리의 원래 계획보다 훨씬 단출하고 비용이 적게 드는 쪽으로 방향을 틀었다. 게리는 래트너의 갑작스러운 결정에 매우 충격을 받고 분개했으며, 그 프로젝트를 위해 로스앤젤레스 사무실에서 함께 작업하던 건축가들도 다 해고해야만 했다. 하지만 게리는 로어맨해튼의 고층 아파트 건설 건으로 브루스 래트너와 엮여 있었기에 자신의 불쾌감을 사적으로 표출할 수밖에 없어서 더 부아가 치밀었다. 게리는 일이 틀어질 때면 언제나 그랬듯 속으로 분노를 삭였다. 그는 갈등을 좋아하지 않고, 괴팍한 예술가로서가 아닌, 친절하고 수더분한 한 사람으로 일을 처리해 왔다.

게리의 그런 성격은 래트너에게 딱 맞았다. 래트너는 프랭크 게리를 해고한 개발자가 아니라 뉴욕에서 가장 높은 아파트를 지을 기회를 게리에게 하사한 개발자로 기억되고 싶었다. 애틀랜틱 야드 프로젝트에서 게리를 해고한 뒤, 래트너는 어떻게 해서든 자신의 이름을 게리와 엮기 위해 모든 방법을 동원했다. 그는 로어맨해튼의 새 건물을 '뉴욕 바이 게리New York by Gehry'라고 이름 붙였다. 그렇게 하면 스프루스 스트리트 8번지에 위치한 그 건물이 지닌 모든 장점과 함께 프랭크 게리를 판매하는 거나 다름없다는 마케팅 어드바이저의 생각에 동의했기 때문이었다. 즉, 풍경, 벽장, 멋들어진 주방, 탁 트인 창, 혹은 부동산에서 가장 중요한 요소인 입지와 같이, 게리의 이름 자체가 하나의 셀링 포인트인 것이다. 그전까지만 해도 뉴욕에 프랭크 게리 아파트는 없었다. 사실 프랭크 게리가 지은 고층 건물은 그 어디에도 없었다. 게리는 박물관, 콘서트홀, 주택, 교육 시설, 소규모 상업 건물, 로스앤젤레스에 있는 자기 사무소와 같은 건물로 유명했다. 게리의 생일 파티 즈음 그의 회사 건물은 150여 명의 직원을 수용할 만큼 크기가 컸지만, 수십 채씩 우후죽순으로 들어서 있는 여느 사무실 타워처럼 '키가 큰' 건물은 아니었다. 게리의 회사 건물은 예술가의 거대한 아틀리에 같은 느낌이었다. 말하자면, 1997년에 개장한 빌바오의 구겐하임 미술관Guggenheim Museum과 2003년에 완공한 로스앤젤레스의 월트 디즈니 콘서트홀Walt Disney Concert Hall로 21세기에 지어진 가장 뛰어난 건물 리스트에서 두 자리나 차지한 건축가가 자신의 창의적 상상력을 쏟아 부어 지은 커다란 작업장이었다. 2010년, 『배니티 페어』는 90명의 일류 건축가와 비평가에게 1980년 이후에 세워진 건물 중 가장 중요한 건축물 다섯 개를 꼽아 달라고 주문했는데, 빌바오의 미술관이 다른 어느 건축물보다 세 배나 많은 표를 얻어 압도적 1위를 차지했다. 이에 『배니티 페어』는 다음과 같이 갈무리했다. "여든한 살의 캐나다 태생 프랭크 게리야말로 우리 시대의 가장 중요한 건축가라고 결론짓는 게 합당해 보인다."

게리는 빌바오 구겐하임 미술관을 지을 때 물결치는 곡선 구조에 티타늄을 덮은 매우 독특한 형태를 채택했다. 이 미술관은 건축가 필립 존슨Philip Johnson이 완공을 몇 달 앞둔 미완성물을 보고도 "우리 시대 가장 뛰어난 건축물"로 꼽았을 만큼 영감을 주는 건축물이다. 이처럼 빌바오 미술관은 전에 없던 건축 형태를 구상하는 게리의 탁월한 능력을 증명한다. 게리 작품의 풍부함과 복잡성은 명랑하고, 생동감 넘치고, 세련됐다. 빌바오 미술관은 '모던하다'라는 말로밖에 설명할 수 없지만, 그 옛적의 모더니즘과는 다르다. 모던 건축물 하면 으레 생각나는 휑한 유리 상자 건축물과 게리의 독특한 건축물은 조금도 닮은 구석이 없다.

게리는 종이로 모형을 만드는 걸 즐겼고, 때때로 구겨진 종잇조각에서 영감을 얻었기 때문에 디자인이 너무 건성이거나 임의적이라고 무시당하기도 했다. 하지만 이는 50년 전에 프란츠 클라인Franz Kline이나 잭슨 폴록Jackson Pollock의 작품이 견뎌야 했던 비난과 똑같은 오해다. 게리의 건축물은 드립 기법으로 그린 잭슨의 그림처럼 우연의 결과물이었으며, 두 사람의 작품은 비슷한 종류의 낯섦과 새로움, 강렬함과 활기찬 아름다움을 지녔다.

해럴드 로젠버그Harold Rosenberg가 클라인, 폴록, 빌럼 더코닝Willem de Kooning을 두고 '액션 페인팅 화가'*라고 정의한 것처럼 게리의 건물 또한 '액션 건축물'을 대표한다고 단순하게 생각할 수도 있다. 하지만 로젠버그의 용어 '액션 페인팅'은 캔버스에 대한 화가의 강렬한 개입에 방점을 둔다는 점을 고려한다면, 게리의 완성작이 역동적으로 보일지언정 그 제작 과정은 액션 페인팅과 완전히 다르기에 액션 건축물이라고 할 수 없다. 건축물은 그림

• 로젠버그는 1952년, 「미국의 액션 화가들」이라는 글에서 이 용어를 처음으로 사용하며 이렇게 썼다. "그 자체가 액션인 회화는 예술가의 일대기와 불가분의 관계에 있다."

이 아니다. 건축물은 감정을 자아내야 할 뿐만 아니라 실용적이고 일상적인 기능성도 충족시켜야 한다. 건축물이 만들어지는 과정은 그림과 완전히 다르다. 건축물은 즉흥적 충동의 산물이 아니라 사전에 모든 세부 사항을 확실히 점검한 결과물로, 엔지니어와 협업하여 구조적으로 안전하고 건축 가능한 디자인인지 확인하는 과정이 꼭 필요하다.

실제 건축물이 되려면 상상한 것을 현실에서 실현할 수 있어야 하므로 건축에 있어 창의적 상상력은 필요조건이지 충분조건은 아니다.* 1950년대에 위대한 추상적 표현주의 화가들은 힘차고 심오하게 현대 회화를 재창조하고 있었지만, 대체로 건축가들은 1920년대부터 다루어 오던 주제에 여전히 얽매여 있었다. 철과 유리로만 지어진 1950년대의 주택은 널빤지 지붕을 얹은 케이프코드 코티지에 비하면 훨씬 진보한 것처럼 보일 수 있지만, 더코닝의 작품만큼 급진적인 재창조는 아니었다. 사실 건축적 아이디어는 예술적 아이디어보다 결실을 보기 어렵다는 건축 본연의 한계가 있다. 화가가 캔버스에 붓을 한 번 놀리는 것과 건축가가 거대하게 요동치며 불규칙적이고 기하학적으로 복잡한 공간을 실제로 설계하는 것은 완전히 달랐다. 엔지니어들은 뒤처지지 않기

---

* 실제로 건설할 수 없지만 커다란 영향력을 지닌 건축 디자인의 풍부한 역사를 간과하려는 의도가 아니다. 18세기의 에티엔 루이 불레Étienne-Louis Boullée와 클로드 니콜라 르두Claude Nicolas Ledoux부터 20세기 초의 안토니오 산텔리아Antonio Sant'Elia, 오늘날의 레비우스 우즈 Lebbeus Woods에 이르기까지, 이처럼 중요한 건축적 아이디어들은 시공 작업뿐만 아니라 연구 작업으로도 계속해서 발전하고 전달돼 왔다. 하지만 으레 건축의 역사란 단지 상상에 그치는 것이 아니라 실제로 지어진 것의 역사다.

위해 부단히 노력했지만, 1962년에 에로 사리넨Eero Saarinen이 뉴욕의 존 F. 케네디 국제공항에 지은 TWA 터미널처럼 당대 구조 공학이 구현해 낼 수 있는 최고 수준을 선보이며 감탄을 자아내는 건물마저도 화가들이 지난 10년간 해 온 작업과 나란히 놓고 보자면 지루하기 짝이 없었다. 때로 프레더릭 키슬러Frederick Kiesler 같은 건축가가 과감한 형태를 구상하기도 했지만, 근본적으로 그것은 건설할 수는 없는 형태였다.

예술과 맺은 깊은 관계 속에서 커다란 영향을 받은 게리는 일찍이 건축가가 예술가를 따라잡는 데 디지털 테크놀로지가 하나의 수단이 될 거라고 내다봤다. 그는 컴퓨터 다루기를 좋아하지는 않았지만, 건축에 테크놀로지를 도입해 독특한 형태를 창안해 냈다는 사실을 자랑스러워했다. 또한 디지털 테크놀로지는 당시 건축가 사무실에서 건축 도면을 효율적으로 제작하는 데에만 주로 쓰였는데, 게리는 디지털 테크놀로지가 그보다 더 놀라운 일을 할 수 있다고 믿었다. 즉, 이전까지 건설할 수 없었던 놀랍도록 복잡한 형태를 설계하고 건설하는 데 디지털 테크놀로지를 사용하는 것이다. 그는 인간이 고안할 수 있는 거의 모든 형태를 컴퓨터가 제작할 수 있다는 사실도 깨달았다. 이는 건축적 상상력을 자유롭게 해 줄 도구였다.

게리와 동료들은 항공 산업용으로 개발된 선진 디지털 소프트웨어를 건축용으로 사용하기 시작했다. 이 소프트웨어는 빌바오의 구겐하임 미술관과 같은 여러 프로젝트를 수행하는 데 빼놓을 수 없는 요소가 되었고, 게리의 상상력과 실제 건축물 사이의 간극을 메워 주는 연결 고리가 되었다. 빌바오는 디지털 혁명으로 지어진 첫 번째 건물은 아니었다. 하지만 대중을 열광케 한 첫 번째 건물이었고, 수십 년 전에 사리넨이 가장 원초적인 도구만으로 구현하려 애썼던 새로운 종류의 건물을 컴퓨터가 만들어 낼 수 있으며, 컴퓨터가 건축을 혁명할 수 있음을 명백히 보여 준 첫 사례였다.

빌바오 구겐하임 미술관은 오랫동안 대중문화에 영향을 미쳤다는 점에서 근본적으로 새로운 첫 번째 건물이다. 게리 건축물의 강렬한 형태는 건축계뿐만 아니라 모든 이의 상상력을 사로잡았다. 빌바오 미술관은 중요하고도 새로운 작품이라고 칭송받으며 건축 비평가와 건축사학자의 사랑을 한 몸에 받은 동시에, 대개는 전위적인 작품을 거부하며 전형적인 코트 하우스나 붉은 벽돌의 조지언 하우스 정도를 선호하는 대중의 입맛마저도 사로잡은 몇 안 되는 현대 건축물이다. 빌바오 미술관이 누린 이례적인 인기는 어느 분야에서도 찾아보기 힘들었다. 이는 마치 데이비드 포스터 월리스David Foster Wallace의 소설이 존 그리샴John Grisham의 소설보다 더 잘 팔리고, 음원 차트에서 필립 글래스Philip Glass가 레이디 가가Lady Gaga보다 더 높은 순위를 기록하는 것과 같은 이변이었다. 이런 이변이 빌바오 구겐하임 미술관에 벌어진 것이다. 현대 건축에 관심이 없던 많은 이들이 빌바오를 방문했고 좋아했다. 1959년, 프랭크 로이드 라이트Frank Lloyd Wright가 뉴욕 5번가에 지은 나선형의 구겐하임 미술관 이후로 전위적 작품성을 갖춘 동시에 대중을 매료하고 열광케 한 건물은 아마 빌바오 미술관이 처음이었을 것이다.

물론 뉴욕은 프랭크 로이드 라이트의 구겐하임 미술관 덕에 유명해진 건 아니다. 하지만 스페인 북쪽 바스크 지방에 있는 쇠퇴한 산업 도시인 빌바오는 달랐다. 사람을 불러 모으는 자석 같은 매력을 지닌 게리의 구겐하임 미술관은 빌바오의 존재를 세계에 알렸고, 빌바오는 전 세계인이 찾는 관광지로 발돋움했다. 빌바오 미술관은 대수롭지 않게 먼 나라의 미술관까지 순례를 다니는 예술 전문가나 건축 전문가뿐만 아니라 그보다 훨씬 넓은 범주의 대중까지 매료시켰다. 몰려드는 관광객으로 도시가 활기를 되찾자, 하나의 건축물이 한 장소를 완전히 뒤바꿀 만한 영향력을 지닌다는 의미로 '빌바오 효과'라는 용어도 탄생했다.

게리는 건축계에서 익히 알려져 있었지만, 1997년에 빌바오 구겐하임 미술관이 개관하자 유명 인사로 급부상했으며 프랭크 로이드 라이트 이후 가장 유명한 미국 건축가가 되었다. 게리와 라이트의 미술관 사이에는 40년이라는 시간적 간극이 존재하지만, 두 미술관 모두 선구적이면서도 대중적인 디자인을 갖춘 데다 같은 재단이 건설을 맡았다는 점에서 두 '프랭크'의 공통점을 놓치기란 쉽지 않다. 하지만 현실에서 라이트와 게리는 이름만 같을 뿐, 건축에 대한 열정적 헌신, 이전과 완전히 다른 디자인을 고안하는 기발한 재능, 개인적 성향은 그들이 디자인한 건물만큼이나 모든 면에서 달랐다. 라이트는 독재자 기질과 보수적 정치 성향을 지녔고 자아도취적이었다. 그는 잘못을 인정할 줄 몰랐고, 건축계의 핵심 인사가 되어 광적인 추종자를 거느리는 것을 좋아했다. 라이트는 누군가가 자신의 건축물을 좋아하지 않는다면, 그건 그 사람이 자기 건축물의 위대함을 알아볼 능력이 없는 탓이라고 여겼다.

반면 게리는 스스로 의심하는 쪽에 가까웠다. 그는 애정과 인정을 갈구했고, 자신의 건축물이 사람들을 기쁘게 만들기를 바랐으며, 때로는 작품이 인정받는 것이 곧 게리라는 한 인간이 인정받는 것과 같다고 여겼다. "게리는 건축물이 인정받으면 자신도 사랑받고 있다고 느꼈죠. 그에겐 그 느낌이 중요해요." 그의 오랜 친구 뱁스 톰프슨Babs Thompson이 말했다. 만약 누군가가 그의 작품을 높이 평가하지 않는다면, "그건 그를 인정하지 않는 게 아니라, 그를 이해하지 않는 거예요"라고 그녀가 덧붙였다.

게리는 일생을 불안에 시달렸지만, 겉으로 드러나는 그의 태도는 편안하고, 겸허하며, 다정다감해 보였다. 또한 누구라도 알아볼 수 있는 라이트의 자기 확신과는 달리, 게리의 굳건한 심지는 그의 유순한 겉모습에 가려져 있었다. 그의 친구이자 예술가인 피터 알렉산더Peter Alexander는 어딘가 수줍은 듯한 게리의 태도를 두고 "온화하고 겸손하다"라고 표현했다. 라이트와 달리 게리는 종종 내향적이라는 오해를 사기도 했다.

게리와 라이트가 자라 온 배경을 비교해 보면 두 사람의 감수성이 다른 이유를 쉽게 이해할 수 있다. 프랭크 오언 골드버그Frank Owen Goldberg라는 이름으로 태어난 게리는 유대인이고, 라이트는 순수 웨일스 혈통이다. 게리는 토론토와 온타리오의 티민스 같은 조그만 광산촌에서 자랐으며, 어릴 적부터 반유대주의 분위기를 감지하고 있었다. 그는 스스로 아웃사이더라 여겼고 재정적으로도 궁핍했다. 반면 라이트는 19세기 후반에 위스콘신의 메디슨과 시골 지역인 스프링 그린에서 유년 시절을 보냈는데, 라이트의 어머니네 가족이 오랜 시간 그곳에서 살았다. 라이트는 부유한 가정에서 태어나지는 않았지만, 일종의 특권 의식을 지니고 있었고 평생 이를 놓지 않았다. 라이트는 "세계에 맞서는 진실"이라는 좌우명으로 똘똘 뭉친 커다란 집단에 속했었는데, 게리라면 그 좌우명이 허세에 가득 차서 아이러니라고는 찾아볼 수 없다고 생각했을 것이다. 라이트는 자신이 자란 땅을 믿었고, 그 땅이 상징하는 모든 가치를 믿었다. 그는 스프링 그린에 있는 가족 소유지에 탈리에신Taliesin이라는 유명한 집을 짓기도 했다. 한편 게리는 아담한 아파트와 도시 주택에서 유년기를 보냈다. 이후 게리는 라이트처럼 직접 지은 자택 덕분에 건축가로서 명성이 공고해졌지만, 그건 라이트와 달리 그저 일반 가정집을 개조한 형태였으며, 조상의 땅에서 멀리 떨어진 캘리포니아 샌타모니카 교외의 한 부지에 지은 것이었다.

하지만 게리와 라이트에게는 닮은 구석도 있다. 둘 다 무능한 아버지를 둔 탓에 경제적 지원을 받지 못했으며, 아버지와 정서적 교감도 없었다. 대신 강인한 어머니가 아버지의 빈자리를 메웠고, 이들에게 예술, 음악, 문학을 알려 줬다. 라이트가 열여덟 살 때 부모님이 이혼한 뒤로 아버지 윌리엄 라이트의 소식은 끊겼다. 반면 게리의 아버지는 1962년, 예순한 살에 눈을 감을 때까지 게리와 연락하며 지냈다. 게리에게 아버지인 어빙 골드버그Irving Goldberg는 슬픔과 분노의 근원이었다. 대부분 허사였지만, 게리는 아버지를 자랑스러워하고 존경할 이유를 애써 찾아 헤맸다. 어빙의 디자인 기술은 썩 나쁘지 않았다. 그는 나무를 깎아 작은 오브제를 만드는 걸 좋아했고, 진열창 디자인으로 상을 받은 적도 있었다. 하지만 그는 여럿 벌인 사업에 대부분 실패했고, 건강이 나빠져 죽기 전 10년은 폐인으로 지냈다. 이 시기에 어빙은 자신의 삶이 놓친 기회들로 점철되었다는 생각에 분노로 들끓었다. 그는 까다롭고 괴팍했으며, 아들과의 관계는 비참했다. 어빙은 자신의 고통을 측근에게 쏟아 내는 사람이었다. 하지만 그는 상황이 아무리 어려워져도 진보적인 정치 신념만은 굳건히 지켰다. 어빙은 언제나 자신보다 처지가 나쁜 사람들이 존재하며, 그들은 도움받을 자격이 있다는 생각을 버리지 않았다. 결국 그가 게리에게 남긴 유산이란 디자인 재능이 아니라, 포용력이나 사회적 정의에 대한 믿음 혹은 약자에 공감하는 태도였다.

아버지의 건강 악화는 게리에게 뜻밖의 선물을 안겨 줬다. 1947년, 심장 마비가 온 어빙은 그해 토론토의 겨울을 넘기지 못할 거라는 진단을 받고 추운 기후를 피해 가족과 함께 로스앤젤레스로 거처를 옮겼다. 당시 열여덟 살이었던 게리는 이후 평생을 보낼 도시, 크리스토퍼 렌Christopher Wren의 이름이 런던을 떠올리고 스탠퍼드 화이트Stanford White의 이름이 뉴욕을 떠올리듯 건축가 게리와 영원히 동일시될 도시, 그의 세계관 형성에 가장 커다란 영향력을 미친 도시에 그렇게 첫발을 내딛었다. 게리는 타고나기를 건축가라기보다 예술가에 가까웠고, 젊은 시절 건축가 동료들보다 로스앤젤레스의 예술가와 더 편하게 어울렸다. 당시 재능 있지만, 예술의 중심지인 뉴욕의 바깥에서 활동하던 예술가들은 로스앤젤레스에 공동체를 꾸리고 있었다. 이들의 태도는 게리의 아웃사이더 기질에 딱 들어맞았다. 뉴욕 바깥의 예술가들과 어울리던 게리는 사실 예술가도 아니었다는 점에서 이중의 외부자였다.

게리는 한 인터뷰에서 "화장실이 딸린 건물에다 '예술'이라는 단어를 붙이면 기분 나빠할 예술가들이 있다"며 자신을 예술가나 조각가로 부르고 싶지 않다고 밝혔다. 게리는 커리어 초기에 스스로 예술가라고 생각하느냐는 질문을 받자 "아니요, 저는 건축가입니다"라고 단호하게 답했고, 이는 이후 그의 입버릇이 되었다. 하지만 게리가 다른 건축가들보다 표현력이 돋보이는 건물을 짓는 데 지대한 관심이 있었다는 점은 부인할 수 없으며, 빌바오 미술관이 개관한 이후에는 그의 이름이 표현적 건축이라는 개념과 거의 동의어로 쓰이기까지 했다. 이런 꼬리표에도 불구하고 그의 가장 오랜 친구이자 예술가인 토니 벌랜트Tony Berlant는 "게리는 로스앤젤레스가 낳은 가장 영향력 있는 예술가입니다. 난 그렇게 생각해요"라고 말했다. 또 다른 로스앤젤레스 예술가인 빌리 알 벵스턴Billy Al Bengston은 한발 더 나아갔다. "내 생각에 게리는 현대 세계에서 가장 선구적인 예술가입니다."

빌바오 구겐하임 미술관이 대중적으로 성공한 데에 따른 일종의 곤란함은 게리가 그저 '브랜드'로 소비되고 마는 것이었다. 게리는 분명 '브랜드'였지만, 건축가로서 작업을 이어 가길 원했다. 그에게 건축가로서 일한다는 건 단순히 건물 설계를 계속해 나간다는 뜻이 아니라 이전처럼 창의적 작업을 계속한다는 의미고, 자신의 유명 빌딩을 공식처럼 활용해 여기저기 복사하려는 수많은 유혹에 저항한다는 뜻이었다. 게리는 진심을 담아 이렇게 말했다. "실패보다 성공에 대처하기가 훨씬 더 어렵습니다." 그는 이전 작품을 반복하기를 원치 않았다. 그래서 빌바오 이후에 금속, 유리, 석재로 격정적인 곡선 형태를 구현한 놀라운 작품들마저도 사람들이 이전 작품의 복사본 정도로 여길 때면 매우 괴로워했다. 그가 보기에는 절대 같은 작품이 아니었다. 빌바오 미술관 이후의 작품은 그 연장선에 있을 뿐이라고 여기는 사람들은 게리가 완전히 새로운 건축 언어를 창안해 냈고, 그의 새 건물들은 새로운 언어를 이용해 약간 다른 방식으로 메시지를 전달하고 있음을 이해하지 못한 이들이었다.

건축가와 비평가는 그의 심정을 이해했고, 덕분에 게리는 같은 세대의 건축가들보다 전반적으로 좋은 평가를 받고 있었다. 하지만 유명세는 독이 되기도 한다. 게리의 이름 옆에는 썩 유쾌하지도 않으며 비꼬는 듯한 '스타키텍트starchitect'라는 용어가 자주 붙어 다녔다. 유명인의 후광과 진지한 건축가의 태도를 교묘하게 합친 단어로, 이를 게리가 싫어했다는 사실은 그리 놀랍지 않다. 게리는 대중의 가슴속에 진정한 스타키텍트로 남아 있을지 몰라도, 그는 그 단어가 자신의 모든 작품을 화려한 눈요깃거리 정도로 왜곡하는 것만 같아 달갑지 않았다. 그는 이 꼬리표에 대한 불편한 감정을 숨기지 않았지만, 명성 자체는 싫어하지 않았다. 심지어 유명세를 즐기듯 행동하기도 했다. 그는 TV 애니매이션 〈심슨 가족The Simpsons〉에 우스꽝스러운 게리 캐릭터가 등장하는 것을 허락했으며, 주얼리와 소품을 디자인해 달라는 티파니앤코Tiffany & Co.의 요청도 받아들였다. 그는 보드카 병이나 시계도 디자인했고, 가장 좋아하는 스포츠이자 열일곱 살까지 캐나다에 살며 즐겨 했던 아이스하키에서 영감을 얻어 가구를 디자인하기도 했다. 또 그는 60년간 로스앤젤레스에서 살아온 덕에 연예계 인맥이 꽤 생겼는데, 영화감독 시드니 폴락Sydney Pollack도 그중 한 명이었다. 게리는 폴락이 〈프랭크 게리의 스케치Sketches of Frank Gehry〉라는 헌정 다큐멘터리를 제작하려고 카메라맨과 함께 자신을 몇 달간 따라다니는 것도 마다하지 않았다.

게리는 전형적인 스타키텍트지만 스타처럼 행동하지 않았다. 2014년, 게리의 첫 런던 프로젝트인 배터시 발전소Battersea Power Station의 주상복합단지가 공개될 즈음, 영국의 건축지 『아키텍츠 저널The Architects' Journal』이 게리와 영상 인터뷰를 진행한 적이 있다. 인터뷰 진행자는 게리에게 왜 이전까지 런던에서 작업하지 않았냐고 물었다. 게리는 평소처럼 차분하고 겸손하게 "의뢰가 없었다"라고 답했다. 런던에서 대형 건축물 건설 허가를 받는 절차가 너무 까다로워서 게리가 건축가로서 체면을 구겼다고 불평하기를 바랐던 진행자는 그의 간결한 대답에 실망한 눈치였다. 오히려 게리의 대답은 작은 프로젝트라도 기꺼이 임할 마음이 있으며, 의뢰 전화가 들어오기만을 기다렸다는 뜻에 가까웠기 때문이다. 그는 자신을 시장에 홍보할 마케팅 부서를 따로 두지 않았다고 말했다. 이 인터뷰 영상에서 게리는 세계에서 제일가는 회사의 야심 넘치는 유명 건축가라기보다 작은 스튜디오를 이끄느라 애쓰는 옆집 아저씨처럼 친근한 분위기를 풍겼다.

그 인터뷰는 반反스타로서의 건축가, 프랭크 로이드 라이트와 우디 앨런Woody Allen을 반반 섞은 듯한 게리의 인격이 드러나는 최고의 퍼포먼스였다. 사실 게리는 일감이 많지 않다고 불평하곤 했지만, 인터뷰 당시에는 크고 작은 프로젝트를 여럿 맡고 있었다. 또한 구미가 당기지 않는 프로젝트나 클라이언트가 투자에 적극적이지 않은 의뢰는 종종 거절하기도 했다. 게리는 스스로 융통성 있는 사람이라는 점을 자랑스레 여겼지만, 자신의 작품을 좋아하고 다른 누구도 아닌 프랭크 게리의 작품을 원하는 이들에게만 기꺼이 그 융통성을 발휘했다. 리처드 마이어Richard Meier 풍의 매끈하고 새하얀 건물이나 노먼 포스터Norman Foster 풍의 유리 탑, 혹은 로버트 A. M. 스턴Robert A. M. Stern의 작품처럼 전통적인 형태의 빌딩을 원한다면 게리를 찾아올 이유가 없었다. 그는 클라이언트가 스스로 결정을 내린 뒤 자신을 찾아오기를 바랐지만, 매번 확신할 수 없었다. 게리는 자신을 편하게 대하며 모험할 수 있도록 해 주는 이들과 일할 때 마음이 편했다.

커리어 초기에 만난 클라이언트들은 게리만큼이나 독특했다. 주로 로스앤젤레스나 뉴욕의 예술계에서 의뢰가 많았고, 이들은 건축적 가능성을 극한으로 밀어붙이고 싶어 했다. 또 게리의 초기 건물들은 거의 예외 없이 예산이 빠듯했다. 게리는 가공이나 염색을 하지 않은 합판, 체인 링크 울타리, 알루미늄 골강판처럼 값싸고 일상적인 재료를 주로 사용하는 것으로 유명했다. 이러한 자재들은 이후 커리어 형성기에 이르러 그의 트레이드 마크가 되었다. 게리는 초반에 꽤 많은 클라이언트를 보유하고 있었지만 대부분 영세한 고객들이었고, 쇼핑몰 개발사인 라우즈 컴퍼니Rouse Company만 예외였다. 게리는 라우즈 컴퍼니의 본사와 게리가 설계했던 유일한 쇼핑몰인 샌타모니카 플레이스Santa Monica Place를 포함한 여러 건물을 설계했다. 하지만 1980년 즈음, 게리와 라우즈는 원만하게 갈라섰다. 라우즈가 관습적인 디자인을 요구해서가 아니라, 게리가 갈 길이 다른 곳에 있다는 사실을 서로 너무나도 잘 알기 때문이었다. "게리, 당신 인생의 사명은 따로 있는데 왜 상업 부동산 개발사에 시간과 에너지를 낭비하나요?" 라우즈의 최고 경영자 맷 드비토Matt DeVito가 샌타모니카에 막 완성된 게리의 자택을 방문한 직후 한 말이다. "당신이 잘하는 일을 하지 그래요?"

그래서 게리는 그렇게 했다. 그는 사유를 자극하고 기쁨을 선물하는 건축물, 누군가는 미술품이라고 착각하고 누군가는 그저 기괴하다고 느낄 특이한 건축물 설계를 "잘했다." 샌타모니카의 게리 자택은 네덜란드 식민지풍의 건물을 중심에 둔 채, 게리가 직접 합판과 금속 골강판으로 제작한 사다리꼴 증축물이 둘러싼 형태다. 일부 이웃은 게리의 집이 교외의 평온한 경관을 망친다고 철거를 바라기도 했다. 이후 그는 점점 유명해졌고 미술관, 콘서트홀, 도서관, 교육 시설 등의 설계를 의뢰받았다. 피터 루이스 Peter Lewis처럼 부유하면서도 모험도 서슴지 않는 소수의 클라이언트가 개인 주택 건설을 의뢰하기도 했다. 보험 사업으로 수십 억 달러를 벌어들인 루이스는 게리에게 6년간 6백만 달러 이상을 지급하며 8천2백만 달러 상당의 주택 디자인을 여러 버전으로 요청했지만, 끝끝내 짓지 않기로 했다:

게리가 성공한 이후에는 건축 예산의 규모도 커졌지만, 그만큼 사치스러운 재료에 대한 기대도 함께 커졌다. 합판은 티타늄류에 밀려났다. 하지만 게리의 감수성은 변하지 않았고, 적어도 스스로 변하기를 원치 않았다. 그래서 대규모 프로젝트는 그에게 자부심과 불편함을 동시에 안겨 줬다. 그는 합판과 체인 링크 울타리를 진지한 건축물 재료의 반열에 올려놓아 명성을 얻었던 그 시절로부터 얼마나 멀어졌는지 곱씹어 보느라 성공에 대한 불편을 말끔히 떨친 적이 없었다. 1980년대 중반에 게리는 그저 부유한 클라이언트가 원하는 값비싼 맞춤형 빌딩을 찍어 내고 있을 뿐이었다. "저는 뼛속까지 진보주의적인 사회 개혁가라 부자의 집을 지어 주면서 어떤 사회적 문제를 해결하고 있다고 생각하기는 어렵습니다." 게리가 1995년 『뉴욕 타임스』에서 한 말이다.

게리는 빌바오 구겐하임 미술관, 월트 디즈니 콘서트홀 같은 건축물이 자신의 최고 성취로 여겨지리라는 것을 잘 알고 있었지만, 이처럼 고도로 표현적인 건축물로만 기억되고 싶지는 않았다. 누군가 그에게 왜 실속 있는 건물은 짓지 않냐고 불평하면 게리는 발끈했다. 왜냐하면 그는 더 나은 사회를 만드는 데 건축물이 이바지할 수 있다는 젊은 시절의 신념을 버린 적이 없었기 때문이다. 하지만 그 어떤 건축가도, 프랭크 게리마저도 클라이언트의 요청 없이는 무엇도 만들 수 없기에 대신 그는 소규모 프로젝트에 재능을 기부하는 방식으로 그가 '사회 개혁'이라고 말하는 바를 수행했다. 게리는 오랜 친구 매기 케직Maggie Keswick을 기리기 위해 스코틀랜드 던디와 홍콩에 암 센터를 설계하거나, 친구 다니엘 바렌보임Daniel Barenboim이 마치 50층짜리 건물을 선물받은 양 호들갑을 떨었던 베를린의 조그만 콘서트홀을 설계하기도 했다. 또 게리는 캘리포니아 공립학교 학생들을 대상으로 예술 교육을 지원하는 단체를 설립하고 그 책임자의 월급도 직접 지급했다. 게다가 과학 연구 지원에도 깊이 관여했다. 친구이자 정신과 의사인 밀턴 웩슬러Milton Wexler는 헌팅턴병을 앓던 가족이 있어 유전병 연구를 지원하는 재단을 설립했는데, 이를 자기 일처럼 여긴 게리와 아내 베르타Berta는 웩슬러를 통해 처음으로 과학 연구 지원을 시작했다. 첫째 딸 레슬리Leslie가 2008년에 자궁암으로 세상을 떠난 뒤, 의학 연구 분야에 관한 게리의 열정은 더 커졌다.

이처럼 게리는 진심을 다해 자선 행위에 임했지만, 어쨌든 그건 건축물은 아니었다. 그는 내심 커리어 초기에 맡았던 세련되지 않고 예산도 적은 프로젝트가 그리웠다. 그래서 게리는 형편이 넉넉지 않은 사람이나 기관에서도 접근할 수 있게 자신이 좋아하는 표현적 건물들을 더 저렴하게 만들 방법을 연구했다. 그는 디지털 테크놀로지가 해답이 되어 주길 바랐다. 그는 이미 테크놀로지로 빌바오 구겐하임이나 디즈니 콘서트홀처럼 독특하고 전례 없는 형태의 건물을 창조한 경험이 있었다. 게리는 테크놀로지가 관습적 건물을 더욱더 매력적으로 만들어 주리라 직감했다. 사람이 아니라 테크놀로지로 색다른 형태들을 제작할 수 있다면 상업적 부동산 개발업자의 관심 밖인 독특한 맞춤형 건물을 알뜰한 비용으로 지을 수 있을 터였다. 게리는 컴퓨터로 재빨리, 그리고 값싸게 무언가를 복제할 수도, 특이한 디자인을 만들 수도 있다는 사실을 증명해 보이고 싶어 했다. 그리 많지 않은 예산으로 특별한 건축물을 가능케 한 것이 이전에는 합판과 체인 링크 울타리였다면, 이제는 소프트웨어가 그 역할을 할 터였다.

그래서 게리는 연예계와 인터넷업계의 거물 배리 딜러Barry Diller와 같은 클라이언트와 일을 시작했다. 딜러는 부동산 개발자 마샬 로즈Marshall Rose, 애덤 플라토Adam Flatto와 함께 맨해튼 첼시 지구에 자기 회사인 IAC의 본사를 건설할 계획이었다. 초반에 딜러는 게리가 제멋대로 굴고 비용을 많이 요구할까 봐, 게리의 디자인 본능과 예산을 통제하기 어려울까 봐 마뜩잖아 했다. 게리는 자신이 합리적인 사람이며, 건물도 합리적 가격으로 지을 수 있다고 딜러를 설득한 끝에 기회를 잡았다. 뉴욕에서 건물 짓기는 사악할 정도로 까다롭고 비용이 많이 들어서 쉬운 프로젝트는 아니었다. 그러니 뉴욕은 빠듯한 예산을 초과하지 않을 수 있음을 증명해 보이려는 건축가에게는 맞지 않는 도시였다. 특히 '싸구려 건축'으로 유명세를 쌓은 로스앤젤레스 출신 건축가에겐 더 그랬다. 하지만 게리는 결국 2007년, 10층짜리 건물을 완성했다. 스쿠너선의 돛처럼 부풀어 올라 비틀린 형태의 독특한 우윳빛 유리 건물이었고, 일반적인 건물을 짓는 예산과 비슷한 비용이 들었다. 이 작업은 게리에게 커다란 위안과 같았다. 지난 수년간 뉴욕에서 건축 작업을 하기 위해 노력했으나 모두 허사였기 때문이다. 빌바오 구겐하임 미술관을 세운 관장 토머스 크렌스Thomas Krens가 게리와 함께 로어맨해튼의 부둣가에 새로운 미술관을 개관하려 한 프로젝트도 물거품이 된 작업 중 하나였다. 이 작업은 2001년 9·11 테러 사태로 모금하지 못했고 건설 허가도 받지 못했다.

게리가 브루스 래트너를 만난 건 배리 딜러 프로젝트를 시작하기 전이다. 이들이 처음 만난 건 2000년, 이 또한 수포가 되었던 뉴욕 타임스 본사 건물 디자인 선발전에서였다. 래트너의 개발사는 타임스의 파트너였고 게리는 디자인 제출을 제안받은 상태였는데, 아마 채택됐다면 게리의 첫 번째 고층 건물이 되었을 것이다. 브루스 래트너는 게리를 확실히 점찍어 두었다. 래트너는 게리가 타임스 빌딩 디자인 선정 위원회를 대하는 태도가 마음에 들었다. "게리는 와서 이렇게 말했어요. '나는 프랭크 게리고, 건축을 좋아합니다. 고층 건물을 지어 본 적은 없지만 할 수 있을 것 같아요.'" 래트너는 그때 기억을 다시 더듬어 봤다. "게리는 무척 소탈했습니다. 옷을 특별히 잘 빼입고 온 것도 아니었어요. 건축 모형도 없었죠. 그는 그냥 와서 '저는 건축가고, 이것저것 많이 합니다'라고 말했을 뿐이에요."

게리는 고층 건물을 작업해 본 전력이 없다는 위원회의 우려를 잠재우기 위해 대형 건축사인 스키드모어, 오윙스 앤드 메릴Skidmore, Owings & Merrill의 파트너이자 오랜 친구인 데이비드 차일즈David Childs와 손잡았다. 하지만 위원회가 건축가를 선정하기도 전에 프로젝트에 대한 불편함을 떨쳐 버리지 못한 게리가 스스로 디자인을 철회했다. 이 프로젝트는 떼어 놓은 당상이나 다름없었지만, 상업적 건축의 요구 사항이 껄끄러웠던 게리는 경쟁자였던 이탈리아 출신 건축가 렌초 피아노Renzo Piano에게 자리를 넘겨줬다. 스스로 즐기지 못할 것 같아 짭짤한 수익을 뒤로했던 의뢰가 이번이 처음은 아니었다. 사실 게리의 커리어 내내 반복된 일이다. 게리는 젊은 시절, 파리의 한 사무소 지사를 맡아 달라는 멘토의 부탁에 퇴짜를 놓기도 했다. 이후에는 디자인을 시장에 내다 팔 수 있게 모든 상이 차려져 있고, 숟가락만 얹으면 가구 디자이너로 이름을 떨치고 부를 쌓을 수 있었던 가구 회사를 박차고 나오기도 했다.

브루스 래트너는 어떤 건축가에게도 거절당한 적이 없었기에 적잖이 놀랐다. 원래 그 반대의 경우가 더 일반적이다. 하지만 클리블랜드에서 꽤 규모가 큰 유대인 부동산 중개업자 집안 출신인 래트너는 게리를 보자마자 호감이 갔다. 래트너는 수더분하고 너그러운 성격 뒷면에 굳은 야심을 숨겨 둔 게리의 모습이 어딘가 자신과 닮아 좋았다. 두 사람은 가벼운 농담도 주고받는 격의 없는 사이로 발전했다. 래트너는 게리의 거절에 분노하기보다는 실망했다. 그럼에도 그는 게리와 인연의 끈을 놓지 않았으며, 훗날 그와 함께 일하겠노라 벼르고 있었다. 머지않아 래트너는 게리에게 '애틀랜틱 야드 프로젝트'라 불리는 롱아일랜드 개발 프로젝트와 로어맨해튼의 아파트 타워 설계를 제안했다. 애틀랜틱 야드는 결말이 좋지 못한 이야기가 되었지만,* 아파트 타워는 달랐다. 처음에는 그저 여타 대형 건물과 별반 다를 바 없이 지을 예정이었고, 뉴욕에서 가장 높은 아파트 타워를 세우겠다는 생각 같은 건 없었다. 그런 야망은 여러 해에 걸쳐 서서히 자라났는데, 낮게 웅크린 모양의 건물은 그다지 매력적이지 않을 거라는 게리의 직감도 그러한 결정에 한몫했다.

아파트 타워를 지을 때 게리는 IAC 본사 건물을 지을 때와 마찬가지로 클라이언트가 감당할 수 있을 정도로 비용이 경제적이면서도 자신의 이름을 걸어 보일 만큼 시각적으로도 강렬한 작품을 만들고 싶었다. 프랭크 게리의 건축물로 보이면서도 짓기 쉽게 직관적이어야 했고, 유명 건축물에 관심 없는 일반 입주자가 보기에도 흡족해야 했다. 프랭크 게리다워야 했지만 과하게 게리다워서는 안 됐다.

게리는 1만 5백 개의 스테인리스 스틸 판으로 감싼 호리호리한 타워를 설계했고, IAC 빌딩에 사용했던 유리판처럼 거의 모든 판이 각기 다른 모양으로 제작됐다. 건물의 북쪽, 동쪽, 서쪽 면은 수백 미터 길이의 직물에 주름이 진 것처럼 구불구불 굽이치는 모양이었다. 다양한 형태의 스틸 판을 일반 스테인리스 파사드

• 애틀랜틱 야드에 관한 자세한 이야기는 16장에서 펼쳐질 것이다.

와 비슷한 가격으로 제작할 수 있었던 건 역시나 컴퓨터 프로그램 덕분이었다. 건물 외관에는 커다란 주름 패턴이 여러 층에 걸쳐 나타나지만, 건설을 단순화하고 객실 모양이 찌그러지지 않도록 건물 내부는 지극히 평범하게 설계했다. 타워에는 꼭대기 층의 펜트하우스 세 채를 포함해 900채의 임대 공간이 들어 있다.

브루스 래트너가 이 아파트 타워를 처음 선보이는 개관식에 게리의 생일 파티도 함께 열기로 마음을 먹었을 때, 펜트하우스는 미완성 상태였다. 한편으로 그래서 파티를 개최하기 더 수월했다. 꼭대기 층은 드넓고 탁 트인 로프트로, 당시 제품 런칭쇼나 패션쇼 같은 행사가 많이 개최되며 인기를 끌던 로어맨해튼의 산업 부지와 별반 다를 바 없는 느낌이었다. 하지만 래트너는 게리의 생일 파티가 다른 비즈니스 행사처럼 사람들이 그저 잠깐 얼굴을 비추고 떠나 버리는 자리로 전락하지 않기를 바랐다. 래트너는 미완성의 펜트하우스에 흥미 요소를 더하기 위해 모던 가구를 대여했다. 게리가 디자인한 가구도 있었고, 르코르뷔지에Le Corbusier나 미스 반데어로에Mies van der Rohe의 작품과 같이 클래식한 가구도 있었다. 925제곱미터에 달하는 공간에 가구를 죽 늘어놓자, 미스 반데어로에의 고급스러운 가죽 바르셀로나 의자가 마감이 덜 된 벽과 함께 놓이는 부조화한 장면이 연출되기도 했다. 케이터링 디렉터 피터 캘러핸Peter Callahan은 바와 칵테일 테이블을 설치하고 꽃으로 공간을 채웠다. 피아노도 들렸는데, 결과적으로 가장 쓸모없는 구색 맞추기용이 되어 버렸다. 사람들이 금방 공간을 가득 채운 바람에 피아니스트의 연주가 거의 들리지 않았기

게리가 82번째 생일 파티의 게리 스타일 케이크 앞에서 참석자들에게 감사 인사를 전하며 아버지를 회고하고 있다. 그의 오른쪽에 건축가 로버트 A. M. 스턴이 있다.

때문이다.

펜트하우스는 층고가 매우 높아 유리창도 거대했다. 유리창 너머의 화려한 전망은 귀빈들만큼이나 참석자들의 눈길을 사로잡았다. 특히 2011년 3월 19일은 10년 만에 가장 커다란 보름달이 뜨는, 매우 희귀한 천문 현상이 발생하는 날이었다. 타원형 궤도를 도는 달이 지구와 가장 가까울 때 보름달 시기와 겹치게 되면 천문학자들은 '지구-달-태양계의 근지점 삭망'이라고 부르고, 일반인들은 '슈퍼문'이라고 부르는 현상이 발생한다. 일반 보름달보다 대략 14퍼센트 더 크고 30퍼센트 더 밝은 달이 그날 저녁 떠오른 것이다. 1993년 이래로 관측된 첫 슈퍼문이었고, 앞으로 몇 년간 또 뜨지 않을 달이었다. 그날 밤은 구름 한 점 없이 맑아서 브루클린 브리지 위로 떠오른 거대한 달을 모두가 볼 수 있었다.

브루스 래트너는 파티에 대한 걱정이 이만저만이 아니었지만 슈퍼문을 길조라 믿었다. 우선 래트너는 손님들에게 먹고 마시고 창밖을 내다볼 시간을 충분히 줬고, 조금 뒤 게리가 가장 좋아하는 전망이 있는 빌딩 북쪽 끝으로 손님들을 불렀다. 그러곤 도심 스카이라인을 배경으로, 게리의 건축물을 콜라주한 커다란 케이크 앞에서 건배를 제의했다.

래트너는 이렇게 말하며 건배했다. "멋진 사람들을 만날 수 있다는 건 제 인생의 큰 행운입니다. 그중 게리와의 만남이 단연코 최고였죠. 그처럼 소박하고 사람 좋은 건축가는 몇 없습니다. 게다가 그는 천재죠. 나는 프랭크 게리를 숭배해요. 그러니 게리, 당신의 생일을 축하합니다."

박수갈채가 쏟아지자 이어서 게리가 마이크를 잡았다. 그는 래트너에게 감사 인사를 건넸고 너그럽게도 애틀랜틱 야드는 언급하지 않았다. 대신 그는 지금 서 있는 이 빌딩이 수많은 수정을 거쳤으며, 2008년 경제 침체를 겪으면서 예산 때문에 자신이 가장 피하고 싶었던 짧고 뚱뚱한 형태로 설계될 뻔한 적도 있다고 회상했다. 하지만 래트너가 모든 경제적 불확실성을 감수한 채 현재의 타워 설계를 추진했다며 칭송한 뒤, 다시금 말을 이어 갔다.

"이곳은 제 아버지가 태어난 곳과 그리 멀지 않습니다." 게리가 맨해튼 도심을 가리키며 입을 열었다. "여기서는 아버지 생각이 안 날 수가 없어요. 저는 정말⋯⋯." 그의 목소리가 갈라지기 시작했다. "아버지가 지금 여기 계셨으면 좋겠습니다. 당신이 자란 도시에 제가 무엇을 지었는지 보여드리고 싶습니다. 생전 아버지는 제 건축물을 한 번도 보신 적이 없었고, 저를 그저 몽상가라 여기셨죠. 분명 지금의 저를 자랑스러워하실 겁니다. 이 건물을 보셨으면 좋으련만. 이 빌딩을 보시면 분명 제가 해냈다고 느끼셨을 겁니다."

2
캐나다 시절

프랭크 게리는 1929년 2월 28일, 토론토 종합병원에서 프랭크 오
언 골드버그라는 이름으로 태어났다. 게리의 가족은 캐나다나 미
국으로 넘어온 다른 1, 2세대 유대인 이주민이 그러했던 것처럼,
살아남는 것을 성공의 징표로 여겼다. 폴란드 로츠에서 태어난
그의 어머니 사디에 텔마 차플란스키Sadie Thelma Caplanski는 스물네
살의 나이에 게리를 낳았다. 텔마는 동유럽에 만연한 반유대주의
를 피해 달아난 부모 새뮤얼Samuel과 리아Leah의 손에 이끌려 여덟
살에 토론토로 왔다. 새뮤얼은 북아메리카에 도착한 뒤 성을 캐
플란Caplan으로 바꿨고, 로츠의 석탄을 실어 나르는 사업을 운영
했다. 사업은 꽤 성공적이었지만, 직원의 계속된 횡령에도 불구
하고 경찰의 도움을 받지 못해 사업을 접게 됐다. 새뮤얼 일가는
네덜란드로 이동한 뒤 배를 타고 캐나다로 들어왔다. 토론토에

정착한 후로는 철물점을 열었다.

게리의 아버지 어빙 골드버그는 스물여덟 살의 나이에 게리를 낳았다. 텔마와 달리 어빙은 쫓기듯 고국을 떠난 건 아니었지만, 텔마가 폴란드를 떠났을 때와 같은 나이대에 어빙은 더 큰 트라우마를 겪었다. 어빙은 뉴욕 인근의 우범 지구에 살면서 아홉 명의 자식을 둔 이민자 부모 밑에서 1900년 크리스마스에 태어났다. 게리와 이름이 같고, 재단사였던 어빙의 아버지 프랭크 골드버그Frank Goldberg는 어빙이 아홉 살 때 사망했다. 이후, 가족은 곤궁에 빠졌다. 어빙은 4학년에 학교를 그만둔 뒤 수년간 거리에서 생활하며 뉴욕에서 디킨스 소설에 나올 법한 어려운 시절을 보냈다. 어빙은 하루 벌어 하루 먹고사는 생활 속에서 어머니, 형제, 자매를 도와 식료품점, 유원지 등 어린아이에게 푼돈이라도 쥐여주는 곳이라면 어디라도 가서 일했다. 어빙은 근면하고 호기심이 풍부했으며 강단 있고 부지런했다. 이러한 어빙의 성격은 아들인 게리가 물려받았고, 어빙에게서는 빛을 보지 못했지만 게리에게서 그 진가가 발휘됐다. 어빙은 매번 직업을 바꾸며 만족감과 경제적 보상 모두를 가져다줄 천직을 찾아 평생을 헤맸지만 둘 다 얻지 못했다. 어빙은 청과점을 운영하기도 했고, 슬롯머신 사업을 벌이기도 했으며, 트럭 운전사, 복서, 가구 제작자, 주류 상점 점원으로 일했다.

부지런한 어빙은 먼저 뉴욕에서 클리블랜드로 옮겨 청과점을 운영했다. 그런 뒤 알 수 없는 이유로 토론토로 이주했다. 추측건대 어빙은 슬롯머신 판매를 위해 그런 결정을 내린 것 같았다. 뉴욕은 이민자가 분위기를 좌지우지하는 도시였다면, 어빙 골드버그가 젊은 시절에 정착한 토론토는 난잡한 뉴욕과는 적어도 겉보기에는 완전히 달랐다. 토론토는 우아하고 신사적이었다. 수십 년 뒤, 뉴욕의 다채로움에 마음을 뺏겼던 제인 제이콥스*Jane Jacobs*가 토론토에서도 그와 비슷한 활기를 발견할 정도로 토론토는 다양성을 띠는 도시로 발전할 터였지만, 1930년대까지만 해도 토론토에는 문화적, 민족적 다양성이 부족했다. 제2차 세계대전이 발발하기 전까지 토론토가 생각하는 인구 다양성이란 사람들이 믿는 개신교파의 다양성과 동의어로 여겨졌다. 1930년대 초반, 도시 인구의 31.5퍼센트가 영국 성공회교도였고, 21퍼센트가 캐나다연합교회 교인, 15.3퍼센트가 장로교 교인이었다. 당시 『스타 위클리*Star Weekly*』 잡지에서 일하던 어니스트 헤밍웨이*Ernest Hemingway*가 1923년에 쓴 편지에는 파리를 떠나 "공식적 수치상 일요일마다 85퍼센트의 재소자가 개신교도 교회에 참석"하는 "교회의 도시 토론토"로 거처를 옮긴 데 대한 불평이 담겨 있다.

1920~1930년대의 캐나다에서 출신지가 영국이 아닌 사람들은 그리 환대받지 못했다. 캐나다는 1923년에 중국 이민자를 전격 거부하기도 했다. 게다가 몬트리올보다 더 따분하고 거들먹거리는 분위기의 토론토에는 특유의 편협함이 있었다. 토론토는 도시로 발족한 지 100년째였던 1934년에 그 인구가 60만 명에 이르렀지만, 도시 자체는 세계시민주의적 가치를 전파할 능력도 의지도 없었다. 대신 토론토에는 영국인의 신중함과 미국 중서부의 편협함이 섞여 있었다. 이처럼 영국과 흡사한 문화적 요새에 처음으

토론토 베벌리 스트리트 15번지에 있는 새뮤얼과 리아의 집

로 침투한 민족은 유대인이었다. 어빙 골드버그가 뉴욕에서 태어난 이듬해 토론토의 유대인은 3,100명이었고, 게리가 태어난 이후인 1931년에는 4만 6,000명으로 성장했다. 이는 토론토 인구의 7퍼센트를 차지하는 수치로, 유대인이 이 도시에서 가장 커다란 민족 집단이 된 것이었다. 토론토는 발 벗고 나서서 유대인 이민자를 환영한 건 아니었지만, 유대인 공동체를 어쩔 수 없는 상수로 여기는 듯했다.

하지만 주류 개신교는 유대인의 수가 늘어나자 그들을 의심까진 아니지만 경멸하기 시작했다. 1920년에는 시의회 의원이 영어 이외의 언어로 표기된 광고물을 금지하는 법안을 검토하기도 했는데, 이는 명백히 그맘때쯤 유대인 가게에서 보이기 시작하던 이디시어 광고물을 겨냥한 것이었다. (이는 후대에 이중 언어 표시판을 둘러싸고 토론토가 겪게 될 곤란함의 전조였다. 이후 퀘벡에서 세력을 키운 분리주의 운동은 표시판에 프랑스어와 영어를 모두 쓰도록 해 달라고 국가에 요청해 채택됐다.) 1930년대 토론토의 문화적, 정치적 풍조 역시 공산주의의 위협으로 긴장감이 고조되어 있었다. 또 미국에서는 유대인이 특히 의류무역업에서 활발하게 노동조합 운동을 펼치던 때라 반유대주의와 반공주의가 자연스레 결탁하기도 했다. 그리고 토론토의 유대인 중 우파는 찾아보기 거의 힘들어서 캐나다인에게 유대인은 아웃사이더라는 이미지가 굳어졌다. 어빙 골드버그도 예외는 아니었다. 그의 정치적 성향은 좌파였고 상류층과는 거리가 멀었다. 오히려 그는 영화에서 볼 법한 진보주의적 마음을 지닌 거친 남자의 분위기를 풍겼다.

유대인 공동체는 퀸 스트리트의 북쪽이자 유니버시티 애비뉴의 동쪽인 도시의 중심가에 자리를 잡았다. 새뮤얼 캐플란의 어수선한 철물점은 퀸 스트리트 웨스트 366번지에 있었고, 새뮤얼과 리아의 좁은 2층짜리 벽돌집은 베벌리 스트리트 15번지의 귀퉁이에 있었다. 생선, 고기 등의 상품과 종교 서적, 공예품 등을 파는 가판대가 꽉 들어찬 켄싱턴 시장Kensington Market은 사실상 유대인 지구 내에서 광장의 역할을 했고, 작은 유대교 회당, 상점, 식품점, 시민 회관이 거리를 따라 줄지어 서 있었다. 그곳은 중소형의 집들이 빽빽이 들어선 마을로, 대부분 벽돌집이었고 일부는 독립 주택, 나머지는 연립 주택이었다. 고층 건물을 보려면 전차로는 가깝지만, 도보로는 꽤 멀리 떨어진 시내의 상업 지역에 가야만 했다. 대신 이 마을 곳곳에 수많은 공장이 흩어져 있었다. 주거지와 공장이 혼재하는 이 마을은 빈민가는 아니지만 화려하지도 않아서 유대인들에게 더 친근하게 다가왔다. 자전거 제조 회사였다가 하키 장비 회사로 탈바꿈한 캐나다 사이클 앤드 모터 컴퍼니Canada Cycle & Motor Co.의 공장이 새뮤얼의 철물점 바로 뒤쪽에 있었기에 새뮤얼은 그곳 노동자와 친하게 지냈다.

1920년대의 다른 많은 민족 마을처럼 유대인 지구 또한 도시의 다른 지역에 대해 일체감과 이질감을 동시에 느꼈다. 현관 포치가 있는 벽돌집은 토론토 내 다른 마을과 별다른 바 없어 보였고, 마을 동쪽에서는 시내 풍경과 함께 현대 토론토 스카이라인 형성의 발단으로 여겨지는 캐나다 왕립은행Royal Bank of Canada의 석회암 타워도 어렴풋이 보였다. 이처럼 유대인 지구의 건물, 표시판 같은 외관은 토론토의 다른 마을과 어느 정도 엇비슷했지만, 정작 그 마을의 거리를 메운 사람들과 토론토 사람들은 딴판이었다.

새뮤얼 가족은 이 유대인 공동체에 충성했다. 새뮤얼은 작은 마을 내 디아시 스트리트에 위치한 유대교 회당의 의장이었고, 여느 사람과 같이 꾸준히 예배에 참석해 탈무드를 공부하고, 토요일에는 노동을 거부했다. 손자인 게리의 머리가 커지자 새뮤얼은 토요일마다 게리에게 가게를 맡긴 채 안식일을 지냈다. 새뮤얼은 자신이 안식일을 지키는 한 게리가 안식일을 모독하는 것은 괜찮다고 여겼다. 유대인이 안식일에 하지 못하는 일을 대신하도록 고용하는 비유대인을 '샤바스 고이shabbas goy'라고 불렀는데, 이처럼 새뮤얼이 게리를 샤바스 고이 취급하는 것을 부인인 리아는 탐탁지 않아 했다. "하지만 할머니도 뜯어말리지는 않으셨어요." 가족에게는 가게 수입이 필요했기 때문이었다고 게리가 회고했다. "어쩔 도리가 있었겠어요?" 게리는 홀로 가게를 지키며 선반과 보관함에 놓인 잡동사니를 골똘히 들여다보는 그 시간을 좋아했다.

새뮤얼이 가게를 보는 날이면 리아는 하루 두 번 남편에게 도시락을 싸다 날랐다. 하지만 리아는 요리만 잘하는 게 아니었다. 그녀는 마을에서 치료 실력으로도 유명해서 아픈 사람들이 찾아오면 약초를 지어 주기도 했고, 병세가 심한 이들은 리아에게 왕진을 요청하기도 했다. 게리는 할머니 리아를 따라 환자의 집을 방문했던 날을 떠올렸다. 그들은 마치 기도하듯 촛불 앞에 앉아 있었고, 리아는 환자의 팔에다 깃펜으로 이디시어 문구를 새겼다.

베벌리에 있던 새뮤얼의 집은 중상층 기준으로는 소박했지만 다가구주택이 아니었다. 나중에 토론토로 넘어온 이주민들이 미국 이주민들처럼 빈민가에서 복작거려야 했던 데에 비하면, 새뮤얼의 가족은 훨씬 편안한 생활을 누렸다. 새뮤얼의 집 거실은 거리를 향해 나 있었고 다이닝 룸은 그 뒤에, 그리고 커다란 부엌이 집의 뒤쪽에 자리 잡고 있었다. 게리가 기억하기를 그 집의 방은 무거운 목제 가구, 레이스 깔개, 단단한 놋쇠 촛대가 놓인 어두운 분위기였다. 창문은 태피스트리와 비슷한 두꺼운 커튼으로 가려져 있었다. 리아가 직접 레드 와인을 담그던 지하실로 향하는 문 옆에 있던 다이닝 룸의 작은 탁자 위에는 전화기가 놓여 있었다. 부엌에는 낡은 주철 스토브와 커다란 테이블이 있었다. 동유럽풍의 집안 분위기는 새뮤얼 세대의 유대인 이민자에게는 일반적이었지만, 손자인 게리에게는 신비하고 이국적으로 다가왔다.

새뮤얼에게는 칼만Kalman과 텔마, 두 명의 자식이 있었다. 칼만은 나중에 영어식 이름인 켈리Kelly로 개명했다. 텔마는 지적, 사회적 야망이 컸었기에 법대 진학은 고사하고 고등학교도 마치지 못하게 하는 부모에게 불만이 많았다. 새뮤얼 부부는 교육은 남자에게나 필요한 것이라 여겼다. 그래도 그들은 텔마에게 음악 수업은 허락했다. 이후 텔마는 평생 음악, 예술, 연극에 관심을 두었고, 나중에 자식에게까지 이러한 관심사를 물려주었다. (텔마는 수년이 흘러 두 자식을 다 키우고 난 뒤, 자력으로 고등학교와 대학 교육을 마치고 성인 대상의 법률학 강좌도 수강했다.) 교육 기회를 박탈당

토론토 시절의 게리

한 데서 왔던 텔마의 불만은 켈리가 법학과에 진학하면서 더욱더 커졌다. 켈리는 학위를 딴 이후 한 번도 관련 일을 하지 않았을 만큼 애초에 법에 관심이 없었지만, 법학과 진학을 권유하는 부모에 등 떠밀려 법학을 선택했다. 부모는 텔마에게는 아버지 가게에서 일하면서 결혼할 남자나 찾아보라고 했다.

텔마는 결혼으로 이어지지는 않았던 한 남자와 잠깐 만난 적 있는데, 그는 자신이 텔마를 부양하지 못할 것 같다는 생각에 토론토를 떠났다. 실망스러운 만남 뒤에 텔마는 어빙 골드버그를 만났다. 어빙은 텔마가 원했던 세련된 구혼자는 아니었지만, 마음씨 좋은 야심가였고 텔마를 무척이나 좋아했다. 나중에 그들의 딸 도린Doreen은 "아버지는 어머니에게 푹 빠져 있었어요. 완전히요"라고 말하기도 했고, 아들인 게리는 아버지를 "다듬어지지 않은 다이아몬드"라고 표현했다. 텔마도 그런 어빙에게 푹 빠져 있었는지는 확인할 길이 없지만, 어쨌든 결혼을 승낙했다. 그렇게 그들은 1926년 10월 31일, 핼러윈에 식을 올렸다.

어빙의 가족은 베벌리 스트리트에서 서쪽으로 약 3킬로미터 정도 떨어진 러시홀름 로드에 있는 두 가구 주택 중 위층으로 이사했다. 아들이 태어나자 이들은 돌아가신 친족의 이름을 아이에게 주는 유대교 전통을 따라 어빙의 아버지인 프랭크의 이름을 아들에게 붙였다. 게리의 히브리어 이름 에프라임Ephraim은 아마 새뮤얼과 리아가 붙였을 것이다. 골드버그라는 성을 썩 좋아하지 않았던 텔마는 언젠가 골드버그를 떼어 버리는 날, 유용하게 쓰이리라 기대하며 오언이라는 미들 네임을 아들에게 붙였다. 이렇게 새뮤얼에게는 총 네 명의 손주가 생겼다. 켈리가 두 딸 주디Judy 와 셜리Shirley를 낳았고, 게리가 태어나고 8년 후 텔마는 게리의 여동생 도린을 낳았다. 게리는 새뮤얼의 하나뿐인 손자여서 조부모의 사랑을 듬뿍 받았다.

게리는 유년 시절 자신이 받았던 사랑을 조부모에게 그대로 돌려주었다. 게리는 수줍음이 많은 아이였지만 호기심도 많았다. 왼쪽 무릎 아래의 선천적 종양을 가리려 긴 바지만 줄곧 입고 다니는 것 때문에 종종 다른 아이들과 어울리기 어색해하는 순간도 있었지만, 고집 세고 굳건한 성격은 그대로였다. 게리가 다섯 살 되던 해, 골드버그 가족보다 비교적 풍족한 남자와 결혼한 게리의 고모 로지Rosie가 게리의 종양을 제거하는 수술 비용을 부담하겠다고 어빙과 텔마를 설득했다. 하지만 마취가 두려웠던 게리는 수술 직전에 도망쳤고, 고모나 부모 모두가 그러한 게리에게 더는 수술을 강요할 수 없었다. 그렇게 게리는 그 종양을 평생 안고 살게 되었다. 게리는 자신의 이익을 위한 일이라 할지라도 통제력을 잃는 상황을 완고하게 거부했고, 이러한 태도는 이후 게리의 삶 전체에 걸쳐 하나의 반복적인 패턴으로 나타났다.

게리에게 세상은 가능성으로 가득 차 있다는 사실을 알려 준 사람은 다름 아닌 게리의 조부모였다. 나중에 그는 예민한 부모에게서 벗어날 수 있었던 피신처가 바로 조부모였다고 말했다. 게리는 자신의 집에서 자전거로 15분 거리에 있던 조부모 집에서 많은 시간을 보냈다. 게리는 새뮤얼과 리아의 트윈베드 사이 좁은 틈에 몸을 누이고 그곳에서 밤을 보내기도 했다. 게리는 토요일마다 철물점을 맡게 되기 전부터도 그 가게에 있는 것을 좋아했다. 나사, 볼트, 망치, 못, 등 모든 종류의 가정용 도구가 빽빽이 들어선 그곳은 어린 소년에게 동화 속 나라 같았고, 그 모든 물건은 게리의 눈에 넘치는 가능성으로 비쳤다. 게리는 복잡하지만 질서정연한 철물점의 잡동사니를 보고 있노라면 기쁨과 호기심이 샘솟았다. 그곳에는 언제나 새로운 것이 있었다. 게리는 그 철물점을 흥미로운 물건들을 담고 있던 장소로뿐만 아니라, 그 자체를 하나의 완전한 오브제로, 매혹적이고 복잡한 콜라주로 생생하게 기억하고 있었다. 나중에 게리는 할아버지를 도와 시계와 토스터를 수리하고, 파이프를 끼우고, 유리를 잘랐다.

하지만 가장 중요한 기억은 부엌 바닥에서 할머니와 함께 놀던 기억이다. 제법 잘 걷게 된 이후부터 게리는 할머니와 같이 베벌리에서 다섯 블록 떨어진 존 스트리트의 목공소에 종종 갔다. 그곳에서 리아는 나무 조각이 가득 든 포대를 샀다. 집으로 돌아오면 리아는 포대 하나를 열어 그 울퉁불퉁한 조각들을 부엌 바닥에 쏟아 부었다. 철물점의 너트와 볼트가 있던 선반이 게리의 상상력을 자극한 것만큼이나 이 나무 조각도 상상력의 소재였다. 리아와 게리는 함께 바닥에 앉아 상상 속의 건물, 다리, 심지어는 도시를 짓곤 했다.

"다리나 고속도로처럼 생긴 둥근 조각들도 있었어요. 물론 그땐 고속도로가 생기기도 전이었어요." 몇 년 뒤 게리가 회고했다. "전 그 놀이를 좋아했어요. 할머니는 저를 동등한 어른처럼 대하

어빙, 게리, 텔마

셨거든요." 게리는 건축가가 되는 것에 대해 막 생각해 보기 시작한 그때, 할머니 집에서 괴상한 모양의 나무 조각으로 무언가를 만들던 경험에 대해 이렇게 말했다. "인생에서 가장 재미있는 순간이었습니다. 자유롭게 가지고 놀 수 있는 도구였죠." 리아는 게리에게 나무 조각만 준 게 아니었다. 유대인의 전통 빵 할라를 구울 때면 게리에게 반죽을 떼어 주곤 했는데, 이는 오늘날 아이들이 점토를 가지고 노는 촉각 놀이와 비슷한 역할을 했다.

리아는 게리와 함께 나무 조각을 갖고 놀았던 것뿐만 아니라, 다른 부분에서도 그만큼 중요한 영향력을 미쳤다. 오래된 마을의 여느 유대인 여성과 같이 리아도 금요일 저녁마다 안식일 만찬으로 해저 생선을 조린 전통요리인 '게필테 피시'를 만들었다. 리아는 매주 목요일이면 켄싱턴 시장에 들러 살아 있는 잉엇과 생선을 산 뒤 집으로 돌아와 손질하기 전까지 물을 받아 둔 목욕통에 넣어 두었다. 게리는 종종 리아와 함께 시장에 가곤 했고, 집에 돌아와서는 목욕통 안에서 헤엄치고 있는 잉어를 반짝이는 눈으로 관찰했다. "저는 거기서 잉어를 관찰했어요. 많은 시간을 보냈죠. 그러다 금요일이면 잉어가 목욕통에서 없어졌고, 게필테 피시가 생겼어요. 저는 꽤 오랫동안 그 두 사건의 연관성을 알아채지 못했어요."

잉어의 힘찬 이미지는 게리의 마음속에 뚜렷이 각인되었기에 성인이 된 이후에도 종종 그에 대해 언급했다. 물고기 모양이 작품에도 커다란 영향을 미쳤다고 말했다. 게리의 몇몇 건물이 물고기의 곡선을 닮은 것은 물론이고, 게리의 유명한 물고기 램프와 물고기 조각품 역시 할머니의 잉어를 관찰했던 경험에서 비롯되었다는 얘기는 전설이 되었다. 나중에 게리는 이것이 "반지성주의를 가장하는 한 방법"임을 시인했다.•

게리의 할아버지 새뮤얼은 호기심을 북돋워 주는 식으로 게리에게 영향을 미쳤다. 더운 저녁이면 새뮤얼은 '여름 별장'이라고 불렀던 현관 포치에 게리와 함께 앉아 질문하는 것의 중요성을 게리에게 일러 주었다. "왜 태양은 아침에 뜰까? 왜 나무는 겨울에 색깔이 변할까? 왜 하늘은 파란색일까? 모든 것이 호기심의 대상이었어요. 제 인생에 중요한 역할을 했던 호기심이 그때 그렇게 형성된 것 같습니다."

또 게리는 새뮤얼과 함께 탈무드에 관한 얘기도 나누며 "이건 왜 이렇고, 저건 왜 저런지에 대한 아주 오래된 논쟁"도 들여다봤다고 회상한다. 게리는 이를 통해 끊임없이 질문하는 유대교라는 종교에 대해 호의적인 인상을 품게 됐으며, 해답만큼이나 질문도 중요하다는 생각을 지니게 되었다. "이건 유대인이어서 가장 좋은 점 중 하나예요. (…) '알겠다'라는 대답에 이르기까지 반복적인 과정이 필요하다고 배우죠. 저는 그 점이 마음에 들어요. 저는 할아버지와 함께 그 과정을 차근차근 밟아가는 걸 좋아했습니다. 할아버지와 같이 탈무드를 공부했거든요. 할머니는 독실한 분이셨고, 할아버지는 '왜'라는 단어로 시작하는 탈무드의 질문하는

• 게리는 물고기의 굴곡진 형태, 비늘로 뒤덮인 피부 등 여러 이유로 물고기를 좋아했다. 또 가장 오래된 생물 중 하나인 물고기를 택한 것은 역사적 형태를 즐겨 차용하던 포스트모던의 흐름에 응답하는 게리의 익살맞은 방식이기도 했다. 자세한 얘기는 11장에서 다룰 것이다.

태도를 좋아하셨죠. 탈무드는 전부 질문이에요. 저도 그놈의 질문이 좋았어요. 왜 그랬는지는 모르겠지만, 그저 모든 게 궁금했어요."

이처럼 게리의 조부모가 제 역할 이상의 영향력을 미친 데 반해 부모의 존재는 미미했다. 텔마는 자신이 어릴 적 충분히 누리지 못했던 문화생활의 중요성을 아들에게 강조했다. 그래서 텔마는 여덟 살 난 게리를 클래식 음악 행사나 베벌리 스트리트에서 그리 멀지 않은 토론토 미술관Art Gallery of Toronto에 데려가곤 했다. 토론토 미술관에 처음 간 날, 게리는 '워커 코트'라는 이름이 붙은 중앙 아트리움에 걸린 수채 풍경화〈언덕과 푸름과 바다hills and blue and sea〉를 봤다. 그때 게리는 처음으로 그림에 설렘을 느꼈다. 예술이란 그저 스쳐 지나가는 찰나의 아름다움에 불과하지 않고, 사람을 불러 세워 그 자리에 못 박아 두는 힘이 있다는 사실을 깨달은 순간이었다. 그건 인생을 바꾼 경험이자, 사람들에게 그토록 깊은 영향을 미치는 무언가를 만드는 예술가에 대한 호기심이 싹튼 순간이었다.•

게리와 어빙은 많은 시간을 함께 보내며 관계를 쌓은 사이는 아니었다. 어빙은 슬롯머신, 핀볼 머신, 주크박스 대여 사업에 열과 성을 다했지만 수입은 안정적이지 못했다. 그의 기분 또한 변덕

• 게리는 그 풍경화를 존 마린John Marin의 작품으로 기억하지만, 다른 작가의 작품으로 추정된다. 나중에 '온타리오 미술관'으로 이름을 바꾸고 2004년에 게리에게 확장 공사를 맡겼던 토론토 미술관 컬렉션에는 마린의 작품이 없기 때문이다. 텔마와 게리가 갤러리를 방문했던 1937년 당시, 캐나다와 유럽 작가의 수채화 특별전이 개최된 기록이 갤러리에 남아 있기는 하지만, 마린의 이름은 거기에 없었다.

스러웠다. 사업이 잘 굴러갈 때 어빙은 온화하고 인자한 아버지였지만, 그렇지 못할 때는 아들에게 자주 역정을 냈다. 어빙은 게리에게 나무를 깎아 장난감을 만들어 주곤 했고, 아들과 함께 그림을 그리거나 뭔가를 만드는 일을 즐겼다. 그의 딸 도린은 어빙을 이렇게 기억했다. "아버지는 물건 다루는 걸 좋아하셨어요. 플라스틱, 파피에 마셰Papier-mâché(종이 반죽이라는 뜻의 프랑스어 미술용어로, 풀을 먹인 종이를 물체 표면에 붙여 형태를 잡은 뒤 굳혀서 종이모형을 만드는 기법—옮긴이), 나무도 좋아하셨죠. 물건 자체에 대한 흥미가 있던 분이셨어요." 게리의 기억도 확실히 같았다.

자세히 밝혀진 바는 없지만, 어빙의 사업 때문에 가족들은 게리가 두 살이 되기 전 몇 달간 토론토를 떠나 브루클린의 애비뉴 J에서 살았다. 하지만 어빙의 사업은 그리 오래가지 못했고, 머지않아 토론토로 다시 돌아오게 되었다. 게리가 네 살 되던 해, 형편이 나아진 가족들은 러시홀름 주택 근처 던대스 스트리트 웨스트 1364번지에 있는 2층짜리 벽돌집에 세내어 들어갔다. 텔마가 게리의 여동생 도린을 낳은 1937년에 어빙의 사업은 성공 가도를 달리고 있었고, 그 덕에 벽돌집 매입을 위한 계약금을 일시금으로 지급할 수 있었다. 게리는 계약금이 6천 달러였다고 기억하는데, 그 돈이 어디서 났는지 당최 알 수 없다고 말했다.

던대스는 토론토 중심부터 이어지는 전차 노선이 있을 정도로 널따란 길이었지만, 골드버그 가족이 이사했을 때까지만 해도 비교적 한산하고 고즈넉한 주거 지역이었다. 오래지 않아 거리는 완전히 상업화됐고, 중하층민이 모여 살던 편안한 분위기의 동네는 새롭게 도시에 들어온 이주민 지구로 바뀌었다. 근처에 복음주의 상가교회, 스포츠 바, 포르투갈 여행사가 있던 1364번 지의 그 집은 2011년부터 토론토 베트남인 협회의 본거지로 쓰이고 있다.

골드버그 가족이 살던 때만 해도 그 집은 벽돌 기둥이 지붕을 받치고 있는 넓고 탁 트인 포치가 던대스 스트리트 쪽을 향해 있었지만, 훗날 상가 분위기를 조성하려 포치가 메워졌다. 집 앞쪽에는 텔마가 선인장 정원을 가꿀 만한 공간이 있었고, 뒤쪽에는 조그마한 뜰과 차고가 있었다. 집 내부는 게리의 할아버지 집과 비슷했지만 더 크고 넓었다. 1층 거실에는 납틀 돌출 창이 거리를 향해 나 있었고, 거실과 다이닝 룸을 분리하는 납틀 문이 있었으며, 커다란 부엌 뒤쪽에는 실내형 썬 포치가 있었다. 어빙이 장인의 집에 있던 구닥다리 스토브를 특별히 싫어했기 때문에 부엌에는 최신식 스토브가 갖추어져 있었다. 도린이 말하기를 할아버지 새뮤얼은 그 오래된 스토브로 음식을 만들면 "고국의 맛이 새록새록 떠오른다"며 새것으로 교체하기를 한사코 거부했는데, 어빙은 그러한 새뮤얼의 고집 때문에 고생한 건 리아였다고 생각했다. 이러한 일화는 어빙이 시종일관 무뚝뚝하게 굴어도 때론 타인을 배려할 줄도 아는 사람임을 보여 준다.

골드버그 가족은 던대스의 집을 샀지만 그곳에서 오래 살지 않았다. 집을 구매한 그해 어빙은 슬롯머신을 판매할 수 있는 개인 구역을 할당해 주겠다는 제안을 받았는데, 이는 수입을 안정적으로 가져올 좋은 기회 같았다. 문제는 그 개인 구역이 토론토에서 북쪽으로 688킬로미터 떨어진 도시 티민스에 있고, 울창한 숲으로 둘러싸인 작은 광산 마을이라는 점이었다. 결국 던대스 1364번지의 집은 세를 놓았다. 여덟 살의 게리는 집에서 네 블록 떨어져 있고 유치원 졸업 이후 줄곧 다녔던 알렉산더 뮤어 초등학교를 떠나야 했다. 갑작스레 게리와 도린, 텔마, 어빙은 토론토와는 사뭇 다른 삶을 향해 이사하게 됐고, 조부모님과 유대인 지구, 토론토 미술관, 마세이 홀Massey Hall에서 보았던 콘서트, 켄싱턴 시장, 목욕통 속 잉어와도 멀어졌다. 티민스에 사는 3만 명의 사람들은 대부분 핀란드, 폴란드, 프랑스, 캐나다 혈통이었다. 유대인은 고작 서른 가구 정도로, 명백히 소수자였다.

목재나 제지 사업 혹은 광업으로 꽤 부유했던 일부 유대인 가족은 지역 경제의 근간이었다. 다른 유대인은 대부분 가게를 운영했다. 게리의 표현을 빌리자면, 게리 아버지처럼 "도박 사업"에 종사하는 이는 없었다. 텔마가 재빨리 유대 여성 단체 하다사Hadassah(나중에 텔마는 단체장이 된다)의 지역 지부에 가입하긴 했지만, 벌이는 시원찮았고 어빙의 사업적 특성상 골드버그 가족은 처음부터 유대인 공동체에 쉽사리 스며들지 못했다. 시간이 지나면서 텔마의 헌신과 어빙의 친절함이 마을 사람들의 마음을 열었지만, 게리는 유대인 공동체 내에서 가족의 입지가 위태로운 상태였던 이주 초기의 상황을 똑똑히 기억한다. 갓난아기를 길러야 한다는 부담감을 안고 친한 친구와 친척을 뒤로한 채 떠나온 가족에게 수백 킬로미터 떨어진 춥고 고립된 마을은 확실히 편안한 분위기는 아니었다.

유대교 회당 선창자의 딸이자 게리의 친구 투티 린더Tootie Linder
의 자매인 안나 갱바Anna Gangbar는 "티민스에서 유년기를 나는 건
쉽지 않았어요. 정말 얼어붙을 것같이 춥거든요. 겨울은 또 어찌
나 긴지 눈이 녹을 때까지 집에서 나올 수도 없어요"라고 말했다.
안나는 이러한 혹한의 날씨에도 불구하고 "지역 사회가 그리 크
지 않아 좋았어요. 지내기 좋은 곳이죠. 잘 사는 유대인들도 많았
고요. 하지만 게리네 아버지는 전문적인 직업이 있는 게 아니라
밥벌이를 하려고 애쓰셨어요. 분명 티민스 생활이 녹록지 않으셨
을 겁니다."

골드버그 가족은 버치 스트리트 8번지에 있는 나무판자 방갈
로에 보금자리를 잡았다. 작은 방 두 개 중 하나를 게리와 도린이
함께 썼다. 어빙이 창고 겸 수리 공장으로 쓰던 지하실은 슬롯머
신과 핀볼 머신뿐만 아니라 기계를 손보는 데 쓰는 도구들이 가
득했다. 그 집은 토론토 던대스의 집보다 작았지만, 골드버그 가
족은 가정부를 고용할 만한 호사를 누렸고, 그 덕에 텔마는 유대
여성 단체 하다사에서 활동할 수 있었다.

게리가 티민스에서 처음 배운 것은 두 가지다. 첫 번째는 게리
가 이후 평생을 좋아하게 될 하키고, 두 번째는 토론토에서는 느
껴 본 적 없었던 반유대주의적 분위기다. 토론토에서 유대인은
게리 할아버지네 마을처럼 동네를 꽉 잡고 있거나, 도시의 다양
한 사람들 속에 자연스레 섞여 들어가는 분위기였다. 하지만 티
민스에서는 유대인이 주류가 될 가능성은 눈곱만큼도 없었다. 게
다가 마을 특성상 유대인이 눈에 띄지 않기란 어려웠다. 너무 작

은 마을이라 누가 핀란드인이고 프랑스계 캐나다인인지, 누가 폴란드인이고 유대인인지 모두가 속속들이 알고 있었다. 도시 내 긴장감을 조성하는 원인은 종교만이 아니었다. 프랑스계 캐나다인과 폴란드인은 대부분 같은 천주교를 믿었지만, 서로 사이가 좋지 않았다.

버치 스트리트 학교에서 유일한 유대인이었던 게리는 그곳에서 처음으로 반유대주의를 맞닥뜨렸다. "학생들은 대부분 폴란드인이었어요. 마을 광산에서 일하는 폴란드인 집안 출신 아이들이요." 게리는 열 살 무렵 일부 폴란드 학생들이 자신을 괴롭혔다고 말했다. "집까지 따라와 저를 때리기도 했어요. 그리고 어느 날저는 맞서 싸울 용기가 생겨서 걔들을 두들겨 패 줬죠." 한번은 어떤 폴란드 소년이 학교에서 게리네 집까지 쫓아와 그를 때린 뒤, 이렇게 말했다고 한다. "예수를 죽인 죗값이라고 하더군요. 걔들은 왜 내가 예수를 죽였다고 생각하냐고 어머니께 되물었던 기억이 나요."

버치 스트리트 학교에 하키 링크가 있었던 덕에 게리는 어른이 되어서도 경기를 뛰며 평생을 즐기게 되는 하키를 일찍 접할수 있었다. 이 링크는 프랑스계 캐나다인 천주교 교구 학교 학생들과 함께 사용했는데, 그들은 게리만큼이나 폴란드인을 싫어했다고 한다. "내가 맞고 다니는 걸 본 그 친구들이 나를 위해 패거리를 만들었어요. 제가 프랑스계 캐나다인을 무척 좋아하는 이유죠."

골드버그 가족은 방학이면 기차를 타고 토론토로 돌아와 지냈다. "저는 기차 타는 걸 즐겼어요. 보통 티민스에서 밤 기차를 타면 아침에 토론토에 도착하는데, 토론토의 유니언 스테이션Union Station이 무척이나 멋지거든요." 게리를 들뜨게 한 건 유니언 스테이션 그 자체가 아니라, 코린트식(그리스 건축 양식 중 하나로, 코린트식 기둥은 주두에 아칸서스 잎과 꽃을 새겨 화려한 멋을 뽐내는 것이 특징이다. 아폴로 에피큐리우스 신전의 기둥이 대표적이며, 미국 워싱턴 D.C.의 대법원 건물 정면에도 코린트식 기둥이 사용됐다.─옮긴이) 기둥이 죽 늘어서 있고 커다란 중앙 홀이 있는 웅장한 보자르 양식(19세기 프랑스에서 유행한 건축 양식. 고전적인 형태와 풍부한 장식을 추구하며 대칭적이고 웅장하고 화려한 것이 특징이다. 주로 규모가 크고 비용이 많이 드는 공공 건축물에 적용되며, 뉴욕 공립 도서관이 대표적이다.─옮긴이)의 건물이었다. 그 건물은 단 며칠만이라도 게리와 그의 가족이 가혹한 티민스에서 도망쳤다는 것을 알려 주는 신호와도 같았다.

새뮤얼과 리아는 티민스를 가 본 적은 없었지만, 다른 방식으로 기차를 톡톡히 활용했다. 매주 목요일이면 리아는 금요 안식일 만찬으로 맛초 경단이 든 닭고기 수프, 게필테 피시 같은 여러 전통 음식을 싸서 유니언 스테이션에서 티민스로 부쳤다. 그러면 텔마가 금요일 아침, 티민스 기차역에서 만찬을 받아 버치 스트리트로 돌아가곤 했다.

게리는 티민스 시절 사춘기에 접어들었다. 그러자 이전에도 편하지 않았던 아버지의 관계에 사춘기 아이와 부모 간이라면 으레 존재하는 긴장감마저 더해졌다. 어빙은 특히 게리가 갈수록 살이

찐다고 못살게 굴었고 뚱뚱하다고 핀잔을 주기 일쑤였다. 어떤 때는 아들을 괴롭히는 걸 즐기는 듯 보였다. 게리와 어빙이 함께 세차하던 중, 어빙이 갑자기 호스를 틀어 게리를 물에 빠진 생쥐 꼴로 만들어 버린 일화도 있다.

하지만 게리가 가장 아끼는 어빙과의 추억 또한 티민스 시절에 남아 있다. 1940년, 어빙은 캐나다에서 유통하던 머신의 공급처인 밀스 노벨티Mills Novelty사와의 미팅에 참석하기 위해 게리를 차에 태우고 시카고 풀러턴 애비뉴로 간 적도 있다. 당시 어빙은 여느 때와 달리 일 때문에 신경이 곤두서 있는 상태가 아니었다. "아버지는 차에 저를 태우고 시카고로 향했어요. 우리는 티민스부터 윈저, 디트로이트, 앤아버, 게리, 인디애나를 거쳐 시카고에 도착했죠. 우리는 돈이 없어서 YMCA에서 묵었어요. 그리고 고가 철도 아래의 음식점에서 점심을 먹었던 기억이 나네요. 아버지와 제가 그때까지 나눠 보지 못했던 유대감을 그때 처음 느꼈죠. 아버지는 평소와 달리 제게 화를 내지 않으셨어요. 그때 우리가 시카고에서 갔던 곳들을 머릿속에 그대로 떠올릴 수 있을 정도로 생생해요." 70년이 훌쩍 지난 후에도 게리는 당시 특별 야구 시범 경기를 보러 앤아버에 들른 일은 물론이고, 여행의 세밀한 부분까지 기억하고 있었다. 하지만 그런 행복한 시간은 시카고 여행이 마지막이었다.

게리에게 조금 더 익숙한 티민스 시절의 아버지에 대한 기억은 게리가 신문을 팔던 경험과 관련이 있다. 게리는 마을의 중심가인 3번가에 있던 『티민스 일간지Timmins Daily Press』 사무실로 찾아가 신문 다섯 부를 3센트에 사서 집으로 돌아가는 길에 "티민스 일간지요!"를 외치며 신문을 서너 부 팔곤 했다. 다섯 부를 전부 판 적은 한 번도 없었는데, 집으로 가는 길에 어빙을 만나면 어빙은 게리의 손에 들려 있는 나머지 신문을 보곤 그때 당시 네댓 살에 불과하던 도린이라면 신문을 다 팔았을 거라며 게리에게 핀잔을 주었다. 어빙은 자신의 말을 증명해 보이려는 듯, 남은 신문을 갖고 도린과 함께 밖으로 나가 자신이 팔던 머신이 놓인 근처 술집으로 향했다. "아버지는 그 작은 아이와 함께 티민스 신문을 들고 술집에 들어갔고, 도린은 신문을 팔았어요." 게리가 말했다.

그건 결코 공정하지 못한 대결이었다. 작고 귀여운 여자아이에게 실망을 안겨 주려는 이들이 얼마나 있었을까? 하지만 어빙은 줄곧 자기 아들을 멍청이 또는 몽상가라며 놀리는 행위를 정당화하는 데 이 일화를 들먹이곤 했다. 어빙은 자신의 고집스러운 성격을 자랑스러워했다. 게리도 어빙의 그러한 성격을 닮았지만, 어빙이 보기에 게리의 고집은 게리가 세상에서 실용적 쓸모가 없는 존재임을 증명하는 또 다른 증거였다. 어빙은 종종 게리가 큰일을 이루지 못할 거라 확신하는 듯이 행동했다.

어빙이 자신에 대한 불안을 게리에게 투사하고 있었다는 사실은 어렵지 않게 눈치챌 수 있다. 30대 중반에 들어서자 어빙은 자신에게 사업적 수완이 있는지, 성공할 수 있을지에 대한 걱정이 들기 시작했기 때문이다. 텔마도 나름의 방식으로 자신의 모습과 자신에 대한 실망감을 게리에게 투사하고 있었지만, 그 영향력이 크지는 않았다. 텔마는 당시의 실제 처지보다 자신이 더 나은 사람이라 여겼다. 그녀는 기품 있게 행동하는 데 자부심을 느꼈고, "비록 농담이었을지 몰라도 세련된 영국 출신 성분에 대해 항상 말하곤 하셨다"고 게리가 회상했다. 텔마는 런던에 있는 사촌과 편지를 주고받으면서 자신도 고상한 사람이 된 듯한 기분을 느꼈다. 도린도 "제가 보기에 이상한 쪽은 골드버그 가족이었고, 사리 분별이 있는 쪽은 엄마네 캐플란 가족이었어요. 엄마는 마치 상류층 출신 같았고, 어쩌다가 형편없는 사람들과 엮이게 되었지만 그들과 거리를 두려 안간힘을 쓰는 것 같았죠"라고 말했다.

텔마의 태도는 비현실적으로 보였을지 몰라도 게리가 더 나은 사람이 될 수 있게 이끌어 준 것은 그러한 텔마의 사고방식이었다. 텔마는 교육의 힘을 믿었기에 가능한 한 자주 게리를 데리고 박물관을 들르거나 문화생활을 즐기려 노력했다. 물론 티민스에는 그런 기회가 많지 않았지만, 토론토에서는 텔마의 부모님 집 근처에 있던 토론토 미술관뿐만 아니라 블로어 스트리트에 있던 로열 온타리오 박물관Royal Ontario Museum에 들러 미라도 구경하고, 게리 생애 첫 관현악 연주회를 마세이 홀에서 감상하기도 했다. 텔마는 게리가 피아노 레슨을 받기를 원했지만 그럴 돈이 없었다. 게리는 귀동냥으로 몇 곡을 배우긴 했어도 정식으로 수업을 받은 적은 없었다. 게리가 말했다. "악기 다루는 법을 배우지 못했다는 게 항상 찜찜했어요. 저는 첼로를 연주하고 싶었어요. 첼로에 끌렸거든요. 피아노도 꽤 좋아했죠."

게리에게 문화적 소양을 함양시키려는 텔마의 야심은 생각지도 못한 계기로 불이 붙었다. 1941년, 게리가 열두 살이 되어 유대교 성인식을 준비하던 때의 일이다. 게리는 종종 어빙과 함께 그림을 그리곤 했는데, 한번은 시오니즘 운동의 지도자인 테오도어 헤르츨Theodor Herzl의 초상화를 그려 티민스의 유대교 회당에서 개최된 미술 전시회에 출품했다. 게리의 작품은 그 전시회의 최고 작품으로 선정됐다. 게리의 유대교 성인식 준비를 돕던 성가대 선창자가 게리의 작품을 감상한 뒤 남긴 평이 화룡점정이었다. 선창자가 텔마에게 "게리는 손재주를 타고났다"고 말한 것이다.

1942년 초반, 게리의 열세 번째 생일이 다가올 즈음, 게리의 가족은 5년 전 티민스에 발을 들였을 때도 그랬듯이 갑작스레 그곳을 떠났다. 슬롯머신 개수를 제한하는 새로운 규제가 생기는 바람에 갑자기 어빙의 사업에 차질이 생겼고, 더는 티민스에서 생계를 잇기 어려워졌다. 이들은 게리의 성인식을 티민스에서 조촐하게 치른 후에 토론토로 돌아왔고, 이후 할아버지가 다니는 에츠 하임Etz Haim 유대교 회당에서 더 성대한 기념식을 치렀다. 골드버그의 집은 아직 세입자가 살고 있었던 터라, 게리와 도린은 베벌리 스트리트의 조부모님 집으로 보내졌고, 게리는 이전에 다니던 학교가 아니라 조부모 집 근처의 오그던 초등학교로 등교했다. 텔마의 오빠인 켈리의 가족도 베벌리 스트리트에 살고 있었지만, 어빙과 텔마가 얹혀살 수 있는 여유 공간이 없었기에 이들은 다른 곳에서 머물렀다.

게리는 성인식이 다가옴과 동시에 다시 한번 조부모와 한 지붕

10대 시절의 프랭크 게리

아래에서 살게 되면서 유대교에 관한 관심을 더욱더 키웠다. 다시 토론토로 돌아온 뒤 가장 가깝게 지냈던 친구 솔리 보트닉Solly Botnick도 독실한 집안의 아들이었다. 솔리와 게리는 서로를 "슈퍼 유대인"이라 부르곤 했다. 몇 년 뒤, 게리는 "솔리와 저는 종교와 유대교에 완전히 심취해 있었어요. 신의 존재를 증명하는 데 무척이나 열심이었죠"라고 말했다.

유대교에 관한 게리의 열정은 성인식 직후에 갑자기 사그라졌다. 게리는 예배에서 관습대로 토라의 일부를 낭독했다. 게리는 근처 복지관에서 있을 연회에서 짧은 연설을 맡기로 했기에 회당을 나와 복지관으로 향하던 중, 나이가 지긋한 신자 두 사람을 만났다. 그들이 예배에 참석한 신자라는 사실에 신난 게리는 자신이 낭독했던 토라 구절의 의미에 관한 얘기를 나누고 싶었다. 하지만 그들은 게리를 무시했다. 게리는 그들이 그저 신자들에게 나눠 주는 무료 음료와 음식을 먹기 위해 성인식에 참석했다는 느낌을 받았다. 그 순간 게리는 유대교를 대하는 자신의 진지한 태도가 부정당한 것 같았다. 어떤 의미에서 그 경험은 계시와 반대되는 것이었다. 게리는 자신의 노력이 모두 헛된 것이라 느꼈고, 그날 집으로 돌아갈 때 옆에 있던 할아버지 혹은 누군가에게 말했다. "저는 이제 깨달았어요. 신은 없다는 사실을요. 전부 부질없어요."

게리는 그때 옆에 있던 누군가가 어떤 대답을 했는지 기억하지 못했다. 하지만 잘 알지도 못하는 두 남자와의 대화 때문에 독실한 유대교인이었던 게리가 갑자기 무신론자로 바뀌었다고 보기에는 무리가 있다. 그보다는 사춘기 아이들에게 일반적으로 나타나는 종교에 대한 의심이 그 무렵 게리의 마음에도 싹트고 있었지만, 착한 아들이자 손자가 되고 싶다는 강렬한 욕망과 솔리 보트닉과의 우정으로 불이 붙어 버린 유대교에 관한 관심에 다시금 매일 얼굴을 맞대고 살게 된 조부모의 영향까지 더해져 그러한 의심이 억눌러지고 있었다고 설명하는 편이 더 그럴듯할 것이다. 게리는 성인식이 끝나자 교리를 받아들여야 할 의무도 끝났다고 느꼈을지도 모른다. 게리는 할아버지에게서 교리만큼이나 의문을 제기하는 태도 또한 유대교의 중요한 가치라고 끊임없이 가르침을 받았지만, 무신론자로 돌아선 순간 그는 유대교의 전통뿐만 아니라 물음의 필요성이라는 전제마저도 저버리는 듯 보였다.

성인식과 바울에서 사울로의 '역회심' 사건이 있고 머지않아 골드버그의 세입자가 이사를 나갔고, 그래서 가족들은 던대스 스트리트 1364번지로 다시 돌아왔다. 동네는 5년 전, 골드버그 가족이 티민스로 떠나기 전과 별다른 바 없었다. 한쪽은 여전히 빈집이 많았고, 다른 쪽의 벽돌집은 치과의사 가족이 살고 있었다. 동네에는 캐플란의 사촌들을 포함해 골드버그 가족이 아는 얼굴이 많았다. 동네가 안전하고 친숙했기에 텔마는 종종 외상을 달아 두기도 했던 길 건너 유대인 식료품점에서 음식을 사 오도록 어린 도린에게 심부름을 보내거나 근처에서 과자를 사 오라고 시키기도 했다.

던대스 1364번지 근처는 주로 주거지였지만, 조금만 벗어나면 구경할 거리가 많았다. 글래드스톤 애비뉴에는 캐드버리/닐슨

Cadbury/Neilson 초콜릿 공장이 있었다. 이 초콜릿 공장은 게리의 기억 속에 "모더니즘 스타일 창문이 나 있는 커다란 산업용 건물"로 남아 있는 곳이다. 이 건물은 게리가 모던 건축 양식에 대해 처음으로 생각해 본 계기이자, 처음으로 일상의 풍경에 주목한 계기였다. 게리의 집 근처에는 더퍼린 경마공원도 있었는데, 수년 후 월마트Wal-Mart와 토이저러스Toys "R" Us 가게들이 들어선 저가 쇼핑몰로 변했다. 하지만 골드버그 가족이 그 근방에 살 적에는 경마가 한창 활기를 띠고 있었고, 게리는 종종 발걸음을 멈춰 말과 조련사를 구경했다. 게리가 아르 데코 형식의 벽돌 건물로 지어진 블로어 고등학교에 진학했을 때, 등굣길에 그 더퍼린 경마장이 있었다. 길 건너편에는 게리와 도린과 친구들이 아이스 스케이트를 타던 더퍼린 그로브 공원이 있었다. 던대스 1364번지 바깥쪽의 토론토는 크기로 보면 교외 지역 같았지만, 실상은 작은 전차도 다니고 온갖 편의 시설을 갖춘 도시나 다름없었다.

고등학생이 되어 갈 무렵 게리는 다양한 무리의 친구들과 어울리기 시작했고, 그중 소수만이 유대인이었다. 그 시절을 더듬어 보던 게리는 마빈 하우저Marvin Hauser라는 유대인 친구 한 명만을 기억해 냈다. 솔리 보트닉과는 달리, 마빈과의 우정은 재즈에 대한 사랑을 바탕으로 싹텄다. 1942년 가을, 게리는 블로어 고등학교에서 처음으로 마음 맞는 친구라 여긴 로스 혼스버거Ross Honsberger를 만났다. 훗날 유명한 수학자가 되었으며, 80대가 될 때까지 게리와 절친한 사이를 유지했던 로스는 게리처럼 열정과 의심을 겸비한 인물이었다. 로스는 영리하고, 말하기를 좋아하고, 과학이나 문화에 관한 다양한 주제에 관심이 많았으며, 변심한 게리처럼 종교에 냉소적이었다. 무엇보다 그는 피아노를 칠 줄 알았다.

"로스는 저랑 비슷했어요. 모든 것을 질문했죠. 저처럼 무서울 것도 없었어요. 우리는 같이 성경을 읽었고, 모순점을 138가지나 발견했습니다." 게리가 말했다. 나중에 둘은 신이 존재하지 않는다는 사실에 대한 반박할 수 없는 사례가 되기를 바라며 「무신론과 유신론Atheism and Theism」이라는 논문을 공동으로 집필했다. 게리가 말하길, 두 사람의 우정이 막 시작되었을 무렵 한번은 로스가 "지구의 핵에 가까이 가 보고 싶다"고 해서 함께 구덩이를 파 본 적도 있었다. 또 롤러에 널빤지를 올려서 영구 기관을 발명하려고 애쓰기도 했다. 게리보다 여덟 살이 어린 도린은 파리가 기차를 멈출 수 있는가 하는 새로운 이론적 아이디어를 놓고 게리와 로스가 몇 시간이나 논쟁한 적도 있었다고 떠올렸다. 그리고 로스가 클래식 음악을 사랑하고 피아노를 연주할 줄 알았던 덕에, 그 무렵 텔마가 게리에게 주입하기 시작했던 순수음악에 관한 관심이 게리의 마음속에 단단히 자리를 잡았다. 60년도 더 지난 뒤, 게리는 당시 로스의 능력에 경탄하며 말했다. "로스는 쇼팽에 대해 자주 얘기했고, 대단하게도 〈즉흥 환상곡Fantaisie-Impromptu〉도 연주할 줄 알았죠."

그 시절 게리에게 지적인 자극을 준 것은 로스뿐만이 아니었다. 수십 년이 지났지만, 게리는 블로어 고등학교의 선생님을 여럿 기억했고, 그때 배운 몇몇 주제들은 평생에 걸쳐 머릿속에 남아 있다고 했다. "큰 코에 낯빛은 불그스름하고, 허스키한 목소리로 함박웃음을 짓는 아일랜드 출신"의 물리학 선생님 조 노블Joe Noble은 로스와 게리를 예뻐했으며, 그들의 영특함과 무신론을 지지해 줬다. 무신론은 반 친구들에게 인기가 없을 거라는 경고도 곁들였다. 게리는 문학 수업 시간에는 윌리엄 셰익스피어William Shakespeare, 앨프리드 테니슨Alfred Tennyson, 조지프 콘래드Joseph Conrad 에 푹 빠졌고, 역사 수업 시간에는 역사에, 그리고 오브제를 만들 목재를 살 수 있는 상점에도 푹 빠졌다.

하지만 블로어 고등학교에서 보낸 시절이 순탄치만은 않았다. 게리는 문학의 주제 의식과 담당 선생님을 좋아했지만, 글쓰기에는 영 소질이 없었다. 게다가 토론 시간에도 나서서 말하기를 꺼렸고 수줍어했기 때문에 문학 선생님에게 게리는 평범한 학생 그이상도 이하도 아니었다. 게리는 부모님이 학교에 찾아오는 공개 수업 시간을 더더욱 불편해했다. 정규 교육을 받지 못했다는 사실에 항상 괴로워했던 어빙은 게리의 선생님께 무슨 말을 건네야 할지 몰라 외려 게리를 창피 주곤 했다. 텔마가 어떤 말을 덧붙인다고 하더라도 "쥐구멍으로 숨고 싶은" 게리의 기분이 달라지지는 않았다. 게리는 특히 자신이 선망하던 영문학 선생님과 아버지가 만난 순간이 가장 어색했다고 떠올렸는데, 그러잖아도 게리를 높이 사지 않던 박식한 선생님이 어빙의 교양 없는 모습에 자신을 더 얕잡아 볼까 봐 두려웠다고 했다.

고등학교에 입학하고 몇 년간 게리는 YMCA의 정기 댄스 활동에 참여하며 사교 생활을 했는데, 왠지 그곳에서 다시금 유대인이라는 낙인이 찍히는 듯한 느낌을 받았다. "거기 가면 어째서인지 여자애들이 저랑 함께 춤을 춰 줬어요. 제가 유대인이라는 걸 알면서도 말이죠. 골드버그라는 이름을 지녔으니까요. 비유대인 진영과 유대인 진영에 동시에 발을 담그고 있었기에 혼란스러웠어요." 게리는 로스와 함께 핸드볼과 탁구를 즐기기도 했고, 중산층 노동자 집안의 다른 친구들과도 어울리며 부유한 집안의 친구들과는 거리를 두려 했다. 이들은 '델타 싸이 델타'라는 이름의 남학생 사교 클럽을 만들었지만, 유대 관계가 끈끈하지 않아 게리의 관심은 그리 오래가지 않았고, 지적 자극을 추구하던 게리는 그들에게 점점 거리를 뒀다. 그 무렵 로스는 나중에 결혼하게 될 친구와 많은 시간을 보냈지만, 게리는 부끄럼이 많고 자신감이 없어서 적극적으로 데이트에 나서지 못했다.

대신 게리는 독서와 과학에 빠져들었고, 혼자 시간을 보내는 것에 익숙해졌다. 그는 자신이 단순히 옆에 있어 줄 친구보다는 자극을 원한다는 사실을 점차 깨닫고 있었다. 게리는 토론토대학교University of Toronto에서 금요일 밤마다 열리는 강의를 발견하곤, 혼자 콘보케이션 홀의 발코니에서 전자공학, 교통학, 전자기 추진력과 같은 강연을 들으며 시간을 보냈다. 콘보케이션 홀에 가지 않는 날이면 도서관에 가서 『파퓰러 사이언스Popular Science』나 『파퓰러 메카닉스Popular Mechanics』를 읽었다. 로스와도 계속해서 시간을 보내기는 했지만, 과학을 독학하는 시간이 더 많아졌다.

1946년 11월의 어느 금요일 밤, 게리는 이전까지 이름을 들어본 적 없는 핀란드 헬싱키 출신 건축가인 알바르 알토Alvar Aalto의 강연을 들으러 콘보케이션 홀로 향했다. 하얗게 센 머리에 사투리가 심했던 알토는 핀란드의 파이미오 요양원Paimio Sanatorium과 같은 자신의 근작과 당시 작업 중이던 미국 메사추세츠 공과대학의 베이커 하우스Baker House 기숙사를 슬라이드로 보여 주었다. 또 직접 디자인한 곡면 합판 의자를 무대로 가지고 올라와 그 내구력을 선보이기도 했다.

게리는 강연에 매료되었다. 그는 알토가 카리스마 있다고 느꼈고, 그가 보여 주는 건축물이 마음에 들었으며, 난생처음 보는 모양의 곡면 합판 의자에 설렜다. 알토가 토론토를 떠난 뒤에도 그의 강연은 게리의 머릿속에 오래도록 머물렀다. 게리는 도서관의 직업 안내 서가로 가서 건축학에 관한 내용을 뒤져 볼 정도로 흥미가 돋았다. 토론토대학교의 건축학과에 대해 안내해 주는 책을 발견하긴 했지만, 해당 과목은 알토가 보여 준 아름답고도 독특한 모던 건축물과는 조금도 닮은 구석이 없었다. "그 책은 돌로 작은 집을 짓는 걸 보여 줬는데, 영국의 시골집같이 보였어요. 전혀 구미가 당기지 않았죠. 그래서 책을 다시 내려놓았습니다." 게리와 건축의 첫 만남은 이렇게 끝이 나고 말았다.

그로부터 훨씬 이후, 게리는 자신이 알토에게 느꼈던 본능적 끌림이 티민스 시절의 경험과 연관이 있는 건 아닐까 하는 생각이 들기 시작했다. "북쪽 지방인 티민스는 숲, 눈, 빽빽한 나무가 아름다웠는데, 핀란드의 미학과도 꽤 연관성이 있었어요. 제게 무척 매력적으로 다가왔던 티민스의 거친 숲과 수많은 소나무는 핀란드인과도 잘 어울렸죠."

하지만 오래지 않아 게리는 그 강연을 새까맣게 잊어버렸다. 몇 년 후, 게리가 본격적으로 건축 공부를 시작하고 알토의 작품에 강렬한 끌림을 느꼈을 때조차 그는 순진하고 열성적이었던 열일곱 살에 알토의 강연을 직접 들었다는 사실을 기억해 내지 못했다. 알토가 토론토의 무대에서 보여 줬던 그 의자를 나중에 다시 보게 된 다음에야 기억의 보따리가 툭 터져 나왔고, 그날 밤 알토가 자신의 의자에 대해 들려준 얘기와 게리에게 처음으로 건축의 진가를 알려 주었던 그 강연이 새록새록 떠올랐다.

10대 때 게리는 호기심이 넘치는 소년이었지만, 무엇을 하고 살고 싶은지 명확히 알지 못했다. 그는 그림 그리기나 만들기를 즐겼고, 비행에 매료돼 비행기를 좋아하기도 했다. 열다섯 살이 었던 게리는 방에서 산소와 수소를 결합해 물을 만드는 실험을 하다 폭발이 일어나는 바람에 유리가 등에 박히면서 하마터면 심각한 상처를 입을 뻔한 적도 있었지만, 그래도 화학을 좋아했다. 게리는 캐플란가家의 친척이자 화학공학 기술자인 아서 로젠버그Arthur Rosenberg를 롤 모델로 삼으며 곧잘 따랐다. 그래서인지 잠깐이나마 게리는 화학공학 기술자가 되려고 했다. 블로어 고등학교에서 직업의 날을 개최했을 때, 게리는 장래 희망으로 화학공학 기술자를 선택했고, 해당 분야를 학생들에게 설명해 주려 초청된 제너럴모터스General Motors의 페인트 연구자를 만났다. 게리의 태도는 정중했지만 지루함은 감추기 어려웠던 모양인지 일정이 막바지에 다다랐을 무렵 그 화학공학 기술자가 게리에게 말했다. "게리, 이 일은 너에게 맞지 않아. 네 눈에 따분함이 가득하단다. 훗날 너에게 맞는 자리를 찾겠지만, 이 일은 아닌 것 같구나."

하지만 그 무렵 게리에게는 직업을 선택하는 것보다 더 긴박한 어려움이 있었다. 어빙이 티민스에서 돌아온 뒤 제대로 재기하지 못하는 바람에 가족은 경제적으로 쪼들렸다. 그래서 게리 가족은 2층짜리 집의 1층에서만 생활하며 2층 침실은 세를 놓았다. 어빙은 토론토에 돌아온 지 얼마 되지 않아 크라운 프로덕츠Crown Products라는 이름의 작은 가구 회사를 차려 스탠드형 재떨이와 목제 회전 쟁반을 주로 판매했다. 처음 잠깐은 장사가 그럭저럭 잘됐지만, 1945년에 위기가 닥쳤다. 그해 당뇨 진단을 받은 어빙은 건강이 나빠지고 있었다. 게다가 친구라 믿고 가게를 맡겼던 관리자가 어빙의 제품을 훔쳐 팔아 수익을 횡령하고 있었다는 사실도 알게 됐다. 이후 캐나다 정부가 재떨이를 비롯한 담배 관련 용품에 특별소비세를 부과하는 바람에 소매가가 엄두도 못 낼 만큼 높아져 버렸다. 어빙은 재떨이를 과자 그릇으로 탈바꿈하는 등 별궁리를 다 해 보았지만, 스탠드형 과자 그릇을 찾는 사람은 거의 없었다. 그렇게 어빙의 사업은 1946년에 완전히 망했다.

게리가 기억하기를 당시 어빙은 감정적으로 산산이 부서져 가고 있었다. 어빙은 권위적 질서를 불편해했기에 거의 평생 홀로 일했다. 하지만 크게 잘된 일은 없었고 성공을 향한 마지막 시도는 실패로 돌아가고 말았다. 어빙의 좌절감은 커져만 갔고, 게리와의 관계도 더 나빠졌다. 어빙은 게리가 실용적이지 못한 몽상가라고 예전부터 줄곧 탐탁지 않아 하긴 했지만, 그 비난은 갈수록 더 잦아졌고 심지어 아들에게 손찌검했다. 도린은 게리가 한밤중에 깨어 어둠 속을 돌아다니다 무언가를 깨부쉈던 어느 날 밤을 떠올렸다. 그때 어빙은 "오빠를 먼지 나게 두들겨 팼다"고 한다. 도린은 어빙의 행동이 이상하다는 사실을 눈치챘지만, 어빙은 대개 게리에게만 그랬고 도린에게는 다정한 아버지였다. 도린이 말했다. "어릴 적 아버지와의 기억은 대부분 흐릿하기는 하지만, 괜찮았던 것 같아요. 그때 전 아직 너무 어렸고, 아버지가 저를 좋아하기도 하셨거든요."

게리와 도린은 그래도 아버지에 대한 신뢰를 저버리지 않았다. 어빙에게는 관대한 구석이 있었고, 도린은 "그 모든 광기 너머에는 정말 다정한 한 사람이 있다"고 말했다. 어빙은 가난한 지인을 저녁 식사에 초대해 집에 데려오기도 했고, 사업이 잘 굴러갈 땐 곤경에 처한 가족을 돕기도 했으며, 텔마와 마찬가지로 아이들에게 모든 사람을 평등하게 대하도록 가르쳤다. 텔마와 어빙의 기질은 달랐을지 몰라도 두 사람 모두 속물적이지 않았고, 자신보다 더 많이 가진 이들에 대해 대놓고 분개하는 일은 없었다.

시간이 흐른 뒤 도린은 어빙이 조울증 기질을 보였던 것 같다고 설명했다. 게리는 아버지가 감정을 억누르지 못했다고 말했다. "하지만 제가 계속 아버지를 사랑할 수밖에 없게 만드는 역동적인 무언가가 아버지 마음속에 있었습니다. 저는 그것을 절대 놓치지 않았어요. 그리고 전 아버지가 저 때문에 분노하는 게 아니라는 사실을 어렴풋이 이해하고 있었어요. 아버지는 다양한 이유로 화를 내고 답답해하셨죠."

어빙의 문제점과 게리와의 갈등은 1946년 말에 곪아 터졌다. 게리가 열일곱 살 되던 그해 특히 어빙은 사소한 문제도 그냥 넘어가지 않고 게리에게 엄하게 굴었다. "아버지는 사업에 실패한 상황이었어요. 한번은 아버지가 제게 엄청난 잔소리를 늘어놓자, 제가 아버지를 때렸어요. 처음으로 때린 거였죠." 예기치 못한 상황에 어빙은 깜짝 놀랐고, 게리는 집 밖으로 뛰쳐나간 뒤 아버지가 쫓아올까 봐 집 근처 건물 뒤에 숨었다. 하지만 어빙은 나타나지 않았다. "아무 일도 일어나지 않았고 조용했어요. 그래서 집으로 돌아가 창문 너머를 봤더니 아버지가 바닥에 누워 계셨죠." 어빙은 게리와 말다툼한 뒤 심장 마비가 오고 만 것이다. 아버지의 심장 마비를 자신의 탓이라 여긴 게리는 이후 오랫동안 "마음의 짐"을 안고 살았다.

게리가 집으로 돌아왔을 때 즈음, 집에 있던 텔마가 도움을 청한 뒤 쓰러진 어빙을 살피고 있었다. 어빙은 병원으로 옮겨진 뒤 회복했지만 이후 확실히 쇠약해졌다. 어빙은 당뇨에 심장 마비까지 겪었고, 사업은 무너져 내렸다. 후일, 게리는 작가 바버라 아이젠버그Barbara Isenberg에게 이렇게 말했다. "아버지는 마흔일곱의 나이에 인생이 끝나 버렸어요. 아버지는 녹초가 됐고 삶의 의욕을 잃었죠."• 그래도 어빙은 텔마가 일하는 걸 반대했다. 어빙은 자기 부인이 일터에 나가지 않는 게 자존심을 지키는 것이라고 여긴 모양이다. 하지만 결국 크라운 프로덕츠의 재고를 정리해 경

• 사실 어빙은 심장 마비가 왔을 때 마흔일곱이 아니라 마흔여섯 살이었다.

매에 팔아넘기는 일은 텔마에게 맡겼다.

어빙은 그해 토론토의 추운 겨울을 넘기기 어려울 것이며, 따뜻한 기후의 지역으로 이사하는 것만이 유일한 희망이라는 진단을 받았다. 디트로이트에 살던 어빙의 형 해리Harry는 그 무렵 아내, 아들과 함께 로스앤젤레스로 거처를 옮긴 상태였고, 다른 골드버그 친척들도 근처에 모인 터였다. 어빙은 캘리포니아에서 텔마, 게리, 도린과 함께 새 삶을 시작하기로 마음먹었다. 일 때문에 여전히 디트로이트에 들를 일이 많았던 해리는 1947년 3월, 그곳에서 어빙과 해후한 뒤 함께 차를 타고 로스앤젤레스로 돌아왔다. 어빙은 로스앤젤레스로 가는 길에 가족에게 엽서를 써서 부쳤다. 텔마와 게리는 던대스 1364번지의 집을 팔기 위해 짐을 싸고 어빙의 사업 뒤처리를 하던 중이었다.

텔마와 도린이 토론토에 남아 있는 동안 어빙은 로스앤젤레스에 무사히 도착해 가족이 살 집을 구했다고 편지를 썼다. 어빙은 양키 두들 루트비어 회사Yankee Doodle Root Beer Company의 트럭을 운전하는 일자리도 구했다. 텔마와 도린은 5월에 로스앤젤레스로 이사했지만, 게리는 고등학교를 졸업할 때까지 조부모와 함께 토론토에 남아 있었다. 6월이 되어 학교를 마친 게리는 티민스와 토론토를 잇는 유니언 스테이션으로 가서 로스앤젤레스행 기차에 몸을 실었다. 게리가 조부모의 집을 나설 때, 십수 년 전 게리와 함께 부엌 바닥에 앉아 상상의 도시를 지어 올리던 리아가 현관 포치에서 손을 흔들어 작별 인사를 건넸다. 이는 게리가 본 할머니의 마지막 모습이었다.

3
햇볕 내리쬐는 삶을 향해

게리는 로스앤젤레스에 도착했다. 토론토 기차역과 이름은 같지만, 나머지는 모두 다른 로스앤젤레스 유니언 스테이션이었다. 게리는 토론토 기차역에서 고전적인 석회암 돌기둥이 늘어선 웅장한 주랑을 지나 기차에 올라탔다. 그렇게 도착한 로스앤젤레스 유니언 스테이션은 반원 모양의 아치 공간에 커다란 샹들리에가 달린 상상 속에나 있을 법한 공간으로, 엄청난 크기에 따뜻한 색감의 환상적인 스페인풍 미션 양식 건축물이었다. 두 유니언 스테이션은 각 도시가 어떤 모습인지, 혹은 방문객이 기억했으면 하는 도시의 모습이 무엇인지를 보여 주는 축약본이자 도시로 이어지는 통로였다. 확실히 로스앤젤레스는 과거에 얽매이지 않는 도시로 기억되기를 원하는 듯했다. 즉, 도시를 메운 유럽풍 건축물은 책무가 아니라 기쁨을 전달하는 듯 보였다. 나흘간 기차 여행을 하며 게리는 동쪽에서 서쪽으로, 북쪽에서 남쪽으로, 캐나다에서 미국으로 이동했을 뿐만 아니라 추운 곳에서 따뜻한 곳으로, 오래된 곳에서 새로운 곳으로, 어둠에서 빛으로 옮겨 갔다. 게리는 반세기가 지난 이후에도 여전히 6월의 어느 아침, 유니언 스테이션에서 나와 캘리포니아의 햇빛 속으로 발을 내디뎠던 그 순간의 기분을 기억한다. "화창하고 따뜻했어요. 전에 살던 곳보다 빛도 훨씬 밝았죠. 극장에서 영화를 보고 나왔을 때처럼 눈이 부시도록 밝았어요." 『오즈의 마법사*The Wonderful Wizard of Oz*』로 치자면, 게리에게 토론토는 따분한 시골 마을 캔자스였고 로스앤젤레스는 온갖 모험이 펼쳐질 마법의 땅 오즈였다.

토론토 출신의 열여덟 살짜리 아이에게 1947년의 로스앤젤레스는 무척 이국적인 곳이었을지 몰라도 기후가 온화한 미국의 다른 도시보다 오히려 상투적인 구석이 많은 도시였다. 추운 날씨를 벗어나고픈 이들에게 매력적인 마이애미나 샌디에이고와 달리 로스앤젤레스는 그리 만족스러운 동네는 아니었다. 제2차 세계대전을 거치면서 로스앤젤레스는 미국 경제의 중심지이자 국가 산업의 구심점으로 떠올랐다. 도시는 할리우드의 영화 촬영장과 샌퍼낸도밸리San Fernando Valley로 유명했는데, 로스앤젤레스의 엔터테인먼트 산업이 문화에 미치는 엄청난 영향력에도 불구하고 전체 경제로 보자면 그 규모는 빙산의 일각에 불과했다. 겉보기에 로스앤젤레스는 디트로이트와 닮은 구석이 없었지만, 제조업 중심이라는 점이 같았다. 로스앤젤레스의 전형적 인물상은 영화배우가 아니라 항공기 부품 조립 라인의 노동자였다.

로스앤젤레스 경제의 핵심은 군수 산업이었다. 환태평양 지역에 속할 뿐만 아니라 기후도 따뜻하고 샌페드로의 대형 항구가 남쪽으로 이어지는 로스앤젤레스는 록히드Lockheed, 더글러스Douglas, 노스롭Northrop, 노스 아메리칸North American, 베가Vega, 벌티Vultee와 같은 쟁쟁한 업체를 보유한 항공 산업의 본거지였다. 전쟁 기간에는 연방 정부 예산이 이곳에 대거 투입됐다. 1942년과 1945년 사이에 479개의 군수 공장이 도시에 새로 생겼고, 수백 개의 공장이 규모를 확장했다. 공장 건설 지원비를 개인 계약자들이 어떻게 사용하는지를 감시하는 국방시설공사는 전쟁 기간에 로스앤젤레스 내 공장 건설과 확장 비용에 4억 5천만 달러를 투자했는데, 이는 오늘날 60억 달러의 가치에 맞먹는 액수다. 전쟁이 발발하기 전인 1938년에 로스앤젤레스의 근로자는 1만 5,930명이었지만, 이후 해외에서 수요가 급증하자 1941년에는 12만 명으로 늘어났고, 전쟁이 절정으로 치달은 몇 년 후에는 22만 8천 명 수준으로 늘어났다. 전쟁 이전에는 보잘것없었던 조선업도 함께 성장해 도시에서 두 번째로 경제 규모가 큰 산업이 됐다. 제2차 세계대전이 있기 전 약 20년간 현지 조선소는 대형 선박을 건조한 적이 없었다. 1941년 말 무렵, 칼십Calship으로 잘 알려진 캘리포니아 조선 회사California Shipbuilding Corporation는 국방부에 111척의 배를 납품함으로써 전국에서 가장 생산성 높은 조선소가 됐다. 칼십에는 5만 5천 명의 근로자가, 로스앤젤레스 내 나머지 조선업체에는 3만 5천 명의 근로자가 있었다.

지난 수년간 국가 제조업을 주도하며 닦아 온 탄탄한 경제를 기반으로 로스앤젤레스의 산업은 게리의 가족이 오기 직전에 폭발적으로 성장했다. 로스앤젤레스는 뉴욕 다음가는 의류 제조주였고, 정유, 제강, 식품 가공업의 중심지였다. 동부인은 샌프란시스코가 캘리포니아의 주요 도시라 여겼지만, 1920년부터 로스앤젤레스의 인구가 더 많아지기 시작했다. 값싸고 탁 트인 부지에, 아시아나 라틴 아메리카와의 상품 수송에 편리한 대형 항구까지 갖춘 이 도시는 제조업과 창고업에 적합한 중심지가 됐고, RCA, 파이어스톤Firestone, 베들레헴 철강Bethlehem Steel과 같은 동해안 기반 사업체도 수년간 로스앤젤레스에 서부 지사를 운영했다. 전쟁 이후에도 민간 항공기 산업이 성장하고 전시 공장이 평시에 맞게 용도를 변경함에 따라 인구 유입은 계속됐다. 정부가 전후 기술과 군사 전략 연구를 위한 싱크탱크인 랜드 연구소Rand Corporation의 본거지를 로스앤젤레스로 낙점하면서 항공우주 산업과의 인연도 깊어졌다. 이로써 로스앤젤레스는 미래를 대변하는 도시가 됐다.

샌프란시스코는 여전히 서해안의 금융 중심지라는 위상을 유지하고 있었지만, 갈수록 전통 금융과 구습을 상징하게 됐다. 대신 새로운 사건이 일어나고, 새로운 자본이 형성되며, 새로운 장소가 태어나는 로스앤젤레스로 캘리포니아의 경제력이 모이고 있었다. 반면 샌프란시스코는 그 강렬한 아름다움에도 불구하고 중심가에 모든 것이 밀집된 오래된 도시였다. 겉보기에는 동부 도시와 달라 보였을지라도 사무용 빌딩과 빅토리아풍 저택이 들어선 샌프란시스코의 중심가는 뉴욕이나 보스턴, 필라델피아와 크게 다르지 않았다. 샌프란시스코는 19세기의 도시였고, 로스앤젤레스는 20세기의 도시였다. 모든 차이는 거기서 비롯됐다.

토론토도 샌프란시스코와 닮은 점이 많았다. 물론 토론토의 평평한 지형은 캘리포니아보다 미국 중서부 도시를 연상시켰고, 샌프란시스코 베이와 달리 온타리오 호숫가는 어떤 웅장한 느낌을 주지도 않았지만, 토론토도 골드버그나 캐플란 가족이 정착하기 훨씬 이전부터 비교적 빽빽한 도시 구조를 유지하고 있었다. 로스앤젤레스는 종류가 다른 도시였다. 로스앤젤레스는 동쪽과 북쪽에 산이 있고, 남쪽과 서쪽은 바다에 면해 기후가 건조한 분지다. 도시 형성 초기에는 탁 트인 넓은 땅의 작은 시골 도시에 불과해서 농경 지역의 외딴 수도 같았다. 산과 계곡에서 도시의 동쪽까지 물을 끌어오기 위한 복잡한 관개 시설은 수십 년에 걸쳐 서서히 자리를 잡았고, 그 덕에 도시는 20세기에 몸집을 키울 수 있었다. 기차와 트럭도 로스앤젤레스가 거대한 제조업 중심지로 성장하는 데 한몫했다. 하지만 그 무엇보다 로스앤젤레스에 중요하게 작용한 20세기의 교통수단은 자동차다.

물론 자동차는 모든 도시에 영향을 미쳤다. 하지만 자동차는 전 세계 어느 도시보다 로스앤젤레스에 가장 많은 영향을 미쳤으며, 도시를 완성하는 중요한 요소가 됐다. 20세기 초부터 실속 있는 전차 체계가 갖춰져 있긴 했지만, 로스앤젤레스는 자동차를 중심으로 정체성을 형성하기 딱 좋은 조건들을 갖추고 있었다. 우선 도시 곳곳에서 분산 움직임이 일어나고 있었다. 또 이론상으로 보자면 로스앤젤레스의 아름다운 자연경관은 자동차 사용을 부추겼다. 무엇보다 급성장하던 로스앤젤레스의 핵심 가치는 '새로운 삶의 방식'이었다.

　로스앤젤레스가 무서운 속도로 경제력을 키워 가고 있었다 하더라도 게리와 가족이 처음 발을 디뎠던 1947년에는 앞으로 그곳에 찬란한 미래가 펼쳐지리라고는 짐작하기 어려운 모습이었다. 그때는 로스앤젤레스의 가장 특징적인 요소인 고속도로도 거의 구축되지 않은 상태였다. 당시 로스앤젤레스는 현재와 같은 거대한 도시의 모습을 갖추기 전이라, 모든 것이 작은 중심가에 밀집되어 있었는데, 왕년에 쓰던 전차 노선도 그 중심가 주위에 여전히 놓여 있었다. 전차 노선은 중심가에서 모든 방향으로 뻗어 나가 꽤 멀리 떨어진 곳까지 많은 지역을 연결했다. 거기에는 대형 전차 회사 운영자인 헨리 헌팅턴Henry Huntington이 건설한 지역도 다수 포함되어 있었다. 이처럼 광범위한 전차 노선은 이후 널리 퍼질 고속도로 패턴을 예견하는 듯했다. 골드버그 가족이 토론토에서 이사 온 1947년에는 현재의 로스앤젤레스를 상징하는 클로버 모양 입체 교차로와 쇼핑몰이 많이 들어서 있지 않았지만, 그래도 여전히 전통적인 도시와는 사뭇 달랐다.

　로스앤젤레스에 거주하는 사람 중에는 정치적으로 보수적 성향을 띠는 중서부 출신이 많았는데, 그래도 어느 정도 개인의 자유를 추구하기 위해 캘리포니아 남부로 정착해 들어온 이들이었다. 이들은 계속해서 영역을 확장해 나가는 도시의 특성에 잘 어울렸고, 다른 효율적인 교통 체계보다 자가용차에 커다란 매력을 느꼈다. 1940년대 후반에 들어서자 모든 주요 대로가 극심한 교통 체증을 겪었지만, 다운타운과 패서디나를 잇는 아로요 세코 고속도로나 할리우드와 샌퍼낸도밸리를 잇는 카우엥가 고속도로 같은 초기 고속도로는 그 매력으로 커다란 인기를 끌었다. 게리가 이사 온 1947년에 로스앤젤레스 지역은 교통 혼잡을 해결하려면 다른 통행 방안을 강화하는 것보다 더 많은 도로를 짓는 것이 최선이라는 믿음을 바탕으로 첫 번째 고속도로 건설 종합 계획을 막 수립한 상태였다. 그곳의 고속도로 체계는 오늘날에도 완전히 완성되지 않았지만, 주요 도로들은 계획이 수립된 이후약 20년에 걸쳐 건설되었다. 하지만 1947년에 이미 로스앤젤레스는 중앙 집중도가 높은 여타 미국 도시처럼 성장하지 않으리라는 점이 명백했다. 로스앤젤레스는 자연을 가로지르고 언덕과 평원을 넘나들며 도시 환경을 조성하면서 도회지마저도 교외 지역 수준의 밀도를 유지할 터였다.•

1940년대 후반, 게리의 눈에 들어온 것은 먼 땅까지 작은 집들과 낮은 상업 건물들로 채워 나가며 엄청난 에너지로 팽창하는, 과거로부터 자유로운 도시의 모습이었다. 변화는 빠르게 일어났고, 영원히 머무를 만한 것은 보이지 않았다. 고전적인 정부 청사건물이나 고고한 박물관 건물은 어울리지 않는 도시였다. 로스앤

• 로스앤젤레스가 전차 체계를 탈피하고 고속도로 체계로 넘어갈 수 있었던 데에는 제너럴모터스, 파이어스톤 타이어Firestone Tire, 스탠더드 오일Standard Oil로 구성된 전국도시교통National City Lines 연합 회사의 뒷받침이 있었다. 전국도시교통은 사람들의 교통수단을 버스나 자가용차로 대체하려는 의도로 수많은 도시의 경전철 체계를 사들였다. 유명한 '제너럴모터스 노면전차음모 사건'으로 수많은 도시의 전차 체계가 폐지됐지만, 로스앤젤레스만큼 그 효과가 컸던 도시는 없었다. 로스앤젤레스는 타 도시와 비교할 수 없을 만큼 열정적으로 자동차를 도입했다.

젤레스는 역사에 대한 부담감을 품은 도시가 아니었고, 무엇보다 건물을 지을 때 까다로운 기후에 대처하느라 골머리 앓을 필요가 없는 도시였다. 그야말로 태평한 도시였다.

어빙이 로스앤젤레스에 도착했을 때, 그는 모든 가구가 갖추어져 있는 방 한 칸짜리 작은 아파트를 구했다. 벌링턴 애비뉴 모퉁이자 웨스트 9번가 1723번지에 있었고, 맥아더 공원에서 그리 멀지 않았으며, 다운타운 중심지에서 서쪽으로 몇 블록 떨어진 집이었다. 토론토의 던대스 스트리트 1364번지 집과는 딴판이었다. 도린이 기억하기를 그 아파트에는 "방이 두 개였어요. 하나는 엄마 아빠 방이었고, 집에 있는 유일한 옷장도 그 안방에 있었죠. 안방에는 머피 침대도 있었어요. [거실에는 또 다른] 머피 침대와 소파가 있었고, 게리와 저는 누가 어디서 잘지를 두고 다퉜어요. 집에는 빈대에 이도 있었고…… 끔찍한 벨벳 소파와 보기만 해도 소름 끼치는 바퀴벌레도 있었죠."

궁핍해진 삶에도 열망을 굽힐 줄 몰랐던 텔마는 누추한 생활에 교양과 품위를 불어넣기 위해 최선을 다했다. 식탁은 너무 작아서 손님을 초대해 대접하기는커녕 가족들도 전부 앉기 힘들었지만 텔마는 그 작은 식탁에 매일 저녁 만찬을 차려 올렸다. "어머니는 왕족을 위한 상차림을 준비하는 것처럼 요리하셨어요. 사는 곳은 시궁창이었을지 몰라도, 우리는 왕족이었죠." 도린이 말했다.

게리는 토론토의 집보다 훨씬 "격이 떨어진" 로스앤젤레스의 아파트를 보고 적잖이 놀랐다. 모든 것이 추레했다. 게리가 말하기를 아파트는 "카펫도 천 덮개도 모두 해져 있었어요. 정말 구린 곳이었죠. 집은 실망스러웠지만, 가족과 함께일 수 있어서 행복했습니다."

어빙은 건강이 나빠져 루트비어 트럭 운전사 일을 더는 할 수 없었다. 그는 온종일 음료 상자를 트럭에 싣고 내릴 만한 힘이 없었다. 게리가 일손을 거들긴 했지만 병약해진 어빙의 빈자리를 채우지는 못했다. 어빙은 다른 일자리를 찾아 한동안 팝콘 기계나 주크박스를 술집에 대여하는 일을 했는데, 확실히 캐나다에서 벌였던 비슷한 기계 대여 사업만큼은 성공하지 못했다. 그는 결국 아파트에서 몇 블록 떨어진 주류 상점에서 일했다. 오전 한 시나 두 시까지 야간 근무하는 날도 있었다. 쉽지 않은 나날이었다. "계속 안 좋아지기만 했어요. 아버지가 술을 드시기 시작했죠. 이전까지는 그런 적 없으셨는데 매일같이 혼자 앉아 계시기 시작했어요. 술을 마시면 난폭해졌고 그러면 어머니를 때렸죠."

하지만 결국 다른 일과 마찬가지로 보니 브래_{Bonnie Brae} 술집 점원 일도 끝을 맺게 되었는데, 이는 어빙의 욱하는 성미 때문이 아니라 오히려 붙임성 때문이었다. 그는 늦은 밤 가게를 들르는 이웃 경찰들과 수다 떠는 것을 좋아했고, 가끔 그들에게 술을 준 것 같았다. 하지만 현지 주류법상 새벽 한 시 이후로 알코올음료를 파는 것은 불법이었다. 그러던 어느 날 밤, 근처를 순찰 중이던 한 경찰이 마감 시간 이후에 어빙과 얘기를 나누다가 술을 팔라고 말했다. 그 요구가 함정이라는 사실을 눈치채지 못한 어빙은 오전 한 시 오 분에 그 경찰관에게 술을 한 병 팔았고 이후 체포되어 투옥됐다. 가게의 주류 판매 라이선스는 2주간 정지됐고 어빙은 해고되었다. 게리는 경찰의 반유대주의가 그런 함정을 만들었다고 생각했으며, 경찰은 게리가 아버지를 대신해 진술하는 것을 거부했다.

텔마는 부모와 멀리 떨어져 외로웠지만 그래도 집안의 몰락을 막기 위해 최선을 다했다. 텔마는 할리우드 대로에 있는 브로드웨이 백화점의 과자 판매 매장에서 일했다. 그녀는 판매직에 잘 맞았다. 텔마의 친절하면서도 과하지 않은 태도는 과자만 팔기에는 아까운 정도였고, 머지않아 그녀는 직물 판매 매장으로 자리를 옮긴 뒤 은퇴할 때까지 그곳에서 일했다.

하지만 텔마가 백화점 판매원으로 일해서 벌어 온 돈만으로 어빙의 병을 치료하기에는 부족했기에 가족은 여전히 금전적으로 쪼들렸다. 하틀리 머빈 골드버그Hartley Mervin Goldberg에서 하틀리 게일로드Hartley Gaylord로 개명한 게리의 사촌도 게리네 9번가 아파트를 기억했다. "기껏해야 65제곱미터도 안 되는 집이었을 거예요. 정말 작았죠. 게리네는 가난했어요." 게리 가족은 영화를 보러 갈 여유조차 없었다. 게리는 선셋 스트립에서 영화배우들이 차에서 내려 고급 레스토랑으로 들어가는 모습을 본 적이 있었다. "우리 아버지는 넉살이 좋아서 주차장 안내원에게 몇 달러를 쥐여 주곤 우리가 앞줄에 설 수 있게 해 달라고 부탁하기도 했습니다." 게리가 말했다. 어느 날 밤, 게리는 제니퍼 존스Jennifer Jones가 리무진에서 내리는 광경을 목격했고 그 우아함에 감탄했다. 수년 뒤, 제니퍼와 안면을 트게 된 게리는 이 일화를 들려주었다.

어빙의 친척들도 로스앤젤레스에 정착해 있었다. 이들은 텔마의 친척보다 훨씬 다채로운 사람들이었다. 게리가 '윌리Willie'라고 불렀던 빌 골디Bill Goldie 삼촌은 미키 코언Mickey Cohen이라는 조직 폭력배와 일하며 웨스턴 애비뉴에 있는 술집 블랙 라이트Black Lite를 운영했다. 게리의 고모인 로지는 캘리포니아가 아니라 디트로이트에서 나일론을 암거래했고, 나중에 조직 폭력배로 추정되는 남자와 결혼했다. 하틀리 게일로드의 아버지이자 게리의 또 다른 삼촌인 해리는 사업차 어빙과 함께 디트로이트와 로스앤젤레스를 차로 오가곤 했다. 해리는 불라Beulah와 결혼했는데, 불라는 가족의 사회적 지위를 높이려는 열망이 컸던 사람이다. 그래서 불라는 윌셔 대로에 있던 게일로드 호텔을 보곤 스스로 성을 게일로드로 바꿨다. 원래 '미니Minnie'라는 이름을 썼던 불라는 아들에게 '하틀리 머빈 고든 게일로드 3세'라는 기나긴 이름을 지어 주었다. 하틀리는 그 이름대로 살았다. 그는 플리머스 컨버터블 자동차를 몰았고, 서던캘리포니아대학교USC, University of Southern California의 '알파 엡실론 파이'라는 남학생 사교 클럽에도 가입했으며, 상냥하고 자신감 넘치는 한량처럼 굴었다. 게리보다 네 살 많은 하틀리는 검안법을 공부했는데, 둘은 다른 점이 무척 많았지만 좋은 친구가 됐다. 게리에게 하틀리는 직업적 롤 모델은 아니었지만, 사회적 롤 모델이었다. 또 하틀리는 자신을 잘 따르는 게리를 귀여워했고, '꼬마 사촌'이라고 부르며 사교 클럽 파티에도 데려가곤 했다. 그렇게 USC에서 하틀리와 함께 많은 시간을 보낸 게리는 나중에 그곳에서 야간 수업과 주말 수업을 들었다.

게리의 또 다른 삼촌 하이미 비버Hymie Beaver의 아들 프랭키 비버Frankie Beaver는 샌퍼낸도에서 바인랜드 컴퍼니Vineland Company라는 작은 회사를 운영했다. 교외 주택에 간이식사 공간을 전문적으로 설치해 주는 회사였다. 캘리포니아에 도착하고 몇 주 뒤, 프랭키는 게리를 고용해 배송과 설치 관련 일을 시켰다. 게리는 한 시간에 75센트를 받고 일했다.

게리는 블로어 고등학교에서 목공 수업을 들었던 덕에 설치 업무를 능수능란하게 해낼 수 있었다. 게다가 게리는 치수 측정에도 꼼꼼함을 발휘했다. 가끔은 프랭키가 잘못 설치한 설비를 고쳐 주러 가기도 했는데, 연예인 로이 로저스Roy Rogers와 데일 에번스Dale Evans 부부의 집도 그중 하나였다. "유명인 부부가 크리스마스 때 식사 공간을 사용할 수 있도록 열심히 설비를 고쳤던 기억이 나네요." 카우보이를 연기했던 유명 배우와 그의 부인은 게리를 예뻐했고, 게리의 노고에 대한 보답으로 크리스마스 저녁 식사 자리에 그를 초대해 어빙과 텔마를 무척 놀라게 했다. 이후 어느 날 밤, 골드버그 가족은 선셋 스트립에서 시간을 보내고 있었는데, 로저스와 에번스가 한 레스토랑에 나타났다. 게리를 발견한 부부는 게리를 불러 함께 차에 타고 있던 밥 호프Bob Hope에게 인사를 시켜 주었다. 아들이 밥 호프와 대화하는 모습을 본 어빙과 텔마는 놀라움에 한동안 말을 잇지 못했다. 게리는 그 상황이 불편했다. 게리는 자신이 유명인이 아니고, 유명인들과 어울려 노는 사람도 아니라는 것을 잘 알았다. 로이 로저스, 데일 에번스,

밥 호프와 잠깐 인사를 나눈 이후, 게리는 왠지 유명인이 자주 나타나는 선셋 스트립에 가기가 꺼려졌다. 그날 밤 후로 게리는 부모님과 함께 외출하지 않았다.

프랭키 비버의 여자 형제인 셜리 비버Shirley Beaver와 결혼한 아서 조엘Arthur Joel은 로스앤젤레스 다운타운 3번가에서 보석 가게를 운영하고 있었다. 게리는 그 가게에서도 일했다. 아서를 도와 보석을 닦고 시계나 선풍기 같은 물건을 고치는 아르바이트였는데, 예전에 할머니와 함께 많이 해 본 일들이었다고 게리가 말했다. "제 손재주를 보곤 일을 잘 해내리라 생각했나 봐요." 그는 종종 10년 된 가족의 포드 자동차를 몰고 다운타운으로 나갔고, 가끔은 보니 브래 술집까지 아버지를 모셔다 드리기도 했다. 그러고 나면 다운타운 끝자락의 벙커힐 꼭대기에 주차하고, 거기서 아서의 가게인 콘티넨털 보석상Continental Jewelers까지 이어져 있는 케이블카 앤젤스 플라이트Angel's Flight를 타고 다녔다. 벙커힐에서 게리의 눈길을 사로잡은 건 드문드문 서 있던 오래된 빅토리아풍 주택이었는데, 상업적인 다운타운의 분위기에 매몰되지 않은 건물들이었다. "그건 우리가 보존했어야 하는 19세기 도시 풍경의 한 단편이었어요. 당시 저는 오래된 빅토리아풍 주택이 마음에 들긴 했지만, 건축 공부를 하던 때가 아니었어요. 아무것도 모르던 때죠."

게리는 보석 가게에서 일했지만 돈을 받지는 않았다. 대신 게리는 자신의 노동과 비행 수업을 맞바꿨다. 캐나다에서 에어 카뎃 프로그램을 잠깐 체험해 본 이후로 비행에 관심이 생긴 게리는 비행을 가르쳐 줄 친척이 생겼다는 사실에 뛸 듯이 기뻤다. 제

2차 세계대전 당시 파일럿 훈련사였던 아서는 와코Waco사의 클래식 복엽기를 갖고 있었다. 그는 주말이면 게리를 비행기에 태웠고 곡예비행까지도 함께했다. 비행기는 샌퍼낸도밸리에 있는 반누이스 공항에 주차해 뒀는데, 게리는 비행기가 이착륙하는 모습을 지켜보려고 시간이 날 때면 차를 몰고 공항까지 가기도 했다. 게리의 세 번째 아르바이트인 비행기 세차 업무는 그렇게 시작됐다. 한번은 배우 딕 파월Dick Powell의 비행기를 세차했다고 한다.

로스앤젤레스 시절 초기에 게리는 비행에 가장 커다란 열정을 보였지만, 한 번도 이를 업으로 생각한 적은 없었다. "커서 뭐가 되고 싶은지 몰랐어요. 한 2주 동안은 라디오 아나운서가 되고 싶은 기분이 들기도 했고요. 하지만 전 항상 예술에 관심이 있었어요. 어머니 때문에 특히 음악에 관심이 있는 것 같다고 생각했죠." 게리는 어떤 날엔 화학공학에 대해 생각하다가 다른 날은 도면에 대해 생각했다. 게리는 열여덟 살이 되어서도 특정한 무언가에 끌리기보다는 만물에 대한 호기심이 넘쳤다.

로스앤젤레스에 도착하고 얼마 지나지 않아, 게리는 로스앤젤레스 시립대학Los Angeles City College에서 공짜로 야간 수업을 듣기 시작했다. 이 수업은 토론토에서 전혀 배우지 못한 미국 역사와 같은 지식을 배울 기회였고, 다양한 분야에 대한 게리의 관심도를 점검해 볼 기회였다. 예술과 건축을 처음 배운 것도 그때다. 게리는 도면을 썩 잘 그렸고, 해당 분야에 소질 있다는 교수의 칭찬도 들었다. 다음에는 그리기와 원근법 수업을 수강했지만 낙제하고 말았다. 게리는 F 학점을 받은 것에 충격을 받아 재수강을 결심했고, 결국 A 학점을 받아 내고 말았다. 이에 용기를 얻은 게리는 "풋내기를 위한 전문 훈련"이라고 회상하는 수업을 들었다. 그 수업은 한 현지 건축 회사가 시행하는 것이었는데, 게리는 거기서 부엌 찬장 설계와 같은 아주 기초적인 기술을 터득했다. "선생님은 제게 건축 공부를 권하셨어요. 하지만 여전히 확신이 들지는 않았죠."

정작 게리에게 커다란 인상을 남긴 건, 사촌 하틀리를 따라 다니던 USC였다. 첫 학기에 게리는 그곳에서 영문학 수업과 '인간과 문명'이라는 개론 수업을 수강했는데, 둘 다 C 학점을 받았다. 다음에 들은 영어 작문 수업은 D 학점이었다. '인간 행동의 문제점' 같은 수업에서도 C 학점이 속출했다. 1948년 가을, 게리는 '미술 감상'이라는 순수 예술 수업을 B 학점으로 마무리했다. USC에서 C보다 높은 학점을 받은 첫 수업이었다. "순수 예술은 수강 조건이 가장 덜 까다로운 수업"이었다고 게리가 회상했다. 상대적으로 쉬운 수강 조건에 좋은 점수까지 받았기에 게리는 1949년 여름, 순수 예술에 집중하기로 결심했다. 그는 도예, 자재화, '일반 설계' 과목을 수강했다. 그 학기에 게리는 A 학점 두 개에 B 학점 하나를 받으며, 지난 학기보다 훨씬 좋은 성적을 거두었다.

1948년, 한 여성이 간이 식사 공간을 구경하러 바인랜드 컴퍼니 쇼룸에 들렀다. 가게에서 5킬로미터 떨어진 노스할리우드에 사는 벨라 스나이더Bella Snyder라는 매력적인 40대 여성이었다. 그녀는 제품을 구매했고, 프랭키 비버가 설비를 설치하러 렘프 애비뷰 6623번지에 있는 벨라의 집을 방문했다. 벨라는 열다섯 살 난 딸 아니타에게 프랭키를 소개했다. 벨라와 아니타가 마음에 들었던 프랭키는 큐피드의 역할을 해야겠다는 생각이 번뜩 들었다. 그는 간이 식당 설비가 준비되면 함께 일하는 열아홉 살짜리 사촌에게 배송을 시키겠다고 말했다. 프랭키는 벨라에게 자신의 사촌이 아니타와 "나이가 맞다"고 귀띔했으며, 혹 아니타가 게리에게 관심을 보일 수도 있지 않겠느냐고 했다. 그때까지 게리는 진지하게 여자 친구를 만나 본 적이 없었다. 게리는 제품을 배달하러 가서 만난 아니타가 마음에 들었지만, 데이트하자고 전화하기가 망설여졌다. "주위에서 계속 아니타에게 전화하라고 보챘어요. 저는 마침내 전화를 걸었고, 우리는 극장에서 함께 영화를 봤죠. 아니타도 저를 좋아했어요."

아니타 레이 스나이더Anita Rae Snyder는 교사인 벨라와 약사인 루이스 스나이더Louis Snyder의 딸로 1933년 8월 23일, 필라델피아에서 태어났다. 1941년, 루이스와 벨라가 로스앤젤레스에 정착한 후로 아니타와 남동생 마크Mark, 리처드Richard도 그곳에서 자랐다. 동부의 추운 겨울에 질려 하던 참에, 이들은 로스앤젤레스에 점차 늘어나기 시작한 경제적 기회에 희망을 걸어 보기로 했다. 필라델피아의 렉솔 약국에서 근무하던 루이스는 로스앤젤레스의 한 약국을 사들였고 작은 부지에 투자까지 했다. 스나이더 가족은 굉장히 부유한 건 아니었지만 중산층의 삶을 누렸다. 이들은 유대인이었지만, 골드버그 가족만큼 민족적 출신을 강조하지는 않았다. 또한 이들은 스나이더라는 평범한 성 덕분에 도시의 여느 중산층 가족과 다르지 않아 보였다. 그래서인지 게리도 스나이더 가족을 이국적이라고 느꼈다.

장녀인 아니타는 남동생들과 터울이 컸다. 아니타는 마크보다 아홉 살, 리처드보다 열한 살 많았다. 아니타는 밝지만 완고한 성격 때문에 사춘기 때 부모님과의 마찰이 잦았다. 게리는 나중에 생각해 보니, 벨라가 아니타를 집 밖으로 내보내고 귀여운 꼬마 아들들과 오붓한 시간을 보내기 위해 자신과 아니타의 관계를 적극 지지한 건 아닌가 하는 의심이 들었다. "아니타의 어머니가 이 모든 일을 열성적으로 추진하셨어요. 제가 이용당한 것 같기도 하네요. 어쨌든 저는 아니타의 어머니가 좋았어요." 게리가 말했다. 루이스 스나이더는 게리의 조부모처럼 여성에게는 고등 교육이 필요 없다고 생각하는 사람이었다. 그래서 아니타에게 타이피스트가 되도록 가르쳤다. 게리가 말하기를, 아니타는 일전의 텔마가 그랬듯 아버지가 자신의 지적 야심을 지원해 주지 않아 무척 불만이 많았다. 아니타는 그런 아버지의 편을 드는 어머니에게도 분노했다.

리처드는 누나 아니타와 아버지의 관계가 무척 껄끄러웠다고 회고했다. 반면 리처드가 보기에 게리는 달랐다. "게리는 아니타의 뛰어난 점을 잘 알았어요. 그렇지 않았다면 아니타와 그렇게 친하게 지내지 않았을 겁니다. 왜냐하면 그는 자신이 우위에 서는 관계를 정말 싫어하거든요." 실제로 게리는 아니타가 "영특하다"고 생각했다. 아니타가 부모에게 부당한 대우를 받는 것에 공감하면서 두 사람은 일정 부분 유대감을 키워 갔다.

아니타에게 게리는 아니타가 여자라는 이유만으로 재능을 펼칠 기회를 주지 않는 억압적인 가족과 아버지에게서 벗어날 피난처가 되어 주었고, 마찬가지로 아니타도 게리가 가족에게서 벗어나 숨어들 수 있는 다정한 도피처가 되어 주었다. 스나이더 가족이 누리던 편안한 삶은 골드버그 가족에겐 꿈만 같은 것이어서 아니타의 집안에 어떤 갈등이 있더라도 게리에게는 어느 정도 배부른 소리로 들렸다. 게리는 데이트 비용을 감당할 여력이 되지 않았던 탓에 두 사람은 아니타의 집에서 많은 시간을 보냈다. "그 집에는 TV가 있었어요. 수영장, 고급 디저트, 음식, 세탁기, 건조기도 있었고요. 저는 아니타와 함께 주말이면 이 모든 것을 즐겼어요. 수영할 수 있으면 수영하고, TV도 보고 그랬죠." 다른 젊은 연인과 마찬가지로, 게리와 아니타는 둘의 관계 속에서 부모와 분리된 자기들만의 세상을 꾸릴 수 있다는 점을 좋아했다.

주로 아니타의 집에서 데이트를 즐겼던 연애 초기에 게리는 리처드의 친구이자 놀라운 음악적 재능을 지닌 한 소년을 만났다. 소년의 이름은 마이클 틸슨 토머스Michael Tilson Thomas다. 토머스의 부모가 외출하면 게리와 아니타가 토머스를 돌보기도 했다. 리처드는 자기 가족보다 더 세련돼 보이는 토머스의 가족에 매료됐고, 루이스보다 예술 세계를 향한 동경이 컸던 벨라도 토머스 가족과 보내는 시간을 좋아했다. 마이클 틸슨 토머스는 스나이더 가족이 두 쪽으로 나뉘었다고 회고했다. 한쪽에는 토머스 가족의 지적 분위기를 좋아했던 벨라, 리처드, 아니타가 있었고, 다른 쪽에는 토머스 가족과 데면데면하며 사춘기 시절 문화에 전혀 관심을 두지 않았던 운동선수 마크와 루이스가 있었다. 게리는 아니타, 벨라, 리처드의 편이었다. 게리의 눈에 리처드와 토머스는 부담스럽기보다 무척 흥미로웠다. 리처드는 게리와 마이클이 함께 피아노 앞에 앉아 연주하던 장면이 떠오른다고 했다. 악보를 읽을 줄 모르던 게리는 귀로 익힌 곡을 연주했고, 마이클은 악보를 보며 연주했다.*

게리가 USC에서 순수 예술 분야에 집중하기로 마음먹은 뒤 처음으로 수강한 수업은 도예였다. 해당 수업의 교수 글렌 루켄스 Glen Lukens는 뛰어난 도예가이자 보석 세공사, 유리 예술가였다. 도자기의 거친 표면에 밝은 색깔을 입히는 기법으로 유명했던 루켄스는 금세 게리를 마음에 들어 했다. 그는 아이티 Haïti의 도자기 산업 육성에 힘쓰고 있었는데, 아이티에서 쓸 새 유약을 시험하는 과정에서 게리에게 도움을 청했다. 게리는 루켄스의 사회적 명망과 취향, 고대 예술로 새로운 실험에 뛰어들기를 두려워 않는 도전 정신이 마음에 들었다. 그중에서도 개인의 창의성을 중요시하는 루켄스의 태도를 가장 좋아했다.

"한번은 가마에 구운 냄비가 너무 잘 나와서 글렌에게 이렇게 말했습니다. '와, 정말 아름다워요. 가마와 유약이 이토록 멋진 결

• 훗날 마이클 틸슨 토머스는 세계적으로 유명한 지휘자가 된다. 2003년, 토머스는 자신이 창단한 뉴 월드 심포니 오케스트라가 사용할 콘서트홀을 지으려 게리에게 디자인을 의뢰했다. 마이애미에 자리 잡은 홀은 2011년에 완공됐다. 리처드 스나이더도 평생 토머스의 친구였다. 자세한 얘기는 19장에서 이어진다.

대학교에서 들었던 도예 수업은 오히려 게리를 건축의 길로 이끌었다.

과물을 내다니 정말 놀라워요.' 그러자 글렌은 '아니, 앞으로는 이런 결과물이 나오면 그건 네 덕분인 거야. 냄비를 만든 것도, 그 위에 유약을 칠한 것도, 그걸 가마에 넣은 것도 바로 너야. 너는 멋진 결과물에 대한 공을 인정받을 자격이 충분해. 앞으로는 네 몫의 공도 기억했으면 한다.' 교수님은 제가 작품의 일부가 되기를 원하셨어요. 그건 지금까지도 제게 울림을 주는 중요한 교훈이었습니다."

루켄스는 로스앤젤레스의 웨스트애덤스 구역에 집을 지었다. 제2차 세계대전 이후 로스앤젤레스에서 활발히 활동한 유명 모더니스트 건축가 라파엘 소리아노Raphael Soriano와 함께한 작업이었다. 그리스 출생인 소리아노는 주거 공간을 설계할 때 알루미늄과 조립식 철판을 사용하는 것으로 유명했다. 루켄스는 게리에게 자신의 집뿐만 아니라 소리아노가 새로 짓고 있던 다른 집도 구경시켜 줬다.* "소리아노는 검은색 베레모에 검은 셔츠, 검은 재킷을 입고 있었어요." 게리가 그때 당시를 떠올렸다. "그는 일종의 프리마돈나였죠. 저는 자신의 건축물에 관해 얘기하는 소리아노를 바라봤고, 그런 저를 바라보던 루켄스는 제 눈이 그토록 반짝이는 걸 처음 봤다고 하더군요. 그러곤 제게 건축을 해 보는 게 어떻겠냐고 말씀하셨죠. 제 앞날을 내다보신 것 같아요." 루켄

---

* 게리는 루켄스와 함께 시공 중인 루켄스의 집을 보러 갔다고 회상했지만, 소리아노가 사진 작가 줄리어스 슐먼Julius Shulman을 위해 1949~1950년에 지은 다른 집과 혼동한 것 같다. 루켄스의 집은 1940년에 완공됐기 때문이다. 게리는 확실히 두 집을 다 방문했기에 기억이 엉킨 것 같고, 따라서 시공 중인 루켄스의 집을 구경했다고 착각하는 듯하다.

스는 게리가 뛰어난 도예가는 될 수는 없지만, 그래도 어떻게든 표출해야 할 창의력을 지니고 있다는 사실을 알아챈 듯했다.[*] 게리도 "철을 다루고 사람들을 지휘하는" 소리아노의 모습에 깊은 인상을 받았다.

게리는 루켄스의 도예 수업을 수강하는 도중, USC에서 졸업 작품을 제작하고 있던 몬트리올 출신 아널드 슈라이어Arnold Schrier를 만났다. 그는 프랭크 로이드 라이트의 아들 중 로스앤젤레스에 있던 로이드 라이트와 함께 일한 경력이 있었다. 게리는 하틀리와 함께 파티에 다니는 것에 푹 빠졌었던 것처럼, 이번에는 슈라이어와 함께 건축물 투어 듀오를 결성했다. 이들은 로스앤젤레스를 돌아다니며 라이트, 루돌프 신들러Rudolph Schindler, 소리아노, 리하르트 노이트라Richard Neutra와 같은 건축가들의 집을 구경했다. 그맘때쯤 게리는 도시 지리를 빠삭하게 꿰고 있어서 흥미로운 모던 건축물이 어디에 가장 많은지 잘 알고 있었다. 게리는 다른 무엇보다 로스앤젤레스를 돌아다니며 최신 건물을 구경하는 일을 즐겼다. "저는 모든 건물, 모든 거리, 모든 클라이언트를 다 알고 있었어요. 우리는 구경하다가 건물에서 쫓겨난 적도 많았죠."

슈라이어는 게리에게 자신의 친구이자 건축물 사진 작가인 줄리어스 슐먼을 소개하는 것으로 게리의 호의에 보답했다. 슐먼은 로스앤젤레스 건축가 공동체, 좁게는 로스앤젤레스 기반의 모더

---

* 리처드 스나이더가 가지고 있던 게리의 도자기는 화려한 색감에 만화 같은 느낌을 풍겼다.

니스트 건축가 공동체에서 핵심적인 인물이었다. 슐먼은 건축가들의 작품을 모두 기록했고, 할리우드힐스에 있는 소리아노가 설계한 집에서 살았으며, 종종 건축가 친구들과 어울렸다. 슈라이어는 건축가 크레이그 엘우드Craig Ellwood, 로이드 라이트 등이 참석한 슐먼과의 저녁 식사 자리에 게리를 데려갔다. 게리와 슐먼은 머지않아 친구가 되었고, 게리는 슐먼과의 식사 자리에 아니타와 동행하기도 했다. 줄리어스 슐먼의 한마디라면 서던 캘리포니아의 그 어떤 집이라도 기꺼이 문을 열어 주었기에 그는 게리와 슈라이어를 위해 투어 일정을 짜 주었다. 슐먼은 프랭크 로이드 라이트와 아들 로이드 라이트의 모든 작품뿐만 아니라, 『예술과 건축Arts & Architecture』 잡지에서 주관하고, 찰스 임스Charles Eames와 레이 임스Ray Eames, 엘우드, 소리아노, 노이트라, 윌리엄 워스터William Wurster, 피에르 쾨니그Pierre Koenig와 같은 건축가들이 저렴한 예산으로 건설한 완전히 새로운 모던 스타일의 케이스 스터디 하우스Case Study houses 시리즈도 구경할 수 있게 해 줬다.•

또 슐먼은 로스앤젤레스 기반 모더니스트 건축의 두 거장인 루돌프 신들러와 리하르트 노이트라에게도 게리를 소개했다. 게리는 두 사람에 대해 확연히 다른 인상을 받았다. "신들러는 재미있고 다가가기 쉬운 사람이었어요. 현장에서 만난 적이 있었는데,

---

• 케이스 스터디 하우스 프로그램은 새로운 테크놀로지와 건축 재료의 가능성을 선보이기 위해 1945년에 시작됐다. 이 프로그램은 1966년까지 진행됐지만, 시리즈에서 가장 중요한 작품들은 1950년대 중반에 대부분 완성됐다. 총 36채의 주택 의뢰를 받았지만 25채만 건설됐고, 주로 로스앤젤레스 근방에 존재한다.

그는 삼베옷에 샌들을 신은 보헤미안 스타일이었죠. 신들러는 덥수룩한 수염에 머리도 길었고 여자들에게 인기도 많았어요. 현장에서 일꾼들을 위해 목판에 세심하게 제도하는 모습이 좋았습니다. 저는 그렇게 직접 개입하는 모습에 마음을 빼앗겼죠. 건물도 흥미로웠고 접근성도 높았습니다. 돈이 많지 않은 저조차도 그 건물에 이입할 수 있었으니까요. 너무 비싸거나 야단스러운 집들이 아니었습니다. 그저 평범한, 여태까지도 제 마음을 잡아끄는 그런 형태였어요." 게리는 신들러에 대해 이렇게 말했다. "신들러는 훗날 제가 받을 평가를 당시에 사람들로부터 받고 있었던 것 같습니다."•

반면 게리는 노이트라에 대해 이렇게 말했다. "무척 거만했어요. 노이트라는 자아가 비대한 사람이었고, 로스앤젤레스 건축계를 군림하는 세력가였습니다. 당시 그는 규모가 큰 사무소에 30~40명 정도의 직원을 거느리고 있었어요." 당시 노이트라는 슐먼에게 명령하듯 말했고, 사진 촬영 시 일반적으로 사진 작가가 특권을 지니는 장면 구성도 자기 마음대로 정하는 모습을 보이기도 했다.

건축 공부를 권유했을 뿐만 아니라, 짐작건대 게리의 학비를 대신 내 준 글렌 루켄스 덕에 게리는 건축 수업을 수강하기 시작했

• 게리가 신들러와 자신을 동일시하는 이유는 성격이 비슷해서만은 아니다. 1930년대에 콧수염을 기른 게리의 사진을 보면 커리어 중반에 접어든 신들러와 외형적으로도 상당히 비슷하다는 느낌을 받는다.

다.* 1949년 가을, 그는 순수 예술 학부 과정의 정규 학생이 되었다. 그렇게 게리는 USC에 아주 우연히 입학했다. 하틀리와 함께 캠퍼스에서 놀다가 재미있어 보이는 야간 수업을 수강하기 시작한 것을 계기로 나중에는 정규 학생까지 되었지만, 와중에 바인랜드 컴퍼니에서 꾸준히 일도 했다. 정규 수업을 듣기 시작한 첫해인 1949~1950년에 그는 건축 설계 기초 수업, 건축사, 제도 수업을 들었다. 자재화 수업에서는 C 학점을 받았고, 나머지는 모두 B 학점을 받았다. 게리는 도예 수업을 한 학기 수강했고, 이후에도 글렌 루켄스의 도예 수업을 한 번 더 들었다. 하지만 이는 게리의 성적표에 '중도 수강 취소' 표시를 남긴 유일한 수업이 됐다. 1950년 초, 게리는 마음을 먹은 것이다. 건축가가 되기로 정했기에 도예 수업을 더 들을 이유가 없었다.

---

* 골드버그 가족이 게리의 USC 학비를 어떻게 댔는지는 게리도 도린도 잘 모른다. 로스앤젤레스 시립대학은 무료였지만, USC의 수강료는 수백 달러 상당이었고, 이는 근근이 살아가던 게리 가족에게는 엄청나게 큰 금액이었다. 게리는 장학금을 받은 기록이 없으므로 아마 돈을 직접 벌어서 학비를 충당했을 것이다. 게리는 『프랭크 게리와의 대담Conversations with Frank Gehry』에서 글렌 루켄스가 첫 번째 건축학 수업료를 몰래 내 준 것 같다고 바버라 아이젠버그에게 말했다.

4
건축가 되기

1950년 어느 봄날, 게리의 할머니 리아가 토론토 집 안에서 바닥에 쓰러진 채로 발견됐다. 리아는 뇌졸중이 왔고, 며칠 뒤 세상을 떠났다. 게리는 엄청난 충격에 휩싸였다. 게리에게 리아는 현명한 어른이자 자신을 가장 잘 이해해 주는 가족이었으며, 불안정하고 흔들리는 게리의 마음을 다잡아 주는 사람이었기 때문이다. "저는 할머니를 정말 좋아했어요. 제 목숨과도 같은 분이셨죠. 신기하게도 저를 잘 아셨고요. 돌아보면 할머니는 제 안의 무언가를 알아봐 준 유일한 사람이었습니다." 리아는 어머니인 텔마보다 게리의 창의력을 더 잘 알던 사람이었다.

게리는 할머니와 그토록 친밀했지만, 캐나다에서 열리는 장례식에는 참석하지 않았다. 어빙의 행동은 갈수록 비뚤어졌다. 도린은 화가 잔뜩 난 어빙이 자신에게 라디오를 던지던 모습과 그

즈음 텔마가 거의 말버릇처럼 되뇌던 "어빙, 그만해!"라는 말을 떠올렸다. 어빙은 분명 어딘가로 떠날 수 있는 상태가 아니었다. 그래서 텔마는 어빙과 함께 캐나다로 가지 못했고, 자연스레 게리는 집에서 아버지를 감시하는 일을 떠맡았다. 텔마는 열두 살이었던 도린을 데리고 리아 캐플란의 장례식에 참석하러 토론토로 향했다.

유대교의 전통적인 애도 풍습인 '시바Shivah'는 약 7일간 이어지는데, 텔마와 도린은 그보다 더 오래 토론토에 머물렀다. 텔마는 미국 여권이 없어서 미국에 입국하지 못하고 몇 주 동안 캐나다에 체류해야만 했다. 미국 국경 요원은 그녀가 지니고 있던 신분증에 출생지가 폴란드로 되어 있다는 점을 꼬투리 잡았다. 텔마가 영원히 돌아오지 못할까 봐 걱정되었던 게리와 어빙은 지방의원 헬렌 가하간 더글러스Helen Gahagan Douglas에게 도움을 청했다. "우리는 무작정 헬렌에게 전화해 도와 달라고 부탁했어요. 헬렌과 연줄 같은 건 전혀 없었습니다. 그녀의 집무실을 방문한 기억이 나는데, 그분은 정말 아름다웠어요. 헬렌은 진심 어린 마음으로 우리를 돕겠다고 답했고 정말 도와주셨죠. 제 어머니를 돌려주신 분입니다."• 1950년 6월 20일, 리아가 눈을 감은 지 대략 6주

• 물론 1950년에는 지금보다 주민들이 훨씬 더 쉽게 의원을 만날 수 있었겠지만, 게리와 어빙이 어떤 경로로 헬렌에게 연락을 취했는지는 확실치 않다. 게리나 어빙과 같은 정치적 성향을 지닌 사람들이 진보주의자인 헬렌에게 도움을 요청한 것은 그리 놀랍지 않다. 배우 멜빈 더글러스Melvyn Douglas와 결혼한 헬렌은 나중에 리처드 M. 닉슨Richard M. Nixon에게 의원직을 빼앗기고 만다. 닉슨은 선거 운동에서 헬렌이 공산주의에 너무 자비롭다고 거짓 비난했다. 헬렌은 선거에서 패배한 뒤 진보주의자들 사이에서 거의 순교자에 가까운 영웅이 됐다.

정도 흐른 뒤에야 어빙은 이민국으로부터 텔마의 귀국을 허락하는 비자를 받을 수 있었다.

텔마와 도린이 귀국한 후부터 골드버그 가족의 상황은 나아지기 시작했다. 텔마는 브로드웨이 백화점의 직물 판매 매장에서 영업 사원으로 승승장구해 나중에는 책임자 직책까지 올라섰다. 텔마는 고객과 동료 모두에게 사랑받았고, 동료들은 그녀를 '골디' 혹은 조금 더 정중하게는 '골디 씨'라고 불렀다. 훗날 텔마는 다시 디자인 부서로 승진했고, 매장의 인테리어 디자인 서비스를 책임졌다. 게리가 기억하기를, 텔마는 엔터테이너 새미 데이비스 2세Sammy Davis Jr.의 인테리어 장식을 맡게 되었을 때 가장 좋아했다. 텔마는 고상한 척하는 부류는 아니었지만, 예절과 품위를 갖추었으며 겉으로 드러나는 태도도 중요하게 여겼다. 텔마는 베벌리힐스에 사는 친구가 개최한 음악 파티에 하틀리 게일로드를 데려간 적도 있었다. 하틀리가 말했다. "파티에는 25~30명쯤 있는 것 같았어요. 파티장에서 앉아 있으면 누군가 나와 피아노를 치며 노래를 불렀죠. 꽤 근사했어요. 텔마는 항상 그 파티를 좋아해서 우리는 자주 갔습니다. 텔마는 정말 멋진 사람이었어요."

1950년 하반기에 이르자, 직장인 백화점에서 성공을 거둔 텔마 덕분에 골드버그 가족은 벌링턴 아파트에서 벗어날 수 있었다. 벌링턴 아파트는 이들이 캘리포니아로 이주하기로 했을 때 품었던 희망찬 전망보다는 지난 3년간 맞닥뜨려야 했던 온갖 고통을 상징하는 공간이었다. 형편이 나아진 로스앤젤레스 주민들이 으레 그러듯, 이들은 서쪽으로 거처를 옮겼다. 새 아파트는 페어팩스 애비뉴의 파머스 마켓 남쪽의 미라클 마일 구역 내 오렌지 스트리트 $6333\frac{1}{2}$번지에 있었고, 네 가구가 사는 건물이었다. 엘리베이터가 없는 2층 플랫은 베벌리힐스의 저택 같다고 할 수는 없었지만, 벌링턴 아파트보다 공간적으로나 환경적으로나 훨씬 나아진 것이었다. 새 아파트에는 방 두 개, 개별 다이닝 룸, 후면 포치가 있었다.

오렌지 스트리트의 아파트로 이사한 덕을 가장 적게 본 사람은 도린이었다. 가족 중 가장 나이가 어린 도린은 여전히 거실 소파에서 잠을 청해야 했다. 텔마와 어빙이 침실 하나를 차지했고, 그 즈음 건축 공부 때문에 작은 스튜디오 크기의 작업실이 필요했던 게리에게 나머지 방 하나가 온전히 주어졌다. 게리는 제도 작업을 너무 많이 한 바람에 그의 방을 치우는 것도 텔마에게는 꽤 힘든 일이었다. "어머니는 오빠가 방에서 석탄을 퍼 나르고 있다고 말씀하시곤 했어요. 오빠가 연필로 작업해서 사방에 연필심과 흑연 가루가 있었거든요. 어머니는 그 방을 청소하는 걸 정말 싫어하셨죠."

하지만 이사 후에도 상황이 크게 달라지지 않았음을 알려 주는 것은 어빙의 건강 악화와 죽 끓듯 하는 변덕이었다. 어빙은 스탠더드 커피 컴퍼니Standard Coffee Company에서 비정기적으로 방문 판매원 일을 했으며, 1952년에는 2,036달러를 벌었다. 텔마와 마찬가지로 어빙도 최대한 남들에게 좋은 모습을 보이려 애썼지만, 그에겐 쉽지 않은 일이었다. 어빙은 친구들이나 자신이 좋아하는 친척들 앞에서는 쾌활한 모습을 보였다. 하틀리 게일로드는 어빙이 자기 집에 제법 자주 들러서 가족들과 따뜻하게 대화했으며, 건강에 문제가 있다는 얘기는 절대 하지 않았다고 했다. 하지만 오렌지 스트리트의 아파트로 돌아오면 어빙은 간신히 계단을 기어올랐고, 이사를 했을 때쯤에는 이미 아르바이트조차도 버거운 상태였다. 도린은 어빙이 힘겹게 계단을 올라 집에 들어온 뒤 지쳐서 몇 시간이고 아무것도 하지 않고 가만히 앉아 있던 나날을 떠올렸다. "너무 우울해서 집에 오기가 싫었어요."

날마다 약해져 가는 심장에, 5년 전 진단받았지만 제대로 관리하지 못한 당뇨까지 겹쳐 어빙은 점차 쇠약해졌고, 그로 인해 기분 변화도 극심해졌다. 도린이 말했다. "아버지는 하루에 인슐린 주사를 세 대나 맞았고 콜라를 열 캔은 마셨어요. 오빠와 제가 울며불며 아버지께 그만하라고 빌었던 적도 있었죠. 아버지는 주체하지 못하셨어요." 게리도 어빙의 불안한 정신 상태에 많이 지쳐 아버지를 정신과 의사에게 모셔 간 적도 있었다. 하지만 첫 상담만에 의사는 어빙을 치료할 수 없다고 말했다. "의사가 그런 말을 한 건 정말 터무니없었지만, 당시 저는 잘 몰랐어요."

게리와 도린은 어빙과 함께 로스앤젤레스 시립병원을 수차례 들락거려야만 했다. 게리의 가족은 사설 병원의 엄청난 치료비를 감당할 수 없었기에 도시 내 최고의 의료 시설을 갖춘 병원이 아니라 가난한 사람들이 치료받는 곳으로 갈 수밖에 없다는 사실 때문에 불안감이 더욱더 증폭됐다. 도린은 "복지 차원으로 시에서 아버지의 치료를 지원해 줬어요"라고 말했다. 도린은 어빙이 또 한 번 심장 마비를 일으킨 뒤 병원을 찾았는데, 병상이 부족해 어빙과 둘이 복도에서 순서를 기다리던 때를 떠올렸다. 텔마는 동부에 살고 있던 로지에게 어빙의 치료비를 부탁했지만, 로지는 거절했다. 더는 어빙의 치료비를 부탁할 곳이 없었던 가족은 다음번 위기와 그다음 위기에도, 그 이후에도 매번 시립병원을 찾아온 가난한 이들의 틈바구니에서 하염없이 차례를 기다려야만 했다.

1949~1950년 사이에 게리는 USC에 순수 예술 학부 학생으로 등록되어 있었지만, 실제로 게리가 수강한 수업은 대부분 건축과 관련된 것들이었다. 그러다 1950년 봄, 글렌 루켄스의 권유로 게리는 정식으로 건축학부에 몸을 담게 되었다. 하지만 일반적인 방법으로 건축학부에 들어간 것은 아니었다. 게리와 다른 세 명도 USC에 이미 재학 중이었는데, 관련 기초 수업을 착실히 수강한 덕에 학교 측에서 이들에게 1학년 교과 과정을 생략하고 건축학부 2학년으로 편입할 수 있도록 허락했다. 게리는 건축학부 2학년으로 편입하기 위해 받았던 추천서에 대해 이렇게 말했다. "누군가가 제게 좋은 말을 해 준 건 그때가 처음이었어요." 그렇게 네 사람은 학생이 열한 명이었던 건축학부에 들어갔고, 이후 건축학사 학위를 받을 때까지 5년간 함께 붙어 다녔다.

그때까지만 해도 로스앤젤레스에서 정규 건축 과정을 제공하고 학위를 수여하는 주요 대학교는 USC밖에 없었다. 현지에서 USC와 견줄 만한 대학교인 캘리포니아대학교University of California에 건축계획학과가 탄생하기까지는 이후 14년이 걸렸다. 또 독립 건축학교인 서던캘리포니아건축학교SCI-Arc, Southern California Institute of Architecture가 문을 연 것은 그로부터 23년 뒤다. 따라서 1950년에 제대로 된 건축 교육을 제공하던 곳은 USC뿐이었고, 도시에서 가장 유명한 건축가들도 거기서 학생을 가르쳤다. 직접 강의를 하지 않던 건축가들도 자주 학교에 나타났는데, 왜냐하면 USC는 전후 로스앤젤레스에서 매우 보기 드물었던 학문적인 건축 문화가 존재하던 중심지였기 때문이다. 그곳 교수진은 모던 건축에 강점을 두었다. USC는 게리가 수년 전 블로어 고등학교 도서관에서 보았던 건축 책처럼 예쁜 영국 시골집을 짓는 법을 가르치는 곳이 아니었다. USC에서는 1934년에 그 학교를 졸업한 라파엘 소리아노의 작품처럼 조금 더 엄밀한 모던 건축물이나, 전후 로스앤젤레스에서 주요 세력으로 떠오른 윌리엄 페레이라William Pereira의 화려한 모던 건축물, 혹은 당시 젊은 건축가들이 선망하는 대상이었던 존 라우트너John Lautner의 놀랍고도 미래적인 주택을 설계하는 법을 가르쳤다. 훗날 '미드센추리 모던'으로 불리며 로스앤젤레스와 줄곧 연관됐던 디자인 양식의 정신적 고향은 USC나 마찬가지였다. USC의 교수들이 주택, 상업 건물, 기관 건물 등을 활발하게 지으며 전후 도시를 채워 갔기 때문이다.

게리는 아널드 슈라이어와 줄리어스 슐먼을 통해 여러 건축가와 안면을 텄다. 게리는 예전부터 이들 덕에 건축 전문가들과 네트워크를 구축해 왔었는데, 그 네트워크에는 점차 하웰 해밀턴 해리스Harwell Hamilton Harris, 캘빈 스트라우브Calvin Straub와 같이 USC에서 학생을 가르치던 로스앤젤레스 기반 모더니스트 건축가들이 들어오기 시작했다. 게리는 이들을 좋아하고 동경했지만, 여전히 자신이 아웃사이더라는 느낌을 떨치지 못했다. 게리는 기질적으로 모임에 참석하는 것을 즐기는 사람이 아니었다. 그는 로스앤젤레스 모더니스트의 작업에 많은 영향을 받고, 그 건축가들에게서 많은 것을 배웠지만, 그들에게 그저 인정받는 데 그치지 않는 더 큰 미래를 원했다. 게리는 사랑받고 존경받고 싶었지만, 어떤 방식으로 그 꿈을 이루고 싶은지는 아직 몰랐다. 그는 아직 배우는 중이었고, 어떤 건축물을 설계하고 싶은지 깨닫기 전까지는 여전히 해야 할 공부가 산더미처럼 있었다. 하지만 멘토들의 작품과는 완전히 다른, 자기 자신만의 것을 만들고 싶다는 감각은 그때부터 움트기 시작했다.

건축학교에서 보낸 첫해는 그저 순조롭게 흘러가지 않았다. 게리는 두 번째 학기에 빌 쇼언펠드Bill Schoenfeld라는 건축가의 수업을 들었다. 당시 USC를 졸업한 지 얼마 되지 않았던 이 건축가는 이후 윌리엄 페레이라와 함께 일하며, 로스앤젤레스 국제공항 설계에 많은 공을 세운다. 하지만 1951년 봄 당시 건축학 개론을 가르치던 젊은 강사였던 쇼언펠드는 수업에 참여한 게리의 작품이 마음에 들지 않았다. 게리가 말했다. "단순하고 복잡하지도 않아서 별로 할 게 없는 건물들만 과제로 내줬어요." 쇼언펠드는 게리를 불러 게리가 건축과 맞지 않는다며 "건축학과에서 나가라"고 말했다. 이 문제는 개인적 감정에서 비롯된 것일 수도 있다. 기업적 방식으로 건축물을 만드는 쇼언펠드의 스타일에 대해 게리가 먼저 불편한 감정을 표출했을 수도 있기 때문이다. 신들러나 소리아노처럼 당시 게리가 존경하던 건축가들은 개인적 스타일과 작품의 성향에 있어서 훨씬 기업적 색이 덜한 사람들이었다.

이후 게리는 이처럼 이상한 쇼언펠드의 얘기가 순전히 다른 이유에서 기인한 것은 아닐까 하고 추측했다. "반유대주의 때문이었을 수도 있겠죠. 직접 겪었거든요. 그때 반유대주의가 스멀스멀 고개를 들고 있었어요." 로스앤젤레스는 새로움을 좇는 도시였지만, 건축계를 지배하는 건 미국의 여타 도시와 마찬가지로 여전히 앵글로색슨계 백인 개신교도였다. 유대인은 소수였고 여성은 전무하다시피 했다. 건축 분야에서 두각을 나타내는 남성들은 정치적으로나 사회적으로 보수적인 이들이 많아서 건축의 예술적 측면보다 상업적 측면이 더 강조됐다. 일부 모더니스트들의 진보적인 관심사 또한 미적 측면에 국한되어 있는 것처럼 보였다. 이들은 잘 빠진 유리 상자 형태의 집을 구상하는 데는 거침이 없었지만, 그들에게 집이라는 개념은 여전히 여자가 요리와 청소를 도맡아 하고 모든 결정은 남자만 내리는 곳이었다. 사실 이는 게리가 USC에 다니던 시절의 건축가들이 이상적이라고 생각하던 풍경이었다. 그들은 세상이 우리 눈에 비치는 방식을 바꾸기를 원했지, 세상이 작동하는 방식을 바꾸려 하지는 않았다.

게리는 생각이 달랐다. 게리는 강인한 여성들 사이에서 자랐다. 가장 먼저 할머니는 두말할 것도 없었고, 어머니 또한 로스앤젤레스로 이사한 후부터는 가장이 되어 가족을 먹여 살렸다. 또한 게리는 아니타에게서도 드높은 야망을 지닌 여성의 모습을 발견했다. 아니타의 아버지가 아니타의 교육을 더 적극적으로 지원해 줘야 한다는 생각은 게리와 아니타 사이를 끈끈하게 만들어 준 요소 중 하나였다. 게다가 어빙과 텔마는 언제나 정치적으로 진보주의자였는데, 힘든 시기를 거치며 그러한 성향은 더 굳건해진 것만 같았다. 이들은 모든 사람에게 기회가 주어져야 한다고 믿었다. 이들은 역경을 겪었지만 그런 믿음이 수그러들지는 않았고, 그 믿음을 자식들에게 물려줘야겠다는 신념 또한 꺾이지 않았다.

게리와 빌 쇼언펠드 사이의 문제가 무엇이었건 간에, 게리는 실기 수업에서 B 학점을 받았다. 쇼언펠드처럼 게리의 건축가 자질을 의심하지는 않았지만 결국 C 학점을 줬던 지난 학기 실기 수업 교사의 점수에 비하면 B 학점은 높은 것이었다. 게리와 쇼언펠드의 언쟁은 개인적 차원의 문제였기에 건축 자체나 자기 자신에 대한 게리의 마음에 커다란 영향을 미치지는 않았다. 그 비난을 자신의 능력에 대한 진정한 비판으로 받아들이지 않고, 반유대주의 때문일지도 모른다고 추측한 게리의 태도는 주목할 만하다.

USC의 건축학과는 모더니스트를 강조하는 편향성 때문에 상대적으로 건축사, 특히 유럽 건축사에 관한 관심이 부족했다. 건축사 수업에서 "샤르트르 대성당Chartres Cathedral 같은 것들이 담긴 조잡한 슬라이드"를 다루는 빈약한 강의가 있긴 했다. 또한 학생들에게 가끔 제도를 시키기는 했지만, 그에 대한 분석이나 토론은 없었다. 게리가 유럽 건축물의 중요성을 깨닫고 당대부터 지난 세기까지 그 역사를 더듬어 보기 시작한 것은 그로부터 몇 년 후다. 유럽 모더니스트는 로스앤젤레스에서 발달하는 모더니스트 건축물에 핵심적인 영향을 미쳤다. 신들러와 노이트라는 둘 다 유럽 출신이었다. 또 이들은 프랭크 로이드 라이트와 접점이 있긴 했지만, 특히 노이트라의 경우 바우하우스Bauhaus의 영향을 더 크게 받았다. 하지만 USC의 수업들은 유럽과의 연관성을 거의 강조하지 않았다. 왜냐하면 로스앤젤레스의 모더니즘을 광활한 미국 서부에서 탄생한 자생적 흐름으로 보고자 하는 열망이 훨씬 강했기 때문이다. 미스 반데어로에가 플레이노와 일리노이에 설계했고, 게리의 재학 시절에 이미 완성됐던 판즈워스 하우스Farnsworth House와 같은 미국 작품조차 USC와는 다른 세계에서 튀어나온 것처럼 보였다. "그땐 판즈워스 하우스를 싫어했어요. 미스를 싫어한 건 아니었지만, 그런 집에서는 사람이 살 수 없을 것 같았거든요. 옷을 의자에 던져두면 큰일 날 것 같은 군대 분위기의 집이었어요."

다른 시공간 속 건축물의 중요성을 좀처럼 인정하지 않았던 USC의 분위기에도 예외는 있었다. 그건 바로 일본 건축이었다. 프랭크 로이드 라이트를 필두로 많은 미국 모더니스트가 일본 건축이 지닌 단조로운 선, 공간의 순수성, 따뜻함과 건조함의 우아한 조합을 찬양했다. "당시에는 일본의 영향력만 유일하게 인간적이었어요." 게리는 제2차 세계대전에 참전했던 건축가들이 일본에 노출된 결과, 이러한 현상이 발생했다고 생각했다. 캘리포니아는 대서양의 반대쪽보다는 태평양의 반대쪽에서 오는 영향력에 더 개방적이기 때문이라고 볼 수도 있다. 일본 건축물에 대한 편향도 게리에게 많은 영향을 미쳤다. 그로 인해 게리는 미스처럼 유명한 독일 모더니스트이자 미국으로 이주한 건축가 에리히 멘델존Erich Mendelsohn을 다른 방식으로 존경했음에도 불구하고, 어떤 연결감을 느끼지는 못했다.* 게리는 멘델존이 USC에서 강연했던 날을 떠올리며 이렇게 말했다. "저는 그렇게 이입할 수가 없었어요. 왜냐하면 아직도 일본 건축에 매료돼 있던 시기였기 때문이죠. 지독하게도 강렬한 시기였어요. 아직도 그 마음이 남아 있답니다. 그건 없애려야 없앨 수 없는 DNA 같은 거예요. 멘델존과 같은 유럽인의 작품이 중요하다는 점은 알지만, 제 마음에 들지는 않았어요. 발터 그로피우스Walter Gropius, 마르셀 브로이어Marcel Breuer, 르코르뷔지에도 마찬가지였습니다."

　로스앤젤레스에 세워지는 모던 건축물의 태생이 무엇이건 간에, 그에 대한 게리의 관심은 줄어들지 않았다. 그는 여전히 줄리어스 슐먼, 아널드 슈라이어나 건축학교에서 새로 사귄 친구들과 함께 도시를 돌아다니며 구경하기를 좋아했다. 게리 투어에 가장 자주 동행한 사람은 키가 크고 멀쑥하면서 어딘가 수줍은 학생 그레고리 월시Gregory Walsh, 일명 그렉이었다. 로스앤젤레스 근방 패서디나에서 자란 그렉은 패서디나 시립대학Pasadena City College에서 공부를 시작해 USC로 편입했다. 그렉도 게리처럼 아웃사이더 기질이 있었다. 그렉의 가족은 진보주의적 유대교가 아니라 보수적 천주교였지만, 게리 가족처럼 형편이 그리 풍족하지 않았다.

---

* 몇 년 후, 게리는 1929년 독일 포츠담에 세워진 멘델존의 아인슈타인 타워Einstein Tower를 방문하고, 이를 자신이 가장 존경하는 건축물 중 하나로 꼽는다.

그렉의 부모님은 아들에게 유대인 친구가 생긴 것을 언짢아했다. 그렉이 부모님의 반유대주의적 태도를 신경 쓰지 말라며, 이제는 게리가 "착한 유대인"이라는 것을 아신다고 말했을 때 둘의 우정은 거기서 끝날 뻔했다.

그렉은 게리와 마찬가지로 음악, 예술, 문학을 좋아했고, 자신이 동기들보다 더 지적이라고 생각했다. 또 그는 건축에 빠지게된 계기가 공학, 건설, 부동산이 아니라 예술이었다는 점도 게리와 같았다. 그렉은 예술가의 꿈을 진작 포기했는데, 그러한 결정에는 예술가가 되면 밥 벌어 먹고살지 못한다는 아버지의 견해가크게 작용했다. 그렉의 아버지는 건축도 그리 돈이 되지 않을 거로 생각했고, 그래서 그렉은 처음에 건축공학 공부를 시도했다. 하지만 한 학기 만에 공학은 자신에게 맞지 않는다는 것을 깨달았고, 더는 건축설계사가 되겠다는 꿈을 못 본 체하지 않기로 했다. 그렉은 패서디나 시립대학에서 2년을 보낸 뒤, USC로 편입하기로 했다. 하지만 학교 측에서는 그렉이 이전에 이수한 학점을 모두 인정해 주지 않아 3학년이 아니라 2학년 과정으로 편입하게됐다. 순탄치 않았던 편입 과정은 결국 그렉에게 엄청난 행운으로 돌아왔다. 독특한 배경을 지닌 또 다른 학생인 게리, 즉 프랭크 골드버그와 함께 수업을 듣게 됐으니 말이다.

그렉과 게리가 만난 건 USC에 입학한 직후였지만, 막역한 사이가 된 것은 3학년 과정이 시작된 1951년 가을이었다. 그렉은 게리에 대해 이렇게 말했다. "흥미로운 대화가 가능했던 사람은 게리밖에 없었습니다. 나머지 사람들은 말이 안 통했지만, 게리는 언제나 기발했어요. 대상을 이해하는 게리의 방식이 있었죠."

"그렉과 저는 곧장 친해졌어요. 로스와 그랬던 것처럼 무척 열정적인 사이가 됐죠. 그렉은 클래식 음악가였고 일본에 빠삭했습니다. 그래서 자연스레 저도 일본 문학을 탐독하기 시작했고, 프랭크 로이드 라이트 컬렉션과 관련된 모든 작품을 찾아봤으며, 모든 사찰의 도면을 그릴 수 있을 정도로 달달 외우게 됐습니다." 그렉은 게리를 클래식 음악 콘서트에 데려가곤 했는데, 종종 아니타도 함께했다. 게리는 그렉과 함께 로절린 투렉Rosalyn Tureck이 연주하는 〈골드베르크 변주곡Goldberg Variations〉을 들으러 간 날을 떠올렸다.

이처럼 게리와 그렉은 건축 영역 바깥의 문화적 관심사도 비슷했고, USC의 울타리를 넘어 건축에 대한 배움을 추구하려 했다는 점도 비슷했다. 게리처럼 그렉 월시도 빌딩 구경을 좋아해서 종종 함께 투어를 다녔다. 게리가 말했다. "저는 노이트라, 라이트, 신들러의 작품을 보러 가는 걸 좋아했어요. 학교 친구 중 저와 비슷했던 사람은 그렉뿐이었습니다. 그래서 매주 일요일이나 시간이 나는 날이면 우리는 함께 도시를 쏘다녔어요. 슈라이어와 아니타도 종종 함께해 주었죠. 언제나 볼거리가 넘쳐났습니다." 게리 일행은 흥미로운 건물이 있으면 한 치의 망설임도 없이 앞문으로 걸어가 실내를 구경해도 되냐고 물어보곤 했다.•

• 게리는 어느 작가와의 대화에서 "지금은 제가 정말 싫어하는, 사람들이 우리 집에 와서 문을 두드리는 짓을 그때는 제가 하고 다녔어요"라고 말했다.

"그렉은 제게 푹 빠졌었어요. 그렉은 피아노를 칠 줄 알았고, 제가 경외하는 클래식 음악에 빠삭했습니다. 무척 교양 있는 사람이었죠. 우리 수업에 그런 학생은 또 없었습니다. 게다가 아니타는 지적이었죠. 그래서 서로 수월하게 어울렸어요." 게리, 아니타, 그렉 삼총사는 USC에서 멀리 떨어진 곳까지 함께 어울려 다녔고, 그렉은 게리 가족의 새로운 일원처럼 보이기도 했다. 도린은 "그렉 덕에 오빠가 하나 더 생긴 것만 같았어요"라고 회상했다.

게리와 그렉은 자신들이 학과에서 조금 겉돈다고 느꼈고, 그 느낌은 가장 존경하는 건축가의 현대주택을 분석하라는 3학년 프로젝트 과제를 통해 확실해졌다. "게리는 아주 개성이 뚜렷한 신들러의 작품인 스튜디오시티에 있는 칼리스 하우스Kallis House를 택했어요. 저는 존 라우트너를 골랐는데, 그 역시 반골 기질이 있는 건축가였죠. 제가 분석한 집은 기둥 세 개가 육각형 지붕을 떠받치고 있는 건물이었어요." 이들의 선택은 여러모로 놀라웠다. 신들러와 라우트너는 모두 프랭크 로이드 라이트와 함께 일하며 커리어를 시작했지만, 자신만의 독창적인 작품을 만들기 위해 라이트와 이별했다. 1887년, 빈에서 태어난 신들러는 1953년에 세상을 떠났기 때문에 게리와 만났을 즈음에는 커리어가 거의 막바지에 이르렀을 때였다. 하지만 신들러는 샘솟는 창의력의 원천이었고, 게리가 대학교에서 3학년 과제를 선택했을 때 지은 지 불과 3년밖에 되지 않았던 칼리스 하우스는 훗날 게리가 발전시킨 건축적 아이디어를 선제적으로 보여 주는 작품이다. 벽이 비스듬하게 세워져 깨진 것처럼 보이는 형체에 모난 지붕, 사다리꼴 창문이 있는 이 집은 30년 뒤 게리가 샌타모니카에 지을 자택의 다듬어지지 않은 미완성 버전과도 같았다.*

라우트너는 신들러만큼이나 현대 건축물의 직선적이고 단순한 형태에 관심이 없었다. 라우트너는 그 독창성에도 불구하고 여전히 라이트와 비슷한 구석이 많았는데, 원이나 육각형처럼 기본적인 기하학 형태에 의존했다는 점과 커리어 후기에는 라이트보다 더 극적이긴 했지만, 휙 꺾이고 굽이치는 미래주의적 형태에 집중했다는 점에서 그러하다. 라우트너는 신들러보다 더 젊은 세대여서 선배 건축가들보다 훨씬 작품이 유연했고, 거만한 신들러가 과장된 싸구려라고 무시할 것 같은 어느 정도 화려한 효과를 원하기도 했다. 그렉 윌시가 3학년 과제를 진행했을 때 라우트너는 커리어의 중반을 달리고 있었고, 1970년에도 계속해서 중요한 작품을 쏟아 냈기에 게리와 활동 시기가 겹치게 된다. 신들러와 라우트너는 스타일과 성격이 달랐지만, 모두 관습을 부수는 건축가였고 주로 개인 주택으로 유명했다. 둘 다 대기업 클라이언트나 상업 부동산 개발자들과 일하기를 꺼렸기 때문에 대형 건축물이나 다양한 건축물을 짓지 않았다. 하지만 두 사람은 1951년에 게리와 그렉이 영감을 찾던 롤 모델에 정확히 부합했다.

그러나 게리와 그렉이 가슴에 불을 지펴 줄 건축가를 만나기

---

* 게리의 또 다른 주요작이자 1968년에 지어진 댄지거 스튜디오는 게리가 루이스 칸에게서 받은 영향을 보여 주는 작품인데, 이 또한 신들러의 다른 건축물과 놀랍도록 유사하다. 로스앤젤레스 남쪽에 있으며 잘 알려지지 않은 신들러의 베들레헴 침례 교회The Bethlehem Baptist Church도 매싱 형태가 독특하다는 점에서 댄지거 스튜디오와 닮았다. 자세한 이야기는 7장에서 이어진다.

위해 항상 학교를 벗어나야 했던 건 아니다. 두 사람은 캘빈 스트라우브를 뛰어난 선생님으로 여겼다. 그렉은 그를 "매우 중요한" 건축가라고 표현하기도 했는데, 왜냐하면 스트라우브는 건축을 그저 건물의 차원에서만이 아니라 주위 환경과 도시 차원에서도 생각해야 한다고 가르쳤기 때문이다. 게리가 말했다. "캘빈 스트라우브는 3학년을 담당한 교수님이셨는데, 처음부터 저를 좋아하셨어요. 제가 이 분야와 맞지 않는다고 말했던 빌 쇼언펠드의 수업을 막 벗어나 만난 스트라우브는 저를 처음으로 포용해 준 분이었죠. 그렇게 3학년을 시작하니까 제 결심은 굳어졌어요. 저는 건축을 그만두지 않을 거고, 멍청이들의 말에는 귀 기울이지 않을 거라고요. 그래서 그즈음에는 자신감도 약간 생겨났어요. 그때 스트라우브가 건축과 주위 환경에 관해 얘기했죠. 그건 이상주의적이었어요. 그해 상반기에 우리는 이상적인 도시의 다이어그램을 그리는 수업을 했는데, 저는 정치적 좌파였기 때문에 그 작업이 제 성향에 잘 맞았습니다. 멋진 작업이었어요. 그래서 캘빈은 저를 좋아했고 첫 학기에 제게 좋은 점수를 줬습니다." 그렉은 스트라우브의 수업이 "이상적인 전원도시" 작업 같았고, 도시 다이어그램을 작성하는 꽤 자세한 기준이 있었다고 기억했다. 게리는 스트라우브의 틀에 박힌 도시 설계 공식에 순간 발끈했을 수도 있지만, 공공 주택이 많이 들어선 도시를 설계해 볼 기회가 생겼다는 사실을 더 기쁘게 받아들였다. 또한 다른 학생과 마찬가지로 게리는 자신을 좋아해 주는 교수를 잘 따랐다. "하루는 스트라우브가 제게 다른 학생보다 훨씬 뛰어나다고 말해 주셨어요. 건축을 때려치워야 한다는 말을 들은 게 엊그제 같았는데 말이죠!"

"스트라우브와 함께하는 학기 초에는 모든 학생이 당황했다." 그렉은 게리와 함께 보냈던 대학 시절을 되새기는 회고록에 이렇게 썼다. "스트라우브가 말하는 '좋은 삶'이란, 주거지, 학교, 쇼핑센터, 직장이 모두 도보 거리에 있으며 차와 사람이 안전하게 분리된, 5천 명이 사는, 이상적이지만 실현 가능한 도시를 만들고자 노력하는 것이었다. 대부분 에버니저 하워드Ebenezer Howard와 클래런스 스타인Clarence Stein의 유산이었던 도시 다이어그램과 '그린벨트' 신도시는 우리에게 완전히 새로운 얘기였다. 이처럼 줄곧 상충하는 요소를 분석하는 것은 대부분 '실제 건축물'이 아니라 다이어그램을 이용한 작업이었기 때문에 불평하는 학생도 많았다. 하지만 게리와 나는 달랐다. 우리는 그 모든 것을 이해하고자 노력하면서 친구가 됐다."

게리와 그렉은 스트라우브 덕분에 도시를 조금 더 넓은 관점에서 바라보게 되어 기뻤지만, 단일 건물이나 동네, 도시의 모든 디자인을 공식으로 축소하려는 스트라우브의 성향에는 두 사람다 동의하지 않았다. 스트라우브는 기둥보 구조와 평평한 지붕을 갖추고, 기하학적 모듈에 기반해 공간을 배치하고 파사드를 구성하는 단일한 형태의 집을 선호했다. "우리는 시각적인 평가대신 모듈 계획에 너무 의존하게 되는 경향 등 그러한 방식이 초래할 수 있는 부정적인 결과에 관해 얘기를 나눴다. (…) 이 대화는 훗날 설계를 대하는 우리 태도의 중요한 기반이 되었다." 게리와 그렉은 스트라우브의 수업을 모두 마친 뒤, 어떤 사물이 얼마나 공식에 잘 들어맞는지가 아니라, 어떻게 보이고 어떻게 작동하는지를 기반으로 판단하는 경향을 갖추게 됐다. 아이러니하게도 이들이 가장 좋아했던 교수를 반면교사 삼아 배운 아주 중요한 교훈이었다.

게리와 그렉은 해리 버지Harry Burge에게서도 많은 것을 배웠다. 그는 스트라우브처럼 사회적 이상향을 지닌 사람은 아니었지만, 미학으로 치달으려는 게리와 그렉의 충동을 억눌러 줄 실용적 감각을 지닌 건축가였다. 그렉은 버지가 항상 갈색 작업복을 입었고, 전문가 실무 수업을 가르쳤다고 썼다. "그는 이미 설계한 주택을 각 학생에게 보여 주며 정확한 측정을 위해 건축 도면을 직접 작성하고, 주택을 건설 '가능'한 다른 주택으로 다시 만들어 보게 시켰다. 다른 사람의 건축 창작물을 변형하는 작업은 충격적이었다. 실용성이 우리의 순수한 개념을 물들이기 시작했다. (…) 게리는 버지의 수업에서 배운 문제 해결법, 즉 직설적이고 간명한 접근법이 자신이 원하는 건축의 방향성을 정립하는 데 가장 많은 도움이 됐다고 말했다."

게리는 버지에 대해 이렇게 회고했다. "버지는 소설 속에 사는 사람이 아니었습니다. 예술에 목매는 사람이 아니었죠. 버지는 그저 실용주의자였습니다. 그는 제게 미래가 유망하다고 말하며 이것만은 잊지 말라고 말씀하셨어요. '큰일을 하건 작은 일을 하건, 매 순간 최고의 결과물을 내보여야 한다. 너는 바로 그 결과물로 평가받는다는 걸 잊지 마.'"

USC에서 게리에게 영향을 미친 교수 중 가장 유명한 사람은 개럿 에크보Garrett Eckbo였다. 캘리포니아 출신이자 하버드 디자인 대학원에서 공부한 조경 건축가 에크보는 댄 카일리Dan Kiley와 함께 현대 미국 조경 디자인을 정의하는 데 커다란 공을 세웠다. 하지만 에크보는 카일리보다 사회적 문제에 관심이 많았다. 그는 미적 효과를 위해 식물을 미니멀하게 배치하는 방식보다는 거시적 문제인 도시 계획과 조경의 연결성에 더 골몰했다. 1950년에 출간된 그의 책 『삶을 위한 조경Landscape for Living』은 현대 건축물과 조경 디자인의 긴밀함을 보여 주는 저작이 됐다. 또한 에크보는 사회 변화를 이끄는 동인으로서 조경 디자인이 지니는 가능성을 평생 주창했다. 이러한 헌신은 특히 게리에게 커다란 인상을 남겼고, 게리는 나중에 USC에서 에크보의 조교가 된다.

게리가 말했다. "에크보는 저의 가장 친한 친구이자 가족이 되었습니다. 정치적으로도 우리는 죽이 잘 맞았어요. 에크보도 좌파였거든요."

에크보는 어느 수업에서 로젠버그 사건°에 대해 분노를 토로한 일로 반미 활동 조사 위원회가 예의주시하며 못살게 굴 만큼 좌파 성향이 강했다고 한다. 게리가 기억하길 그날 에크보는 한 학생의 질문에 답변하며 로젠버그 부부가 겪은 일이 얼마나 부당한 일이었는지를 수업 시간 내내 설파했다. 나중에 밝혀진 사실이지

• 로젠버그 부부는 미국의 원자 폭탄 프로그램에 관한 기밀을 러시아에 팔아넘긴 혐의로 유죄 판결을 받고 1953년 사형당했다. 해당 사건은 부부가 부당한 혐의를 받았다고 생각하는 미국 좌파 사이에서 커다란 논란거리가 되었다.

만 그 질문을 한 학생은 USC의 좌파 인사를 색출하기 위해 FBI에서 심은 인물이었다. 에크보가 정치적 발언을 하도록 일부러 그를 자극한 것이었다.

하지만 그 사건으로 에크보는 게리의 영웅이 되었다. 게리는 진보주의 성향의 학생들과 함께 건축과 사회적 책임의 연결 고리를 강조하는 '건축 패널'이라는 그룹을 결성했다. 패널은 '전국 예술, 과학, 전문직 위원회'라는 사회주의 성향 단체와 연계되어 있었는데, 그 연관성으로 인해 건축학과장 아서 갤리언Arthur Galleon이 곤란해지기도 했다. 학과장은 패널 회원이었던 게리와 그렉을 사무실로 불러 이렇게 말했다. "게리, 모든 길에는 경계가 있게 마련이야. 경계 위에 서면 양쪽을 모두 볼 수 있단다. 한쪽으로 치우치지 마라."

게리는 학과장의 말이 무슨 뜻인지 알아채지 못했다. 이후에도 그는 계속 건축의 사회적 책임에 대해 말하는 회담 자리를 마련하고, 공적 문제에 대한 단체의 견해 표명을 적극적으로 장려하는 등 건축 패널에서 활발하게 활동했다. 특히 패널은 로스앤젤레스 다운타운 부근의 차베스 라빈 구역에 예정되어 있던 공영 주택 건설 계획을 둘러싼 첨예한 갈등에 적극적으로 개입했다. 차베스 라빈은 주로 멕시코 출신의 저소득자들이 거주하는 동네였는데, 거대한 공공 주택 단지를 건설하려는 목적으로 시에서 토지 수용권을 행사해 그 구역을 사들인 상태였다. 리하르트 노이트라와 로버트 E. 알렉산더Robert E. Alexander가 설계한 엘리시안 파크 하이츠Elysian Park Heights 프로젝트는 13층짜리 건물 24채와 연립 주택 163채를 건설해 총 3,600가구가 입주할 수 있는 저렴한 아파트를 제공해 로스앤젤레스에서 가장 규모가 큰 공공 주택 단지를 건립할 예정이었다. 이것이야말로 건축가의 능력을 발휘해 사회 문제를 해결해 보이는, 게리가 꿈꾸는 이상적 프로젝트였다. 하지만 모든 사람이 게리에게 동의하지는 않았다. 도시에서는 전반적으로 프로젝트를 반기지 않았다. 후대 사람들이라면 가난한 사람이 터전을 빼앗긴다는 이유로 이 프로젝트를 반대했겠지만, 『로스앤젤레스 타임스*Los Angeles Times*』의 선동과 더불어 1950년대 캘리포니아 남부의 정치적 분위기상 엘리시안 파크 하이츠를 반대하는 이들은 그토록 커다란 규모의 공공 주택 단지를 건설하는 것은 사회주의적인 발상이므로 용납할 수 없다고 생각했다. 겉으로 보기에 로스앤젤레스는 고속도로를 놓고 도시를 확장하면서 새로운 세계를 상징하는 것처럼 보였지만, 사실 주민 대다수는 진보적 사회가 아니라 더 나은 일자리와 날씨를 좇아 이주해 온 중서부 혹은 남부 출신이기에 본질에서는 보수적인 도시임이 새삼스레 드러나는 계기였다. 그렇게 엘리시안 파크 하이츠 프로젝트는 사회주의의 도시 침공이라는 비난을 받고 무기한 연기되다가 결국 무산되고 말았다. 사회주의라는 비난이 터무니없어 보일지라도, 당시에는 반미 활동 조사 위원회가 로스앤젤레스 주택청의 부청장이었던 프랭크 윌킨슨Frank Wilkinson에게 소환장을 보낼 만큼 진지하게 다뤄졌다.* 결국, 공공 주택 건설 프로젝트가 무산되기 전에 이미 원주민들을 퇴거시킨 상태였던 백만 제곱미터 넓이의 빈 땅은 다저스Dodgers의 손에 넘어갔고, 그곳에는 다저스 스타디움Dodger Stadium이 들어섰다.

　게리의 정치 감정은 탄압받은 사람들에게 으레 건네는 동정심을 넘어서는 것이었다. 게리는 자신이 기존 지배층에 절대로 받아들여질 수 없는 아웃사이더라 여겼는데, USC의 건축 사교 클럽에 가입하라는 초대를 받지 못하자 그러한 생각은 더욱더 굳어졌다. 게리는 하틀리처럼 사교 클럽을 좋아하는 타입은 아니었지만, 하틀리가 활동하던 사교 클럽인 알파 엡실론 파이에 가입했다. 소속될 곳을 찾고 싶었다기보다는 하틀리와 어울리는 것을 즐겼기 때문이었다. 나중에 게리는 멤버가 전부 유대인인 클럽에 흑인 동급생을 데려오려 했다는 이유로 알파 엡실론 파이에서 추방당했다. 이후 게리는 한때 자신을 환영했던 알파 엡실론 파이를 무시했다. 하지만 건축 사교 클럽 '알파 로 치'가 자신을 무시하는 건 다른 문제였다. 게리는 그루초 막스Groucho Marx처럼 자신을 원하는 클럽의 일원이 되는 것은 크게 중요하게 생각하지 않았다.(그루초 막스는 미국의 코미디언이자 배우로, "나 같은 사람을 일원으로 받아 주는 클럽에는 가입할 생각이 없다"라고 말한 적 있다.—옮긴이) 그는 이미 가입을 한 번 승인받았던 클럽을 제 발로 박차고 나오는 게 좋았다. 장난스러우면서도 사회 저항의 의미를 전달한다는 측면에서 더 기뻤다. 하지만 거절할 수 있는 사람이 게리 자

• 윌킨슨은 엘리시안 파크 하이츠 프로젝트와 정치적 견해에 대해 심문당했다. 그는 자신의 정치적 성향과 프로젝트는 무관할 뿐만 아니라, 반미 활동 조사 위원회가 그러한 질문을 할 정당한 자격도 없다고 생각해 대답을 거부했다. 윌킨슨은 그로 인해 의회의 미움을 사 부청장 자리에서 물러나야만 했다.

신이 아닌 상황은 무척 불쾌해했다. 게리는 그렉 월시를 포함한 다른 친구들이 소속돼 있던 알파 로 치에 속하지 못해 속이 끓었다. 그러한 배제가 반유대주의에서 비롯된 것이라는 생각이 게리의 마음속에서 다시금 고개를 쳐들었다. "그들이 무슨 꿍꿍이인지 알고 있었어요." 게리는 그 경험으로 좌파적 정치 성향이 더욱더 단단히 뿌리를 내렸다고 했다. "그 사건은 제 진보주의적 태도에 불을 붙였어요. 더 강렬해졌죠."

한편, 게리와 아니타의 관계는 갈수록 단단해졌다. 두 사람 모두 타인과 그토록 친밀한 관계를 맺은 것은 처음이었고, 부모님의 집에서 벗어나고자 하는 공통된 욕망이 어느 정도 두 사람의 관계를 부추겼다. 하지만 둘은 서로에게 단순한 도피처 그 이상이었다. 그들은 세계관과 정치관을 공유한다고 믿었다. 아니타는 게리의 작업을 응원했고, 게리도 자기만의 커리어를 가지려는 아니타의 결심을 응원했다. 둘은 서로 함께인 시간을 즐겼다. 말할 것도 없이 서로 육체적인 끌림 또한 느꼈다.

골드버그 가족과 스나이더 가족은 곧 친해졌고, 양가는 게리와 아니타의 결혼은 당연하며 시간문제일 뿐이라고 생각했다. 리처드 스나이더의 기억에 따르면, 어빙과 텔마는 노스할리우드에 있는 스나이더의 집에 들르기도 했으며, 그 화답으로 스나이더 가족이 오렌지 스트리트에 있는 어빙의 집에 간 적도 있었다. "텔마는 활기차고 똑 부러지는 사람이었어요. 어빙은 건강이 무척 좋지 않았지만, 항상 양복을 입고 있었습니다." 어빙과 텔마가 스나이더 가족과의 관계를 진지하게 여겼다는 증거다. 양가는 곧 결합할 것이었기에 단순한 지인이 아니었다.

1952년 겨울, 적어도 그 당시에는 무를 수 없을 것같이 보였던 일이 일어났다. 2월 2일, 스물세 살 생일을 3주 반 남겨 두고 게리는 밸리 유대인 커뮤니티 센터에서 아니타와 결혼했다. 아니타는 열여덟 살이었다. 텔마와 어빙은 한 푼 두 푼 모아 게리에게 정장 한 벌을 사 줬다. 벨라 스나이더는 아니타를 위해 드레스를 만들었다. 결혼식 규모는 조촐했고, 참석자는 대부분 골드버그 친척들이었다. 당시 아니타와도 꽤 친했고 게리의 가장 친한 친구였던 그렉 월시는 결혼식에 참석하지 않았다. 게리가 유대인 전통 결혼식의 마지막 의식으로 와인잔을 깬 뒤 실수로 그 조각을 밟은 후로, 스포츠맨스 로지Sportsman's Lodge로 자리를 옮겨 스나이더가 주최하는 피로연을 이어 갔다. 벤투라 대로에 있는 그곳은 가짜 통나무 장식과 잉어가 가득한 연못으로 유명한 할리우드의 별나고 오래된 호텔이었다.

결혼 전에 게리와 아니타는 USC 근처 크렌쇼 애비뉴에 아파트를 빌렸다. 그들은 종이 조명과 빈백 의자, 친구가 그린 그림을 사서 집을 꾸몄다. 리처드 스나이더는 물고기 모양의 일본 종이 램프도 봤다고 했다. "게리는 항상 물고기를 좋아했어요." 그들의 집은 젊은 부부답게 대충 빈 곳이 많았고 급조된 느낌이었다. 경쾌하고 격식 차리지 않은 분위기는 게리가 자란 집과는 완전히 딴판이었다. 게리와 아니타는 결혼식 전에 그 집에서 밤을 보낸 적이 없었기에 그 집을 앞으로 살아갈 공간이 아니라 하나의 프로젝트처럼 여긴 것 같았다. 게리는 스포츠맨스 로지를 떠나 처음으로 아니타와 함께 집으로 가는 길이 무척 떨렸다. 하틀리는 피로연 때 게리의 주머니에 콘돔을 슬쩍 집어넣었지만, 게리는 아니타와 결혼하는 게 기뻐서 그녀와 잠자리를 갖는 것이 어떨지 알 수 없는 기분이었다. 두 사람 모두 첫 경험이었다.

게리와 아니타는 아파트에서 하룻밤을 보낸 뒤 데저트 핫 스프링스로 신혼여행을 떠났다. 이들은 데저트 핫 스프링스 모텔Desert Hot Springs Motel에 묵었는데, 존 라우트너가 설계한 건물이었다. 게리가 그곳을 선택한 데에는 그러한 건축학적 의미도 일부 있었다.* 로스앤젤레스에서 그리 멀지 않은 곳이었다. 그보다 더 먼 곳까지 갈 시간도 금전적 여유도 없어서 게리와 아니타는 금방 크렌쇼 애비뉴로 돌아왔다. 게리는 다시 공부에 전념했고, 아니타는 게리가 무사히 졸업할 수 있도록 뒷바라지하기 위해 일을 시작했다. 이제 게리와 아니타는 둘만의 가정을 이루었으니, 누군가는 생계를 꾸려야만 했다.

게리는 USC에서 또 다른 좌파 교수이자 건축가인 그레고리 아인Gregory Ain을 포함해 여러 훌륭한 교수를 만났다. 게리가 만난 다른 건축가처럼 반공주의의 물결 아래 조사를 받았던 탓에 아인은 "냉소와 환멸"에 가득 차 있었고, 그렉은 그런 그를 대하기 어려워했다. 하지만 게리는 아인의 교육 방식에 신나 했다. 게리

• 몇 년 뒤, 데저트 핫 스프링스 모텔이 시장에 나오자 게리는 잠깐 구매를 망설였다. 하지만 결국 미드센추리 모던 건축물의 인기를 이용하려는 다른 주인에게 팔렸고, '호텔 라우트너Hotel Lautner'로 이름이 바뀌었다.

가 "아인이 저나 제 작품을 좋아하는지 아닌지 알 수가 없었어요"라고 말할 만큼 차분했던 아인의 태도에도 불구하고, 아인은 다른 어떤 건축 교수들보다 지적으로 뛰어났기 때문에 게리는 그의 수업을 좋아했다. "아인은 「대성당의 살인Murder in the Cathedral」과 T. S. 엘리엇T. S. Eliot에 관해 얘기하거나 시를 읽어 줬고, 다른 방식으로 건축에 접근했어요." 게리는 건축을 문화로 여기는 개념에 강렬하게 끌렸다. 아인은 게리에게 새로운 사고방식을 열어젖혀 준 스승이었다. 하지만 그렉은 게리만큼이나 건축의 지적이고 비기술적인 측면에 관심이 많았지만, 아인의 태도 때문에 마음이 멀어졌다. 그리고 두 사람 모두 아인의 개방적 사고방식이 건축 디자인이라는 범주까지 적용되지 않는다는 사실을 알고는 실망하기도 했다. "디자인에 대한 엄격하고 논리적인 접근법은 한계가 많아 보였다." 그렉이 회고록에 쓴 말이다.

게리는 로스앤젤레스 기반의 대형 건축 설계 회사이자 초기 쇼핑몰 설계자로 유명한 그루엔 건축 사무소Gruen Associates의 파트너 에드가르도 콘티니Edgardo Contini의 수업도 들었다. 1952년, 딘 갈리온Dean Gallion은 게리에게 그루엔의 여름 일자리를 소개해 줬고, 그렇게 게리는 여름마다 그곳에서 일하게 됐다. 그곳은 게리가 주로 관심을 두던 공공 주택 건설로 알려진 회사는 아니었기에 둘의 만남은 이례적이었다. 하지만 도시 계획에 활발하던 회사였고, 오스트리아 출신의 공동 설립자 빅터 그루엔Victor Gruen은 전후 시대에 도시 형태를 발전시키는 문제에 관한 뛰어난 사상가였기 때문에 사회적 문제와 전혀 무관한 사무소는 아니었다. 아무튼 게리는 그루엔 사무소에서 일하는 것이 즐거웠고 마음이 편안했다. 1953년 여름, 게리는 훗날 그루엔의 가장 유명한 프로젝트 중 하나가 될 건물 설계를 도왔다. 미국 최초의 폐쇄형 쇼핑몰이자 1956년 미니애폴리스 외곽에 완공된 사우스데일Southdale 쇼핑몰이었다. 여름 동안만 일하는 하급 직원이었기에 게리는 실제 디자인 작업에 참여하지는 않았다. 게리가 학교에서 에드가르도 콘티니의 학생이 되었을 무렵, 그는 콘티니와 가까워졌다. 게리는 콘티니의 USC 작업실 설계를 위해 루돌프 신들러의 최근 작품처럼 콘크리트 패널로 만든 집을 디자인했다. 콘티니는 그 디자인이 마음에 들어서 게리에게 A 학점을 줬고, 그루엔 사무실에서 쭉 일하는 게 어떻겠냐고 권했다.

공공 주택에 관심이 지대했던 게리에게 멕시코 출신 동급생 레네 페스케이라Rene Pesqueira가 바하칼리포르니아의 도시 계획 프로젝트에 함께하지 않겠냐고 물었다. 레네의 가족은 바하칼리포르니아의 주지사 브라울리우 말도나도 산데스Braulio Maldonado Sández와 아는 사이였기에 지역 발전을 도모할 마스터플랜을 설계할 기회가 레네에게 주어졌다. 아직 건축학교를 졸업하지 않은 학생에게는 엄청난 기회였기에 게리는 잽싸게 알겠다고 답했다. 게리와 레네는 지역 연구를 위해 바하칼리포르니아에 초청됐고, 로스앤젤레스의 라 브레아 애비뉴에 있는 작은 사무실을 빌릴 자금도 지원받았다. 그들은 학교 동료를 몇 명 고용해 도시 계획 전문 협력 단체Collaborative Professional Planning Group로 사업을 시작했다.

게리와 레네가 세운 계획의 핵심은 경제 발전 촉진을 위해 칼리포르니아만灣을 가로지르는 다리를 건설해 바하와 멕시코 본토를 잇는 것이었다. "정말 들떴었죠. 우리는 산데스 주지사에게 계획을 밀어붙이라고 설득했어요. 그때 우린 너무 어려서 무슨 일이건 다 가능하다고 생각했습니다." 가장 폭이 좁은 구간이 50킬로미터에 달하는 칼리포르니아만을 가로질러 다리를 건설하는 것이 구조적으로 가능한 일인지는 차치하고서라도, 야망이 예산을 훌쩍 뛰어넘은 계획이었다. 안타깝게도 이들이 계획한 것 중 무엇도 건설되지 않았고, 프로젝트뿐만 아니라 도시 계획 전문 협력 단체도 자취를 감추고 말았다.

하지만 그 경험 덕에 게리는 졸업 작품 아이디어를 얻었다. 레네 페스케이라와 함께 게리는 바하에서 프로젝트를 구상했던 지역 한 곳을 정해서 공공 주택 단지를 설계했다. 그때만 해도 바하의 마스터플랜 프로젝트는 유효했기 때문에 공공 주택 단지 건설도 가능해 보였다. 한동안 게리는 불가능한 일을 해냈다고 믿었다. 사회적 책임을 다하는 건축에 대한 게리의 관심사도 반영하고, 돈까지 벌 수 있는 졸업 작품을 설계했다고 생각한 것이다. 5학년 실습을 가르쳤던 윌리엄 페레이라는 레네와 게리의 사업가적 감각에 놀랐다고 한다.

게리는 레네와 함께 졸업 작품을 만들긴 했지만, 여전히 그렉과 가까운 사이를 유지했다. 그렉은 샌버너디노 근처의 폰타나 시민 회관을 설계하는 조금 더 전통적인 주제를 선택했다. 하지만 그 많은 제도 작업과 건축 모형을 만들기에는 USC는 너무 좁았고, 그래서 제도실로 쓰기 시작한 게리와 아니타의 아파트에 결국 그렉도 합류하게 됐다. 그들은 거실 한가운데 있는 톱질 모탕에 메이소나이트 문짝을 눕혀 제도대로 썼고, 펠리칸 브랜드의 검은색 잉크를 뒤집어쓴 채 꼬박 한 달간 프로젝트를 제도하는 데 매진했다.

아니타는 그렉을 좋아했고, 게리가 그랬던 것처럼 그를 가족처럼 여겼다. 한번은 게리와 그렉이 합심해서 다다미 매트, 종이 벽을 마련하고 천장을 낮게 조정해 크렌쇼 애비뷰 아파트를 일본풍 주택으로 꾸민 적도 있었다. 게리의 여동생 도린의 16번째 생일을 맞아 깜짝 파티를 열어 주기 위해서였다. "게리와 그렉은 그렇게 몇 주간 파티를 준비했어요." 도린은 기억을 더듬었다. 도린의 페어팩스 고등학교 친구들은 도린이 열여섯 살 생일 파티를 모조 일식 주택에서 하는 것을 이상하게 여기기도 했다.

게리네 아파트가 임시 건축 작업실로 변신할 때쯤, 아니타는 임신했다. 임신이 아니었더라면 아무렇지 않았을 테지만, 아니타는 게리의 친구들이 집에 들락거리는 것과 거실을 쓰지 못하게 된 것이 짜증스러웠다. 하지만 아니타 '골드버그'로 불리는 것이 싫었던 그녀에게 임신은 더 큰 걱정을 안겨 주었다. 그녀는 '프랭크 골드버그'라는 이름의 건축가와 결혼해서 그저 행복하기만 한 것은 아니었다. 무엇보다 그녀는 자신의 아이가 그 이름으로 세상을 살아가기를 원치 않았다. 민족적 특색이 잘 드러나지 않는 '스나이더'라는 이름으로 살아온 아니타는 유대인이라는 사실을 대놓고 드러내는 게 불편했다. 1950년대의 정치적 분위기는 반유대주의를 부추겼고, '골드버그'라는 이름의 건축가를 고용하고 싶어 하지 않는 클라이언트 때문에 얼마나 많은 일거리를 놓쳤는지 알 수 없었다. 게리는 자신의 정체성을 숨기려 하지 않았고, 이름 때문에 자신과 일하지 않으려는 클라이언트는 게리도 원치 않았다. 하지만 유대인이라는 정체성이 쉽게 드러나면 겪는 많은 어려움을 게리 또한 삶을 통해 명확하게 알고 있었다. 특히 USC에서 생활하며 로스앤젤레스에 만연한 반유대주의를 뼈저리게 느낀 터였다. 아니타가 가장 견딜 수 없던 것은 거트루드 버그Gertrude Berg가 전형적인 유대인 어머니로 분한 라디오와 TV쇼 〈골드버그 가족The Goldbergs〉이었다. 아니타는 많은 사람에게 우스운 이미지로 각인된 이름의 무게에 짓눌리고 싶지 않았고, 자기 아이에게 그 이름을 물려주지 않기로 굳게 결심했다.

아니타에겐 텔마라는 든든한 지원군이 있었다. 텔마는 '골드버그'에서 '게일로드'로 성을 바꾸고, 아들을 하틀리 머빈 게일로드 3세(하틀리 머빈 게일로드 1세나 2세는 없었지만, 게일로드 가족은 개의치 않았다)로 바꾼 친척처럼 과감하지는 못했지만, 그래도 '골드버그'라는 이름이 자신의 사회적 열망을 반영하지 못한다는 불만을 항상 지니고 있었다. 이제껏 텔마는 그저 참고 있었던 거라, 그 이름을 떨칠 기회가 오자 두 팔 벌려 반겼다. 어빙은 심드렁했다. '골드버그'라는 이름은 잘못된 것이 없으며, 자기 무덤에 그 이름을 새기길 원한다고 했다.* 게리는 건축학과 우등생 모임과 다른

---

* 하지만 그의 바람은 이루어지지 않았다. 1962년 6월 23일에 세상을 뜬 어빙은 이든 추모공원에 묻혔고, 묘비에는 '어빙 게리'라는 이름이 새겨졌다. 하지만 도린은 만약 어빙이 조금 더 오래 살아 게리의 성공을 지켜봤더라면 '게리'라는 이름을 기쁘게 받아들였을 거라고 말했다.

많은 곳에서 유대인이라는 이유로 차별받아 왔지만, 이름을 바꾸는 건 반유대주의의 압박을 견디지 못해 꼬리 내리고 마는 회피행위라고 느꼈다. "전 이름을 바꾸고 싶지 않았습니다. 저는 진보적 가치를 추구하는 강경한 좌파니까요." 어빙도 반대했고, 개릿 에크보도 그래야 할 이유가 없다고 말하자 게리는 이름을 바꾸는 것이 매우 불편해졌다. 게리는 아니타를 거듭 설득했다.

아니타는 뜻을 굽히지 않았다. "요지부동이었어요." 게리가 말했다. 아니타는 아이가 태어나기 전에 이름을 바꾸자고 했다. 아니타는 변호사 필립 스타인Philip Stein의 조수로 일하고 있었는데, 그가 무료로 법적 절차를 진행해 준다고 해서 게리가 반박할 만한 이유 중 하나였던 비용 문제가 해결됐다. 게리는 아니타와 사이가 틀어지는 걸 막으려 결국 반대를 포기했다. "아니타를 아는 사람이라면 제가 그럴 수밖에 없었다는 걸 알 겁니다. 저는 궁지에 몰린 꼴이었어요." 게리는 아니타를 "끈질긴 조종자"라고 표현했다. 게리는 성을 바꾸는 데 찬성한 이유를 이렇게 설명했다. "아니타를 끝없이 만족시켜 주기 위해서였어요. 그녀를 행복하게 해 주려고 이 악물던 때였죠. 이름을 바꾸기 정말 싫었지만, 그냥 그녀가 내키는 대로 하게 내버려 뒀습니다."* 이는 앞으로 더 까다로워질 아니타의 모습을 예고하는 징조였을지도 모른다. "해결될 수 없는 문제가 존재하는 것 같았어요. 아니타는 제가 가져

• 시드니 폴락이 게리를 주제로 만들어 2006년 개봉한 영화 〈프랭크 게리의 스케치〉에서 게리는 이름을 바꾸라는 아니타의 고집에 항복한 것을 더 강하게 표현했다. "저는 아니타의 치마폭에 놀아나고 있었어요." 자세한 내용은 17장에서 이어진다.

다주는 급여가 항상 부족하다고 말했고, 제가 친구 집에 놀러 가는 건 죄를 짓는 거나 마찬가지였습니다." 하지만 게리는 순탄한 결혼 생활을 위해 헌신하려 했고, 이를 위해 이름을 바꾸는 것쯤은 어렵지 않다고 마음을 고쳐먹었다.

'골드버그'라는 이름을 버리기로 결정 나자, 어떤 이름을 쓸지가 고민이었다. 게리는 성의 첫 글자는 그대로 가져가고 싶다고 했고, 이미 이름을 둘러싼 커다란 전쟁에서 승리한 아니타에게 작은 전투 따위 어떻게 되든 상관없었다. 그렇게 이들은 'G'로 시작하는 새 이름을 찾게 됐다. 아니타와 어머니는 '기어리Geary'나 그 비슷한 게 어떻겠냐고 제안했고, 그렇게 '게리Gehry'라는 이름을 떠올렸다. 이런 이름은 건축가나 그래픽 디자이너만 만들 수 있을 법했다. 게리는 '골드버그Goldberg'와 모양이 비슷한 글자를 원했다. 두 이름 모두 중간 알파벳이 위로 길었고, 소문자로 쓰면 두 이름 모두 맨 앞과 맨 뒷글자가 아래로 길게 늘어졌다. '게리'에서 'h'는 '골드버그'에서 위로 기다란 글자인 'l', 'd', 'b'를 대체했고, '게리'의 끝 글자 'y'는 '골드버그'의 끝 글자 'g'처럼 아래로 길었다. 새롭게 '디자인'한 이름으로 게리의 사업은 적어도 조금은 클라이언트의 입맛에 맞았다.

하지만 게리의 기분은 크게 달라지지 않았다. 1954년 5월 6일에 최종적으로 이름이 변경됐지만, 그 후 몇 년간 게리는 자신을 '프랭크 게리'로 소개한 뒤, "그런데 원래는 골드버그였어요"라고 덧붙이는 말을 불쑥 내뱉곤 했다. 이름을 바꿨다는 사실에서 오는 부끄러움을 조금이나마 덜어 내려는 것처럼 보였다. 요한 제

골드버그Goldberg와 게리Gehry의 글자 모양을 보여 주기 위한
게리의 스케치

바스티안 바흐Johann Sebastian Bach의 곡 중 그렉 월시가 특히나 좋아하던 〈골드베르크 변주곡〉을 게리는 장난스럽게 '게리 변주곡'이라고 부르기도 했지만, 개명에 관한 불편한 마음을 떨치기에는 그런 냉소적인 유머로는 역부족이었다. 어빙은 이름을 바꾸는 것을 특히 싫어해서 게리에게 역정을 냈다. 하지만 어빙은 건강이 너무 나빠서 새 이름을 마지못해 받아들이는 것 말고는 할 수 있는 게 없었다. 그래서 어빙도 아니타, 텔마, 도린과 함께 '게리'라는 성을 갖게 됐지만, 그는 숨이 다하는 날까지도 자신을 어빙 골드버그라 생각했다.

게리의 이름이 바뀐 건 USC를 졸업하기 직전이었고, 그래서 게리를 '프랭크 골드버그'로 알고 있던 동급생들은 학생 명단에서 그 이름이 사라지자 혼란스러워했다. 몇 년 후, 게리는 USC의 몇몇 친구가 자신의 이름이 바뀌었다는 소식을 듣지 못해 자기 정체를 알지 못한다는 것을 깨달았다. "그렇게 제 삶에서 사라져 버린 사람들이 있었는데 저는 눈치도 채지 못했습니다." 게리는 앞으로 평생 '프랭크 게리'로 살아갈 것을 알고 있었기에 그 이름으로 학위를 받았다. 하지만 1954년 6월, USC 졸업식에서 건축학사 학위를 받을 때, 게리는 과거를 향한 마지막 의식을 치르듯 자신을 '프랭크 골드버그'라 호명해 달라고 부탁했다.

바하칼리포르니아 프로젝트의 실현 가능성은 점차 줄어들고 있었지만, 그래도 도시 계획 전문 협력 단체는 1954년이 저물기 전까지 프로젝트에 매진했다. 어느 봄날, 건축 패널에서 알게 된 젊은 건축가이자 노이트라의 사무실에서 엘리시안 파크 하이츠

프로젝트로 일하던 알 뵈케Al Boeke가 게리에게 노이트라의 회사
에 입사를 지원해 보라고 부추겼다. 게리는 공공 주택에 헌신하
는 노이트라의 태도는 높이 샀지만, 그의 가냘픈 국제주의 건축
양식은 별로 좋아하지 않았다. 그래도 게리는 유명 건축가가 인
터뷰하는 모습을 보러 실버레이크에 있는 그의 사무실로 갔다.
게리의 손에는 자신이 작업 중인 멕시코 프로젝트의 도면이 들려
있었다. 깊은 인상을 받은 노이트라는 게리에게 원한다면 일자리
를 줄 테니 다음 월요일부터 출근하라고 했다. "그 말을 남긴 채
자리에서 일어선 그에게 저는 이렇게 물었습니다. '월급 얘기는
누구랑 해야 하죠?' 그러자 노이트라가 답했습니다. '아, 그게 아
니에요. 월요일에 오면 직원을 만나게 될 텐데, 우리 회사에서 일
하려면 얼마를 내야 하는지 그분이 알려 줄 겁니다.'" 게리는 노
이트라처럼 유명하고 사회적 책임을 다하는 건축가가 거장 옆에
서 일하는 특권을 주는 대가로 젊은 건축가의 돈을 받고 수습 아
카데미를 운영하리라고는 꿈에도 생각지 못했다. 게리는 그럴 돈
이 없었지만, 경제적 여유가 된다고 하더라도 그런 식의 수작에
는 관심이 없었다. 수습 제도에 무척 기분이 상한 게리는 대화가
끝난 즉시 사무실을 뛰쳐나왔고 다시는 돌아가지 않았다. 게리는
회사에 전화해서 그 일에 관심이 없다는 의사를 밝히는 수고도
들이지 않았다.

　대신 게리는 지난 두 번의 여름 동안 기쁜 마음으로 일했던 그
루엔의 건축 사무소로 돌아갔다. 하지만 그리 오래 머물지는 못
했다. 그루엔 사무소나 건축과 관련된 이유는 아니었다. 그루엔

사무소에서 일을 시작한 지 얼마 되지 않아, 게리는 갑작스럽게 징집됐기 때문이었다.

USC 재학 시절인 1950년에 스물한 살이 된 게리는 미국 시민이 된 이후 공군학군사관에 합류했었다. (어빙이 미국 시민이었기 때문에 게리는 미국과 캐나다 중 시민권을 선택할 수 있었다. 텔마도 미국 시민권을 택했고, 1952년 1월에 시민권 취득 과정을 무사히 마쳤다.) 게리가 공군에 합류한 이유는 졸업 후 공군 비행 훈련을 받아 아서의 수업에서 시작됐던 비행에 관한 관심을 이어 가고 싶었기 때문이다. 징집보다 훨씬 흥미로운 이유에서였다. 신체 건강한 남성에게 병역의 의무가 있었던 1950년대 초에는 흔한 선택이었다. 그렉은 해군 ROTC에 합류했었기에 USC 학위를 딴 뒤 머지않아 일본으로 파견됐다.

게리는 운이 좋지 않았다. 게리는 4년간 공군 ROTC의 모든 수업과 훈련을 무사히 이행했음에도 불구하고, USC 부대장은 게리의 왼쪽 무릎 상태가 좋지 않은 것을 발견하곤 비행 훈련을 위한 신체검사를 통과하지 못할 것으로 판단해 졸업 전에 갑자기 게리를 강제 전역시켰다. 게리는 부대장이 한 말을 떠올렸다. "'우리가 실수했군. 넌 무릎 때문에 졸업할 수 없어'라고 하셨어요. 그래서 제가 말했죠. '제 무릎은 처음부터 이런 상태였고, 부대장님도 알고 계셨지 않습니까.' 그러자 '실수였어. 이 문제를 간과한 것 같네. 유감이군'이라고 하더군요. 그렇게 모든 고생은 허사가 됐습니다. 아마 소송 제기도 가능했을 겁니다." 나중에 게리는 그토록 무심하게 ROTC에서 퇴교당한 것이 USC의 반유대주의 분위기에서 비롯된 것이리라 판단했다.

그래도 한 가지 위안이 되었던 점은 공군 학교에 가지 못할 정도로 무릎 상태가 나쁘다면 군 복무를 위해 징집될 일도 없을 거라는 점이었다. 하지만 불운은 계속됐다. 게리는 징집 대상이 돼 소집됐고, 장애인 군의관에게 신체검사를 받았다. "군의관은 제 다리를 보더니, '내 다리에 비하면 별거 아니구먼. 나도 이렇게 군대에서 일하고 있으니 자네도 분명히 할 일이 있을 거야'라고 말했습니다." 군의관은 게리에게 불합격 판정을 주지 않았다. 그렇게 게리의 건축가 커리어는 제대로 시작조차 해 보기도 전에 갑자기 단절됐다. 게리는 그 어떤 건물도 설계하지 못할 운명이었다. 적어도 그때는 말이다. 1955년 1월, 건축학사 학위를 받은 지 6개월 만에 게리는 군대에 들어갔다.

5
권위와 씨름하기

집을 비우기에는 최악의 타이밍이었다. 아니타만 남겨 두고 가는 게 아니었기 때문이다. 게리와 아니타의 첫째 딸인 레슬리가 태어난 지 얼마 되지 않은 때였고, 게리가 캘리포니아 북쪽의 포트 오드로 기초 훈련을 받으러 갔을 때 레슬리는 생후 3개월이었다. 10월에 레슬리가 태어난 후로 일을 그만둔 아니타는 아기와 혼자 남겨지는 게 싫었다. 결혼 후에 게리의 학업을 뒷바라지하느라 학교 공부 대신 생업 전선에 뛰어들었던 아니타는 이후 아기를 낳느라 일을 그만뒀을 때는 신예 건축가의 아내라는 이점을 톡톡히 누리며 게리와 함께 레슬리를 키우는 기쁨도 만끽할 수 있을 줄 알았다. 하지만 실상 아니타는 이등병의 부인이었고, 게리는 수백 킬로미터 떨어진 곳에 있었다. 아니타는 게리가 휴가차 집에 들르면 가감 없이 짜증을 쏟아 냈다. 아니타는 게리의 군 복무로 원하던 삶을 도둑맞았다고 느끼는 것 같았다. "그 시기에 아니타는 정말 대하기 어려웠어요."

아니타는 노스할리우드의 부모님 집으로 돌아가기로 마음먹었고, 아니타와 게리는 크렌쇼 애비뉴의 아파트를 팔았다. 합리적인 선택이었다. 레슬리를 키우려면 도움이 필요하기도 했고, 아니타 혼자 외롭게 지내야 할 아파트 월세를 내자고 얼마 되지 않는 게리의 군인 월급을 쪼갤 이유는 없었다. 그렇다고 아니타의 가족 스트레스가 끝난 것은 아니었다. 1995년, 건강이 나빠진 루이스 스나이더는 딸이 집으로 돌아온다는 소식에 시큰둥했다. "어머니는 아니타를 최대한 편하게 해 주려 애쓰셨고, 아버지는 최대한 불편하게 해 주려 행동하셨어요." 당시 열한 살이었던 아니타의 남동생 리처드 스나이더가 그때를 떠올리며 말했다.

게리는 종종 주말 휴가를 받았다. 게리와 로스앤젤레스에 살던 동료 군인들은 휴가를 보내기 위해 함께 여섯 시간을 운전해서 남쪽으로 내려갔고, 일요일이면 자정 통금에 맞춰 포트오드에 도착하기 위해 다시 여섯 시간을 운전해 돌아왔다. 이토록 긴긴 여정 끝에 도착하는 애디슨 스트리트 12336번지에는 스나이더의 집이 있었는데, 그곳은 고요한 오아시스가 되어 주지 못했기에 게리는 주말이 곤혹스러웠다. 스나이더의 집에는 확실히 긴장감이 나돌았고, 게리의 장모도 아니타의 고생과 울화를 잘 알고 있다는 게 느껴졌다. 게리도 공감은 했지만, 할 수 있는 일이 없었다. 분명한 점은 적당히 검소하고 밝은 분위기였던 그들의 첫 번째 아파트를 뒤로한 채 나오게 됐다는 점이다. 편안했던 시절은 그 집과 함께 문이 닫혔고, 부부가 생각했던 것보다 훨씬 빨리 결혼 생활의 첫 번째 장이 막을 내렸다.

아니타가 어떻게 받아들였건 간에, 게리 또한 포트오드에서 꽤 어려운 시간을 보냈다. 기초 훈련은 게리에게 육체적 부담을 안겨 줬다. 게리는 몸을 잘 관리했고 운동도 즐겼지만, 다리 상태가 나빴기 때문에 특히 신병의 일상 중 하나인 장거리 행군을 고통스러워했다. 그리고 이름을 '게리'로 바꿨다고 해서 반유대주의의 표적이 되는 일이 끝나지는 않았다. 게리는 조금 슬픈 듯이 말했다. "시원찮은 다리 때문에 공군이 되지 못한 저는 영화에 나올 법한 우락부락한 육군 상사가 되기 위해 팔굽혀펴기나 윗몸일으키기를 했죠. 춥고 안개가 자욱한 아침에 소대원과 함께 행군을 나갔었는데, 다리가 아파서 약간씩 주춤거리기 시작했습니다. 그때 병장 작대기를 달고 네안데르탈인처럼 생긴 한 사내가 다가와 제게 고압적으로 소리 질렀죠. '유대인 놈아, 줄 제대로 맞춰!' 그자는 훈련 때도 저를 그렇게 불렀어요. 제가 인간임을 자각하지 못하는 바보들의 감옥에 갇힌 것 같은 느낌이었습니다."

게리는 라바차티Rabachati라는 그 병장의 언행을 부대장에게 항의했지만, 부대장은 라바차티가 별 뜻 없이 한 말이라며, 외려 게리에게 유난 떨지 말라고 충고했다. 그런 만행을 대수롭지 않게 여기는 태도에 게리는 화가 머리끝까지 치솟았다. 개인적인 공격이 아니라 기본 정의에 관한 문제라 생각했다. 군대는 원칙적으로 어떤 차별도 묵과해서는 안 되는 조직 아닌가? 게리가 친해진 병사들은 자신처럼 대학 시절 군 복무가 유예되어서 사회에서 일하다 징집된 사람들이었다. 그들은 젊은 신병들보다 몇 살 더 많았고, 세상 이치에 밝은 사람들이었다. 놀랍게도 그중 몇 명은 포트 오드에서 명령 처리를 감독하기 위해 투입된 군 변호사였다. "걱정하지 말고 그 사람 이름만 알려 줘요." 한 변호사가 게리에게 말했다. 게리는 다음 날 깨달았다. "그들은 모두를 위해 일을 처리하는 사람들이었어요. 그래서 그들은 라바차티 병장을 처리했습니다. 어느 날 가 보니 라바차티가 없더군요." 라바차티는 알래스카로 전출됐다. "그자가 알래스카로 갔다고 해서 저는 이렇게 말했어요. '안됐군요. 거긴 분명 유대인 놈들이 많을 겁니다.'"

라바차티 병장이 사라진 뒤에도 남은 기초 훈련 기간은 고역이었다. 다리는 계속 말썽이었다. 행군이 길어지는 날이면 다리가 부어올라 목 높은 군화에 살이 짓눌려 튀어나왔다. 결국 게리는 정형외과 군의관에게 보내졌다. 그는 게리의 문제가 선천적이며 군화가 다리에 더 많은 부담을 가한다는 것을 파악한 뒤, 의무적으로 신어야 하는 표준 규격 군화를 신지 말라고 명령했다. 그렇게 게리는 일반 신발을 신게 됐다. 행군이나 취사, 보초 근무 때는 군화를 꼭 신어야 했으므로 게리에게 군화를 신기지 말라는 의사의 명령은 부대장을 난처하게 만들었다. 행군도 못 하고 취사나 보초 근무도 하지 못한다면 게리를 어떻게 해야 한단 말인가? 역시 반유대주의자라고 추정되는 대위가 게리에게 "그래서 대체 네가 할 수 있는 게 뭐냐?"라고 물었다. "'전 건축가입니다'라고 답했어요. 그러자 '그러면 우리 휴게실을 바꿔 봐라'라고 하시더군요. 그래서 그렇게 했습니다." 하지만 자잘한 디자인 임무 하나로 하루아침에 병사에서 건축가가 될 수는 없었기에 남은 기초 훈련에서 벗어날 수는 없었다. 다음번에 그는 타자병 및 사무병 훈련소로 보내졌고, 사무 업무를 위한 훈련을 받았다. 이후 게리는 처음으로 포트오드 바깥으로 발령됐다. 육군 공병부대가 있는 조지아의 포트베닝이었다.

포트베닝에 있는 부대의 임무는 야외에서 다리와 도로를 측정하는 것이었다. "위험한 작업이었습니다. 당시 제3보병사단은 루이지애나의 늪지대로 산쑥 작전을 수행하러 갈 준비 중이었죠. 그들은 새로운 공격법을 개발하고 있었습니다. 저는 대위의 비서를 맡았는데, 일을 썩 잘하진 못했어요." 대위도 게리와 같은 생각이었는지, 게리는 사무병 일을 오래 하지 못했다. 대위가 게리에게 무슨 일을 할 수 있냐고 물었고, 게리는 자신이 건축가라고 답했다. "뭔가를 만들어 달라고 하신다면 저는 즐겁게 할 수 있을 겁니다." 게리가 말했다. "하지만 대위가 염두에 두고 있던 건 그런 유가 아니었어요. '글자를 써서 표지판을 만들 수 있나?' 전 할 수 있다고 답했죠." 그렇게 게리는 표지판 제작자가 됐다. 첫 번째 임무는 "변기에 휴지를 넣지 마시오"라는 문구가 담긴 표지판을 여럿 만드는 것이었다. 첫 번째 임무에는 실제 작업에 필요한 시간보다 훨씬 많은 2주간의 시간이 주어졌다. 그래서 게리는 한 글자한 글자를 정성스럽게 적어 내려갔다. 대위는 결과물에 흡족해했다. "제 그래픽 디자인은 정말 아름다웠습니다. 재미있었어요. 시시한 일이었지만, 대위는 마음에 들어 하셨습니다."

MODEL STUDIED—A Scale model of one of the new day-rooms to be built all over Third Army is studied by the three enlisted men, all designers and decorators in civilian life, who designed the models. Left to right are Sp3 Dominick Loscalzo, Pfc. Orman Kimbrough, and Sp3 Frank Gehry.

『아미 타임스*Army Times*』에 실린 게리(오른쪽)와 디자인 부대 동료들

그래픽 디자인에서 두각을 나타낸 게리는 대위뿐만 아니라 산쑥 작전을 이끄는 사령관의 눈에도 들었다. 사령관은 게리에게 작전 수행에 필요한 도표와 글자판을 만들게 시키면서 작전은 일급기밀이라고 말했다. 게리가 기밀 취급 허가를 받았을까? 그건 아니다. "자네는 건실한 애국자 아닌가?" 게리는 사령관의 질문을 떠올렸다. "그때 그 모든 진보주의 단체들이 하나씩 머릿속을 스쳐 지나가더군요." 게리가 말했다. "하지만 '저는 우리나라에 충성하며, 제 애국심에는 어떤 오점도 없습니다'라고 답했고, 사령관은 저에게 임무를 내려 주셨죠. 제가 연관될 만한 좌파 단체는 없다는 뜻이었어요. 전 아직 어렸으니까요." 게리는 기밀 정보를 받았고, 창문 없는 방에서 작전 시에 사용할 표지판과 도표를 제작했다.

다음번엔 사령관이 게리에게 전장용 변소와 같이 현장에서 사용할 집기나 가구를 만들어 달라고 했다. 게리는 두 사람이 캔버스를 사이에 두고 등진 채 볼일을 볼 수 있는 변소 디자인을 떠올렸다. "그때는 프랭크 로이드 라이트에 심취해 있던 때였어요." 게리는 라이트가 나무와 캔버스를 사용해 사막에 덩그러니 지은 탈리에신 웨스트Taliesin West를 염두에 뒀다. 산쑥 작전이 대략 6주 앞으로 다가오자 부대에는 작전 얘기만 가득했다. 게리를 포함한 모든 군인이 불안해했다. 게리는 관절염 통증으로 다리가 계속 욱신거려서 수차례 의무실을 들락거렸고, 거기서 한 젊은 군의관을 만났다. 그는 전역 후 앨라배마로 돌아가면 개원할 생각인데, 그때 병원 설계를 해 달라고 게리에게 부탁했다. 게리는 그 군의관이 마음에 들었기에 의무실을 갈 때마다 떠오르는 아이디어를 끼적거렸다. "알고 보니 사령관도 가끔 의무실에 들렀는데, 그때 군의관이 이렇게 말했다더군요. '사령관님과 함께 일하는 그 병사의 다리 상태가 무척 나쁩니다. 작전에 그 사람을 데려가선 안 됩니다.' 제가 배후에서 그를 꾀거나 부탁한 건 아니었어요." 몸 상태가 그토록 나빴음에도 불구하고 그간 어떤 불평도 하지 않고, 작전에서 제외해 달라고 요청하지도 않은 게리의 태도가 사령관의 마음을 샀다. 그래서 그는 애틀랜타 포트맥퍼슨에 주둔하고 있던 제3군에 마침 인테리어 디자이너가 필요한데, 그 프로젝트에 게리를 추천해 주겠다고 말했다. 그렇게 게리는 애틀랜타로 갔다. 부대장이었던 중장 토머스 F. 히키Thomas F. Hickey는 자기 관할 구역에 있는 모든 휴게실, 라운지, 회관을 개조하고 싶어 했다. 2백여 개의 서로 다른 군 시설에 적용할 수 있는 제품을 제작하고, 3백만 달러의 예산이 소요되는 꽤 규모가 큰 작업이었다. 하지만 중장은 건축이 아니라 인테리어 장식을 원한다고 단호하게 말했다. 게리는 해낼 수 있다고 큰소리쳤으며 증명해 보일 기회를 달라고 말했다. "저는 새벽 서너 시까지 그 모든 것을 설계했어요. 저는 가구로 가득 찬 건축 모형을 만들었습니다."

사령관은 게리의 작품이 썩 마음에 들었고, 그렇게 게리의 건축가 커리어는 첫발을 내디뎠다. 게리는 다른 두 명의 병사와 함께 작업했다. 한 명은 프랫대학교Pratt Institute 졸업생이자 뉴욕에서 프리랜서 산업 디자이너로 일했었던 도미닉 로스칼조Dominick Loscalzo였고, 다른 한 명은 시카고미술학교Chicago Academy of Fine Arts

프랭크 로이드 라이트를 향한 게리의 관심이 드러나는 부대 라운지

졸업생이자 백화점 설계 경력이 있는 오먼 킴브로Orman Kimbrough 였다. 개조한 휴게실 중 처음 네 개는 노스캐롤라이나의 포트브래그에 건설될 예정이었고, 세 명의 병사는 각자 하나씩 디자인을 준비해 오라고 명령을 받았다. 책임 장교들이 가장 마음에 드는 디자인을 택하면 그걸로 시제품을 만들 참이었다. "제 작품은 디자인이 과한 프랭크 로이드 라이트 스타일이었어요. 아니나 다를까 선택받지 못했죠. 초심자들이 자주 그러듯 저는 모든 요소를 때려 넣은 겁니다. 정도가 과했던 거죠." 하지만 결국 세 사람은 각 작품의 요소를 합쳐서 함께 작업하기로 했고, 게리는 꽤 멋진 협업에 한껏 들떴었다. 게리는 파티션이나 조명 같은 굵직한 건축 요소를 다뤘고, 도미닉 로스칼조는 가구를, 오먼 킴브로는 직물과 색감 선택을 도맡았다.

프로젝트가 다루는 범위는 넓었지만 깊이는 얕았다. 게리가 손 댈 수 있는 것은 거의 없었다. 휴게실이 있는 건물 중 아주 사소한 건축적 요소만 수정하도록 허락받았기 때문이다. 게리는 내부의 출입문과 파티션을 새로 만들었지만, 사각형 모양의 전체 구조를 바꿀 수는 없었다. 휴게실은 기본적으로 보수적이었다. 군인들이 익숙한 곳에서 편안하게 쉬기 위해 만든 공간이었기에 최신 디자인을 선호하는 분위기는 아니었다. 결과적으로 게리는 독특하고 혁신적인 무언가를 밀어붙이지 못했다. 도미닉 로스칼조는 이렇게 말했다. "아마 사각형 구조가 아니었다면 게리는 더 좋은 아이디어를 냈을 거예요. 하지만 게리는 어쩔 도리가 없다는 걸 잘 알았던 것 같아요. 그래도 게리는 임무를 훌륭하게 소화했습니다.

우리네 집 거실같이 사령관이 원하던 분위기를 연출해 냈죠."

당시 미국은 가구 디자인계에 커다란 혁신의 바람이 불던 때였다. 최신 테크놀로지를 이용해 새로운 종류의 가구를 창작하던 때로, 게리와 도미닉은 그런 흐름을 잘 알고 있었다. 하지만 두 사람 모두 이를 가까이하지는 않았다. 도미닉이 말했다. "조지 넬슨 George Nelson이 의자를 만들고, 임스 부부가 곡면 합판 의자와 플라스틱 의자를 만들던 때였죠. 하지만 우리는 작업을 진행할 때 그런 트렌드에 눈길조차 주지 않았어요. 왜 그랬는지 모르겠는데, 아마 당시에는 군대 사람들을 불편하게 하고 싶지 않았던 것 같습니다." 그렇게 이 작업은 게리가 기꺼운 마음으로 사람들에게 익숙한 디자인을 설계한 마지막 프로젝트가 됐다. 게리는 군대의 디자인 취향에 도전해서 얻을 수 있는 게 별로 없다는 사실쯤은 알 만큼 현실 감각을 지닌 사람이었다. 군대는 일반적인 클라이언트가 아니라 게리의 운명을 좌우할 만큼 권력이 막강한 집단이었기 때문이다.

하지만 이 임무 덕에 게리는 아니타, 레슬리와 다시 함께 모여 살 수 있게 됐다. 게리가 포트맥퍼슨으로 전출되자 아니타와 레슬리가 조지아로 옮겨 왔고, 세 사람은 기지 밖에서 함께 생활했다. 게리는 주말이면 다른 건축가들과 함께 부업을 하면서 여분의 수입을 벌었다. 게리는 수줍음이 많았지만, 천성적으로 사람들과 교류하기를 좋아했다. 게리는 애틀랜타 건축가들을 알아가는 게 즐거웠다. 그중에서도 게리는 자신보다 다섯 살 많고, 막 사업을 시작한 존 포트먼John Portman이라는 현지 건축가 밑에서 아르바이트를 했다. 포트먼이 사업 초기에 맡은 애틀랜타 종합도매 센터 프로젝트에서 게리는 시멘트 칠을 도맡았다.

아니타는 1956년에 둘째 딸을 낳았다. 아니타의 부모님이 손녀 에게 브리나Brina라는 이름을 지어 줬다. 리처드 스나이더가 기억 하길, 그맘때에도 누나 아니타는 스트레스가 이만저만이 아니었 다. 리처드와 마크, 어머니 벨라는 애틀랜타까지 기차를 타고 와 서 게리와 아니타네 집에 들렀다. 벨라는 다음 세대에는 장거리 기차 여행이 사라질 거라며, 그 전에 아들들에게 기차를 타고 국 토를 가로지르는 경험을 선물하고 싶어 했기에 그렇게 했다. 리 처드는 아니타가 가족을 만나서 기뻐하긴 했지만, 기분이 썩 좋 은 건 아니었다고 회상했다. 또 리처드는 푹푹 찌는 듯 후텁지근 한 애틀랜타 날씨에도 에어컨을 구경하기 힘들다는 사실에 적잖 이 놀랐다.

게리는 USC 재학 시절 가장 좋아했고 비슷한 정치적 성향을 지녔던 개릿 에크보와 사이먼 아이스너Simon Eisner 교수와 꾸준히 연락하고 있었다. "그분들은 제가 부잣집 건축이 아니라 저렴한 주택 건설과 계획에 관심이 있다는 걸 잘 알고 계셨어요." 그들은 게리에게 다시 학교로 돌아와 도시 계획을 좀 더 심도 있게 공부 해 보라고 권유했다. 하버드대학원을 나온 에크보는 하버드 디자 인대학원에서 도시계획학과에 지원해 대규모 프로젝트가 실제 로 구현되는 방식에 대해 배워 보라고 말했다. 에크보와 아이스 너의 추천으로 게리는 1956년 가을에 하버드 입학 허가를 받았다. 게리는 학기 시작에 맞춰 케임브리지에 도착해 수업을 들을 수 있도록 조기 전역을 허가받았다. 수업료는 제대군인원호법으로 상당 부분 충당했다. 게리는 하버드대학원 입학으로 새 출발하는 느낌이었다. 2년 전, 그토록 시작하고 싶었던 건축가 커리어에 드디어 첫발을 뗀 것이다.

아니타는 매사추세츠로 이사하는 게 썩 내키지 않았다. 그녀는 조지아 생활을 어서 끝내고 다시 로스앤젤레스로 돌아가 건축가의 아내가 되기를 손꼽아 기다린 거지, 케임브리지에서 대학원생의 아내로 살고 싶었던 게 아니기 때문이다. 하지만 게리는 그토록 빨리 징집되기 전의 삶으로 다시 돌아가고 싶지 않았다. 아니타에게도 잠깐이나마 동부에 남아 있어야 할 이유가 있긴 했다. 아니타는 수년간 니콜Nicole이라는 프랑스 여성과 서신을 주고받으며 우정을 쌓아왔는데, 니콜이 미국에 온다는 얘기를 들은 것이다. 니콜은 퀸메리호를 타고 9월에 뉴욕에 도착할 예정이었고, 그때 즈음이면 게리와 아니타는 매사추세츠로 가고 있을 터였다. 이들은 니콜을 만나러 뉴욕에 들를 계획을 짰다.

1956년, 게리와 아니타는 두 딸을 데리고 흰색 폭스바겐에 몸을 실은 채 애틀랜타에서 뉴욕으로 향했다. 주간고속도로 제95호선이 완공되기 전이었던 터라 꽤 고된 여행이었다. 게리는 갓난아기 때 브루클린에서 잠깐 지낸 이후로 처음으로 뉴욕에 발을 디뎠다. 이들은 부둣가에서 아니타의 펜팔 친구를 만났고, 니콜은 배에서 만난 프랑스 건축가 마르크 비아스Marc Biass를 게리 부부에게 소개해 줬다. 마르크는 풀브라이트 장학금을 받고 하버드에 공부하러 미국에 온 것이었다.

이들의 우연한 만남은 행운이었다. 마르크와 게리는 동갑이었지만, 게리가 군대에 있는 동안 마르크는 건축가로 일했었기에 경험이 더 많았다. 마르크는 프랑스 남부에서 개최되는 주요 건축 공모전에서 우승한 팀의 일원이었는데, 그 프로젝트가 연기되자 석사 학위를 따러 미국으로 왔다. 그해 초, 마르크는 현대 건축가에 관한 콘퍼런스에서 하버드대학교의 건축 과정을 이끌고 있던 카탈로니아 건축가 주제프 류이스 세르트Josep Lluís Sert를 만난 후, 그 길로 하버드에서 건축을 공부하기로 마음먹었다고 했다.

마르크는 수년 뒤 이렇게 말했다. "저는 여러 프랑스인 학생들과 퀸메리호를 타고 하버드로 가던 중이었어요. 그러다 아니타의 펜팔 친구인 한 여자 분을 만나게 됐는데, '제 펜팔 친구의 남편이 건축가인데, 저를 데리러 선착장에 나오신대요. 그분도 하버드에 입학한다고 들은 것 같아요'라고 하시더군요." 게리와 아니타는 퀸메리호가 정박할 때 부두에서 기다리고 있었다. 마르크는 당시를 이렇게 회상했다. "게리는 군복을 입고 있었어요. 폭스바겐 한 대에 두 딸과 부인을 태운 채로 온 거였죠." 게리는 마르크에게 함께 건축물 투어를 하자고 제안했다. "그래서 게리와 저는 록펠러 센터Rockefeller Center, UN 본부United Nations building, 레버 하우스Lever House와 시공 중이던 시그램 빌딩Seagram Building을 구경했습니다." 폭스바겐에는 니콜을 태울 여유가 없었고 두 건축가는 케임브리지로 떠나야 해서 건물 구경을 빠르게 끝내야 했다. 1956년의 뉴욕에는 젊은 현대 건축가가 우러러볼 만한 건축물이 별로 없었기에 그나마 다행이었다. 그들은 시간도 없었지만, 무엇보다 최신 랜드마크 외에는 더 보고 싶은 것이 없었다. 그렇게 게리는 그랜드 센트럴 터미널Grand Central Terminal, 펜실베이니아 역Pennsylvania Station, 엠파이어스테이트빌딩Empire State Building, 크라이슬러 빌딩Chrysler Building, 센트럴파크Central Park, 브루클린 브리지를 채 보기도 전에 재빨리 폭스바겐을 몰고 길을 떠났다.

게리와 아니타는 케임브리지에 도착해 정신을 차려 보니, 무엇을 위해 그리 서둘렀는지 모를 일이었다. 시간이 지나면 그 모든 역경을 감내하고서라도 하버드에 갈 가치가 있었다는 게 차츰 드러나겠지만, 그곳에서 만들어 갈 새 삶의 시작은 악몽 같았다. 우선 게리 가족은 정착하는 데 무척 애를 먹었다. 처음에는 살 집을 찾지 못해 케임브리지에서 꽤 떨어진 곳에 있는 한 모텔에서 지내야 했다. 며칠간 게리는 캠퍼스 근처에서 가격이 적당한 아파트를 찾아다녔지만 체념하고 말았다. "돈이 넉넉지 않아서 집 찾기가 쉽지 않았습니다. 수업이 시작하기 전 일요일 밤이었는데, 비가 내리고 으슬으슬 추웠어요. 둘째 딸 브리나는 아직 요람을 쓸 때였고, 첫째 딸 레슬리도 한두 살밖에 안 된 때였죠. 절박했습니다. 저는 약국에 들렀고, 하버드대학교의 도시계획학과를 이끌던 건축가이자 도시 계획가 레그 아이작스Reg Isaacs에게 전화를 걸었습니다. '아이작스 교수님, 저는 프랭크 게리입니다'라고 하자 '아, 자네가 와서 정말 기쁘다네'라고 하시더군요. 전 말을 이어 갔습니다. '문제가 생겨서 전화를 드렸습니다. 저는 모텔에 장기 투숙할 만한 돈이 없는데 도움을 청할 사람도 없습니다.' 당시 제

부모님은 재산이 거의 거덜 난 상태여서 손을 벌릴 수 없었어요. 아니타의 부모님이 도와주실 수도 있었겠지만, 저는 자립하고 싶었기에 도와 달라고 청하지 않았습니다. 그래서 아이작스 교수에게 전화했고 학교의 도움을 받을 방법이 있는지 물어봤죠. 머물 곳을 빨리 찾지 못하면 모든 것을 잃을 위기였으니까요."

아이작스는 게리의 주거 문제에 대해 학교에서 해 줄 수 있는 건 없다고만 말할 뿐, 다른 방편을 제시해 주지는 못했다. 아이작스는 게리에게 너무 걱정하지 말라며, 이번 학기에 수강을 취소하고 내년에 지원하더라도 반갑게 맞아주겠다고 말했다. "저는 망연자실한 채로 전화를 끊었습니다. 아니타에게 무슨 말을 해야 할지 몰랐어요. 그때 약국에 있던 누군가가 제 얘기를 들었는지 다가와서 이렇게 말했어요. '여기 근처에 방 하나가 남는 집이 있어요. 제가 그 집 사람들에게 전화할 테니 지금 당장 가 보시겠어요?' 저는 당장 달려갔고, 그날 밤 그렇게 겨우 방을 구하게 됐습니다."

게리는 렉싱턴 근처의 두 가구용 주택 2층에 집을 구한 덕에 주거 문제는 잘 해결됐지만, 고생은 아직 끝난 게 아니었다. 이제 겨우 시작일 뿐이었다. 게리의 모던하면서도 대중적인 감각은 로스앤젤레스가 펼쳐 보인 무수한 가능성이 빚어낸 결과물이었는데, 사실 게리는 이러한 자신의 감각이 하버드의 형식주의적 엄격함과는 맞지 않는다는 걸 처음부터 알고 있었다. 하버드 디자인대학원은 USC 건축학과보다 훨씬 모더니즘의 성지 같은 분위기였고, 태도도 훨씬 독단적이었다. 1950년대 하버드의 건축 철학은 상당 부분 건축가 발터 그로피우스에 의해 형성됐다. 발터 그로피우스는 독일 바우하우스의 공동 설립자로, 하버드대학교에서 건축 수업을 맡기 위해 1937년에 미국으로 이주했다. 지크프리트 기디온Sigfried Giedion도 그로피우스만큼이나 하버드 건축학과에 커다란 영향을 미쳤다. 그는 1938년에 하버드에서 진행했던 찰스 엘리엇 노턴 강의Charles Eliot Norton Lectures를 바탕으로 모더니즘 건축사의 고전인 『공간, 시간, 건축Space, Time and Architecture』을 집필한 스위스의 건축사학자였다.

자신이 영향을 미친 유럽 모더니즘을 향한 그로피우스의 편애는 말할 것도 없고, 그의 게르만 민족 특유의 태도는 하버드의 근엄한 뉴잉글랜드 전통과 만나 USC와는 완전히 다른 학교 분위기를 만들어 냈다. 두 학교는 그저 동부 감수성과 서부 감수성의 전통적인 차이를 반영하는 것만이 아니었다. USC와 게리는 일본 전통 건축을 염두에 두고 이를 20세기 모더니즘을 빚어낼 영감의 원천으로 삼고자 했는데, 이러한 관점은 하버드에는 존재하지 않았다.

게리는 로스앤젤레스에서 지내는 내내 자신이 아웃사이더라 느꼈고, 교우 관계에서도 다소간 수줍어하며 자신을 내세우지 않았다. 한편 그는 어딜 가든 자신이 아웃사이더의 자리에 있기를 기대했고, 그러면서도 자기 뜻을 굽히지 않는 법을 알고 있었다. 특히 게리는 로스앤젤레스에서 개릿 에크보를 비롯해 하버드 졸업생들과 많은 얘기를 나눠 봤기에 자신과 같은 시각으로 세상을 바라보는 건축가들이 케임브리지에 많지 않으리라는 사실을 익히 잘 알고 있었다. 하지만 하버드 도시계획학과의 성격에 대해서는 단단히 오해하고 말았다. 게리가 도시 계획으로 학위를 따겠다고 마음먹은 데에는 도시 계획이 좌파 정치와 본질적으로 잘 어울린다는 믿음이 있었기 때문이었다. "자네는 부잣집 건설에 관심이 있는 게 아니잖나?"라는 에크보의 말을 들으니 도시 계획이야말로 사회적 책임을 다하는 건축을 배우는 데 가장 적합한 곳처럼 보였다. 하지만 막상 수업을 들어가 보니 하버드 도시계획학과는 도시에서 발생하는 정치적, 경제적, 사회적 문제를 주로 다뤘고, 건축물 디자인과 관련한 문제는 부차적으로 훑고 넘어갈 뿐이었다. 사실 이전에도 디자인 대학원의 건축학과와 도시계획학과를 긴밀히 엮어 보려는 논의가 여러 차례 있었다. 그 결과 '도시 설계' 분야를 발전시키자는 취지의 콘퍼런스가 1956년에 개최되기도 했다. 하지만 그때는 게리가 군에서 복무할 때였다. 다음번 콘퍼런스는 1957년에 열릴 예정이긴 했지만, 그와 별개로 게리가 매일 듣는 수업은 여전히 도시 설계와는 꽤 동떨어져 있었다.

학과를 잘못 선택했다는 생각이 든 건 그리 오래지 않아서다. 19세기에 존경받던 하버드 총장을 할아버지로 둔 도시 계획가 찰스 엘리엇Charles Eliot은 도시 계획 수업을 총괄하던 책임자였고, 도시 계획에 건축 디자인이 핵심이 돼야 한다는 게리의 의견에 동의하지 않았다. 게리는 로스앤젤레스에 있던 빅터 그루엔의 사무소에서 도시와 교외 지역을 재편하는 야심 찬 프로젝트에 수차례 합류해 일했었고, 훌륭한 디자인이 올바른 공공 정책을 온전히 대체할 수 있을 거라고 믿지는 않았지만, 그래도 건축가와 도시 계획가의 역할은 진보적인 정치에 물리적 형태를 부여하는 것이라고 확신하고 있었다. 게리는 건물을 실제로 지어 올리는 데 훨씬 관심이 많았고, 사회학이나 인구통계학, 도시 관리 문제와 같은 것들은 실제 설계와 동떨어진 추상적 개념이라고 생각했다.

도시계획학과의 첫 학기 기말 프로젝트는 우스터, 매사추세츠, 웨스트 케임브리지에 대한 마스터플랜을 설계하는 것이었다. 여느 디자인 및 건축학교에서와 마찬가지로 하버드에서도 기말 프로젝트를 교수진과 외부 손님 앞에서 발표해야 했다. 건축학과를 이끄는 찰스 엘리엇과 맞먹을 정도로 영향력 있는 주제프 류이스 세르트도 도시계획학과 학생들이 과제를 발표하는 날 그 자리에 있었다. 게리는 기분이 좋았다. 하버드에서 도시 설계 분야를 개척하는 데 심혈을 기울이는 세르트를 존경했기 때문이다. 게리는 엘리엇과 철학적으로 대척점에 서 있는 세르트라면 당연히 게리가 작업한 우스터 프로젝트에 공감해 주리라 생각했다. 아직 남들 앞에서 말하는 것에 익숙지 않았던 게리는 이번 과제 발표에서 특히 긴장했다. "저는 당시 그 프로젝트를 도시 설계의 관점으로 접근했었어요. 순환도로와 주차장을 계획하고 도심지를 만들었죠. 그루엔 사무소에서 했던 것처럼요. 무척 이상주의적인 작업이었어요. 보행자를 다시 중심에 놓고 중심지를 재설계했습니다. 당시에는 사라져 가는 것들이었지만, 저는 그것들을 미래라고 봤어요."

실로 미래는 그렇게 흘러갔다. 보행 생활이 오래된 도시의 중심에 다시 놓이게 된 것이다. 그러니 게리는 1956년 하버드에서 미래를 예견했다고 할 수 있다. 하지만 엘리엇 교수의 생각은 달랐다. 게리의 과제는 엘리엇이 원하던 내용과는 딴판이었다. 발표를 시작한 지 몇 분 되지 않아 엘리엇은 게리의 말을 끊었다. "게리 씨, 당신은 제가 제시한 문제를 완전히 무시하셨군요. 이건 건축 수업이 아니라 도시 계획 수업입니다." 엘리엇은 이렇게 말하곤 게리를 외면했으며 발언권을 다른 학생에게 넘겨줬다. 엘리엇은 우스터 지역의 중심지를 재설계하는 게 아니라, 도시 관리 방식과 도시 구성에 대해 분석하길 원했던 것 같다.

게리는 커다란 충격을 받았다. 엘리엇의 반응을 보면 게리는 도시계획학과에서 제명된 거나 마찬가지였다. 게리는 격분했다. 수업이 끝나자마자 게리는 선박 사다리처럼 생긴 좁은 계단을 올라 맨 꼭대기에 있는 엘리엇의 사무실로 향했다. 엘리엇은 문을 열어 주었고, 영화 〈바운티호의 반란Mutiny on the Bounty〉에 나오는 찰스 로턴Charles Laughton 같은 표정으로 게리를 쳐다봤다. 게리는 터져 나오는 감정을 억누를 수 없었다. "저는 그 작자를 쳐다보고 이렇게 말했어요. '아까 제게 실수하신 겁니다. 저는 그 역겨운 언행을 참지 않을 거예요. 엿이나 드세요.'" 그렇게 말을 내뱉은 뒤, 게리는 돌아서 문을 쾅 닫고 나왔다.

그런 뒤 게리는 세르트의 사무실로 발걸음을 옮겼다. 건축학 과정을 이끄는 세르트라면 그토록 단호하게 건축을 내팽개친 엘리엇의 태도에 함께 분노해 줄 것만 같았기 때문이다. "세르트 교수님, 아까 있었던 일을 보셨죠? 제가 그곳에 있는 다른 학생들만큼이나 열심히 했다는 걸 아실 겁니다. 눈치채셨겠지만, 저는 관점이 달라요. 저는 이 학과에 어울리지 않습니다. 도시설계학과로 전과하고 싶습니다." 하지만 세르트는 잘못된 학과에 등록한 한 학생을 구제해 주겠다는 열망보다 하버드의 관료주의적 방식에 대한 충성심이 훨씬 더 컸던 것 같다. 적어도 이번 경우에는 그랬다. 주거 문제로 게리가 도움을 요청했을 때 레그 아이작스가 그랬던 것처럼, 세르트도 지금 상황에서 게리가 할 수 있는 건 다음 학기에 새 학과로 등록하고 처음부터 다시 하는 것밖에 없다고 말했다. "세르트는 '그 방법밖에 없어요. 이런 식으로 전과할 수는 없습니다'라고 말했습니다. 융통성이라곤 없는 사람이었어요. 그 말을 들은 후로 저는 그자를 끝까지 미워했습니다. 저는 수업료를 돌려받지도 못했고 제가 원하는 과로 전과하지도 못했어요."

하버드 측은 게리가 남은 시간 동안 다른 수업을 청강할 수 있도록 특수 학생 신분을 부여해 주겠다며 한발 물러섰다. 학위는 줄 수 없지만 원하는 수업을 듣게 해 주겠다는 것이다. 게리는 가족을 부양하기 위해 조경사 히데오 사사키Hideo Sasaki 밑에서 일했고, 알 수 없는 이유로 해고된 이후에는 현지 건축 회사인 페리, 쇼, 헵번 앤드 딘Perry, Shaw, Hepburn & Dean으로 이직했다. 그보다 더 중요한 건, 건축 이외의 수업까지 청강하다 보니 도시 계획만 공부했던 학기보다 훨씬 더 하버드 생활이 풍부해졌다는 점이다. 게리는 종종 아니타와 함께 수업을 들었다. 그때부터 게리와 하버드와의 악연은 완전히 뒤바뀌었다. 게리는 엄격한 단체를 좀처럼 편안해하지 못했는데, 1950년대의 하버드는 이전 시대만큼이나 엄격한 곳이었다. 하지만 게리는 학제를 넘나드는 공부에 지적 호기심을 느꼈고, 시간이 지날수록 배우고자 하는 열망은 더더욱 커지는 것 같았다. 수업 과제에 대한 부담 없이 마음대로 하버드를 돌아다닐 수 있게 되자, 게리는 놀라우리만치 행복한 학창 시절을 보낼 수 있게 된 것이다.

"인류학과에는 마거릿 미드Margaret Mead와 루스 베네딕트Ruth Benedict가 있었어요. J. 로버트 오펜하이머J. Robert Oppenheimer도 와서 여섯 번 정도 강의했는데, 저는 모조리 참석했습니다. 노먼 토머스Norman Thomas와 하워드 패스트Howard Fast의 논쟁도 직접 봤답니다. 아니타도 저도 무척 관심이 많았어요. 저는 사탕 가게에 들어선 아이처럼 신나 했습니다."

게리는 특히 조지프 허드넛Joseph Hudnut, 오토 엑스타인Otto Eckstein, 찰스 하르Charles Haar, 존 가우스John Gaus의 수업을 많이 들었다. 또한 게리는 건축학 수업에 정식으로 등록한 건 아니었지만 건축학교에서 많은 시간을 보냈다. 게리는 건축사학자 지크프리트 기디온과 곧 하버드를 떠나 예일대학교Yale University에서 건축학 수업을 맡을 폴 루돌프Paul Rudolph와 친해졌다. 그리고 게리는 프랑스 친구 마르크 비아스와도 돈독한 우정을 계속 유지했으며, 그해 케임브리지에서 마르크가 약혼자 재키Jacqui와 결혼할 때 게리가 들러리를 서 주기까지 했다. 마르크는 건축 수업에 적극적으로 끼지 못하는 게리의 설움을 잘 알고 있었고, 그래서 함께 작품을 만들어 건축 공모전에 출품해 보는 게 어떻겠냐고 제안했다. 그 대회는 엔리코 페르미Enrico Fermi 기념 건축물을 디자인하는 프로젝트였다. 마르크가 말했다. "부지와 건물 용도가 엄격하게 한정된 무척 까다로운 작업이었어요. 우리는 함께 제안서를 만들었는데 수상은 못했습니다. 하지만 그 일을 계기로 우리는 함께 작업하고 아이디어를 공유하기 시작했죠." 마르크와 게리의 건축물 디자인은 케이블에 지붕이 매달린 형태였는데, 소립자를 떠올리게끔 하려는 의도였다.

이후 게리와 마르크는 단 한 번도 협업하지 않았다. 몇 년 후, 마르크가 게리에게 프랑스에서 함께 프로젝트를 하자고 진지하게 제안한 적이 있었지만 성사되지 못했다. 하지만 이들은 여전히 이후 60년의 세월 동안 친한 친구로 지냈다. 건축물에 대한 사랑을 기반으로 한 우정이자, 경쟁의식에 사로잡히지 않은 상호 존중을 바탕으로 한 우정이었다. 게리보다 나이가 많고 정밀한 사상가였던 마르크는 게리의 에너지 넘치고 어떤 때는 뒤죽박죽이라고 할 만큼 창조적인 정신을 존경했다. 반면 게리는 마르크의 명료한 사고방식과 뛰어난 기술을 존경했다. 게리가 기억하기를, 마르크는 르코르뷔지에나 세르트의 작품처럼 아름다운 지붕 선을 그려 낼 수 있었다. "세르트는 마르크를 정말 좋아했어요. 마르크는 건축학교의 에이스였습니다."

세르트는 르코르뷔지에의 작품에서 지대한 영향을 받았다.[*] 르코르뷔지에는 발터 그로피우스만큼이나 하버드 디자인 대학원

***

[*] 게리가 수업을 모두 이수하고 머지않아 하버드는 르코르뷔지에에게 건축 작업을 의뢰한다. 그렇게 1962년에 완공된 카펜터 시각예술센터Carpenter Center for Visual Arts는 미국에 있는 유일한 르코르뷔지에의 작품이다. 세르트는 멘토인 르코르뷔지에가 이 프로젝트를 맡을 수 있도록 힘썼고, 반세기 후에 하버드의 가장 상징적인 모던 건축물이 된 이 프로젝트에 깊이 관여하게 된다.

모더니스트들의 마음속에 깊이 뿌리내린 건축가였다. "르코르뷔지에는 문화 속에 확실히 자리 잡은 존재였어요. 마르크는 르코르뷔지에를 영웅으로 여기고 있었기 때문에 말끝마다 르코르뷔지에 얘기가 나왔죠." 르코르뷔지에의 역작인 프랑스 롱샹에 있는 노트르담 뒤 오Notre Dame du Haut 성당이 완공된 지 얼마 되지 않은 때였는데, 그 성당은 놀라우리만치 표현주의적인 형태 덕에 세계에서 가장 많은 사람의 입에 오르내린 건축물 중 하나가 되었다. 롱샹 성당('노트르담 뒤 오'는 성당이 있는 지역 이름을 따 일명 '롱샹 성당'으로 불리기도 한다.—옮긴이)은 게리가 40년 뒤 스페인 빌바오에 지어 올릴 구겐하임 미술관의 1950년대 버전과도 같았다. "하버드에 입학하기 전까지 저는 USC가 강조했던 것처럼 일본과 아시아 건축에 흠뻑 빠져 있었어요. 하버드에 입학하면서 새로운 세계에 발을 들여놓은 거나 다름없었죠. 그렇게 새로운 세계에 눈뜬 저는 기필코 유럽에 가야겠다고 다짐했습니다." 화가로 활동하기도 했던 르코르뷔지에의 작품 전시회가 디자인 대학원이 있던 로빈슨 홀에서 개최된 적도 있었다. 게리는 이제껏 관람했던 미술 전시회 못지않게 르코르뷔지에의 전시회에 가슴이 설렜다. 그때까지만 해도 그림을 직접 그리며, 그림을 건축물의 주요 요소로 여기는 건축가는 게리가 알기로는 르코르뷔지에밖에 없었다. "뉴욕 갤러리에서 사 갈 만한 그림이 아니라는 건 잘 알고 있었습니다. 하지만 그가 2차원으로 형식 언어를 표현해 내는 방식을 그림으로 볼 수 있다는 사실에 무척 설렜죠. 저는 그의 그림에서도 배울 게 있다고 여겼고, 직접 가서 보니 실제로 그랬어요. 르코르뷔지에는 그런 걸 하고 있었던 겁니다. 그렇다고 해서 제가 당장 그림을 그리고 싶어지진 않더군요. 왜냐하면 미술에 대한 경외심을 품고 있던 터라 제가 할 수 있는 일이 아니라고 판단했거든요. 하지만 르코르뷔지에의 그림에 담긴 형태를 본 뒤에 다시 건물에서 그 형태를 보고 있노라면 그가 자신만의 언어를 창조하고 있다는 걸 알 수 있었습니다. 그는 우선 아이디어를 그림으로 그렸고, 그게 일을 해내는 그만의 방식이었습니다. 절대 잊지 못하죠. 나중에 저는 르코르뷔지에의 방법을 제도 작업에다 써먹으며 저만의 방식으로 바꿨습니다."

1957년 4월, 두 번째 도시 설계 콘퍼런스가 하버드에서 열렸다. 다양한 학문을 탐구했던 게리의 자유분방한 학기가 끝나기 직전이었다. 게리는 로스앤젤레스로 돌아가 일자리를 구해야 했다. 왜냐하면 아니타는 하버드의 수업이 흥미롭다는 점을 인정하면서도, 게리가 마음대로 하버드에 입학했을 때처럼 제멋대로 구는 것을 더는 참을 수 없다고 엄포했기 때문이다. 처음에는 군대에 끌려가기 전까지만 해도 무척 만족스럽게 근무하고 있었던 빅터 그루엔의 사무소로 돌아갈 생각이었다. 하지만 그루엔 사무소장 베다 즈비커Beda Zwicker와 대화를 나눠 본 뒤, 게리는 고민에 빠졌다. 베다는 지금의 사무실 분위기가 게리와 잘 맞지 않을지도 모른다고 말했기 때문이다. 당시 게리는 그 말을 곧이곧대로 믿었지만, 나중에 보니 그건 베다의 불안감에서 비롯된 말일 수도 있겠다는 생각이 들었다. 경쟁심이 강한 베다는 게리가 자신을 밀어낼까 봐 두려움에 그랬을 수도 있다.

게리는 도시 설계 콘퍼런스에서 또 다른 대안을 찾았다. USC 졸업 작품 작업 당시 게리에게 많은 조언을 주고 게리의 작업을 좋아했던 윌리엄 페레이라는 직접 콘퍼런스에 참석하지 않았지만, 동료 잭 비바시Jack Bevash를 대신 보냈다. 비바시가 하버드에 온 데에는 자신의 회사 페레이라 앤드 럭먼Pereira & Luckman을 소개하러 온 것도 있었지만, 또 다른 비밀 임무가 주어져서였다. 그건 게리를 데려오라는 임무였다. 이전 직장이었던 빅터 그루엔 사무소에서 환영받지 못할 수도 있다는 생각에 괴로웠던 게리는 비바시의 제안을 냉큼 수락했다. 게리는 항상 페레이라를 좋아했다. 게리가 자신의 디자인 능력에 자신감을 얻었던 것도 페레이라가 졸업 작품을 지지해 줬기 때문이었다. 게다가 페레이라 앤드 럭먼 회사는 로스앤젤레스의 건축계에서 강력한 영향력을 키워 가던 중이었다. 그곳은 규모가 작은 개인 주택부터 규모가 큰 시 의뢰나 기업 프로젝트에 이르기까지, 모던 건축물을 짓는 어느 건축 회사보다 성공적으로 입지를 다지고 있었다. 페레이라 앤드 럭먼은 당시 로스앤젤레스 서쪽에 신국제공항을 설계해 달라는 의뢰를 받은 참이었고, 앞으로의 가능성도 무한해 보였다. 게리는 고민할 여지가 없는 선택이라고 생각했다. 치러야 할 시험도, 써야 할 논문도, 발표해야 할 프로젝트도 없었던 게리는 도시 설계 콘퍼런스가 끝나고 오래지 않아 짐을 싸서 아니타, 레슬리, 브리나와 함께 폭스바겐에 올라타 서부로 향했다. 그때 아니타는 임신 7개월째였다.

6
유럽의 발견

서부로 돌아오는 길은 무척이나 길었지만 별다른 일은 없었다. 에둘러 갈 만한 여유가 없었지만, 게리는 애리조나 스코츠데일에 있는 프랭크 로이드 라이트의 작품 탈리에신 웨스트만큼은 꼭 보고 싶었다. 탈리에신에 도착했을 때, 그해 봄 아흔 살이 된 콧대 높은 라이트가 그곳에 살고 있음을 알리는 깃발이 펄럭이고 있었다. 하지만 라이트는 기이한 방식으로 방문객에게 스튜디오와 주거 단지를 둘러볼 수 있게 해 줬다. 인당 1달러에 단지 입장표를 파는 사업을 벌인 것이다. 게리가 매표소에 다가가자, 입장표를 파는 사람이 게리와 아니타뿐만 아니라 어린 두 딸도 돈을 내야 한다고 했다. 그 말을 들은 게리는 그 자리에서 돌아 나왔다. "저는 그런 처사가 불쾌했습니다. 우리 부부에 두 딸의 몫까지 쳐서 4달러를 달라고 하더군요. 그래서 '엿이나 드세요'라고 말하곤 발걸음을

돌렸습니다. 뭐가 됐건 전 라이트의 정치적 태도가 언짢았어요."•

로스앤젤레스로 돌아온 게리 가족은 할리우드 볼Hollywood Bowl 뒤쪽 할리우드힐스에 있는 작은 아파트를 빌렸고, 게리는 페레이라 앤드 럭먼에서 일을 시작했다. 로스앤젤레스에 정착하는 일은 케임브리지에서처럼 힘들지는 않았지만, 다른 방식으로 가족에게 훨씬 더 고통스러운 상처를 남겼다. 게리와 아니타가 캘리포니아에 도착하고 얼마 지나지 않아 아니타에게 진통이 왔다. 아니타와 게리는 셋째를 낳기 위해 부리나케 병원으로 향했다. 하지만 아기는 유산됐다. 원인은 신장 문제라고 했다. 부부는 아기에게 서머Summer라는 이름을 지어 줬다. 그들은 얼이 나간 채로 레슬리와 브리나에게 돌아갔다. 게리는 예전에도 그랬듯 일로 도피해 슬픔을 잊어 보려 했다. 하지만 집에 두 아이와 남겨진 아니타에게 그런 선택지란 없었다. 아니타는 서머를 잃은 슬픔을 고스란히 마주한 채로 레슬리와 브리나를 돌볼 수밖에 없었다.

윌리엄 페레이라는 화려하고 상상력 넘치는 모던 건축물을 짓는 건축가였다. 게리는 그런 페레이라의 작업이 마음에 든다고 해서 그와 함께 일하는 것까지 좋을 수는 없다는 사실을 금세 깨달았다. 페레이라가 게리에게 잘해 주지 않아서가 아니었다. 문

• 라이트는 노골적으로 정치색을 드러내지 않는 사람이기도 했고, 그의 억센 성질과 건축가로서의 독특함이 정치 성향을 가리기도 했다. 하지만 라이트는 제2차 세계대전 참전을 반대하는 '미국 우선주의'에 찬성했는데, 이는 고립주의뿐만 아니라 게리가 예민하게 반응하는 반유대주의 같은 다른 보수적 태도와도 깊은 연관성을 띤다. "라이트의 미국 우선주의는 세련된 화강암 같은 그의 마음에 불쑥 끼어든 조악하고 검은 줄무늬와 같다"라고 말한 비평가 루이스 멈퍼드Lewis Mumford는 라이트의 정치적 견해 때문에 그와 이어 왔던 긴밀한 우정을 12년간 저버리기도 했다.

게리, 아니타, 레슬리, 브리나

제는 페레이라의 회사가 생각보다 훨씬 기업적 색채가 짙고, 페레이라 본인의 디자인 감각보다 훨씬 상상력이 부족한 곳이었다는 데 있다. 이는 주로 페레이라의 파트너인 찰스 럭먼Charles Luckman 때문이었다. 럭먼은 사업가로 커리어를 시작한 건축가였다. 젊은 나이에 레버 브러더스Lever Brothers의 대표직을 맡았던 럭먼은 스키드모어, 오윙스 앤드 메릴 건축사에 그 유명한 레버 하우스 타워Lever House Tower를 뉴욕에 지어 달라고 의뢰했었다. 그런 뒤 머지않아 럭먼은 대학교에서 전공으로 공부했던 건축계로 돌아왔다. 하지만 럭먼은 페레이라와 달리 창조적인 상상력도 없었고 특이한 것을 참아 낼 관용도 없었다. 클라이언트로서 럭먼은 레버 하우스 타워를 지어 달라고 의뢰할 만큼 대담했지만, 건축가로서 럭먼은 터무니없이 조심스러워서 이렇다 할 건축물을 그리 많이 만들지는 못했다.•

페레이라는 자신이 대규모 작업을 맡으려면 럭먼 같은 파트너가 필요하다고 생각해서인지, 럭먼에게 회사의 방향성을 맡겼다. 편지 맨 윗부분에 이름을 적을 때, 페레이라의 이름이 먼저 나오긴 하지만, 건축가의 상상력을 제한하는 방식으로 회사를 운영하는 건 럭먼이었다. 게리가 기억하기로, 페레이라 앤드 럭먼 회사는 건축 계획을 발표할 때, 발표장 맨 앞에 클라이언트를 앉혀 그

• 럭먼의 가장 유명하고도 악명 높은 건축물은 뉴욕의 매디슨 스퀘어 가든 경기장이다. 1968년에 완공된 이 경기장은 맥킴, 미드 앤드 화이트McKim, Mead & White 건축사가 건설한 펜실베이니아 역 근처에 있다. 럭먼의 또 다른 유명작은 1963년 보스턴에 지어진 프루던셜 타워Prudential Tower다. 두 빌딩 모두 페레이라와의 동업 관계가 끝난 이후에 지어졌다.

들이 중요한 사람이라는 느낌을 받게끔 했고, 건축 계획을 커튼 뒤에 숨겨 뒀다가 커튼을 열어젖히면서 발표했다. 하지만 건축 계획은 언제나 한 가지가 아니었다. 그 회사의 관행은 주요 프로젝트 하나를 위해 여러 팀을 구성하고 클라이언트 앞에서 각 팀이 각자의 건축 계획을 발표하는 것이었다. "연극 같았어요. 클라이언트가 들어오면 그들은 건축 계획을 하나씩 차례로 보여 주곤 '어떤 게 마음에 드세요?'라고 묻는 형식이었죠. 저는 그 방식 때문에 기분이 더러웠어요. 참을 수 없었습니다." 게리가 말했다. 게리는 그러한 작업 방식이 클라이언트가 건축가를 믿고 문제 해결을 맡기는 게 아니라, 건축가가 빵을 구워 내듯 건축물을 찍어 내는 것처럼 느껴졌다. 물론 페레이라와 럭먼은 그 결과물에 대해 추호도 관심이 없었다.

"저는 페레이라 앤드 럭먼 회사가 마음에 안 들었어요. 그러다 하루는 빅터 그루엔 사무소에서 일하는 루디 바움펠드Rudi Baumfeld와 점심을 먹게 됐죠. 바움펠드는 '게리, 왜 우리 회사에서 일하지 않고요?'라고 물었고, 저는 '뭐, 베다가 그루엔 사무실이 저랑 잘 안 맞을 거라고 하셨거든요'라고 답했어요. 그러자 바움펠드는 '말도 안 되는 소리. 당장 돌아와요. 당신은 우리 가족이에요'라고 했습니다. 베다가 일부러 저를 떼어 놓으려 그랬다는 걸 그때 안 거죠."

페레이라 앤드 럭먼 회사에서 게리는 훗날 공항의 '테마 빌딩Theme Building'이라 불릴 건물을 설계했다. 이 프로젝트에서 게리는 맡은 바가 별로 없었지만, 그래도 참여하는 것만으로도 좋았다. 다리가 휜 채로 착륙한 비행접시 같은 거대한 구조물의 전반적인 콘셉트는 페레이라 앤드 럭먼 소속인 제임스 랑겐하임James Langenheim의 아이디어였다. 하지만 테마 빌딩은 페레이라 앤드 럭먼에게 주는 아차상 같은 거였다. 왜냐하면 처음에는 모든 게이트로 이어지는 거대한 유리 돔을 만들려 했지만, 클라이언트가 좀 더 전통적인 형태를 선호하는 바람에 1안을 포기해야만 했기 때문이다. 테마 빌딩은 덩치만 큰 건축 장식이나 다름없었고, 지어지지 못한 유리 돔을 상기시키고 싶었던 모더니스트가 발휘한 엉뚱한 상상력의 결과였다.

게리는 페레이라 앤드 럭먼 회사를 두 달 만에 그만두고 빅터 그루엔 사무소로 돌아왔다. 그루엔의 사무소도 규모가 꽤 크고 기업적인 느낌을 풍겼지만, 게리가 원하던 이상주의적 면모가 아직 조금 남아 있었다. 페레이라 앤드 럭먼과 달리 그루엔은 작은 주택도 설계했고, 지역 사회 계획 프로젝트, 쇼핑센터, 다운타운 재정비 프로젝트도 열심히 맡았다. 클라이언트의 요구를 가장 우선시하는 페레이라 앤드 럭먼이 이기적이라 할 것까지는 없지만 위선적이었다면, 그에 비해 빅터 그루엔 사무소는 훨씬 신선했다. 여러 선택지를 제시하는 페레이라 앤드 럭먼의 화려한 발표 방식은 건축 아이디어를 돋보이게 해 주지는 않았다.

페레이라를 떠나는 건 중차대한 결정이었다. 건축의 디자인 대신 사업적 측면에만 관심을 두는 파트너와 손을 잡은 점은 이해할 수 없었지만, 그래도 옛 스승에 대한 호감이 적잖이 남아 있었기 때문이다. 종내에는 페레이라도 무언가 잘못됐음을 느꼈고,

1950년에 시작됐던 페레이라와 럭먼의 동업은 1950년대 말에 막을 내렸다. 페레이라는 1960년대에 다시 자신의 화려한 디자인 감각을 뽐낼 수 있는 프로젝트를 선택했다. 샌프란시스코에 건설한 피라미드 타워 형태의 트랜스아메리카Transamerica Corporation 본사와 콘크리트와 유리로 이루어진, 다이아몬드 모양으로 힘차게 깎아지른 캘리포니아대학교 샌디에이고 캠퍼스University of California at San Diego 도서관이 그 예다. 페레이라 없는 럭먼의 건축물은 갈수록 더 진부해졌다.

게리가 두 달 만에 페레이라 앤드 럭먼을 떠나겠다고 결심한 이유는 디자인 스타일 때문이 아니라, 애초에 건축 회사가 어떻게 일해야 하는지에 대한 견해차와 클라이언트와 사회 전체에 이익을 가져다주기 위해 게리를 포함한 모든 건축가의 전문성을 어떻게 사용할지에 대한 견해차 때문이었다. 클라이언트가 마음껏 선택할 수 있도록 아이디어를 죽 늘어놓은 뷔페를 차리는 게 건축사의 의무이며, 신념을 가질 필요는 전혀 없다고 믿는 럭먼은 애초부터 게리가 따르고자 한 롤 모델이 아니었다. 하지만 짧은 기간이나마 그곳에서 지내면서, 페레이라 또한 롤 모델이 아니라는 생각이 점차 자라났다. 그건 페레이라가 지난 10년간 사업이라는 제단에 자신의 상상력을 제물로 바쳤기 때문만은 아니었다. 페레이라는 클라이언트의 요구를 완벽하게 이해하는 것보다, 그저 사람들의 기억에 남을 만한 형태를 설계하고 싶다는 욕망이 컸다. 럭먼은 단순히 클라이언트의 주문을 받는 사람이었다면, 페레이라는 상상력으로 건축 형태를 고안한 뒤 이를 받아들이도록 클라이언트를 설득하는 사람이었다.

게리가 페레이라, 럭먼과 함께 협업을 이어 갈 만한 충분한 공통분모가 없다는 사실 외에도 다른 문제가 있었다. 둘 중 누구의 세계관도 게리와 맞지 않았다. 게리는 건축이란 클라이언트의 요구를 충족시키는 것이라는 럭먼의 시각과 창조적인 형태 제작이 건축의 핵심이라는 페레이라의 시각 양쪽에 일부 동의했다. 그렇다면 두 가치가 꼭 충돌할 필요가 있을까? 게리는 페레이라와 럭먼이 대변하는 양극단 사이에 어떤 중립 지대가 존재할 거라 믿었다. 건축가는 클라이언트의 필요도 충족시키면서 동시에 기쁨을 가져다주는 기발하고 상상력 넘치는 건축물을 만들 수 있지 않을까? 즉, 창조적 형태는 건축가의 머리에서 완성된 채로 세상에 나오는 게 아니라, 클라이언트와의 대화 속에서도 싹틀 수 있지 않을까?

페레이라 앤드 럭먼에서 보낸 시간은 짧았지만, 게리의 성장에 무척 중요한 자양분을 제공해 줬다. 그 시기 덕에 게리는 건축 회사에 관한 견해를 예전보다 훨씬 명료하게 벼려 낼 수 있었다. 그곳에서 본격적으로 일을 시작하기도 전에 찰스 럭먼 같은 건축가가 되고 싶지 않다고 느꼈고, 일을 시작한 후 윌리엄 페레이라 같은 건축가도 되고 싶지 않다는 생각이 자라난 게리는 자신만의 건축관을 형성하기 시작했다. 게리의 건축관은 페레이라와도 럭먼과도 다른 무엇이었다.

하지만 게리는 이후 몇 년간 페레이라의 그늘에서 벗어나지 못했다. 게리의 독립적인 뚝심과 기발한 형태를 선호하는 태도는 시간이 지날수록 무르익어 갔는데, 이는 여러모로 페레이라와 비슷하다고 평가받기에 십상이었다. 게리는 종종 '젊은 페레이라'라는 오해를 샀지만, 클라이언트를 억지로 설득해서 과감한 형태의 건물을 짓는 제2의 윌리엄 페레이라로 남고 싶지 않았다. 게리가 원하는 건 훨씬 어려운 일이었다. 즉, 서비스를 지향하는 럭먼의 태도와 형태를 지향하는 페레이라의 태도를 동시에 구현하는 것이었다. 게리는 페레이라와 럭먼의 한계를 동시에 극복하고 싶었다. 이혼한 부모 사이를 다시 이어 붙이려는 어린아이같이, 게리는 페레이라와 럭먼이라는 이분법에서 벗어난 건축의 길을 찾고자 했다.

단기적으로 봤을 때, 게리의 결심에 가장 근접한 선택지는 빅터 그루엔 사무소였다. 게리는 그곳의 정치적 성향이 자신과 비슷하다는 사실을 이미 알고 있었다. 당연한 말이지만, 그루엔 사무소도 모든 것이 마음에 쏙 드는 천국은 아니었다. 하지만 그루엔 사무소가 맡는 프로젝트의 성격이 마음에 들었다. 예를 들어 다운타운 재정비 계획에 참여하는 것은 찰스 럭먼의 기업 순응적 태도와 윌리엄 페레이라의 독단적 창조보다 한발 더 나아간 공익을 위한 것이라 여겼다. 게리는 사무소 동료들을 좋아했는데, 대부분은 그의 복귀를 따뜻하게 환영해 주었다. 게리는 빈 출신 유대인이자 원래 빅토어 다비트 그륀바움Viktor David Grünbaum이라는 이름으로 불렸던 그루엔을 존경했다. 그루엔은 게리처럼 사회적 책임을 다해야 한다는 믿음을 지녔고, 도시 재정비 사업으로 전 세계적인 명성을 떨치고 있었다. 그루엔은 사우스랜드

Southland와 같은 자신의 초기 쇼핑몰이 새로운 다운타운의 중심지가 되리라 상상했다. 그러면 도시가 급격하게 팽창하며 교외로 무질서하게 뻗어 나가는 '스프롤 현상'을 줄이고 교외의 밀도를 높일 수 있을 거라고 기대했다. 그루엔은 또한 보행 환경의 열렬한 신봉자였다. 그는 전통적 마을의 거리가 그랬던 것처럼, 새로운 쇼핑몰도 걷기를 촉진할 거라고 믿었다.

하지만 그루엔은 나중에 생각을 바꿨다. 그는 밀폐된 쇼핑몰에 많은 사람이 걸어 다니게 되는 효과가 나타난다고 하더라도, 그 효과는 전국의 메인 스트리트를 약화하고, 도시를 교외로 확산시키면서 주변 경관을 해치는 대형 쇼핑몰의 해악에 비할 바가 못된다는 사실을 깨쳤다. 그루엔의 사우스데일 쇼핑몰은 날씨에 영향을 받지 않고 실내 온도를 조절하며 전통 도시의 거리에서 경험하던 감정을 온전히 전달하려는 게 원래 의도였지만, 쇼핑센터를 그저 거대한 자판기쯤으로 여기는 개발자들 때문에 소비주의적 공간으로 변질하고 말았다.•

하지만 1950년대 그루엔의 사전에 일을 그르치게 될 가능성 같은 건 없었다. 당시에는 실내형 쇼핑몰이라는 그루엔의 발명품이 주변 환경에 긍정적으로 작용하지 않을 이유가 없어 보였다. 게리도 쇼핑몰이 도시 쇠퇴와 동의어가 되리라고는 꿈에도 몰랐다. 실제로 게리는 1957년에 빅터 그루엔 사무소에 다시 합류하

• "저는 그 변질한 망할 개발을 책임질 생각이 없습니다." 그루엔은 1978년, 런던의 한 연설 자리에서 이렇게 말했다. 그루엔은 연설이 있기 10년 전, 미국을 버리고 고향인 빈으로 돌아가 도시 중심부 일부를 보행자 구역으로 바꾸는 작업을 했다. 그루엔은 1980년에 눈을 감았다.

면서 전후 미국의 도시 재건 작업에 일조하고 있다는 느낌을 받기도 했다. 게리는 그루엔이 가장 중요한 프로젝트라고 생각했던 뉴욕 로체스터의 미드타운 플라자Midtown Plaza 작업에 참여한 것을 영광으로 여겼다. 넓이가 2만 8천 제곱미터에 이르는 미드타운 플라자는 소매점, 사무실, 호텔이 들어선 복합 건물로, 죽어 가는 도시의 다운타운을 되살리려는 목적으로 지어졌다. 1962년에 완공된 미드타운 플라자는 최초로 도심에 설계된 실내형 쇼핑몰이었다. 그 설계의 핵심은 고층 건물이라는 요소였다. 그루엔은 교외 쇼핑몰을 지을 때 그러했듯 쇼핑몰에 지붕을 얹어서 내부를 도시 광장 형태로 설계했고, 사람들이 쉬어갈 수 있는 의자, 화려한 분수, 노천 카페, 예술 작품들로 공간을 채웠다. 그루엔의 사무실에서 근무했던 젊은 디자이너 기어 캐버노Gere Kavanaugh는 '세계의 시계Clock of the Nations'라 불리는 거대한 스탠딩 시계를 제작하기도 했다. 중심에 시계탑이 있고, 그 주위를 열두 개의 원통이 둘러싸고 있으며, 원통 안에는 각기 다른 나라의 움직이는 꼭두각시가 들어 있는 시계였다. 백화점 2개와 상점 50개, 레스토랑 6개가 입점한 미드타운 플라자는 뉴욕주의 그리 크지 않은 한 도시에 자리 잡은 것치곤 어떻게 뜯어보아도 세련된 모던 건축물이었다. 게다가 당시에는 도시 쇠퇴를 막으려면 연방 자금으로 동네 전체를 불도저로 밀어 버려야 한다는 반응이 대부분이었던 터라, 죽어 가는 다운타운의 쇼핑 거리를 살리기 위해 민간 자본으로 소매점과 사무실이 들어선 복합 건물을 지어 보겠다는 생각은 썩 괜찮은 해결책처럼 보였다. 신설이라 말쑥하고 깔끔한 데다 지하주차장까지 완비한 복합 건물이라니! 뭘 더 바라겠는가? 미드타운 플라자의 개장은 전국의 이목을 끌었다. 『타임*Time*』지와 『헌틀리-브링클리 리포트*The Huntley-Brinkley Report*』, NBC의 저녁 뉴스에서 미드타운 플라자 얘기를 다뤘다.•

게리는 그루엔 사무소에서 점차 권한이 커져서 다른 쇼핑센터 설계나 로스앤젤레스 웨스트우드에 있는 아파트 타워 실내 설계 등을 도맡게 됐다. 게리는 그중 정부 보조금으로 주거 단지를 짓는 프로젝트들을 가장 좋아했다. 공공 이익을 위해 일한다는 느낌을 받았기 때문이다. 게리는 모던한 건축물로 공공 주택을 건설함으로써 10년 전, 리하르트 노이트라와 로버트 E. 알렉산더가 로스앤젤레스에서 시도했다가 중단된 엘리시안 파크 하이츠 프로젝트와 같은 일을 해내고 있다고 믿었다. 게리는 그루엔의 또다른 건설 모델이었던 찰스 리버 파크Charles River Park라는 주상복합 타워 프로젝트를 관리하는 직책을 맡기도 했다. 게리가 직접 설계한 건 아니었고, 프로젝트 진행 상황을 감독했다. 찰스 리버 파크는 미드타운 플라자가 지어진 1962년에 완공됐다. 또한 찰

• 시간이 흐른 뒤 미드타운 플라자는 여느 도심 쇼핑몰과 별다른 바 없는 공간이라는 게 판명 났다. 미드타운 플라자는 수년간 성공적인 행보를 보였지만, 로체스터 다운타운의 다른 구역에는 별다른 긍정적 영향을 미치지 못했다. 게다가 그루엔의 교외 쇼핑몰 모델이 주위 환경에 심각한 해악을 끼치는 수많은 프로젝트에 영감을 주며 부정적인 선례로 남았듯, 도시 거리와 차단된 밀폐식 건물인 미드타운 플라자도 잘못된 도시 재개발 모델이 됐다. 미드타운 플라자는 쇼핑몰 터에 거슬리는 다운타운 거리를 없애 버릴 만큼 기존의 도시 구조를 무시했다. 하지만 미드타운 플라자는 존 포트먼이 디트로이트에 지은 르네상스 센터Renaissance Center와 같은 대규모 복합용도개발 건축물의 원형이 됐다. 미드타운 플라자는 애초에 모방하고자 했던 교외 쇼핑몰과의 경쟁에서 뒤처졌고, 결국 2008년에 문을 닫았다. 철거는 2010년에 이루어졌다.

스 리버 파크는 엉망진창인 오래된 도시 마을을 자동차가 보이지 않는 깔끔하고 질서정연한 새것으로 대체할 수만 있다면 도시 생활은 훨씬 나아질 거라는, 미드타운 플라자를 지었을 때 마음에 품었던 것과 똑같은 신념으로 지어졌다. 찰스 리버 파크는 보스턴의 오래된 다민족 동네인 웨스트엔드에 자리 잡았다. 탁 트인 공간에 현대적인 육면체 건물을 세워 웨스트엔드의 난잡하면서도 밀도 높은 도시 구조를 바꾸는 것이 그루엔의 의도였다. 이는 1920년대, 르코르뷔지에가 파리의 오래되고 밀도 높은 지역을 없애고, 교차로와 모양이 똑같은 십자가 형태의 타워를 설계하려 했던 공상 계획에서 영감을 얻었다. 『보스턴 글로브Boston Globe』지의 비평가 로버트 캠벨Robert Campbell은 그루엔이 르코르뷔지에의 모델을 차용한 것을 두고 "대재앙 같은 도시 계획"이라고 표현했다. 캠벨은 그루엔이 도시의 진정한 모습을 "잘 통제되고 소독된 박물관"으로 바꾸려 한다며 비난했다.

게리도 찰스 리버 파크의 거대한 덩치가 못마땅해서 후일 "내가 싫어하는 저 커다란 괴물"이라고 지칭했다. 하지만 게리는 자신이 책임지고 프로젝트 초기 단계를 관리하는 게 즐거웠다. 게리는 내심 자신이 관리자 성향이 아니라고 생각했지만, 그래도 복잡한 도시 프로젝트 설계 과정을 조직하는 능력이 뛰어났고, 그루엔 사무소의 선배들도 그런 게리의 능력을 높이 사는 것 같았다. 게리는 프로젝트 예산을 담당했고, 사무소의 주택 건설 전문가로 성장했다. "저는 주택 건설이 좋았어요. 제가 잘하는 일이었죠. 급한 작업일지라도 저는 누구보다 빠른 속도로 일을 처리했습니다." 게리가 말했다. 게리는 팀장이 됐고 게리에게 업무를 보고하는 사람이 스무 명이나 됐다. 게리는 한 프로젝트의 도면을 완성하고 나면 곧바로 다음 프로젝트 도면을 그려야 할 만큼 일정이 빼곡했다. 밀려드는 일정에 가끔 짜증도 났지만 신나는 날이 더 많았다. 게리는 동료들과 즐겁게 일했다. 그루엔 사무소에 합류한 그렉 월시는 말할 것도 없고, 프레드 어셔Fred Usher, 매리언 샘플러Marion Sampler, 기어 캐버노, 킵 스튜어트Kip Stewart, 존 길크리스트John Gilchrist 등 게리가 존경하는 건축가와 디자이너도 많았다. 어떤 직원은 찰스 앤드 레이 임스 사무소에서 일하다 그루엔 사무소로 넘어왔다. 그루엔 사무소도 임스 사무소 못지않은 비슷한 활력을 지니고 있었다. 게리는 그루엔 사무소에서 몇 달 지내면서 이곳이야말로 예술, 건축, 디자인을 진지하게 대하는 사람이 제집이라고 느낄 만한 곳이며, 공익을 위해 일할 수 있는 곳이리라 생각했다.

당시 게리는 밤낮도 주말도 없이 일했다. 아니타는 꼬박꼬박 들어오는 월급이 고마웠지만, 게리가 일 때문에 가족을 도외시하자 조금씩 서운함이 쌓여 갔다. 게리는 레슬리, 브리나는 물론이고 아니타와 함께 보낼 시간도 없었다. 아니타 입장에서는 게리가 군대에 있을 때나 그루엔 사무소에 있을 때나 다를 바가 없었다. 게리는 자신의 커리어에 집중하기로 마음먹었고, 그러한 선택의 결과는 안중에도 없었다. "전 결혼 생활을 조지고 있었어요. 아니타는 금전적 안정을 원했던 것과 별개로 화가 단단히 났죠."

딸의 불행한 모습을 본 벨라는 아니타와 마찬가지로 게리를 원인 제공자로 여겼다. 그래서 벨라는 게리에게 정신과 상담을 받아 보라고 권했다. 벨라는 게리에게 제임스 와이샤우스James Weishaus 박사를 소개했고, 게리는 알겠다고 한 뒤 와이샤우스 박사가 운영하는 집단 치료에도 참여했다. 게리가 처음으로 참여한 집단 치료는 결혼 생활에는 아무런 도움을 주지 못했다. 아니, 오히려 문제를 더 악화시키기만 했다. 게리는 집단 치료 참여자 중 변호사를 남편으로 둔 한 여성과 급속히 친해졌고, 둘은 결혼 생활에 대해 느끼는 환멸을 얘기하며 공감을 나눴다. 처음에는 집단 치료 시간에 얘기하다가, 나중에는 치료 후에 술을 마시며 얘기를 이어 갔다. 그들의 사적인 관계는 점차 친밀해졌다. 부담을 느낀 두 사람은 자신들의 관계에 대해 솔직하게 터놓아야겠다고 생각했다. 박사는 두 사람의 관계가 집단 치료의 원칙을 위반하는 것이라며 더는 집단에 참여할 수 없다고 말했다.

한편, 게리는 그루엔 사무소에서 보낸 호시절이 끝나가고 있음을 느꼈다. 갈수록 대형 회사의 문화가 불편해졌고, 처음에 게리의 마음을 사로잡았던 회사의 장점도 회사가 커갈수록 기업적 분위기에 묻혀 희미해져만 갔다. "그루엔 사무소는 확실히 사업 지향적인 회사가 되었어요. 저 같은 부류의 설계자가 하는 작업은 뒷전으로 밀려났죠. 회사의 관점에서 보자면 저는 어디로 튈지 모르는 골칫덩이였을 거니까요."

게리는 열심히 일했지만, 동료들과 달리 부장으로 승진하지는 못했다. 부장은 클라이언트 앞에서 건축 계획을 발표해야 하는데, 게리는 발표에 젬병이었기 때문일 거다. 게리는 소심했고 기업 건축가라면 으레 갖출 법한 싹싹한 맛이 없었다. 게리는 남의 심기를 건드리는 말을 하는 경향도 있었다. "저는 저만의 생각이 있었어요. 항상 제 생각을 밀어붙였고, 그건 그들 마음에 들지 않는 것들이었죠. 성숙하지 못한 행동이었어요." 게리가 말했다. 이후 게리는 기자 존 패스티어John Pastier와 얘기를 나누는 자리에서 그루엔 사무소에서 더 승진하지 못한 그럴싸한 다른 이유를 꼽았다. "지나고 나서 보니, 제가 화나 있었다는 걸 회사 측에서 눈치챘을 수도 있겠더군요. 그때 저는 분노에 가득 차 있었고, 회사는 그런 저를 어떻게 해야 할지 몰랐을 겁니다. 저를 기쁘게 해 주고 싶었겠지만 그럴 수 없었죠. 저는 회사에 어울리지 않았어요. 그루엔이나 루디 바움펠드, 에드가르도 콘티니처럼 제가 좋아하고 존경하는 건축가들과 가깝게 지내며 일할 수 있었다 하더라도 제 마음은 편치 않았습니다."

유일하게 좋았던 점은 USC 시절부터 알고 지낸 게리의 오랜 친구이자 그루엔 사무실의 동료인 그렉 월시와 함께 손을 잡고 독립 건축 프로젝트를 진행할 수 있었다는 점이다. 대다수 건축가는 회사에서 월급을 받으면서 주택이나 아파트처럼 소규모 건축을 부업으로 진행하기도 했다. 자기 건축 대금만으로도 먹고살 수 있을 만큼 일이 많이 들어오는 날을 기다리며 사설 건축 업체의 녹록지 않은 환경을 버텨 내는 방법이었다. 회사마다 이런 부업을 바라보는 시각이 다른데, 대부분 이를 금지한다. (1893년, 프랭크 로이드 라이트가 개인적으로 주택 설계 부업을 하다가 그 사실이 발각돼 루이스 설리번Louis Sullivan 사무소에서 해고됐다는 이야기는 무척 유명하다. 이후 라이트는 다른 회사로 취직하지 않고 자기 사무소를 차렸다.)

그루엔 사무소는 부업 문제에 있어서 훨씬 자유로웠다. 게리와 그렉이 처음으로 맡은 프로젝트의 의뢰인은 아니타 가족의 이웃인 멜빈 데이비드Melvin David였다. 캘리포니아의 팜스프링 서쪽에 있는 아이딜와일드에 작은 산장을 짓는 작업이었는데, 목조 구조와 콘크리트 블록, 삼나무 판자로 만드는 간단한 저예산 건물이었다. 이 산장은 건축적 가치보다는 게리와 아버지의 관계라는 측면에서 눈여겨볼 필요가 있다. 이 산장은 어빙이 살아생전 직접 본 게리의 유일한 건축물이기 때문이다. 하지만 정작 어빙은 시큰둥한 반응이었다.

산장 작업 이후 더 중요한 기회가 찾아왔다. 6만 달러의 예산으로 브렌트우드에 주택을 짓는 프로젝트로, 그 값이면 그리 화려하지는 않지만 1958년치고는 꽤 큰 건물을 지을 수 있었다. 의뢰인은 회계사 에드거 스티브스Edgar Steeves로, 그의 부인 메리 루Mary Lou, 딸 바버라Barbara와 함께 살 집을 원했다. 바버라는 게리와 그렉의 USC 동창이었던 건축가 딕 마틴Dick Martin과 교제 중이었다. 많은 건축가는 주로 인맥을 활용해 커리어를 시작하는데, 그와 달리 마틴은 미래의 장인이 될지도 모르는 스티브스의 집을 자신이 설계하는 게 옳지 않다고 느껴져 게리와 그렉을 추천한 것이었다. 스티브스 가족은 면접을 본 뒤에 게리와 그렉을 고용했는데, 게리의 소심함과 퉁명스러운 성격에도 개의치 않았다. 두 사람은 게리가 설계의 기초 콘셉트를 제시하면 그렉이 문제 해결을 돕고 건설 도면을 그리는 방식으로 일을 진행했다.

완성된 스티브스 하우스Steeves House는 목조 구조에 스투코를 발라 만든 1층짜리 건물로, 방이 세 개 있었다. 그 주택은 프랭크 로이드 라이트의 작품과 무척 닮았고, 리하르트 노이트라의 흔적도 약간 엿보였으며, 일본 건축물에서 받은 영향력이 확연히 드러나는 건물이었다. 도면상 십자가 형태를 띠는 스티브스 하우스는 건물 바깥쪽으로 뻗어 나온 지붕 일부가 인공 연못 위로 드리웠고, 가로로 확장된 지붕 때문에 더 거대해 보였다. 그 집은 게리가 영향을 받았던 하웰 해밀턴 해리스나 라파엘 소리아노가 1950년대 로스앤젤레스에서 지었던 모던 주택처럼 견고하고 정갈한 우아함이 있었고, 탁 트인 풍부한 공간감도 갖췄다. 이 건물의 딱 떨어지는 직선 구조는 게리가 아직 초기에 영감을 받았던 건축가들의 그늘에서 벗어나지 못했음을 보여 준다. 하지만 게리만의 것이라 할 수 있는 전례 없는 기발함도 배어 있었다. 길게 삐져나온 지붕은 두말할 것 없이 라이트 건축물의 특징이지만, 게리는 이를 더 과장해 한쪽 끝을 건축물 매스 너머로까지 끌어내는 일종의 조각적 시도를 곁들였다.

하지만 스티브스 하우스 프로젝트에서 게리의 존재가 확실히 각인된 특징이자 이후 게리의 작품에서도 가장 중요한 의미를 지니는 특징은 바로 투박한 시공이다. 건축가와 시공자가 모든 디테일에 만전을 기하는 고전적인 모던 주택과 달랐다. 처음에 게리와 그렉은 시공 입찰가가 예산을 초과했기에 기존 설계를 크게 바꾸지 않는다는 조건으로 그렉이 "카우보이 시공자"라고 부르는 시공자를 고용했다. 이는 숙련된 건설자보다 섬세함이 부족한

게리와 그렉이 설계한 스티브스 하우스. 게리의 초기 작품에 나타난 프랭크 로이드 라이트의
영향을 엿볼 수 있다.

소형 건설자들을 일컫는 단어다. "몇 가지 실수가 있긴 했지만, 전반적으로는 썩 괜찮게 보였습니다." 그렉 월시가 말했다.

게리는 로스앤젤레스에서 예술가들과 함께 시간을 보내기 시작했다. 예술가 공동체는 이후 10년간 게리에게 중요한 영향력을 미친다. 추상 표현주의가 수그러들고 새로운 사조가 등장함에 따라 예술가들은 '발견된 오브제found object'를 사용하는 방식과 학문적 정확함, 정밀함과 결별하는 방식에 점차 관심을 기울였는데, 게리는 이 모든 과정을 지켜봤다. 또 게리는 로스앤젤레스 너머까지 관심을 기울였다. 특히 쓰레기, 조각, 회화와 같은 요소를 결합하는 로버트 라우션버그Robert Rauschenberg의 '콤바인' 콜라주와 일상적 사물에 관심을 기울였던 재스퍼 존스Jasper Johns의 작업을 눈여겨봤다. 게리의 평범한 사물을 향한 관심은 예술에만 국한되지 않았다. 그는 차를 몰고 돌아다니며 로스앤젤레스와 오렌지 카운티 지역에 우후죽순 생겨나기 시작한 규격형 주택을 관찰했다. 게리는 시공 초기 단계에 투바이포 공법으로 세워진 목조 구조가 퍽 예뻐 보였다. 건물의 형태는 뼈대로 완성되지만, 전체 시공 과정을 놓고 보자면 뼈대는 중간 과정에 불과한데, 게리의 눈에는 완공된 결과물보다 뼈대가 더 나아 보였다. 완성된 주택의 실루엣을 보여 주지만, 동시에 그저 텅 빈 구조물일 뿐인 뼈대의 모호함은 게리의 마음을 사로잡았다. 게리는 스티브스 하우스 작업 도중, 미완성 규격형 주택에 관한 관심이 단순히 유별난 관찰을 넘어 자신의 작업에 새로운 의미를 부여하며 더 흥미롭게 활용될 수도 있겠다는 생각이 들었다.

"세공된 목재로 덮이기 전의 주택에도 일종의 아름다움이 스미어 있어요. 만듦새랑 상관없이요. 한번은 파서 생각해 본 적이 있어요. 그러니까 예술가들은 '완벽함'이란 사물을 바라보는 올바른 시각도, 당연한 기준도 아니고, 사실은 억지로 꾸며 낸 것이라고 말하는 게 아닐까 하고요. 그러자 모든 것을 그저 내버려 둔다는 생각이 건축하는 하나의 새로운 방식으로 떠올랐습니다. 왜냐하면 저는 무슨 짓을 해도 그 완벽함에 다다를 수 없으니까요. 애초에 완벽하게 해낼 수 없다면 그저 몸을 맡기고 어디로 흘러가는지 지켜보는 게 어떨까 싶었습니다. 이런 태도는 지금도 제 작품에 드러나는 것 같아요."

게리가 말했다. "투박함은 만듦새의 측면과 자연스러운 미학이라는 측면에서 무척 흥미로웠습니다. 인간미도 있고, 친근하기도 하고, 어떤 따스함과 친밀함도 느껴져요. 미스 반데어로에는 이를 이해하지 못했죠. 저는 프랭크 로이드 라이트가 지은 대초원의 집들이 좋았어요. 까다로울 만치 세심한 멋은 없는 집들이죠." 스티브스 하우스를 설계하고 건설하는 작업을 통해 게리는 완전히 정교한 건물을 만드는 데는 취미가 없다는 것을 깨달았다. 그는 "까다로운 완벽함" 대신 다른 것에 눈길이 갔다. 당시에는 그 '다른 것'이 뭔지 잘 몰랐지만,● 나중에 돌이켜보니 그것

● 스티브스 하우스가 완공된 후 20년도 더 지난 1981년, 스티브스 하우스의 다음번 주인이 게리에게 추가 공사를 해 달라고 부탁했고, 게리는 원래 집과는 완전히 다른 건축물을 설계했다. 게리는 1959년에 지은 원래 건축물과 대각선으로 교차하며 기존의 경직된 축을 허물어 버리는 별개의 구조를 설계했다. 이는 게리가 여러 공간을 별개의 건축물로 설계해 일련의 마을처럼 꾸며 낸 첫 번째 프로젝트였다. 이후 게리는 이러한 아이디어를 반복적으로 선보인다. 새로운 주인인

은 좌파적 정치 성향에서 기인한 것이었다. "저는 평범하고 값싼 재료들, 너무 세련되지 않은 재료들에 끌렸어요. 제 정치적 색깔에 잘 맞았죠."

스티브스의 집을 짓고 게리가 받은 몫은 1천5백 달러였다. 그 돈으로는 빚을 갚지도, 집을 사지도, 예금 통장을 만들지도 못했다. 게리는 다른 생각이 떠올랐다. 하버드 시절 친구였던 마크 비아스는 하버드에서 공부를 끝낸 뒤 2년간 로스앤젤레스에서 살다가 몇 년 전 건축 공모전 때 설계했던 병원 건축을 위해 파리에 가 있는 상태였는데, 지금쯤 시공에 착수했을 것 같았다. 게리와 마크는 자주 연락하며 지내는 사이였다. 게리에 따르면 마크가 게리에게 "파리에 와 달라"고 부탁한 적이 있었다. 하지만 마크의 기억은 약간 달랐다. "게리는 그곳에서의 삶이 지겹다고 제게 편지를 썼었어요. 프랑스에서 살 곳과 일자리를 찾아보고 싶다고 한 건 게리인걸요."

어찌 됐건, 파리에 가겠다는 게리의 생각은 갈수록 강렬해졌다. 아니타의 의견도 한몫했다. 오랫동안 펜팔을 주고받던 친구가 파리에 살고 있었던 아니타는 농담 반 진담 반으로 파리에서 살아 보고 싶다는 얘기를 종종 했었다. 게리는 스티브스 하우스의 건축 대금을 가지고 자신과 아니타, 두 딸이 뉴욕에서 르아브르까지 갈 수 있는 홀랜드 아메리카 라인의 표를 구매하기로 마

스미스Smiths는 설계를 마음에 들어 했지만, 현지 디자인 심의위원회 평은 낮았다. "그들은 그 설계가 집처럼 보이지 않는다고 평가했어요." 그렉 월시가 말했다. 그 건물은 결국 실제로 지어지지 않았다.

음먹었다. "아니타에게 해 주지 못했던 것들을 갚을 기회라 생각했습니다. 아니타를 위해야 할 때였죠. 게다가 마르크도 제 일자리를 구해 줄 수 있다고 말했고요."

게리는 스티브스 하우스 건설 대금을 프랑스 이주를 위한 밑천으로 쓰겠다고 충동적으로 결정하기는 했지만, 곧장 떠날 생각은 없었다. 프랑스로 건너가려고 구매한 표는 거의 1년 뒤에 출발하는 일정이었다. 게리는 그루엔에게 이주 계획을 일찌감치 알려야겠다고 생각했다. 그는 다른 동료들이 대신할 수 없는 주요 프로젝트를 여럿 맡고 있었고, 아니타에게도 계획을 짤 충분한 시간을 주고 싶었기 때문이다. "저는 사무소의 루디 바움펠드에게 저벅저벅 걸어가서 표를 보여 주곤 이렇게 말했어요. '보세요, 저 표를 샀어요. 1년 뒤에 출발할 예정입니다. 네, 저 떠나요. 하지만 사무소 일을 진행하는 데 차질이 생기지 않도록 1년 먼저 알려 드립니다. 저는 떠날 겁니다. 제가 떠나야 한다는 걸 아실 거예요. 그리고 이게 제가 원하는 방식입니다. 그 누구에게도 피해 입히지 않고 싶어요.'"

게리의 마음을 바꿔 보려는 듯, 바움펠드는 흥미로운 일을 게리에게 마구 던져 줬다. "떠나기 세 달 전에 바움펠드는 제 마음에 쏙 드는 프로젝트를 슬쩍 건네더군요. 그래서 저는 가서 말했죠. '저는 단단히 마음을 먹었다고요. 빌어먹을 그 표를 쓰고 말 겁니다. 제가 이 프로젝트를 하고 나서 이 사무소에 제 미래가 있는지 우리 함께 얘기를 나눠 볼 수도 있겠죠. 그런데 솔직히 전 여기에 제 미래가 없다고 생각해요.' 1년 뒤, 저는 그루엔 사무실을 나왔습니다. 사무실 사람들은 제가 진짜로 떠날 줄 몰랐다는 표정이었죠."

바움펠드는 마지막까지 게리를 잡아 보려는 필사의 시도로 그를 부장으로 승진시켜 주겠다고 말했다. "뭐, 이제껏 안 해 주셨는데 지금은 너무 늦었어요. 저는 부장이 되고 싶지 않습니다." 게리는 이 말을 남기곤 가족들과 함께 뉴욕으로 간 뒤 유럽에 도착했다. 아니타와 게리는 따로 또 같이 그곳에서 펼쳐질 새로운 삶을 기대하고 있었다.

마르크 비아스와 그의 부인 재키는 파리의 남서쪽 근교 뫼동에 살고 있었다. 베르사유에서 그리 멀지 않은 곳으로, 왕실의 숲과 궁전 주위에서 성장한 지역이었다. 프로이센-프랑스 전쟁으로 일부 파괴되고 남은 궁전은 프랑스의 주요 천문대로 개조됐다. 하지만 17세기의 위대한 조경건축가 앙드레 르노트르André Le Nôtre가 주로 설계한 주변 경관과 숲은 그대로 남은 덕에 그 마을은 귀족적 유적지와 아담한 중산층 동네의 혼합이라는 흥미로운 모습을 지니게 됐다. 그곳에는 파리의 환상적인 전경을 내려다볼 수 있게 높은 언덕에 지어진 격식 있는 테라스와 오렌지 나무를 키우는 온실 같은 과거 영광의 흔적들이 남아 있었다. 게다가 프랑스 어딜 가나 만날 수 있을 법한 작은 주택과 아파트들도 들어서 있었다.

마르크 부부는 가르드 도로 60번지에 있는, 초승달 모양의 정원을 낀 아파트에서 살았다. 도로보다 아래쪽으로 급경사진 곳에 자리 잡은 이 부지는 독특한 지형보다 더 독특한 곳이었다. 그곳은 1779년, 루이 15세의 딸들을 즐겁게 해 주려 건설된 공상 마을인

'부인의 마을Hameau des Mesdames'의 일부였고, 가르드 도로 옆에는 오래되고 자그마한 석조 예배당이 남아 있었다. 운이 좋게도 마르크 부부가 사는 건물의 바로 아래층에 게리네가 살 만한 집을 구할 수 있었다. 아니타가 꿈꿔 왔던 파리의 다락방도 대로도 없었지만, 대로와 꽤 가까웠을 뿐만 아니라 친구가 옆에 있기에 게리가 일을 나가도 아니타는 혼자 남겨지지 않아도 됐다. 5층짜리 곡선 건물은 사소하게나마 건축학적으로 눈여겨볼 부분도 있었다. 비록 하우스만 대로만큼은 아니었지만, 도시 외곽 인구 대부분이 사는 황량한 콘크리트 고층 건물에 비하자면 붉은 벽돌의 가로줄 무늬, 콘크리트로 이루어진 반원 모양의 외관은 우아한 모더니즘 감성을 드러내고 있었다. 그 건물은 설계 시 경사로를 적극적으로 활용했다. 건물로 통하는 입구가 여러 개 있었는데, 모두 골짜기를 가로지르는 다리를 건너야 했다. 뒤쪽의 주차장은 건물 아래 언덕 쪽에 들어가 있었다. 가장 좋은 점은 건물의 곡면이 아름다운 공원을 품은 모양새였고, 놀이터는 두 아이가 놀기에 그만이었다. 마르크 가족은 게리네가 그 집에 도착하자마자 제집 같은 편안함을 느낄 수 있도록 집 안을 헌 가구들로 채워 놓았다.

아파트는 뫼동 벨뷔 기차역에서 도보로 5분 거리였고, 거기서 몽파르나스 역까지 기차로 또 20분이 걸렸다. 마르크는 일찌감치 게리의 일자리를 알아봐 두려 했지만, 게리의 집을 단박에 찾아 준 것과 달리 일자리는 찾지 못했다. 게리는 프랑스에 정착하자마자 고등학교에서 떠듬떠듬 배웠던 프랑스어를 용케 활용해 일자리를 알아보러 파리로 나섰다. 게리가 처음 문을 두드린 곳은 선진적이고 이론적인 경향이 강한 모더니스트 도시 계획 회사이자 파리에 기반을 둔 캉딜리-조식-우즈Candilis-Josic-Woods였다. 조르주 캉딜리George Candilis와 알렉시스 조식Alexis Josic은 게리를 만난 뒤, 일자리를 주겠다고 했다. 하지만 그들이 제시한 임금은 시간당 2프랑이었다.* "아이가 둘이나 딸려 있는데 그 돈으론 입에 풀칠도 할 수 없었죠." 그래서 게리는 몇 년 전 리하르트 노이트라의 무급 노동 제안을 거절했던 것처럼 이번 제안도 거절했다.

하지만 시간당 2프랑짜리는 고사하고 어떤 일자리도 찾을 수 없자, 게리는 빅터 그루엔 사무소의 최고재무책임자 헬렌 마이켈리스Helen Michaelis에게 도와 달라고 연락했다. 그녀는 유럽인이었고 항상 게리와 사이가 좋았다. 헬렌은 프랑스 건축가 앙드레 레몽데André Remondet에게 게리를 연결해 줬다. 레몽데는 1930년대 뉴욕에서 월리스 K. 해리슨Wallace K. Harrison과 함께 일했고, 제2차 세계대전에서는 미군 제5보병사단에서 프랑스인 연락 장교로 복무했던 건축가였다. 게리가 기억하는 레몽데는 미국에 매료되어 있었고, 파리 회사에 미국인도 몇몇 고용했었다. 일전에 마르크 비아스도 레몽데에게 연락해 보라고 넌지시 말한 적이 있었다. 헬렌이 게리를 추천한 뒤, 레몽데가 게리에게 면접을 보라고 연락해 왔다. 레몽데는 시간당 4프랑을 주겠다고 했다. "시간당 4프

---

* 1961년 당시 2프랑은 미국 돈으로 50센트도 되지 않았다. 1960년대에는 그리 많은 돈을 들이지 않고도 파리에서 살 수 있었다고 쳐도, 이 정도 수입으로 한 가족이 먹고살 수는 없었다. 하루치 시급을 다 합쳐 봐야 1957년에 출간된 유명한 여행 안내서 『하루 5달러로 유럽 여행하기*Europe on Five Dollars a Day*』에서 아서 프로머Arthur Frommer가 얘기한 5달러에도 미치지 못한다.

랑 정도면 해 볼 만했어요." 특히 시급제라는 점이 중요했는데, 왜 냐하면 게리는 일주일에 나흘만 일하고 나머지 시간은 차를 타고 다닐 만한 거리에 있는 중요 건축물들을 둘러보러 다니고 싶었기 때문이다. 유럽에 처음 발을 들인 게리는 그간 소홀했던 유럽의 건축사를 열심히 보충해야 했다.

레몽데 사무소는 뫼동의 제일 끝자락에서 지하철을 타고 한참 을 가야 나타나는 샹젤리제에 있었다. 1961년에 있었던 케네디 John. F. Kennedy 대통령과 샤를 드골Charles De Gaulle 대통령의 자동차 행렬을 사무실 발코니에서 내려다볼 수 있었을 만큼 샹젤리제는 근사한 곳이었지만, 뫼동에서 통근하는 데 꼬박 한 시간이 걸렸 다. 게리는 마르크와 건축물 투어를 다녀야 했기에 대중교통은 이용할 수 없었다. 그래서 게리 부부는 아니타의 부모님에게 돈 을 빌려 하버드에서 로스앤젤레스로 돌아갈 때 몰았던 것과 똑같 은 흰색 폭스바겐 비틀 차량을 구매했다. 게리는 차를 타고 출근 해 사무실 근처의 고급스러운 애비뉴 포슈에 주차했다. 게리는 어느 날 아침, 주차하고 차에서 내리는데 그 근처에 살던 배우 진 켈리Gene Kelly와 마주쳤던 기억이 생생하다. "봉주르, 무슈!" 켈리 가 인사를 건네자, 게리는 그대로 얼어붙어 "봉주르"라는 짧은 말 밖에 내뱉지 못했다.

왕궁 책임 건축가도 맡고 있던 레몽데 사무소는 공공건물을 많 이 지었는데, 우연하게도 게리의 아파트에서 그리 멀지 않은 뫼 동 천문대 개조 작업도 맡았다. 레몽데 사무소의 가장 중요한 건물인 워싱턴 D.C.의 프랑스 대사관 작업은 1975년이 돼야 이뤄지기에, 1961년에 레몽데가 주로 다루던 프로젝트들은 게리의 구미를 당기지 않았다. 게리의 직급은 그루엔 사무소 시절보다 낮았고, 스티브스 하우스를 지을 때처럼 프로젝트를 처음부터 직접 설계할 때 오는 쾌감은 어디서도 찾을 수 없었다. 게리는 오로지 가족을 먹여 살리기 위해 앙드레 레몽데 사무실에서 일할 뿐이었다. 게리의 진짜 목표는 단순히 파리에 오는 것이었고, 학교에서 거의 배운 적 없었던 유럽의 건축물을 탐구하는 것이었다.

마르크 비아스가 발 벗고 나서 게리의 유럽 건축사 선생님이 되어 줬다. 게리가 파리에 도착한 그날부터 수업은 시작됐다. 마르크는 게리 가족을 생라자르 역에서 차에 태운 뒤 노트르담Notre Dame 대성당으로 데려갔다. 게리는 그레고리오 성가가 울려 퍼지는 고딕 양식의 지하실로 걸어 들어간 날을 똑똑히 기억했다. 음악과 건축이 결합한 광경은 게리에게 완전히 새로운 것이었다. 게리는 그 분위기에 완전히 압도됐다. 다음 주말에 그들은 샤르트르Chartres 대성당으로 향했고, 게리는 고속도로에서 고딕 양식의 대성당이 보스 평원에 우뚝 솟은 광경을 보고 충격을 받았다. 마르크는 파리의 모던 건축물이나 프랑스 주위의 로마네스크 양식의 성당, 프랑스 남부의 로마 유적지는 물론이고, 스위스와 독일을 둘러볼 계획도 짰다. 마르크가 말했다. "우리는 파리와 그 근방을 함께 돌아다녔어요. 제가 소형 시트로엥 자동차 '되 슈보'를 몰고 가면 게리가 폭스바겐을 끌고 제 뒤를 따라왔죠." 아니타와 두 딸뿐만 아니라 마르크의 가족도 함께 투어를 다녔다.

게리에게 프랑스 투어는 눈이 번쩍 뜨이는 경험이었다. "저는 일본, 아시아 중심적이고 목판화와 목조 사원의 영향이 짙게 밴, 미국 서부 미학을 받아들인 사람이었어요. 그런데 갑자기 USC 건축사 선생님들이 한 번도 가르쳐 준 적 없는 대성당 같은 새로운 것들이 제 눈앞에 펼쳐진 겁니다. 대성당과 본의 모습을 담은 흑백 사진을 본 적은 있지만, 그 사진들에는 에너지가 담겨 있지 않았어요. 대성당을 들어갈 때 저는 '도대체가 왜 이런 걸 가르쳐 주지 않은 거지?'라는 생각에 화딱지가 났어요."

게리는 특히 탄탄하고 육중한 로마네스크 양식의 대성당에 홀딱 빠졌다. 부르고뉴의 오툉Autun 성당은 특별한 건축적 통찰을 가져다주었다. 이제껏 게리는 장식이란 얌전해야 한다고 여겼는데, 오툉 성당을 보고 나서 난생처음 장식이 강렬한 건축물의 필수 요소가 될 수도 있다는 생각이 들었다. 건축, 회화, 조각은 하나의 거대한 건물 안에서 하나로 통합될 수 있는 것이다. 게리에게 그러한 개념은 계시와도 같았다. "저는 모더니즘 스타일에 젖어 있었기에 장식은 용납할 수 없었어요. 장식도 건물 일부가 될 수 있고, 그저 귀엽고 자그맣기만 한 게 아니라, 멋질 수도 있다는 걸 오툉 성당을 보고 처음 깨달았죠."

마르크의 투어에는 모던 빌딩을 둘러보는 일정도 있었다. 게리와 마르크는 파리에 있는 르코르뷔지에의 초기 작품인 라로슈 주택Maison La Roche과 잔느레 주택Maison Jeanneret, 파빌리온 스위스Pavillon Suisse와 함께 교외 푸아시에 있는 빌라 사보아Villa Savoye도 둘러보면서 게리가 하버드 시절 처음으로 알게 된 건축가를 심도 있게 파헤쳤다. 게리가 방문했을 때 빌라 사보아는 지어진 지 고작 30년 정도였지만, 게리는 파리 바깥의 뇌이 지역에 콘크리트와 벽돌로 지어진 육중한 자울 주택Maisons Jaoul과 같은 르코르뷔지에의 더 강렬한 근작을 보고 싶어 했다. 게리가 본 최고의 르코르뷔지에 건축물은 파리가 아니라 리옹 근교에 있었다. 부르고뉴의 투르뉘에 있는 로마네스크 양식 성당을 들른 뒤, 게리 부부와 마르크 부부는 차를 몰고 라투레트에 있는 르코르뷔지에의 최신 건축물인 도미니코 수도원Dominican monastery으로 향했다. 강렬하고 우아하면서도 완전히 고요한 모습으로 언덕 위에 올라 앉은 거대한 콘크리트 건물은 게리에게 일종의 계시처럼 느껴졌다. "저는 유럽 건축물에 더 마음이 기울었어요. 일본은 이제 안녕이었죠." 수도원 회랑은 여성의 입장을 금지하고 있었기에 재키와 아니타는 예배당에만 입장했고, 게리와 마르크는 수도승들과 함께 회랑을 거닐었다. 게리와 마르크는 둘이서 건물을 속속들이 들여다볼 시간이 생겨서 만족스러웠다.

다른 날 게리는 프랑스 동부 롱샹을 방문해 르코르뷔지에의 또 다른 최신 건축물인 롱샹 성당을 둘러봤다. 더 강렬한 표현주의적 형태를 띤 롱샹 성당은 라투레트에서 본 조각적 건축물만큼이나 게리의 시각을 바꿔 놨고, 게리의 작품에 더 직접적인 영향을 미쳤다. 로마네스크 양식 성당의 투박하면서도 굴곡진 형태도 프랑스에서 봤던 그 어떤 것보다도 게리에게 많은 영향을 미쳤다. 게리는 이 성당들과 르코르뷔지에의 최신 건축물들을 본 뒤, 섬세함에서 느끼는 감흥이 줄어들었다. 이 건축물들은 서로 다른 점이 많았지만, 게리에게 공통된 한 가지 깨달음을 가져다주었다. 즉, 독특하고 유동적인 형태와 엄청난 견고함이 하나의 건물에 공존할 수 있으며, 두 특징이 동시에 드러나는 건물이 최고라는 사실 말이다. 신들러나 노이트라, 로스앤젤레스의 케이스 스터디 하우스를 지었던 건축가들처럼 게리에게 최초로 영향을 미친 건축가들은 일본과 함께 서서히 갓길로 밀려나고 있었다. 경쾌함과 정확함은 게리의 눈에 더는 미덕으로 비치지 않았다. 게리는 스티브스 하우스 의뢰를 1958년이 아니라 1961년에 받았더라면 다른 작품이 탄생했을 거라는 걸 벌써 직감했다.

게리는 다른 곳으로도 건축 투어를 떠났다. 스페인 바르셀로나에서 마주한 가우디Antoni Gaudi의 작품은 게리에게 또 다른 큰 영향을 미쳤고, USC가 강조했던 것만큼 직선이 중요하지는 않다는 믿음이 한층 굳어졌다. 게리는 네덜란드와 이탈리아도 갔다. 게리가 빅터 그루엔 사무소를 그만두고 몇 달 뒤, 그렉 월시도 휴가를 내고 게리와 마르크의 여행에 동참했다. 일본에서 살았던 그렉은 일본의 영향을 많이 받았지만, 유럽은 거의 알지 못했다. 그렉은 로스앤젤레스에서 그랬던 것처럼 게리와 아니타를 따라다녔고, 게리만큼이나 신구 건축물을 보러 다니는 데 열심이었다. 그렉과 게리의 가족이 함께 다니며 불편했던 점이 없었던 건 아니다. 그렉과 그의 동행이자 디자이너인 마거릿 크누센Margaret Knudsen은 게리네 가족과 여행 자금의 규모가 달랐다. 그렉은 게리와 달리 미혼이어서 여윳돈이 꽤 있었다. 게리, 아니타와 아이들은 비좁은 폭스바겐에 몸을 욱여넣고 다녔지만, 그렉과 마거릿은 컨버터블 자동차를 빌려 몰았다. "그쪽 친구들은 고급 레스토랑에 가자고 했지만, 우리는 그럴 사정이 아니었어요. 그래서 걔넨 으리으리한 레스토랑에 가고 우리는 허접한 레스토랑에 갔죠. 그래도 같이 여행하는 건 즐거웠어요. 우리는 차를 끌고 로마까지 갔죠."

게리 가족은 파리에서 얼마간 좋은 시간을 보냈지만, 아니타의 행복감은 사그라지기 시작했다. 마르크가 기억하기로, 아니타는 몇 년 전처럼 그간 게리를 지원하고 아이를 기르느라 자기 공부는 뒷전이었다고 불평하며 다른 삶을 살고 싶다고 말했다. 마르크가 말했다. "게리는 미국으로 돌아가야 할 것 같다고 하더군요." 마르크는 노르망디의 신규 도시 설계 공모전을 막 시작한 참이었는데, 이미 게리에게 함께 작업하자고 얘기가 오간 상태였다. "하지만 게리는 설계 공모전 작업을 할 수 없다고, 돌아가야 한다고 말했어요. 그렇게 우리의 프랑스 컬래버레이션은 끝이 났습니다."

게리와 아니타는 1961년 여름께까지 프랑스에 남아 있기로 했다. 게리는 고향으로 돌아가는 게 썩 내키지 않았으나, 로스앤젤레스에서 자기 사무소를 차릴 생각을 하니 한결 마음이 편했다. 건축가의 커리어는 아주 느리게 발전한다. 많은 이들은 중년에 이르러야 비로소 비중이 큰 의뢰를 맡게 된다. 하지만 게리는 인내에 소질이 없었고, 사장에게 굽실거리는 성품도 못 되었다. 아무튼 게리는 40대에 중요한 작업을 맡아보기라도 하려면 그보다 오래전부터 독립적 건축가로서 자신의 정체성을 다져야 한다는 사실을 알고 있었다. 2월에 서른세 살이 된 게리는 이제 자신의 길을 개척할 준비가 됐다.

게리네 가족이 프랑스를 떠나기 한 달 전, 깜짝 놀랄 소식이 들려왔다. 빅터 그루엔이 파리의 리츠 호텔에 묵고 있고, 게리를 만나고 싶어 한다는 것이었다. 게리는 함께 점심이나 한 끼 먹겠거니 하는 생각으로 전 고용주를 만나러 호텔로 갔다. 하지만 웬걸 "그루엔은 제게 '파리 관광을 시켜다오'라고 말하더군요. 그래서 얼마나 시간이 있으시냐고 물었더니 세 시간이 있다고 대답하셨어요. '좋습니다. 제가 제일 좋아하는 곳을 보여 드릴게요.' 그렇게 저와 그루엔, 그의 부인 리제트Leesette는 식료품점에 들러 샌드위치 재료를 샀습니다." 게리는 그루엔 부부를 모시고 잘 알려지지 않은 파리 외곽으로 나갔다. 마를리의 기계Machine de Marly라 불렸던 거대한 펌프장이 있던 자리였다. 이 펌프장은 파리시의 물 사용량과 맞먹을 만큼 물을 많이 사용했던 베르사유 분수대에 물을 공급하기 위해 1684년, 베르사유 근처에 지어졌다. 프랑스 역사상 가장 커다란 공학적 노력을 기울인 마를리는 원래 지름 11미터짜리 수차가 14개 있었고, 펌프도 200개가 넘었다. 오래전 새로운 시스템으로 교체됐지만, 1962년에 일부 구식 펌프 건물을 남겨 둔 채 인접한 강둑은 공원으로 변신했다. 산업 유물 주위에 형성된 조경지의 초기 형태였다. 비교적 알려지지 않은 장소였지만, 게리가 가장 좋아하는 피크닉 장소였다.

게리와 그루엔 부부는 돗자리를 펼치고 점심을 먹었다. 그루엔은 이제껏 본 적 없는 파리의 숨은 명소를 발견하게 되어 기쁘다고 말했다. 그런 뒤, 호텔로 돌아가는 길에 게리를 보자고 한 이유를 들려줬다.

"그루엔이 말했어요. '로스앤젤레스에 있는 사무소를 다른 파트너에게 넘기고 유럽에 사무소를 열 생각이라네. 내가 파리로 돌아와 작은 사무소를 꾸리면 자네가 운영해 줬으면 좋겠어.' 당시 저는 무척 가난했는데, 제 벌이의 열 배를 준다고 하신 데다 프랑스에 머물 수 있게 해 준다고 제안하셨죠. 저는 너무 그러고 싶었어요. 저는 차에서 내리며 그에게 말했습니다. '그루엔, 누구도 하지 못할 멋진 제안을 제게 해 주셔서 감사합니다. 하지만 전 수락할 수 없어요. 저는 미국으로 돌아가 제 일을 시작하기로 마음을 먹었습니다. 물론 힘들겠지요. 하지만 그게 제가 해야 할 일입니다.' 그루엔은 역정을 냈어요. 문을 쾅 닫고 나간 뒤, 차를 몰고 사라졌죠."

게리가 직업적으로도, 금전적으로도 엄청나게 유망한 기회를 걷어차 버리는 건 이번이 마지막이 아니다. 하지만 그래도 게리는 마음이 편치 않았다. 게리는 아니타를 위해 파리로 왔듯이 아니타를 위해 그루엔의 제안을 거절하고, 아니타와 결혼 생활을 행복하게 만들기 위해 로스앤젤레스로 돌아가는 거라고 스스로 되뇌었다. 하지만 빅터 그루엔의 제안을 거절한 데는 다른 이유가 있었다. 게리는 더는 다른 사람과 일하기 싫었다. 평생 건축가로 살 거라면, 최소한 자기가 할 일을 스스로 통제할 수 있기를 바랐다. 게리는 여러 프로젝트 중 가장 의미 있는 것만 골라서 작업할 수 있는 사치는 부릴 수 없다는 사실을 잘 알았다. 하지만 어쨌건 월세를 내기 위해 프로젝트를 진행해야 한다면 적어도 무엇을 할지 스스로 선택하고 싶었다. 게리는 타인이 자신의 운명을 결정짓는 것에 질려 버렸다.

7
로스앤젤레스에서 다시 시작하기

게리와 아니타와 아이들은 프랑스에서 토론토까지 폭스바겐을 배편으로 부친 뒤 토론토에서 차를 몰고 국경을 건너 로스앤젤레스로 들어왔다. 그들은 이제 영원히 캘리포니아로 돌아온 것이다. 게리와 아니타는 이제 쭉 로스앤젤레스에서 살게 된다. 게리는 건축가로서 홀로서기 하는 자신 앞에 놓인 무한한 가능성에 설렜다. 앙드레 레몽데 사무소에서 몇 달간 제도만 하며 지냈던 게리는 어서 다시 설계에 뛰어들고 싶었다. 게리는 여전히 잘 모르는 사람들 앞에서 수줍어하고 어색해했으며, 일감을 받기 위해 자신을 홍보하는 걸 불편해했다. 하지만 빅터 그루엔 사무소에서 쌓은 경험 덕에 게리는 혼자 세상에 나설 자신감을 가질 수 있었다.

게다가 게리는 유럽 여행을 다녀온 후로 이전보다 훨씬 많이 준비된 듯한 느낌이 들었다. 그는 USC에서 캘리포니아 모더니즘을 배우며 건축가로서의 직감을 발달시킨 뒤, 하버드에서 유럽 모더니즘을 사유하며 경계를 넓혔고, 파리 생활을 통해 머나먼 과거에 지어진 위대한 건축물을 처음으로 직접 경험하며 건축에 대한 의식과 지식을 기하급수적으로 깨쳤다. 이제껏 게리가 다닌 여행 중 마르크 비아스, 그렉 월시와 함께 유럽 건축물을 보러 다닌 그 시간이 가장 유익했고 활력 넘쳤다. 게리는 몇 달간 품었던 새로운 지식이 자연스레 우러나올 만한 기회를 만들려 열심히 궁리했다. 로마네스크 양식의 교회나 르코르뷔지에와 가우디의 20세기 작품을 보고 느꼈던 흥분이 자신에게 어떤 영향을 미쳤는지는 실제로 설계 작업에 착수하기 전까지는 모를 일이었다.

게리는 자기만의 건물을 설계할 각오가 됐지만, 실제로 건축할 준비가 된 건 아니었다. 건축가는 클라이언트가 필요하고, 클라이언트는 외국에서 열다섯 달을 살다 막 미국으로 돌아온 젊은 건축가에게 의뢰를 건네는 법이 잘 없었다. 게리는 수입이 필요했지만, 다른 회사를 끼고 일하기는 싫어서 프리랜서로 일했다. 그루엔 사무소에서 건축 렌더링rendering을 담당했던 아티스트 칼로스 디니즈Carlos Diniz에게 주로 일감을 받았다. 컴퓨터의 시대가 도래하기 전, 클라이언트에게 완성된 건축물의 모습을 대강 보여 줄 수 있는 유일한 방법은 렌더링이었기 때문에 디니즈의 기술은 무척 중요했다. 게리의 여동생 도린이 "허섭스레기 같은 건물도 팔아치울 수 있을 것 같다"고 말할 정도로 능력이 출중했던 디니즈는 그루엔 사무소를 나온 뒤, 다른 건축가들 대신 렌더링과 프레젠테이션을 해 주는 회사를 직접 운영하고 있었다. 디니즈는 게리를 도우려 일감을 줬다. 게리는 말했다. "저는 나무와 건물은 잘 그렸지만, 사람은 그리지 못했어요." 하지만 건축 도면에서 그건 전혀 문젯거리가 아니었다.

그래도 돈은 쪼들렸다. 게리 가족은 노스할리우드 지역의 램프 애비뉴 6623번지 집에 세를 들어 살았다. 예전에 스나이더 가족이 살던 곳이자, 아니타의 아버지인 루이스 스나이더가 여전히 소유하고 있던 집이었다. 게리의 처남 리처드 스나이더는 이렇게 말했다. "아버지는 한번 당신의 손에 들어온 것은 놓지 않는 분이라 자산이 많았어요." 벨라 스나이더는 남편 루이스가 그 집을 게리네에 그냥 주기를 원했다. "하지만 아버지는 그럴 분이 아니셨죠." 리처드가 말했다. 딸과 사위에게 집을 선물로 주느냐 세를 주느냐를 놓고 부부간에 불협화음이 있었다. 게리와 아니타는 결국 1만 4천 달러에 그 집을 샀다. 월세를 받지 못하게 된 루이스의 기분을 누그러뜨리기에는 충분한 액수였다.

게리가 돈키호테라면 그 옆을 그림자처럼 따라다니는 산초 판사 역은 그렉이 맡은 듯했다. 게리와 그렉은 함께 건축 회사를 차렸고, 그 뒤로는 작은 프로젝트나 나름 꾸준히 일감이 들어왔다. 기록이 남아 있는 건 아니라서 창업 초기에 일감이 얼마나 많이 들어왔는지는 모르지만, 규모가 크거나 값이 나가는 프로젝트는 하나도 없었다. 하지만 금전적 압박보다 더 큰 문제가 있었다. 게리는 그루엔 사무소를 통해 자신감을 쌓고 기술을 습득했지만, 정작 게리의 회사에서는 그 재능을 펼쳐 보일 만한 기회가 거의 주어지지 않았다. "저는 고층 빌딩 프로젝트도 기꺼이 진행할 수 있었어요. 이미 해 봤던 일이니까 두려울 게 없었죠. 쇼핑센터도 구석구석 이해하고 있었고요. 백화점 쪽 사람들도 시공도 잘 알았죠. 계약서나 문서도 작성할 줄 알았고 예산 관리에도 능숙했어요." 게리에게 부족했던 것은 그러한 능력을 발휘할 수 있도록 판을 깔아 줄 클라이언트였다.

게리는 당시를 "살길을 찾아 함께 험난한 길을 걷던 시기"라고 떠올렸지만, 샌타모니카 5번가 귀퉁이에 작은 주택을 빌려 사무실을 꾸릴 만큼 충분한 수입이 들어오고 있었다. 차고만 한 크기의 아주 아담한 주택이었고, 샌타모니카 버스 정류장 맞은편에 있었다. 사무실의 한 부분은 그루엔 사무소에서 동료로 지냈던 기어 캐버노에게 전대했다. 기어와 게리는 사무실을 공유했지만, 꽤 오랫동안 함께 파트너로 일하지 않았다. 5번가 사무소뿐만 아니라 이후 더 큰 사무소로 옮기고 난 뒤에도 마찬가지였다. 그 주택에는 개인 사무실로 쓸 만한 방도 하나 있었다. 게리가 그 방을 차지하기는 했지만 거의 사용하지 않았고, 정작 주로 시간을 보낸 건 그렉과 기어의 책상이 놓여 있던 큰방이었다.

게리가 단독으로 방을 차지하겠다고 대담하게 나선 것을 보면 명확한 위계 의식을 지니고 있었던 게 분명하다. 즉, 책임자는 그렉이 아니라 자신이라는 의식 말이다. 사실 게리와 그렉의 관계는 상당히 복잡하고 미묘했다. 게리는 설계자로서 자신이 지닌 창의력에 확신이 붙기 시작한 지 얼마 되지 않아서 군대와 빅터 그루엔 사무소, 하버드, 파리를 모두 경험하고 난 뒤에도 여전히 확신보다 불안함이 큰 상태였다. 또한 그렉의 차분한 태도 덕에 둘의 관계에서는 확실히 게리가 우위를 점하긴 했지만, 그래도 그렉이 게리를 필요로 하는 만큼 게리도 그렉이 필요했다. 도면 작성에 있어 그렉은 게리와 달리 아주 작은 디테일도 인내심을 갖고 우아하게 그려 냈다. 키가 크고 말씨가 점잖은 그렉은 게리보다 클라이언트를 훨씬 능란하게 다뤘고 문화적으로도 더 교양이 넘쳤다. 그렉은 일본에서 지낸 적이 있어서 일본 건축물뿐만 아니라 일본 예술과 음악에도 빠삭했다. 음악을 좋아했지만 음악적 재능은 없었던 게리와 달리, 그렉은 출중한 피아니스트였다. 당시 게리는 열정이 넘쳤지만 매력적이라 할 수는 없었다. 하지만 그렉은 열정적이면서도 매력적이었다. 그렉은 기품 있고 자기 확신이 들어찬 '앵글로색슨계 백인 개신교도WASP, White Anglo-Saxon Protestant'의 분위기를 풍겼다. (그렉이 개신교도가 아니라 천주교도라는 사실은 그다지 중요하지 않다.) 불안이 많았고 자신의 모난 성격도 잘 알고 있던 게리는 그런 그렉을 부러워했다.

　게리에게 그렉은 친구이자 자신의 작품을 평가해 줄 소중한 비평가였다. USC에서 함께 어울리기 시작한 이후로 게리는 항상 그렉의 통찰을 신뢰했고, 가끔 다른 학우들에게 느꼈던 경쟁심을 그렉에게는 느끼지 않았다. "저는 부끄럼이 많았고 지적으로도 확신이 없었기 때문에 클라이언트에게 얘기를 잘하지 못했어요. 일선에 나서는 것은 항상 그렉이었죠. 그는 말을 번지르르하게 잘했고, 발표도 잘했기 때문에 저는 그저 뒤에 앉아 지켜볼 뿐이었습니다." 게리와 그렉은 꾸준히 생각을 교환하고 서로의 도면을 비평해 왔기에 가끔은 둘의 디자인 감각이 똑같아 보이기도 했다. 두 사람은 그저 건축물을 만드는 것뿐만 아니라 실험하고, 그로부터 배우며, 그 실험이 나머지 문화와 어떤 연관성을 지닐지에 대해 얘기하는 데도 열성적이었다. 그들은 언제나 서로 열정을 북돋아 주었기에 함께 떠올린 핵심 설계 아이디어가 정확히 누구의 머리에서 나왔는지 알 수 없는 경우가 허다했다. "누가 무슨 일을 하는 건지 알 수 없었어요. 그런 식으로 생각해 본 적은 없는 것 같아요. 저는 항상 우리가 모든 것을 함께 작업한다고 여겼습니다." 나중에 게리가 말했다.

도린은 게리가 학창시절부터 자기 재능을 낮잡아보는 것 같다고 느꼈다. "게리는 자기가 얼마나 재능 있는지 잘 몰라요. 게리는 항상 모두가 자신보다 낫다고 생각하며 열등감을 품고 있었어요. 그런 게리를 그렉 월시가 감싸줬습니다. 그렉은 어떤 마음의 짐도 없어 보였어요. 그런 점이 매력적이었죠. 게다가 친절하기까지 했어요. 물론 지금도 친절하답니다. 그렉은 게리를 무척 좋아했고 둘은 형제 같았어요. 게리에게 그렉은 건축계의 로스 혼스버거 같은 존재였답니다."

어떤 면에서는 완강한 외톨이였던 게리는 타인이 필요했다. 게리는 항상 친한 친구에 의지해 자신의 열정을 공유하고 성격의 균형을 맞췄다. 로스 혼스버거와 마르크 비아스, 그렉 월시의 공통점은 게리가 우러러보는 어떤 분야에 대해 게리보다 더 많이 알고 있다는 점이었다. 그들은 게리보다 더 체계적이었고, 작은 것을 놓치지 않는 섬세함도 지녔다. 게리에게 전혀 존재하지 않는 상냥함과 자신감도 갖췄다. 가장 중요한 점은 자주 불안해했던 게리와 달리 세 명 모두 전혀 불안해하지 않았고, 별다른 힘도 들이지 않으면서도 관심사에 대해 꾸준한 열정을 보였다는 점이다. 게리는 자신처럼 강렬한 삶을 살기로 마음을 먹었으면서도 게리보다 훨씬 침착해 보이는 친구들에게 매력을 느꼈다.

다른 많은 건축가처럼 게리는 건축 회사가 자신만의 길을 개척해 순조롭게 걸음마를 뗄 때까지 가족과 친구의 도움을 많이 받았다. 도린은 할리우드의 프로스펙트 스트리트에 작은 주택을 지으려는 남자친구의 부모님을 설득한 끝에 게리에게 그 프로젝트를 맡겼다. 스티브스 하우스만큼 야망 넘치는 프로젝트는 아니었지만, 그 집처럼 건축 과정의 처음부터 게리가 관여한 작업이었다.* 최소한 작업량 측면에서는 아니타의 도움이 가장 컸다. 아니타의 고등학교 시절 친구의 남편의 형제이자 케이 주얼리Kay Jewelers 주인의 딸과 결혼한 웨슬리 빌슨Wesley Bilson은 투자할 만한 돈을 갖고 있었다. 빌슨은 부동산 개발에 관심이 많았고, 게리네 가족이 파리로 가기 전에 게리와 함께 일해 보지 않겠냐는 이야기를 주고받은 적이 있었다. 게리 가족이 돌아오자 그 얘기는 점차 진지해졌다. 빌슨은 샌타모니카 하일랜드 애비뉴에 건물을 하나 소유하고 있었다. 작은 여섯 가구짜리 아파트에 적당한 크기였다. 그곳은 바다에서 그리 멀지 않았고, 샌타모니카 북쪽의 부

---

* 도린에 따르면, 집주인은 평생 그 집에서 살았다. 시간이 흐른 뒤, 프랭크 게리와 베르타 게리의 아들 샘이 우연히 이 집 맞은편에 위치한 주택을 산다.

유한 동네와 남쪽의 누추한 베니스 사이에 자리 잡은 오래된 주
거 동네였다.

게리는 USC 시절 같은 반이었던 건축가이자 그루엔 사무소에
서도 잠깐 일했었던 페레이둔 가파리Fereydoon Ghaffari와 엔지니어
두 명 모세 루벤스타인Moshe Rubenstein, 조지프 쿠릴리Joseph Kurily, 그
리고 빌슨과 함께 개발 회사를 차렸다. 게리는 그렉과 함께 프로
젝트의 소유권을 나눠 갖는 조건으로 건물 설계를 맡기로 했다.
주요 투자자는 웨슬리 빌슨이었지만, 아니타의 아버지도 얼마간
의 돈을 투자했고, 브로드웨이 백화점에서 오랜 시간 영업 사원
으로 일했던 텔마도 그간 꽤 모아 둔 돈으로 투자했다.

힐크레스트 아파트Hillcrest Apartments라 불렸던 하일랜드 애비뉴
의 그 건물은 이제껏 게리가 맡았던 프로젝트 중 가장 규모가 크
고 흥미로운 작업이었다. 언뜻 보기에는 목재와 스투코로 지은
전통적인 여섯 가구짜리 건물이었다. 이 건물의 디자인은 한때
샌타모니카에서 꽤 많이 보였지만 점차 사라지기 시작한 캘리
포니아 전통 방갈로 같은 느낌을 풍겼다. 또한 스투코를 발라 지
어졌고 꼭대기에는 개방형 주차장이 있었던, 당시 동네에 새로
들어서기 시작했던 2, 3층짜리 자그마한 아파트와도 닮은 모습
이었다. 게리는 평범하고 가식 없는 동네가 마음에 들었기에 자
신의 건물이 그런 분위기에 무리 없이 스며들기를 바랐다. 그건
1962년이라는 시대를 고려한다면 무척 특이하고도 놀라운 생각
이었다. 왜냐하면 당시 건축가가 짓는 모던 건물은 주위 환경은
거의 고려하지 않고 지어 올려진 추상적 사물이자 순수한 형체

라고 여겨졌기 때문이다. 물 흐르듯 자연스럽게 기존 동네와 연결되지는 못할지언정 최소한 주위 환경을 고려해서 건물을 짓는 것이 건축가의 의무라는 생각은 건축사상 진리처럼 여겨지고, 오늘날에도 당연시되는 태도다. 하지만 1960년대에는 그런 태도가 무시됐다. 당시에는 건축가가 오래된 동네를 개선하는 가장 좋은 방법은 전부 허물어 버리고 새로 시작하는 것이라는 생각이 팽배했기 때문이다.

기존 샌타모니카에 자연스럽게 스며드는 건물을 만들겠다는 게리의 욕망은 당시로 치면 급진적인 생각이었다. 하지만 게리는 과거의 건물을 그대로 베끼는 데는 취미가 없었다. 힐크레스트 아파트도 일반적인 건물과 닮은 점보다 다른 점 때문에 눈길을 끈다. 그 작은 아파트에는 기존의 방식에서 탈피하려는 게리의 본능적인 욕망이 담겨 있고, 주체할 수 없는 발명 본능이 담긴 듯한 게리만의 디테일이 살아 있다. 주위 환경에 자연스레 녹아드는 건물을 짓는 게 게리의 전반적인 건축 의도라 할지라도, 자기의 존재감을 드러내는 독특한 방식으로 작업하려는 게리의 본능은 어김없이 튀어나온다.

거리에서 힐크레스트 아파트를 바라보면 그리 별스럽지 않다. 하얀 스투코에 박공 지붕널이 덮여 있고, 목제 난간이 있는 돌출형 데크와 지상 주차장을 갖춘 2층짜리 건물이다. 하지만 파사드의 구성을 보면 이 건물의 복잡한 설계가 드러난다. 각 층에는 목제 발코니로 이어지는 미닫이문이 세 개 달려 있다. 그중 좌측 문 두 짝은 파사드와 같은 평면상에 있지만, 우측 문 한 짝은 움푹 들어가 빈 곳이 형성되면서 우측 끝쪽 굴뚝의 거대한 매스와 균형을 이룬다. 그 결과, 비움과 채움의 미묘한 비대칭적 배치가 탄생한다.

집으로 들어가는 출입구는 오른쪽을 향해 나 있다. 출입구는 흰색 스투코 매스에 목제 계단과 난간이 서로 대비되는 돌출 공간으로, 이 또한 비움과 채움의 균형을 맞춘다. 출입구는 조그마한 광장같이 느껴지기도 한다. 거리에서도 출입구로 접근할 수 있고, 주차장에서도 반 계단만 올라가면 출입구에 다다른다. 그 건물에 들어서는 세입자와 방문객이 모두 같은 경험을 할 수 있도록 의도된 배치다. 그중에서도 게리가 난간, 계단, 벤치와 같이 오른쪽 출입구를 구성하는 목재 요소에 각별한 신경을 썼다는 점은 눈여겨볼 만하다. 이는 건물에 조금이나마 도시적 숨결을 불어넣기 위한 시도다. 수직재로 만들어진 난간은 데크와 같은 높이에서 끝나지 않고, 데크보다 약간 아래쪽으로 더 뻗어 나와 강렬한 수직적 패턴을 만들어 낸다. 반면, 계단 아래쪽은 강관 기둥이 떠받치고 있는 뻥 뚫린 공간이 있어 수평적 패턴이 드러난다. 이러한 부분은 아주 사소한 디테일이지만, 게리의 직관이 발달하고 있음을 나타내는 징후였다. 빠듯한 예산과 특별한 건물을 설계하고 싶다는 욕망이 충돌하는 상황에서 게리는 비용이 거의 들지 않는 방법으로 독특한 요소를 추가하는 방법을 고심했다.

측면에서 건물을 바라보면 가파른 박공지붕이 장식용이나 다름없다는 사실이 드러난다. 거리 쪽에서 보면 지붕이 건물 전체를 덮고 있는 것 같지만, 사실 파사드 바로 뒤쪽까지만 우뚝 솟은

샌타모니카 하일랜드 애비뉴의 힐크레스트 아파트

다음 다시 아래쪽으로 꺾인다. 그래서 옆에서 보면 속이 텅 비고 비탈진 삼각형 구조가 보여서 집 위에 접은 종이를 얹은 것 같다. 박공지붕은 위층 데크에 그늘을 드리워주는 역할을 하지만, 흘 끗 보기에는 어떻게 보더라도 건물의 나머지 부분과 불협화음을 내며 따로 놀고 있다. 이는 나중에 포스트모더니즘으로 일컬어질 만한 건축적 놀이의 영역에 첫발을 들인 시도로 볼 수도 있다.

힐크레스트 아파트는 로버트 벤투리Robert Venturi가 펜실베이니아 체스트넛힐에 어머니를 위해 지은 주택과 같은 해에 완공됐다. 포스트모더니즘의 상징적 작품인 이 주택은 전통적인 건축 요소를 비꼬려는 의도로 재해석하고 얇게 만들거나, 그림 같은 느낌이 들도록 만들었다. 당시 게리는 포스트모더니스트가 아니었고, 이후로도 아닐 테지만, 1960년대 초에 벤투리가 모던 건축물에 품었던 의구심을 게리도 품고 있긴 했다. 게리는 벤투리가 훗날 "못생기고 평범한" 건축물이라 불렀던 것에도 그와 같은 관심을 지니고 있었다. 힐크레스트 아파트를 설계한 지 4년 뒤, 벤투리는 『건축의 복합성과 대립성Complexity and Contradiction in Architecture』이라는 명저를 펴냈다. 그 책에서 벤투리는 이렇게 썼다. "나는 '순수한' 것보다 혼합적인 것이, '깨끗한' 것보다 지저분한 것이, '올곧은' 것보다 뒤틀린 것이 더 좋다. (…) 나는 명백한 통일성보다는 지저분한 생명력을, (…) 명료한 의미보다 풍부한 의미를 더 좋아한다." 이 문장은 게리의 생각과도 정확히 맞아떨어진다. 벤투리처럼 게리도 모던 건축물이 추구해 온 고루하고 기업적인 방식에 갈수록 질렸고, 그래서 더 풍부한 경험을 할 수 있는 것을 창작하기 위해 애쓰기 시작한 터였다. 게리의 작업은 벤투리의 작업과는 썩 다른 궤도로 움직이고 있었지만, 육면체의 평범한 모던 건물 양식은 이제 더 나아갈 곳이 없다는 벤투리의 생각에는 동의했다. 게리는 벤투리처럼 평범한 건물과 동네를 배제하고, 절제야말로 건축적 기쁨으로 향하는 길이라고 가정하는 모던 건축의 태도가 마음에 들지 않았다.

게리는 힐크레스트 아파트가 미숙하고 어색한 시작이라는 것을 알고 있었고, 이 작업이 어떻게 끝을 맺을지 짐작조차 하지 못했다. 게리는 나중에 캘리포니아 건축물에 있어 가장 저명한 작가이자 하일랜드 애비뉴 근처에 사는 에스더 매코이Esther McCoy가 힐크레스트 아파트에 대해 따로 생각해 본 적 없다는 사실을 알게 되었을 때, 건물을 기존 동네에 어울리게끔 짓고 싶다는 자신의 욕망을 너무 밀어붙인 건 아닐까 하고 후회하기도 했다. "매코이는 힐크레스트 아파트를 새로운 것 없는 파생 작품 정도로 여겼어요. 그녀는 모더니스트였습니다." 게리는 힐크레스트 아파트를 돌아보며, 당시 하던 작업을 "주변 건물을 베끼지 않으면서 동네에 스며드는 건물 짓기"였다고 묘사했다. 나중에 그는 문제를 깨달았다. "저는 동네에 다가가려 했을 뿐, 건물을 새로운 차원으로 끌고 가지는 못했어요."

게리와 웨슬리 빌슨의 개발 회사는 샌타모니카에 또 다른 땅을 두 곳 사들였다. 게리는 아파트 프로젝트 설계에 착수하며 힐크레스트의 뒤를 이을 건물을 지으리라 기대했다. 두 프로젝트 모두 최소한 렌더링 단계에서는 힐크레스트처럼 엉성하지 않았지만 창의력이 풍부하지도 않았다. 하나는 프랭크 로이드 라이트의 작품처럼 프레리 양식의 영향이 강하게 느껴졌고, 다른 하나는 전통적인 다세대 아파트 건물처럼 보였다. 새 설계를 놓고 보니, 힐크레스트는 퍽 관습적인 느낌이 들었다. 동시에 게리는 이 새 건물들에 어떻게 자기만의 흔적을 남길지 전혀 알 수 없었다. 하지만 결국 이 건물들은 대략적인 콘셉트만 잡은 뒤 더 개발되지는 않았다.

빌슨과 함께 세운 개발 회사는 이렇다 할 이유 없이 흐지부지 끝을 맺었다. 게리는 건축가와 개발 회사의 공동 소유주라는 역할 사이에서 왔다 갔다 하는 게 점차 불편해졌고, 두 역할을 잘 조율할 수 없을 것만 같아 걱정했었다. 게리의 파트너들은 회사에서 자금을 철수하고 싶어 했고, 게리는 회사를 지켜 더 나은 건물을 짓는 데 쓰고 싶었다. 게리와 웨슬리 빌슨 사이에도 일련의 긴장감이 있었다. 게리는 빌슨을 두고 "오만방자한", "잘나신 분"이라고 말하기도 했다. 하지만 게리도 서서히 부동산 개발자와 건축가라는 역할을 동시에 수행하는 게 금전적으로는 좋을지 몰라도 마음이 편치 않다는 쪽으로 생각이 굳었다. 게리가 궁극적으로 자신의 건축가 경력에 도움이 되지 않는 상황에서 기꺼이 등을 돌리는 모습은 처음이 아니었다. 이번 회사 또한 자신의 경력에 도움이 되지 않는다는 게리의 확신이 개발 회사가 일찍 문을 닫는 데 한몫했을 것이다.*

하지만 이후에도 빌슨은 간접적으로나마 중요한 거래처로 남는다. 왜냐하면 게리의 다음번 중요 작업은 빌슨 부인의 아버지가 운영하는 케이 주얼리 가게 프로젝트였기 때문이다. 레돈도 해변과 부에나 공원에 가게를 짓고, 케이 주얼리 지사와 창고를 로스앤젤레스에 짓는 작업이었다. 페어팩스 애비뉴에 있는 사무실 건물은 힐크레스트 아파트가 그랬듯 몇 년 후 게리가 지을 건물의 특징이 미약하게나마 나타나고 있지만, 언뜻 보기에는 그보다 훨씬 보수적이다. 하지만 그 사무실 건물은 역시 힐크레스트 아파트가 그랬듯 자세히 들여다볼수록 보수적인 특징은 잘 보이지 않는다. 대신 1960년대 초반에 비용이 적게 들면서도 참신하고, 오래된 건물의 감정적 측면을 길어 올릴 수 있는 방식을 찾아내기 위한 게리의 눈물겨운 분투가 더 쉽게 눈에 들어올 것이다. 게리는 2층짜리 케이 주얼리 가게를 만들 때 콘크리트와 목재, 유리, 붉은 지붕 타일을 사용해 일본 건축 분위기를 가미했다. 가게 사장이 일본 건축물을 좋아한다고 말했기 때문이다. 건물에 일본적 요소를 그대로 옮겨 오지는 않았지만, 일본 신사가 지닌 평온한 질서감과 고요한 정숙함, 풍부한 질감이 충분히 전달된다. 네모난 주두를 이고 콘크리트 원기둥으로 재탄생한 파사드의 정갈한 주랑은 일본 신사 구조물에서 매우 중요하면서도 대부분 가려져 있는 기둥을 어렴풋이 연상케 한다. 게리는 일본 신사의 가장 특징적 요소인 탑 형태 지붕을 벗겨 낸 뒤, 고전적인 서양 건축

• 당시 게리는 개발자와 건축가의 역할을 동시에 해내지 못할 거라고 걱정했지만, 나중에도 각기 다른 시점에 부동산에 투자하면서 비슷한 행동을 반복한다. 자신이 투자한 부동산 프로젝트의 설계까지 직접 맡을 수 있지 않을까 하는 일말의 기대 때문이다. 젊은 시절에는 프로젝트가 거의 성사되지 않았지만, 나중에 파트너 래리 필드Larry Field와 함께한 부동산 투자에는 성공한다. 자세한 내용은 17장에서 이어진다.

형식에 따라 재형성해 일본 신사와 그리스 신전이 추상적으로 합쳐진 듯한 파사드를 탄생시켰다. 목재 프레임의 널따란 창은 신사 같은 느낌을 강조하려는 듯, 기둥 뒤쪽에 자리 잡고 있다. 한편, 건물의 양 벽은 앞쪽으로 둥그렇게 뻗어 나와, 앞에서 보면 웅장하고 거대한 프레임에 점포의 파사드를 담는 형태다. 한때 케이 빌딩 앞쪽에는 자그마한 일본식 정원이 있었다. 설계 시, 타일로 만든 퍼걸러 입구가 있고 높은 벽에 둘러싸인 정원을 만들고자 했지만, 원래 아이디어보다 훨씬 단출하게 시공했다. 그나마도 작은 정원이 있을 때는 지금보다 약간 더 일본의 향취를 풍겼다. 그래도 거리를 대하는 따스한 격식만은 여전히 남아 있다.

1963년도에 케이 빌딩 프로젝트를 마무리 짓고 1964년, 케이 주얼리 가게 두 개를 완성한 이후, 작업에 가속도가 붙었다. 게리의 이전 클라이언트였던 스타브스 가족이 샌타모니카에 5층짜리 사무실을 지어 달라고 의뢰하기도 했다. 게리는 유리와 콘크리트라는 질감이 다른 두 재료를 사용해 사무실을 지을 예정이었다. 하지만 그 프로젝트는 비용이 너무 많이 들어 폐기되었다. 클라이언트는 일을 진척시키고 싶지 않다며, 1만 5천 달러의 건축 대금을 돌려 달라는 소송을 제기하는 바람에 게리는 변호사를 고용해야만 했다. 게리는 그 비용을 어찌어찌 감당했지만, 이 고통스러운 사건은 건축가의 경제 생활이 얼마나 불안정한지 한 번 더 일깨워 줬다. 다음 프로젝트는 할리우드의 도금 업체 페이스 플레이팅 컴퍼니Faith Plating Company의 작은 산업용 건물을 짓는 것이었고, 다행히도 이전과 같은 문제는 일어나지 않았다. 이 건물은

222

스티브스가 의뢰한 사무실 빌딩보다 규모가 작았지만, 힐크레스트 아파트와 케이 빌딩 스타일에 이별을 고할 만큼 방향성이 달라진, 게리 경력의 분기점이 되는 중요한 건물이다.

게리는 예전부터 로스앤젤레스의 전형적인 상업 건축 양식에 관심을 기울이고 있었다. 그건 게리뿐만 아니라 다른 이들도 '바보 상자'라고 부르는 지극히 평범한 형태였다. 게리는 시간만 나면 도시 곳곳에 널브러진 창고, 기중기, 공장 같은 것을 사진에 담았다.• 도시의 평범한 산업 건물에 매료된 사람은 게리만이 아니었다. 그로부터 10년 후, 로스앤젤레스에 관한 평론집을 발간할 영국 건축사학자 레이너 밴험Reyner Banham도 단순한 육면체 형태의 건물이 그 도시의 정체성이라고 봤다.•• 하지만 게리는 바보 상자의 학문적 측면이 아니라 실용적 측면에 더 관심이 갔다. 이 상자를 더 활용할 방법, 이 바보 상자가 말할 수 있게 만드는 방법이 없을까? 게리는 골몰했다. 그는 페이스 플레이팅 건물을 지으면서 벽돌 바닥 위에 평범한 스투코 상자를 얹었다. 그 둔탁한 파사드 윗부분에는 커다란 직사각형 창문처럼 생긴 개방구 두 개를 내고, 출입문 주위는 널따랗고 깊은 프레임 형태가 감싸도록 설

• 게리가 찍은 사진은 큐레이터 프레데리크 미게루Frédéric Migayrou가 2014년, 퐁피두 센터에서 게리의 회고전을 개최하면서 세상에 선보여진다. 자세한 내용은 21장에서 계속된다.
•• 1971년 발간된 밴험의 『로스앤젤레스: 네 가지 생태 속 건축물Los Angeles: The Architecture of Four Ecologies』은 유명 건축사학자가 로스앤젤레스를 완전히 긍정적으로 조명한 초기 저작 중 하나다. 이 책이 세상에 나온 것은 고속도로 시대의 모더니즘 건축 양식을 진지하게 탐구한 로버트 벤투리, 데니즈 스콧 브라운Denise Scott Brown, 스티븐 아이즈너Steven Izenour의 『라스베이거스의 교훈Learning from Las Vegas』이 발간된 지 1년 뒤다.

계했다. 그 결과, 관습적인 건물과 닮았지만, 오히려 너무 관습적이어서 어린아이의 그림보다 훨씬 담백하고 간단한 건축물이 탄생했다. 처음에는 그렇게 보일지 모른다. 하지만 여기서도 게리는 채움과 비움, 함몰과 돌출, 무거움과 가벼움, 개방과 폐쇄라는 야심 찬 형식적 개념을 탐구했다. 페이스 플레이팅 프로젝트는 형식주의의 시도이자, 모두가 경멸했던 로스앤젤레스의 진부하고 평범한 상업 건물에서 가능성을 발견하고 이를 선보이려는 시도였다.

1964년에 완공된 페이스 플레이팅 건물은 같은 해 말에 의뢰가 들어온 할리우드의 댄지거 스튜디오 앤드 레지던스Danziger Studio and Residence 프로젝트를 위한 시범 격 건축물이 됐다. 클라이언트 루 댄지거Lou Danziger는 로스앤젤레스의 유명 그래픽 디자이너이자 페이스 플레이팅 이사회의 일원이었는데, 아마 게리가 페이스 플레이팅 프로젝트를 따 낼 수 있게 영향력을 행사했던 것 같다. 댄지거는 그의 절친한 친구이자 찰스 임스와도 협업한 적 있던 프레더릭 어셔Frederick Usher를 통해 게리를 만났다. 게리는 댄지거가 원래 어셔에게 건물 설계를 부탁했지만, 어셔가 그 제안을 거절하고 자신을 소개해 준 것이라 알고 있다.•

• 일의 전후 순서나 어떻게 두 프로젝트를 모두 게리가 맡았는지는 확실하지 않다. 게리는 댄지거의 프로젝트를 딸 수 있도록 도와준 것이 어셔라고 확신한다. 정말 그렇다면 페이스 플레이팅 프로젝트가 들어오기 전에 어셔가 댄지거에게 게리의 이름을 알려 줬고, 페이스 플레이팅 이사회 일원인 댄지거가 페이스 플레이팅에게 게리를 고용하라고 추천했을 수도 있다. 그런 뒤, 어셔가 댄지거 스튜디오 건을 거절하자 게리에게 의뢰가 들어온 것일 수도 있다. 혹은 전혀 다른 연유에서 게리에게 페이스 플레이팅 프로젝트가 맡겨졌고, 어셔는 페이스 플레이팅 건과는 무관하게

상황이 어떻게 됐건 간에, 댄지거 프로젝트는 게리 경력의 주요 터닝 포인트가 됐다. 보통 고속도로 지하도와 터널에만 사용하는 '터널 믹스' 스투코로 뒤덮인 육면체 구조물로 구성된 디자인은 페이스 플레이팅 건물보다 더 투박했지만, 그보다 훨씬 크고, 복잡하고, 힘이 넘쳤다. 게리는 르코르뷔지에의 롱샹 성당 외관처럼 투박한 질감을 내는 물질을 기필코 찾아내겠다는 일념으로 특수 장비를 대여해 베니스의 차고에서 여러 물질을 테스트했고, 그렇게 터널 믹스가 일반 건축물에도 사용될 수 있다는 것을 시공자에게 증명해 보였다. 이는 젊은 시절에도 자기만의 방식을 고집스럽게 고수하는 게리의 모습이 드러나는 일화다.

게리는 '바보 상자'를 평범한 건물 이상으로 고양하고 싶었다. 산업 재료를 주거용 규모의 건물에 쓰겠다는 게리의 결단은 그러한 의지를 보여 주는 한 가지 방법에 지나지 않았다. 댄지거 스튜디오는 거리에 노출되는 부분이 적지만, 그래도 건축가의 손을 거쳤다는 사실이 확실히 드러난다. 서로 떨어진 채로 평행하게 세워진 두 개의 육면체 건물은 미니멀리스트의 조각품처럼 세심하게 배치되어 있다. 붐비는 멜로즈 애비뉴를 향해 정면에 세워진 정원 벽은 세 번째 상자로 기능하며 건물 구성에 깊이감과 수평적 요소를 더한다. 지붕에서 삐죽이 튀어나온 작은 상자에는 고창을 설치해 내부에 자연광을 들인다. 건축 아랫부분에는 도보에서 한 발 정도 떨어진 지점까지 스투코를 칠하지 않아 넓은 노

게리를 댄지거 프로젝트에 추천했을 수도 있다.

로스앤젤레스 멜로즈 애비뉴에 위치한 댄지거 스튜디오

출부를 만들었고, 그로 인해 거대한 건물 매스가 공중에 뜬 것처럼 보인다.

댄지거 스튜디오는 매스와 평면의 균형을 추구하는 시도로, 모더니즘 회화 작품을 3차원에 실현한 것과 같다. 게리는 번잡한 상업 거리라는 인근 환경을 고려해 건물이 캘리포니아 남부적 요소가 다분한 내부 정원 쪽을 향하도록 설계했다. 한편, 건물 매스는 미국 남서부의 분위기를 연상시키면서도 동시에 전혀 남서부적이지 않은 건축가 루이스 칸Louis Kahn의 작품을 떠올리게 했다. 모더니즘의 장엄함을 새롭게 표현할 방법을 찾으려는 시도 속에 탄생한 루이스 칸의 거무튀튀하고 음울하고 굳건한 건축물은 당시 막 알려지기 시작하던 때였다. 게리는 1944년, 루돌프 신들러가 로스앤젤레스 남쪽에 설계한 침례 교회를 봤을지도 모른다. 창이 없는 스투코 매스 여러 개가 수평을 이루는 형태인 신들러의 침례 교회도 어떻게 보면 댄지거 스튜디오와 유사한 점이 있다.•

게리의 "능란한 기량"에 감탄한 레이너 밴험은 댄지거 스튜디오에 드러난 다른 영향력도 포착했다. 밴험은 댄지거 스튜디오가 "20세기 유럽의 스튜디오 하우스"와 유사하다고도 했고, 네덜

• 신들러의 유일한 교회 건축물인 베들레헴 침례 교회는 수년간 방치되어 잊힐 뻔했는데, 다시 발견되어 2014년에 완전히 복원되었다. 이 교회는 원래 건축을 맡기로 했던 아프리카계 미국인 건축가 제임스 개럿James Garrott과 갈라선 아프리카계 미국인 신자들을 위해 설계됐다. 이 교회 건물의 역사를 연구한 샌디에이고의 건축가 스티브 월렛Steve Wallett은 게리가 USC 시절에 알고 지내던 로스앤젤레스 모더니스트 서클의 일원이자, 개럿과 신들러를 모두 알던 그레고리 아인이 신자들과 신들러를 이어 줬다고 주장했다.

란드의 모더니즘 화가이자 건축가인 테오 판 두스뷔르흐Theo van Doesburg의 작품과 비교하기도 했다. 밴험은 댄지거 스튜디오에 대해 이렇게 썼다. "이 건물의 놀라운 점은 우아하면서도 간결한 스투코 상자가 로스앤젤레스의 건축물로서 여전히 유효하다는 점을 재확인해 주는 동시에, 전 세계적 기준에도 부합하는 방식으로 이를 해냈다는 점이다. 신들러에서 시작된 흐름은 능란한 기량과 함께 다시 돌아왔다."

밴험은 신들러를 호출함으로써 댄지거 스튜디오가 로스앤젤레스 전체를 대변하며, 암스테르담이나 산타페가 아니라 펑키한 멜로즈 애비뉴에 속한다는 점을 강조한다. 댄지거 스튜디오는 게리 커리어의 시작점은 아니지만, 게리가 독립 건축가로서 이름을 알리기 시작한 첫 작품이다. 확실히 댄지거 스튜디오는 기존의 범주에 속하지 않았다. 1920년대 유럽의 모더니즘뿐만 아니라 캘리포니아의 모더니즘과 루이스 칸, 남서부의 푸에블로 건축 양식과 같이 다양한 영향력을 조화시키는 능력은 게리가 설계자로서 빠르게 성숙해 가고 있음을 알려 주는 신호였다. 모더니즘의 가벼움과 장엄한 무게감이라는 두 요소를 충돌시키지 않고 결합하는 건축가는 몇 없었다. 이제 게리는 갈등을 초월하고 건축물을 통해 서로 다른 세력을 조화시키는 것이 최종 목표인 양, 반대항을 통합하고 서로 다른 영향력을 접합시키는 건축적 능력과 3차원의 구조물을 배치하는 재능을 드러내 보이기 시작했다.

게리의 회사가 성장함에 따라 집안 사정도 어느 정도 덜 불안정해지자, 아니타는 어린 시절부터 갈망해 왔던 교육을 받으러 학교로 돌아가기로 마음먹었다. 열 살인 레슬리와 여덟 살인 브리나도 모두 학교에 다니니 아니타가 온종일 집에 있어야 할 이유도 없었다. 게리 가족은 아니타의 학교인 캘리포니아대학교 로스앤젤레스UCLA, University of California, Los Angeles와 가까운 웨스트우드 지역 케너드 애비뉴의 새집으로 이사했다. 아니타는 2년제 대학에서 시작해 UCLA로 편입한 뒤 러시아 문학을 공부했다. 그녀는 대학에서 공부하는 것을 즐겼고, 학사 학위를 받은 뒤에는 사회복지 분야에서 경력을 쌓겠다며 석사 공부를 이어 갔다.

게리는 아니타의 복학에 대해 복잡하고 미묘한 감정이 들었다. 아니타가 원하는 일이었고, 게리도 주부 이상의 야망이 없는 여자와 결혼할 생각은 없었다. 다만 아니타의 결정과 관련해 게리의 마음에 걸리는 부분이 있었다면, 그건 대학 교육과 전문적 커리어를 원하는 아니타의 욕망 때문은 아니었다. 게리는 항상 그녀의 그러한 욕망을 지지하지 않았던가? 문제는 아니타가 자기만의 세계로 더욱더 깊이 빠져들어 게리의 세계와 멀어지리라는 점이었다. 게리는 아니타와 함께 자신의 건축가 커리어를 공유하던 나날이 그리웠다. 처음에 건축은 두 사람의 하나된 미래를 상징하는 것만 같았다. 하지만 이제 그건 오래전 일이 됐다. 이제 아니타에게 게리의 커리어는 그녀의 희생과 그로 인한 분노를 떠오르게 할 뿐이었다. 게리는 자신이 하는 일에 아니타가 긍정적으로 개입하기를 바랐지만, 아니타는 전혀 그럴 마음이 없어 보였다. 하지만 만약 아니타의 삶이 조금 더 만족스럽게 흘러갔더라면 아니타도 그토록 불평을 터트리지 않았을 테고, 삶도 조금 더 평온해졌을 것이다. 그렇기에 게리는 그녀의 결정에 토를 달지 않았다. 그런데 리처드 스나이더가 보기에 게리가 아니타의 학문적 커리어를 지원하는 이유가 꿈을 좇는 아니타를 돕는 게 기뻐서인지, 아니면 그녀에게 진 빚을 갚을 수밖에 없어서인지 확실하지 않았다. "그건 보상이었을까요, 관대함이었을까요?" 정답은 둘 다라는 사실을 알면서도, 아니타의 남동생이 물었다.

아니타는 마침내 원하던 일을 하게 되어 행복했지만, 그 감정이 행복한 결혼 생활로 이어지지는 않았다. 게리는 계속해서 집안일과 부모로서의 책무를 아니타에게 떠넘겼다. 게리는 회사가 자꾸 성장하는 것을 핑계 삼아 사무실에 더 오래 머무는 것을 정당화했다. 그맘때쯤 게리는 라우즈 컴퍼니라는 무척 중요한 클라이언트와 인연을 맺은 터였다. 라우즈 컴퍼니는 메릴랜드의 컬럼비아 신도시 개발을 맡았고, 게리는 그 도시에 들어갈 건물을 몇 채 설계하고 있었다. 이제 게리의 주요 업무 범위는 캘리포니아를 벗어났고, 그 때문에 전국으로 출장 가는 일도 잦았다.* 아니타의 입장에서는 십수 년 전, 게리의 건축학교 졸업을 뒷바라지하느라 법률 사무소에서 조수로 일하던 때와 그리 달라진 게 없었다. 아니타는 여전히 자신의 삶을 게리의 삶에 끼워 맞춰야 했다.

파리에서 보냈던 행복한 기억은 점차 희미해져 갔다. 게리가 점점 일에 몰두하면서 결혼 생활은 더 소원해졌고, 둘 사이에는 언

---

* 라우즈와 함께한 게리의 작품에 관한 이야기는 8장에서 이어진다.

230

제나 긴장감이 나돌았다. 낮 동안 두 사람은 완전히 다른 세계에 있었고, 게리는 저녁에도, 주말에도 집을 비우는 일이 잦아졌다. 게리는 딸들을 사랑했고 아이들과 함께 놀아 주기를 좋아했지만, 가족을 위해 많은 시간을 비울 수 있는 날은 몇 없었다. 그래서 아버지로서 그가 느끼는 기쁨은 현실이라기보다는 추상적 개념에 가까워 보였다. 적어도 아니타, 레슬리, 브리나에게는 그랬다.

게리가 집을 비우는 것은 일 때문만은 아니었다. 그때까지만 해도 게리는 다른 연인을 만나고 있지 않았지만, 그만큼 매혹적인 대상을 만났다. 건축 사무소가 덩치를 불리기 시작했던 1960년대 중반, 게리는 로스앤젤레스의 베니스, 오션파크 등 주로 예술가들이 생활하는 곳에서 많은 시간을 보냈다. 게리는 도예가가 되기를 꿈꿨던 USC 시절부터 예술에 관심이 많았다. 게다가 자신만의 디자인을 설계하고 사무실을 운영하는 데 익숙해지자, 관점, 형태, 색깔, 재료, 빛을 탐구하는 일이나, 자신이 본 것을 새롭게 표현하는 방식 등 예술가들이 마주하는 문제에 점차 눈길이 갔다. 게리는 건축을 포기할 마음은 없었지만, 예술가들이 하는 일을 건축으로 해내고 싶었다. 게리에게는 빌리 알 벵스턴, 에드 모지스Ed Moses, 에드 루샤Ed Ruscha, 켄 프라이스Ken Price, 로버트 어윈Robert Irwin, 론 데이비스, 토니 벌랜트, 래리 벨Larry Bell, 피터 알렉산더, 존 앨툰John Altoon과 같은 로스앤젤레스 기반 예술가들의 작업이 동시대 건축가들의 작업보다 훨씬 흥미로웠다. 그는 예술가들의 업이란 세상을 있는 그대로 받아들이는 게 아니라 해석하는 것임을 깨달았다. 게리와 마찬가지로 일부 예술가들도 게리의 작품에서 영감을 얻는다는 사실에 그는 적잖이 기뻤다. 게리는 에드 모지스를 처음 만난 날을 기억했다. 모지스가 댄지거 스튜디오를 보러 멜로즈 애비뉴에 왔을 때다. "어느 날 프로젝트 현장에 갔더니 에드 모지스가 떡하니 서 있더군요. 모지스가 자신을 소개해서 알아 봤죠. 그가 제 작품에 관심을 보이다니 저는 뛸 듯이 기뻤습니다. 모지스는 제 건물에 대해 칭찬 일색이었고, 켄 프라이스, 빌리 알벵스턴 같은 친구들도 데리고 왔어요. 그들은 댄지거 스튜디오 공사 현장 주위에서 어울리곤 했죠."

모지스는 게리와의 만남을 다소 다르게 기억했다. 그는 루 댄지거를 알고 지냈는데, 새 스튜디오를 지으려는 모지스에게 한 친구가 게리를 추천했고, 그 이후 건설 중인 댄지거 스튜디오 현장에 게리가 모지스를 초대했다고 한다. 모지스가 말했다. "게리는 베벌리 글렌에 있는 제 스튜디오에 처음 온 날, 파란 수트를 입고 코도반 신발을 신고 있었어요." 당시 게리는 아직 경력이 얼마 되지 않기에 빅터 그루엔 사무소에서 일했을 때처럼 옷을 차려 입고 다녔다. 어쨌건 모지스는 댄지거 스튜디오를 좋아했다. "저는 외벽에 투박한 스투코를 바른 끝내주는 디자인이 마음에 들었어요. 남서부 스타일의 구조물이었죠." 모지스는 그 건물의 건축가인 게리도 좋아했다. 게리와 모지스의 깊은 우정은 모지스가 댄지거 프로젝트를 구경하던 날 그렇게 시작됐다. 모지스는 친구 예술가들에게 게리의 작품을 소개해 줬고, 이후 게리는 모지스의 친구들과도 함께 어울렸다. 모지스가 말했다. "저는 게리를 이렇게 소개했습니다. '이 사람은 프랭크 게리야. 내 친구이자 회화에 무척이나 관심이 많은 건축가지.' 게리는 독특한 경우였죠. 건축가들은 보통 자기 영역을 벗어나는 법이 없거든요." 곧 게리는 자연스럽게 모지스가 속한 예술가 서클의 일원이 됐다.

그 서클은 페루스 갤러리Ferus Gallery를 상징 삼아 결성된 모임이었다. 페루스 갤러리는 1957년, 재능과 열정이 넘치고 괴짜 기질이 있는 스물네 살의 월터 홉스Walter Hopps와 '발견된 오브제'를 이용해 사회 비평적 작품을 만들었던 서른두 살의 예술가 에드 키엔홀즈Ed Kienholz가 설립했다. 홉스와 키엔홀즈는 페루스 갤러리가 젊은 현지 예술가들의 작품을 전시하고, 운이 좋으면 한두 점 정도 팔 수 있는 공간이 되기를 바랐다. 에드 모지스, 로버트 어윈, 에드 루샤, 제임스 터렐James Turrell 등 게리가 추후 알게 될 여러 예술가와 마찬가지로 키엔홀즈도 예술과 상업의 온상이라고 할 수 있는 뉴욕 대신 로스앤젤레스에 일부러 터를 잡고 정착했다. 가장 큰 이유는 뉴욕의 압력에서 벗어나기 위함이었다. 1950년대에 로스앤젤레스는 뉴욕과 딴판이었다. 소위 '아트 신'이라 불릴 만한 건 없었다. 주요 미술관도 갤러리도 없었다. 전문 컬렉터는 꽤 많았지만, 대부분은 뉴욕에서 사 온 작품들을 소장했고, 현지 예술가들과의 교류는 거의 없다시피 했다. 예술 세계의 중심에서 벗어나는 것은 어떤 예술가에게는 자살 행위와도 같았지만, 로스앤젤레스에 모여든 예술가들은 바로 그 거리감을 부러 찾아온 이들이었다. 그들에게 로스앤젤레스는 자유의 땅이었다. 그곳에서는 뉴욕 비평가들의 시선과 강렬한 상업적 분위기에서 벗어나 원하는 것이라면 뭐든지 마음껏 시도할 수 있었다.

　로스앤젤레스의 예술가들도 한데 모이고 작품을 팔 만한 공간이 필요했다. 하지만 뉴욕 갤러리처럼 고루한 환경과는 다른 것을 원했다. 그러한 점에서 그들은 확실히 성공했다. 오프닝 쇼에서 윌리스 버먼Wallace Berman의 아상블라주assemblage('집합'이라는 뜻의 프랑스어로, 일상 용품이나 버려진 물체를 모아 예술 작품을 만드는 기법이다. 평면적인 콜라주와 달리 아상블라주는 대개 삼차원의 입체적인 작품을 일컫는다.—옮긴이) 작품을 선보이자, 외설을 이유로 로스앤젤레스 경찰이 출동하기도 했다. 헌터 드로호조스카필프Hunter Drohojowska-Philp는 『낙원에서 일어난 저항: 로스앤젤레스 아트 신과 1960년대Rebels in Paradise: The Los Angeles Art Scene and the 1960s』라는 책에서 이렇게 말했다. "키엔홀즈와 홉스가 페루스 갤러리의 예술가를 선정하는 기준에는 태도 말고 따로 정해진 것은 없었다. 친구가 친구를 추천하는 식이었다. 버먼은 에드 모지스를 추천했다." 1년 뒤, 키엔홀즈는 갤러리스트보다 예술가가 더 적성에 맞는다고 생각해 홉스에게 지분을 팔아넘겼고, 홉스는 이를 다시 어빙 블룸Irving Blum에게 팔았다. 블룸은 로스앤젤레스로 이사한 지 얼마 되지 않은 사근사근한 뉴욕 사람이었다.* 블룸은 페루스 갤러리가 로스앤젤레스의 신진 예술가들을 조명할 수 있게 운영했다. 그는 갤러리를 라 시에네가 대로까지 확장했고, 앤디 워홀

---

* 블룸은 키엔홀즈에게서 직접 지분을 사들였을지도 모른다. 『낙원에서 일어난 저항』에 담긴 그들의 설명은 조금 다르다.

Andy Warhol 같은 잘나가는 뉴욕 예술가들의 전시회도 간간이 갤러리 일정에 섞어 넣기도 했다. 갤러리의 이름을 드높이면서도 정체성은 희석하지 않는 능숙한 운영 방식이었다.

게리가 페루스 예술가들과 어울리기 시작한 1960년대 중반 무렵, 활력 있고 야심 찬 사업가 블룸은 홉스에게서 갤러리의 일상 관리 권한을 넘겨받았다. 페루스 갤러리는 여전히 예술가들의 클럽하우스였지만, 갤러리라는 측면이 조금 더 부각되는 방향으로 바뀌었다. 더는 유일무이하지도 않았다. 로스앤젤레스 예술가의 작품을 팔려는 갤러리들이 소수지만 삼삼오오 생겨난 것이다. 개중에는 1966년에 도린 게리와 결혼한 롤프 넬슨Rolf Nelson이 운영하는 갤러리도 있었다. 하지만 가족 간의 인연도 게리를 페루스 갤러리의 중력에서 벗어나게 할 수는 없었다. 점차 세상에 알려지기 시작한 로스앤젤레스의 예술 세계를 가장 잘 대변하는 갤러리는 여전히 페루스 갤러리였다.

로스앤젤레스의 예술가 커뮤니티는 이상하리만치 친밀했다. 커뮤니티의 젊은 멤버이자 게리의 절친한 친구가 된 척 아놀디Chuck Arnoldi가 말했다. "우리는 뉴욕 예술가들이 느끼던 압박감 같은 걸 느끼지 않았던 것 같아요. 우리는 자유로운 영혼들이었고 실험적인 사람들이었죠. 우린 모든 것을 공유했어요. 약도, 연인도, 아이디어도요. 이곳 아트 신은 굉장히 좁았어요. 모두가 서로를 알았죠. 게리는 종종 작품을 사기로 유명했어요. 그래서 많은 예술가의 관심을 끌었죠. 다른 사람이 우리 작품을 사는 경우는 거의 없었거든요. 하지만 그건 사람들이 게리를 좋아하는 이유가 아니었습니다. 게리는 그냥 우리 쪽 사람 같았어요. 우린 그냥 먹고, 마시고, 떠들고, 놀았죠. 그리고 게리는 우리의 작업에 관심을 보였어요. 우리 작업에 관심을 보이는 사람이 있다면 그 누구라도 바로 우리 신에 들어오는 겁니다. 그렇잖아요, 관중이 많이 없는 신이었으니까요."

게리는 예술가 그룹에서 독특한 역할을 맡았다. 게리는 토니 벌랜트가 "형제들"이라 부르는 무리에 꽤 빠르게 편입했지만, 항상 조금씩 남들과 달랐다. 나머지는 예술가지만 게리만 건축가여서 그런 것만은 아니었다. 게리가 심드렁할 건 없었다. 게리와 예술가들을 갈라놓는 게 있었다면, 그건 배우고자 하는 게리의 열망이었다. 맨 처음, 사실상 그룹의 리더 격이라 할 수 있는 예술가 빌리 알 벵스턴이 게리를 두고 모지스에게 "매일 데리고 다니는 이 놈은 누구야?"라고 물었는데 그럴 법도 했다. 에드 루샤가 말했다. "벵스턴은 '얼씨구' 하는 태도였어요. 게리는 제가 아는 사람 중 가장 허풍이 없는 사람이었죠." 게리는 항상 예술가들과 함께 지내는 것 같았고, 모두의 말을 경청하며, 모두가 하는 일을 지켜보면서 그로부터 배우고 있는 것처럼 보였다. 에드 모지스가 말했다. "게리의 호기심은 채워지는 법이 없었어요. 그런 건축가는 처음 봤답니다." 게리는 자신이 무엇을 하고 있는지 정확하게 알고 있었다. "저는 예술이 중심인 장소에 있는 것처럼 느꼈습니다. 제가 그곳에 연결됐는지 아닌지와는 상관없었죠." 게리는 건축가들에게서 느껴 보지 못한 종류의 편안함을 예술가들과 있을 때 느낄 수 있었다. "저는 건축 세계에서는 받지 못했던 힘찬 에너지를 아트 신에서 받았습니다. 예술가들은 직관적으로 작업한다는 점이 제 흥미를 돋웠습니다. 그들은 원하는 대로 했고 그 결과를 받아들였어요." 게리의 경험상, 그러한 태도는 건축가에게서 거의 찾아볼 수 없는 것이었다.

게리가 느끼기에 예술가에게 만들기와 예술은 하나였다. "만들기와 예술은 별개의 두 행위가 아니었어요. 그런 점이 흥미로웠습니다. 건축가도 그런 걸 할 수 있었으면 싶었죠."

"예술가들의 작업은 제가 하던 엄격한 건축보다 훨씬 더 단도직입적이었어요. 건축할 때는 방화 처리, 스프링클러, 계단 난간 설치 같은 안전 문제를 신경 써야 하죠. 건축가들은 규정과 예산을 지키며 매우 조심스럽게 작업하는 법을 훈련받습니다. 하지만 이런 제약들은 미학과 관계가 없어요. 제가 이 예술가 친구들과 친해져서 그들이 스튜디오에서 하는 작업이나 사물을 다루는 방식을 지켜보고 있노라면, 예술은 건축과 무척 다르다는 사실을 알 수 있었습니다. 저는 예술의 직접성과 영원성, 그들이 새하얀 캔버스에 맞서는 법 같은 것들에 완전히 매료됐어요. 아름다운 작품은 건축 작업보다 예술 작업 끝에 탄생하는 게 더 어울려 보였죠. 건축에서는 실용적인 부분을 챙겨야 한다는 점을 알았고, 그건 제가 할 수 있는 일이었어요. 하지만 그것만으론 충분하지 않았습니다."

많은 예술가는 당시 꽤 파격적이었던 샌타모니카 남쪽 베니스 지역에 스튜디오를 두고 있었다. 게리는 거창함과 보잘것없음이 얼기설기 얽혀 있는 베니스 지역을 매력적이라 생각했다. 베니스

는 무난하다기보다 추레하다는 표현이 더 어울렸다. 건축가들이
추구해야 할 방향이라 배웠던 완전무결함과는 정반대의 이미지
였다. 게리는 예술가들이 주기적으로 스튜디오를 재설계하고 일
부분을 날것 그대로 미완의 상태로 남겨 두는 경향이 특히 재미
있었다. 빌리 알 벵스턴은 직접 가구를 만들고, 파티션을 설치했
고, 기발한 아이디어가 새로 떠오르면 다시 모두 부쉈다. 미완성
과 변화의 개념에 대한 찬양은 게리가 건축학교와 그루엔 사무소
에서 추구해야 할 미덕이라 배웠던 완벽함, 순수함, 영속성과는
완전히 달랐다. 래리 벨은 스튜디오의 벽을 허물어 간주間柱를 노
출한 뒤 유리로 덮었다. 이를 보고 게리가 말했다. "그렇게 해서
우리는 간주를 마치 사진인 양 바라보게 됐어요. 기발한 아이디
어였죠."

예술가들은 게리에게 종종 소규모 설계 프로젝트를 의뢰했고,
게리는 우정을 생각해 기꺼이 맡았다. 예술가들은 그런 프로젝
트를 통해 게리가 그저 자신들 주위를 어슬렁거리는 사람이 아니
라 창의적인 일을 하는 사람임을 문득 깨닫곤 했다. 벵스턴은 예
술가들의 아이디어를 참고해 작업하는 게리를 두고 "유명세나 좇
는 놈"이나 "지상 최대의 도둑놈"이라고 부르며 게리를 괴롭히기
도 했지만, 마음 깊은 곳에서는 그를 존경했다. 그래서 벵스턴은
1968년에 열렸던 회고전의 설치 작업을 게리에게 맡겼다. 회고
전이 열렸던 로스앤젤레스 카운티 미술관LACMA, Los Angeles County
Museum of Art은 당시 지은 지 얼마 되지 않았고, 게리의 전 멘토였던
윌리엄 페레이라가 설계한 다소 밋밋하고 고전적인 건물이었다.*

벵스턴의 회고전은 게리의 첫 번째 박물관 프로젝트는 아니었다. 3년 전, 일본에 친숙한 그렉 월시 덕에 게리와 그렉은 《일본의 명작들Art Treasures of Japan》이라는 전시 설계 의뢰를 받은 적도 있었다. 목재를 사용하고 천장에 염색 천을 달았던 전시에는 고요하고 아름다운 질서가 스며 있었다. 하지만 그 작업은 로스앤젤레스 카운티 미술관의 가장 화려한 구역에 설치 작업을 맡게 된 벵스턴의 전시회와는 닮은 점이 거의 없었다.

타고 다니던 자신의 오토바이와 함께 자주 사진을 찍었고, 커스텀 자동차 마감재와 비슷한 스프레이 래커를 작품에 사용하던 벵스턴은 로스앤젤레스 카운티 미술관에서 처음으로 단독 전시를 여는 로스앤젤레스 예술가였다. 벵스턴은 자신이 속한 그룹의 정신이 전시회에 잘 녹아나기를 바랐고, 그래서 게리가 그저 큐레이터에게 벽을 설치할 위치를 알려 주는 것 이상으로 역할을 해주기를 강렬하게 바랐다. 벵스턴은 전시의 외관을 온전히 게리에게 맡겼다. 그는 이 프로젝트를 컬래버레이션 이상으로 만들고 싶어서 에드 루샤에게 카탈로그 제작을 믿고 맡겼고, 게리에게도 그와 비슷한 자유를 선사했다.

• 박물관 이사진들은 미스 반데어로에와 에드워드 더렐 스톤Edward Durell Stone 중 누구에게 박물관 건축 프로젝트를 맡길지 첨예하게 대립한 끝에, 절충안으로 페레이라를 선택했다. 페레이라는 독특한 형태를 좋아했지만, 로스앤젤레스 카운티 미술관을 작업할 때는 건물을 여러 조각으로 나누는 정도로만 과감함을 절제해 드러냈다. 페레이라의 그 진부한 디자인에는 게리가 존경했던 특징들이 전혀 담겨 있지 않았다. 하지만 페레이라의 별 볼 일 없는 건물은 에드 루샤의 가장 유명한 그림 중 하나이자 워싱턴 D.C.에 있는 조지프 H. 허시혼 박물관의 컬렉션에 포함된 〈불타는 로스앤젤레스 카운티 미술관The Los Angeles County Museum on Fire〉에 영감을 주었다.

미술관 큐레이터들은 게리의 개입에 조금 불안해하기도 했지만, 그보다 벵스턴의 전시회를 준비한다는 생각에 더 긴장한 것 같았다. 그들은 무난한 전시회를 만들고 싶다는 바람을 안고 게리에게 설치 예산이 아주 적다고 얘기했다. 하지만 그 효과는 정반대였다. 게리는 이렇게 말했다. "저는 큐레이터들에게 창고로 안내해 달라고 했어요. 창고에 갔더니 페인트가 칠해진 합판이 무더기로 쌓여 있었죠. 큐레이터에게 합판을 어디에 쓰냐고 물었더니 모른다기에 제가 가져다가 전시 설치하는 데 쓰겠다고 했답니다. 너무 값싼 재료들이라 안 된다고 말하기도 애매했을 거예요." 합판 중에는 페인트칠이 되어 있지 않은 것도, 여러 색깔이 칠해져 있는 것도 있었다. 게리는 합판에 페인트를 덧칠하지 않고 그 상태 그대로 설치하겠다고 밀어붙였다. "처음에는 페인트 칠해야겠다고 말했을 수도 있어요. 그런데 웬걸, 다 가지고 올라와서 보니 그대로도 너무 멋지잖아요. 그래서 그대로 쓰기로 했습니다."

예술가들이 자기 스튜디오를 꾸미는 방식이 여전히 흥미로웠던 게리는 전시 일부를 벵스턴의 스튜디오나 숙소와 비슷하게 꾸미기로 마음을 먹었다. 한쪽 벽에는 예술 작품을 마치 거실 벽에 걸려 있었던 것처럼 배치했고, 다른 쪽은 무작위로 채색된 합판이나 골강판으로 벽을 만들었다. 오토바이에 올라탄 벵스턴의 모습을 담은 밀랍 인형도 있었다. 처음에 벵스턴과 게리의 합은 삐걱거렸다. 게리는 벵스턴이 자기 가구들을 내어 주리라 생각했지만, 그 계획이 불발되자 가구 대여 업체에 연락해 거실 가구 네 세트를 갖다 달라고 했다. 도착한 가구를 보고 있자니 게리는 이 가구들이 자신의 아이디어나 벵스턴의 미학과도 전혀 관계가 없다는 생각이 퍼뜩 들었다. 그래서 벵스턴이 보기 전에 냉큼 모든 가구를 빼내려 했다. 하지만 그 전에 그 광경을 보고 만 벵스턴은 노발대발했다. "벵스턴은 제게 소리를 지르며 온갖 욕지거리를 뱉었어요. 저는 질겁했어요. 전 벵스턴을 너무 좋아했거든요. 그를 위해 최선을 다하고 싶었을 뿐이었죠. 제가 일을 망쳐 버리면 그들은 저를 다시는 받아 주지 않을 터였어요. 많은 게 걸린 작업이었습니다." 하지만 이후, 벵스턴은 전시장에 가구를 들인다는 게리의 아이디어에 푹 빠졌다. 그렇게 둘 사이의 균열은 빠르게 아물어 갔다. 전시는 성공적이었다. 전시 덕에 게리의 인지도는 올라갔다. 하지만 게리에게는 예술가 커뮤니티와 게리의 관계가 더욱더 두터워졌다는 점이 가장 중요했다.

게리가 예술가 친구들을 유사 가족으로 여기기 시작했다면, 그럴 만한 이유가 있어서다. 정작 게리는 진짜 가족들과 계속 멀어져 갔다. 벵스턴의 전시라는 즐거운 이벤트가 있기 2년 전, 게리와 아니타의 불안한 관계는 극에 치달았다. 게리는 집에 들어가면 비참한 기분이었고, 가족들에게 너무 오래 소원했다는 죄책감에 시달렸다. 일과 예술가들은 그 비참함을 잠깐 잊게 해 줄 뿐, 그러한 상황이 오래가지 못하리라는 것을 게리도 알고 있었다.

에드 모지스는 자신이 치료받는 심리 치료사를 게리에게 소개해 줬다. 밀턴 웩슬러는 변호사이자 심리 치료사였고, 수많은 예술가, 배우 등 창작 활동을 하는 사람들이 때로는 무료로 그에게 치료를 받았다. 웩슬러의 환자 중에는 카리스마 넘치고 페루스 그룹에서 사랑받는 예술가인 존 앨튼도 있었다. 그는 정신병으로 병원에 입원한 전적도 있었다. 웩슬러의 방식은 비정통적이었다. 그는 환자의 삶에 개입하는 경향이 있었고 종종 환자와 어울리기까지 했다. 웩슬러는 나중에 환자 중 한 명인 감독 블레이크 에드워즈Blake Edwards와 함께 영화 〈여자들을 사랑한 남자The Man Who Loved Women〉와 〈인생이란That's Life〉의 각본을 작업하기도 한다. 웩슬러는 앨튼이 카마릴로의 한 병원에 입원했을 때 그를 만났다. 화가이자 앨튼의 친구이며 웩슬러의 또 다른 환자인 로라 스턴스Laura Sterns는 앨튼은 치료만 잘 받으면 자신의 재능을 마음껏 떨칠 수 있는 예술가라며, 앨튼이 병원에서 나올 수 있게 도와 달라고 웩슬러에게 부탁했다. 두 사람은 카마릴로로 가서 앨튼을 로스앤젤레스로 데려올 계획을 세웠고, 거기서 앨튼은 웩슬러의 환자가 됐다.

웩슬러는 집단 치료를 선호했고, 앨튼은 주로 예술가가 많은 그룹에 속해 있었다. 웩슬러가 그 예술가들을 전부 무료로 치료해 준 것도 특이했다. 앨튼은 모지스에게 그룹에 가입하라고 꼬드겼다. 웩슬러가 모지스를 만나 본 뒤 그를 위한 자리를 만들어 주겠다고 했다. 이후 모지스는 도나 오닐Donna O'Neill이라는 여성을 그룹에 끌어들였고, 그 후 차례로 게리에게 웩슬러를 만나 보라고 제안했다.

처음에 게리는 웩슬러를 만나기 꺼렸다고 어느 글에서 고백했다. "왜냐하면 창의력에 의존하는 많은 이들처럼 나도 예술가가 된다는 것에 어떤 신비한 의미를 부여하고 있었다. 내 능력의 원천이 정체성이라는 것을 알게 되면, 자신을 억누르고 싶어지지 않는다." 그는 모지스가 자신을 치료 모임에 "밀어 넣었다"고도 썼다. 오랫동안 게리는 집단 치료 모임에서 다른 이들의 얘기만 듣고 자기 얘기는 하나도 하지 않으며 꿔다 놓은 보릿자루처럼 가만히 앉아 있었다. 게리는 자신이 부끄럼이 많으며, 그토록 쉽게 입을 여는 사람들의 모습이 두렵다고도 표현했다. 게리는 치료의 주요 주제인 사적인 문제는 고사하고 그 어떤 얘기도 꺼내기가 어려웠다. "그러던 어느 날 밤, 그룹 사람들이 일제히 나를 공격하기 시작했다. 대체 나는 얼마나 잘난 사람이기에 거기 앉아서 그들의 얘기를 듣고, 판단하면서도 입 하나 뻥긋하지 않는 거냐고." 이후 웩슬러는 다른 이들의 말에 맞장구치며 게리의 침묵은 겸손이 아니라 오만함의 표시라고 지적했다. "정말 한심하군요. 다른 사람 눈에는 다 보이는 게 안 보이십니까?" 웩슬러가 게리에게 말했다.

게리는 그 대화에서 깨달음을 얻었다고 회상했다. "그 이후로 모든 것이 달라졌다. 물론 말이 많아지기도 했지만, 그게 다가 아니었다. 갈수록 많은 것이 변했다. 나는 내 주위에 둘러 쳐 두었던 벽을 허물었다. 듣기 시작했다. 이전까지는 단 한 번도 제대로 들은 적이 없는 것만 같았다. 하지만 나는 이제 확실히 사람들의 말을 듣기 시작했다. 들으면 들을수록 그들에 대한 나의 관심은 깊어 갔다."

게리가 기억하는 것처럼 즉각적인 변화는 아니었지만, 밀턴 웩슬러가 게리 인생에서 가장 중요한 사람 중 하나로 남는다는 사실은 부인할 수 없다. 웩슬러의 말을 빌리자면, 게리는 치료를 시작했을 때 자신감이 너무 부족했다. "게리는 망한 이야기를 자주 했는데, 금전적으로 망한 이야기만 한 게 아니라 망친 인간관계, 클라이언트를 설득하지 못해 망친 일 같은 것들을 얘기했죠. 게리는 클라이언트가 자신의 비전에 수긍하게 하려고 온갖 꾀를 부렸는데 잘 풀리지 않아 무척 불안해했습니다." 게리는 건축에 대해 아무것도 알지 못하는 치료사 웩슬러에게 자기 일을 설명하면서 클라이언트를 대하는 방법을 터득한 것 같았다. "저와 나눈 대화 덕에 게리는 어른다운 인간관계를 맺을 수 있게 된 것 같아요." 웩슬러가 시드니 폴락에게 말했다. "또 클라이언트를 꾀려고 술수를 부리는 대신 어른스럽게 대처할 수 있게 된 것 같습니다. 게리는 저를 가르치듯 클라이언트에게 하나하나 알려 주기 시작했어요. 뭘 봐야 하는지, 어떻게 봐야 하는지 같은 것들을요. 약간 이상한 방식이지만, 그런 점에서 제 무지는 치료법의 커다란 자산이었던 것 같습니다."

게리는 누구보다 충실하고 누구보다 오랜 기간 웩슬러에게 치료를 받았을 뿐만 아니라, 웩슬러의 가족과도 가깝게 지냈고, 특히 딸 낸시와 친했다. 또한 게리는 웩슬러가 설립한 의료 연구 재단이자 헌팅턴병 치료를 목적으로 하는 '유전병 재단Hereditary Disease Foundation'에 깊이 관여했다.* 더 중요한 점은 웩슬러는 게리에게 멘토이자 상담가, 조언자였고, 언제나 믿을 만한 판단을 내놓는 어른스러운 사람이자 곤경에 처하면 가장 먼저 도움을 청할 만큼 신뢰하는 사람이 됐다는 것이다. 게리는 어빙에게 찾지 못했던 아버지의 모습을 웩슬러에게서 찾고 있었다. 사랑, 분노, 증오가 뒤섞인 감정을 품은 채로 그저 참아 내야 하는 아버지가 아니라, 자신이 존경하고 따를 수 있는 이상적인 아버지 말이다.

게리는 웩슬러의 집단 치료에 처음 참여한 경험을 글로 쓰며 주로 그 치료가 자신의 직업에 미치는 영향에 대해 말했다. 또 자신의 눈이 아니라 클라이언트의 눈으로 프로젝트를 바라봄으로써 클라이언트의 이목을 끌고 그들을 만족시키는 법을 배웠다고 썼다. 그런 점에서 게리는 예술가들에 느끼는 연대감과 공통된 목적의식에도 불구하고, 건축가인 자신의 의무는 그들과 다르다는 것을 깨달았다. 게리는 창작자였지만, 클라이언트에 귀 기울여야 하는 창작자였다.

그렇다고 해서 치료 이전에 게리는 클라이언트의 요구를 전혀 듣지 않는 사람이었는데 밀턴 웩슬러가 그를 경청하는 사람으로 단번에 개조시킨 것은 아니다. 하지만 클라이언트의 개입과 동조 없이는 성공할 수 없으며, 관계 형성에 있어 클라이언트만큼이나 자신에게도 막중한 책임이 있고, 클라이언트의 수정 제안을 통해 자신의 프로젝트가 더 나아질 수도 있다는 생각이 차츰차츰 시간이 지나면서 게리의 마음속에 자리 잡았다. 이후 그는 클라이언

• 밀턴 웩슬러의 부인이 헌팅턴병 환자였다. 웩슬러는 이혼했지만, 가족에게 영향을 미칠지도 모르는 유전병 연구에 평생을 헌신했다.

트의 지적에 따라 설계를 여러 번 수정하는 것도 마다하지 않았고, 생산적인 피드백은 작업을 개선할 수도 있다고 믿게 됐다. 사실 경력이 쌓이면서 게리를 가장 못살게 굴었던 비판은 그의 건물이 놀랍도록 추하다는 말이 아니라, 게리가 융통성 없고 제멋대로 군다는 말이었다. 클라이언트의 요구에 반응하는 건축가가 아니라 하고 싶은 대로 하는 예술가로 보였을 때, 게리는 비난받고 있다는 느낌과 근본적인 방식에 있어서 오해받고 있다는 느낌도 들었다. 누군가 게리의 건축물이 마음에 들지 않는다며 클라이언트와 대화하지 않고 온전히 게리의 머릿속에서 형태를 만들어 낸 결과물이라고 비난한다면 게리는 무척 심하게 상처받고 심지어 화까지 날 것이다. 그만큼 클라이언트에 귀 기울이지 않는다는 비판은 게리를 괴롭게 했다.

게리는 밀턴 웩슬러의 도움으로 자신만의 창조 과정을 이해할 수 있게 됐고, 해가 지날수록 그의 도움은 더욱 커졌다. 하지만 웩슬러는 이에 그치지 않고 게리의 개인적 문제에까지 도움의 손길을 뻗쳤다. 여느 치료사와 같이 웩슬러는 환자의 과거를 꼬치꼬치 캐물었고, 게리는 조부모님과 부모님, 특히 케케묵은 아버지와의 관계에 대해 털어놓았다. "웩슬러 덕에 게리는 다시 어린 시절로 돌아간 것 같았어요. 웩슬러가 게리를 다시 키운 셈이죠." 필립 존슨을 통해 게리를 만난 화가이자 건축가 난 펠레츠Nan Peletz가 말했다.

웩슬러는 당시 게리가 당면한 개인적 문제였던 결혼 생활도 해결할 수 있도록 도와줬다. 게리는 자신의 불행에 대해 너무 오래 고민한 바람에 이러지도 저러지도 못하는 우유부단한 상태가 정체성의 일부가 되어 버린 것만 같았다. 게리는 결혼 생활을 손에서 놓는 데도 어려움을 겪고 있었다. 웩슬러로 인해 결심은 더 어려워졌다. 웩슬러가 게리의 잘못을 깨우쳤기 때문이다. 웩슬러는 게리가 집에 잘 있지도 않고, 집에 있더라도 정서적 교감을 하지 않았기에 결혼 생활을 궁지로 몰아간 데 책임이 있다는 점을 지적했다. "아니타가 저를 밀어내면 저는 가만히 밀려났고 그저 멀뚱히 떨어져 있었어요. 그 상황이 끔찍했거든요."

1966년 8월, 게리와 아니타는 결혼 생활을 두고 가시 돋친 말싸움을 벌였다. 아니타는 게리가 가족과 함께 보내는 시간이 너무 적다고 비난했을 뿐만 아니라, 자신이 다른 사람을 만나고 있다고 고백하기까지 했다. 사실 게리는 그 얘기를 듣고 화가 난 만큼이나 안도감이 들었다. 아니타의 외도 때문에 게리는 조금이나마 쉽게 결정을 내릴 수 있었고, 지난날 경솔했던 행동에 대한 죄책감을 조금이나마 덜 수 있었다. 게리는 밀턴 웩슬러를 통해 처음 만났고, 이후 자신의 클라이언트가 된 도나 오닐과 자신이 바람피우고 있다는 사실은 아니타에게 말하지 않았다. 물론 게리는 스스로 그럴 자격이 없다는 것쯤은 잘 알고 있었지만, 아니타보다 도덕적 우위를 점하는 편이 더 낫다고 생각했다. 게리는 자신이 먼저 떠나 버리면 아이들을 못 보게 되고, 가족이 산산이 조각난다는 것을 잘 알았다. 다음 날 게리는 웩슬러를 만나러 갔다. 웩슬러는 게리에게 시간이 촉박하다고 어서 결정을 내려야 한다고 말했다. "웩슬러가 말하기를 '게리, 내가 언제까지고 자네를 치료하고 있을 수는 없어. 너무 막연하다고. 우선 게임을 한다고 치자. 자네의 생활을 계속 유지하고 싶다면 집에 가서 짐을 싸서 나오게. 혼자 사는 거야. 그게 싫다면 석 달 동안 집에 머물면서 관계를 회복하는 수밖에 없어. 어느 쪽을 택할 텐가?'라더군요. 그래서 저는 그를 쳐다보며 말했어요. '전자를 택할래요.' 그렇게 저는 집으로 갔습니다."

게리는 집으로 돌아가서 아니타에게 집을 나간다고 말했다. 그런 뒤 배우 벤 가자라와 그의 부인이자 배우인 재니스 룰Janice Rule의 집으로 직행했다. 이들은 일요일 오후면 가벼운 파티를 열고는 했는데, 게리는 존 앨튼과 그의 부인 뱁스와 함께 파티에 종종 참석했었다. 게리는 가자라 부부와 함께하며 마음이 점차 풀어지자, 자신에게 있었던 일을 털어놓았다. 가자라 부부는 "눈물 젖은 독신남 아파트" 대신 집안일을 돌봐 주는 편안한 곳에서 지내다 보면 훨씬 마음이 가벼워질 거라며 게리를 위로했다. 그들은 게리를 위해 베벌리 윌셔 호텔에 전화해 방을 잡아 줬고, 그 덕에 게리는 그날 밤 바로 체크인할 수 있었다.

아니타와 딸들은 웨스트우드 주택에 남았다. 게리가 결심한 뒤에도 상황은 쉬이 풀리지 않았고, 어쨌건 이혼은 달가운 일은 아니었다. 아니타는 여전히 화가 나 있었고, 게리가 아이들을 볼 수 없게 하려고 온 힘을 다했다. 아니타는 남동생인 리처드 스나이더에게도 게리와 연락을 끊으라고 말했다. 그녀는 레슬리와 브리나를 예뻐 하는 게리의 어머니와 여동생에게도 더는 찾아오지 말라며, 아이들은 없는 셈 잊으라고 으름장을 놓았다. 텔마나 도린이 레슬리와 브리나에게 전화라도 할라치면 아니타가 곧장 전화를 끊었고, 텔마가 집에 들르기라도 하면 아이들의 할머니 면전에 대고 문을 쾅 닫아 버렸다.

게리와 아니타의 결혼 생활은 14년 만에 막을 내렸다. 아니타는 진짜로 끝낼 거라면 자신의 삶에서 게리의 흔적을 최대한 지우겠다고 마음을 먹었다. 하지만 단 한 가지 예외는 케너드 애비뉴의 집이었다. 아니타는 이후 조지 브레너George Brenner와 결혼하고 나서도 쭉 그 집에서 살았다. '브레너'라는 이름은 게리에게 무척 뼈아픈 기억인데, 이후 레슬리가 게리 대신 브레너라는 성을 따르겠다고 했기 때문이다. 게리와 아니타가 꾸렸던 가족은 더는 존재하지 않는다는 강렬한 신호였다.

8
홀로서기

게리는 베벌리 윌셔 호텔에 도착했다. 그곳에 얼마나 머무를지, 앞으로 어떻게 해야 할지 아무런 계획도 없는 채였다. 하룻밤에 60달러나 되는 숙박비가 부담스러웠지만, 가자라 부부의 말이 옳았음을 느꼈다. 혼자 덩그러니 남겨져 외로움에 몸부림칠 우울하고 휑한 집 말고 다른 장소가 필요했다. 그렇기에 베벌리힐스 한가운데 위치한 화려한 호텔은 더도 덜도 말고 기분 전환에는 제격이었다. 로스앤젤레스에서 더 이름난 독신이었던 워런 비티Warren Beatty도 베벌리 윌셔에서 지내고 있었기에 게리는 종종 그를 만났다.

게리의 여동생 도린은 그때를 떠올렸다. "게리는 상처를 보듬을 곳이 필요했고, 할 수 있는 한 가장 고급스러운 장소를 택했어요. 땡전 한 푼 없는 사람이 그런 선택을 했다니 정말 놀라울 따름이었죠." 도린이 생각하기에 게리는 의식적으로 과거와 단절하려 했고, 베벌리 윌셔 호텔에 들어가서 새로운 정체성을 찾으려는 것 같았다. "게리는 한량이 됐어요. 제가 느끼기에는 그랬죠. 하지만 게리에겐 그런 기질이 없었어요. 그러니까 가짜 한량 행세를 한 겁니다. 게리는 그런 사람이 아니었거든요." 도린이 말했다.

호화스러운 호텔에서 지내는 한량 정체성이 잘 맞았는지는 모르지만, 게리는 그런 생활을 오래 감당할 수 없어서 석 달 정도 지낸 뒤 호텔에서 나왔다. 빅터 그루엔 사무소에서 알고 지내던 한 동료가 게리에게 스튜디오식 아파트를 소개해 줬다. 웨스트할리우드 끝자락인 도헤니 드라이브에 있는 고층 건물이었다. 혹시라도 아이들이 놀러 오면 묵을 공간이 없었고, 그토록 피하고 싶던 이혼한 남자가 사는 집 분위기를 풍기는 밋밋한 집이었지만, 그래도 게리는 그곳으로 들어갔다. 잠깐은 그 집으로도 될 일이었다.

밀턴 웩슬러는 환자들끼리 서로 만나라고 집단 치료를 운영하는 건 아니었지만, 게리에게는 그런 목적인 것 같았다. 영화판 사람들과 게리의 인연은 대부분 웩슬러의 집단 치료에서 시작됐다. 게리는 블레이크 에드워즈, 캐럴 버넷Carol Burnett, 제니퍼 존스, 더들리 무어Dudley Moore와 친구가 됐고, 그중 몇몇은 클라이언트가 됐다. 모지스가 게리보다 먼저 웩슬러에게 소개했던 도나 오닐도 그렇게 게리와 인연이 닿았다. 도나 오닐의 남편 리처드 오닐 Richard O'Neill은 로스앤젤레스 남쪽 산후안카피스트라노에 있는 대농장을 물려받은 사람이었다. 주로 로스앤젤레스에서 생활하던 오닐 부부는 새집으로 삼을 건물 여러 채를 농장에 짓고 싶어 했다. 리처드는 값싼 건물을 원했고, 게리에게 건축을 의뢰했다.

결과적으로 오닐 부부는 간단한 건초 헛간만 짓기로 했다. 게리가 기억하기로 그 작업은 2천5백 달러가 들었다. 하지만 그 헛간은 게리의 가장 중요한 초기작 중 하나이자, 예술가 친구들과 나눴던 대화의 영향력이 명료하게 드러나는 첫 번째 작품이 됐다. 오닐의 건초 헛간은 댄지거 스튜디오가 그랬듯 미니멀리스트 조각가의 작품처럼 보인다. 하지만 이번에는 단순했던 상자 모양 대신 사다리꼴이 들어서고, 음울하고 적막했던 분위기 대신 활기찬 생동감을 넘어선 강렬함까지 느껴진다. 건초와 농기구가 궂은 날씨에 상하지 않게 보호하는 기본적인 헛간의 기능은 기본적으로 수행할 뿐만 아니라, 눈여겨볼 만한 건축적 측면도 이 헛간에 스며 있다. 게리는 자신을 이해해 주고 실험에 호의적인 클라이언트를 만나면 그 기회를 놓칠 사람이 아니었다.

그런데도 그 헛간은 과한 느낌이 없다. 전봇대를 헛간의 기둥으로 써서 커다란 사각형 모양을 만들었다. 그 위에 사다리꼴 지붕을 비스듬히 얹었다. 한쪽 꼭짓점은 낮게, 그 점과 대각선에 있는 다른 쪽 끝은 가장 높게 얹은 덕에 강력한 착시 효과를 일으킨다. 한쪽 꼭짓점에서 바라보면 건물이 금방이라도 날아갈 듯한데, 다른 쪽 꼭짓점에서 보면 실제보다 훨씬 크기가 커 보인다. 땅까지 닿지 않는 벽은 골강판으로 만들었다. 헛간의 단순한 기능을 고려했을 때 그러한 독특한 모양은 자만으로 비칠 수도 있으나, 구조물을 전체적으로 보면 과잉이 아니라 오히려 어딘가 심심한 느낌이 든다. 게리는 단순하고 기본적인 재료를 사용해 예상치 못한 에너지를 만드는 방식으로 배치했다. 아름답게 보이는 방식이라고 할 수는 없을 테다. 평범한 재료를 이용해 뜻밖이면서도 아름다운 무언가를 만드는 것은 이후 게리 작업의 목표가 된다. 오닐의 건초 헛간은 소규모 작업이었지만, 그러한 목표 달성을 향한 여정의 출발을 알리는 뚝심 있는 작품이다.

게리는 도나 오닐을 위해 특별한 무언가를 하고 싶었다. 게리는 꽤 예전부터 오닐 부부와 아는 사이였다. 게리와 도나가 연인 사이가 된 건 헛간 의뢰를 받은 직후, 그러니까 아니타와의 결혼생활이 끝나기 전이었다. 게리는 "죽고 못 살았다"고 했다. 도나는 대담하고 예술가적이며, 모든 면에서 "원하는 것은 무엇이든 하는 자유로운 영혼"이었다고 게리가 말했다. 적어도 겉으로 보기에는 그토록 아니타와 다른 여자는 또 없었다. 그들의 관계는 할리우드에 있는 오닐 부부의 아파트에서 예술가 친구들과 함께 칵테일파티를 즐겼던 그날 저녁에 시작됐다. 아니타는 그 자리에 없었다. 파티에 먹을거리는 없고 술뿐이었다. 파티가 끝나갈 무렵 거나하게 취한 무리가 근처 레스토랑에 가자고 했다. 게리는 "오페라 〈카르멘〉처럼 검은 옷을 차려입은" 도나가 남편이 아니라 게리에게 레스토랑까지 차를 태워 달라고 했을 때 약간 당황스러웠다. 하지만 게리는 무례를 범하고 싶지 않았기에 알겠다고 했다. 도나가 몸이 좋지 않다며 게리에게 집으로 데려다줄 수 있냐고 물은 건 모두가 레스토랑에 도착한 지 얼마 되지 않았을 때

오닐의 건초 헛간. 원래라면 이를 시작으로 오닐의 농장에 다른 여러 구조물을 지으려 했다.

였다. "저는 순진했어요. 그녀의 남편이 데려다줘야 할 것 같아서 주위를 둘러봤죠. 하지만 그녀는 내가 데려다주길 원한다고 말했어요. 그래서 제가 운전해서 그녀의 집 앞에 도착했습니다. 그러자 도나는 '몸이 좋지 않아요. 저를 집 안까지 바래다주세요'라고 말하더군요. 그래서 집 안까지 데려다줬더니 이번에는 침실로 저를 잡아끌었어요. 도나는 침대에 털썩 앉아서 제 목을 감싸 안아 당겼습니다. 어쩌겠어요? 리처드가 30분 내로 집에 도착할 텐데 저는 그의 부인과 침실에서 뒹굴고 있었어요. 인생이 뒤바뀌는 경험이었습니다. 전 리처드가 도착하기 전에 그 집을 빠져나왔어요."

다음 날 아침, 게리는 건축 프로젝트 얘기를 나누기 위해 오닐 부부를 농장에서 만나기로 되어 있었다. 게리는 리처드 오닐이 전날 밤 도나와 자신 사이에 있었던 일을 알아채서 약속을 취소할까 봐 전전긍긍하며 아침에 가장 먼저 에드 모지스에게 전화를 걸었다. 게리의 얘기를 들은 모지스는 웃었다. 게리는 도나가 처음으로 꾄 남자가 아니고, 리처드도 도나의 일을 알고 있다는 말을 들려줬다. 그래서 게리는 산후안카피스트라노로 차를 몰고 갔다. "저는 오닐 부부를 만나러 농장으로 갔어요. 저는 도나와 리처드를 어색하게 쳐다보며 그들이 뭘 원하는지 알아내려 눈치를 살폈죠. 리처드가 자리를 비우자 도나가 저를 다시 안았습니다. 우린 정말 친한 친구가 됐어요. 제게 그런 관계가 절실하게 필요할 때 도나가 다가왔죠. 우리는 한 6개월 정도 만났습니다."

둘의 관계가 항상 매끄럽지만은 않았다. 하루는 도나가 게리에게 베벌리힐스 호텔에서 술을 마시자고 제안했다. 게리는 그 날 도나와 함께 밤을 보낼 거라 기대했다. 하지만 알고 보니 도나는 그날 멀리서 놀러 와 그곳에 묵고 있던 친구를 만날 예정이었고, 그의 방으로 간다고 했다. 게리는 아연실색했다. 이별을 고하는 잔인한 방법이었다. 몇 주 뒤, 도나는 게리에게 전화해 여전히 그가 그립다며, 산후안카피스트라노의 농장으로 와 달라고 했다. 도나에게 여전히 푹 빠져 있던 게리는 그렇게 하겠노라 답했다. 그들은 드문드문 계속 만나기는 했지만 그 관계는 점차 따스한 우정으로 변해 갔다. 수년 뒤 도나가 암으로 눈을 감기 전까지 둘의 우정은 이어졌다. 두 사람의 연인 관계가 끝나고 한참 뒤인 1973년, 도나는 밀턴 웩슬러의 헌팅턴병 치료 재단을 위한 화려한 자선 행사를 농장에서 개최했다. 그 행사는 웩슬러의 할리우드 인맥들이 여전히 끈끈하다는 것을 보여 줬다. 벤 가자라, 제나 롤런즈Gena Rowlands, 피터 포크Peter Falk, 일레인 메이Elaine May, 월터 매소Walter Matthau, 존 카사베츠John Cassavetes와 에드 모지스, 빌리 알벵스턴, 토니 벌랜트도 함께였다.

게리가 "사랑의 노동"이라고 불렀던 건초 헛간은 오닐의 농장에 건설한 유일한 건물이 됐다. 주택도 설계하긴 했지만 건설하지 못했다. 리처드 오닐은 모지스가 생각했던 것만큼 부인의 외도에 너그럽지 못했던 모양이다. 리처드는 게리에게 건축 비용을 일절 지급하지 않았다. 아마 도나와의 우정이라는 형태로 그 값을 치렀다고 생각했을 테다.

베르타

1967년, 오늘 부부의 헛간을 건설한 해에 두 여성이 게리의 인생에 들어왔다. 한 명은 아름답고 수줍음이 많으면서도 뚜렷한 주관을 지닌 파나마인 베르타 아길레라Berta Aguilera였다. 다른 한 명은 예술가 존 앨툰의 부인인 뱁스 앨툰Babs Altoon이었다. 그녀는 외향적이고 생기 넘치는 사람이었다. 샌타모니카 동쪽 브렌트우드 지역의 산비센테 대로에 게리의 사무실이 있던 때였고, 사무실 관리자가 필요할 만큼 회사가 컸다. 베르타는 파나마에서 로스앤젤레스로 온 지 얼마 되지 않았었고, 사촌과 함께 지내면서 보험 회사에서 일하며 다른 재미있는 일거리를 찾아보던 때였다. 게리와 베르타는 여러 다리를 건너 알게 되었다. 게리와 예술가 친구들은 '데이지'라는 바를 자주 들렀는데, 그곳 바텐더의 부인이 베르타의 사촌과 함께 미용실에서 일하고 있었다. 베르타는 게리의 사무실 개업 소식을 어찌 전해 듣고 면접을 보러 갔다. 게리는 보자마자 베르타가 마음에 들었다. 게리는 고용하려는 직책의 주요 업무가 전화를 받는 것과 자신이 설계할 때 방해받지 않도록 일을 처리하는 것이라고 설명했다.

베르타의 영어 실력은 썩 좋지 않았지만, 그래도 직무 설명을 듣고서 전화를 많이 사용하는 일이니 어려움이 많겠다는 내용 정도는 이해할 수 있었다. 그녀는 보험 회사보다 게리의 사무소가 모든 면에서 더 재밌어 보였기에 실망이 컸다. 하지만 베르타는 어쩔 수 없다고 여겼고, 게리도 그런 문제를 알고 있을 것 같았다. 하지만 게리는 그리 생각하지 않았다. 그는 그 정도면 베르타에게 일자리를 제안했다고 생각해서 몇 주 뒤에는 출근하리라 여겼다. 하지만 그녀가 나타나지 않자, 게리는 베르타에게 전화해 저녁을 함께 먹자고 권했다. 베르타는 그저 게리가 자신에게 일을 맡길 의도로 부르겠거니 짐작했다. 베르타는 샌타모니카 대로에 있는 평범한 이탈리안 레스토랑 '카사 도로'에서 먹은 게리와의 저녁 식사가 미래의 남편과의 첫 번째 데이트가 되리라고는 꿈에도 몰랐다. 이후 게리가 빌리 알 벵스턴의 스튜디오 루프톱에서 열렸던 바비큐 파티에서 친구들에게 베르타를 소개하고 나자, 사람들은 그들을 연인 사이로 보게 됐다.

베르타가 사무실 관리자 자리를 거절하자, 게리는 당시 일자리를 찾고 있고 한때 건축가를 꿈꿨던 뱁스에게 그 일을 제안했다. 뱁스는 알겠다고 했고, 존과 뱁스가 여전히 게리와 가깝게 지내던 2년간 일을 계속했다. 그렉과 오랜 시간 함께 일했던 게리는 친구를 고용하는 데 주저함이 없었고, 오히려 친구에게 도움의 손길을 줄 수 있어서 좋았다. 게리는 친구들과 서로서로 도움을 주고받았다. 1969년, 존 앨툰이 갑작스레 세상을 떠나기 전까지 게리는 매주 목요일 저녁이면 앨툰 부부와 식사를 함께했다. 게리가 아는 한, 존 앨툰은 타고난 예술가였고, 다른 이들과 마찬가지로 게리는 그에게 묘한 매력이 있다고 생각했다. 빌리 알 벵스턴은 이렇게 말했다. "우리는 모두 앨툰의 스타일과 우아함을 쫓고 있었습니다. 그는 우리 중 누구와도 견줄 수 없을 정도로 기발한 장인이었고 직관적인 관찰자였어요. 그는 아는 사람 하나 없는 곳에 가서도 5분 후면 다른 사람들에 둘러싸여 있을 위인이었습니다. 사람들은 그의 곁을 떠나지를 않았어요. 앨툰은 정말 자석 같은 사람이었죠. 하루는 제가 앨툰의 스튜디오에 갔더니 레니 브루스Lenny Bruce가 글을 쓰고 있더군요. 앨툰은 유머 감각, 균형 감각, 스타일, 우아함을 지닌 사람이었습니다."

존 앨툰은 조울증이 있어서 약을 많이 먹었다. 1969년 초 어느 날 밤, 앨툰 부부는 벵스턴과 함께 파티를 즐기고 있었는데 앨툰이 갑자기 몸이 좋지 않다고 했다. 벵스턴은 그를 집이나 병원에 데려다주겠다고 했다. 그들이 차에 몸을 싣고 난 후, 서로 잘 알고 지내던 의사이자 아트 컬렉터인 레너드 애셔Leonard Asher가 그 근처에 산다는 생각이 번쩍 들었다. 그래서 그들은 차를 돌려 애셔의 집으로 가서 약을 받았다. 하지만 앨툰은 경련을 일으키기 시작했고, 몇 분 뒤 사망했다. 사인은 심장 마비 같았다.

앨툰의 죽음은 예술가 커뮤니티에 이루 말하지 못할 상실감을 안겨 줬다. 앨툰의 유망한 커리어가 마흔세 살의 창창한 나이에 단절됐기 때문이기도 하지만, 너그럽고 관대한 앨툰은 역동적인 예술가 그룹에서 언제나 중심이 되어 주었기 때문이다. 게리가 말했다. "우리를 하나로 뭉쳐 주는 건 존 앨툰이었어요. 아트 신의 교황 같은 존재였던 그를 모두가 숭배했습니다. 그는 누구보다 한발 앞서가는 사람이었고, 우리는 그런 그의 모습에 경탄했죠. 앨툰이 눈을 감자 우리를 하나로 이어 주던 연결 고리가 끊어진 듯했습니다. 예전과 상황이 달라진 겁니다."•

• 사후에 명성을 얻는 예술가도 있지만, 앨툰은 그러지도 못했다. 앨툰은 단 한 번도 에드 루샤, 빌리 알 벵스턴, 켄 프라이스, 래리 벨과 같은 여러 로스앤젤레스 예술가들만큼 유명했던 적이 없다. 아마 그의 병 때문이었을 테지만, 앨툰은 자신의 작품을 대부분 파괴했기 때문에 남은 작품

뱁스 앨툰에게는 청천벽력 같은 일이었다. 뱁스는 충격에 휩싸여 더는 일을 할 수 없었다. 그녀는 유명 컬렉터이자 게리를 포함한 여러 예술가와 친했던 에드 잰스Ed Janss 가족과 함께 하와이로 짧은 휴가를 떠났다.* 뱁스는 휴가에서 돌아왔지만, 게리는 그녀가 로스앤젤레스를 떠나 더 오래 쉬어야 한다고 생각했다. 당시 라우즈 컴퍼니가 의뢰한 프로젝트로 메릴랜드 컬럼비아에 볼일이 있었던 게리는 뱁스에게 출장을 함께 가자고 제안했다. 뱁스가 사무소 관리직을 맡으며 알게 된 작품들을 직접 볼 기회였다. 이후 게리는 뱁스에게 뉴욕에까지 같이 가자고 했다.

그러고 나서도 게리와 뱁스는 더 먼 곳까지 함께 갔다. 뉴욕에서 그들은 예술가 로이 릭턴스타인Roy Lichtenstein과 그의 부인 도로시Dorothy가 개최한 만찬 모임에 참석해 여러 예술가 친구들을 만났다. 릭턴스타인의 파티에서 게리는 뱁스가 여전히 힘들어하는 모습을 보았다. "저는 뱁스에게 이렇게 말을 건넸어요. '뱁스, 훌훌 털어 버리세요. 런던에 가 보는 건 어때요?' 그러자 뱁스는 제게 같이 가겠느냐고 물었고, 저는 알겠다고 답했습니다. 그렇게 우리는 떠났어요. 그때는 비행기 표를 쉽게 구할 수 있었거든요. 몇 시간 뒤에 우리는 비행기에 몸을 싣고 런던으로 향하고 있

이 몇 없다. 하지만 추상적이면서도 조형적인 그의 그림들은 1950년대와 1960년대의 로스앤젤레스가 배출한 수작 중 하나다. 2014년에는 큐레이터 캐럴 아일러Carol Eiler가 기획한 앨툰의 회고전이 로스앤젤레스 카운티 미술관에서 크게 개최됐고, 그의 작품집 두 권도 동시에 발간됐다. 사후 45년 만에야 앨툰 재조명이 시작됐다고 할 수 있다.

• 몇 년 뒤 게리는 로스앤젤레스에 에드 잰스의 집을 설계했다. 잰스는 게리의 설계안 몇 군데를 수정한 뒤 집을 지었다. 게리의 초기작치고는 상당히 많이 타협했던 작품이다.

었죠. 어디를 갈지, 어디에서 묵을지 아무런 계획이 없던 채였습니다."

런던에서 게리와 뱁스는 한 호텔에 들어가 가까운 방 두 개를 잡았다. 그들은 연인이 아니라 친구 사이였고, 당시 게리는 베르타와 꽤 주기적으로 데이트하고 있었다. 게리와 뱁스는 서로 연애 감정을 느끼지 않은 관계였기에 사적인 감정 얘기도 곧잘 주고받았다. 그들은 예순다섯 살이 되면 결혼하자는 약속을 농담 삼아 하곤 했다. 이 이야기를 들은 베르타는 이를 재밌게 받아들였다. 뱁스가 말했다. "실제로 예순다섯 살이 되자 우리는 '일흔다섯 살에 결혼하자'고 약속을 미뤘고, 일흔다섯 살이 되고 나서는 그와 관련해 일언반구도 하지 않았어요." 게리와 뱁스는 남매 같은 사이가 되었다. 게리는 가족이 아닌 사람들에게는 거의 보호 본능을 느끼지 않지만, 그녀에게만큼은 달랐다. 런던에서 지낼 때, 뱁스의 흐느끼는 소리가 벽 너머 게리의 귀에 들어왔다. 게리는 뱁스의 기분을 띄워 주기 위해 그녀를 데리고 카나비 스트리트에 쇼핑하러 가기도 했다. 그들은 우선 뱁스의 물건을 샀고, 그런 다음 로스앤젤레스에 돌아가면 베르타에게 줄 선물을 뱁스의 도움을 받아 골랐다.

게리와 뱁스는 런던에 머무는 동안 여러 친구를 만났다. 그중 몇몇은 이들이 연인 사이라 착각하기도 했고, 사실이 아니라는 게리의 해명을 믿지 않는 것처럼 보였다. 어느 날 게리는 로스앤젤레스에 관한 책을 쓰려 고향인 런던에 돌아와 지내던 건축사학자 레이너 밴험과 식사하는 자리에 뱁스를 데리고 가기도 했다.

하지만 런던에서 지내면서도 뱁스의 기분은 전혀 나아진 기미가 없었고, 그래서 게리는 파리로 가 봐야겠다고 생각했다. 파리에서 게리는 아니타와 함께 지내던 시절에 일했던 앙드레 레몽데 건축 사무소와 그때 자주 들렀던 곳들을 뱁스에게 구경시켜 줬다. 뱁스는 그곳에서 게리가 "추억 여행"을 하고 있다는 것을 알았지만 별로 신경 쓰지 않았다. 그녀는 한때 게리의 인생에서 중요한 의미였던 곳들을 구경하는 게 재밌었다. 여행이 후반기에 접어들 즈음, 그들은 챙겨 온 마리화나에 잔뜩 취해 에펠탑 꼭대기까지 엘리베이터를 타고 올라간 뒤 계단을 달려 내려오기도 했다. 마침내 뱁스는 마음을 가라앉히기 시작했다. "뱁스와 저는 에펠탑 꼭대기에서 맨 아래층으로 달려 내려오면서 고래고래 소리도 지르면서 정말 재밌게 놀았답니다."

이후 뱁스는 로스앤젤레스를 떠나 뉴욕으로 돌아가 그곳에서 예술가 재스퍼 존스와 각별한 사이가 된다. 두 사람은 몇 년 전 존스가 로스앤젤레스에서 초기 작품을 작업할 때 만난 적이 있었다. 존 앨툰은 존스와 친하게 지내지 않았지만, 뱁스는 그를 좋아했기에 앨툰이 죽은 뒤 둘의 우정은 깊어졌다. 앨툰의 생전에 뱁스는 존스에게 게리를 소개해 줬고, 시간이 지나며 게리와 존스의 사이도 꽤 두터워졌다. 그즈음 게리는 자신이 몸담고 있던 로스앤젤레스의 대척점이라 할 수 있는 뉴욕의 예술가들에 점차 눈길이 가던 때라 둘의 우정은 의미심장했다. 게리와 로스앤젤레스 아트 신 사이의 긴밀한 관계는 이후에도 옅어지지 않았지만, 존스나 로이 릭턴스타인과 같은 뉴욕 예술가에 게리가 관심을 보이기 시작했다는 데에는 그들의 작품이 좋아지기 시작했다는 것 이상의 의미가 있었다. 게리는 자신의 영역을 로스앤젤레스라는 경계 너머까지 넓히고 있던 것이다. 에드 모지스나 빌리 알 벵스턴은 로스앤젤레스를 대표하는 예술가로 유명했지만, 게리는 로스앤젤레스만의 건축가로 남지 않을 터였다.

게리는 로어맨해튼의 휴스턴 스트리트에 있는 존스의 스튜디오 개조 작업을 얼마간 도왔다. 게리는 제임스 로젠퀴스트James Rosenquist, 클라스 올든버그, 로버트 라우션버그와도 친해졌다. 예전부터 많은 예술적 영감을 얻었던 라우션버그와는 특히 더 가까워졌다. 회화와 조각을 합친 라우션버그의 '콤바인 페인팅combine painting'은 '발견된 오브제'를 채색된 캔버스에 결합하는 기법으로, 평범하고 일상적이며 값싼 오브제를 이용한 전후 순수 예술의 선구적 작업 중 하나였다. 게리는 이러한 작업에 해방감까지는 아니지만, 전율을 느꼈다. 라우션버그 같은 진지한 예술가가 발견된 오브제를 사용하는 것을 보니 게리는 값싸고 평범한 재료를 진지한 건축물에 사용하고 싶어 하는 자신의 본능에 정당성이 부여되는 것만 같았다. 라우션버그가 아니었더라면 게리는 체인 링크 울타리나 다듬지 않은 합판을 건축물에 쓰겠다는 용기를 내지 못했을 것이다.

재스퍼 존스는 절친한 뉴욕 친구이자 프리랜서 큐레이터인 데이비드 휘트니David Whitney라는 중요한 인맥을 게리에게 소개해 줬다. 뉴욕 예술가 대부분과 가까웠고 특히 앤디 워홀과 친했던 휘트니는 게리에게도 좋은 친구가 됐다. 그는 유명 건축가 필립 존슨Philip Johnson의 파트너이기도 했는데, 당시 필립 존슨의 작품은 게리의 작품과는 정반대로 어딘가 장식적이면서도 고전주의를 자기 식대로 변형한 스타일이었다. 사실 이는 게리가 따분해하는 건축 스타일이었다. 하지만 건축사학자이자 뉴욕 현대미술관MOMA, Museum of Modern Art의 초대 건축디자인부 부장이었던 존슨은 그의 작품이 많은 사랑을 받았는지와는 별개로 건축 분야에서 막강한 권력을 지닌 지적 인사였다. 건축계에서 그는 학과장, 후원자, 비선 실세와 같이 앞으로 평생 맡게 될 직책들을 1960년대 후반부터 이미 맡고 있었다. 게리는 그런 존슨을 만나고 싶어 안달이었다. 게리는 재스퍼 존스와 데이비드 휘트니 두 사람과 모두 친해졌으니, 거장을 만날 날도 머지않았으리라 기대했다.

하지만 게리의 기대는 어긋났다. "아직 너무 일러요. 당신은 아직 그를 만날 준비가 되지 않았습니다." 재스퍼 존스가 말했다.

게리와 라우즈 컴퍼니의 관계는 그야말로 우연히 시작됐다. 그루엔 사무소에서는 데이비드 오맬리David O'Malley가 대형 쇼핑센터 개발사인 라우즈 컴퍼니의 의뢰를 처리했었다. 그는 클라이언트와 더 친밀한 관계를 쌓으려고 라우즈 컴퍼니가 기반을 두고 있던 메릴랜드로 이사한 지 얼마 되지 않았었다. 라우즈 컴퍼니는 스스로 깨어 있는 회사라 생각했고, 설립자인 제임스 라우즈James Rouse는 어떻게 보나 범상치 않은 부동산 개발자였다. 그는 교외 쇼핑몰로 큰돈을 벌었지만, 도시 계획과 값싼 주거, 균등한 기회에 커다란 관심을 보였고, 진심으로 도시의 미래를 걱

266

정하는 사람이었다. 이윽고 그는 '페스티벌 마켓플레이스festival marketplaces'라는 새로운 개념의 건물로 유명해진다. 이는 보스턴의 퍼네일 홀Faneuil Hall이나 볼티모어의 이너 하버Inner Harbor 같은 대형 도시 상가 단지다. 하지만 1960년대 중반에 그의 관심사는 볼티모어 외곽에 꿈에 그리던 이상적 커뮤니티를 완전히 새롭게 건설하는 프로젝트로 옮겨 갔다. 라우즈는 그 도시에 '컬럼비아'라는 이름을 붙였다.

오맬리는 컬럼비아 신도시 건설 프로젝트에서 한자리를 차지하고 싶어 했다. 그루엔 사무소를 떠나 자립할 절호의 기회였다. 하지만 오맬리는 이를 혼자서 해낼 수는 없다고 생각해서 게리를 파트너로 점찍어 뒀다. 그는 게리가 출장차 동부에 들렀을 때, 메릴랜드의 자기 집에서 열린 파티에 오라고 초대했다. 오맬리는 그 파티를 통해 라우즈 컴퍼니에서 신도시의 설계와 디자인을 총괄하는 모트 호펜펠드Mort Hoppenfeld를 게리에게 소개해 줬다. 게리가 말했다. "저는 저도 모르는 사이에 면접을 보고 있었던 거였어요. 그는 제게 나중에 다시 동부로 와서 제임스 라우즈를 만나 보라고 했죠." 게리는 호펜펠드에게 이제 혼자 여행하는 건 신물이 난다며, 부인과 아이들을 두고 다시 동부로 오는 건 무리라고 말했다. 그러자 호펜펠드는 아니타와 두 딸까지 함께 초대했다. 다음 주말, 게리는 가족을 모두 데리고 메릴랜드로 돌아왔고 라우즈와 게리는 그렇게 만나게 됐다. 둘은 금세 죽이 척척 잘 맞았다. 라우즈의 미적 감각은 게리보다 훨씬 관습적이어서 보수적이기까지 했지만, 게리는 라우즈의 나머지 모든 면이 흥미로웠다.

"라우즈는 저처럼 개혁가였습니다. 그는 진보주의자였고, 저와 많은 부분에서 관심사가 겹쳤어요. 인간과 인간의 생활공간에 관한 것들 말이죠." 라우즈도 확실히 게리만큼이나 빠르게 게리에게 빠져들었다. 일요일에 게리 가족이 메릴랜드를 떠나기 전, 모트 호펜펠드는 게리에게 전화했다. 그는 게리에게 컬럼비아 신도시 프로젝트의 책임 건축가 직책을 제안했다.

게리는 그 제안을 거절했다. "제 대답은 이랬어요. '저는 이제 막 제 삶과 제 회사를 꾸려 나가기 시작했습니다. 샌타모니카에 사무실도 있고요. 제 회사는 일감이 많지 않지만, 지금 저는 독립 건축가이고 이전으로 돌아갈 생각은 없습니다. 그래도 제안해 주셔서 감사합니다. 저도 무척 당신과 일하고 싶지만 마음만 받겠습니다.' 그렇게 저와 아니타는 비행기에 올라탔어요." 그렇게 다시 한 번, 게리는 독립성을 잃고 싶지 않아서 금전적 안정을 보장하는 기회를 돌려보냈다. 이러한 선택은 게리의 삶에 있어 익숙한 패턴으로 자리 잡기 시작했다.

게리네 가족이 일요일 느지막이 로스앤젤레스의 집에 도착했을 때, 전화가 한 통 걸려 왔다. "모트 호펜펠드였어요. 그는 이렇게 말했죠. '아, 당신이 책임 건축가를 맡지 않겠다는 건 잘 알겠습니다. 하지만 우리는 당신에게 컬럼비아의 첫 번째 건물 설계를 의뢰하고 싶어요. 그러니 내일 다시 와 주세요.' 그래서 월요일에 저는 다시 비행기에 몸을 실었습니다." 게리 커리어에 있어 첫 번째 대형 건물, 첫 번째 콘서트장, 첫 번째 사무실 건물을 지을 기회를 포함해 총 열 건의 의뢰를 받으며 약 11년간 이어진 라우즈와의 인연은 그렇게 시작을 알렸다. 이번에는 독립성을 위해 입사를 거절한 것이 일감까지 거둬 가지는 않았다. 게리는 자유를 지키면서도 대형 프로젝트를 거머쥘 수 있었다. 적어도 겉보기에는 그랬다.

게리는 동부로 거처를 옮길 마음이 없었기에 오맬리와 힘을 합치는 것이 옳은 선택이었다. 그건 오맬리가 원하던 바였다. 오맬리는 그루엔 사무소를 그만뒀고, 그렉 월시와 함께 게리의 거의 모든 사업을 함께하게 됐다. 세 사람은 캘리포니아와 메릴랜드에 게리, 월시 앤드 오맬리Gehry, Walsh & O'Malley라는 회사를 차렸다. 새 회사는 캘리포니아에 있던 원래 회사와 법적으로 별개였지만, 세 사람 모두 두 회사에 소유권을 일부 가지고 있었다.

게리, 월시 앤드 오맬리 회사의 첫 번째 사업은 라우즈가 신도시 개발 계획을 소개할 수 있는 자그마한 전시장을 컬럼비아에 짓는 일이었다. 다음번에는 소방서 건축 작업이었고, 그 이후에는 게리가 처음으로 대중의 주목을 받았던 메리웨더 포스트 파빌리온Merriweather Post Pavilion 작업이었다. 이는 컬럼비아에서 개최될 워싱턴 필하모닉의 여름 콘서트를 위해 라우즈가 의뢰한 건물로, 3천 명의 관객을 수용할 수 있는 야외 콘서트장이었다. 두 작업 모두 일정과 예산 면에서 유난히 빠듯했다. 작업 기간은 70일 혹은 대략 3개월 정도에 예산은 50만 달러가 채 되지 않았다. 더 까다로웠던 건, 라우즈가 이미 만들도록 지시해 둔 강재 장선 지붕을 그대로 사용해야 했다는 점이다. 사실상 라우즈와 엔지니어들이 프로젝트 설계를 시작해 둔 거나 다름없었다. 알고 보니 그들은 이미 존재하는 제한 사항 내에서 건축적 울림을 더하기 위해서 게리를 데려온 것이었다.

게리는 까다로운 제약하에 단순하고 직설적인 재료를 사용해 독특한 건축물을 만들어 내는 자신의 능력을 백분 발휘해서 프로젝트를 해냈다. 파빌리온은 오닐 부부의 건초 헛간 같은 이미지가 역력한 작품이다. 건물에서 가장 눈에 띄는 특징은 여섯 개의 기둥이 받치고 있는 커다랗고 비스듬한 사다리꼴 지붕이다. 지붕은 부채꼴 형태로, 무대에서 멀어질수록 점차 그 너비가 넓어진다. 노출된 강재 장선이 지붕을 떠받치고, 깨끗한 미송이 측면을 덮고 있다.

파빌리온이 개장한 1967년의 어느 밤은 잊을 수 없는 날이 됐다. 콘서트가 시작한 지 얼마 되지 않아 태풍이 몰아닥쳤고, 파빌리온 주위의 보행자 도로 정비를 채 마치지 못한 상태였기에 콘서트를 보러 온 사람들은 퍼붓는 빗줄기를 맞으며 진흙탕을 헤집고 콘서트장을 빠져나가야 했으며, 자동차도 온통 진흙투성이가 되고 말았다. 라우즈가 계획했던 개장 기념 파티도 완전히 빗물에 씻겨 사라진 것만 같았다. 이런 악조건 속에서도 콘서트 자체는 무사히 마무리를 지었고, 게리의 디자인과 음향 전문가 크리스토퍼 자페Christopher Jaffe의 작업은 오히려 더 좋은 평가를 받았다. 끔찍한 날씨에도 불구하고 콘서트홀의 음향은 거의 영향을 받지 않은 것처럼 보였기 때문이다.『뉴욕 타임스』의 음악 비평가 해럴드 쇤버그Harold Schonberg는 "완전무결한 건축과 음향이 일궈낸 성공이다. (…) 미국에서 가장 음향이 좋은 야외 콘서트홀일 것이다. 믿기 어렵겠지만, 메리웨더 포스트 파빌리온은 그 어떤 정식 콘서트홀보다 우수하다. (…) 음악 감상에 그 어떤 무리도 없다. 콘서트홀의 규모는 거대하지만, 훨씬 작은 실내와 같은 포근함을 선사한다."

게리는 쉰버그의 논평이 실린 타임스지가 발매된 일요일 즈음에 로스앤젤레스에 있었다. 게리는 벤 가자라와 재니스 가자라 부부의 집에서 여느 때와 다름없는 일요일 오후를 즐기고 있었다. "에스더 윌리엄스Esther Williams와 페르난도 라마스Fernando Lamas를 포함해 영화 산업 관계자들이 그 자리에 여럿 있었어요. 벤은 쉰버그의 논평에 무척 뿌듯해하며 모두가 있는 자리에서 큰 소리로 그 글을 읽어 내려갔어요. 벤이 글을 다 읽은 후, 저는 에스더, 페르난도와 함께 수영장에서 수영했습니다. 마침내 성공한 거였죠."

라우즈는 게리, 월시 앤드 오맬리와 함께 작업하는 것이 좋았지만, 초기 몇몇 프로젝트를 마무리하고 난 뒤 게리는 오맬리와의 동업 관계를 심각하게 재고해야 했다. 데이비드 오맬리는 열정이 과한 친구였다. 그는 회사의 덩치를 키우겠다는 일념에 사로잡혀 게리가 소화하기 힘들 정도로 많은 동부 일정을 무리하게 잡아 뒀다. 라우즈와 관련 없는 프로젝트도 다수였다. 또한 오맬리는 소규모 프로젝트 설계를 마음대로 처리했다. 오맬리는 게리를 귀찮게 하지 않아도 된다며 좋게 생각했지만, 게리로서는 묵과할 수 없는 일이었다. 게리가 설계한 프로젝트를 파트너인 오맬리가 집행하는 것과 게리의 이름이 걸린 프로젝트를 오맬리가 직접 설계하는 것은 완전히 다른 문제였다. 게리는 회사가 성공하길 바랐지만, 자신이 설계하지 않았고, 자신이 좋아하지도 않는 디자인을 대량으로 찍어 내면서까지 성공하고 싶은 마음은 없었다. 게리는 오맬리에게 동업 관계를 끝내고 싶다고 말했다. 게리는 공동 회사에 대한 지분을 오맬리에게 넘겨주는 대신, 로스앤젤레스 지사에 대한 오맬리의 소유권을 포기하라고 말했다.

게리는 자신의 독립성과 이번에는 명성까지 위협받는다는 생각에 돈벌이가 되는 상황에서 또다시 등을 돌렸다. 게리는 이로써 라우즈와의 작업도 끝이라고 생각했다. 라우즈 컴퍼니가 예전부터 함께 일해 왔던 오맬리를 고용하겠거니 싶었다. 동업 관계를 정리하고 나서 게리는 원래 자신의 뒷배를 봐 주던 모트 호펜펠드를 만나 모든 상황을 설명했다. 동업자와 갈라섰다는 게리의 말을 들은 호펜펠드는 이렇게 말했다. "맙소사, 우리는 당신에게 우리 본사 신설 프로젝트를 맡기고 싶습니다. 오맬리가 아니라요."

게리는 돌아설 준비를 하고 있었다. 아니, 사실 돌아선 거나 마찬가지였다. 하지만 이번에는 그가 바라던 형태로 그 기회가 다시 돌아왔다. 제임스 라우즈는 컬럼비아 교외 지역에 지을 본사 설계를 게리에게 맡기자는 호펜펠드의 제안에 동의했고, 그렇게 오맬리를 뺀 게리 앤드 월시Gehry & Walsh 회사에 일감이 돌아갔다. 그 프로젝트는 여러 면에서 파빌리온과 딴판이었다. 일정은 더 길었고 예산도 훨씬 후했다. 1969년에 게리에게 설계를 의뢰한 라우즈 컴퍼니 본사 건물은 1974년이 되어서야 문을 열었다.*

라우즈 컴퍼니 본사는 흰색 스투코를 덧칠하고 검은 수평 유리창을 단, 3층 높이의 옆으로 기다란 건물이다. 이 건물은 오픈 테라스를 설치하기 위해 특정 부분의 매싱이 뒤로 물러나 있다. 멀리서 보면 건물은 실제보다 더 평범한 교외 사무실 빌딩처럼 보인다. 목제 퍼걸러가 건물 아랫부분을 감싸고 테라스 몇 군데도 덮고 있다. 따뜻하고 부드러운 목재의 질감과 비교적 작은 규모는 딱딱한 형태의 흰색 스투코와 유리에 대조를 이룬다. 건물 내부는 더 혁신적이다. 개방형 사무실을 선보인 초기 실험작이자, 올림 바닥을 설치하고 그 아래로 배선을 모두 배치해 유동적인 워크스테이션과 파티션 설치를 가능케 한 선구적 건물이다. 조명은 위쪽으로 빛을 쏘는 간접 조명으로, 냉난방 환풍구를 기둥 안에 매립해 방해물 없이 매끄러운 천장에 빛이 반사되도록 설계됐다. 내부는 자연광이 쏟아지고 얼핏 쇼핑몰 같은 분위기를 풍기는 아트리움인 중앙 '스트리트'가 떠받치고 있다.

라우즈 컴퍼니 본사 건물에 도입된 일부 혁신적인 조명은 다른 클라이언트인 조지프 매그닌Joseph Magnin이 의뢰한 캘리포니아 백

---

* 라우즈 컴퍼니는 40년간 그 건물을 사용했다. 라우즈 컴퍼니는 2004년에 제너럴 그로스 프로퍼티General Growth Properties사에 매각됐다. 이후에도 그 건물은 제너럴 그로스 프로퍼티의 지사로 사용됐다. 2014년, 제너럴 그로스 프로퍼티의 뒤를 이은 하워드 휴즈사가 그 건물을 홀푸드Whole Foods 슈퍼마켓으로 개조했다. 휴즈사는 건물의 족보를 존중했다. 카운티 행정부가 발행한 보도자료는 해당 개조를 두고 "프랭크 게리의 독창성을 보존하고 강조했다"며 추어올렸다. 이후 휴즈사는 게리의 회사와 더 중요한 관계를 맺게 되어 게리 파트너스사에 호놀룰루에 건설할 콘도미니엄 타워 설계 준비를 맡겼다.

화점을 설계할 때 탄생했다. 빅터 그루엔 사무소의 루디 바움펠드와 에드가르도 콘티니는 코스타메사와 새너제이 근처 앨머든에 있는 두 백화점의 내부 설계를 의뢰하려는 매그닌에게 게리를 추천했다. 매그닌은 오닐 부부보다 라우즈 컴퍼니와 닮은 점이 많은 클라이언트였지만, 게리는 자신이 상업적 작업을 거절한 만큼 우월하다고 생각하지 않아 기꺼이 그 일을 맡았다. 백화점은 '판매 기계'라는 점에서 골칫덩이였지만 매력적이었고, 게리는 자신의 건축적 직관이 어떻게 기존의 백화점보다 기능적으로도, 미학적으로도 더 나은 새로운 백화점을 탄생시킬지 궁금했다.

게리는 함께 일할 두 사람을 고용했다. 오랜 친구이자 사무실을 함께 쓰던 기어 캐버노와 새로운 사무실 동료이자 그래픽 디자이너인 데버라 서스먼Deborah Sussman이었다. 서스먼은 이전에 임스 부부 회사에서 일하다가 그만둔 뒤, 게리 앤드 월시 사무소의 노는 책상을 첫 번째 사무실 삼아 개인 사업을 꾸리고 있었다. 이들의 기여는 혁혁했다. 매그닌 백화점을 각각 하나씩 맡아 작업한 두 사람은 별다른 특징 없이 수수했던 건물 디자인에 활력 넘치는 색감과 에너지를 불어넣었다.•

게리가 보기에 백화점은 어수선한 공간이었다. 형편없는 설계에 상품이 가려지는 건축물이 난무했기 때문이다. 그래서 게리

• 서스먼은 오랜 파트너 폴 프레자Paul Prezja와 함께 로스앤젤레스의 가장 유명한 그래픽 디자이너가 된다. 서스먼 앤드 프레자Sussman & Preszja 회사는 1984년 로스앤젤레스 올림픽 개최를 맞아 그래픽 작업을 맡았고, 월트 디즈니 컴퍼니를 포함해 여타 유명 클라이언트에게 많은 프로젝트를 의뢰받았다. 서스먼은 2014년에 세상을 떴다.

는 상품이 돋보일 수 있게 설계를 단순화하고 싶었다. 게다가 유행이 빠르게 변함에 따라 백화점 내부도 이전보다 훨씬 유동적인 느낌을 줘야 한다고 생각했다. "일반 백화점은 정적인 느낌을 줍니다. 하지만 유행은 정적이지 않아요. 까다롭고 변덕스러운 것이죠." 게리는 『퍼니싱 데일리Furnishings Daily』에 이렇게 말했다. 첫 번째 매그닌 백화점을 담은 사진에 「앞으로 펼쳐질 미래의 모습」이라는 제목을 단 기사였다.

백화점 디자인은 미니멀리즘이라고 할 수는 없었지만 그래도 깔끔했다. 게리는 색깔을 바꿀 수 있는 매립 조명을 코스타메사 점포에 설계했고, 앨머든 점포에는 기다란 사각기둥에서 사방으로 뻗어 나온 가지에 상품이 매달려 있는, 게리가 '나무'라고 부르는 진열대를 놓았다. 진열대 맨 위에는 그래픽 디자인이나 사인을 교체할 수 있는 커다란 패널이 올려져 있었다. '나무'는 표지판인 동시에 진열장이었고, 건너편 매장에서도 눈에 잘 들어왔으며, 손쉽게 들이거나 빼낼 수도 있었다. 게리는 '나무' 덕분에 매장 매니저가 "진열 체계와 장식을 실험하고, 변경하고, 다듬을 수 있게 됐다"고 『스토어Stores』지에 얘기했다. "매장 매니저는 생각이 바뀜에 따라 마음대로 바꾸지도 못하는 융통성 없는 환경에 진을 빼지 않아도 됩니다."

게리의 가장 놀라운 혁신이자 온전히 건축적인 혁신은 코스타메사 백화점 파사드 앞쪽에 배치한 유리 진열장이다. 그 유리 진열장은 일반 백화점 창문만큼이나 높고 크다. 게리의 손길이 지나간 창문은 2차원에서 3차원으로 변신했고, 밋밋하고 텅 비어 있던 파사드가 새로운 모습으로 탈바꿈했다.

　게리는 베벌리 윌셔 호텔에서 나온 뒤 들어간 도헤니 드라이브의 작은 아파트가 불만이었다. 두 딸을 초대하기에 너무 좁았고, 사무실과 그의 친구들이 있으며, 일상의 대부분을 보내는 샌타모니카 브렌트우드까지 운전하기도 너무 오래 걸렸다. 게다가 게리의 자그마한 보트가 있고 항해도 즐기는 마리나 델 레이에서도 꽤 멀었다. 몇 년 전, USC의 몇몇 친구들이 보트 타는 법을 알려 줬지만, 게리에게는 제대로 즐길 시간도 돈도 없었다. 하지만 시간이 흐른 뒤, 보트는 심심풀이 취미 활동 이상이 됐다. 한동안 게리는 라우즈 컴퍼니의 간부이자 역시 보트 타기를 즐기는 샘 로즈Sam Rose와 함께 요트를 빌려서 즐겼지만, 나중에는 그와 함께 작은 요트를 구매했다. 게리는 물 위에서 편안함을 느꼈다. 항상 그를 둘러싸고 있는 스트레스로부터 달아날 수 있는 해방구였다. 또한 게리가 특히 좋아하는 요트의 순수성도 있었다. "요트는 건축적 공간을 만들어 내요." 나중에 게리가 말했다.

　게리의 필요를 완벽하게 충족시키는 접근성 좋은 집이 로스앤젤레스 서쪽에 있긴 했다. 샌타모니카에 아직 게리가 갖고 있던 힐크레스트 아파트였다. 하지만 게리는 예전에 그 집을 도린과 그 남편 롤프 넬슨에게 줘 버린 터였다. 밀턴 웩슬러는 도린에게 미안하지만, 그 집이 다시 필요하게 됐으니 나가 달라고 말하라고 게리를 부추겼다. 게리는 여동생에게 할 짓이 아닌 것 같아 망설였다. 하지만 곱씹어 생각할수록 자신이 소유한 힐크레스트 아파트를 도린에게 내어 주자고 정작 자신은 희생정신을 발휘해 비좁고 불편한 도헤니 아파트에서 버티며 살 수는 없었다.

웩슬러는 자신의 환자에게 순교자가 되라고 말하는 치료사가 아니었다. "그는 제가 제 아파트로 이사하고, 자신에 대한 존중을 가지라고 부추겼어요. 그렇게 저는 도린을 쫓아냈습니다. 저는 도린에게 '지금 내가 이 집이 무척 필요한 상황이야. 그러니 너희 부부는 다른 집을 알아봐야겠어'라고 말했어요." 도린은 하는 수 없이 집을 비웠지만 무척 분개했다. 그녀는 몇 달간 게리에게 말도 걸지 않았으며, 깊은 애정과 남매간의 경쟁심으로 끈끈하게 엮여 있던 두 사람의 관계는 이후 오랫동안 서먹한 채로 이어졌다.

훨씬 멀끔한 집에서 생활할 수 있게 된 덕에 게리와 베르타의 관계도 더욱더 깊어졌다. 결혼 얘기는 오가지 않았지만 함께 보내는 시간이 더 많아졌고, 그럴수록 게리는 베르타의 명민함과 따뜻한 마음, 연인에게 보이는 헌신에 고마워졌다. 베르타는 감정에 휘둘리지 않았고 자존감도 높았다. 불안정했던 전처 아니타와는 달랐다. 베르타는 아름다웠고, 말투가 상냥했고, 우아했다. 가장 중요한 점은 그녀가 게리의 작품은 무척 좋아했지만, 그즈음 게리에게 따라붙기 시작한 유명세에는 무관심해 보였다는 것이다. 게리는 유명한 권력가와 친분을 쌓고자 하는 유혹에서 아직 벗어나지 못한 상태였다. 그의 예술가 친구들도 유명 인사의 이름을 들먹거리는 게리를 수년간 놀리기도 했다. 게리는 자신의 창의성을 존경해 주고, 감정적으로 한껏 지지해 주면서도 불안한 감정이 들지 않게 해 주는 사람을 만나는 일이 쉽지 않음을 잘 알고 있었다. 빌리 알 벵스턴은 게리를 "지지하면서도 저지하는" 베르타의 능력이 대단하다고 말했다. 베르타는 게리가 일상적인 스트레스를 받지 않도록 지켜 주면서도 그 자신의 야망 때문에 위험에 처하지 않도록 도왔다.

예술가 론 데이비스는 로스앤젤레스 그룹에 조금 늦게 합류했다. 그는 로스앤젤레스에서 태어났지만, 와이오밍에서 자라며 학교에 다녔고, 화가로서 커리어를 쌓기 시작한 1960년대 중반까지 고향에 돌아오지 않았다. 데이비스가 합류한 시점은 페루스 갤러리 초창기가 아니었지만, 페루스 그룹의 예술가들과 대략 나이대가 비슷했던 데이비스는 이들과 금세 친해졌다. 그가 게리와 친구가 된 것도 그리 놀라운 일은 아니다.

데이비스는 게리의 경력이 많지 않던 시기에 주택 설계를 의뢰한 클라이언트 중 가장 중요한 인물이다. 여러 방면에서 둘의 조합은 자연스러운 만남이었다. 데이비스는 강렬한 색감을 사용해 거대한 추상화를 그리면서 기하학적 형태와 착시를 탐구했다. 그건 게리도 마음을 빼앗긴 분야였다. 데이비스는 자신이 2차원의 평면에서 작업하던 것들이 3차원의 공간에서 어떻게 펼쳐질지 궁금했다. 그는 자신의 작품을 이해하고 그에 부응해 주며 즐겁게 협업할 수 있는 건축가를 만나고 싶어 했다. 화가로서 꽤 성공했던 그는 주택이나 스튜디오로 쓸 수 있는 독립 건축물을 지을 만한 재력도 있었다.

데이비스는 말리부힐스에서 예전에 말 농장이었던 1만 3천 제곱미터의 땅을 사들였다. 그는 커다란 그림을 그리고, 그 작품을 보관할 수 있으며, 융통성 있는 생활공간을 자신과 함께 설계하고 그 땅에 건설해 달라고 1969년에 게리에게 부탁했다. 그 요구 사항들은 충족시키기 꽤 쉬웠다. 하지만 데이비스의 작품에 담겨 있는 아이디어를 집이라는 건축물에 연관시키고 싶다는 요구는 당연하게도 조금 더 까다로웠다. 에스더 매코이가 잡지 『프로그 레시브 아키텍처 *Progressive Architecture*』에 전한 바에 따르면, 데이비스 가 소실점을 정하기 위해 부지를 가로질러 끈을 늘려 보는 작업 이 첫 단계였다. 이들은 게리가 출장 일정이 있는 날을 제외하고 3년간 매주 만나며 대략적인 설계를 끝냈다. 나중에 데이비스는 이 작업을 두고 이렇게 말했다. "그건 게리의 사랑이 담긴 노동이 었습니다. 그는 이 프로젝트로 돈을 벌지는 않았거든요. 저는 게 리에게 제 작품 몇 점을 줬을 뿐인데 그는 제게 무한한 시간과 지 혜를 선사했습니다." 데이비스는 그 프로젝트가 자신이 꿈꿔 오 던 작업이었다며, 게리를 두고 "예술가의 판타지를 이해할 수 있 는 놀라운 건축가"라고 표현했다.

게리 혹은 두 사람이 떠올린 건축물은 평면도상 사다리꼴 형태 였고, 산비탈과 닮은 비스듬한 각도로 지붕을 얹은 거대한 골강 판 상자였다. 구조물의 가장 낮은 곳은 대략 3미터였고 가장 높은 곳은 8미터에 이르렀다. 직각이 아닌 벽 위에 기울어진 지붕을 놓 는다는 것은 벽의 높이가 일정하지 않다는 의미였다. 벽에는 직 사각형과 사다리꼴 모양의 커다란 전망창이 나 있었고, 앞문은 거대한 정사각형의 유리 피벗 도어였다. 지붕 일부에는 채광을 위해 대략 6미터 길이의 개방구가 있었다.

이렇게 완성된 론 데이비스 하우스Ron Davis House는 오닐 부부의 건초 헛간 디자인에 많은 빚을 지고 있었지만, 건초 헛간에서 살짝 시도해 봤던 아이디어들이 이번 프로젝트에서는 규모와 복잡성이 확장되어 온전한 건축물로 거듭났다. 이 건축물은 어떤 점에서는 건초 헛간만큼이나 평범했다. 비용은 1제곱미터당 1.5달러 정도밖에 들지 않았는데, 이는 당시에도 엄청나게 적은 금액이었다. 말 그대로 건물은 네 개의 벽과 지붕을 이루는 직선의 조합이었다. 하지만 그 결과물은 단순한 상자 형태가 아니었다. 직선들이 이루는 각도로 인해 극적인 원근감이 형성됐다. 독특한 형태의 창문과 채광은 추상적인 하얀 벽과 목판 바닥을 가로질러 그림자 선을 드리웠고, 투박한 모양에 산업용 재료를 사용해 만든 건물이지만 믿을 수 없을 정도로 고급스러운 느낌을 자아냈다.

탁 트인 540제곱미터 넓이의 내부는 시골에 놓인 예술가 작업실 같았다. 데이비스가 공간의 융통성이 중요하다고 분명하게 의사를 표시한바, 게리는 한때 모든 파티션에 바퀴를 달고, 위층 플랫폼으로 올라가는 방식도 언제든 바꿀 수 있게 계단도 이동식으로 제작할까 고려하기도 했다. 하지만 두 사람은 결국 바퀴 달린 파티션과 이동식 계단은 실용적이기보다 겉만 번드르르한 장식품으로 전락할 거라고 결론지었다. 그래서 게리는 대략 5미터 높이의 가장 넓은 곳을 생활공간으로 정하고, 발코니 위쪽에는 서재이자 사무실 공간으로 정한 뒤, 높이가 두 배는 높은 식사 공간

1970년 론 데이비스 하우스를 설계하는 프랭크 게리

과 부엌, 안방 구역, 스튜디오 작업 공간을 각각 구분했다. 중앙에는 기다란 이중 파티션이 욕실 두 개와 작품 보관소를 에워쌌다.

데이비스는 1972년에 새집으로 이사했고, 몇 년 뒤 다시 게리와 합심해 발코니를 만들어 생활공간을 확장하고 파티션을 추가해 공간을 약간 더 분리했지만, 그렇다고 해서 그곳이 관습적인 공간이 되지는 않았다. 1977년, 게리는 『뉴욕 타임스』에 이렇게 말했다. "데이비스는 방을 원했어요. 이제는 완전히 다른 모습이 됐죠. 하지만 그래도 여전히 좋아요." 프리마돈나 역할을 맡지 않으려는 게리의 모습이 잘 드러나는 초기의 한 예다. 처음에 게리는 그 집을 "우리가 놀 수 있는 커다란 헛간"이라 불렀다. 이는 진심이었다. 론 데이비스가 융통성을 원한다면, 게리는 자신이 생각했던 초기 콘셉트를 타협해야 한다고 하더라도 토를 달지 않았을 것이다.

하지만 다른 관점에서 보면 론 데이비스 하우스는 보기만큼 관습을 깨는 공간은 아니다. 그 집이 설계될 무렵, 모더니즘의 이상향이었던 유리, 금속, 목재, 콘크리트로 만든 미끈한 상자 형태의 건물이 쇠퇴하고 있었다. 이전까지만 해도 노이트라, 신들러, 소리아노, 버프 앤드 헨스먼Buff & Hensman을 포함한 게리의 여러 멘토가 지었던 캘리포니아 주택같이 평평한 지붕의 상자 형태 건물이 많았지만, 그런 모더니스트들이 싫어하던 전통적인 오두막 형태의 주택에서도 배울 점이 있다고 생각하는 건축가들이 스멀스멀 생겨나는 참이었다. 로버트 벤투리가 어머니를 위해 필라델피아 외곽 체스트넛힐에 지은 집*이 전통적 주택의 이미지를 담으려 한껏 격식을 차린 형태였다면, 찰스 무어Charles Moore, 돈린 린던Donlyn Lyndon, 윌리엄 턴불William Turnbull, 리처드 휘터커Richard Whitaker의 성의 각 앞 글자를 딴 회사 MLTW가 샌프란시스코 북쪽 해안에 지은 휴양지 '시 랜치Sea Ranch'는 과거의 주택을 떠올리게 하면서도 학문적이지 않고 훨씬 대중적인 형태였다. 1965년에 완공된 시 랜치는 지붕을 비스듬히 얹은 목재 오두막 여러 채가 조각품처럼 심혈을 기울여 배치되어 있고, 태평양을 바라보고 우뚝 솟아 있다. 시 랜치는 고전적인 주택처럼 보이지는 않지만, 모던한 상자 형태도 아니다. 또한 널리 사랑받을 만한 부드럽고 온화한 분위기도 스며 있다.

론 데이비스 하우스는 모더니즘적 상자 형태를 탈피하려는 오두막 옹호자들의 목소리에 게리만의 색깔을 더하려는 시도였을까? 아니면 여전히 모던함을 밀어붙이면서도 값싼 산업 재료를 사용해 투박한 작품을 만들고, 캘리포니아 모더니스트의 마지막 세대가 과하게 점잖아 보이도록 만들려는 시도였을까?

론 데이비스 하우스가 강렬하면서도 중요한 작품인 이유는 게리가 이러한 두 가지를 한 번에 해냈기 때문이다. 론 데이비스 하우스는 게리가 자신만의 색깔을 구축해 가는 동안 조금씩 모양새를 갖추고 있던 포스트모던 건축 운동과 게리 간에 존재하는 미약하지만 중요한 연관성을 보여 준다. 게리는 포스트모던 건축가

• 벤투리에 관한 얘기는 7장을 참고하라.

가 모더니즘 건축물에 대해 제기하는 불만에 자극을 받았다. 이들은 특히 모더니즘 건축물이 금욕적이고 감정 표현에 인색하다는 점을 지적했다. 게리는 포스트모더니스트처럼 과거의 건축물을 보고 배우는 데 거리낌 없었다.

하지만 게리에게 과거의 건축물은 개념적 영감의 원천 그 이상은 아니었다. 베낄 만한 대상도 단연코 아니었다. 게리는 새로운 것을 원했고, 이전 세대가 탐구하다 만 추상적 형태를 더 깊게 연구하고 싶었다. 궁극적으로 게리는 모더니스트의 단순한 직육면체에 만족할 수 없었다. 왜냐하면 상자 형태는 벤투리나 무어 같은 포스트모더니스트가 추구하는 전통적인 주택의 요소를 떠올리게 하지 않아서가 아니라, 새로운 형태 실험을 충분히 밀고 나가지 않기 때문이었다. 게리에게 캘리포니아의 미드센추리 모던 스타일 주택은 고리타분해 보였다. 만약 게리가 론 데이비스의 집을 설계할 때까지도 건축가로서 자신의 색깔을 정하지 않았더라면 미드센추리 모던 주택을 놓고 고리타분하다고 말할 수는 없었을 것이다.•

게리는 론 데이비스 하우스로 이제껏 커리어 중 가장 폭넓은 주

• 데이비스와 그의 부인은 집 내부를 게리와 함께 바꾸기도 하면서 그 집에 수년간 살았다. 이후 그들은 집을 팔고 뉴멕시코 타오스로 이사했다. 데이비스 집의 다음 주인인 배우 패트릭 뎀프시 Patrick Dempsey는 주택의 전체적인 구조는 그대로 유지했지만 공들여 야외 정원을 만들었고, 내부는 더 관습적으로 바꾸었다. 『아키텍처럴 다이제스트Architectural Digest』는 2014년에 뎀프시 가족이 사는 이 집에 관한 이야기를 실으며, "미술품으로 꾸며진 따스한 집"이라고 묘사했다. 하지만 뎀프시가 수집한 미술품에는 로버트 어윈의 빛 조각과 에드 루샤의 작품도 있어서 집의 기원과 느슨하게나마 연관성이 남아 있다. 집은 2015년에 1천5백만 달러에 팔렸다.

목을 받았다. 그 집에 대한 에스더 매코이의 글이 『프로그레시브 아키텍처』에 실렸을 뿐만 아니라, 당시 현대의 주거용 건축물을 소개해 보였던 유명지 『뉴욕 타임스 매거진』에도 「세심한 휘갈김」이라는 제목의 글이 실렸다. 전국구 발간물에 실린 글 중에는 처음으로 게리의 건축물을 상세하게 논한 글인 「세심한 휘갈김」은 이렇게 쓰고 있다. "게리는 엄청난 자유도를 가능케 하는 공간을 설계했다. (…) 하지만 동시에 세심하게 자제하기도 했다. 그 독특한 건축물은 절대 침묵하지 않는다. 그곳은 우리에게 공간의 본질, 벽의 본질, 실내의 본질에 대해 사유하도록 자꾸 말을 건다. 이는 본격 건축물의 주요 임무다. 격식 없는 천연덕스러움에도 불구하고, 이 주택은 실로 본격 건축물이다."•

• 「세심한 휘갈김」의 저자는 본인이다. 프랭크 게리에 관해 쓴 첫 글이었다.

9
모서리 깎아 내기

게리는 소심하다고 할 수는 없었지만, 겉보기에는 우유부단하고 심지어 과묵해 보이기까지 했다. 게리는 어딜 가나 줄곧 뒷자리를 어슬렁거렸고, 일기를 쓰거나 편지를 쓰는 법도 거의 없었다. 하지만 게리는 자신이 온순하거나 자신감 없는 사람이라 생각하지 않았다. 1969년 겨울에 40번째 생일을 넘기고 난 후부터는 자기 목소리를 내는 것이 한결 수월해진 느낌이었다. 게리는 자기만의 방식으로 목소리를 냈고, 적어도 겉보기에 상냥해 보이는 게리의 성격은 점점 더 강렬해지고 대담해지는 그의 건축물과 조금도 닮은 구석이 없었다. 밀턴 웩슬러는 게리가 모진 노력과 창의적 에너지를 작품에 쏟아 부어야 한다는 것과 그에게 있어 건축물이야말로 불안을 해소할 가장 만족스러운 배출구라는 사실을 알려 줬다. 건축가이자 사상가로서의 자신감은 나날이 커졌지만, 그렇다고 게리가 자의식에 사로잡힌 예술가가 되지는 않았다. 여전히 느긋하고 겸손한 태도를 유지하면서도 게리의 자아는 단단해졌다. 호기심 많고 열정적이며 열심이지만 어딘가 불안정했던 20대, 30대의 모습은 성공과 성취가 쌓인다고 해서 사라지지도 않았다. 게리는 그 어느 때보다 자기만의 방식을 고집했고, 그 어떤 동료 건축가나 예술가보다 야심이 컸다. 하지만 원하는 것을 얻기 위해 자기 자신을 바꾸지는 않았다. 대신 그는 종종 웩슬러의 도움을 받아 이미 가지고 있는 성격을 최대한 활용하는 법을 터득했다. 게리는 오만으로 자신의 불안감을 가리기보다 실제 마음을 드러내지 않으면서 너그럽고 침착한 것처럼 보이는 데 능숙해졌다.

게리가 마흔 살이 되고 얼마 지나지 않아, 『디자이너스 웨스트 *Designers West*』지는 건축물, 창의성, 앞으로의 향방에 대한 게리의 관점이 녹아난 글을 싣는 데 한 면을 할애했다. 이는 놀라운 자료다. 왜냐하면 게리는 항상 언론과 인터뷰하는 게 편했고, 언론이 자신에 대해 하는 말에 훨씬 많은 관심을 기울였지만, 직접 글을 쓰는 일은 거의 없었기 때문이다. 따라서 이 글은 자신이 작업한 건축물에 대해 편하게 자주 말하지만, 글은 잘 쓰지 않는 건축가가 남긴 무척 희귀한 문서가 됐다.

짧은 에세이 형식의 그 글은 체제 전복적이라 할 만큼 강렬한 주장으로 서문을 연다. "건축가는 대부분 클라이언트를 두려워하며 일한다. 그래서 서비스의 질이 낮아진다." 이후 이어지는 글은 아래와 같다.

288

건축가의 건축 언어는 클라이언트의 언어보다 낫다. 시각적 능력도 건축가의 것이 훨씬 발달했다. 우리는 전문가이기 때문에 고용된 것이다. 나는 가능한 한 최고의 서비스를 제공하고 싶고, 그러려면 진짜 문제를 다뤄야 한다. "예전에는 이렇게 했는데"와 같은 핑계나 "클라이언트가 원하는 걸 해 줘 버려"와 같은 잔소리에 파묻히지 않고 명확하게 드러나는 진짜 문제 말이다. 나는 클라이언트가 해결을 원하는 문제의 면면을 캐물은 뒤에야 비로소 내가 제시한 해결책에 책임을 질 수 있다.

누군가는 이러한 태도야말로 건축가들이 종종 비판받는 자만심과 클라이언트에 대한 무관심을 보여 준다고 말할 수도 있다. 하지만 게리는 에인 랜드Ayn Rand의 소설 『파운틴헤드The Fountainhead』의 주인공인 하워드 로크처럼 되고자 하는 유혹에 굴하지 않았고, 의기양양한 하워드 로크의 모습을 닮으려고 애쓰지도 않았다. 게리는 건축이란 창조적 활동인 만큼이나 서비스직이라는 사실을 부인하지 않았다. 그는 이러한 생각을 두 번이나 언급하며, 서비스란 작업을 방해하는 것이 아니라 작업의 목표라고 말했다.

그렇다면 고객이 원하는 것을 귀담아듣고, 고객의 평가를 반영해 설계를 수정하는 데 거리낌 없는 게리의 태도는 『디자이너스 웨스트』에 기고한 글에서 말하는 태도와 어떻게 조화를 이루는 것일까? 게리는 클라이언트가 단순히 건축가의 판타지를 실현하는 데 돈을 대 주는 수동적 후원자로 남기를 원한 적이 한 번도 없다. 게리의 분노는 오히려 클라이언트에게 주문받듯 설계하는 수동적인 건축가를 향한 것이다. 게리는 건축가란 프로젝트에서 클라이언트도 미처 생각지 못했던 무언가를 끄집어내는 존재여야 한다고 믿었다. 건축가가 클라이언트에게 새로운 아이디어를 설득하지 못한다면 무슨 소용이겠는가? 몇 년 전 잠시나마 페레이라 앤드 럭먼 회사에서 일했을 때, 게리는 건물의 쓸모와 연관성이 없어 보이는 과장된 형태를 창조해 내는 윌리엄 페레이라나 자기만의 아이디어는 쏙 빠진 설계만을 내놓는 찰스 럭먼을 보고선 둘 중 누구도 닮지 않겠다고 다짐했었다.

『디자이너스 웨스트』 에세이에서 게리는 교통과 주거의 미래에 대한 관점뿐만 아니라 건축 회사가 지녀야 할 가치에 관해서도 얘기했다. 또 게리는 테크놀로지의 역할과 앞으로 급격해질 변화의 속도 등 놀라우리만치 많은 것을 미리 내다봤다. "건물은 예전만큼 오래갈 수 없다. 지가와 급변하는 요구 사항이 현재의 규칙을 바꿀 것이다. 우리는 변화하는 현재 상황에 부응할 체계가 필요하다."

교통에 관해서 게리는 자동차를 선호하는 미국인에게 전통적인 지하철이나 모노레일 같은 대중교통 체계는 맞지 않는다는 생각에 반박한다. 그렇다면 어떻게 게리가 굳건히 지켜 온 진보적인 정치 어젠다를 침해하지 않으면서도 교통을 개선할 수 있을까? 여기서 게리는 자동차를 실용적으로 만드는 새로운 방안을 제안한다.

우리는 정확히 파악하지도 못하는 복잡한 문제를 손쉬운 방법으로 해결하려 씨름한다. 모노레일이나 지하철, 혹은 그보다 더 발달한 지상 교통 체계를 건설할 충분한 돈과 적당한 시간이 주어진다고 하더라도 이러한 대중교통은 자가용이 선사하는 융통성과 선택의 자유를 주지 못한다. 우리는 우리의 가치 체계에 이미 푹 빠졌다. 모노레일은 사람들을 빈민가에서 꺼내 일자리로 데려다줄지 모르지만, 일단 돈을 모은 사람들이 가장 먼저 사는 것은 자동차일 것이다. 1년간 한 명이 도로에서 낭비하는 시간, 집이나 다른 곳에 주차하는 데드는 시간, 보험료, 유지비 등등 차를 소유함으로써 발생하는 비용을 분석해 본다면 같은 돈이면 필요한 만큼 차를 빌리거나 택시를 탈 수 있다는 사실을 알아낼 수 있을 것이다. 실제로 그렇게 되면 거리에 주차된 차도 줄어들 것이다. 지나친 단순화지만, 하나의 아이디어다.

1969년에 이미 게리는 40년 뒤에 등장할 사업 모델인 집카Zipcar를 예견하고 있었다.

『디자이너스 웨스트』기사에는 또한 미국인 우주비행사가 처음으로 우주에 발을 내딛기 직전이었던 당시, 절정을 구가하던 항공우주 산업의 테크놀로지가 주거 건물 건설의 동력이 될 수있다는 말도 담겨 있다. "주거 공간을 두 부분으로 나눈다고 가정해 보자. 우선, 기계 시스템, 전기 시스템, 폐기물 처리 시스템등, 동력 공급원이 있고, 둘째로 생활공간 부분이 있다. (…) 첫 번째 부분에서 발생하는 문제는 과학자나 엔지니어에게 맡길 수 있다. (…) 인쇄회로, 반도체 패키지, 트랜지스터, 폐기물 흡수 시스템 등이나 시어스Sears, 화이트 프런트White Front에서 살 수 있는 기구를 이용한 해결법을 여럿 떠올릴 수 있다." 게리에게 기술이란 어느 집에나 가져다 끼울 수 있는 것이었다. "반면 생활공간이야 말로 각자의 취향이나 예산에 맞춰 문제를 해결해야 하는 부분이다. 동력 공급원은 다가구주택이나 단독주택, 고층 건물이나 단층 건물을 가리지 않고 어디서나 쓸 수 있다."

이 글의 가장 흥미로운 지점은 "목표에 관하여"라는 부분에서 밝힌 건축 회사 전반에 관한 게리의 생각이다.

우리가 지닌 가치 체계와 함께, 우리가 믿는다고 말하는 것과 시험에 들었을 때 실제로 믿는 것의 조합은 건축 환경을 조성하는 힘이다. 그러한 힘을 선로 위에서 속력을 내는 기차라고 가정한다면 우리는 그에 끌려 다닐 수도 있고, 그것을 꼭 붙들거나 떠밀릴 수도 있다. 선로 어딘가에는 기차의 방향을 틀 수 있는 전환점이 있다. 우리가 가치 체계를 바꿀 수 있는 지점이 어딘가에 있듯, 나는 그러한 전환점을 내 작업에서 찾고자 한다. 변화를 가하려면 어디에 서 있어야 할까? 현실적인 공격 지점은 어디일까?

환경을 재설계하려면 우리는 가치 체계를 정비해야 한다. 당연시되는 관습에 의문을 제기하고, 우리가 진정으로 원하는 것은 무엇인지, 가장 중요한 것은 무엇인지 스스로 되물어야 한다.

내 사무소에서는 프로젝트마다 목표와 우선순위를 설정한다. 클라이언트와 함께 일하며 타협하려는 압박을 느끼기 시작할 때면, 프로젝트의 진행 경로가 얼마나 바뀌었는지 측정할 수 있는 척도를 만드는 것이다. 그러면 우리는 목표를 염두에 둔 채 그러한 압박을 똑똑하게 평가해 수정 사항을 받아들일지 말지 결정할 수 있다. 변화를 거부한다고 하더라도 압력을 철저히 파악한다면 최소한 그 이유를 설득할 수 있다.

우리는 이러한 체계 덕에 건축가와 클라이언트가 설계의 모든 절차에 더 깊이 개입하게 되며, 따라서 프로젝트의 문제점을 예전보다 더 많이 해결할 수 있다는 점을 발견했다.

게리는 업계에 변화를 불러일으키는 사람이 되고 싶었고, 자신의 야망과 야망의 실현에 있어 타고난 기질이 실용적인 사람이었다. 게리는 수사적이지만 진솔하게, 급진적이라 할 수는 없지만 독특한 비전을 끌어내는 가장 효과적인 방식이 무엇인지 묻고 있었다. 또한 게리는 이와 같은 가치 체계를 갖추어 사람들이 이상하고 비이성적이라고 여길 정도의 목표를 논리에 맞게 분석하는 방식으로 사무실을 운영한다고 설명하고 있었다.

1969년 봄 무렵, 게리는 자신이 독특한 형태를 다루는, 그러나 완전히 허황한 형태가 아니라 이성에 단단히 뿌리 내린 형태를 만드는 건축가라는 사실을 자각하기 시작했다. 아무리 생소해 보일지라도 건축가의 무작위적 창조가 아니라, 인간의 욕구와 클라이언트의 특정 필요에 모두 합리적으로 부합하는 상상력 넘치는 형태에 관한 생각은 앞으로 게리 커리어의 기초가 될 것이다.

게리는 언뜻 보기에 합리적 사고를 추구하는 자세와 모순되는 발언으로 『디자이너스 웨스트』의 글을 마무리했다. "우리는 환상에 깊이 관여되어 있고, 환상의 건축물을 만들 수도 있다고 생각한다. 대중적 취향을 만족시키면서도 새로운 시각적 언어의 차원으로 취향의 수준을 높일 수 있는, 다이얼을 돌리기만 하면 쉽게 변할 수 있는 귀중한 도구로서의 체계 말이다."

하지만 다시 한번, 게리의 글은 보기와는 다른 의도를 전달하며, 그의 야심이 무엇인지 자세히 보여 준다. 게리가 일컫는 환상은 디즈니랜드처럼 몽글몽글한 가상의 믿음이 아니다. 게리의 환상은 더 정교한 것이며, 추상적이고 심오한 기쁨을 나타내기도 한다. 게리에게 환상의 건축물은 드높은 미적 야심을 담은 건물이자, 초월의 감정을 자아내는 건물이다. 하지만 동시에 그는 자기 작품이 대중적이기를 바랐으며, 불안하지 않고 편안해야 한다는 점을 알았다. 결국 게리에게 가장 중요한 것은 급진적인 야망을 드러내는 동시에 대중성도 얻는 것이었다. "대중적 취향"에 대한 언급은 게리가 대중의 인식을 얼마나 중요하게 생각하는지 잘 보여 준다. 하지만 동시에 그는 기존의 대중적 취향에 그저 영합하려 들지 않는다. 게리에게 "환상"이란 거짓이 아니다. 고고한 미적 의도를 고취하려는 의도가 담긴 단어다.

게리는 완전히 진심이었다. 그는 전위적이면서도 대중적이고, 확실히 현대적이면서도 많은 이들의 사랑을 받는 건축물을 짓고 싶었다. 이러한 바람은 순진해 보일 수는 있어도, 냉소적일 수는 없었다. 이는 게리가 건축가로서 무르익어 가던 시기이자, 주류에서 분리된 모더니즘만의 영역이 구축되고 있던 1950년대와 1960년대의 문화와는 접점이 거의 없는 게리만의 태도였다. 실제로 20세기 모더니즘은 종종 대중적 수용을 바라기도 했지만, 그와 엇비슷한 것조차 성취해 본 일이 없었다. 대신 바우하우스와 같이 대중을 이기려 들었던 모든 모더니즘 운동에는 대중성을 경멸하고 의심해야 한다는 생각이 강하게 자리 잡고 있었다. 모더니스트 예술가와 건축가는 정체 상태에 도전하는 것을 최우선 과제로 삼았고, 예술적 영감이란 대중적 인식과 하등 상관없는 것으로 여겼다. 이들은 성공을 갈망했지만, 동시에 과도한 대중의 지지를 받으면 의심의 눈길을 보냈다. 많은 예술가와 건축가에게 전위성과 대중성은 무슨 일이 있어도 양립할 수 없는 것이었다.

모더니즘의 이러한 시각은 엘리트주의적이었다. 게리는 적어도 자기 작품에서는 다른 방식을 원했다. 게리는 자기 작품이 독특할지라도 사람들을 편안하게 만들어 주길 바랐고, 다른 개입의 여지가 남아 있기를 원했다. 게리는 바버라 아이젠버그에게 이렇게 말했다. "집을 지을 때, 저는 미스 반데어로에나 프랭크 로이드 라이트와 달리, 제 가구로 실내를 채우지 않습니다. 오히려 그 반대죠. 전 사람들이 자기 물건으로 공간을 채우며 제가 만들어 둔 공간과 상호작용하기를 원해요." 게리는 어수선한 것이 더 편안하게 느껴진다고 말했다.

게리의 감수성 형성에는 그의 미적 취향만큼이나 그와 가족의 진보주의적 정치관의 몫도 크다. 그래서 게리는 윌리엄 페레이라의 독창적인 형태와 찰스 럭먼의 클라이언트에 대한 순응 사이의 갈등을 해결하려 했듯, 전위성의 창조성과 폭넓은 대중적 취향 간의 갈등을 봉합하려 했다. 게리는 자신을 창조력으로 보고 싶었다. 게리는 그를 둘러싼 갈등 관계를 해결할 줄 알고, 모두에게 환영받는 건축가로 보이는 게 중요했다.

1968년 겨울, 게리가 여동생 도린과 함께 로스앤젤레스 공립학교 5학년 학생들에게 도시가 만들어지는 과정을 가르치는 특이한 수업을 시작한 것도 바로 그런 이유에서다. 미국 국립예술기금 위원회의 '아티스트 인 스쿨Artists-in-Schools' 프로그램의 후원을 받아 게리와 도린은 베니스의 웨스트민스터 애비뉴 학교Westminster Avenue School에서 학생들이 직접 가상 도시를 설계해 보는 시범 수업을 진행했다. 도시 계획 훈련 시 수학, 역사, 과학과 함께 공민학도 가르쳐야 한다는 건 게리의 생각이었다. 게리와 도린은 가상의 시나리오를 하나 만들었다. 어느 시골 땅에서 쓰레기를 생분해할 수 있는 '퓨리움'이라는 물질이 발견됐고, 이 물질을 캐내 전 세상에 전달할 인부와 그 가족이 지낼 건물을 빨리 지어 올려야 한다는 상황을 가정했다. 게리와 도린은 5학년 학생들과 함께 도시를 설계하고 블록으로 건설하면서 매 순간 마주하게 되는 여러 선택의 갈림길을 보여 줬다. 고속도로나 주거 시설을 만들려면 어쩔 수 없이 나무를 베어야 하는 것과 같은 상황 말이다. 그들은 몇몇 학생에게는 정치인, 다른 몇 명은 건설자, 나머지에는 시위하는 시민 역할을 부여해 실제 도시 건설의 현실을 재현했다.

게리와 도린은 즉흥 연기하듯 수업을 이끌었다. 이러한 방식은 교실 담당 선생님에게 잘 맞지 않았다. 처음에 선생님은 게리 남매와 함께 일하기로 했으나, 그들의 자유분방한 방식을 참

1971년 초등학생에게 도시 계획을 가르치는 프로젝트를 함께 진행하는 게리와 도린

지 못하고 결국에는 교실에서 나가 달라고 말했다. 남매가 기획한 수업의 창대한 시작과 미약한 끝은 영화 제작자 존 부어스틴Jon Boorstin의 짧은 영화 〈키드 시티Kid City〉에 잘 담겨 있다. 영화는 덥수룩한 머리와 수염을 한 게리와 존 바에즈Joan Baez처럼 긴 흑발 생머리를 한 도린이라는 두 아웃사이더와 고지식한 선생님 사이의 긴장감이 점차 고조되는 모습을 집중 조명한다. 게리의 불만은 선생님이 아이들에게 진짜 인생의 추접스러운 모습을 보여 주려 하지 않았다는 점이었다. 게리는 카메라에 대고 이렇게 말했다. "우리는 행동하고 기회를 취하는 것에 대해 말할 뿐입니다." 이는 게리가 앞으로 평생 입버릇처럼 말하게 될 이야기다. 게리가 말했다. "선생님은 수업에서 모든 갈등을 없애려 하셨어요. 다루기 힘드니까요. 하지만 갈등을 겪어 보는 것이야말로 도시 설계 과정에 진정으로 개입하는 겁니다. 그저 예쁜 물체를 만들고 치우는 건 우리가 하려던 게 아니었어요."•

게리는 로스앤젤레스 예술가 커뮤니티를 넘어 그 대척점에 있는 재스퍼 존스, 제임스 로젠퀴스트, 로버트 라우션버그와 같은 뉴욕 예술가들과 친하게 지낸 지도 꽤 됐다. 존스를 통해 만난 큐레이터 데이비드 휘트니와도 절친한 사이가 됐다. 특히 게리는

• 게리와 도린 모두 꾸준히 예술 교육에 관심을 뒀고, 계속해서 도시 건설을 교육 도구로 이용했다. 도린은 경력 대부분을 '설계 기반 학습'이라 부르는 프로그램을 개발하는 데 할애했다. 수년 후, 게리는 캘리포니아의 학교에 예술 교육을 도입하려는 자선 사업을 펼친다. 자선 단체의 운영은 친구인 말리사 슈라이버Malissa Shriver와 그의 아내 보비 슈라이버Bobby Shriver에게 맡겼다.

휘트니의 파트너인 건축가 필립 존슨을 만날 날을 손꼽아 기다렸는데, 이제껏 번번이 실패였다. 존슨은 작품보다는 건축계에서 그가 구축해 낸 독특한 입지 때문에 더 유명했다. 처음에 그는 현대미술관에서 건축과 디자인 큐레이터로 커리어를 시작했고, 나중에는 건축계 전체의 큐레이터로 발돋움했다. 즉, 그는 자신을 존경하는 젊은 건축가를 골라 친해진 뒤, 그들이 빠르게 경력을 쌓을 수 있도록 일감을 주곤 했다. 존슨의 후원 동기에는 관대만큼이나 사리사욕도 자리 잡고 있었다. 그는 젊은 건축가들의 새로운 아이디어가 주는 자극을 갈망했고, 어떤 방식으로건 그들에게 도움을 주면 그들은 충성심으로 보답하리라는 것을 잘 알았다. 게리처럼 존슨은 건축이란 기능적 문제에 대한 해결책일 뿐만 아니라 예술 작품을 만드는 행위라고 굳게 믿었다. 존슨의 작품은 좋게 말해 기복이 심한 편이라 포장할 수 있는 정도였지만, 건축적 아이디어를 표현하려는 예리한 태도만큼은 항상 빠지지 않고 작품 안에 존재했다.

론 데이비스 하우스에 관한 글이 출간됐을 무렵, 게리는 40대 중반이었고 전국적 인지도도 쌓이고 있었다. 확실히 그는 존슨이 친하게 지내고 싶어 하는 개척자적 건축가가 되고 있었다. 데이비드 휘트니와 재스퍼 존스의 친구로서 게리는 거장을 소개받을 때가 왔다고 생각했다. 마침내 로스앤젤레스 건축가이자 UCLA에서 건축을 가르쳤고, 존슨 무리와 어울려 지냈던 팀 브릴랜드Tim Vreeland에게서 언질이 왔다. 존슨이 브릴랜드에게 로스앤젤레스의 주요 신작 투어를 시켜 달라고 하면서 론 데이비스 하우스도 포함해 달라고 말한 것이다.

"론 데이비스는 존슨이 자기 그림을 보러 온다고 생각했어요. 존슨이 제 건축물을 보러 오리라고는 상상조차 하지 못했던 거죠. 하지만 저는 존슨이 오는 이유를 알고 있었습니다." 게리가 그날을 돌이켜봤다. 그는 존슨의 도착 예정 시간보다 몇 시간 먼저 데이비스의 집이 있는 말리부로 갔고, 둘은 마리화나를 피웠다. 이들은 존슨과 브릴랜드가 도착했을 때 꽤 약에 취해 있었다. 존슨은 건축물을 보곤 그답게 별말 하지 않았다. 그는 잽싸게 집 주위를 돌아본 뒤, 주택의 형태가 원근법 착시 현상을 이용하고 있다는 사실을 곧바로 알아챘다. "소실점이 있는 것 같은데, 어디 있나요?" 존슨이 게리에게 말했다. "어떻게 만드신 거죠?" 존슨은 집 전체를 헤집고 다녔지만, 데이비스의 그림에는 눈곱만큼도 관심을 두지 않았다. 게리의 투박한 건축법은 전혀 필립 존슨의 방식이 아니었다. 미스 반데어로에의 영향을 받았고 평생 고급 건축물을 선호해 온 존슨이 게리의 거친 '싸구려' 건축물을 단박에 편안하게 느낄 리 없었다. 당시 그는 엘리베이터와 대리석을 조화롭게 할 방법을 찾아내는 데 사로잡혀 있었다.

하지만 존슨은 건축계의 그 누구보다 새롭고 중요한 것을 감지하는 감각이 발달한 사람이었다. 그는 종종 존경하는 작품을 모방하곤 했는데, 론 데이비스 하우스에서 그만한 정도의 감흥을 느끼지 못했더라도 흥미로운 특징들을 발견했던 것 같다. 게리와 데이비스가 약에 취한 것을 눈치챘기 때문인지 아니면 어서 다음 건축물을 보러 가기 위해서였는지 알 수 없지만, 그는 게리에게 별다른 말을 남기지 않은 채 떠났다. 하지만 그는 게리에게 뉴욕에 오면 꼭 전화하라고 일러두었다.

게리에게는 그 말이면 충분했다. 머지않아 게리와 존슨은 자주 연락을 주고받는 사이가 되었다. 게리는 파트 애비뉴의 시그램 빌딩에 있는 존슨의 사무실을 주기적으로 들러 자신의 신작을 보여 주기도 하고, 건축계 가십을 서로 나누기도 했다. 때로 게리는 존슨과 함께 포시즌스 레스토랑의 구석 자리에서 밥을 먹기도 했다. 그곳은 존슨이 1958년에 직접 설계한 곳으로, 그가 수십 년간 건축 살롱으로 이용해 온 곳이었다. 그는 그곳에서 여러 건축가, 학자, 기자, 비평가와 함께 매일 점심을 먹으며 흥미로운 대화를 나눴다.

프랭크 게리와 필립 존슨의 조합은 어딘가 어울리지 않는 한 쌍이었다. 자칭 '왕의 건축가'이자 우아함을 뽐내는 존슨과 난장, 미완성, 싸구려, 날것을 찬양하는 게리의 조합이라니. 하지만 두 사람 모두 지적 대화를 중요시했고, 서로에게서 그런 모습을 발견했다. 동부 세계에서 존슨은 건축가의 건축에 대한 진정성을 심판하는 존재로 여겨졌는데, 그런 존슨에게 인정받자 동부에서 게리의 인지도는 물론이고 신뢰도도 어느 정도 높아졌다. 게리는 로스앤젤레스의 별종이라는 정체성을 버릴 마음은 없었지만, 전국적 명성을 얻으려면 뉴욕에 연이 닿아 있어야 한다는 사실을 알고 있었다. 필립 존슨 무리의 환영을 받는다는 것은 게리가 더는 캘리포니아만의 건축가가 아니라는 뜻이었다. 상징적인 의미일 뿐이더라도 게리는 드디어 성공한 것이다.

『디자이너스 웨스트』에 실린 글에서 게리는 건축과 예술의 관계에 대해 대놓고 의문을 제기하지 않았지만, 글의 주제부터 게리는 스스로 예술가가 아니라 건축가라고 생각한다는 점을 넌지시 암시했다. 남들이 보기에 게리가 형태에 집착하고, 오닐 부부의 건초 헛간이나 론 데이비스 하우스 같은 많은 프로젝트가 순전히 미적인 동기로 지어진 것처럼 보일지라도 정작 그는 형태가 전부는 아니라고 생각했다. 건축물은 언제나 인간의 행위, 기능적 쓸모, 장소와 연관되어 있다. 그는 건축적 형태의 경계를 넓혀 더 많은 예술의 영역을 포섭하려 했다. 하지만 그렇다고 해서 예술을 위해 건축을 저버리려는 것은 아니었다. 게리는 실제 세계에 실제적 목적을 지닌 실제 건물을 짓는 것을 원했기에, 자신을 건축가가 아니라 예술가로 보는 시선이 가장 괴로웠다.

건축가로 보이지 않을 수도 있다는 게리의 걱정은 경력 초기에 행했던 야심 찬 탐구에 중요한 의미를 지니게 된다. 바로 평범하고 일상적인 산업 재료에 관한 지대한 관심이다. 이러한 관심의 결과물로 판지 가구가 탄생했다. 게리는 활용도 높은 진열대를 만들기 위해 다양한 실험을 했던 조지프 매그닌 백화점 프로젝트 이후부터 판지를 염두에 두고 있었고, 사무실에 널브러진 여러 재료를 가지고 건축 모형을 만들어 보기도 했다. 하지만 게리는 평범한 재료에 그보다 더 큰 가능성이 있음을 확신했다.

1969년, 매그닌 백화점이 완성되자 게리는 로버트 어윈의 스튜디오를 개조해 달라는 부탁을 받았다. 예술가와 나사NASA의 과학자가 모여 예술과 테크놀로지에 대해 대담하는 특별한 심포지엄 준비를 위해서였다. 하루짜리 단장을 위한 예산은 언제나 그렇듯 빠듯했다. 그래서 게리는 판지를 쌓아 간단한 의자를 만들었다. 예산을 맞출 수 있을 만큼 값싸면서도 펑키하고 미래주의적 분위기도 살짝 풍기는 판지 의자는 공간을 변신시키기에 제격이었다. 게리는 그 결과물에 신이 나서 판지 작업을 계속 이어 갔다. 이제껏 게리는 사무실에서 건축 모형을 만들 때, 쉽게 구부러지는 골판지를 사용해 부지의 굴곡을 표현했다. 어느 순간 게리는 책상에 앉아 있다가 삐져나온 골판지의 요철에 눈길이 갔다. "아름답다고 생각했어요. 그냥 저걸 써 보는 게 어떨까 싶어서 그걸로 모양을 만들기 시작했습니다. 질감이 포슬포슬하고 좋았어요. 코듀로이 같아서 마음에 들더군요. 질감이 썩 괜찮으니 그리 무겁지 않은 테이블 톱을 만들어도 좋겠다 싶었죠. 골판지를 겹치면 접는 것보다 튼튼하면서도 보기에도 좋은 구조물을 효율적으로 만들 수 있어요." 게리는 중요한 사실을 발견했다. 낱장의 골판지들을 서로 물결무늬가 엇갈리도록 겹겹이 합치면 나무만큼 단단하면서도 유연성은 훨씬 높은 재료가 탄생했다.

로버트 어윈을 도운 뒤 머지않아 게리는 판지로 만든 책상과 판지로 만든 서류 캐비닛을 한데 놓았다. 그 책상은 사무실 방문자들이 가장 먼저 마주하는 리셉션 데스크로 뒀다. 그러면 이 건축사무소는 흔하디흔한 놀Knoll이나 허먼 밀러Herman Miller의 매끈한 가구를 취급하지 않는다는 인상을 곧바로 심어 줄 수 있었다. 판지 책상은 평범한 모던 가구보다 더 부드러웠고, 게리가 좋아하는 파격과 따스함의 조합이 살아 있었다. 리셉션 데스크는 시작에 불과했다. 판지로 사물을 만드는 도전은 어윈이나 래리 벨과 같은 여러 예술가와 그렉 월시를 포함한 사무실 직원의 마음을 사로잡았다. 파티션, 선반, 의자, 사이드 테이블 등 더 많은 가구가 쏟아져 나왔다. 게리는 사람이 올라설 만큼 튼튼하고 래커칠을 한 것처럼 잘 연마된 둥근 사이드 테이블을 만들어 냈다. 그는 이후 이 사이드 테이블을 도나 오닐에게 줬다. 어윈은 안락의자 설계를 도왔고, 이로부터 게리의 가장 잘 알려진 가구인 등받이 의자가 탄생했다. 이는 길고 좁은 골판지 조각으로 만든 의자로, 곧게 뻗은 등받이를 한 번 안쪽으로 꺾어서 앉을 수 있는 부분을 만든 뒤, 나머지 아랫부분에서는 골판지를 앞뒤로 굽이치게 꺾어 다리 없이도 의자가 지탱될 수 있게 만들었다. 이 의자는 꾸불꾸불한 모양 때문에 '위글 체어Wiggle Chair'라는 이름이 붙었고, 꾸불꾸불한 모양의 다른 가구들도 제작됐다. 흔들의자, 안락의자, 테이블, 식탁 의자도 있었다.

당연하게도 이러한 시도는 단지 게리의 사무소를 꾸밀 유별난 실험에 그치지 않을 듯 보였다. 종종 게리의 스튜디오를 들렀던 로버트 어윈이 특히 열의에 넘쳤다. 그는 이 아이디어에 상업적 가능성이 있다고 했다. 어윈의 재촉에도 불구하고 게리는 판지 가구를 만들어 팔 수 있다는 생각이 미심쩍어서 사업화를 주저했다. 그러다 어느 날, 게리의 친구이자 유명 패션 디자이너인 루디 건릭Rudy Gernreich이 게리에게 한 가지 부탁을 한다. 벨에어 호텔에서 열릴 한 행사에서 패션과 디자인에 대해 발표하는데, 이를 같이하자는 것이었다. 그래서 게리는 골판지 가구 실험에 대해 발표했다. 마침 그 자리에는 뉴욕에서 온 리처드 살로몬Richard Salomon이라는 사업가가 참석해 있었다. 랑방-찰스 오브 더 리츠 Lanvin-Charles of the Ritz를 운영하고 있던 살로몬은 창의적인 사람들에게 비즈니스 파트너가 되어 주어 그들의 이름을 딴 대형 브랜드를 만드는 능력에 자신 있었다. 그는 패션 디자이너 이브 생로 랑Yves Saint Laurent을 설득해 동업 관계를 맺은 뒤, 이브 생로랑 리브 고쉬Yves Saint Laurent Rive Gauche 라인을 만들어 생로랑의 제작 범위를 오트 쿠튀르에서 기성복으로 넓혔다. 또한 비달 사순Vidal Sassoon을 고급 미용실 체인 업체로 키우기도 했다. 그런 살로몬은 판지 가구에 관한 발표를 보고 마음이 달떴다. 그는 하이엔드 패션계와 미용계에 혁신의 바람을 불러일으켰던 것처럼, 판지 가구로 가정용 가구계도 평정할 수 있으리라 여겼다. 게다가 그는 게리에게 개인적인 호감도 느꼈다. 로스앤젤레스 출신의 밝고 나긋한 말투를 지닌 이 젊은 건축가는 그의 세 번째 스타가 되어 줄 것만 같았다. 살로몬이 투자하고 사업을 꾸리기 전까지 소비자들은 이브 생로랑과 비달 사순의 이름을 몰랐기에, 게리가 그렇게 유명하지 않다는 것쯤은 문제가 되지 않았다. 사실 살로몬은 게리가 유명 디자이너로 발돋움할 수 있게 자신이 길을 터 주는 편을 더 좋아했다.

두 사람은 간결하고 기억하기 쉬운 '이지 에지Easy Edges'를 브랜드 이름으로 정했다. 게리는 미국 특허를 신청했고, 1972년 5월 15일에 "편평한 판지나 골판지를 안전하고 단단하게 겹쳐 만든 물건의 형태에 일반적으로 부합하는 가구 또는 그와 유사한 하중

지지구조물" 개발자로 특허번호 4,067,615를 받고 특허를 취득했다. 이후 게리는 로버트 어윈, 잭 브로건Jack Brogan과 함께 회사를 차렸다. 잭 브로건은 어윈의 예술 작품을 다수 제작하기도 했고, 어윈이 판지 가구를 제작하는 데도 많은 도움을 받았던 제작자였다. 브로건은 디자인을 다듬어 줬고, 가구를 더 가볍게 만드는 법을 개발해 제품 판매력을 현저히 높이기도 했다. 게리는 산업 부지가 저렴했던 베니스에 공장을 지었다.

리처드 살로몬은 게리 회사의 지분 40퍼센트를 받는 조건으로 초기 자본을 투자했다. 그는 블루밍데일스의 책임자 마빈 트라우브Marvin Traub와 가까운 사이였는데, 트라우브도 살로몬처럼 게리의 작업을 접하고는 흥분했다. 1950년대에 대니시 모던 스타일이 유행한 후로 컨템퍼러리 가구 디자인계에 별다른 반향은 없었다. 적어도 대중 시장에 호소할 만큼 가격이 적당한 디자인에 한해서는 그랬다. 살로몬과 트라우브는 이지 에지가 가정용 가구계에 한 획을 그을 브랜드가 되리라 생각했다. 트라우브의 블루밍데일스는 트렌드를 선도하는 브랜드이자 다른 경쟁사보다 젊은 감각을 지닌 브랜드였다. 그는 블루밍데일스의 유명한 모델 룸을 설계한 바버라 다시Barbara D'Arcy에게 이지 에지 가구를 놓을 모델 룸 설계도 맡겼다. 이지 에지 가구의 첫 데뷔는 미술 전시회 오프닝처럼 치러졌다. 트라우브는 마케팅 전략을 적극 활용해 사업을 지원했고, 게리는 신문사, 잡지사와 인터뷰를 진행했다. 이지 에지 가구 세 개 위에 폭스바겐 비틀 자동차가 얹힌 사진은 가구의 탄탄함을 홍보하는 용도로 쓰였다. 머지않아 이지 에지는 실내 디자인계에서 가장 잘나가는 가구가 될 것처럼 보였다.

잠깐이었지만 정말로 그랬다. 『하우스 앤드 가든House & Garden』
은 바버라 다시가 설계한 블루밍데일스의 모델 룸 사진을 잡지
양면에 담았다. 『로스앤젤레스 타임스』도 「이제껏 왜 아무도 이
런 생각을 하지 못했나?」라는 제목의 기사를 실으며, 이지 에지
를 두고 이렇게 말했다. "우리 세대의 가장 기발한 가구다. 슬레
이 체어는 80달러밖에 하지 않을 정도로 저렴하고 놀랍도록 견
고하다. 일반적으로 사용할 시에도 아무런 문제가 없다. 게다
가 완전히, 진짜로 색다르다." 나름대로 『뉴욕 타임스 매거진』은
「구두쇠를 위한 종이 가구」라는 제목의 글에서 이지 에지의 가구
가 "플라스틱과 강철로 만든 모던 디자인 가구와 견줄 만한 내구
력과 견고함을 갖춘 강인하고, 생생한 모양"을 지녔다고 평했다.
『뉴욕 타임스』는 판지 가구가 흡음력을 지녔다는 점도 짚으며,
소음을 50퍼센트가량 줄일 수 있기에 "가정용 식탁으로 제격"이
라고 했다. 그 글은 이지 에지의 저렴한 가격에 찬사를 보냈다. 글
의 저자는 젊고 트렌디한 블루밍데일스의 소비자들이 가장 먼저
선택할 가구라고 말하며, "저소득층 가정의 집안에 스며들 것"이
라며 흥미로운 예측을 덧붙였다.

하지만 이지 에지의 가격이 얼마였건 간에, 대중의 호의를 얻은
뒤에 밀려들 주문 건을 처리할 만큼 사업의 몸집을 불리려면 살
로몬이나 게리의 예상보다 훨씬 많은 돈이 들 거라는 것은 자명
했다. 살로몬은 사업에 훨씬 많은 돈을 투입하기로 했다. 살로몬
이 돈을 더 투자하자 회사에서 게리의 입지가 약해졌고, 살로몬

이 성장한 사업의 실권을 장악했다. 게리는 이지 에지와의 문제에서 자신을 대변해 줄 변호사 아서 알로프Arthur Aloff를 고용했다. 알로프는 초기 로열티 조건이 너무 낮기도 하고, 거래를 이어 가는 것이 게리에게 최선이 아니라고 판단해 거래를 거절하라고 권했다.

하지만 다른 문제가 있었다. 이지 에지를 향해 쏟아지는 찬사에 게리는 화들짝 놀랐다. 게리는 부업으로 판지 가구 제작을 시작했는데, 이지 에지가 너무 커다란 성공을 거두자 배보다 배꼽이 커져서 건물을 설계할 시간이 없어질까 봐 걱정되기 시작했다. 더 큰 문제는 따로 있었다. 사람들이 게리를 건축가가 아니라 가구 디자이너라고 생각하면 어떡할 것인가? 또한 게리는 예전처럼 대기업을 위해 일하는 일개 디자이너 시절로 돌아갈까 봐 초조해졌다. 돈이 많이 벌리고, 그의 이름이 전면에 드러난 사업이라고 해도 게리는 독립성을 빼앗긴 것만 같았다. 이지 에지로 벌어들인 돈이 건축 활동 자금이 되어 건축가 커리어를 갉아먹지 않고 오히려 지원해 줄 수도 있다는 데까지는 생각이 미치지 못했다. 게리는 자기 작업에 통제력을 잃을지도 모른다는 두려움에 사로잡혀 멀리 내다볼 수 없었다.

게리는 비달 사순에게 만나 달라고 연락했다. 두 사람은 베벌리힐스 호텔에서 만나 술을 마셨다. 사순은 리처드 살로몬의 지원 덕에 유명한 부자가 되었다. 게리는 자신도 살로몬에 길들어 사순과 같은 전철을 밟게 될 것만 같았다. 게리가 사순에게 "사업가들에 대해 알려 주세요"라고 말했다. "저처럼 되고 싶으신 건가요?" 사순은 유명 인사가 된 자신을 가리키며 게리에게 되물었다. "당신은 가구계의 이브 생로랑이 될 겁니다. 그들이 그렇게 당신을 홍보할 거예요. 당신은 온갖 책과 잡지에 실리겠죠. 그러면 당신의 삶은 당신의 것이 아니게 되겠지요."

게리가 두려워하던 미래는 바로 그것이었다. 그의 변호사가 리처드 살로몬을 압박해 더 나은 로열티 거래를 따 낸다고 하더라도 게리는 비달 사순과 같은 운명이 되어 버릴까 두려웠다. 창의적인 인물이 아니라 하나의 브랜드가 되어 버리는 운명 말이다. 유명 헤어 디자이너조차 이런 사업에 대가가 따른다는 사실을 깨달을 정도라면, 건축가가 치러야 할 대가는 얼마나 크단 말인가? 게리는 뉴욕으로 가서 5번가 730번지에 있는 리처드 살로몬의 사무실에서 그를 만날 약속을 잡았다. 게리는 친근한 삼촌 같은 살로몬을 좋아했다. 게리보다 열일곱 살 더 많은 살로몬은 재능 있는 젊은이들을 길러 내는 자기 능력에 자부심이 대단했다. 살로몬은 슬하에 아들 셋을 뒀는데, 여러 면에서 게리를 사실상 네 번째 아들이라 여기고 있었다. 게리가 보기에 살로몬은 상냥한 아버지상이었다. 확실히 나이가 지긋한 남자가 게리를 지지하고 그의 미래에 투자하려는 상황은 언제나 불안했던 어빙과의 관계와 상반됐다.

게리는 살로몬의 사무실로 들어가자마자 떨리는 마음을 진정시키고자 물을 한 잔 달라고 했다. 살로몬이 물을 내어 오자 게리가 감정을 쏟아냈다. 고통스러운 대화였다. 게리는 계약 조건 조정은 고사하고, 이지 에지마저 철수하겠다고 엄포했다. 게다가 게리는 모든 권리를 포기할 생각이 없으며, 자신 없이 살로몬이나 다른 누군가가 이지 에지를 운영하도록 내버려 두지 않을 거라고도 말했다. 그 가구는 게리의 디자인이자 게리의 특허였다. 그는 이지 에지를 계속할 마음이 없으며, 다른 누군가가 이지 에지를 이어 가는 것도 싫다고 결론지었다. 흥미롭고 유망한 사업이었지만 접는 수밖에 없었다. 철수하는 많은 신생 사업과 달리, 이지 에지는 세간의 관심을 받지 못해서가 아니라, 너무 많은 관심을 받아서 운영을 중단하게 됐다. 적어도 게리로서는 그랬다.

살로몬은 충격과 분노, 실망감에 휩싸였다. 그는 게리가 부자가 될 기회를 발로 차 버린다고 생각했고, 두 사람이 쌓아 온 따뜻하고 유의미한 관계마저 어떻게 돼도 상관없다는 듯 군다고 느꼈다. 살로몬은 게리가 자신의 지원을 거부했다고 느껴 상처를 받았다. 하지만 게리의 결정을 듣고 격분한 마빈 트라우브에 비하면 살로몬의 반응은 아무것도 아니었다. 트라우브는 게리에게 전화해 분노를 토했다. "그는 제게 전화해 소리치기 시작했어요. '이 개자식, 일을 이렇게 벌여 놓고 이제 와 그만두겠다는 거냐? 지금 15만 달러어치 주문이 밀려 있다고. 이 주문 건을 해결하지 않으면 내가 네 놈 자식을 고소할 테다.' 어쩌겠어요, 저는 주문을 처리할 수밖에 없었죠." 하지만 그것도 마음처럼 되지 않았다. 왜냐하면 이지 에지 가구 제작을 도맡았던 잭 브로건도 사업을 접겠다는 게리의 말에 노발대발해 더는 가구를 제작해 주지 않겠다고 했기 때문이다. 브로건은 빚을 내서 이지 에지 제품 제작에 쓸 장비를 구매했는데, 이제 더는 그 장비를 쓸 일도, 빚을 갚을 수입도 없게 된 거였다. 로버트 어윈도 그런 게리에게 격노했다. 이후, 어윈과 브로건이 게리에게 다시 말을 붙이기까지는 수년이 걸렸다.[•] 게리는 오렌지 카운티에서 가구를 제작해 줄 작은 공장을 직접 찾아서 블루밍데일스에 납품했다. 게리는 그 일로 10만 달러 이상 손해를 본 것 같다고 했다.

빅터 그루엔 사무소의 파리 지부를 맡아 달라던 제안을 거절했을 때와 같은 충동이 다시금 게리의 마음속에서 고개를 들었다. 다시 한번, 게리는 설계자로서 독립성을 잃을까 두려워 금전적 안정성을 약속하는 기회를 저버린 것이다. 기업에 의심의 눈길을 보내는 게리의 오래된 정치적 직감은 이번 경우에 별로 도움이 되지 않았고, 빅터 그루엔처럼 리처드 살로몬도 나이가 많은 멘토라는 점도 게리를 막아서지 못했다. 게리는 두 사람을 진정으로 좋아했지만, 마음속에 있는 어떤 충동 때문에 두 사람의 품속에 오래 머무를 수 없었고, 스스로 상황을 통제하겠다는 생각 때문에 그들의 지원을 거부할 수밖에 없었다. 게리의 직업과 직접적으로 엮이지 않은 밀턴 웩슬러만이 게리의 거절을 겪지 않을 유일한 멘토처럼 보였다.

[•] 브로건은 이지 에지 가구 제조 시설을 지을 때 진 빚을 갚으려 스튜디오를 팔아야 했다. 그는 게리에게 소송을 걸 생각이었다. 시작이 무척 좋았던 이지 에지는 모든 관계자에게 상당한 이익을 가져다줄 터였는데, 순전히 회사를 통제하지 못하게 되리라는 게리의 두려움 때문에 사업이 문을 닫았기 때문이다. 따라서 브로건은 마땅히 받아야 한다고 예상한 몫을 챙기지 못한 셈이다. 브로건은 게리나 그나 "같은 로스앤젤레스 예술 커뮤니티 사람"이고, 공공연한 싸움을 일으키고 싶지도 않았기에 실제로 소송을 걸지는 않았다고 말했다. 게리는 브로건이 손실을 본 사실을 알고 있었고, 이후 일부 배상금을 물어 줬다고 했다. 브로건은 여전히 꽤 많은 이지 에지 가구를 창고에 보관하고 있다.

게리가 파리에서 빅터 그루엔의 제안을 뿌리쳤을 때, 그 결정에 영향을 받는 사람은 실망감을 견디고 다른 인물을 찾아야 했던 그루엔과 게리밖에 없었다. 하지만 이지 에지의 경우는 완전히 달랐다. 그것은 단순한 아이디어 이상이었다. 이지 에지는 잘나가고 있었고, 리처드 살로몬이나 잭 브로건 같은 많은 이들이 상당한 시간과 돈을 들인 사업이었다. 블루밍데일스와 다른 소매 회사들도 마찬가지였다. 광고와 기사가 나갔으며, 주문도 받은 상태였다. 게리의 말마따나 이지 에지의 "플러그를 뽑는 것"은 그의 디자인 아이디어를 지지해 주고 그와 함께 일했던 사람들과 회사를 버리는 것이나 다름없었다. 건축 회사에 온전히 집중하기 위해 이지 에지 사업을 철수한 것은 게리로서는 과감한 결단처럼 보였을지 몰라도, 그건 이기적이고 자아도취적인 결정이었다. 예술적 진정성을 지킨다는 명목으로 게리는 그를 믿어 주었던 친구와 사람들을 배반했다. 빅터 그루엔의 제안을 거절했을 때와 달리, 이지 에지를 저버리는 결정은 수많은 부수적인 피해를 가져왔다.

하지만 게리는 판지로 가구만 만든 게 아니었다. 판지 가구 실험을 시작했던 1970년에 게리는 할리우드 볼을 지으면서 판지를 더 과감하게 사용했다. 1922년, 데이지 델Daisy Dell이라는 이름의 자연 원형 극장에서 처음 문을 연 야외 콘서트장인 할리우드 볼은 매년 여름 로스앤젤레스 필하모닉의 공연이 개최되는 곳이었다. 1929년에 사용하기 시작한 콘서트홀의 형태는 라디오 시티 뮤직 홀Radio City Music Hall의 프로시니엄과 흡사하게 동심원 아치가 여러 개 있는 모양이었다.* 할리우드 볼의 음향 시설은 항상 문제가 많았는데, 콘서트홀 초기에는 없었던 101번 고속도로가 근처에 자리를 잡으면서 소음이 증가해 음향 문제가 더욱더 심해졌다. 자연적으로 형성된 야외극장의 형태가 좌석을 확대하면서 변형됐고, 따라서 음질이 더 낮아졌으며 오케스트라의 음악가들이 서로 소리를 들을 수 없고, 독주자의 소리가 들리지 않는다고 불만이 터져 나왔다. 필하모닉의 연주를 할리우드 볼에서 들으려면 특단의 조치가 필요했다. 이제 막 로스앤젤레스 필하모닉의 총감독으로 취임했고, 매년 여름 할리우드 볼에 오케스트라를 세웠던 에르네스트 플라이슈만Ernest Fleischmann은 게리를 불렀다. 지난 10년간 가장 우수했던 야외 콘서트장은 게리의 작품인 메릴랜드 컬럼비아의 메리웨더 포스트 파빌리온이었기 때문이다.

이 작업은 게리에게 또 한 번의 강행군이었지만, 음악계에 발을 들일 또 한 번의 기회이기도 했다. 게다가 까다롭고 쉬이 만족하지 않는 걸출한 음악계 중역인 플라이슈만과 함께 일해 볼 첫 기회였다. 플라이슈만은 나중에 월트 디즈니 콘서트홀 건설 건으로 게리의 커리어와 로스앤젤레스의 문화생활에 더 큰 영향을 미친

---

* 콘서트홀의 형태는 초기 몇 해간 여러 번 변신을 거쳤다. 1927년에는 프랭크 로이드 라이트의 아들인 로이드 라이트가 디자인하기도 했다. 로이드 라이트의 버전은 크기도 거대할 뿐만 아니라 음향 시설도 잘 갖추어져 있다는 평을 받았다. 하지만 콘서트를 보러 가는 사람들은 로이드 라이트의 미학이 그의 아버지의 미학만큼이나 거슬린다고 했기에 그해 시즌 막바지에 콘서트홀은 철거된다. 이듬해 라이트는 콘서트홀을 아치 모양으로 지어 달라는 요청을 다시 한번 받고 작업에 착수했지만, 궂은 날씨에 건축물이 파괴되고 말았다. 1970~1971년에 게리가 라이트의 두 번째 디자인에 착안해 콘서트홀을 설계했고, 이를 얼라이드 아키텍츠Allied Architects라는 회사가 건설한 게 현재까지 이어지는 마지막 형태다.

다. 하지만 1970년에는 밑천이 소소했다. 1970년과 1971년의 여름 콘서트 시즌 사이에 게리는 음향 전문가 크리스토퍼 자페와 함께 '무대 속 무대'를 만드는 작업을 진행했다. 이는 지름 1미터의 판지 관 60개로 만든 구조물로, 일부는 일반적인 기둥처럼 수직으로 세웠고, 나머지는 대들보처럼 가로로 눕힌 채 윗부분을 덮었다. 그렇게 게리의 "싸구려 건축물"이 또 하나 탄생했다. 일상적이고 값싼 재료를 사용한 간단한 해결책이었지만, 색다른 맥락에 놓으니 완전히 달리 보였다. 할리우드 볼 디자인은 가구보다 훨씬 규모도 크고, 기념비적인 건축물에 판지를 적용한 사례가 됐다. 값싼 판지 관들이 기둥 흉내를 내며 무대 양쪽을 둘러싼 모양새는 진중한 고전적 양식보다 훨씬 팝 아트의 발랄한 분위기를 자아냈지만 말이다. 하지만 확실히 시각적인 즐거움이 있었고, 그 효과도 제대로 발휘했다.•

게리는 조지프 매그닌 백화점 프로젝트로 함께 일했던 그래픽 디자이너 데버라 서스먼에게 할리우드 볼 작업 팀에 합류하지 않겠냐고 물었다. 서스먼의 활달한 그래픽 디자인은 게리의 캐주얼한 건축물과 잘 어우러졌다. 판지 관은 너무 저렴해서 이후 10년간 매년 새것으로 교체할 수 있을 정도였다. 이후 자금이 꽤 모이자 조금 더 내구력이 좋은 재질로 바꿀 수 있었다. 플라이슈

• 게리는 2014년에 프리츠커상을 받은 일본의 건축가 반 시게루Ban Shigeru보다 한 세대는 더 앞서 판지 관을 건축 자재로 도입했다. 시게루는 2013년, 뉴질랜드 크라이스트처치에 건설한 임시 성당과 같은 여러 프로젝트에서 판지라는 독특한 소재를 사용했고 그 점이 프리츠커상 수상에 한몫했다.

만이 판지 관 말고 다른 것으로 교체할 때가 왔다고 말하자, 게리는 유리 섬유로 만든 구 형태의 구조물을 다양한 크기로 만들어 아치 모양의 콘서트홀 지붕에 매달겠다는 새로운 계획을 선보였다. 그 덕에 콘서트홀 건축물의 곡선이 관객들에게 훤히 드러나게 됐다.[*]

게리가 할리우드 볼 프로젝트를 성공리에 마무리하자 크리스토퍼 자페와의 협동 작업 의뢰가 또 들어왔다. 캘리포니아 북부, 버클리에서 동쪽으로 50킬로미터 정도 떨어진 탁 트인 교외 부지에 콩코드 파빌리온Concord Pavilion을 짓는 프로젝트였다. 이번에도 야외 콘서트장이었다. 이 파빌리온은 게리의 커리어 초기 건축물 중 가장 대담하고 간결한 형태의 건축물 중 하나가 됐다. 게리는 반원형 극장 위에 한 변이 60미터인 정사각형 지붕을 얹어 좌석과 무대를 덮었다. 지붕은 무대 뒤쪽 콘크리트 벽과 앞쪽의 커다란 콘크리트 기둥 위에 거대한 강철 트러스를 설치해 지지했다. 검은색으로 페인트칠을 하고 폭이 3.5미터 정도 되는 지붕 철골 트러스는 주요 요소가 아니었기에, 멀리서 보면 지붕은 엄청나게 크고 어둡고 불가사의한 기계가 공중에 둥둥 떠 있는 것처럼 보이기도 한다.

파빌리온은 게리의 작품치고는 꾸밈없이 말끔한 면이 있는 데다 규모도 꽤 크다. 하지만 이는 단순히 초창기의 첨단 기술로 만

---

[*] 이후에도 게리는 할리우드 볼의 여러 군데를 수정하고 추가 구조물을 들였다. 1982년에 설계한 야외 다이닝 파빌리온도 그중 하나다.

든 매끈하고 힘찬 구조물을 보여 주는 데 그치지 않는다. 분명 그런 경향도 있지만, 트러스가 양끝으로 갈수록 폭이 좁아진다는 점에 더 주목할 필요가 있다. 그로 인해 커다랗고 무거운 금속 구조물이 훨씬 더 가벼워 보이는 효과가 생기고, 측면에서 바라봤을 때는 오닐 부부의 건초 헛간과 론 데이비스 하우스에서 보았던 사다리꼴 형태와 얼마간 닮아 보인다.

콩코드 파빌리온은 목제 구조물이 객석 위쪽으로 둥둥 떠 있는 것만 같은 메릴랜드의 메리웨더 포스트 파빌리온과 유사한 점도 있다. 할리우드 볼과 같이 건축물의 범위가 무대 위로 한정되는 전통적인 야외 공연장과 달리, 포스트 파빌리온과 콩코드 파빌리온 모두에서 건축물은 관객석 위쪽까지 뻗어 나와 있다. 이는 관객이 비를 피할 수 있도록 하는 기능을 수행하는 동시에, 게리의 건축물은 무대 위 공연자들뿐만 아니라 모두의 것이라는 함의를 나타내기도 한다. 즉, 게리의 건축물은 음악을 감상하면서 그저 바라보는 눈요깃거리가 아니라 객석에서 온전히 즐길 수 있는 대상인 것이다. 구조물과 광활한 지붕은 조경사 피터 워커Peter Walker가 협동 작업한 주위 풍경을 담아내는 액자 역할을 한다. 포스트 파빌리온이 야외 공연장의 "싸구려" 버전이었다면, 콩코드 파빌리온은 그보다 더 웅장하고 기술적, 조경 디자인적, 건축적으로 더 야심 찬 작품이었다.

콩코드 파빌리온은 로버트 스미스슨Robert Smithson의 대지 미술에서 영감을 받은 인공 모래턱에 둘러싸여 있다. 게리는 스미스슨에게 콩코드 파빌리온 프로젝트 협업을 제안했고, 두 사람은 미팅 일정까지 잡았으나, 미팅 전에 스미스슨이 비행기 사고로 세상을 뜨고 말았다. 게리는 스미스슨을 향한 존경의 마음을 담아 피터 워커와 함께 스미스슨풍의 디자인을 직접 제작해야겠다고 마음먹었다. 모래턱 안쪽으로는 콘서트 관중을 위한 잔디밭이 깔려 있고, 바깥쪽으로는 긴 곡선의 체인 링크 울타리가 부지의 경계를 표시해 준다. 파빌리온 쪽으로 다가가면 모래턱과 울타리만 보인다. 멀리서 보면 금속 목걸이 같은 울타리는 문화 시설보다 산업 시설에 더 어울릴 법한 삭막함을 지니고 있다. 그러한 선택은 우연이 아니었다. 게리는 합판이나 투바이포 목조 구조의 간주처럼 체인 링크 울타리도 평범하고, 지루하고, 추하다는 부당한 평가를 받는다고 생각하기 시작했다. 하지만 게리 눈에 체인 링크는 전혀 추하지 않았다. 그는 이 철망을 사용해 부지를 에워싸는 것 외에 어떤 작업을 할 수 있을지 궁금해졌다.

게리는 피터 워커 덕에 체인 링크에 대한 확신을 얻었다. 게리의 딸 레슬리는 발렌시아에 있는 캘리포니아예술대학California Institute of the Arts에 재학 중이었는데, 워커의 자녀 중 하나도 그곳에 다니고 있었다. 그래서 두 남자 모두 발렌시아로 향하는 고속도로를 이용했고, 그 근처에는 대형 발전소를 따라 둘러쳐진 체인 링크 울타리가 있었다. "저는 계속 울타리를 쳐다보며 생각했어요. 예뻐 보이더라고요. 예전에도 체인 링크 울타리를 어떻게 가지고 놀아 볼까 고민한 적이 있긴 있었죠. 콩코드 파빌리온처럼 제가 작업한 빌딩 주위에는 항상 체인 링크 울타리가 있었거든요. 언젠가는 어떤 방식으로든 활용해 봐야 할 것 같았어요."

피터 워커의 회사인 사사키, 워커 앤드 어소시에이츠SWA, Sasaki, Walker & Associates는 롱비치에서 수변 공원 건설 작업을 진행 중이었는데, 게리는 그 공원을 위한 온실 파빌리온 설계를 맡았다. 워커는 발렌시아로 향하는 고속도로에서 체인 링크 울타리를 본 뒤, 프로젝트와 관련된 논의를 하러 게리의 사무소로 향했다. 워커는 게리에게 체인 링크를 울타리 말고 다른 용도로 써 볼 의향이 있냐고 물었다.

"그런 말씀을 하시다니 재밌는걸요." 줄곧 같은 생각을 해 왔던 게리가 말했다. 게리는 벽과 지붕을 체인 링크 울타리로 만들어 철골 구조 위에 얹은 사다리꼴 파빌리온을 설계했다. 그 구조물은 평면도상 L자 형태였고, 지붕은 급격한 경사를 이뤄 어느 각도에서 보더라도 독특하고 추상적인 모습이었다. 내부에서는 나무가 서 있는 풍경이 꽉 들어차게 설계했다. 멀리서 보면 그 나무들은 금속 철망 뒤쪽에 드리운 그림자처럼 보일 터였다. 해가 자리를 바꿀 때마다 건물의 외형은 극적으로 바뀌지만, 언제나 유령처럼 가벼워 보였을 테다.

이 온실 파빌리온은 실제로 건설되지 않았지만, 그래도 게리에게 의미 있는 프로젝트였다. 온실 파빌리온 설계를 끝마치고 머지않아 게리는 다시 콩코드 파빌리온 건설 건으로 불려 갔다. 이번에는 관객석에서 떨어진 곳에 매표소를 지어 달라는 주문이었다. 게리는 또 한 번 체인 링크 지붕을 비스듬히 얹은 건물을 설계했고, 이를 "그림자 건축물"이라 불렀다. 이 매표소는 실제로 건설됐다. 풍경 속에 혼자 덩그러니 놓인 이 건물은 멀리서 보면 론 데이비스 하우스를 반투명하게 만들어 놓은 것 같다. 이후 게리는 주거용이건 상업용이건 가리지 않고 아주 많은 프로젝트에서 체인 링크를 사용할 것이다. 한동안 체인 링크는 그의 상징이된다.•

　이지 에지를 둘러싼 난리 통에도 불구하고, 게리의 개인적인 삶은 차츰 조금씩 안정을 찾아가고 있었다. 게리는 베르타와 더 가까운 사이가 됐고, 이지 에지가 탄생한 해와 같은 해인 1972년에는 베르타와 함께 핀란드로 여행을 떠났다. 아직 이지 에지를 처음 선보이기 전에 떠난 여행에서 게리는 위대한 핀란드 건축가 알바르 알토의 작업실에 들를 생각이었다. 알토는 게리가 건축가에 대해서 눈곱만큼도 몰랐던 1946년에 토론토에서 들었던 강의의 강연자였다. 시간이 지나면서 게리는 알토를 깊이 존경하게됐다. 알토의 작품은 모던했지만, 따뜻한 휴머니즘과 상상력이스며 있어 바우하우스 같은 딱딱한 모더니즘 형식과 거리가 있었다. 알토는 가구 디자이너로도 유명했다. 밝은 색감의 나무로 만든 의자, 스툴, 테이블은 모던 디자인의 기본 양식이 됐다. 알토의

• 선망하는 건축가의 작품을 흡수한 뒤 재형성해 내는 것으로 유명한 필립 존슨은 코네티컷 뉴 케이넌에 있는 소유지에 1984년, 체인 링크 울타리로 작은 건물을 세우고 '게리 고스트 하우스 Gehry Ghost House'라는 별명을 붙인다. 이 작품은 대칭을 지키는 전통적 디자인인 데다 중간에서 박공널이 갈라지는 형태로, 게리 작품의 모양과는 닮은 점이 없기에 게리를 향한 존경의 표시는 일부만 담았다고 할 수 있다. 이 작품은 오히려 갈라진 지붕 파사드로 유명하고 1962년에 지은 로버트 벤투리의 자택을 떠올리게 한다. 게리 고스트 하우스는 서로 많은 아이디어를 공유했지만, 완전히 다른 건물을 지은 게리와 벤투리의 작품을 존슨이 능숙하게 잘 조합시킨 결과물처럼 보인다.

가구는 이지 에지 가구만큼 싼값은 아니었지만, 간결하고 수수하며 비교적 저렴한 모던 가구를 만들고자 하는 마음에서 탄생했다. 게리는 이지 에지와 관련한 자신의 아이디어를 거장에게 보이겠다는 마음으로 알토의 작업실에 전화를 걸었다.

전화를 받은 직원은 당시 일흔네 살이었던 알토가 작업실에 없지만, 게리와 베르타는 와서 구경해도 좋다고 말했다. 게리는 경외감을 느꼈다. "알토의 직원은 제가 알토를 무척 존경한다는 걸 눈치챈 듯했어요. 그들은 우리를 알토의 사무실로 안내해 준 뒤, '원하시는 만큼 여기 앉아 계셔도 좋습니다. 알토 씨는 다시 오지 않으실 겁니다. 다만 아무것도 건드리지는 마세요'라고 말했습니다. 그래서 저는 베르타와 함께 알토의 책상과 의자에도 앉아 보기도 하고, 몇 시간 동안 그곳을 구석구석 충분히 누볐습니다." 게리는 작업실을 떠나기 전, 알토의 부인인 엘리사Elissa를 만나 이지 에지 가구의 사진을 보여 줬다. 그녀는 심드렁한 반응이었다. 엘리사가 이지 에지와 알토 가구의 유사점을 발견하리라 기대했던 게리는 실망하고 말았다.• 엘리사 알토가 남편과 게리의 공통점을 발견하지 못했던 것처럼, 게리도 놓친 점이 있었다. 알바르 알토는 건축가로서의 명성을 훼손하지 않으면서도 모던 가구 디자인에 성공한 귀감이 될 만한 사람이라는 사실 말이다. 알토는 가구도 만들었지만, 건축물로 더 유명했다. 스툴, 테이블, 의자는 알

• 1976년에 알바르 알토가 눈을 감은 이후, 엘리사가 로스앤젤레스의 게리 사무소에 전화를 한 일이 있다. 그때 게리는 엘리사에게 "알토는 제 영웅입니다"라고 말했다.

토가 건축 회사를 꾸려나가는 데 커다란 도움이 됐다. 게리는 가구 디자인으로 성공하면 건축은 하지 못하게 될 거라고 지레 두려워했지만, 알토의 커리어를 보면 꼭 그렇지만은 않다는 사실을 알 수 있었다. 이지 에지를 출시하기 몇 달 전 알토의 작업실을 방문한 기억은 여전히 게리의 마음속에 생생했다. 하지만 건축과 가구 디자인을 잘 조화시킨 알토의 성공이 자신의 롤 모델이 될 수도 있다는 데까지 생각이 미치지 못했던 모양이다.

베르타는 게리와 함께 떠난 첫 장거리 여행에서 좋은 동반자가 되어 주었다. 베르타는 로스앤젤레스에서도 좋은 동반자였다. 그녀는 게리의 친구들을 대부분 좋아했으며, 친구들도 베르타를 반기는 것 같았다. 베르타는 문화인류학을 공부했고 독서광이었다. 게리는 이혼 후 만났던 그 누구와 함께하는 것보다 베르타와 함께 지내는 시간이 좋았다. 두 사람은 결혼을 염두에 두고 있었다. 베르타는 게리에게 많은 것을 바라지 않았다. 게리는 그런 따뜻하고 차분한 베르타의 태도에 오히려 더 많은 것을 해 주고 싶었다. 압박을 느끼지 않을 때 너그러워지는 것은 게리의 오래된 성향이었다. 그는 궁지에 몰렸다 싶으면 오히려 반대편으로 달아나 버리는 사람이었다.

게리보다 열네 살 어렸던 베르타는 아이를 갖기를 원했다. 하지만 게리는 이혼의 아픔과 레슬리, 브리나와의 껄끄러운 관계 때문에 다시 아버지가 되고 싶지는 않았다. 게리는 40대 초반이었고, 커리어에서도 이제 막 날개를 펴고 날아오르기 시작하던 참이었다. 베르타가 아니타만큼 육아에 스트레스받지 않는다고 하더라도, 게리로서는 이제 다 끝났다고 안도하던 차였기에 다시 육아를 반복할 만한 충분한 이유는 못되었다.

베르타가 천주교도이며 파나마인이라는 사실은 게리에게 별로 문제가 아니었다. 게리는 독실한 유대교인이 아니었고, 스스로 세속적인 세계시민이라 여겼다. 그는 다양한 문화와 배경을 지닌 사람들을 가족으로 맞는 데 거리낌이 없었다. 처음에 텔마 게리는 베르타의 출신이 탐탁지 않았지만, 행복해하는 게리의 모습을 보며 베르타와 친구가 되었다. 외려 베르타의 가족이 게리를 썩 내켜 하지 않았다. 게리는 천주교인이 아닌 데다 이혼까지 한 처지였다. 게리는 베르타보다 열네 살이나 많고, 아이가 둘이나 딸린 이혼남이라는 이유로 환영받지 못했다.

게리와 베르타는 주로 아이 문제를 두고 갈등하며 헤어졌다 만나기를 반복했다. 베르타의 침착하고 느긋한 태도 뒤에는 강인한 의지가 가려져 있었던 데다, 아이 문제에 관해 베르타는 물러설 마음이 없었다. 그녀는 게리를 사랑했지만, 어머니가 될 수 없다면 게리와 헤어질 작정이었다. 게리가 아이를 갖는 데 동의한다면 베르타는 가족이 뭐라 하건 상관없이 게리의 편에 서서 그와 함께 미래를 꾸릴 준비가 되어 있었다.

베르타는 원하던 바를 이뤘다. 아이를 임신한 것이다. 게리는 아이에 대한 거부감보다 베르타와 함께하고 싶다는 욕망이 훨씬 크다는 사실을 깨달았다. 1975년 9월 11일, 두 사람은 베르타네 사촌 집에서 결혼식을 올렸다. 게리의 첫 번째 결혼식보다 훨씬 소박했지만, 그보다 훨씬 행복하고 오래가는 결혼 생활이 기다리고 있었다.

결혼 직후, 두 사람은 베르타의 가족이 있는 파나마에 들렀다가 잉카 유적인 마추픽추Machu Picchu를 보러 페루로 갈 계획이었다. 하지만 그 계획은 미뤄지고 말았다. 게리는 기업가 노턴 사이먼Norton Simon의 의뢰를 받아 말리부에 작은 갤러리와 숙소를 설계하고 있었는데, 이 까다로운 클라이언트가 게리가 오랫동안 로스앤젤레스를 비운다는 소식을 듣고 노발대발한 것이다. 사이먼은 게리가 정기 미팅이나 현장 감독에 참석하지 않으면 계약 위반이라고 말했다. 게리는 밀턴 웩슬러의 집단 치료에서 알게 된 배우 제니퍼 존스를 통해 그녀의 남편인 사이먼을 소개받았다. 게리는 여행을 미뤄야 했다. "노턴 때문에 겪어야 하는 수모"였지만, 하는 수 없었다. 이번 프로젝트는 전부터 성가신 점이 많았다. 사이먼이 공사 도중 설계를 수정하려는 경우가 더러 있었기 때문이다. 한번은 게리가 정해 둔 지붕 타일을 사이먼이 무작정 바꿔 달라던 적도 있었다. 그러면서 새로운 타일의 크기와 무게에 맞게 지붕을 재설계하지도 못하게 해 이후 작업이 여러모로 번거로워지기도 했다.

게리는 베르타에게 사실상 그들의 신혼여행이나 마찬가지였던 여행을 사이먼의 요구 때문에 미뤄야겠다고 말했다. 대신 그들은 베르타가 가족들과 시간을 보낼 수 있게 크리스마스 연휴에 파나마로 가서 일정을 진행하기로 했다. 게리는 그때 베르타의 아버지를 처음으로 만났다.

베르타의 가족을 만나고, 마추픽추도 들르는 크리스마스 일정은 순조롭게 흘러가는 것처럼 보였다. 적어도 골치 아픈 노턴 사이먼의 문제를 무색하게 할 만한 더 큰 문제는 없었다. 사이먼은 게리가 여행을 미뤘는데도 여전히 탐탁지 않아 했다. 사이먼은 마추픽추 근처 고대 잉카의 수도인 쿠스코로 들어가는 전화선 세 개 중 하나로 전화해 게리를 해고하겠다고 말했다. "신혼여행 중에 그런 전화를 받는 건 정말 끔찍했죠." 게리가 말했다. 엎친 데 덮친 격으로 게리와 베르타는 해발 3천3백 미터의 쿠스코에서 고산병을 겪기도 했다. 게리는 사이먼의 행동이 "가학적"이라고 느꼈다.

1월, 게리와 베르타가 귀국하자 사이먼의 전화가 다시 걸려 왔다. 이번 전화는 그가 일을 마무리 짓기 위해 새로 고용한 건축가가 일할 줄을 모른다는 내용이었다. "당장 이리 튀어 와서 일을 끝내는 게 좋을 겁니다." 사이먼이 말했다. 게리는 사이먼에 대한 충성심보다는 일종의 의무감으로 현장에 나가 공사를 감독했다. 처음에는 온정적으로 시작된 일이었다. 제니퍼 존스, 밀턴 웩슬러와의 연도 있었고, 유명 아트 컬렉터인 사이먼도 게리에게 기꺼이 수집품을 보여 주고 함께 얘기 나누기를 즐겼기 때문이다. 하지만 사이먼과 일하는 것은 미술에 관한 얘기를 나누는 것과는 천지 차이였다. 집이 완공됐을 때, 사이먼은 누수 문제를 들먹였다. 게리는 사이먼이 지붕 타일을 바꿔 달라고 하면서 예전 타일에 딱 맞게 설계됐던 지붕 구조를 수정하지 못하게 고집을 부렸기 때문에 누수가 발생했다고 설명했다. 게리는 사이먼의 조수에게서 받았던 한 통의 전화를 떠올렸다. "사이먼 씨께서 전해 달라고 하십니다. 지금 비가 오는데 지붕에서 물이 새서 책상으로 떨어진다고 하네요. 그저 당신께 이 일을 알려 드리려던 것뿐이니까 그렇다고 사무실로 오지는 말라 하셨습니다."

"제 답은 이랬어요. '프랭크 로이드 라이트도 이런 전화를 받은 적이 있었죠. 그때 그가 한 말을 그대로 들려 드리겠습니다.' 그러곤 말했죠. '고객님, 의자를 옆으로 옮기세요.' 그렇게 전화를 끊었어요."

게리는 베르타와의 결혼 생활에 행복해했지만, 그렇다고 모든 습관이 바뀌지는 않았다. 게리는 여전히 일을 많이 했다. "저는 치열하게 일했어요. 깨어 있는 시간은 모두 일하는 데 썼으니까요." 몇 년 뒤, 게리는 자신에 대한 연구서를 준비하던 피터 아넬Peter Arnell과의 인터뷰에서 이렇게 말했다. "저는 아이들과 부인을 사랑해요. 하지만 일에 너무 푹 빠져 있어서 생일이나 기념일 같은 개인사는 거의 잊어버리는 편입니다."

무심한 태도보다 더 문제였던 것은 게리가 오랜 친구인 에드 모지스와 함께 이스라엘, 그리스, 이집트를 돌아보는 여행을 가기로 했다는 것이다. 서구 문명의 발상지라 할 수 있는 이 나라들을 여행하자는 얘기는 게리와 모지스가 친구이자 조각가인 켄 프라이스의 집에서 마리화나를 피울 때 처음 나왔다. 프라이스가 말했다. "정말로 서구 문명을 이해하고 싶다면 거기로 가야 해. 예술가로서 열반의 경지에 오르고 싶다면 꼭 가야 하는 곳이라고." 하지만 결국 프라이스는 여행에 동행하지 않았다. 당시 부인과 갈라선 지 얼마 되지 않았던 모지스는 여행을 떠나고 싶어 안달이었지만, 혼자 떠날 마음은 없었다. 그런 모지스에게 게리가 같이 가주겠다고 했다. 그는 이런 문제에 있어 베르타가 아니타보다 훨씬 합리적으로 판단하리라고 믿으며, 친구와 함께 뜻깊은 장소를 여행하고 싶었다. 게리는 아기가 태어나면 이런 기회는 두 번 다시 없을 거라며 스스로 부추겼다. 임신한 부인을 두고 여행을 간다는 사실은 속 편하게 나 몰라라 한 채였다.

여행은 이스라엘에서 순조롭게 시작됐다. 그곳에서 게리는 오랫동안 예루살렘의 시장을 지낸 테디 콜렉Teddy Kollek을 만났다. 그는 도시의 물리적 개발에 특히 관심이 많았고, 그와 관련한 자문을 얻기 위한 국제 위원회도 5년 전에 설립했다. 건축에 신경 쓰는 유명 시장과 의견을 나눌 기회에 게리는 끝 간 데 없이 기뻤다. 모지스도 여행을 통해 나름의 수확이 있었다. 그는 페이스 갤러리Pace Gallery를 통해 이스라엘 박물관장을 소개받았다. 두 사람은 온 동네를 돌아다니며 함께 술을 마시고 밥을 먹었다. 모지스가 말했다. "게리에게 말했어요. '게리, 이 모든 장엄한 광경을 보고 있노라면 유대인인 게 자랑스럽겠다?'" 게리와 모지스는 같은 시기에 이스라엘을 여행하고 있던 바이올리니스트 이츠하크 펄먼Itzhak Perlman과도 함께 시간을 보냈고, 그의 콘서트에도 참석했다. 나중에 이들은 사해 옆에 있는 고대의 요새 마사다를 여행하기도 했다.

이후 게리와 모지스는 그리스로 향했다. 그리스 여행은 그리 성공적이지 못했다.* 보고자 했던 건축이나 고대 유물의 문제가 아니었다. 이혼 후 혼자가 된 모지스는 그리스의 유적지를 보는 것

게리는 베르타와 결혼 직후, 에드 모지스와 함께 그리스 여행을 떠났다.

만큼이나 여자를 만나는 데 관심이 많은 것 같았다. 반면 게리는 다른 여자에게는 관심도 없었고, 결혼 직후에 베르타를 혼자 집에 두고 훌쩍 여행을 오는 바람에 죄책감을 느끼고 있었다. 게리는 자신의 여행에 대해 베르타가 아니다만큼 격분하지 않으리라는 사실을 이용하고 있음을 스스로 잘 알았다. 여행 내내 게리와 모지스는 모자란 경비를 쪼개 썼고, 그리스에 도착했을 때 즈음에는 돈 문제로 다투기도 했다. 두 사람은 한 방을 같이 썼기에 모지스가 여자를 데려오자 무척 곤란한 상황이 펼쳐졌다. 열흘 정도 후에 두 사람은 갈라섰다. 모지스는 혼자 이집트로 갔고, 게리는 로스앤젤레스로 돌아와 결혼 생활을 재개했다. 여행에 대가가 없었던 건 아니다. 게리와 모지스의 관계는 심하게 틀어져 이후 몇 년간 회복할 수 없었다. 베르타도 겉으로는 덤덤해 보였지만, 게리가 집을 비우는 게 썩 유쾌하지 않았다. 그녀는 이 일을 두고 두고 기억했다가 수년 뒤 게리에게 다시금 이야기했다.

오랜 친구인 모지스나 클라이언트인 노턴 사이먼과 있었던 불화로 불편했던 게리의 마음은 베르타의 배가 불러오자 눈 녹듯 사그라지고 있었다. 베르타는 1976년 4월 출산 예정이었고 자연분만을 원했다. 도린이 베르타의 출산을 돕겠다고 나섰고, 함께 라마즈 수업을 들으러 가기도 했다. 자신의 장단점을 잘 알고 있

• 이스라엘에서 이집트로 넘어가는 것이 지리적으로 더 그럴듯하지만, 1975년에는 불가능한 일이었다.

던 게리가 거절한 역할을 도린이 대신해 준 것이다. 도린은 항상 게리의 여자들과 잘 지냈다. 힐크레스트 아파트에서 쫓겨난 일로 도린의 마음에는 앙금이 남아 있었지만, 베르타와 잘 지내면서 어느 정도 노여움이 풀렸다.

힐크레스트 아파트는 게리와 베르타 부부의 첫 집이 되었다. 그곳은 4월 13일 꼭두새벽부터 게리가 다급한 목소리로 아기가 곧 나올 것 같다고 도린에게 전화한 곳이기도 했다. 도린이 기억하기를, 그날 파나마에서 온 베르타의 어머니가 아침 식사를 만들고 있었고, 게리는 어찌할 바를 몰라 안절부절못하고 있었다.

"베르타는 괜찮은 거야? 괜찮대?" 게리는 도린에게 묻고 또 물었고, 베르타의 어머니는 묵주를 붙들고 있었다. 그 상황에서 가장 침착한 사람들은 오히려 도린과 베르타였다. 게리는 어찌어찌 이들을 병원으로 데려갔다. 베르타와 함께 분만실에 있기가 너무 긴장됐던 탓에 게리는 분만 내내 대기실에서 시간을 보냈다.

몇 시간 뒤, 도린의 도움으로 베르타는 첫째 아이를 낳았다. 게리에게는 첫아들이었다. 부부는 아들에게 알레한드로Alejandro라는 이름을 붙여 주고, 알레호Alejo라 불렀다. 게리의 두 번째 가정은 그렇게 시작됐다.

10
샌타모니카 주택

게리와 라우즈 컴퍼니의 관계는 다소 특이했다. 대륙을 사이에
두고 메릴랜드와 로스앤젤레스에서 연을 이어 갔기 때문만은 아
니었다. 상업용 부동산 개발사인 라우즈 컴퍼니의 설립자 제임
스 라우즈는 교외 쇼핑몰로 돈을 벌었지만, 도시, 경제적 기회, 저
렴한 주거에 관심이 많았고, 경쟁사보다 시민 공간이나 공공장소
에 대한 이해도도 훨씬 높았다. 라우즈와 게리는 공통된 사회적
이상향을 기반으로 관계를 쌓았다. 그러니 게리가 라우즈 컴퍼니
본사 건물과 메릴랜드에 지은 라우즈의 신도시 컬럼비아에 들어
갈 건물을 여럿 설계하는 동안, 이제껏 쇼핑센터 설계 의뢰는 단
한 번도 받은 적이 없다 해도 놀랄 건 없었다.

　하지만 게리가 바뀌었다. 게리는 샌타모니카 플레이스 프로젝
트를 진행 중이던 라우즈에게 자신이 그 프로젝트의 설계를 맡고

싶다고 했다. 게리의 집에서 불과 몇 블록 떨어진 곳에서 진행되는 프로젝트였는데 어떻게 안 하고 배길 수 있었을까? 새로 생겨나는 대형 교외 쇼핑몰에 밀려난 많은 구도시 중심가가 그렇듯, 샌타모니카도 노후화된 다운타운 쇼핑 구역을 되살려 보려 끈질기게 시도했지만 연신 실패하자 샌타모니카 플레이스 프로젝트에 착수한 것이었다. 1960년에 샌타모니카시는 게리의 예전 상사였던 빅터 그루엔에게 문제점 파악을 의뢰한 적이 있었다. 그루엔은 메인 쇼핑 거리인 3번가를 보행자 산책로로 개조하고, 시에서 커다란 주차장을 지어서 대형 백화점의 구미를 돋워 보는 방안을 제안했다. 이후 12년이 흘렀고, 그루엔의 첫 번째 두 제안은 그럭저럭 성공적으로 시행됐다. 하지만 시는 백화점을 다운타운으로 끌어들이는 데 애를 먹고 있었다. 그래서 1972년, 도시 계획가들은 자금을 늘렸고, 다용도 상가 단지가 들어설 수 있게 다운타운의 세 블록을 통째로 내어 줬다. 게리는 몇 년 전 빅터 그루엔 사무소에서 진행했던 프로젝트인 뉴욕 로체스터의 미드타운 플라자가 떠올랐고, 그 부지에 아파트, 호텔, 사무실을 지어 더 큰 버전의 미드타운 플라자를 꾸려도 될 것 같았다. 게리는 여전히 이런 도시 재정비 프로젝트가 다운타운을 탈바꿈할 수 있다고 믿었다. 게리는 라우즈를 설득해 자신에게 설계를 맡겨 달라고 했다. 이후 라우즈 컴퍼니는 게리의 제안서를 가지고 다른 개발자들과 경쟁한다.

라우즈는 이전까지 한 번도 캘리포니아에서 프로젝트를 진행한 적이 없었지만, 이번 건에서 최종 2인의 후보로까지 올라갔다.

다른 한 명은 어니스트 한Ernest Hahn으로, 좋게 말해서 지극히 평범한 프로젝트를 주로 진행하던 캘리포니아 최대의 쇼핑몰 개발자였다. 1974년 5월, 한과 라우즈는 샌타모니카 시의회 앞에서 제안서를 발표했다. 한은 설계보다 세부 견적가에 집중해 발표했고, 입주를 약속하는 백화점과 호텔 경영자의 서약서도 보여 줬다. 라우즈는 발표 전날까지 유럽 출장을 다녀오는 강행군에 지칠 대로 지쳐 있었다. 결국 라우즈는 발표를 시작하기 직전에 쓰러지고 말았다. 그렇게 일정은 한 주 미뤄졌고, 무리하지 말라는 의사의 권고를 받은 라우즈는 직접 샌타모니카로 가지 않고 게리에게 대신 발표해 달라고 부탁했다.

이러한 결정은 현명한 전략이 됐다. 숫자 놀음으로는 라우즈가 한을 이길 수 없었다. 한과 달리 라우즈는 내세울 서약서도 없었다. 하지만 라우즈는 게리의 설계라면 한의 따분한 콘크리트 육면체보다 훨씬 흥미로울 것이라고 확신했다. 그래서 라우즈는 활기차고 사회적으로 활동적인 도시 공간이라는 인상을 시의회에 심어 줄 게리의 능력을 믿고 도전해 보기로 마음먹은 것이다. 시의회는 게리의 발표에 고개를 끄덕였고, 만장일치로 라우즈 컴퍼니에 부지를 넘기기로 했다.

게리의 기본 설계 콘셉트는 프로젝트 건축물이 주변 도시 공간에 잘 섞여 들도록 하는 것이었다. 이웃한 거리의 기존 건물들은 높이가 낮았기에, 게리의 프로젝트에도 저층 건물이 주를 이루었다. 그런 점에서 샌타모니카 플레이스 프로젝트는 도심이건 교외건 할 것 없이, 주위 거리나 주차장과 홀로 동떨어진 채 안쪽을 향하는 형태인 대다수 쇼핑몰과 반대였다. 게리는 비교적 높은 호텔이나 사무실 건물을 대부분 부지 안쪽에 둘 계획이었다.

시민 단체의 반대로 프로젝트는 몇 년간 연기됐다. 시 차원의 토지 수용에 대한 거부감과 민간 개발지에 금전적 보상을 지급하는 것에 대한 반발심에서부터, 누가 돈을 내건 상관없이 두 블록만 더 가면 태평양이 펼쳐져 있는 온화한 캘리포니아 남부의 기후에 폐쇄형 쇼핑몰을 짓는 것이 타당한지에 대한 의구심까지 다양한 반대 의견이 나왔다. 시민 단체는 시 당국에 소송을 걸었지만 패소했다. 진보적이기로 소문난 샌타모니카시 측 인사들은 법정 공방이 더 길어지는 것이 꺼려져 샌타모니카 플레이스 프로젝트를 재개하는 대신 여러 사항을 시민 단체에 양보했다. 시 당국은 샌타모니카 플레이스에서 발생할 신규 세수 중 일부를 저소득층 주거지 재건과 소규모 공원 건설에 투입하기로 합의했고, 라우즈도 아동과 가정 폭력 피해 여성을 위한 현지 기금에 기부하는 데 동의했다.

프로젝트가 연기되고 여러 협상을 거치면서 예기치 않은 결과도 따랐다. 프로젝트의 규모는 축소됐고, 건축 결과물은 게리와 라우즈가 상상했던 것보다 훨씬 일반적인 쇼핑몰에 가까운 모습으로 변했다. 텔마가 수년간 일했던 브로드웨이 백화점의 지점을 포함해 두 개의 백화점이 입점했고, 소규모 가게들도 들어와 상점가를 이뤘으며, 주차장도 두 개를 지었다. 규모가 줄어든 샌타모니카 플레이스 부지는 정사각형 모양에 가까웠다. 게리는 두 백화점을 서로 마주 보는 귀퉁이에 대각선으로 배치했고, 주차장도 나머지 귀퉁이에 대각선으로 배치했다. 사선 형태의 상점가는 약간 비스듬한 각도로 부지를 관통했다. 백화점 측에 각자 건물을 디자인할 수 있는 재량권을 줬다. 건물 외부에서 게리가 설계해야 할 유일한 부분은 주차장 건물의 외관과 거리 쪽을 향해 있는 중심 상점가의 파사드였다. 쇼핑몰 입구는 라우즈 컴퍼니 본사의 매끈한 흰색 스투코 파사드를 조각내어 들쑥날쑥 비대칭적으로 재조합한 모양으로 설계했다. 슬쩍 보기에는 뒤죽박죽이고 무질서하게 보이지만, 알고 보면 신중하고 정확하게 계획된 이런 디자인은 이후 게리가 여러 프로젝트에서 탐구할 주제를 얼마간 보여 준다.

하지만 샌타모니카 플레이스 건축물에서 가장 눈에 두드러지는 부분은 남쪽 끝부분에 자리 잡은 콘크리트 주차장 건물의 외관이다. 게리는 4층짜리 주차장의 한쪽 면 전체를 파란색 체인 링크 울타리로 덮었다. 그 위로 흰색 체인 링크를 덧대어 '샌타모니카 플레이스'라는 글자를 2층 높이 정도로 나타냈다. 체인 링크를 이용해 일부러 흐릿하게 새긴 글자는 에드 루샤의 대형 작업물과 같은 인상을 준다는 사실을 몰랐을 리 없다. 에드 루샤는 게리가 가장 좋아하는 로스앤젤레스 예술가 중 한 명이기 때문이다. 그래픽에 글자를 도입하는 것은 게리의 작품에서 찾아보기 드문 모험이었다. 게리는 보통 자신의 건축물이 그 자체로 의미를 전달하기를 원했기에 건물에 커다란 글씨를 새기는 것을 경멸했다. 하지만 기대와 달리, 샌타모니카 플레이스 프로젝트에서는 눈에 띄는 건축물을 지을 기회가 적었기에 게리는 짜증이 이만저만이 아니었다. 게다가 인접한 주간고속도로 제10호선에서 샌타모니카 플레이스가 쉽게 눈에 들어오게끔 만들어야 한다는 임무도 있었다. 그때, 게리의 친구 로버트 어윈이 미세 금속망인 스크림을 이용해 작품을 만들고 있었다. 이를 본 게리는 체인 링크를 이용해 거대한 스크림을 만든 뒤 반투명한 금속 커튼처럼 주차장 외관에 걸면 되겠다고 생각했다. '샌타모니카 플레이스'라는 표시와 체인 링크 벽은 그 커다란 크기 때문에 게리의 재료 실험 중 가장 눈에 띄는 작업이었지만, 어떤 점에서는 게리의 모험심이 가장 적게 드러난 작업이기도 했다. 이는 그저 2차원의 거대한 벽 덮개에 불과했고, 게리는 이미 체인 링크를 더 독특한 방식으로 사용하고 있었기 때문이다. 일반적인 쇼핑몰에서는 체인 링크 표지판을 볼 수조차 없겠지만, 게리의 다른 작업물에 비하면 표지판은 체인 링크를 얌전하게 활용한 축에 속했다. 친구 크레이그 호젯Craig Hodgetts은 "게리, 당신은 체인 링크 표지판으로 아무것도 성취한 게 없어요"라고 말했다. 게리는 이 말을 부정하지 않았다.

'체인 링크' 하면 일반적으로 떠오르는 생각에서 벗어나고 사물을 있는 그대로 바라보기 위해 부단히 노력하긴 했지만, 게리는 여전히 체인 링크 울타리를 점잖게 쓰고 있다고 여겼다. 체인 링크는 그저 울타리로 쓰기 위해 발명된 물질일지도 모른다. 하지만 게리는 체인 링크가 사람의 접근을 막는 용도 외에도 달리 사용될 수 있다고 믿었다. 21년 전, 영화 세트 디자이너 올리버 스미스Oliver Smith가 브로드웨이 뮤지컬 〈웨스트사이드 스토리West Side Story〉에서 체인 링크를 위험 구역의 상징으로 썼지만, 게리는 꼭 그래야 한다고 생각하지도 않았다. 게리는 이미 콩코드 파빌리온 매표소 건축에 체인 링크를 활용해 봤고, 그랬더니 채움과 비움을 동시에 담아내는 일종의 '그림자 건축물'이 탄생한다는 것을 보여 줬다. 또한 머지않아 게리는 로스앤젤레스 남쪽 산페드로의 카브릴로 해양 박물관Cabrillo Marine Museum 프로젝트에서 체인 링크로만 만든 사다리꼴 구조물을 여럿 사용해 사실상 작은 스카이라인을 만들기도 하면서 아이디어를 확장했다. 박물관은 로스앤젤레스 항구와 가까웠고, 콩코드 파빌리온의 시골 풍경과는 완전히 다른 산업 부지였다. 게리는 그 부지가 진정성 넘치면서도 모순적인 곳이라고 말한 적이 있다. "그 박물관 터는 주차장이었습니다. 체인 링크 펜스와 산업용 건물, 커다란 물탱크가 있었죠. 앞쪽에는 대형 선박이 즐비해 있었습니다. 전 주변 환경에 관심이 많았는데, 그런 점에서 저는 무척 전통적인 건축가라 할 수 있겠군요."

게리는 건축할 때 주변 환경에 신경을 썼지만, 체인 링크에 관해서라면 게리의 반골 기질은 사라지지 않았다. "모두 체인 링크를 싫어합니다. 제가 체인 링크를 갖고 작업하기 시작한 이유죠." 게리의 목표는 짜증을 유발하는 게 아니었다. 대신, 체인 링크는 어디에나 있는 재료지만 사람들은 그에 관해 깊이 생각해 보지 않고, 심지어 체인 링크가 놓인 환경이 바뀌기 전까지는 그 존재를 눈치채지도 못한다는 사실을 일깨우고 싶었다. 게리는 밀턴 웩슬러를 통해 만난 변호사 미키 루딘Mickey Rudin의 집을 방문한 적이 있다. 루딘 집의 거실, 다이닝 룸, 부엌, 침실 등 어디서건 대부분 테니스 코트를 둘러싼 체인 링크 울타리가 보였다. "제가 당신에게 체인 링크의 매력을 깨우쳐 준 것 같네요." 게리가 루딘에게 말했다. "아뇨, 저건 그냥 테니스 코트일 뿐입니다." 루딘이 답했다. "그래서 저는 바로 그거라고, 다들 그렇게 부인한다고 말했죠." 체인 링크는 어디에나 있는데, 왜 아닌 척하는 걸까? 없는 셈 치는 대신 조금 더 창의적으로 사용해 볼 수는 없을까?

게리는 로스앤젤레스 다운타운에서 체인 링크 울타리를 제작하는 공장을 찾아갔다. 게리는 체인 링크를 다양한 색으로 쉽게 만들 수 있을 줄 알았다. 기술적으로는 문제가 없었지만, 공장 운영상 체인 링크를 주문 제작 제품으로 생산할 이유가 전혀 없었다. 체인 링크 제작자는 색을 입히는 일 따위 제 알 바 아니라고 얘기했다. 그들은 채색되지 않은 체인 링크를 빠르고 쉽게 대량으로 만들기 때문에 번거로움도 없었고, 소량씩 다른 색으로 만드는 데 따로 비용을 들일 필요도 없었다. 기본 은색 이외에는 테니스 코트에 자주 쓰이는 짙은 초록색 정도만 만들어 줄 수 있다고 했다.

콩코드 파빌리온의 매표소나 카브릴로 해양 박물관과 같은 프로젝트에서 알 수 있듯, 게리는 체인 링크 울타리의 가능성을 재빨리 활용했다. 게리에게 스크림은 어떤 형태도 만들어 낼 수 있는 투명한 철망이었다. 게리의 판타지는 체인 링크로 '즉석' 건축물을 만들어 내는 것이었다. "체인 링크 공장에 전화해 좌표를 알려 주면 구조물을 만들어 줬어요." 하지만 게리에게 중요했던 건 체인 링크로 특정 형태를 만드는 것보다 그 재료가 내뿜는 평범하고 밋밋한, 검소한 분위기였다. "체인 링크 그대로의 모습이 좋았어요. 인간미도 있고 친근함도 느껴져요. 애지중지해야 할 재료는 아니죠. 그러니 사람들이 제 모습을 드러낼 수 있도록 해 주는 겁니다. 그래서 체인 링크는 모든 요소가 완벽한 판즈워스 하우스의 대척점에 있습니다. 판즈워스 하우스에서는 아침에 일어나자마자 침구 정리를 해야 합니다. 그렇지 않으면 그 세계가 파괴되는 거니까요."

당시 체인 링크 울타리는 미스 반데어로에의 스타일에 반기를 드는 재료였다. 자연스러우면서도 파격적이며, 모호하고 미완의 느낌을 주는 체인 링크의 특징은 게리를 자극하고 게리가 건축물에 담고자 하는 것이었다. 하지만 밀턴 웩슬러는 체인 링크를 전혀 그런 식으로 보지 않았다. 그는 체인 링크 울타리 하면 테니스 코트보다 교도소 마당이 더 떠올랐기에 체인 링크를 향한 게리의 애정이 곤혹스러웠다. "웩슬러는 제가 체인 링크로 분노를 표출한다고 생각했어요. 이 구불거리는 금속 물질을 이용해 사람들을 화나게 하고 관심을 끌어서 제 분노를 처리하는 행위라고 말했죠. 그 문제에 관해서 웩슬러는 무척 비판적이었어요. 시간 낭비라고 하더군요."

게리는 보통 웩슬러의 제안을 받아들이는 편이며, 거의 반발하지 않았다. 하지만 이번은 달랐다. 이번에 웩슬러는 인간관계가 아니라 건축에 대해 이래라저래라 하는 것이었다. 그래서 게리는 그에게 반박하기로 했다. "전 웩슬러에게 대들었어요. '감히 내게 그렇게 말하다니요. 건축은 직관적인 겁니다. 마법 같은 거라고

요. 저도 어디서 이런 생각이 어디서 연유되는지 모릅니다. 그만 하세요.'"

게리가 웩슬러에게 반발하는 경우는 거의 없었기에 이번 대화는 특별했다. 대체로 게리는 웩슬러의 의견을 받아들였다. 예를 들어, 웩슬러가 자신을 포함해 게리 주변의 많은 이들이 담배를 싫어하고, 담배가 역겨우며, 이기적이고 안 좋은 습관이라고 생각한다고 말했을 때, 게리는 오래된 습관이었던 흡연을 당장 그만뒀다. 하지만 건축에 관해서는 달랐다. 웩슬러는 통찰력 있고 똑똑한 사람이지만, 건축물을 바라보는 방식은 보수적이었다. 그는 게리가 새로운 눈으로 사물을 바라볼 수 있게 도와준 사람이었지만, 정작 게리의 분야를 바라보는 웩슬러의 시각은 그다지 신선하지 않았다. 게리에게 체인 링크 울타리는 순수하고 기하학적인 형태의 커다란 철망이었다. 하지만 웩슬러는 체인 링크 울타리 하면 일반적으로 떠오르는 구속과 인클로저, 권위와 같은 이미지를 떨쳐 내지 못했다. 대다수 환자와 마찬가지로 게리에게 심리 치료사란 게리가 스스로 보지 못하는 패턴을 볼 수 있도록 도와주는 존재였지만, 이번만큼은 표면 너머까지 꿰뚫어 보는 사람은 웩슬러가 아니라 게리였다.

웩슬러는 고집스러운 데가 있었다. 게리도 물론 그랬지만, 웩슬러 앞에서는 거의 고집부리지 않았다. 오히려 게리는 선택을 내리지 못해 어쩔 줄 몰라 하는 모습이나, 웩슬러의 제안을 받아들여 곧바로 금연을 택하는 것과 같은 모습을 더 자주 보여 왔다. 하지만 두 사람은 주로 게리의 심리 상태에 관한 얘기를 나눴지, 건축과 관련된 문제는 거의 다룬 적이 없었다. 체인 링크 문제가 불거지자, 게리는 처음으로 단호하게 웩슬러의 말을 곧이곧대로 받아들이지 않았다. 게리는 웩슬러에게 단단히 짜증이 나서 치료를 그만둘까 고려했다.

게리는 자신이 화낼 줄 안다는 사실을 부인하지 않았다. 나중에 알게 된 사실이지만, 웩슬러는 게리가 품은 분노의 기저를 탐구하기 위해 그렇게 말한 것이지, 진짜로 게리에게 건축물을 만드는 방식을 충고하려 한 게 아니었다. 하지만 디자인과 관련된 게리의 다른 선택들과 마찬가지로 체인 링크를 택한 것도 직관적이었다. 게리는 이러한 사실을 웩슬러에게 털어놨지만, 상세한 이유를 설득력 있게 설명하지 못하는 자신의 무능함이 짜증스러웠다. 적어도 당시의 게리는 자기가 체인 링크를 좋아하는 이유가 그 사물을 전통적인 방식으로 바라봐서가 아니라 정확히 그 반대의 방식으로 바라보기 때문이라는 사실을 설명해 내지 못했다. 게리는 다른 이들이 보는 방식으로 사물을 바라보지 않았기 때문에 그 사물이 지닌 변신의 가능성을 그려 볼 수 있었다. 게리는 이를 상상력의 문제라 여겼다. 이제껏 인간의 심리와 관련해 밀턴 웩슬러는 놀라운 상상력을 보여 줬다. 하지만 게리가 보기에 물리적 형태를 다루는 웩슬러의 상상력은 훨씬 편협했다.

게리의 새 가정은 순조롭게 시작했다. 1977년, 알레호가 걸음마를 시작하자 게리와 베르타는 힐크레스트 아파트가 좁게 느껴졌다. 게리는 건축가들이 으레 그러듯, 가족과 함께 살 집을 아예 처음부터 직접 설계해 보자는 마음이 문득 들었다. 하지만 조급함이 들지는 않았다. 게리는 집을 짓는 게 아니라 그냥 이미 지어진 다른 집으로 이사해야겠다는 생각도 없었다. 이는 게리의 설계 실력이 아니더라도 건축적 취향과 판단을 세상에 드러내는 일이 될 터였다. 게리는 자신이 그런 상황을 원하는지 확신할 수 없었다. 그런 일이 처음도 아니었다. 베르타는 게리의 어머니 텔마가 했던 말을 떠올렸다. "'그 애 있잖아,' 텔마는 아니타를 '그 애'라고 불렀어요. '예전에 그 애가 이사하고 싶다기에 혼자 새집을 찾아봐야 한다고 일러 준 적이 있단다.'" 그렇게 아니타가 웨스트우드 지역의 케너드 애비뉴에 있는 집을 구하자, 게리는 순순히 이사했다.

도린은 텔마가 베르타에게도 같은 얘기를 했다고 기억했다. "엄마는 베르타에게 이렇게 말씀하셨어요. '얘야, 게리는 절대 집을 사지 않을 거야. 네가 가서 구해 보렴.' 제 어머니 말씀이 맞았죠. 어머니는 오빠를 잘 아셨어요. 오빠가 집을 고를 수는 없거든요. 베르타도 이해한 것 같았어요. 만약 프랭크 게리가 이사를 추진한다면 게리는 그 선택에 책임을 져야 합니다. 하지만 만약 부인이 집을 고른다면 게리는 건축가들 간의 기 싸움에서 '부인이 집을 골랐어요'라고 간단하게 눙칠 수 있는 거예요."

그즈음 베르타는 게리네 사무소에서 회계장부 담당자로 일하기 시작했다. 게리는 원래 있던 회계장부 담당자가 수표장을 대조해 보지 않는다는 사실을 발견해서 베르타에게 도움을 청했다. 엉클어진 상황을 풀어 해결하는 베르타의 능력 덕에 게리와의 파트너십도 더욱더 끈끈해졌다. 게리는 베르타가 자기 일과 생각을 이해해 준다는 느낌을 받았다. 그래서 게리는 가족을 위한 집을 설계해 볼까 하는 마음이 들기도 했다. 하지만 정서적으로나 재정적으로나 게리는 맨땅부터 자기 집을 설계할 준비가 아직 되어 있지 않았다. 이미 지어진 집을 사서 개조하는 게 더 이치에 맞아 보였다. 베르타는 이제껏 잘 지내 온 샌타모니카에 있는 다른 집을 보러 다녔다. 베르타가 가장 마음에 든 집은 22번가와 워싱턴 애비뉴의 모퉁이에 있는 집으로, 칙칙한 연어 색 페인트가 칠해진 약간 낡은 네덜란드 식민지풍 주택이었다. "그 집을 처음 보자마자 '게리가 이 집을 손볼 수 있겠네' 하는 생각이 들었어요." 베르타가 말했다.

그 주택은 산뜻하고 조용한 동네에 있었다. 샌타모니카에서 가장 화려한 동네는 아니었지만, 그렇다고 썩 나쁜 곳도 아니었다. 거리에는 가로수가 줄지어 서 있었고 인접한 집들도 대부분 1, 2층짜리 단독주택이었다. 그 주택에는 알레호가 뛰어놀 만한 뒷마당도 있었고, 당시 클로버필드 대로의 한 산업 빌딩에 사무실을 두었던 게리의 직장과도 무척 가까운 거리였다. 하지만 가장 좋은 점은 로스앤젤레스에 널려 있고, 게리가 상투적이라 여겼던 스페인풍 주택이 아니라는 것이었다. 오히려 동부 교외에서 흔히 볼 법한 집이었다. 게리는 무엇보다 이 주택에 이렇다 할 만큼 특출난 건축적 특징이 없다는 점도 높이 샀다.

게리네 가족은 로스앤젤레스의 아트 컬렉터이자 메릴랜드 컬럼비아의 사무용 빌딩 건설과 로스앤젤레스의 소소한 프로젝트들을 진행한 사업가 프레드 와이즈먼Fred Weisman에게 4만 달러를 빌리고 그 부동산을 16만 달러에 구매했다. 나머지 돈은 대출을 받았다. 그 집을 어떻게 손볼지 고민하기 시작하면서 게리는 그 집의 장점을 목록으로 만들어 죽 늘어놔 봤다. 게리는 뒷마당에 있는 거대한 유포르비아 선인장과 부지의 북쪽 끄트머리에 줄지어 선 백향목이 마음에 들었고, 모퉁이 집인 데다 2층이라는 점도 마음에 들었다. "분홍색 석면 싱글, 측면의 흰색 판자, 녹색 아스팔트 지붕널, 크고 작은 판유리가 끼워져 있는 원래 창문"과 함께 얄따란 오크 바닥재와 내부의 목제 패널 문도 장점 목록에 추가했다.

그 집은 지어진 지 50년에서 60년 정도 된 것 같았다. 평범한 네덜란드 식민지풍 주택이었지만, 2단 박공지붕이 확 눈에 띌 만큼 로스앤젤레스에서는 흔치 않은 형식이었다. 무엇보다 그 집은 게리에게 건축적 과제를 안겨 줬다. 그는 이 집을 어떻게 고쳐야 할지 몰랐다. 하지만 자기가 지은 새 건축물로 원래 집을 완전히 묻어 버리고 싶지는 않았다. 게리는 그 오래된 집을 몰라보게 바꾸거나, 사방으로 집을 확장해 게리가 설계한 새 파사드 뒤쪽으로 기존 건축물을 숨기는 게 훨씬 쉬우리라 생각했다. 이 오래된 주택의 안과 주위에 게리만의 독특한 건축물을 엮어 넣는 방법을 찾는 게 더 어려워 보였다. 이 작업은 다양한 모양, 채움과 비움, 투명성과 불투명성을 가지고 놀며 형식적인 담론에 포함돼야 했지만, 그만큼 옛것과 새것, 평범함과 비범함 간의 대화여야 했다.

"저는 그 작업으로 건축물에 관한 대단한 선언을 하려던 것도, 엄청난 작품을 만들려던 것도 아니었습니다." 작업이 끝난 직후 게리가 말했다. "저는 다양한 아이디어를 실제로 건설해 보려 했어요." 그는 '게리 하우스Gehry House' 프로젝트를 통해 자신의 아이디어를 가장 진취적인 방식으로 표현하려 했지만, 동시에 가족의 필요도 충족해야 했다. 베르타는 묵묵히, 그러나 확고하게 게리의 작업을 응원하는 지지자인 동시에 게리의 클라이언트였다. 베르타는 집을 개조하고 확장하면서 부엌도 넓어지기를 원했다. "게리처럼 저도 할머니 댁에 가면 부엌에서 많은 시간을 보냈어요. 우리 두 사람의 공통점이죠." 또한 베르타는 집 안팎에 넓은 놀이 공간이 있었으면 했고, 계단이 알레호가 사용하기에도 안전했으면 했다.

게리가 다양한 아이디어를 발전시켰기에 주택 개조에는 몇 달간의 구상 기간이 필요했다. 게리는 당시 작업 중이던 몇몇 프로젝트에서 아이디어를 빚지기도 했다. 게리는 친구인 엘리스 그린스타인Elyse Grinstein과 스탠리 그린스타인Stanley Grinstein, 시드 펠슨Sid Felsen이 운영하던 파인 아트 및 판화 스튜디오 제미니 G.E.L.Gemini G.E.L.의 확장 개조 작업에서 처음으로 기존 건물의 앞부분을 감싸는 스투코 파사드를 도입했다. 이후 추가로 지은 신규 부속 건물의 계단은 격자 구조에서 삐죽 삐져나온 모양으로 설계했고, 목재 프레임을 드러낸 천장의 채광창도 약간 비뚤게 배치했다. 예술가들에게 아이디어를 탐색할 수 있는 공간을 제공하기 위해 제미니 스튜디오를 꾸려 오던 운영자들은 그와 같은 목적으로 게리에게 스튜디오 건물을 내어 준다는 생각에 더할 나위 없이 기뻐했다. 이후 게리의 작업물에 공통으로 나타나는 여러 사소한 특징들은 제미니 스튜디오 작업에서 그 기원을 찾을 수 있다. 하지만 제미니 스튜디오는 게리의 자택에 영향을 준 유일한 건물은 아니다. 웨스트할리우드에 있는 1950년대식 교외 주택인 세인트 아이브스 하우스St. Ives House도 그중 하나다. 이 집을 개조할 때, 게리는 주택의 삼면에 확장 주방, 계단, 출입구 건물을 추가해 기존 건물 주위를 둘러쌌다. 세인트 아이브스 하우스는 자택을 지을 때 기존 집의 1층을 새로운 방 구조물로 둘러싸려 한 게리의 초기 계획이 조심스레 드러나는 모델이다.

게리는 건축 허가를 받기 위해 샌타모니카시에 간단한 평면도를 제출하긴 했지만, 그 안이 최종안이 되리라고 생각하지는 않았다. 게리 하우스 작업을 진행 중이던 1978년, 게리는 다른 주택세 채도 설계 중이었다. 세 채 모두 실제로 건설되지는 않았지만, 자택 설계 작업과 서로 영향을 주거니 받거니 했던 아이디어를 실험할 기회가 돼 주었다. 건서 하우스Gunther house, 바그너 하우스Wagner house, 파밀리언 하우스Familian house 프로젝트 모두 체인 링크를 건축 요소로 썼고, 론 데이비스 하우스보다 더 복잡하고 덜 기하학적인 조합의 건물이었다. 세 채 모두 공사가 아직 덜 끝난 것 같은 느낌을 주도록 설계했다.

샌타모니카에 시공 예정이었던 파밀리언 하우스는 규모도, 게리의 야심도 가장 컸던 프로젝트였다. 주요 생활공간은 전체적으로 목재 골격에 흰색 스투코를 바르고, 가로와 세로가 12미터인 정육면체 구조물에 들어갔다. 똑같이 목재 골격에 스투코를 칠한 30미터 길이의 직사각형 건물에는 침실을 배치했다. 이러한 구조는 나중에 게리가 더 심도 있게 탐구하게 될 주제가 드러나는 초기작이다. 그 주제란 전체 건축물을 작게 여러 구조로 나눈 뒤에 한데 모아 마을 같은 분위기를 조성하는 것이다. 하지만 파밀리언 하우스의 가장 놀라운 점은 구역이 나뉘어 있다는 게 아니라, 두 구역 모두 폭발한 것처럼 여러 공간, 다리, 계단통이 건물 바깥으로 삐죽하게 튀어나와 있다는 점이었다. 이 구조물들은 대부분 예전에 게리가 무척 마음에 들어 했던 미완성 규격형 주택의 목조 구조 느낌으로 설계됐다. 건축물의 불규칙한 선과 사방으로 뻗어 가는 에너지가 보는 이를 매료한다.

게리는 이후 이 세 주택을 "나무로 그린 스케치"라 불렀다. "저는 미완성의 것들, 혹은 잭슨 폴록, 빌럼 더코닝, 폴 세잔Paul Cézanne의 회화처럼 막 채색이 끝난 듯한 느낌에 관심이 있었나 봅니다. 완성되고 다듬어진, 모든 부분이 완벽한 건축물에는 그런 느낌이 없죠. 저는 그 미완의 느낌을 건축물에 구현하고 싶었습니다."

세 주택의 문제는 클라이언트들이 실제로 지어진 건물을 결코 보지 못한 것이었지만, 게리 하우스의 문제는 다른 데 있었다. 게리는 다른 프로젝트를 작업하느라 자택 작업에 온전히 집중하지 못했고, 집을 어떻게 설계할지 쉽게 결정하지 못하고 많이 망설였다. 게리는 프로젝트의 설계와 재설계를 반복하는 경향이 있었다. 하지만 이는 집요할 정도로 설계하고 다시 수정하는 다른 건축가들처럼 완벽주의를 추구하려는 게 아니었다. 그보다는 불안과 끊임없는 호기심이 합쳐진 게리만의 독특한 성격 때문이었다. 게리는 언제나 밑 작업을 계속하고 싶어 했지만, 클라이언트의 일정 때문에 그러지 못했을 뿐이었다. 하지만 이번에야말로 게리를 막을 외적 요인은 없었다. 단 한 가지, 베르타가 다른 누구보다 참을성 있는 클라이언트라 할지라도 그녀를 너무 오래 기다리게 할 수는 없었다. 게리 자신도 베르타와 마찬가지로 쑥쑥 자라는 알레호로 인해 힐크레스트 아파트가 비좁게 느껴졌다.

처음에 게리는 자택 작업을 대부분 혼자 해냈다. 저 자신도 어떻게 작업할지 갈피를 잡지 못한 마당에 동료들에게 돈이 되는 의뢰 건을 줄이면서까지 도와 달라고 청하기가 망설여졌다. 그러다 설계 초기에 게리는 폴 루보비츠키Paul Lubowicki라는 젊은 건축가를 만났다. 게리가 그를 알게 된 건 불과 몇 달 전, 뉴욕의 쿠퍼 유니언대학Cooper Union에서였다. 그곳의 건축학과에서 오래도록 학과장을 지냈고, 론 데이비스 하우스를 칭송하던 존 헤이덕John Hejduk이 게리를 학교에 초대해 작품 얘기를 나눠 달라고 부탁한 자리였다. 게리는 작업실에서 건축학과 학생들과 시간을 보냈는데, 그중 졸업반인 루보비츠키의 작업이 특히 눈에 들어왔다. 게리는 자신의 전화번호를 알려 주며 그에게 연락하라고 했다. 루보비츠키의 전화를 받은 게리는 6개월간 서부로 와서 함께 일해 보며 게리의 사무소가 그에게 잘 맞는지 알아 보라고 권했다. (게리는 작품이 썩 마음에 들지만, 상근직으로 고용하기에는 준비가 되지 않은 많은 학생에게 이런 제안을 하곤 했다.) 그렇게 루보비츠키는 게리의 사무실로 왔다. 루보비츠키는 게리와 함께 사무실을 구경하다가 게리 하우스 설계를 위한 예비 스케치를 발견했다. 그 단계에서 자택은 론 데이비스 하우스가 구식 네덜란드 식민지풍의 집 앞쪽에 자리를 잡은 듯한 모습이었다.

루보비츠키가 말했다. "저는 '정말 마음에 들어요'라고 말했어요. 전 게리의 집에 푹 빠져 버렸죠. 며칠 뒤, 게리가 제게 그 자택 작업을 해 달라더군요." 루보비츠키는 정확히 게리가 원하던 사람이었다. 젊고 열정적인 데다 주택이라면 으레 어떠해야 한다는 편견 같은 것도 없었다. 루보비츠키는 게리의 초기 스케치로 건축 모형을 제작했다. 루보비츠키를 옆에 두고 게리는 그 모형을 만지작거리기 시작했다. 게리가 말했다. "여기서 잘라 내자." 그는 자택 설계를 론 데이비스 하우스보다 더 과감하게 밀고 나가기로 했다. 게리는 칼을 들어 모형의 앞쪽 부분을 반으로 갈랐다. 그렇게 새로운 파사드를 두 부분으로 쪼갠 후, 가운데 틈은 입구 통로로 썼다.

이러한 절단은 건축 모형을 만드는 기법에 머무르지 않았다. 어떤 면에서 이는 설계 자체를 대하는 게리의 시선을 은유한다. 조각과 덩어리, 충돌하는 형태와 질감, 채움과 비움이 한데 모인 이 조합은 무작위적으로 보이지만 미스 반데어로에의 디테일만큼이나 꼼꼼하게 설계된 것이다. 게리의 작업이 액션 페인팅과 닮은 구석이 있다고 한다면, 게리 하우스는 전화번호부에서 북 찢은 종잇장 위에 프란츠 클라인이 휘갈긴 스케치다. 이 스케치에서 클라인이 그려 낸 새롭고 굵다란 힘의 선들은 질서정연하고 점잖게 늘어선 기존의 전화번호와 대결한다. 자택 작업에서 게리가 새롭게 만든 건축물들은 클라인의 붓 자국과 같고, 기존의 집은 이미 존재하던 클라인의 전화번호부와 같다.

워싱턴 애비뉴에서 바라본 게리 하우스의 옆모습

루보비츠키가 보기에, 게리에게 자택 작업은 일종의 탈출구였다. "그때 게리는 샌타모니카 플레이스 쇼핑센터 작업도 함께 진행 중이었어요. 별로 좋아하지는 않았지만요." 루보비츠키는 이후 게리의 조수, 자문관, 잡역부 역할을 하면서 끊임없이 게리의 스케치를 받는다. "게리는 매일 스케치를 다섯 개씩 건네줬어요. 하지만 전 어떻게 해야 할지 몰랐어요. 건물을 설계해 본 적이 없었으니까요." 하지만 루보비츠키는 게리의 즉흥적인 작업 방식에 잘 맞는 듯 보였고, 항상 그의 책상에 함께 남아 문제 해결을 도와주거나 게리가 원하는 바를 귀뜸해 주던 그렉 월시의 도움을 받아 설계를 완성해 냈다. 게리는 예술가 친구 몇 명을 통해 젊은 시공자 존 페르난데스John Fernandez를 소개받아 자택 시공을 맡겼다. 공사는 게리네 가족의 이삿날인 1978년 9월께에 딱 맞춰 끝났다. 게리는 유홀U-Haul 트럭을 빌려 이삿짐을 날랐다. 게리는 안전하지 않은 줄 알면서도 알레호를 무릎에 앉힌 채 트럭을 몰고 22번가를 내달렸던 그날을 떠올렸다.

게리 하우스는 이제껏 있었던 게리의 작업을 종합하면서도 한 발짝 더 앞으로 나아갔다. 낡은 2층짜리 건물은 새로운 금속 골강판 건물이 둘러쌌다. 골강판 건물은 급격한 각도로 꺾여 있지만 1층 높이여서 어느 각도에서 보더라도 원래 건물을 가리지 않았다. 원래 건물은 새로운 건축물들의 한가운데에 삐죽이 튀어나와 있었다. 금속 골강판 건물의 파사드는 귀퉁이 부분에서 끊겨 있고, 옆 부분은 목재 프레임이 드러난 커다란 유리 구조물이 끼어들어 있다. 자택을 정면에서 바라보면 신축 건물의 지붕은 데크가 되었다. 커다란 체인 링크 울타리가 그 데크를 에워싸고 있고, 그중 하나는 공중을 가로지르는 형태다. 측면에 있는 목재 프레임이 드러난 유리 구조물 중 정육면체 형태의 구조물은 금속 골강판 벽면을 부수고 튀어나온 것처럼 보인다. 기울어진 선, 삐죽하게 튀어나온 모서리, 비뚤어진 창문을 한 게리의 집에 대해 비평가 허버트 무샴프Herbert Muschamp가 이렇게 썼다. "그 집은 가공되지 않은 산업 재료의 독창적인 특징을 끌어냈다. (…) 게리는 그 재료들을 사용해 한쪽으로 치우쳐진 정육면체, 간주가 튀어나온 벽 등, 그 밖에도 제멋대로인 모양들을 배열했다."

게리는 낯선 형체와 물질들로 기존 집 바깥을 에워싸서 공격해 들어가는 형세를 취했다면, 내부에서도 똑같이 가차없는 침공을 보여 줬다. 게리는 많은 벽과 천장을 제거하거나 뼈대만 남겼고, 원래 있던 자그마한 방은 더 크고 탁 트인 거실 공간으로 확장했다. 1층에 있는 거실의 한 벽은 딱딱한 흰색이고, 한 벽은 채색되지 않은 합판이며, 다른 한 벽은 간주가 노출된 형태다. 원래 다락방이었던 부분을 일부 없애고 야외 로프트를 만든 곳의 천장 목재장선은 그대로 드러나 있다.

부엌과 식사 공간은 측면에 신축됐다. 목재 프레임이 드러난 유리 구조물 부분에는 자연광이 그대로 들어오며, 재치 넘치는 형태와 그림자가 공간 속에 곧바로 스며든다. 부엌 바닥은 차도처럼 땅 위에 직접 아스팔트를 부어 만들었다. 옛집의 외벽으로 부엌과 거실을 나누어서 실내면서도 실외 같은 모호한 느낌이 풍긴다.

샌타모니카 게리 하우스의 부엌. 기존 집의 외벽이 왼쪽에 남아 있다.

부엌에는 베르타가 중고로 구매한 로퍼Roper사의 레인지가 놓여 있었다. 아스팔트 바닥 위에 놓인 레인지를 보고 있자니, 마치 금방이라도 쿵쾅거리며 도로를 내달릴 것 같은 커다란 구식 패커드Packard 자동차가 놓여 있는 것 같았다. 그 레인지는 약간 구닥다리지만 새로운 환경에 놓임으로써 활기를 부여받은 일종의 '발견된 오브제'였다. 기존에 있던 네덜란드 식민지풍 주택 전체도 마찬가지다. 편안하면서도 재기발랄한 레인지는 집에 대한 게리의 개입을 부드럽게 해 준다. 홀끗 보면 기존 집은 자연스럽고 편안하고 너그러운 느낌이지만, 게리가 추가한 구조물들은 뻣뻣하고 차갑고 삐걱거리는 듯 보인다. 하지만 사실 상황은 그보다 조금 더 복잡하다. 그러한 점이 명백히 드러나는 물체가 바로 레인지다. 레인지의 느긋한 존재는 집 분위기를 한결 가볍게 해 주며, 게리의 의도가 보기보다 더 유순한 것일지도 모른다는 생각을 은근히 암시한다.

　게리의 건축적 목소리는 빠르게 발달했다. 게리가 만들어 낸 형태들이 놀랍고 심지어 이상하게 보일지라도 거들먹거리거나 거만한 느낌은 아니었다. 그는 교조적인 건축가가 아니었고, 그의 건축물은 독선적으로 이론을 표현한 결과물도 아니었다. 대신 훨씬 직관적이고 체계적인 형식에 관한 탐구였다. 그의 건축물이 무언가를 상징한다면, 그건 건축물이란 미니멀리즘의 단순하고 순수한 기하학적 형태로 환원될 수 없다는 게리의 믿음일 것이다. "우리는 세상의 물건들을 깨끗하고, 간결하고, 온전하게 만들 수 없습니다. (…) 건축만으로 엉망진창인 사물들을 깔끔하게 정리할 수도 없습니다. 그렇기에 저는 말끔한 척하는 건축물을 보면 부자연스럽게 느껴집니다. 저는 모든 것을 카펫 밑으로 밀어 넣어서 물건을 손쉽게 정리할 수 있다고 생각하지 않습니다. 그러니 건축물은 그 난장과 함께해야 합니다."

게리의 건축물에서 차츰 드러나기 시작한 가장 놀라운 점은 독특한 형태를 만드는 그의 재능이다. 자연스럽다고 할 수는 없지만 적어도 우쭐대지 않는 그런 형태 말이다. 게리 하우스는 실내외 모두 이상하고 색달라 보이지만 처음 봤을 때의 충격이 가실 때쯤이면 쾌활하고 상냥한 분위기마저 느껴진다. 게리 하우스에는 이후에 만들어질 게리 작품의 특징이 담겨 있다. 즉, 건축물의 독특함이 기분 나쁜 느낌보다 신기한 생기를 내뿜는다는 점이다.

비평적 통찰력이 뛰어난 건축가 찰스 무어는 이러한 점을 이해하고 이렇게 썼다. "내 눈에는 이 집의 강렬한 쾌활함이 포착된다. 놀라우리만치 각양각색의 모습으로 집을 둘러싼 증축물에도 불구하고, 그 집은 활기차고 산뜻한 동네에 추가된 활기차고 산뜻한 건축물이다. 이웃들은 의구심을 지닐 테지만, 그 집은 '순진해 보이지만 그렇지 않은' 천진함을 갖고 있다. 이로 인해 유리병이나 깨진 접시, 다른 특이한 재료로 지어진 이 집은 사람들이 지구 반 바퀴를 돌아서 구경하러 오는 기념비적 건물이 된다."

무어는 옳았다. 게리와 베르타의 새 이웃들은 게리의 집을 못마땅하게 봤다. 집이 완성되기 전, 한 남성이 폴 루보비츠키에게 이렇게 말했다. "티후아나 소시지 공장처럼 생겼어요." 『로스앤젤레스 타임스』지의 존 드레이퍼스John Dreyfuss는 「이웃 주민들을 당황케 하고 화나게 만드는 게리의 감각 있는 주택」이라는 제목으로 글을 썼다. 게리 하우스를 옹호하기 위해 쓰인 이 글은 게리를 전국적으로 존경받는 건축가라고 소개하며 이렇게 표현했다. "게리는 자신의 마음이 이끄는 곳에 돈과 재능을 쏟아 부었다. 그건 바로 독특하고 논란을 불러일으키는 그의 설계 이론이 반영된 구조물이다." 하지만 이 글은 동시에 드레이퍼스 자신은 게리의 집을 좋아하지만, 게리의 이웃 주민 대부분은 그렇지 않다는 점도 정확히 짚어 냈다. 『로스앤젤레스 타임스』의 한 독자는 게리의 집을 두고 '감옥' 같다고 쓰기도 했다. 게리의 주택 시공을 멈추기 위해 법적 조치까지 취한 또 다른 이웃은 이사 직후 게리네 가족이 휴가차 집을 비웠는데, 그들이 집을 버렸다고 거짓말하며 이 기회를 노려 시 당국에서 그 집을 급습해 밀어 버려야 한다고까지 『로스앤젤레스 타임스』에 얘기했다.

적대감이 덜한 이웃조차 게리 하우스가 미완성이라 생각했다. 실제로 공사 현장처럼 보이는 감이 있긴 하다. 많은 이웃에게 게리의 집은 그들의 취향, 가치, 판단력에 대한 직접적인 공격이나 마찬가지였다. 게리는 그저 주위의 현실 세계를 반영하고 보이는 그대로를 재현하려던 것뿐이었다고 항변했다. "저는 많은 중산층 동네에 스며 있는 으스대는 분위기가 거슬렸어요. 모두가 집 앞에 캠핑카 같은 것을 대 놨죠. 철물, 고물, 차, 보트와 관련된 것이 많아요. 하지만 이웃들은 제게 와서 '당신 집이 마음에 안 들어요'라고 하잖아요. 그러면 저는 말했죠. '당신 집 앞마당에 있는 보트는요? 캠핑카는요? 우리 집은 그것과 같은 이치의 미학을 담고 있어요.' 그랬을 때, 이웃들은 이렇게 말합니다. '아, 아니요. 제 것들은 모두 정상입니다.'"

이러한 반응은 게리와 미키 루딘이 체인 링크 울타리를 두고 나눴던 언쟁과 별반 다르지 않다. 게리는 우리 주위에 이 사물들이 버젓이 존재하는데, 왜 그 존재를 부인하는지 되묻는다. 그는 이웃들이 상상이 아니라 실제 현실에 존재하는 것들을 한 꺼풀 고상함의 베일 뒤에 감추려 한다고 생각했다. 지저분한 산업용 사물은 언제나 우리 주위에 존재한다. 상존하는 사물로 무언가를 만들려던 것뿐인데 법석을 떨 이유가 있을까?

게리가 말했다. "그 모든 난리에도 불구하고 저는 그런 종류의 동네에 끌립니다. 좋건 싫건 저는 평생을 중산층 사람들과 엮여 있었어요. 그게 저니까요. 저는 이웃과 주위 환경에 따라 제 색을 바꾸는 카멜레온 같은 사람인가 봅니다. 저는 그런 점이 좋아요. 그저 주위 환경에 푹 안기는 거죠."

하지만 이웃이 보기에 게리는 동네에 거의 스며들지 않았다. 만약 그랬다 하더라도, 그건 체제 전복적인 행위의 일환이었을 것이다. 이미 익숙하게 알고 신뢰하는 세상에 몸을 맡긴 채 참여하기 위해서가 아니라, 그 세상을 무너뜨리기 위한 건축가로서 말이다. 사람들은 그들이 편안하게 느끼는 집들과 좋아하는 동네는 환영에 불과하고, 게리의 설계가 진실을 들추어낸다는 사실을 알고 싶어 하지 않았다. 샌타모니카의 이웃들에게 게리는 매사추세츠 입스위치 이웃들이 생각하는 존 업다이크John Updike와 같은 존재였을 것이다. 존 업다이크는 현지 교외 문화에 함께 몸담은 뒤,

이를 유려하고 통렬한 풍자 소설로 해체한 작가다. 하지만 입스위치 사람들은 업다이크의 소설을 억지로 읽을 필요가 없었다. 반면 22번가나 워싱턴 애비뉴를 지나는 샌타모니카 주민들은 싫어도 게리의 집을 볼 수밖에 없었다.

이 상황에서도 베르타는 다시 한번, 신이 보낸 선물 같은 존재였다. 그녀는 새집이 마음에 쏙 든다고 서슴없이 표현했으며, 그녀의 침착하고 태연한 태도는 이웃 주민을 진정시키기까지 했다. 게리 하우스는 도발적이었지만, 베르타는 그 반대였다. 그녀는 화난 이웃들에 대한 불만을 게리에게 사적으로 털어놓을지라도 공석에서는 솔직하고 이성적인 태도로 집에 대한 자부심을 표현했다. 또 베르타는 그 집이야말로 자신이 아이를 키우고 싶었던 편안한 환경을 지닌 집이라고 생각하는 이유를 차근차근 설명하기도 했다.

이웃들은 진정을 되찾았다. 하지만 머지않아 이웃뿐만 아니라 게리와 베르타에게도 골치 아픈 일이 생기고 말았다. 게리의 집을 보려는 사람들의 자동차가 집 앞 거리에 끝없이 몰려든 것이다. 처음에 게리의 집은 그저 동네에서 벌어진 작은 소동에 불과했으나, 존 드레이퍼스의 기사 덕에 로스앤젤레스 전역에 이름을 떨쳤다. 1979년 중반, 『뉴욕 타임스』에서 게리의 집을 "건축계의 대작—수년간 서던 캘리포니아에 지어진 주택 중 가장 중요한 집"이라고 소개한 이후에는 전 세계의 건축가, 학생, 건축 애호가를 매료하는 명소가 됐다. 일부는 그저 차를 천천히 몰아 집 주위를 구경하며 지나갔고, 일부는 주차한 뒤 걸어서 주위를 둘러봤으며, 소수의 대담한 사람들은 집 앞까지 가 초인종을 누르기도 했다. 게리는 쏟아지는 관심에 약간은 우쭐했지만, 자신과 가족의 사생활을 희생하면서까지 그 집을 관광 명소로 바꾸고 싶은 마음은 없었다. 게다가 베르타는 게리보다 훨씬 대중의 집중적인 관심에 힘겨워했다. 그래서 게리 가족은 집 앞에 작은 정문을 설치했다.

1979년에 부부의 두 번째 아들 새뮤얼 게리Samuel Gehry가 태어났다. 부부는 주로 샘Sam이라고 불렀다. 샘은 모두가 보고 싶어 안달인 집에서 사는 것은 꽤 자연스러운 일인가 보다 하며 자랐다. 알레호 게리가 말했다. "그 집에서는 항상 재밌게 놀았어요. 숨바꼭질하기에도 좋고, 뛰어다니며 즐겁게 놀기에 딱 좋은 곳이었죠."

샘 게리가 말했다. "친구들 집에 놀러 갔다가 왜 집 벽이 울퉁고, 창문은 정사각형 모양인지 궁금해했던 기억이 나네요. 여러 친구의 집에 놀러 갔는데 다들 비슷한 소파를 갖고 있더군요. 우리 집에는 소파도 없었어요." 하지만 게리의 아들들은 아이들이라면 대부분 그렇듯, 지극히 평범하게 살기를 원하고 친구들이 가진 것을 자신도 갖고 싶어 하는 욕망에 초연하지 못했다. 샘이 말했다. "커 가면서 이런 생각이 들었어요. 완성된 집에서 살면 좋겠다는 생각이요." 샘은 현관 포치에 그네 의자가 놓여 있고, 흰색 스투코를 칠한, 주위에서 쉽게 볼 수 있는 평범한 집을 부러움의 눈길로 쳐다봤다. "저는 그런 집에서 살고 싶었어요."

게리는 친구와 동료들에게 기꺼이 집을 보여 줬지만, 모든 이가 좋아하리라 생각지 않았다. 게리는 다른 건축가들이 자신이 구현하려 한 바를 최소한 이해라도 해 주길 바랐다. 하지만 현대미술관의 영향력 있는 건축 큐레이터인 아서 드렉슬러Arthur Drexler가 게리의 집을 본 뒤, 뉴욕으로 돌아가 게리의 작품을 헐뜯었다. 그 얘기가 돌고 돌아 다시 게리의 귀에 들어오자 게리는 무척 실망했다. "그자는 우리 집을 싫어했어요. 제 작품을 싫어했죠. 모두 장난질이라고 생각하더군요." 게리가 바버라 아이젠버그에게 말했다.

아마 필립 존슨이 게리에게 드렉슬러의 얘기를 전했을 것이다. 그는 드렉슬러, 게리 두 사람과 아는 사이였고, 불화를 조장하기 좋아하기 때문이다. 이처럼 드렉슬러의 비난이 건축계 네트워크를 통해 게리의 귀에 닿았다면, 작가 릴리언 헬먼Lillian Hellman은 다른 방식으로 자신의 의견을 게리에게 전달했다. 게리는 밀턴 웩슬러의 유전병 재단 자선 파티에서 헬먼을 처음 만났다. 이후 헬먼이 케이프 코드를 손보는 프로젝트를 게리에게 맡기기 위해 그를 초대했고, 두 사람은 금세 친해졌다.* 이어 게리는 자택에서 개최하는 커다란 저녁 파티에 헬먼을 초대했다. 게리의 집에 도착한 헬먼은 화장실이 어딘지 물었다. 헬먼은 그렇게 자취를 감춘 뒤 저녁 식사가 나오기 직전에 모습을 드러내 식탁에 앉았다. 그리고 5분 뒤, 헬먼은 의자에서 일어나 몸이 좋지 않다는 말을

---

* 게리는 매사추세츠에서 헬먼을 만났지만 프로젝트는 진행되지 않았다. 두 사람이 처음 만난 자리에서 헬먼은 자신이 MIT에서 건축을 공부했다고 말했다. 하지만 이는 알고 보니 과거를 꾸며 내기 좋아하는 헬먼의 유명한 버릇에서 비롯된 거짓말이었다.

남기곤 자리를 떴다.

오래지 않아 게리와 헬먼은 다른 파티에서 다시 마주쳤다. 그때 헬먼은 게리 쪽으로 몸을 살짝 기울이며 이렇게 말했다. "제게 화나셨군요. 전화 한 통 하지 않으시다니요."

"아니에요." 게리가 말했다. "마지막으로 당신을 봤던 건 우리 집에서였죠. 그날 밤 몸이 좋지 않다고 일찍 집으로 가셨잖아요."

헬먼은 사실 그날 멀쩡했다고 실토한 뒤 말했다. "정말 싫었어요. 그래서 어서 자리를 뜬 거였죠. 당신의 집 말이에요."

하지만 게리가 전국적으로 유명해진 건 게리 하우스 때문만은 아니었다. 예술계와 쌓아 온 인연이 동부에서 결실을 보기 시작했다. 텍사스에서 젊은 예술가나 건축가를 후원하는 것으로 유명했던 드메닐de Menil가의 크리스토프 드메닐Christophe de Menil이 게리에게 작업을 요청한 것이다. 맨해튼 어퍼 이스트 사이드에 있는 타운하우스를 개조하는 작업으로, 예전에는 마차 차고로 쓰였던 건물이었다. 크리스토프는 필립 존슨이 경력 초기에 지은 집에서 자랐다. 그녀의 부모인 도미니크 드메닐Dominique de Menil과 존 드메닐John de Menil이 의뢰한 휴스턴에 있는 주택이었다. 그녀의 집은 가족이 수집한 엄청난 양의 20세기 미술품으로 가득했다.* 크리스토프의 남자 형제인 프랑수아 드메닐François de Menil은

---

* 드메닐 가족은 디자이너 찰스 제임스Charles James에게 실내 디자인을 맡겼다. 그는 관능적이고 색감이 풍부한 인테리어를 선보였다. 미스 반데어로에처럼 간결한 스타일을 지닌 존슨은 그러한 찰스의 디자인이 자신의 건축물과 모순된다고 느꼈다. 그래서 존슨은 그 집을 자신의 작품 목록에 올리는 것을 절대 허락하지 않았다.

오래지 않아 찰스 과스메이Charles Gwathmey에게 이스트 햄프턴의 해변에 커다란 빌라를 지어 달라고 의뢰했다. 크리스토프는 이 타운하우스 작업을 통해 그녀도 가족 전통에 따라 최신 건축물 후원자가 될 수 있음을 보여 주려 했었다.•

　게리의 몫도 후하게 챙겨 줬다. 건축계 킹메이커 역할을 즐겼던 필립 존슨은 물론 드메닐가를 잘 알았지만, 그즈음에는 뉴욕 예술계의 모든 이가 드메닐가를 알고 있었다. 게리가 맡은 타운하우스 건물은 높이가 낮아 원래 파사드 뒤로 완전히 가려져 비교적 잘 보이지 않았을 테지만, 상징적으로 뉴욕에서 가장 눈길을 잡아끄는 건축물이 될 터였다. 왜냐하면 게리를 중요한 인물로 여기기 시작한 사람들이 자세히 뜯어볼 것이었기 때문이다.

　게리는 마차 차고의 내부를 전부 들어낼 것을 제안했다. 그는 버려진 건물 일부분을 잘라 내 일종의 조각품을 만드는 '건물 자르기'로 유명했던 예술가 고든 마타클라크Gordon Matta-Clark에게 차고 철거를 예술 작품으로 만들어 달라고 요청하고 싶었다. 게리는 수영장, 부엌, 접대실, 손님 숙소를 아래층에 배치하고, 이를 기반으로 하는 탑 같은 구조물 두 개를 만들 계획이었다. 첫 번째 탑에는 크리스토프를 위한 개인 거실, 침실, 욕실이 있고, 같은 구성의 두 번째 탑은 딸을 위한 건물이었다. 어떤 면에서 이 계획

• 드메닐 가족은 필립 존슨에게 세인트토머스대학교University of St.Thomas 건설도 의뢰했으며, 휴스턴에 로스코 예배당Rothko Chapel, 비잔틴 프레스코 예배당Byzantine Frescoes Chapel도 지었다. 도미니크 드메닐은 그녀의 미술 컬렉션을 보관할 건물 작업을 루이스 칸에게 부탁했으나, 칸이 1974년에 세상을 떠날 때까지도 그 프로젝트는 시작되지 못했다. 결국 도미니크는 1981년에 렌초 피아노에게 메닐 컬렉션Menil Collection 전시관 설계를 맡겼고, 1987년에 개관했다.

은 게리가 자기 집을 설계하는 절차와 완전히 반대였다. 새 건축물로 기존 파사드를 에워싸는 게 아니라, 새로운 것을 건물 내부에 집어넣는 작업이었다. 다리로 연결된 두 타워는 독립적인 조각 오브제였고, 건물 용도를 여러 부분으로 쪼개는 게리의 실험이 한 발짝 더 앞으로 나아갔음을 의미했다. 즉, 여러 구조물이 모인 집 전체를 은유적 마을로 만드는 시도였다.

   하지만 결국 그 집은 지어지지 않았다. 여러 차례 수정과 개선을 거친 후에 크리스토프 드메닐은 그 프로젝트가 너무 비싸고, 복잡하며, 시간을 많이 잡아먹을 것 같다고 했다. 그녀는 게리에게 조금 더 일반적인 개조 방식으로 단순화할 수 없냐고 물었다. 게리는 마지못해 알겠다고 답했다. 크리스토프는 요구 사항도 많았고, 수시로 마음이 바뀌는 데다, 시간도 많이 잡아먹는 까다로운 클라이언트였다. 중요한 건축물을 만들지 않을 거라면 이 모든 수고를 견뎌 낼 이유도 없었다. 하지만 상황에 대한 통제를 잃었다는 느낌이 들 때면 줄곧 발동했던 게리의 등 돌리기 본능이 이번만큼은 잠자코 있었다. 게리는 간단한 마차 차고 개조 작업을 먼저 감독하기 시작했다. 하지만 작업이 시작되고 나서 드메닐은 더는 게리의 서비스가 필요 없다고 말하며 게리와의 미팅을 끝냈다. 게리는 그녀의 집을 나서 택시를 잡아타자 울고 싶은 기분이 들었다. 크리스토프 드메닐 건물로 꿈꿨던 원대한 계획이 수포가 된 데에 대한 상실감 때문이었는지, 혹은 그녀의 요구를 더는 들어 주지 않아도 된다는 안도감 때문이었는지 게리도 알 수 없었다.•

여기까지가 게리의 의기양양한 뉴욕 건축계 입성기였다. 게리는 뉴욕에서 여러 다른 프로젝트도 추진했다. 그중 하나는 투자자로 참여했다. 리틀 이탈리아의 북쪽 끄트머리에 있는 라피엣 스트리트의 산업용 건물 한 쌍을 예술가의 로프트로 이루어진 작은 마을로 개조하려는 프로젝트였다. 하지만 이 프로젝트도 마찬가지로 시행되지 못했다. 뉴욕은 만만찮은 바닥이었다. 게리가 뉴욕에서 프로젝트 하나를 제대로 끝내려면 몇 년은 더 흘러야 했다.

그 무렵 자택 설계를 마친 뒤, 집으로 돌아와 시간을 보내며 게리는 많은 결실을 봤다. 파밀리언 하우스, 바그너 하우스, 건서 하우스의 실패를 만회하려는 듯 몇몇 중요한 로스앤젤레스 주거지 건설 업무도 마쳤다. 그중 가장 중요한 프로젝트는 한때 찰스 임스와 일하다가 나중에 영화 학교에 진학한 디자이너 제인 스필러Jane Spiller의 의뢰 건이었다. 스필러는 로스앤젤레스 예술가들에 대한 영화 프로젝트를 진행 중에 게리를 알게 됐다. 그녀는 게리의 사무소에 들렀다가 론 데이비스 하우스 설계도를 구경했다. 또한 금속 골강판 외벽을 향한 게리의 열정도 엿볼 수 있었다. 몇 년 뒤, 스필러는 베니스에 있는 작고 좁은 땅을 구매했다. 그녀는 게리에게 전화해 그 땅에 어떤 집을 지으면 좋을지 상담만 해

• 이 마차 차고는 나중에 아트 딜러인 래리 거고지언이 구매한다. 과스메이가 설계했고, 이스트 햄 프턴에 있는 프랑수아 드메닐의 해변 주택도 사들인 걸 보면, 그는 드메닐의 주거지를 사 모으는 것만 같았다. 이후 거고지언은 게리의 아트 딜러가 되어, 1980년대 중반부터 게리가 만들기 시작한 물고기 모양 램프를 많이 팔았다.

줄 수 있냐고 물었다. 스필러는 돈을 아끼기 위해 직접 집을 설계하고 싶어 했다. 게리는 그런 식으로는 일하지 않는다고 말하며, 자신이 베니스에 건물을 설계하는 일을 맡고 싶다고 말했다. 엉망진창인 데다 지저분한 동네가 마음에 들었기 때문이다. 게리는 자신의 디자인 콘셉트를 마음껏 펼쳐 보일 수 있게만 해준다면 설계 비용은 물론이고 시공 비용도 값싸게 맞춰 주겠다고 스필러에게 약속했다. 스필러는 알겠다고 답했다. 그렇게 장장 4년에 걸친 설계 절차가 시작됐다. 게리의 모든 대표작이 그렇듯, 이 또한 건축가와 클라이언트 간의 끊임없는 상호 소통으로 탄생했다. "저와 게리는 머리를 맞대고 서로 아이디어를 떠올렸어요. 그리고 나서 게리가 스케치하는 식이었죠." 제인 스필러가 말했다. "저는 종종 게리가 지휘자나 작곡가 같다고 생각했습니다. 많은 사람이 작업에 개입하지만, 게리가 없다면 결국 심포니도 없는 거니까요."

스필러는 그 땅에 혼자 살 단독주택과 함께 임대용 건물도 짓고 싶어 했다. 여기서 게리는 자택 설계와 크리스토프 드메닐 프로젝트에서 발전시켜 온 아이디어를 적용했다. 비좁은 외관과 다르게 놀랍도록 넓은 내부 공간을 지닌 수직 로프트 형태로 집을 만드는 것이었다. 스필러 하우스Spiller House는 아연도금 골강판을 두르고 있고, 목각도 여럿 튀어나와 있다. 그중 일부는 유리 뒤로 목재 프레임이 드러나 보인다. 스필러가 지낼 집은 높이가 15미터인 3층짜리 타워다. 그 집에서 몇 블록 떨어진 바다를 구경하기 위한 것처럼 보이기도 하지만, 사실 게리가 뉴욕에서 드메닐 프로젝트로 하려던 시도와 같은 것이었다. 자그마한 임대용 건물이 거리와 가까운 타워 앞쪽에 웅크리듯 자리를 잡고 있는 설계였다. 두 건물 사이에는 정원이 놓여 있다.

그곳에서 몇 블록 떨어진 베니스 오크우드 구역의 인디애나 애비뉴에서 게리는 틈틈이 부동산 개발 관련 일을 하기 시작했다. 게리는 이미 예술가 친구인 척 아놀디와 함께 베니스의 한 건물을 산 터였다. 앞으로 부동산의 가치는 오를 것이고, 그러면 예술가들이 베니스에서 쫓겨날 거라고 확신했던 아놀디는 젠트리피케이션이 발생하기 전에 그곳에서 무언가를 하고 싶었다. 1970년대에 베니스는 너무 위험해서 어둠이 내려앉은 뒤에는 걸어 다닐 수 없었다. 아놀디는 땅을 사서 그곳에 예술가의 로프트를 짓자는 계획을 내놨다. 게리의 또 다른 예술가 친구인 래디 딜Laddie Dill 이 아놀디와 합세해 세 가구 정도가 들어갈 만한 길고 좁은 부지를 사들였다. 게리는 건축을 돕는 대가로 동업자 자격을 얻었다.

아놀디와 딜은 건축과 관련해 게리가 원한다면 무엇이든 해도 좋다고 맡겼다. "게리는 건축가니까 알아서 하도록 맡겼어요." 아놀디가 말했다. 게리는 세 개의 독립된 구조물을 일렬로 세우자는 생각이 떠올랐다. 한 채는 거리 쪽에, 다른 한 채는 부지의 뒤편에, 나머지 한 채는 둘 사이에 배치하는 것이다. 게리는 이 구조물을 다양한 크기로 잘라 내고 다양한 재료로 뒤덮을 수 있는 상자라고 생각했다. 한 건물은 녹색 석면 싱글로 덮고, 다른 하나는 합판으로, 나머지 하나는 엷은 파란색 스투코로 덮을 예정이었다. 각 건물에는 계단, 돌출 창, 굴뚝처럼 특히 두드러지는 건축적 요소가 하나씩 있었다. 세 구조물 모두 1층에는 수수한 주택 시설이 있었고, 그 위로 천장이 높고 개방된 스튜디오 공간이 펼쳐졌다.

그 건물은 특이한 역사를 거쳐 탄생했다. 시공 절차가 너무 자연스럽게 흘러가는 바람에 프로젝트가 거의 완성될 때까지 시공자가 배치도를 거꾸로 봐서 게리가 거리 쪽에 놓고 싶었던 빌딩이 부지의 맨 뒤쪽에 세워졌다는 사실을 아무도 눈치채지 못했다. 하지만 이게 끝이 아니었다. 배치가 뒤집혔다는 뜻은 건물이 바라보는 방향도 잘못됐다는 뜻이다. 그래서 자연광을 받아들일 창이 있어야 할 곳에 딱딱한 벽이 세워지고 말았다.

게리는 반대편에 새로운 창을 내기로 했다. 그러면 문제도 해결될 뿐만 아니라 오히려 스튜디오로 빛이 더 많이 들어와 채광이 더 좋아질 터였다. 하지만 건물들은 기대한 것만큼 빨리 팔리지 않았다. 척 아놀디의 예상과 달리 베니스는 주요 젠트리피케이션 구역에서 멀찍이 떨어져 있었고, 부진한 경제 성장과 미흡한 동네 치안이라는 요소가 겹치는 바람에 동업자들은 인디애나 애비뉴의 집을 훨씬 오래 손에 쥐고 있어야 했다. 몇 달 후, 겨우 한 채가 팔렸다. 이후, 배우 데니스 호퍼Dennis Hopper가 다른 한 채를 샀다.

호퍼는 두 번째 건물을 산 뒤, 세 번째 건물도 사들였다. 그런 뒤, 서서히 그 건물들을 개인 복합 주거 공간으로 바꿔 갔다. 아놀디, 딜, 게리가 의도하던 방향은 아니었다. 호퍼는 또한 단지를 확장하고 다른 건축가를 고용해 인디애나 애비뉴의 옆집에 구조물을 추가로 건설했다. 원래 게리는 그 옆집과 잘 어울릴 수 있도록 작은 빌딩 세 채를 설계한 것이었다. 유명한 배우 겸 영화 제작자이며, 사진 작가, 예술가인 호퍼 같은 사람이 인디애나 애비뉴에 살고 싶어 한다는 것은 몇 년 사이에 그 동네가 척 아놀디의 예상보다 훨씬 더 고급화되었으며, 게리의 작품도 다른 건축가들이 모방할 만큼 이름을 떨치기 시작했음을 의미했다. 하지만 인디애나 애비뉴의 프로젝트는 게리의 유명세에 보탬이 되었다 할지언정 돈을 벌어다 주지는 못했다.

샌타모니카 플레이스가 완공된 지 얼마 지나지 않아, 게리와 베르타는 라우즈 컴퍼니의 최고 경영자 맷 드비토를 집으로 초대해 저녁 식사를 대접했다. 당시는 게리 하우스를 지은 지 오래되지 않은 상태였다. 드비토는 게리가 그 집을 통해 무엇을 표현하고 싶었는지는 감이 오지 않았지만, 한 가지는 확실히 알 수 있었다. 게리가 온전히 자기 자신을 위해 한 설계는 라우즈 컴퍼니를 위한 설계와는 무척 달랐다는 것이다. 드비토는 게리의 본심이 대형 개발사를 위한 상업 건물 설계보다 게리 하우스와 같은 작업에 있다는 사실을 즉시 알아챘다.

"게리, 샌타모니카 플레이스가 마음에 안 드시죠?" 드비토가 물었다. 게리는 진심으로 아끼는 드비토에게 상처를 주고 싶은 마음은 없었지만, 그렇다고 거짓말을 하고 싶지도 않았다. "네." 게리가 답했다.

"당신 인생의 사명은 따로 있는데 왜 상업 부동산 개발사에 시간과 에너지를 낭비하나요?" 드비토가 물었다. "당신이 잘하는 일을 하지 그래요?"

게리는 드비토의 말에 곧바로 수긍했다. 게리는 그저 월세를 충당하기 위해 건물을 설계하고 싶지 않았고, 그런 일을 위주로 자기 회사를 운영하고 싶지도 않았다. 샌타모니카 플레이스 설계를 통해 알게 된 점은 라우즈가 전형적인 부동산 개발자가 아니라 하더라도, 완전히 새로운 디자인을 개척하는 데도 관심이 없다는 것이었다. 게리와 제임스 라우즈는 도시 중심가를 재구성하려는 공통된 열망이 있었지만, 그렇다고 해서 라우즈와 그 동료들이 건축 자체를 재구성하려는 게리의 열망에도 동감한다는 뜻은 아니었다.

맷 드비토와 그런 대화를 나누기 전부터 라우즈 컴퍼니의 관심사와 게리의 관심사는 확실히 서로 갈라지기 시작했다. 라우즈는 공공 도시 공간의 역할을 하는 다운타운 상가 단지 '페스티벌 마켓플레이스'를 개발했다. 첫 번째 페스티벌 마켓플레이스는 1976년 보스턴에서 개장한 패니얼 홀이었다. 일반적인 쇼핑센터 건축가보다 훨씬 수준 높은 벤저민 톰프슨Benjamin Thompson이 설계한 곳이지만, 건축의 경계를 밀고 나아가려는 게리의 욕망이 반영된 설계는 아니었다. 톰프슨은 제임스 라우즈, 맷 드비토와 훨씬 합이 잘 맞는 짝이었다. 패니얼 홀 작업을 진행하면서 관계가 긴밀해진 이들은 필라델피아, 볼티모어, 뉴욕에서 비슷비슷한 프로젝트를 함께 작업 중이었다. 게리는 라우즈 컴퍼니와 계속 일하고 싶었지만, 라우즈와 톰프슨 사이에 게리가 낄 틈이 있는지 확실치 않았다. 더는 회사 본사나 여름 콘서트 파빌리온을 지을 일도 없었던 데다, 그렇다고 라우즈 컴퍼니의 주 업무였던 일반적인 교외 쇼핑몰 건설에 참여하고 싶지도 않았다.

게리는 드비토와의 대화를 머릿속에서 떨쳐 버릴 수 없었다. 이제껏 양보할 수 없는 조건 때문에 금전적 이익이 될 만한 사업에서 먼저 등을 돌렸던 건 주로 게리의 역할이었다. 하지만 이번에는 맷 드비토가 먼저 게리에게 왜 여태 라우즈의 곁을 떠나지 않았는지 물어 왔다. 드비토는 그에게 줄 일감이 없다는 말을 하지 않아도 되게끔 게리가 다른 길을 찾도록 유도한 것일 수도 있다. 하지만 게리가 그런 의중을 알아챘거나 벤저민 톰프슨이 라우즈의 사랑을 독차지하는 건축가가 됐다는 사실을 이해했다 하더라도, 이는 라우즈와의 관계에 마침표를 찍을 때가 왔다는 게리의 생각을 더욱더 굳힐 뿐이었다.

한번 마음을 먹으면 원래 계획보다 더 대담하고 전면적인 행동으로 옮기는 것은 게리의 타고난 성격이다. 게리는 라우즈와의 관계를 정리할 뿐만 아니라, 라우즈 컴퍼니에서 맡았던 일과 비슷한 다른 상업 프로젝트도 일절 하지 않기로 마음먹었다. 그는 마음이 이끄는 건축물을 만드는 데 온전히 집중하기로 결심을 가다듬었고, 그러한 결정의 결과가 무엇이건 받아들이기로 했다.

그로 인한 첫 번째 변화는 불가피했다. 바로 라우즈 컴퍼니로부터 꾸준히 받아 온 대금으로 수십 명의 직원을 고용하며 몸집을 불려 온 사무소의 규모를 줄이는 것이었다. 어느 금요일 저녁에 맷 드비토와 식사를 함께한 뒤, 게리는 향후 거취를 정하는 데 그 주말을 할애했다. 드비토와 대화한 다음 주 월요일 아침, 게리는 서른 명이 넘는 직원을 해고했다. 그는 마음 가는 일에 집중할 수 있을 만큼 약간의 여유가 있는 소규모 사무소를 원했다. 그렉 월시는 그대로 남았고, 물론 베르타도 남았다. 게리는 베르타의 회계장부 관리 능력은 물론이고 갈수록 그녀의 조언에 기대게 됐다. 게리는 다시 또 새롭게 출발할 준비를 마쳤다.

11
물고기 모양, 다양한 모양

사무소를 감축하고 자신을 마음껏 표현할 수 있는 건축 일에 몰두하겠다는 결정은 게리 특유의 등 돌리기 본능이 뚜렷하게 드러난 한 예다. 이제 게리는 의뢰를 받고 난 뒤에 찜찜한 기분이 드는 기회를 거절할 필요조차 없어졌다. 그는 그런 의뢰를 미리 차단함으로써 흥미로운 작업을 하지 못하게 할 바에는 게리 사무소를 기웃거리지 말라는 뜻을 단단히 표명했다.

　이는 사업을 하기에는 너무 거만한 태도처럼 보이고, 실제로도 다소 그랬다. 하지만 게리의 경우, 이런 결정은 오만이나 과신에서 비롯된 게 아니라, 평생을 쇼핑센터나 복합 상업 지구를 건설하며 산다면 너무 비참할 것 같다는 판단 때문이었다. 게리는 경력 초기에 몸담았던, 단 한 번도 그렇게 되고 싶다고 원한 적 없었던 대형 건축 사무소처럼 자신의 회사도 변해 버릴까 두려워 회사를 다시 시작하기로 마음먹었다. 게리는 예술적으로 실패하는 것보다 일반적인 방식으로 성공하는 것을 더 두려워했다. 그는 자신의 결정이 단지 상황을 재구성하는 과정일 뿐이라고 믿었다. 어떤 기능적 희생도 없이 건축상의 문제를 해결하면서 예술적 표현을 해내는, 자신이 가장 잘하는 일을 할 수 있도록 말이다.

게리의 새 출발은 현지 건축가들과 더욱더 가까워지는 기회가 됐다. 모두 게리보다 약간 어렸고, 건축에도 예술적 요소가 있다고 믿었으며, 새로운 표현 형태를 만들겠다는 의지가 결연한 이들이었다. 게리는 성공한 건축가이자 선배였기에 사실상 그 무리의 리더였다. 로스앤젤레스 현지 건축가 그룹에는 모포시스Morphosis라는 회사에서 일하던 톰 메인Thom Mayne과 마이클 로툰디Michael Rotundi가 있었고, 스튜디오 웍스Studio Works에서 일하던 크레이그 호젯과 로버트 맹구리안Robert Mangurian, 그리고 롤런드 코트Roland Coate, 유진 쿠퍼Eugene Kupper, 프레더릭 피셔Frederick Fisher, 피터 드브레테빌Peter de Bretteville, 코이 하워드Coy Howard, 프랭크 딤스터Frank Dimster, 에릭 오언 모스Eric Owen Moss가 있었다. 이들 중 몇몇은 게리와 함께 몇 차례 일한 적이 있었고, 그중 많은 이들이 1972년 샌타모니카에 설립된 대안적 건축학교인 사이악SCI-Arc과 연이 있었다.

1970년대 후반, 로스앤젤레스 현지 건축가 그룹은 두루뭉술하지만 '로스앤젤레스 학파' 같은 것을 이루었다. 형태와 이론에 대한 진지한 접근을 제외한다면, 그 단체의 가장 큰 특징은 아마 고상함에 대한 거부였을 것이다. 로스앤젤레스 학파의 멤버들은 각기 다른 계기로 이러한 경향에 발을 들이게 됐지만, 다들 동부에서는 손사래 칠 만한, 대담하고 날것의 강렬함을 지닌 건물을 만들고 싶어 한다는 점만은 똑같았다.

그래서 그룹 멤버들은 로스앤젤레스 학파의 중심인물인 게리와 닮은 점이 많았다. 톰 메인은 하버드에서 건축 석사 학위를 취득하고 로스앤젤레스로 돌아왔던 때를 떠올리며 이렇게 썼다. "나는 이곳 건축계에서 일어나고 있는 뚜렷한 흐름에 즉시 사로잡혔다. 하버드 재학 시절에 케임브리지나 뉴욕에서 봐 왔던 것과는 완전히 다른 분위기였다. 더 낙천적이고 개방적이며 창의적이었다." 로스앤젤레스 국제공항에 메인을 마중 나온 로툰디는 당시 공사 중이던 게리 하우스를 어서 빨리 메인에게 보여 주고 싶어서 메인이 집에 들러 짐을 풀기도 전에 샌타모니카를 먼저 들러야 한다고 재촉했다. "시대의 최전선에서 새로운 것을 보여 주는 강렬한 한 방이었다. 로스앤젤레스가 아닌 다른 어디에서도 그런 작업은 불가능했을 것이다." 메인은 게리 하우스의 첫 방문 후기에 대해 이렇게 썼다.

그즈음, 필립 존슨, 로버트 A. M. 스턴과 친하게 지내던 프랭크 이즈리얼Frank Israel이라는 재능 있는 뉴욕 건축가는 UCLA에서 강의해 달라는 제안을 받아 로스앤젤레스로 이사할 계획을 세우고 있었다. 존슨은 두 '프랭크'를 서로 소개해 줬고, 두 사람은 곧바로 친해졌다. 게리에게 이즈리얼은 로마만큼이나 컬버시티에 대해 편하게 말할 수 있는 동료였고, 로마네스크 대성당의 웅장함만큼이나 로스앤젤레스의 스프롤 현상에 매료된 동료였으며, 게리와 마찬가지로 과거의 작품과 다른 건축물을 만들고 싶어 하는 동시에 인본주의적 감수성에 단단히 뿌리를 내린 사람이었다. 게리는 나중에 이즈리얼의 작품에 관한 연구서의 서문에서 이런 글을 쓴다. "이즈리얼과 나는 공통점이 많다. 우리 모두 주변 환경을 잘 받아들이고, 눈으로 본 것을 재구성할 줄 알며, 이 현실이 인간의 심리에 미치는 영향을 탐구하려 한다. (…) 그의 작품에는 주위 사람들에 관한 깊은 이해와 관심에서만 우러나올 수 있는 인간적인 면모가 스며 있다. 다른 이들은 그들의 설계를 정당화하기 위해 하늘에서 관념을 추출해 낼 때, 이즈리얼의 작품은 인간의 필요와 욕망이라는 지상의 가치에 굳건히 발붙이고 서 있다." 이는 게리가 젊은 건축가에 관해 쓴 글 중 가장 아낌없는 찬사를 쏟은 글일 것이다. 게리는 이제껏 함께 일했던 많은 젊은 건축가 중 프랭크 이즈리얼에게서 게리 자신의 모습과 감수성을 가장 많이 발견했다.•

이즈리얼이 한 번도 로스앤젤레스 학파로 분류되지 않은 것은 그가 로스앤젤레스로 이주한 지 얼마 되지 않았기 때문이었다. 대신 사이악에서 학생을 가르치던 톰 메인이 1979년에 학파의 신념을 정립하는 일련의 전시와 강의를 꾸리기 시작했다. 전시는 얼마간 즉흥적이었다. 메인은 베니스에서 갤러리 공간이 딸린 넓은 로프트를 임대한 뒤, 비공식 주간 행사와 함께 강연 일정을 혼

• 이 연구서는 1992년에 출간된다. 프랭크 이즈리얼은 이후 로스앤젤레스와 여타 지역에서 괄목할 만한 건물을 많이 지었고, 프랭크 게리의 뒤를 이은 세대에서 가장 존경받는 인물이 된다. 1996년, 이즈리얼은 쉰 살의 이른 나이에 에이즈로 눈을 감고 만다.

자 준비했다. 메인은 강연자로 건축가들을 초청하고, 그들에게 전시할 작품과 대화 주제를 준비하는 데 일주일의 시간을 줬다. 이렇게 가볍게 시작된 행사는 당시 『로스앤젤레스 타임스』지의 건축 비평가였던 존 드레이퍼스가 각 건축가의 전시마다 논평을 쓰기로 하면서 역사적 중요성이 부여됐다. 이 행사를 연속 기사로 따로 다루기로 한 『로스앤젤레스 타임스』지의 결정은 젊은 건축가들이 일군 로스앤젤레스 학파의 개념을 정립하는 데 커다란 역할을 했다. 이 건축가들은 동부의 기득권층이었다면 거들떠보지도 않았을 중요하고도 창의적인 작업을 하고 있었다. 드레이퍼스는 이렇게 썼다. "그들의 작품은 아직 많이 지어지지 않았다. 왜냐하면 이들은 자신의 예술적 원칙을 현실과 타협하지 않기 때문이다."

당시 로스앤젤레스 학파에서 가장 영향력이 컸던 건축가는 단연코, 여러 건축물을 지었을 뿐만 아니라, 전국적인 명성을 얻기 시작했던 게리였다. 그때는 학파의 모든 멤버가 로스앤젤레스에서만 알려진 상태였지만, 게리는 필립 존슨이나 존슨이 반어적으로 '아이들'이라 불렸던 존슨의 건축가 무리와 자주 어울리며 지냈다. 이 무리에는 로버트 A. M. 스턴, 찰스 과스메이, 마이클 그레이브스Michael Graves, 리처드 마이어, 로버트 벤투리, 스탠리 타이거맨Stanley Tigerman, 피터 아이젠먼Peter Eisenman이 속해 있었다. 메인이 로스앤젤레스에서 전시회와 강연을 개최하기 1년 전, 게리는 확실히 존슨 무리의 멤버로 인정받은 게 틀림없었다. 존슨은 미국건축가협회에서 수여하는 최고 영예인 '골드 메달'을 받게 됐

필립 존슨이 미국건축가협회에서 골드 메달을 받은 날은 그가 '아이들'이라고 즐겨 부르던 건축가들이
한자리에 모인 날로 유명하다. 왼쪽부터 프랭크 게리, 마이클 그레이브스, 찰스 무어, 시저 펠리, 필립 존슨,
찰스 과스메이, 스탠리 타이거맨, 피터 아이젠먼, 로버트 A. M. 스턴이다.

는데, 수여식이 열릴 댈러스의 디자인 심포지엄에 게리를 초대한 것이다. '아이들'은 건축에 있어 미학은 배관 작업만큼이나 중요하다는 생각을 다 함께 표명하기 위해 일제히 댈러스로 향했다. 메인의 강연 행사가 있고 1년 뒤, 존슨은 TV를 통해 포교하는 전도사 로버트 슐러Robert Schuller를 위해 오렌지 카운티에 지은 화려한 유리 교회인 수정 교회Crystal Cathedral 개관을 맞아 로스앤젤레스로 왔다. 따스한 어느 일요일 아침, 게리와 베르타도 존슨과 데이비드 휘트니를 만나기 위해 개관식이 열리는 가든 그로브로 향했다. 행사가 끝난 뒤, 게리 부부는 당시 로스앤젤레스에서 가장 최신식에다 가장 유행이었던 레스토랑 '마이클스'에 존슨과 휘트니를 비롯한 여러 방문객을 초청해 저녁을 대접했다.

게리는 건축계에서 전국적으로 유명한 원로 필립 존슨과 끈끈한 관계를 유지하는 동시에, 로스앤젤레스에서 그러한 원로가 되고 싶어 하는 것 같았다. 그는 동료 건축가에게도, 그가 영향을 미치는 로스앤젤레스의 젊은 건축가에게도 모두 인정받기를 갈망했다. 게리는 존슨처럼 원로 실력자가 되는 동시에 관습을 깨는 행동으로 세상을 놀라게 하는 젊은 피 '앙팡 테리블enfant terrible'이 되고 싶었다. 그는 명성과 신선한 창의력을 모두 원했다.

게리의 건축물은 필립 존슨의 장식적인 포스트모더니즘과 정반대였다. 하지만 주위의 젊은 인물들이 주는 자극을 환영하는 게리의 행동은 생각보다 존슨과 많이 닮아 있었다. 게리는 결코 혼자 일하는 법이 없었다. 그렉 월시부터 폴 루보비츠키 같은 사무소의 젊은 건축가들까지, 그는 항상 다른 이들과 아이디어를 주고받으면서 작업의 형태를 잡아 나갔다. 이제 쉰 살에 접어든 게리는 에릭 오언 모스나 톰 메인과 같은 30대 건축가들의 작품을 세심하게 지켜봤다. 당시 게리는 전국 수준에서는 아닐지라도 로스앤젤레스를 통틀어서 가장 많은 이들의 입에 오르내린 건물을 설계해 낸 인물이었고, 로스앤젤레스의 최첨단을 이끄는 건축가 커뮤니티에서 중심적인 인물이었다. 꼭 설계 때문만은 아니지만, 게리는 자연스럽게 그런 위치를 점했다. 하지만 그는 어떻게 참신함을 유지하면서 다음 세대보다 앞서 나갈 수 있었을까?

이는 게리가 사무소에 변화를 준 이유이기도 하다. 사무소 사정이 변하면서 지난 10년간 샌타모니카의 클로버필드 대로에 자리 잡고 있던 사무실 공간도 다른 곳으로 옮기게 됐다. 척 아놀디는 베니스의 해변 근처 브룩스 애비뉴에 있는 한 빌딩의 스튜디오를 빌려 쓰고 있었는데, 그 스튜디오 뒤편의 넓은 공간에 자리가 나자 게리는 사무실을 그리 옮기기로 했다. 베니스는 1960년대보다 더 창의력의 중심지가 됐다. 당시는 한창 예술가들이 베니스로 몰려들기 시작한 때이자, 게리도 예술가 커뮤니티에 합류하게 된 때였다. 성공한 몇몇 사람을 뺀 나머지 예술가들이 베니스 바깥으로 밀려나는 젠트리피케이션 현상은 1980년대 초에 막 시동이 걸렸다. 크레이그 호젯은 게리가 베니스의 중심으로 사무실을 이전하는 것이 젊고 독창적인 사람들과의 관계를 쌓아야 한다는 게리의 인식과 로스앤젤레스 학파의 중요성을 증명하는 결정이라고 보았다.

"당시 널찍한 로프트 사무실에서 주로 상업적 작업을 맡던 프랭크 게리가 우리 클럽에 가입하는 것도 모자라 해변에서 멀지 않은 이 비좁고 지저분한 점포로 사무실을 이전하기로 마음먹었을 때, 한데 똘똘 뭉친 우리 부적응자들이 이제는 그늘을 벗어날 때라는 것이 분명해졌다." 이후 호젯은 이렇게 썼다.•

지도자와 추종자 사이를 오가는 게리의 섬세한 줄타기는 로스앤젤레스 학파의 여러 멤버와 함께 1980년 베니스의 해변에서 찍은 유명한 사진에 잘 드러난다. 게리는 카메라와 가장 가까이 있지만, 더 먼 곳을 내다보며 다른 이들과 약간 떨어진 채 서 있다. 다른 건축가들은 자연스러운 반원 형태로 줄지어 서 있고, 카메라를 정면으로 응시하고 있다. 게리는 다른 이들보다 카메라에 더 가까워서 크게 보이지만, 그들과 함께 있지는 않다.••

사진을 찍기 얼마 전, 게리는 이탈리아 베네치아에도 갔었다. 당시 가장 주목받는 작품을 소개하는 국제건축전이 열리는 베네치아 비엔날레에 참여하기 위해서였다. 1980년에 개최된 전시회의 주제는 "과거의 현재"였다. 파올로 포르토게시Paolo Portoghesi가 이끄는 큐레이터들은 한스 홀레인Hans Hollein, 마이클 그레이브스,

---

• 전 파트너 로버트 맹구리안과 함께 쓴 호젯의 이러한 논평은 메인의 강의와 전시회가 있은 지 34년 후, 로스앤젤레스 학파의 자취를 돌이켜보고 그 영향력을 평가하기 위해 사이악에서 개최된 2013년 심포지엄을 맞아 사이악과 게티 센터Getty Center가 출간한 『이단들의 연합A Confederacy of Heretics』에 실렸다. 카탈로그의 백지 페이지에 적힌 메모에 따르면, 게리는 "실질적인 논의를 하기에는 기억이 불충분"하기에 이 책에 그에 관한 어떤 글도 실리지 않은 유일한 건축가다. 심포지엄에서는 게리에 관한 얘기가 많이 나왔지만, 그는 참석하지 않았다.
•• 이 사진은 『인테리어Interiors』 잡지에 수록된 조지프 조반니니Joseph Giovannini의 「캘리포니아의 디자인: 뉴 웨스트사이드 스토리California Design: New West Side Story」라는 제목의 글과 함께 싣고자 촬영됐다.

1980년 젊은 동료들과 캘리포니아 베니스의 해변에서 함께 어울리고 있지만, 동료들과 약간 떨어진 채로 있는 게리의 모습이다. 왼쪽부터 프레더릭 피셔, 로버트 맹구리안, 에릭 오언 모스, 코이 하워드, 크레이그 호젯, 톰 메인, 프랭크 게리다.

로버트 벤투리, 데니즈 스콧 브라운, 로버트 A. M. 스턴, 리카르도 보필Ricardo Bofill, 찰스 무어 등 많은 건축가를 초대해 대형 파사드를 설계했다. 유서 깊은 아르세날레Arsenale에 줄지어 늘어선 이 인조 파사드들은 '스트라다 노비시마Strada Novissima'로 불렸다. 인조 파사드와 아르세날레의 벽 사이 공간에는 각 건축가의 작품이 진열된 작은 전시회가 열렸고, 각 건축가의 파사드를 통해 전시장으로 입장할 수 있었다. 그해 비엔날레는 포스트모더니즘을 탐구하고, 새로운 건축물의 탄생을 위해 역사가 해야 할 역할에 대해 질문했다.

게리도 비엔날레에 초청을 받았다. 게리는 특유의 성질을 발휘해 전시 주제의 근간을 흔들면서도 능가하는 해법을 떠올렸다. 게리는 뻥 뚫린 투바이포 목조 구조로 '파사드'를 만들었다. 스트라다에서 바라보면 게리의 전시뿐만 아니라 아르세날레의 벽까지도 훤히 보였다. 그는 스트라다에서 바라다보이는 배경을 두르는 목조 구조를 설치했고, 원근법 착시 현상을 일으키기 위해 목각을 사선으로 배치하기도 했다. 게리 작품의 기초가 되어 준 유서 깊은 아르세날레 건물과 시각적 연결감을 부여함으로써 게리의 작품은 비엔날레의 진정한 역사적 맥락과 끈끈하게 맺어진 것 같았다. 반면 다른 건축가의 파사드는 아르세날레가 아닌 어디에다 놓아도 상관없는, 그 자체로 완결적인 오브제였다. 게리의 파사드는 다른 건축가의 파사드와 마찬가지로 자신의 다른 작품들과 닮은 구석이 있었다. 또 많은 포스트모더니스트가 즐겨 사용했던 역사적 요소를 직접 복제하는 방법 말고도 다양한 방식으로 역사적 장엄함을 환기할 수 있음을 알려 주었다. 게리의 작품에 관한 글을 종종 써 왔던 비평가 제르마노 첼란트Germano Celant는 비엔날레 프로젝트에 대해 이렇게 썼다. "가장 급진적인 개입은 단연코 프랭크 게리의 작품이다. 캘리포니아 건축가인 그는 목조 뼈대로 파사드를 만들어 장엄함과 모방성을 거부한다. 또 그 목조 구조 사이사이로 16세기의 아르세날레 건축물이 곧바로 드러난다. 그렇게 포스트모더니즘적 재탄생은 '르네상스의 부활renaissance of the Renaissance'이라 불릴 만한 것이 된다."

포스트모더니즘에 '응답'하고자 하는 게리의 욕망과 과거의 건축물을 흉내 내지 않으면서도 역사의 영향력을 인지하는 방법을 선보이고자 하는 욕망은 베네치아 비엔날레가 있기 오래전부터 농익어 왔다. 게리는 바버라 아이젠버그에게 이렇게 말했다. "포스트모던 건축물은 장식적이고 매끄럽고 선동적입니다. 제가 신경 쓰지 않는 것들이고 어떻게 만드는지도 모르는 것들이죠. 세상은 포스트모더니즘에 열광하지만, 저는 뒤처져 있습니다. 새로운 차장이 운전하는 기차는 이미 역을 떠났는데 저는 그 기차에 올라타는 법을 몰랐죠."

게리는 모던 건축물이 막다른 길에 다다랐다는 느낌에 오래전부터 공감하고 있었고, 이전 세대가 논외로 치부해 버린 역사적 건축물을 새로이 바라보는 포스트모던적 시선이 지닌 매력을 최소한 머리로는 이해하고 있었다. 이처럼 당시 게리는 모더니즘의 한계를 톡톡히 인식하고 있었음에도, 과거를 들춰 보는 것은 그의 성미에 맞지 않았고, 과거의 형태를 모방한다는 것은 상상조차 할 수 없었다.

게리의 유명한 물고기 형태는 이러한 포스트모던 운동의 목적에 대한 공감과 그 방식에 대한 거부감이 결합해 탄생한다. 그는 물고기 모양으로 램프나 조각을 여럿 만들거나, 물고기 모양을 영감 삼아 곡선 형태를 빌딩에 반영했다. 게리는 물고기 형태를 차용함으로써 과거의 형태를 베낀다는 생각을 비꼬는 것 같아서 적잖이 기뻤다. 게리는 마치 '역사를 원해? 내가 보여 주지'라는 태도 같았다. 게리는 UCLA의 한 강연에서 핵심을 짚었다. 그는 건축가들이 과거를 돌아본답시고 고작 그리스 시대까지만 회귀한다며, 왜 수백만 년 전 선사 시대의 가장 원시적인 형태인 물고기까지 거슬러 올라가지 않는지 의문을 제기했다.

포스트모더니스트가 옹호하는 과거로의 회귀 개념이 물고기 형태에 담겨 있다고 말했을 때, 게리는 농담조였을지도 모른다. 하지만 동시에 그는 물고기 형태를 진지하게 관찰함으로써 모더니즘의 육면체 건축물보다 더 관능적이고 기하학적으로 복잡한 작품을 만들기 위한 영감을 얻었다. 그는 물고기가 지닌 이중 곡선에 매료됐다. 가볍고 우아하며 섬세한 뼈대와 그 형태에서 느껴지는 생동감도 좋아했다. 게다가 물고기의 비늘은 물고기가 보이는 것만큼 순수한 오브제가 아니라는 것을 암시하는 듯, 그토록 감각적인 모양도 그의 건축물처럼 여러 자잘한 부분들이 모여 이루어졌다는 사실을 일깨워 주곤 했다. 게리가 말했다. "물고기는 제가 길어 낼 수 있는 가장 완전한 표현 형식입니다." 게리는 특별할 것 없는 형태라면 몸서리치는 건축가였고, 그런 그에게 물고기 형태는 가장 널리 알려진 형태를 게리만의 것으로 만들어 보일 기회를 선사했다. 게리는 물고기 덕에 역사주의를 향해서는 물론이고 자신의 작품이 너무 추상적이고 독특하며, 식별하기 어렵다고 말하는 비평가들을 향해서도 코웃음 칠 수 있게 됐다. 물고기 형태를 알아보지 못하는 이는 없을 테니까 말이다.

　게리는 스미스 집의 입구 주랑을 디자인할 때 처음으로 물고기 형태를 건축에 사용해 봤다. 이는 1981년에 있었던 스티브스 하우스의 확장 공사 제안서의 일부였다. '뛰어 오르는 물고기'가 늘어선 기둥에 리듬을 부여했다. 베네치아 비엔날레에서 했던 것처럼, 그는 전통적인 건축 양식이 무엇인지 파악한 후에 이를 전복했다. 같은 해, 게리는 미시간 캘러머주의 다운타운 재정비 프로젝트의 일환이었던 한 호텔 설계에서 물고기 모양을 빌딩 크기만큼 크게 부풀려 보려 했지만, 결국에는 다른 건축가에게 일이 넘어가고 말았다. 게리가 그 일을 맡았다 하더라도 캘러머주의 물고기는 반 토막 신세를 면치 못했을 것이다. 게리는 물고기의 머리를 잘라 낸 몸통 부분을 수직으로 세워서 멀리에서 보면 구불구불한 탑처럼 보이게끔 하고 싶었다. 이후 게리는 꼬리로 균형을 잡고 선 온전한 물고기 모양의 조각품을 제안했다. 로어맨해튼에 있는 스튜디오 로프트 단지의 정원에 세워질 중앙 장식물 디자인이었는데, 이 또한 실제로 만들어지지 않았다.

　그즈음 게리는 뉴욕건축가연맹Architectural League of New York이 착수한 프로젝트에 참여 제안을 받았다. 건축가와 현대 예술가가 힘을 합쳐 혼자서는 만들 수 없었던 것을 제작해 보는 프로젝트였다. 게리의 파트너는 조각가 리처드 세라Richard Serra였다. 두 사람은 곧 친한 사이가 되지만, 결국에는 고통스러운 결말을 맞이한다. 게리와 세라는 크라이슬러 빌딩과 세계무역센터World Trade Center를 잇는 웅대한 다리를 설계했다. 두 건물은 모두 세라의 다운타운 맨해튼 로프트에서 창을 통해 볼 수 있었다. 세라는 크라이슬러 빌딩 쪽, 이스트 리버에 설치할 기울어진 지지 철탑을 설계했다. 게리는 다른 끝쪽의 철탑을 설계했다. 고층 건물 크기의 물고기로, 허드슨강에서 튀어나와 다리의 케이블을 이빨로 물고 있는 듯한 형태였다. 캘러머주의 물고기와 달리, 이 물고기는 주제 의식을 잘 드러냈다. 허드슨강에서 튀어 올라와 케이블을 물고 있는 모습은 물고기와 낚싯대의 일반적인 관계를 재치 있게 역전시킨 표현이었다. 세라와는 무척 성향이 다른 조각가인 클라스 올든버그와 코셔 판 브뤼헌Coosje van Bruggen에게서 영향을 받은 게리의 작품적 특징이 이 설계에 아주 짙게 묻어난다. 이 다리 물고기는 올든버그와 판 브뤼헌의 작품처럼 거대하면서, 재미와 불안을 동시에 조장하는 친숙한 오브제라는 점에서 그렇다.

게리는 물고기를 단순히 건축적 열망에 대한 은유로 사용하는 데 그치지 않았다. 그는 물고기를 디자인 요소로 활용할 방법을 계속해서 모색했다. 1983년에 게리는 유리 물고기를 제시한다. 바버라 야콥슨Barbara Jakobson이 레오 카스텔리 갤러리Leo Castelli Gallery에서 개최한 폴리 건축물 전시회에서 파빌리온으로 선보인 이 유리 물고기는 이번에는 수평으로 설치됐다. 이는 작은 건물 크기에 맞먹는 물고기를 선보인 첫 시도였으며, 내부에는 방도 하나 있었다. 카스텔리 물고기는 똬리를 튼 뱀과 함께 배치될 계획이었다. 게리는 그 물고기가 일종의 감옥이며, 파빌리온에 들어간 사람이 수감자를 감시하는 형태라고 상상했다. 보통 게리는 형태가 스스로 얘기하도록 놓아두는 편이기에, 이처럼 서사가 있는 프로젝트는 극히 드물었다.

게리는 종종 다른 생물의 형태를 가지고 놀기도 했다. 그는 1980년에 있었던 가짜 건축 공모전에서 추상화한 독수리를 왕관처럼 꼭대기에 이고 있는 고층 건물 설계를 출품했다. 건축 공모전 사상 가장 유명한 디자인은 1920년대의 트리뷴 타워Tribune Tower였는데, 게리는 이 작품에 보내는 현대적 경의의 표시로서 추상화한 독수리를 떠올렸다. 게리의 또 다른 독수리는 건축사학자 찰스 젠크스Charles Jencks의 집에 있었다. 그 독수리는 젠크스가 의뢰한 것은 아니었지만, 그가 사는 주택의 현관 페디먼트 위에 앉아 있었다.

게리는 생물 형태를 건축물에 넣으려 했지만, 처음에는 그러한 노력이 다 실현되지는 못했다. 게리는 새로운 작업실이 있었던 베니스 브룩스 애비뉴 근처의 '레베카스' 레스토랑을 위한 디자인도 했다. 1985년에 완공된 이 레스토랑의 가장 놀라운 특징은 천장에 매달린 커다란 악어 한 쌍이었다. 빛나는 문어 모양의 샹들리에도 있었고, 캘러머주 프로젝트 때와 같이 머리가 없는 물고기 몸통 모양의 커다란 스탠딩 램프 두 개도 있었다. 이렇게 게리가 물꼬를 터 준 덕에 레베카스 레스토랑은 이후 게리의 여러 아티스트 친구에게 또 다른 장식 제작을 의뢰하기도 했다. 에드 모지스는 독거미 이미지로 창문을 만들었고, 피터 알렉산더는 검은색 벨벳으로 벽화를 만들었으며, 토니 벌랜트는 정문을 디자인했다.•

1983년, 게리가 자유롭게 물고기 모양을 가지고 놀기 시작한 지 몇 년 후, '컬러코어'라 불리는 최신 플라스틱 래미네이트를 내놓은 포마이카Formica Corporation사에서 연락이 왔다.•• 포마이카는 신제품이 지닌 디자인 가능성에 세간의 이목을 집중시키기 위해 여러 유명 디자이너들에게 신제품으로 새로운 오브제를 만들어 달라고 의뢰하고 있었고, 게리도 그중 한 명으로 초대를 받은 것이었다. 게리는 제안을 수락했다. 물질 전체가 같은 색이라는 사실 뿐만 아니라 특히 밝은색인 경우, 물질이 반투명해 보인다는 사실에 게리는 흥미가 일었다. 처음에 그는 이 프로젝트를 물고기 형태와 연관 지어 구상하지 않았다. 그는 그저 컬러코어의 반투명한 성질에 착안해 램프를 만들어 보려고 했다. 초기 램프 디자인 중 하나는 육면체 형태였는데, 포마이카에서 나오는 이사무 노구치Isamu Noguchi의 유명한 종이 램프의 아류에 불과한 것 같았다. 하지만 진부한 모양의 램프가 우연히 산산조각이 났을 때, 게리는 테두리가 둥그스름하게 깨진 조각을 보곤 물고기의 비늘을

• 레베카스의 운영 기간은 짧았지만, 베니스의 많은 예술가, 건축가는 물론, 그들의 추종자들이 모여드는 사교의 장으로 기능했다. 레베카스는 1988년에 문을 닫은 뒤 철거됐다.
•• 겉면에만 색을 입혔던 이전까지의 플라스틱 래미네이트와 달리, 컬러코어는 재료 전체에 색이 들어가 모서리에도 표면과 같은 색을 입힐 수 있었다.

떠올렸다. 그때, 컬러코어로 물고기 형태의 램프를 만들 수도 있겠다는 생각이 불현듯 게리의 뇌리를 스쳤다.

1983년, 게리의 첫 번째 물고기 램프 세트는 이토록 우연히 세상에 나왔다. 신중한 숙고를 거친 덕이라기보다는 한 회사가 자사의 신제품을 홍보하는 과정에서 운 좋게 만들어진 작품이었다. 게리는 물고기 램프가 시장에서 잘 팔릴 거라고 전혀 기대하지 않았다. 그는 여러 변형 버전을 스케치한 뒤, 예술가이자 공예가이며 수년간 게리의 프로젝트를 도와 온 토머스 오신스키Tomas Osinski에게 도움을 요청했다. 그는 컬러코어의 반투명성을 강조하는 방향으로 램프를 제작해 달라고 청했다. 게리와 베르타는 첫 번째 물고기 램프를 간직했고, 두 번째 램프는 포마이카에 넘겼으며, 나머지 램프 중 하나는 한 아트 딜러에게 100달러를 받고 팔았다. 이윽고 램프에 관한 이야기가 예술계에 퍼지기 시작했다. 컬렉터 아그네스 군드Agnes Gund가 자신의 남자 형제이자 건축가인 그레이엄 군드Graham Gund에게 약혼 선물로 주려 한다며 게리에게 램프를 하나 제작해 달라고 부탁했다. 게리는 그 램프를 1천 달러에 팔았다. 필립 존슨, 재스퍼 존스, 빅토리아 뉴하우스 Victoria Newhouse의 요청이 잇따라 쇄도했고, 래리 거고지언은 게리의 물고기 램프가 일류 수집품이 됐다는 사실을 재빨리 눈치채고 1984년에 베벌리힐스에 있는 자신의 갤러리에 게리의 램프 20점을 전시했다. 게리의 새로운 예술 상품이 탄생한 것이다.•

물고기 모양으로 실제 빌딩을 설계해 달라는 의뢰가 들어오는 건 이제 시간문제였다. 1986년, 일본 고베의 해안가 프로젝트를 두고 타사와 경쟁하던 한 일본인 개발자가 게리에게 연락을 취했다. 그는 그 해안가 부지에 지을 커다란 레스토랑 디자인을 해 달라고 부탁하며 게리를 고베로 데려왔다. 저녁 식사 자리에서 개발자와 동료들은 게리에게 냅킨에 간단한 스케치를 그려 줄 수 있냐고 물었다. 게리가 그때를 떠올리며 말했다. "그래서 우리 모두 냅킨에 그림을 그리기 시작했어요. 제가 그린 스케치 중 하나는 바다를 떠다니는 물고기 그림이었죠. 그 일본 분들은 '게리 씨, 물고기, 좋아요'라고 하시더군요." 게리는 식사 자리에서 잠깐 끼적거렸던 그림은 까맣게 잊은 채 로스앤젤레스로 돌아와 완전히 새로운 레스토랑 설계를 만들어 냈다. 게리의 설계를 받아 본 클라이언트는 물고기가 어디 갔냐며 난처해했다. 그들은 물고기처럼 생긴 건물을 기대하고 있었다. "클라이언트는 제 설계가 마음에 들지 않는다고 했어요. 그들은 제가 그날 휘갈겨 그렸던 물고기 모양을 원하는 거였죠. 그래서 저는 설계를 다시 해 줄 수는 있지만, 2주에서 3주 정도 시간이 더 걸릴 것 같다고 말했습니다. 그랬더니 그쪽에서 말하더군요. '아니, 안 돼요. 월요일 아침까지 끝내야 합니다.' 공모전 출품을 위한 설계였던 거죠. 저한테는 그런 말을 한 적이 없었거든요. 그래서 저는 월요일까지 마칠 수 없다고, 미안하다고 말하고서는 전화를 끊었습니다. 그때가 로스앤젤레스 시각으로 밤 열 시였어요. 자정쯤 클라이언트에게 다시 전

• 게리는 이후 몇 년간 계속 물고기 램프를 만들기 때문에, 이는 시작에 불과했다. 게리의 물고기 램프는 거고지언이 가장 오래 보유하는 수집품 중 하나가 된다. 거고지언은 전 세계에 있는 자신의 갤러리에서 전시회를 개최했던 2013년, 2014년에도 여전히 물고기 램프를 선보이고 있었다.

화가 와서는 이렇게 말하더군요. '게리 씨, 괜찮습니다. 우리가 당신 그림으로 건물을 만들게요. 당신은 아무것도 하지 않으셔도 됩니다.'"

게리가 냅킨에 냅다 휘갈긴 스케치로 일본인 개발자가 건물을 짓는다는 생각에 식겁한 게리는 토요일 아침 댓바람부터 사무실로 향했다. 게리는 일본어를 할 줄 아는 그렉 월시에게 함께 작업해 달라고 부탁했다. 이들은 게리의 이전 작품들에서 일부분을 떼어다 콜라주를 만들듯 디자인을 함께 조립했다. 첫 번째 구조물은 흡사 론 데이비스 하우스에서 한 조각 베어 낸 듯, 흰색 금속으로 덮인 각진 형태였다. 두 번째는 구리를 입힌 건물로, 똬리 튼 뱀 작품을 추상화한 모양이었다. 그리고 마지막으로 높이가 21미터에 달하는 도약하는 물고기 조각상은 물고기 램프에 착안해 탄생했다. 물고기 조각상은 체인 링크로 덮을 예정이었다. 그 조각상은 기념비적 작품이자 그 레스토랑의 상징이 될 터였다. 게리가 말했다. "우리는 이 세 작품의 정물화를 만들었어요. 그런 뒤 그렉을 비행기에 태워 일본으로 보냈죠. 그렉은 일본에서 한 달간 머무르며 건설 과정을 지켜봤어요." 프로젝트가 끝날 때까지는 10개월이 걸렸고, '피시댄스 레스토랑Fishdance Restaurant'이라는 이름이 붙은 그 가게는 머지않아 고베의 랜드마크가 됐다.

게리는 물고기 모양에 애착이 강했고, 대형 조각에서 램프까지 물고기를 모든 것의 영감으로 삼았다. 이러한 게리의 태도는 전통적인 건축 형태를 가지고 노는 포스트모던 건축가들과 연결 고리를 만들려는 시도도, 작품에 포스트모더니즘을 진지하게 담아

일본 고베의 피시댄스 레스토랑

내려는 의도도 전혀 아니었다. 게리는 필립 존슨을 좋아했고 그의 지성을 깊이 존경했지만, 이러한 감정 때문에 존슨의 장식적이고 어떤 때는 단순하기 짝이 없는 역사적 차용물까지 좋아하지는 않았다. 또한 새로운 건축물은 옛 건축물을 본떠야 한다는 생각에 대한 강렬하고도 본능적인 불편함을 억누르지도 않았다.[*] 모방처럼 보이는 것이라면 뭐든 반감이 드는 게리의 성질은 항상 그의 가치관에서 중요한 자리를 차지했다.

동시에 게리는 새로운 건축물이 어떤 모습이건 간에, 과거의 작업과 어떠한 연관성도 없이 오로지 설계자의 생각만으로 완성될 수 있다는 견해도 모조리 의심했다. 게리는 과거의 대작이 자신의 작품에 미친 심오한 영향력을 인정하는 데 주저함이 없었다. 단지 그는 역사적 건축물에 대한 존경의 표시가 왜 하필 모방이어야 하는지 이해하지 못할 뿐이었다. 게리는 모방보다 더 진정성 있는 방식으로 존경을 표할 수 있다고 믿었다. 그는 특정한 건축 형태는 특정 연상 작용을 일으킨다는, 포스트모더니즘의 또 다른 근본적 가정도 알고 있었다. 하지만 이번에도 게리는 그러한 가정을 수긍하는 동시에 포스트모더니즘 건축가들과 궤를 달리할 다른 방법이 있다고 믿었다. 게리는 건축가들이 양극단으로 잘못 치우쳤다고 보았다. 즉, 모더니스트는 과거의 건축물과 닮

---

[*] 존슨도 자신의 포스트모던한 태도를 게리가 공유해 주기를 기대하거나 원하지 않았을 것이다. 존슨은 냉소적이고 출세를 중시하는 사람이었지만, 그를 맹목적으로 추종하는 이들보다 존슨만큼 영리한 사람들이 모임에 있는 게 더 낫다는 걸 알 만큼 똑똑했다. 존슨도 게리가 자신에게 보이는 존경이 그의 건축물이 아니라 지성 때문이라는 사실을 확실히 알고 있었다.

은 데가 전혀 없는 새로운 건물을 만들고 싶어 했다면, 포스트모더니스트는 과거의 건축물과 너무 많이 닮은 새로운 건물을 만들고 싶어 한 것이다.

포스트모던 건축 운동과 게리의 관계가 복잡하고 미묘하다는 사실은 수년간 뚜렷하게 드러났다. 특히 힐크레스트 아파트와 같은 경력 초기의 프로젝트에서 극명했다. 하지만 대체로 게리는 포스트모더니스트가 금욕적이고 관습적인 모던 건축물에 반기를 든다는 점에 공감했을 뿐, 기업적인 모더니즘을 대체할 건축 형식으로 포스트모더니즘을 선택하지는 않았다. 게리는 포스트모더니스트의 감수성을 겸비한 모더니스트로, 그의 본능은 모더니즘과 포스트모더니즘 어디에도 끼지 않는 곳으로 그를 이끌었다. 확실히 그의 건축물은 어떤 분류에도 속하지 않았다.

1978년, 게리는 어떤 의미에서 포스트모더니즘 사조와 가장 맞닿아 있다고 할 수 있으며, 또 둘 사이의 연결 고리가 얼마나 미약한지 잘 보여 주는 로욜라 로스쿨Loyola Law School 프로젝트를 시작한다. 로욜라메리마운트대학교Loyola Marymount University 소속의 로욜라 로스쿨은 로스앤젤레스 다운타운 서쪽인 웨스트레이크 지역에 자리 잡고 있다. 웨스트레이크는 로스앤젤레스 서쪽에 있는 로욜라대학교 본 캠퍼스에서 수 킬로미터 떨어진 도시 외곽으로, 다운타운의 활기를 머금기에는 거리가 너무 멀지만, 그렇다고 자기만의 동네 정체성을 확립하기에는 다운타운과 너무 가까운 애매한 위치였다. 게리는 웨스트레이크의 그러한 특징을 빠삭하게 알고 있었다. 골드버그 가족이 처음 로스앤젤레스로 이주했을 때

세 들어 살았던 징글징글한 벌링턴 아파트가 그곳에서 서쪽으로 고작 네 블록 떨어진 곳에 있었기 때문이다. 로욜라 로스쿨이 있는 동네는 침침하고 따분했지만, 학교 분위기는 게리의 정치적 성향뿐 아니라 야심가 기질에 잘 맞았다. 예수회 기관인 이 학교는 오랜 시간 공익법 교육을 장려했으며, 로스앤젤레스에서 인가받은 로스쿨 중 최초로 무료 봉사 활동 시간을 졸업 요건으로 설정한 곳이었다. 로욜라 로스쿨의 행정부는 상업적인 학교 건물이 너무 따분하다고 생각했다. 당시의 건물 형태는 사람을 만나고, 교류하고, 학교와 연결감을 느껴야 하는 캠퍼스보다 사무실에 더 잘 어울리는 것 같았다. 그래서 로욜라 측은 자그마한 캠퍼스에 학교의 정체성을 잘 담아낼 수 있는 개선 방안을 논의하기 위해 여러 건축가에게 문의했다.

게리는 로욜라가 가장 원하던 건축가는 아니었다. 게리는 로욜라가 찰스 무어에게 마음이 기울고 있었다며 그때를 떠올렸다. 편안하고 활기차며 다양한 색감으로 포스트모던한 작품을 건축하는 그는 확실히 캠퍼스에 매력을 더해 줄 것 같았다. 몇 년 전, 예일대학교에서 건축학과 학과장직을 내려놓은 뒤 로스앤젤레스에 회사를 차린 무어는 게리보다 덜 혁신적이었으나 더 유명했다. 로욜라 행정부는 사회적 책임을 다하는 진보적인 전통을 지녔지만, 건축에서는 혁신을 이룰 생각이 없는 모양이었다.

하지만 게리에게 유리한 점도 두 가지 있었다. 그는 동네 정체성과 관련한 문제에 대해 확신에 찬 목소리로 말할 수 있었다. 게리가 그 근처에서 몇 년간 직접 살았기 때문만이 아니라, 1963년에 로스앤젤레스의 한 상업 회사가 설계한 작은 로욜라 캠퍼스의 현재 상태에 대해서도 거리낌 없이 비판할 줄 알았기 때문이다. 무엇보다 게리가 면접을 볼 때, 건축가 선발 과정에 참여한 학교 측 관계자 중 한 명인 교수 밥 벤슨Bob Benson이 게리의 열렬한 팬이었다. 이후 그는 게리에게 칼라바사스 근처에 자기가 살 집을 설계해 달라고 의뢰하기도 한다. 게리가 말했다. "벤슨은 배짱이 대단했어요. 다른 관계자들을 설득해 버렸죠."

적은 예산으로 만든 벤슨 하우스Benson House는 재기발랄한 소규모 육면체 구조물 두 개가 2층에 놓인 다리로 연결된 형태다. 건물을 여러 독립적인 구조물로 쪼개는 게리의 실험이 반영된 집인데, 이와 같은 실험 정신은 로욜라 프로젝트에서 만개한다. 프로젝트에 선정되고 난 뒤, 학생과 교원 간의 일상적 상호작용을 촉진하는 동시에 학교를 더욱더 유명하게 만들어 줄 설계 방안을 찾기 위해 게리는 로마로 떠난다. 게리는 뚝뚝 떨어진 구조물들이 합쳐져 하나의 도시 정체성을 형성하는 로마 포럼Roman Forum을 거닐다가 로욜라도 그와 비슷하게 만들 수 있지 않을까 하고 떠올렸다. 작은 건물들의 마을을 만드는 것이다.

로마 포럼은 과거에 재판이 이루어지기도 했던 고전 건축물이기에 법과의 연관성이 명백했다. 대놓고 역사적 건축물을 표방하거나 모방하는 것을 항상 내키지 않아 했던 게리는 로마 포럼에 심취하지 않으면서도 포럼의 느낌을 살릴 방법을 찾아내는 과제를 받아들였다. 그는 고전 건축물을 베끼지 않으면서도 그 분위기를 실현할 방법을 찾아내고 말겠다고 결심했다. "저는 포스트

모더니즘으로 빠지지 않으면서 포럼의 상징적 기둥을 표현해 내리라 마음을 먹었어요." 게리가 말했다.

결국 게리는 해냈다. 여러 단계를 거쳐 1994년에야 다 완공될 로욜라 마스터플랜은 포스트모더니즘의 도전에 대한 게리의 가장 그럴싸한 대답과도 같았다. 로욜라 프로젝트는 게리의 도시 설계 중 가장 선진적이었고, 가장 재치 넘치는 작업이었다. 핵심 건물은 쪼르르 붙어 있는 세 채의 건물이었고, 각각 강의실 건물, 모의재판을 진행하는 강당, 예배당이었다. 핵심 건물들은 학생 회관, 회의실, 세미나실, 사무실이 있는 기다란 4층짜리 건물 앞쪽에 배치됐다. 이 건물들 사이의 공간은 교정이 아니라 이탈리아 마을의 광장 같은 느낌이었다. 4층짜리 기다란 건물은 다른 작은 건물들의 배경 역할을 톡톡히 하기 위해 커다랗게 지었고, 파사드를 노란색 스투코로 칠했다.• 게리는 평범한 창문을 파사드 안쪽으로 움푹 들어가게 했다. 또한 건물 중앙부의 일부를 찢은 듯 분리한 뒤, 찢긴 양쪽 끝에 생동감 넘치는 야외 계단을 설치했다. 커다랗고 각진 중앙 계단은 박공지붕 형태의 유리 구조물로 이어졌다. 그 건물은 차분하게 정돈된 외부의 파사드와 무질서한 내부의 활동성을 동시에 배치한 듯했다. 마치 알도 로시

• 게리가 과장된 파사드로 포스트모던한 태도를 보인 것은 이번 한 번만이 아니다. 1980년에 할리우드 북쪽 지역에 완공된 세계저축대부조합World Savings and Loan Association 지사는 1층 높이의 구조물 위에 3층 높이의 스투코 벽이 둘러쳐져 있고, 그곳에 주차장과 출입구가 있다. 이 '가벽'은 자동차 친화적인 이 은행 건물에 장엄함과 도시적 느낌을 더한다. 꾸밈없이 깔끔한 모습이지만, 나머지는 로버트 벤투리의 건축물과 흡사해 보일 수도 있다. 1980년, 게리가 샌타모니카 플레이스에 지은 부버의 보석 가게도 도시성을 강조하며 포스트모던한 특징을 보여 준다.

Aldo Rossi의 파사드에 게리 특유의 활력 넘치는 디자인이 충돌해 박힌 것 같았다. 이오 밍 페이I. M. Pei의 파트너이자 게리와 작품 성향이 달랐지만 게리를 선망하던 건축가 헨리 N. 코브Henry N. Cobb는 이 계단에 대해 이렇게 썼다. "계단은 그 어떤 경제적, 공학적, 기능적 제약에서 완전히 벗어나 자유를 얻은 듯, 생기 넘치는 자유분방함을 발산하며 뒤틀려 있다. (…) 반듯하게 뚝뚝 찢겨 나간 벽에서 계단이 튀어나오는데, 그 벽과 계단을 함께 보고 있노라면, 인간 사회 속 행위의 자유와 법에 의한 지배 간의 복잡하고 문제적인 관계에 대한 유창하고 은유적인 성찰이 담겨 있는 듯하다."

게리의 로욜라 작업에는 공공 건축물이라면 단정하고 위엄 있는 모습이어야 한다는 포스트모던의 믿음을 승인하는 동시에, 단정한 건물을 둘로 쪼갬으로써 밋밋한 파사드보다 시각적으로 더 흥미로운 광경을 연출하면서 그러한 믿음을 전복했다. 이 승인과 전복의 게임은 조그만 강당 빌딩에서 더 노골적으로 드러난다. 강당 건물의 벽돌 파사드 앞쪽에는 네 개의 콘크리트 기둥이 끼어들어 있다. 기둥은 주초도 주두도 없고, 그 위에 얹는 프리즈나 페디먼트도 없이 홀로 덩그러니 서 있다. 이렇게 본질적 형태로 환원돼 고전적 파사드를 선보이는 기둥들은 미니멀리스트의 조각품이 됐다.

전통적인 법원 청사 건물을 똑같이 복제한 결과물보다 이처럼 추상화한 작업에서 더 강렬하게 원본이 떠오른다는 점은 무척 놀랍다. 예배당도 마찬가지다. 목조 구조 위에 유리와 핀란드산 합판°이 덮인 이 건물은 앞쪽에서 보면 지붕이 박공널 형태지만, 뒤에서 보면 애프스apse(직사각형 건물 또는 공간 끝에 부속된 반원 형태의 내부 공간―옮긴이) 공간처럼 반원 형태를 띠고 있다. 그 옆의 종탑도 목조 구조에 유리를 덮어 만들었다. 게리는 이 예배당을 두고 "애프스가 딸린 단독주택"이라고 불렀고, 종탑과 함께 보면 이탈리아의 대성당, 퀘이커교 예배당, 뉴잉글랜드 헛간이 섞여 새롭고도 일관된 형태를 일군 것만 같았다. 목조 구조 위에 씌운 유리 파사드는 예배당의 깊이감을 더한다. 또한 일반적으로 고루하고 불투명하게 설계되는 예배당 건물과 달리 현대적이고 투명한 느낌을 자아낸다.

하지만 예배당은 건설되지 못할 뻔했다. 일부 로욜라 관계자가 학교와 천주교의 연관성이 더 직설적으로 드러나는 디자인을 원했기 때문이다. 게리는 재기발랄하고 천주교를 연상시키지 않는 예배당 디자인 때문에 신성 모독적이라는 비난을 받기도 했다. 그는 자기 부인이 천주교 신자이며, 원한다면 기꺼이 새로운 예배당을 디자인하겠다고 클라이언트에게 말했다. 하지만 자신은 로스쿨의 정신과 다양한 학생 집단에 어울리게끔 예배당을 설계한 것이라며, 그 의도를 알아 달라고 호소했다. 아마 밥 벤슨의 개입 덕분인지, 예배당은 게리의 설계대로 지어졌다.°°

• 후에 합판은 내구력이 더 뛰어난 구리판으로 교체됐다.
•• 예배당과 달리, 모의재판 강당 설계 시에는 게리의 뜻대로 밀고 나가지 못했다. 게리는 빈 패널 세 개에 에드 루샤의 회화를 넣고 싶었다. 루샤는 '법이란 무엇인가?'라는 문구를 새긴 벽화를 제안했다. 학과장은 이 제안을 진지하게 고려하지도 않은 채로 거절했다. 몇 년 뒤, 로욜라 측이 마음을 바꿔 루샤에게 해당 작업을 요청했지만, 루샤가 거부했다.

나란히 붙은 세 채의 건물 중 마지막 하나는 작은 강의실 건물로, 고전적인 건축 요소를 추상화하는 작업의 연장선에 있다. 이 건물의 경우, 회색 스투코를 바른 상자 모양 건축물 앞쪽에 열주가 있고, 건물 위쪽 커다란 모니터 지붕 앞쪽에 작은 열주가 또 있다. 이 위층의 열주는 루프톱에 내건 간판처럼 고전주의적 아이디어를 만천하에 선보이고 있다. 이 건물은 게리의 로스앤젤레스 예술가 친구 중 한 명인 토니 벌랜트가 몇 년 전 만든 작품 〈뉴욕과 아테네의 결합The Marriage of New York and Athens〉 시리즈와 놀랍도록 닮았다. 게리는 이 건축 조각을 향해 공공연하게 찬사를 보냈었다.[*] 이 시리즈 중에는 옆벽의 가운데가 들쭉날쭉한 모양으로 날렵하게 잘려 나간 고대 신전을 닮은 작품이 있다. 이처럼 고전적 질서와 현대적 간섭이 나란히 어우러진 모습은 헨리 코브가 감탄해 마지않았던 로욜라의 커다란 건물 디자인을 떠올리게끔한다.

모의재판 강당과 예배당이 특히 더 그렇지만, 로욜라의 모든 건물은 게리의 작품 세계가 향하는 방향을 정확히 보여 주고 있다. 이곳의 모든 건물은 특색 없는 육면체 상자 모양이 아니다. 그런 점에서 게리의 예배당과 미스 반데어로에가 시카고의 일리노이 공과대학Illinois Institute of Technology에 지은 예배당은 비교해 볼 만하다. 시카고의 예배당은 미스의 건축 언어가 지니는 보편성을 드러내기 위해 벽돌, 철, 유리로 만든 평범한 육면체 형태다. 게리는

---

[*] 몇 년 후, 게리는 벌랜트의 이 조각 시리즈 중 몇 점을 가져다 작업실 입구 회랑에 두기도 한다.

포스트모더니스트들과 비슷하게 모더니즘의 보편적인 건축 언어에 관심이 없었고, 유서 깊은 상징을 작품에 참조하면서 쾌감을 얻는 포스트모더니스트의 태도에 공감했다. 미스와 달리 게리는 종탑, 신도석, 숭배 관념 간의 역사적 연결 고리나, 그리스 신전과 정의 관념 간의 역사적 연결 고리를 고려하지 않았다. 이런 점에 있어서 게리는 포스트모더니스트와 같은 주제를 다뤘다. 하지만 그들과 다른 방식으로 그 주제를 다룸으로써 모든 논쟁을 초월하고 자신만의 방식으로 새롭게 해낼 수 있었다.

게리의 이름값이 날로 높아지자, 사세도 다시 확장하기 시작했다. 그로 인해 게리가 오랜 시간 골머리를 앓아 왔던 자잘한 회사 운영 문제를 더는 못 본 체할 수 없게 됐다. 베르타가 재정 문제를 대부분 처리해 주고 있었지만, 회사가 커 가면서 할 일은 더욱더 쌓였다. 게리는 운영 문제에 쏟을 시간을 아끼고 설계에 집중할 시간을 벌기 위해 동업자를 뽑을지 고민했다. "저는 항상 사업 쪽 일을 맡아 줄 구원자를 찾아 헤맸어요. 저는 설계에 매진하고 싶었거든요." 게리가 말했다.

게리의 친구이자 조경사인 피터 워커가 폴 크루거Paul Kruger라는 건축가를 동업자로 추천했다. 그는 당시 보스턴에서 다니던 회사를 그만두고 새로운 일자리를 찾던 중이었다. 그렇게 게리와 크루거가 만났다. 하지만 크루거는 로스앤젤레스로 이사하는 걸 망설였다. 게리는 크루거가 편하게 동부에서 일할 수 있도록 게리 앤드 크루거Gehry & Kruger라는 두 번째 회사를 설립했다. 이 회사는 이후 베니스에 본거지를 둔 프랭크 O. 게리 앤드 어소시에이츠Frank O. Gehry & Associates와 협력한다.

게리 앤드 크루거 회사는 게리, 월시 앤드 오맬리 시절 못지않게 순탄치 않았다. 게리는 크루거의 직원과 어울리는 데 어려움을 겪었고, 크루거를 로스앤젤레스로 데려오지 않고 보스턴에서 계열사를 운영하도록 내버려 둔 것을 후회했다. 그 잘못된 결정으로 회사 운영과 관련한 게리의 고통은 줄어든 게 아니라 더 심해졌다. 게리는 1년도 채 되지 않아 관계를 정리했고, 그 대가를 폴 크루거에게 지급해야 했다.

1980년대 초, 게리의 명성은 로스앤젤레스가 아니라 전국과 전 세계로 빠르게 뻗어 나가는 것 같았다. 전 세계적으로 유명한 건축가 사이에서는 로스앤젤레스 출신 건축가로 기억됐지만, 그렇다고 해서 로스앤젤레스에서 일감이 많이 들어오는 건 아니었다. 하지만 현지에서 게리의 지명도도 다른 곳에 비해서는 조금 느리지만, 여전히 성장하고 있었다. 그의 전화는 현지 작업 문의로 내내 바쁘게 울려 댔다. 게리가 이제껏 작업해 왔던 클라이언트들보다 더 유명한 인물들도 종종 의뢰해 왔다. 1981년, 게리는 스튜디오시티에 있는 사무실 건물을 설계하게 됐다. 부동산 개발자 키스 케네디Keith Kennedy가 미국배우조합SAG, Screen Actors Guild과 함께 진행하던 일이었다. 그 프로젝트는 실현되지 않았지만, 포스트모던 주제와 관련한 게리의 창의성이 가장 잘 드러나는 작품이었다. 1만 2천 제곱미터에 달하는 그 건축물의 파사드에는 편평한 창문 부분과 높은 기둥이 있고 움푹 들어간 부분이

번갈아 나타나는 커다란 구조물과 이탈리아 구릉 도시 풍경처럼 작고 평범한 건물이 옹기종기 모여 있는 부분도 있었다. 커다란 구조물은 사무실 공간이었고, 작은 건물이 모여 있는 부분은 상점 공간이었다. 로욜라 프로젝트에서 써먹은 아이디를 더 크고 모던한 틀 안에서 작은 그림처럼 삽입한 것 같았다. 게리는 전통적 건물을 찬양하는 동시에 다른 환경에 배치함으로써 전복하기도 했다. 그 환경 자체만 놓고 보더라도 독특하고 강렬한 건축적 작품 같았다.

하지만 대규모 로스앤젤레스 프로젝트 몇 건은 실현되기 시작했다. 1982년에는 새뮤얼 골드윈Samuel Goldwyn이 베벌리힐스 끝자락에 있는 흔한 미드센추리 사무실 건물을 본사 건물로 개조해 달라고 의뢰했다. 이 자체는 새로운 설계를 선보일 여지는 적은 프로젝트였지만, 이후 할리우드에 지역 도서관을 새로 설계하는 프로젝트를 게리가 맡을 수 있도록 도와준 프로젝트였다. 골드윈이 도서관 재건 금액 기부자였기 때문이다. 그 도서관은 골드윈의 어머니 이름을 따 프랜시스 하워드 골드윈Frances Howard Goldwyn이라고 불렸다. 도서관은 3백만 달러의 예산이 투입되어 사람들의 이목을 끄는 프로젝트였다. 게리는 유리와 스투코로 만든 육면체 구조물 세 개를 만들었다. 그는 건물을 널찍하고 웅장하게 지음으로써 독서 개념에 모더니즘적 장엄함을 부여했다. 아쉬운 점도 있었다. 작은 탑 같은 세 개의 육면체 구조물은 게리의 작품답지 않게 거리감이 느껴지는 데다, 시에서 보안을 위해 울타리와 높은 벽을 두르는 바람에 동네 도서관이라기보다 군사 시설

같은 분위기를 띠게 됐다. 그렇기에 사람들이 도서관을 잘 이용하긴 해도 그 건물을 썩 좋아하는 건 아니라는 사실은 놀랄 일도 아니었다. 도서관이 완공되고 몇 년이 지난 뒤, 문화 비평가 마이크 데이비스Mike Davis가 자신의 책 『석영의 도시City of Quartz』에서 도서관 건물에 대해 이렇게 논한다. "의심의 여지없이 역사상 가장 위협적인 도서관이며, 외부에서 봤을 때 건선거에 정박한 함선의 형태와 〈강가 딘Gunga Din〉 요새가 합쳐진 것 같은 기괴한 혼합체다." 물론 이러한 평은 과장된 것이었다. 하지만 도서관 작업에서처럼 추상적 형태를 단순하게 다루면 사람들에게 무척 다른 의미를 전달할 수도 있겠다는 교훈을 게리에게 안겨 줬다. 데이비스는 또한 로욜라 로스쿨 프로젝트도 내부의 이탈리아 광장 디자인에 과도한 초점을 맞추고 있다고 비판했다. 데이비스는 게리가 매력적인 공공장소라기보다 요새에 가까운 프로젝트들을 미학을 이용해 정당화했다고 날카롭게 비판했다. 또 게리가 자신이 줄곧 주창하던 좌파 정치보다 권력 있는 클라이언트의 입맛을 맞추는 데 혈안이라고 평했다.

타인의 호감을 얻는 것보다 언제나 야망을 택했던 게리는 데이비스의 독설에 충격을 받았다. 게리는 자신이 로스앤젤레스나 건축계의 권력 구조에서 여전히 아웃사이더라고 생각했지만, 갈수록 많은 사람이 자신을 내부자로 여긴다는 사실을 깨달았다. 하지만 골드윈 도서관 작업을 하는 와중에 함께 진행했던 다른 두 프로젝트를 통해 게리는 로스앤젤레스 내에서 자신의 입지가 여전히 얼마나 불안정한지 깨달았다.

그 첫 번째 프로젝트는 캘리포니아 항공우주박물관California Aerospace Museum이었다. 캘리포니아주에서 의뢰한 건으로, 1984년 로스앤젤레스 올림픽 일정에 딱 맞춰 완공해야만 했다. 게리는 이 프로젝트에 한껏 들떴다. 왜냐하면 골드윈 도서관보다 훨씬 규모가 크고 눈에도 잘 들어오는 건축물이 될 터였고, 개인적으로는 어릴 적부터 항공 분야를 무척 좋아했기 때문이다. 오래된 비행기를 전시할 새 박물관을 짓는 작업은 꿈에 그리던 일이었다.

박물관 측은 USC 캠퍼스 근처의 엑스포지션 파크Exposition Park에 낡은 병기고 건물을 소유하고 있었는데, 처음에는 그 건물도 개조하려 했다. 하지만 게리는 그렇게 큰 건물을 제대로 개조하려면 500만 달러로는 턱도 없다고 말했다. 대신, 같은 값이면 박물관의 독특한 정체성이 잘 드러나는 작고 간단한 새 건물을 지을 수 있다고 설명했다. 그건 낡은 병기고를 개조해서 이루기 어려운 일이었다. 게리는 건축물로 기관의 정체성을 드러낼 수 있다고 종종 말했는데, 이번에는 그 주장이 받아들여졌다. 주 소속 건축가 사무실은 오래된 건물을 개조하는 대신 그 앞에 새 건물을 짓겠다는 게리의 의견에 동의했다.

게리는 철판, 스투코, 철골, 콘크리트로 새 건물을 지었다. 바깥에서 보면 커다란 매스 두 개가 보인다. 하나는 각진 형태고, 나머지 하나는 육면체와 비슷하다. 두 매스 사이에는 관측 탑이 있다. 건물 내부는 이어진 전시장에 가깝고, 24미터 높이에 경사로, 다리, 계단, 천창이 곳곳에 놓여 있고, 비행기, 위성, 우주 탐사기가 공중에 매달려 있다.

게리 사무소에서 항공우주박물관 프로젝트 업무를 진행하던 건축가 존 클래겟John Clagett은 게리가 박물관 설계를 시작하던 때를 똑똑히 기억했다. 게리는 우선 크고 단순한 육면체 상자 모양에서 시작했다. "그런 뒤 그는 상자의 여러 부분을 베어 냈어요. 딱딱한 스티로폼인 폼 코어 소재의 건축 모형을 작토X-Acto 칼로 조각했죠. 여러 차례 변형을 거친 후에, 3차원의 건축 다이어그램이 탄생했습니다. 원래의 커다란 상자 대신 채움과 비움의 조합이 들어섰어요. 처음의 상자 모양에서 잘려 나간 조각들에는 유리문, 입구 통로 등 새로운 쓰임새를 부여했습니다. 또는 잘려 나간 부분들을 손질해 크기를 줄이거나, 다른 위치에 배치해 천창 같은 장식물들로 재탄생시켰습니다. 캠CAM을 이용한 게리의 설계 방법은 무척 흥미로웠습니다. 어떤 때는 원하는 형태가 모습을 드러내도록 블록을 깎아 내려가는 르네상스 조각가 같았지만, 그 작업물은 예측했던 것이 아니라 우연과 행운이 작용한 결과였습니다."

클래겟에게 전해 들은 것처럼, 게리가 항공우주박물관을 설계하는 이런 방법은 물론 다른 여러 프로젝트에도 적용됐다. 이는 조각에 대한 순수한 열정과 건축물 기능 실현 간의 균형을 맞추기 위해 게리가 얼마나 노력했는지 잘 보여 준다. 게리는 조각을 위한 조각에는 전혀 관심이 없었지만, 건축적 문제를 해결하기 위해 항상 조각적 해결법을 들여다봤다. 달리 말하자면, 조각 작품을 만드는 게 아니라 건축 기능을 실현하는 것이 항상 게리에게 최우선 목표였다. 하지만 건축적 문제를 어떻게 해결할지 결정할 때는 조각 기술이 핵심이 됐다.

하지만 캘리포니아 항공우주박물관은 게리가 고안한 건축물 형태보다 건물의 외부에 비행기를 부착한 것으로 더 유명하다. 이는 박물관이 다루는 주제를 있는 그대로 보여 주는 간판이나 다름없다. 원래라면 게리는 건물을 향해 내려오는 모습으로 독일 전투기인 메서슈미트 Bf109를 달 생각이었다. "그건 제가 유대인으로서 지닌 일종의 책임 의식이었습니다. 그와 같은 역사가 다시 발생할 수도 있다는 걸 그들에게 일깨우려는 게 제 의도였죠." 게리가 말했다.

당연하게도 박물관 이사회는 독일 전투기를 걸지 않겠다고 했다. 특히 그 비행기가 건물을 향해 날아오는 형태는 더더욱 용납할 수 없었다. 승강기 통을 미사일 격납고 모양으로 디자인하겠다는 게리의 아이디어에도 시큰둥했다. 하지만 12미터 높이의 비행기 격납고 문 형태로 박물관 파사드를 꾸미겠다는 아이디어는 살아남았다. 아마 비행기 격납고처럼 산업 건축물의 느낌을 내고 싶은 게리의 바람보다는 전시용 비행기를 건물에 넣고 빼기 쉬울 것이라는 이사회의 바람이 더 크게 반영된 결정이었을 것이다.

메서슈미트 얘기가 잊힐 때쯤, 박물관 이사회는 비행기를 건물 앞쪽에 부착한다는 아이디어 자체는 좋은 것 같다고 말했다. 그러면서 독일 전투기가 아닌 다른 비행기를 사용하고, 건물을 향해 날아오는 모습 대신 이륙하는 모습을 원한다고 했다. 결국 1950년대에 쓰였던 록히드 F-104 스타파이터가 낙점됐다. 그러한 선정에는 1926년에 할리우드에 설립된 록히드를 기리려는 의

도도 있었다.

파사드에서 하늘을 향해 도약하는 비행기의 모습 덕에 그 건물과 게리는 로스앤젤레스 사람들의 입에 수없이 오르내렸다. 이제껏 게리가 로스앤젤레스에서 지은 공공건물 중 가장 커다란 규모였고 현지의 평도 좋았다. 『로스앤젤레스 헤럴드이그재미너*Los Angeles Herald-Examiner*』잡지를 통해 레온 화이트슨Leon Whiteson은 항공우주박물관에 대해 이렇게 썼다. "산산이 조각난 모양들을 하나의 일관된 형태로 재조립하면서도 우주여행의 에너지를 잘 포착해 낸 쾌활한 조각물이다."•

게리는 로스앤젤레스 바깥에서 열심히 주가를 올리고 있었지만, 그래도 자신이 로스앤젤레스가 가장 사랑하는 건축가가 되기에는 아직 멀었다는 사실을 뼈아프게 깨달았을 때, 항공우주박물관 프로젝트는 아직 시작도 하지 않은 참이었다. 유명 컬렉터와 예술가는 로스앤젤레스의 컨템퍼러리 아트 신이 갈수록 성장하는데도 불구하고 그에 대한 로스앤젤레스 카운티 미술관의 부응 속도가 너무 느려서 짜증이 이만저만이 아니었다. 그래서 그들은

• 후에 박물관은 캘리포니아과학센터California Science Center로 편입되어 '항공우주관Air and Space Gallery'으로 이름이 바뀐다. 아마 새크라멘토에 있는 캘리포니아 항공우주박물관 Aerospace Museum of California과의 혼동을 피하기 위한 결정이었을 것이다. 과학센터가 우주왕복선 인데버Endeavour를 수용할 전용 공간을 만들기 위해 시설 재건에 들어가면서 2011년, 항공우주관도 문을 닫았고 그 미래는 불투명해졌다. 2012년, 게리가 만든 항공우주박물관 건물은 캘리포니아 레지스터California Register에서 공식적으로 선정한 역사상 가장 중요한 건물 리스트에 등재됐다.

종종 컨템퍼러리 예술에 초점을 맞추는 새로운 미술관이 생기면 좋겠다고 얘기하곤 했다. 현지 컬렉터와 예술가 그룹의 중심인물은 마르시아Marcia와 프레드 와이즈먼이었다. 이들은 잘 알려진 컬렉터이자 게리의 친구들이었다. 프레드 와이즈먼은 게리가 집을 살 때 돈을 빌려 주기도 했고, 그가 동부에 소유한 도요타Toyota 대리점 설계나 다른 여러 프로젝트를 게리에게 의뢰하기도 했다. 로스앤젤레스에서 게리만큼 현지 예술가나 뉴욕의 중요 예술가, 컬렉터, 갤러리 대표와 친하게 지내는 건축가는 없었다. 이들과의 관계는 필수는 아니지만, 분명 도움이 되는 부분이 있었다. 게리의 박물관 프로젝트가 이제 막 시작하려 할 때, 마르시아 와이즈먼은 게리에게 오래된 팬퍼시픽 오디토리움Pan-Pacific Auditoriump에 새로운 미술관이 들어설 수 있을지 한번 봐 달라고 요청했다. 팬퍼시픽 오디토리움은 웨스트 베벌리 대로에 자리 잡은 유명 현대미술 전시관으로, 10년간 공실이었다. 게리는 오디토리움을 미술관으로 변신시킬 수 있을지 보기 위해 간단한 스케치 작업을 무료로 해 주었다. 개조 계획이 본격적으로 논의되기 시작하자, 로스앤젤레스시는 다운타운에 건설 예정인 대형 고층 복합 단지 캘리포니아 플라자California Plaza에 그 미술관을 짓는 건 어떻겠냐고 물었다. 결국 로스앤젤레스 시장인 톰 브래들리Tom Bradley와 예술에 관심이 지대한 시의회 의원 조엘 와치스Joel Wachs가 부동산 개발자에게 그랜드 애비뉴에 미술관을 세우는 데 예산의 1.5퍼센트를 책정하라고 명령하면서 거래를 중개했다. 게리는 베벌리힐스에 있는 마르시아 와이즈먼의 집에 초대돼 새로운 부지에 관한 이야기를 나누었다. 게리는 그 미술관의 거취가 어디로 결정되건, 그 작업을 맡을 유력한 건축가는 자신이라는 추측이 과하다고 여기지 않았다. 실제로 게리는 그 의뢰를 거의 받을 뻔했다. 미술관 계획과 관련한 게리의 권리 때문이 아니라도 로스앤젤레스 예술 세계에서 게리가 차지하는 입지만으로도 충분히 가능한 일이었다.

하지만 미술관 설립자들은 다른 꿍꿍이가 있었다. 마르시아 와이즈먼의 집에서 모임이 있고 난 뒤, 게리는 예술가들이 프로젝트 관련 논의를 하러 다시 모일 거라는 얘기를 들었고, 초대를 기다리고 있었다. 하지만 나중에 게리는 자신을 빼고 모임이 진행됐다는 사실을 알게 됐다. 왜냐하면 게리의 오랜 친구들을 포함한 예술가들이 건축가 없이 직접 프로젝트를 진행하기로 정했기 때문이다. 그들은 게리조차 건축가이기에 중요시하는 가치가 예술가의 우선순위와 다르다고 생각했다. 하지만 이들은 캘리포니아 플라자의 건설 비용을 대는 개발자들, 새 미술관으로 다운타운 재개발을 촉진해 보려는 도시 행정부, 미술관에 작품과 기금을 기부할 컬렉터 모두 저마다 다른 우선순위를 갖고 있다는 데까지는 미처 생각하지 못했다. 역설적이게도 게리는 다른 어떤 건축가보다 프로젝트의 최전선에서 예술가들의 이익을 대변해 줄 강력한 옹호자가 되어 주었을 것이다. 물론 몇몇 이들에게 게리는 여전히 예술가 주위를 어슬렁거리며 집적대는 젊은 건축가에 불과했다. 그래서 이들은 예술가에게 알랑방귀나 뀌는 사람이 중요한 미술관 건축을 맡을 만한 실력자라고 상상하기 어려웠을 것이다.

 게리가 예술가들을 충분히 존중하지 못하는 것으로 보였건, 아니면 예술가들에게 매료되어 아첨하는 친구로 보였건 간에, 게리는 프로젝트에서 거절당한 거나 다름없었고, 그래서 큰 상처를 입었다. 게리와 친하지 않았지만, 미술관 건설을 위한 예술가 위원회의 일원이었던 화가 샘 프랜시스Sam Francis가 자신의 친구이자 일본 건축가인 이소자키 아라타Isozaki Arata를 추천하거나, 캘리포니아 플라자의 탑 설계를 맡은 캐나다 건축가 아서 에릭슨Arthur Erickson이 미술관 설계에 야욕을 내비치는 상황은 일을 더 복잡하게 만들기도 했다. 결국 면접을 통해 여섯 명의 건축가 중 하나를 뽑기로 결정이 났다. 미술관 설립자 중 한 명이자 건축가 선정 위원회의 수장이었던 컬렉터 맥스 팔레브스키Max Palevsky가 게리에게 전화를 걸어 왔다. 그는 정치상의 이유로 후보에 현지 건축가를 올려야 하는데, 게리에게 면접을 보러 올 수 있냐고 물었다. 그는 최종적으로 게리가 선정되지는 않을 거라며, 요령 부리지 않고 솔직하게 털어놓았다.

 로스앤젤레스 건축가랍시고 구색 맞추기용으로 면접장에 불려 나가자, 게리의 모욕감은 더 깊어졌다. 하지만 일말의 희망이라도 있는 한, 원만하게 상황을 해결하려는 게리의 성격 때문에 게리는 위원회의 부탁을 들어 줬다. 게리는 위원회가 이소자키 쪽으로 마음이 기울었다는 것을 눈치채고 있었다. 잃을 것이 없던 게리는 팔레브스키가 자신에게 했던 것처럼 솔직하게 나가야겠다고 다짐했다. 게리는 위원회에게 지구 반대편에 살면서 다른 언어를 사용하는 건축가와 일하기란 무척 어려울 것이라고 말했다. 이소자키에게도 까다로운 작업이 될 거라고 덧붙였다. 왜냐하면 미술관에 전혀 관심이 없는 개발자의 진행 하에 대형 상업 프로젝트와 조율하며 미술관을 지어야 하는데, 이소자키는 그런 사람들과 일해 본 적이 없기 때문이다.

결과적으로 게리는 일감을 따 내지 못했다. 하지만 그의 솔직함 때문에 곤란한 일을 당하지도 않았다. 설계 작업이 시작되자, 로스앤젤레스 현대미술관Museum of Contemporary Art을 건설하는 데 생각보다 훨씬 더 많은 시간과 비용이 들어간다는 사실이 명확해졌다. 원래의 바람대로 1984년 올림픽에 맞춰 완공될 확률은 없었다. 그래서 임시방편으로 미술관이 운영 중인 것처럼 보이기 위해 무언가를 해야만 했다. 파리 퐁피두 센터Centre Pompidou의 현대미술관 설립 관장이자 로스앤젤레스 현대미술관의 초대 관장으로 선출된 폰투스 홀텐Pontus Hulten과 그의 대행인 리처드 코샬렉Richard Koshalek이 게리의 샌타모니카 집 근처에 있는 한 일식 레스토랑에 게리를 초대했다. 그들은 다운타운의 리틀 도쿄 구역에 있는 낡은 창고 한 쌍을 올림픽 때 쓸 수 있게 임시 시설로 만들 계획이라고 말했다. '현대미술 임시특별관'이라는 뜻을 담아 '템퍼러리 컨템퍼러리Temporary Contemporary'라는 이름을 붙일 예정인데, 그 건물의 설계를 게리가 맡아 주었으면 한다는 뜻을 밝혔다.

"저는 그들을 쳐다보며 말했죠. '이 의뢰가 아차상 같은 거라면 그러실 필요 없습니다.' 하지만 그들은 정말 제가 맡아 주길 원했어요. 역사적인 건물이 될 거라면서요. 네, 그들 말이 맞았죠. 이 일을 할 수 있는 사람은 저밖에 없다고 하더군요." 게리는 그 아이디어가 마음에 들었지만, 위원회 사람들에게 너무 많은 상처를 받았던 터라 그 자리에서 홀텐과 코샬렉에게 프로젝트를 맡겠다고 선뜻 대답하고 싶지 않았다. 그래서 게리는 이렇게 말했다. "저를 그만 괴롭히세요. 전 이미 제 의무를 다했습니다." 홀텐과 코샬렉은 게리에게 찬찬히 생각해 보라고 부탁했다. 그들은 다음 날 다시 얘기하기로 하고 자리를 파했다.

다음 날 아침 여덟 시, 집 전화기가 울릴 때까지도 게리는 여전히 무어라 말해야 할지 몰랐다. 수화기를 들자, 현지 예술가들과 친하게 지내던 젊은 건축가 코이 하워드의 목소리가 들렸다. 그는 새 미술관 건축과 관련한 모임 자리에 자주 참석했었다. 하워드는 템퍼러리 컨템퍼러리에 관해 알고 있었고, 게리에게 그 프로젝트를 제안받았는지 물었다. 게리는 하워드가 그 프로젝트를 탐낸다는 걸 깨달았다. 하워드는 내심 게리가 제안을 거절해 주길 바라서 전화를 건 것이었다. 하워드의 전화는 오히려 게리의 경쟁심에 불을 댕겼다. 게리는 더는 지체하지 않고 리처드 코샬렉에게 전화를 걸었다. 코샬렉이 말하기를, 미술관 측은 템퍼러리 컨템퍼러리를 다른 이에게 맡길 생각이 없고, 자신과 폰투스 홀텐도 게리야말로 그 낡은 창고를 괜찮은 미술관으로 개조할 수 있는 유일한 건축가라고 믿어 의심치 않는다고 했다.

게리는 언제나 누군가를 추종하기보단 추종받을 때 더 행복했다. 홀텐과 코샬렉이 게리를 구슬리기 위해 더 애원할 필요도 없었다. 게리는 그저 미술관 본관 건설을 맡지 못한 일로 아직 남아 있던 상처를 어루만져 주기만을 바랐을 뿐이다. 게리는 제안을 수락했다. 템퍼러리 컨템퍼러리는 게리가 맡은 일 중 가장 단순한 프로젝트가 됐다. 예산은 고작 120만 달러였는데, 그마저도 대부분 내진 설계나 설비 설계로 나가야 할 판이었기에 건축적 요소를 표현할 여유는 없다시피 했다. 게리는 개의치 않았다. 왜냐하면 그는 작업 전에도 낡은 창고의 모습이 꽤 마음에 들었기 때문이다. 소박한 느낌에 널찍한 크기, 꾸밈없는 분위기는 컨템퍼러리 예술품을 전시하기에 딱 좋아 보였다. 그는 철골 트러스와 목재장선을 깨끗이 하고 샌드블라스트 작업을 했으며, 벽을 하얗게 칠하고, 건설 규정치까지 경사로와 계단을 올렸다. 그런 뒤, 외관에 존재감을 부여하고 미술관 외부 로비를 게리만의 독특한 스타일로 꾸미기 위해 철골 차양과 체인 링크 울타리를 건물 출입구 부분까지 길게 설치했다.

템퍼러리 컨템퍼러리 프로젝트는 대성공을 거두었다. 특히 오래된 창고를 얼마나 바꾸고 얼마나 그대로 둘 것인가를 결정하는 게리의 직감이 톡톡히 작용했다. 게리는 많이 개입하지 않았지만, 개입할 때는 확실히 했다. 프로젝트가 시작될 즈음인 1982년, 낡은 산업 공간을 컨템퍼러리 미술 전시관으로 변신시킨다는 생각은 이제껏 실현된 적이 없었다. 추후 테이트 모던Tate Modern 박물관으로 변모할 런던의 뱅크사이드 발전소Bankside Power Station조차 1981년에는 운영 중이었고, 뱅크사이드 발전소를 박물관으로 바꾸겠다는 아이디어는 그로부터 10여 년이 흐른 뒤에야 제기됐으니 말이다. 1999년, 매사추세츠 현대미술관Mass Museum of

Contemporary Art으로 새롭게 단장할 매사추세츠 노스애덤스의 한 공장 건물은 템퍼러리 컨템퍼러리가 이미 지어졌을 때 즈음에야 공장 문을 닫았다. 디아 비콘Dia:Beacon 미술관이 될 공장도 2003년에는 뉴욕 허드슨강에서 종이 상자를 찍어 내고 있을 뿐이었다. 템퍼러리 컨템퍼러리가 개관한 1983년, 게리는 자신이 새로운 장르의 미술관 디자인을 개척했음을 알아챘다. 공장이나 창고 같은 산업 건물을 예술 기관으로 탈바꿈시키는 전 세계적 흐름을 템퍼러리 컨템퍼러리가 열어젖혔고, 게리가 그러한 움직임의 선봉에 선 건축가가 된 것이다. 게다가 게리의 건축물은 이소자키가 맡은 그랜드 애비뉴의 현대미술관 본관보다 3년이나 일찍 개관했다. 이로써 게리는 로스앤젤레스 예술계에서 자신의 입지를 증명해 보였음을 알았다. 이보다 더 확실한 방법은 없었을 것이다.

1978년, 새로 완성된 샌타모니카 집 앞에 서 있는 프랭크 게리의 모습

게리가 1983년부터 컬러코어 포마이카로 만들기 시작한 물고기 모양 램프의 초기작

후기작인 크로스 체크 및 다른 벤트우드 의자들과 함께 전시된 이지 에지 가구 셀렉션

도시의 다른 건물들과 함께 포착한 빌바오 구겐하임 미술관의 메인 파사드. 제프 쿤스Jeff Koons의 조형물 〈강아지Puppy〉가 전경에 놓여 있다.

1972년, 말리부에 위치한 론 데이비스 하우스 (420쪽 위)

1979~1994년에 건설된 로욜라 로스쿨 캠퍼스. 고전적 형태를 연출하고자 한 게리의 의도가 엿보이는 파사드가 중앙 광장을 바라보고 있다. (420쪽 아래)

1997년, 네르비온강에 면한 빌바오 구겐하임 미술관의 후면 파사드 (422~423쪽)

2003년, 로스앤젤레스 다운타운 그랜드 애비뉴의 월트 디즈니 콘서트홀 (424~425쪽)

월트 디즈니 콘서트홀의 내부 (426쪽 아래)

2014년, 파나마의 자연사 박물관 (427쪽 위)

2012년, 게리가 설계한 로스앤젤레스 카운티 미술관의 전시회. 친구인
켄 프라이스의 조각품이 지닌 색깔과 크기를 세심하게 염두에 둔 채 작업했다.
(427쪽 아래)

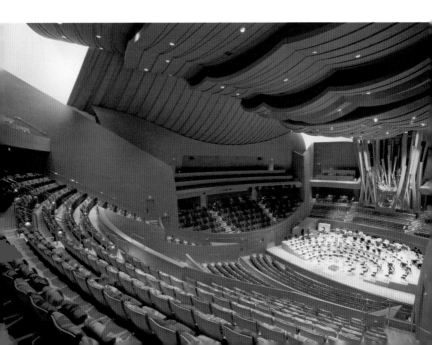

2014년, 파리 불로뉴 숲의 다클리마타시옹 공원에 자리한 루이뷔통 재단

건물 주위를 둘러싼 유리 돛 구조물의 상세 사진 (430쪽)

루이뷔통 재단 건물은 좁은 면 쪽으로 바라보면 인공 연못을 가로지르며
앞으로 나아가는 배의 모습과 닮았다. (431쪽)

2015년 1월, 자신의 요트인 '포기'에 승선한 게리의 모습

12
세계 무대로

템퍼러리 컨템퍼러리가 첫 번째 전시 준비를 마치기도 전에, 폰투스 홀텐으로부터 현대미술관 관장직을 위임받은 리처드 코샬렉은 템퍼러리 컨템퍼러리가 지닌 풍부한 가능성을 과시하고 싶어서 안달이 났다. 당시에는 혼합매체 작업이 유행이었는데, 코샬렉은 게리에게 댄서이자 안무가인 루신다 차일즈Lucinda Childs, 작곡가인 존 애덤스John Adams와 함께 안무를 창작해 템퍼러리 컨템퍼러리에서 첫 행사를 열어 보라고 했다. 애덤스는 이전에 써둔 음악을 넘겨주었기에 컬래버레이션 작업에 직접 참여하지 않았지만, 게리와 차일즈는 춤이 가장 돋보일 수 있는 공간을 빚어내기 위해 긴밀하게 협력했다. 차일즈가 그 공간을 위해 특별히 구성한 안무의 이름은 〈자연광Available Light〉이었다. 이는 게리가 가장 좋아하는 종류의 협동 작업이었다. 예술가들이 각자 일하는 게 아니라 함께 일하며 서로에게 영향을 주고받는 작업 말이다. 게리는 차일즈의 안무에 맞춰 내부 공간을 수정했고, 차일즈는 게리의 건축물에 맞춰 안무를 구성했다. 게리가 말했다. "우리는 이전까지 해 보지 않았던 무언가를 만들고 싶었어요. 그게 컬래버레이션의 핵심이죠. 협업이란 모두 함께 손을 잡고 절벽에서 뛰어내리면서 각자의 지략이 모두를 안전하게 착지시켜 주기를 바라는 행위입니다."

게리는 공연에 건축물을 개입시킨다는 아이디어가 마음에 들었고, 체인 링크를 겹쳐 만든 금속망 뒤쪽으로 폭 12미터에 구역별로 높이가 다른 무대를 만들었다. 게리가 말하기를, 체인 링크를 사용한 것은 그저 미적인 이유만은 아니었다. 게리는 공연 후, 그 체인 링크 망을 떼어다 건물 외부의 차양으로 쓸 계획이었다. 그는 무대 조명을 천장에 매달았고, 무대 뒤쪽 고측창에 붉은색 겔을 덧발라 일출이나 일몰처럼 보이게 했다. 차일즈의 안무에서 댄서들은 세 개의 계단을 통해 따로따로 무대에 입장하고 퇴장했다. 그 덕에 게리가 원했던 대로 템퍼러리 컨템퍼러리의 거의 모든 공간이 공연 무대가 됐다. 게리가 말했다. "저는 후원자들이 미술관의 크기를 가늠할 수 있도록 개관식을 진행하고 싶었습니다." 머지않아 게리에게 또 다른 협업 기회가 주어졌다. 이번에는 그의 오랜 친구이자 로스앤젤레스 예술가인 피터 알렉산더, 그리고 그보다 더 오래된 친구이자 스나이더 가족의 이웃이며, 게리와 아니타가 연애 초에 종종 돌보았던 마이클 틸슨 토머스와 함께하는 작업이었다. 게리가 토머스와 아니타의 남동생 리처드를 돌보던 시절부터 엿보였던 토머스의 음악적 재능은 이제 지휘자가 되어 꽃피고 있었고, 1981년에는 로스앤젤레스 필하모닉의 수석 객원 지휘자가 되어 로스앤젤레스로 돌아왔다. 1984년, 올림픽 개최를 기념하기 위해 로스앤젤레스 필하모닉은 게리와 토머스, 그리고 레이저 및 비디오 애니메이션 디자이너 론 헤이스Ron Hays에게 컬래버레이션 작업을 요청했다. 작곡가 에런 코플런드Aaron Copland의 교향곡 3번을 할리우드 볼에서 연주할 특별 공연을 위한 작업이었다. 토머스가 지휘하고, 게리가 그 음악에 어울릴 만한 특별 시각 프레젠테이션을 만들 계획이었다.

　게리는 조지프 말러드 윌리엄 터너Joseph Mallord William Turner의 그림에 담긴 하늘 풍경을 본뜨고 싶었다. 마침 게리의 베니스 사무소와 가까운 곳에 작업실이 있던 피터 알렉산더가 하늘 경치 시리즈를 그린 적이 있었다. 알렉산더와 게리는 할리우드 볼을 거대한 송에뤼미에르son et lumière('소리와 빛'이라는 프랑스어로, 문화적, 역사적 유적의 외벽을 스크린 삼아 밤중에 특수 조명을 투사하고 음악이나 해설을 틀어 볼거리를 제공하는 프랑스의 쇼다.—옮긴이) 전시장으로 만들 수 있게 앞 무대 주위에 커다랗게 투사할 그림을 몇 점 골랐다. 큐레이터이자 역사가인 밀드러드 프리드먼Mildred Friedman은 게리에 대해 이렇게 썼다. "게리는 많은 건축가가 발 들이기 두려워하는 영역에 겁 없이 돌진한다. 미술관, 극장 등에서 하는 일시적이고, 작업 기간도 비교적 짧으며, 예산도 고만고만한 일들 말이다. (…) 하지만 게리는 그런 작업을 질적으로 풍부한 좋은 자극이라고 여기며, 가끔은 거기서 영감을 얻는다."

하지만 물론 모든 일에서 성과를 본 것은 아니었다. 게리는 계속해서 많은 건물을 만들었다. 게리는 라우즈 컴퍼니와의 이별 이후 미학적으로 의미 있는 작업만 하기로 스스로 다짐했건만, 제대로 설계할 기회가 주어지거나 클라이언트가 마음에 든다면 상업적 프로젝트라도 기꺼이 받아들였다. 게리는 세련된 소규모 상점 밀집지인 에지마Edgemar를 만들었다. 그는 독특하고 각이 두드러지는 디자인으로 뜰과 쇼핑몰, 마을의 가두 풍경과 샌타모니카 미술관Santa Monica Museum of Art 공간을 한데 묶어 냈다. 또한 가구 제작사 수나르 하우저만Sunar-Hauserman의 쇼룸을 휴스턴에 짓기도 했고, 수나르 하우저만의 강력한 경쟁사 중 하나인 허먼 밀러의 공장과 사무실 건물을 짓기도 했다. 새크라멘토 근처, 63만 제곱미터 넓이의 부지에 건물을 짓는 커다란 프로젝트였다. 허먼 밀러 프로젝트에서 별도 창고, 가공 건물, 조립 건물은 건물 사이마다 각진 형태의 공터가 형성되도록 정확하게 배치되어 있었다. 게리는 그 공터에 3층 높이의 구리 퍼걸러를 세웠다. 여담이지만, 이 프로젝트에는 게리의 오랜 친구이자 시카고 건축가인 스탠리 타이거맨이 설계한 회의실도 있었다.

하지만 1980년대에 게리가 준비한 가장 야심 찬 상업 프로젝트는 지어지지 못했다. 터틀 크리크Turtle Creek사를 위해 댈러스에 지으려 했던 복합용도개발 프로젝트로, 사무실 건물, 콘도미니엄 타워, 호텔, 타운하우스가 들어갈 예정이었다. 그는 사무실 타워를 둥근 유리 구조물로 만들어 그 기반을 살짝 비틀 생각이었다. 또 고층 콘도미니엄 건물은 마치 상자 위에 상자를 아무렇게

나 쌓아 올린 것처럼, 겹겹이 쌓인 격자형 육면체 구조물 중 일부를 직선상에서 뒤로 물러나게 배치했다. 댈러스가 본거지인 클라이언트 빈스 카로차Vince Carrozza는 일전에 오클라호마시티에서 게리에게 자그마한 프로젝트를 의뢰한 적이 있었지만, 그 또한 실제로 지어지지 않았다. 게리에게 터틀 크리크 프로젝트는 자신만의 도심 속 복합 멀티타워를 만드는 데 도전해 볼 기회였다. 그는 아이디어를 구상하기 시작했다. 이 아이디어들은 미래에, 일부는 거의 20년이 지난 후에야 다른 프로젝트들에서 실현된다.

터틀 크리크 작업을 하는 도중, 게리는 다른 부동산 개발자로부터 전화를 한 통 받았다. 그 개발자는 게리 인생에 커다란 영향력을 미치게 될 인물인 리처드 코언Richard Cohen이었다. 당시 보스턴에 거주 중이던 코언은 약간 낙후한 백 베이 구역의 뉴버리 스트리트 360번지에 있는 낡은 로프트 빌딩에 눈독을 들이고 있었다. 코언은 개조와 확장 작업이 필요한 그 건물에 재능을 펼쳐 보일 건축가를 찾고 있었고, 친구이자 보스턴 현대미술관ICA, Institute of Contemporary Art을 운영하던 데이비드 로스David Ross에게 추천을 부탁했다. 로스는 게리의 작품 대부분이 캘리포니아에 있음에도 불구하고 전 세계적 이목을 끌고 있다는 사실을 알고 있었다. 그래서 로스는 게리에게 연락해 보라고 코언에게 조언해 줬다.

코언은 게리보다 열여덟 살이나 어렸지만, 두 사람은 죽이 잘 맞았다. 게리는 건물의 원래 모습을 복원시키는 동시에 극적으로 변신할 수 있는 설계를 만들었다. 게리는 돌출 버팀대, 구리와 유리로 만든 차양, 새로운 파사드를 건물 위에 올려 여덟 번째 층을 추가했다. 1988년, 이 건물의 완공으로 뉴버리 스트리트 360번지는 옛것과 새것이 잘 어우러진 독특한 공간이 됐다. 20세기 초의 산업 건물에 20세기 후반의 설계가 덧입혀진 것이다. 코언은 게리와 함께 일하는 과정이 즐거웠고, 결과물도 흡족했으며, 백 베이 건축 위원회와 보스턴 재개발청을 설득해 내는 게리의 능력에 감탄했다. 게리는 아주 사소한 수정 지시만 받고, 설계 허가를 받아 냈다. 수정 사항 중 하나는 원래 지붕에 올리려고 했던 클라스 올든버그와 코셔 판 브뤼헌의 커다란 티백 조각품을 내리는 것이었다. 그 프로젝트는 경제적으로도 성공을 거두었다. 코언은 이름 없는 오래된 빌딩을 지역의 소소한 랜드마크로 만들어 준 "건축물 덕분"이라고 생각했다. 코언은 뉴버리 스트리트 360번지 프로젝트 이후, 보스턴 다운타운에 16층짜리 사무실 타워를 짓는 프로젝트를 곧바로 게리에게 의뢰했다. 이 프로젝트는 더 진척되지 못했지만 상관없었다. 수십 년간 이어질 그들의 우정이 시작되었기 때문이다. 하지만 두 사람이 함께 완성한 두 번째 프로젝트는 20년여 이후에야 세상에 나온다.

게리는 대형 프로젝트를 목표로 했지만, 게리에게 호의적이고 자극을 주는 클라이언트를 위한 주택 설계도 멈추지 않았다. 사람들은 자발적인 선택의 과정을 거쳐서 게리의 클라이언트가 됐다. 게리는 고객의 의뢰를 거절할 필요가 거의 없었는데, 왜냐하면 1980년대 초에 이미 게리는 유명했기에 '프랭크 게리 하우스'를 원하는 클라이언트만 그에게 접근했기 때문이다. 자신이 원하는 형태가 머릿속에 명확한 클라이언트는 굳이 베니스의 브룩스 애비뉴 11번지로 찾아오지 않았다. 게리가 자신을 놀라게 해 줬으면 하는 클라이언트만 게리 사무소의 문을 두드렸다. 또한 그런 경이 속에서 매일 살아갈 마음이 있는 사람이어야 했다.

1980년대에 게리는 이런 조건을 충족하는 클라이언트를 몇몇 알고 있었고, 그중 최소 세 명의 주택 작업은 게리의 커리어에서 중요한 이정표가 됐다. 캘리포니아 사우전드오크스의 시르마이-피터슨 하우스Sirmai-Peterson House는 1986년에 완공됐다. 미네소타 와이제타의 윈턴 게스트하우스Winton Guesthouse는 1987년, 로스앤젤레스 브렌트우드의 슈나벨 하우스Schnabel House는 1989년에 완성됐다. 세 주택 모두 하나의 건물을 여러 구조물로 쪼개는 실험을 밀어붙인 작은 마을 형태의 작품들이었다. 게리는 위대한 건축물은 하나의 공간으로 이루어지기도 한다는 필립 존슨의 말을 인용하기를 좋아했다. 게리는 이 말을 자양분 삼아 건축이란, 건물이라는 공간을 모으는 작업이라고 생각했다.

셋 중 가장 먼저 작업한 주택은 윈턴 하우스였다. 이 주택은 여러모로 특이했다. 윈턴 하우스는 게리의 주택 프로젝트 중 유일하게 캘리포니아 바깥에 있었다. (게리는 캘리포니아 말고도 이곳저곳에서 주택을 설계했지만, 다른 곳은 실제로 지어지지 않았다.) 또한 집주인의 손주가 놀러 오면 묵을 수 있게 아이들이 좋아할 만한 공간을 만들어 달라는 요청 외에는 딱히 정해진 사항이 없었다. 그 건물은 집주인인 마이크 윈턴Mike Winton과 페니 윈턴Penny Winton이 1970년대에 사들인 집이자, 필립 존슨이 미니애폴리

미네소타 와이제타에 있는 윈턴 하우스

스 미술관Minneapolis Institute of Arts의 관장을 위해 1952년에 설계한 집 바로 옆에 지어졌다. 이들은 처음에 원작자인 존슨에게 연락해 대가족을 위한 손님 방을 원래 집에 추가해 달라고 요청했다. 존슨은 그 요청에 응하지 않았고, 유명 건축가를 원했던 윈턴 가족은 다른 선택지를 들춰 보기 시작했다. 그들은 마틴 프리드먼Martin Friedman, 밀드러드 프리드먼과 아는 사이였는데, 당시 이들은 미니애폴리스의 워커 아트 센터Walker Art Center에서 개최될 게리의 첫 회고전을 위한 기획 작업에 이제 막 돌입한 차였다. 윈턴 부부는 프리드먼네와 얘기를 나누고 게리에 대한 글도 읽었다. 로스앤젤레스까지 가서 게리를 만나고 나니 원하던 건축가를 만났다 싶었다.

당연하게도 게리는 윈턴 프로젝트에 필립 존슨과의 연관성이 있다는 사실을 발견하곤 무척 기뻐했다. 하지만 존슨의 초기작 바로 옆에 건축물을 지으면 존슨의 작품이 빛바래는 것처럼 생각될까 봐 게리는 걱정이었다. 게리가 말했다. "저는 존슨의 자식 같은 작품들을 망치고 싶지 않았어요." 그는 게스트하우스를 울타리 반대편에 지어서 단독성을 강조했다.* 또 게리는 그 건물을 여섯 가지 다른 모양이 모여 바람개비 형태를 이루는 조각 작품으로 생각했다. 게리는 납을 입힌 구리, 돌, 페인트칠한 금속, 핀란드산 합판, 존슨이 사용한 것과 비슷한 벽돌 등 각기 다른 재료를

---

* 여기서 게리는 그답지 않게 불필요할 정도로 소심한 결정을 내렸다. 건축물이 완성됐을 때, 윈턴 부부는 그들이 원했던 두 건축물 간의 강렬한 교감을 저해하는 울타리를 없앴다. 두 건축물 모두를 위한 선택이었다.

써서 각 구조물을 덮었다. 여섯 개의 구조물 중 하나는 위로 갈수록 얇아지는 10미터 높이의 등대였다. 두 번째는 윗부분이 둥글게 굽은 모양이었고, 세 번째는 기다란 굴뚝이 있는 구조물이었다. 온화한 기후에 맞게 지어진 게리의 여타 '마을'과 달리, 윈턴 하우스의 각 요소는 서로 충돌했고, 미네소타의 겨울을 견뎌 내기 위해 내부는 서로 연결되어 있었다. 각 구조물을 서로 맞닿게 배치함으로써 에너지가 더해졌다. 그래서 이 건축물은 도시 풍경을 흉내 내며 건물들이 옹기종기 모인 모양이라기보다 정물화에 가까워 보였다. 게리는 윈턴 하우스를 항아리와 병이 있는 조르조 모란디Giorgio Morandi의 정물화에 비교하는 걸 좋아했다. 실제로 윈턴 하우스의 절제된 힘은 모란디의 작품과 닮은 부분이 있었다. 하지만 게리의 건축물이 모란디의 작품과 닮은 만큼, 존슨의 집은 게리의 집을 더 돋보이게 해 주는 정물화의 배경과 같은 역할로 물러났다.•

• 윈턴 가족은 특히나 만족도가 높았던 클라이언트였다. 그들은 2002년까지 그 집에 머무르다가 집을 팔았다. 부동산 개발자는 그 집을 세 구역으로 나누었다. 존슨 하우스와 빈 부지는 재빨리 팔렸지만, 독특한 형태의 게리 작품은 구매자들이 구매를 꺼렸다. 2년간의 노력에도 실패하자, 개발자 커트 우드하우스Kirt Woodhouse는 세인트토머스대학교에 게리의 작품을 기부했다. 윈턴 하우스는 분해되어 177킬로미터 떨어진 오와토나에 있는 대학 소유 회의장으로 옮겨진 뒤, 그곳에서 2011년에 재건축에 들어갔다. 그곳에서는 필립 존슨 하우스라는 건축적 배경도 없고, 윈턴 부지에 있을 때만큼 섬세하게 배치되지도 않았다. 하지만 세인트토머스대학교 건축사 교수인 빅토리아 영Victoria Young의 꼼꼼한 관리 덕에 그 주택은 대중에 공개된 유일한 게리 작품이 됐다. 안타깝게도 게리의 윈턴 하우스의 부활은 짧았다. 학교 측이 2014년에 그 땅과 주택을 팔기로 정했기 때문이다. 2015년에는 그 주택을 경매에 부쳤다. 최저가 100만 달러에, 낙찰자가 그 건물을 옮기는 것이 조건이었다.

마크 피터슨Mark Peterson과 바버라 시르마이Barbara Sirmai는 산골 짜기를 내려다보는 위치에 작은 호수를 포함한 1만 2천 제곱미터 넓이의 부지를 소유하고 있었다. 게리는 이들을 위해 육면체 구조물을 배열한 디자인을 설계했다. 게리 초기작을 들쭉날쭉한 형태로 배치한 것과 같은 이 디자인은 모란디의 정물화보다 더 생동감이 느껴졌다. 금속과 회색 스투코로 덮이고, 십자가 형태를 떠올리게끔 의도한 기다란 구조물에 주 생활공간이 배치됐다. 높다란 등대는 십자가를, 내부 거실은 신도석을, 난로 구역은 애프스를 나타냈다. 게리는 베르타와 함께 그녀의 가족을 보러 휴가를 떠난 파나마에서 그 설계를 완성했다. 게리는 주위에 천주교도가 많았기 때문에 자연스레 성당이 중심 이미지로 떠올랐다고 했다. 게리는 프랑스에서 열광해 마지않았던 로마네스크 양식의 성당을 다시 떠올렸다. 침실 두 개는 스투코를 칠한 정사각형의 콘크리트 구조물과 가까웠고, 부지의 지형을 반영하듯 각기 다른 높이에 배치됐다. 침실 하나는 다리로, 다른 하나는 터널로 본관에 연결했다. 안뜰은 가장 큰 세 개의 구조물 사이에 놓았다.

슈나벨 하우스는 직업 외교관인 록웰 슈나벨Rockwell Schnabel과 그의 부인 마르나 슈나벨Marna Schnabel을 위한 것이었다. 건축가인 마르나는 USC를 졸업한 뒤 게리 사무소에서 일한 적이 있었다. 집을 설계하던 무렵, 록웰 슈나벨은 핀란드에서 미국 대사를 역임하고 있었기에 게리는 슈나벨 부부와 설계 논의도 할 겸, 베르타와 함께 다시 핀란드를 방문할 좋은 기회라고 생각했다. 그 결과 가장 정교하다고 할 수는 없지만 이제껏 게리가 만든 집 중 가장 야심 넘치는 주거지가 완성됐다. 윈턴 하우스와 시르마이-피터슨 하우스를 설계할 때 구상했던 아이디어들이 슈나벨 하우스에서 가장 명확하게 실현됐다.

여러 개의 작은 구조물이 나뉘어 있는 형태를 '빌라'라고 한다면, 슈나벨 하우스는 460제곱미터 넓이의 모던한 빌라다. 시르마이-피터슨 하우스에서처럼 게리는 금속으로 뒤덮인 십자가 형태에 높은 채광 모니터가 달린 부분을 핵심 구조물로 삼았다. 하지만 이번에는 성당이 아니라 주위에 부속 건물이 둘러싸고 있는 커다란 마을 회관 같은 느낌이었다. 볕이 잘 드는 록웰 슈나벨의 사무실 위에는 구리로 만든 구체를 얹었다. 부지 날개 쪽 2층짜리 스투코 건물에는 부엌, 2층짜리 거실, 침실 두 개가 있다. 스투코 차고 위에 놓인 육면체 형태의 직원 숙소는 중심축에서 약간 삐뚤어지게 돌아간 채로 놓여 있다. 다른 침실은 별채로 마련되어 있고, 톱니 모양의 천창이 나 있다. 빌라의 나머지 부분보다 한 층 아래에 있으며, 기둥이 받치고 있는 안방 파빌리온은 인공 호수에 접해 있다. 전체 부지는 벽으로 둘러싸인 2층짜리 정원처럼 보인다. 슈나벨 하우스는 게리의 가장 정교한 주택으로, 1980년대에 게리가 실험했던 모든 설계 아이디어가 여기저기 숨어 있다. 개중에서도 슈나벨 하우스는 인디애나 애비뉴 하우스, 스필러 하우스와 게리의 근작들을 연상케 하는 요소가 많다. 슈나벨 하우스는 겉보기에 평온하고 심지어 호화롭기까지 하지만, 게리의 색깔을 그대로 유지하면서도 다양한 건축적 요소 간의 치열한 각축이 벌어지는 장이다. 고요한 정물화 같은 윈턴 하우스나 작은 마을 같은 시르마이-피터슨 하우스와도 다른 슈나벨 하우스는 구석구석 놀라우면서도 전체로는 장엄한 느낌을 전달한다.

1980년대 중반에도 대규모 주거지 의뢰가 있었다. 하지만 슈나벨 하우스만큼 성공적이지 못했을 뿐만 아니라, 게리의 인생과 회사에 커다란 상처를 안겨 주었다. 1984년, 로스앤젤레스 현대 미술관 설립자 중 한 명이며, 억만장자 컬렉터이자 자선가인 엘리 브로드Eli Broad가 부인 이디스Edythe와 함께 살 집을 브렌트우드에 지어 달라고 게리에게 의뢰했다. 의뢰를 받은 게리는 마음이 불편했다. 브로드는 까다로운 클라이언트로 정평이 난 사람이었고, 현대미술관 설계자로 게리 대신 이소자키 아라타를 선택한 무리 중 한 사람이었기 때문이다. 템퍼러리 컨템퍼러리의 경우처럼 이 또한 아차상 같은 의뢰였을 수도 있지만, 참견하기 좋아하는 클라이언트가 결부된 이번 건만큼은 작업하고 싶지 않았다. 하지만 브로드는 완강했고, 게리는 하는 수 없이 두 손을 들어 버렸다. 대신, 브로드를 설득해 설계에 걸리는 시간이 얼마가 됐건 필요한 만큼 주겠다는 내용과 예산에도 제한을 두지 않는다는 내용의 계약서에 서명했다. 게리는 그렇게만 한다면 브로드의 간섭에서 벗어날 수 있으리라 생각했다.

실제로 효과가 있었다. 잠깐뿐이었지만 말이다. 게리는 성미급한 브로드의 닦달에서 벗어날 수 없었다. 브로드는 게리의 설계를 거절하지 않았다. 오히려 그 반대여서 게리보다 더 먼저 설계를 마음에 들어 했다. 프로젝트에 돌입한 지 2년 차에도 게리는 여전히 평면도를 다듬고 있었고, 브로드는 한시 빨리 시공을 시작하고 싶어 안달이었다. 그래서 설계가 끝나지 않았다는 게리의 외침을 뒤로한 채, 브로드는 평면도를 가지고 랭던 윌슨Langdon Wilson사로 향했다. 랭던 윌슨은 효율적인 상업 프로젝트 건설로 로스앤젤레스에서 소문이 자자한 대형 건축 회사였다. 집은 랭던 윌슨 소속 건축가 랜디 제퍼슨Randy Jefferson의 감독하에 완공됐다. 완성된 모습을 보니 게리의 의도와 얼추 맞아 보였다. 적어도 브로드가 인내심의 한계를 느껴 게리를 해고했을 바로 그때 게리가 의도하던 것과는 비슷했다.* 하지만 게리는 너무 화가 나서 그 집을 자신의 작품으로 인정하지 않겠다고 했다.** 둘의 계약 만료를 합의하는 자리에서 게리는 브로드에게 그 집을 '게리 하우스'라고 부르지 말라고 으름장을 놓았다. 브로드 부부는 완공된 집에 게리를 수차례 초대했으나, 게리는 모조리 거절했다.

마이크와 페니 윈턴에게 게리를 소개해 준 밀드러드 프리드먼은 게리의 작품을 진지하게 들여다보기 시작한 첫 번째 박물관 큐레이터였다. 그녀는 미니애폴리스의 워커 아트 센터에서 오랫동안 관장을 역임한 남편 마틴과 함께 게리의 건축물을 주제로 하는 첫 번째 전국 규모 전시회를 기획했다. 워커 아트 센터에서 전시회가 열렸던 1986년, 게리는 윈턴 하우스와 시르마이-피터

---

* 브로드는 방 안을 꾸밀 실내 디자이너를 따로 고용했다. 그래서 집의 내부는 외관만큼 게리가 원하던 결과가 나오지 않았다.
** 브로드의 집은 프랭크 게리의 작품을 다루는 모든 책과 다큐멘터리에서 빠져 있다. 게리의 사무소에서 보관하고 있는 내부 문서에는 포함되어 있으나, '미건설'이라고 표시되어 있다.

슨 하우스 설계를 모두 마치고, 슈나벨 하우스와 끝이 좋지 않았던 브로드 하우스를 작업 중이었다.* 게리에게 가장 먼저 대규모 회고전을 열어 준 곳이 중서부의 한 미술관이라 놀라웠지만, 사실 마틴이 이끄는 워커 아트 센터는 최첨단 전시회를 개최하고, 대형 미술관이 미처 발견하기 전인 여러 예술가를 먼저 지원하는 것으로 명성이 자자했다. 게리에게 초점을 맞춤으로써 밀드러드 프리드먼은 미술관이 다루는 대상의 범위를 건축물까지 넓히고 있었다. 그녀는 전시회를 열어야겠다고 마음을 먹기 전까지 게리를 알지도 못했다. 밀드러드가 말했다. "저는 출간물에 실린 게리의 작업물을 많이 들여다봤는데, 흥미롭고 특이하고 독특했어요. 그래서 아마 1984년이었나, 바로 그에게 전화를 걸었죠. 그러곤 게리에게 말했어요. '워커 아트 센터에 와 보신 적 있으신가요?'" 게리는 워커 아트 센터와 그 명성에 대해 알고 있었다. 동갑내기 친구인 게리와 밀드러드는 첫 통화에서 곧잘 말이 통했고, 함께 아는 예술가에 관해 이야기를 주고받았다. 전화를 끊을 때쯤 그들은 둘도 없는 친구가 되어, 게리는 밀드러드에게 로스앤젤레스로 와서 직접 얘기를 나누자고 했다. 베니스에 있는 게리의 작업실에서 두 사람이 만났을 때, 밀드러드는 "형제를 만난 것 같았다"고 말했다. 그녀는 이후 2년간 로스앤젤레스와 미니애폴리스

---

* 전시회는 워커 아트 센터에서 개최된 이후, 게리의 고향인 토론토에 있는 하버프런트 박물관 Harborfront Museum과 로스앤젤레스 현대미술관, 애틀랜타 하이 미술관High Museum, 휴스턴 현대미술관Museum of Contemporary Art in Houston을 거쳐 뉴욕의 휘트니 미술관Whitney Museum을 끝으로 막을 내렸다.

를 오가며 지냈다. 그녀는 자료를 모으고 게리와 협업하며 전시회 개최 방향에 대해 의논했다.

《프랭크 게리의 건축물The Architecture of Frank Gehry》 전시회는 성황리에 진행됐다. 특히 대중이 자신의 작업물을 어떻게 바라봐 줄지 걱정했던 게리가 전시회 자료 제공뿐만 아니라 설계에도 온 힘을 쏟아 부었던 덕이다. 게리는 이번 전시회를 통해 관람자들에게 단순히 자신의 작품을 눈으로 보는 것뿐만 아니라, 직접 체험할 기회를 제공해야겠다고 생각했다. 그래서 그는 1971년에 에드워드 래러비 반스Edward Larrabee Barnes가 워커 아트 센터에 설계한 갤러리에 방 크기의 단독 구조물 네 개를 만들어 넣었다. 워커 아트 센터 건물은 절제미와 생동감을 동시에 갖추고 있는 것으로 전국적으로 칭송받는 소형 미술관 중 하나였다. 워커 아트 센터의 비교적 휑하고 모더니즘적인 건물은 게리의 작품과 선명히 대조를 이루는 배경이 되어 주었다.

어느 방향에서건 출입할 수 있는 게리의 구조물들은 3~3.5미터 길이에 2.5~3미터 높이였다. 그중 첫 번째는 당연하게도 물고기 모양이었다. 물고기 구조물은 목재 틀에 납으로 만든 비늘을 고정한 형태였다. 두 번째는 구리로 덮인 굴곡진 물체로, 굴뚝처럼 솟아올라 있었다. 세 번째는 불그스름한 핀란드산 합판으로 덮인 지구라트(하늘에 가까이 다가가고자 하는 소망을 바탕으로 만들어진 고대 메소포타미아의 건축 양식이다. 위로 올라갈수록 점점 작아지는 사각형의 구조물을 여러 단 겹쳐 만든 계단형 탑 모양을 띤다.—옮긴이)였다. 그 합판은 게리가 로욜라 로스쿨 예배당을 만들 때 쓴 것이었다. 마지막 네 번째 구조물은 지붕 없이 골판지로 만든 방으로, 게리의 이지 에지 가구를 떠올리게 했다. 이 중에서 실제 게리 건물을 작은 크기로 복제한 구조물은 하나도 없었다. 그런 아기자기한 일을 하기에 게리는 너무 똑똑했다. 그래도 이 구조물들을 모아 놓고 보니 게리의 실제 건물이 어떤 느낌일지 잘 전달됐다.

전시회에는 지극히 평범한 자료들도 많았다. 구조물 주위와 갤러리 벽에는 게리의 작품과 모형이 담긴 사진과 도면으로 가득했다. 특히 인기 많은 게리와 베르타의 샌타모니카 집, 로욜라 로스쿨의 캠퍼스와 관련된 자료도 있었다. 또한 전시회에는 이지 에지 가구 몇 점도 전시됐고, 예기치 못한 울림을 주는 물고기 구조물 안에 물고기 램프를 매달기도 했다. 책 한 권에 맞먹는 두께의 카탈로그도 제작했다. 건축사학자인 토머스 하인스Thomas Hines, 로즈마리 헤이그 블레터Rosemarie Haag Bletter, 조지프 조반니니, 필라 빌라다스Pilar Viladas와 미술사학자이자 예술가인 코셔 판 브뤼헌과 밀드러드의 글도 카탈로그에 실렸다. 사실 이는 게리의 작품에 관한 두 번째 책이나 마찬가지였다. 게리의 친구 피터 아넬과 그의 파트너 테드 빅퍼드Ted Bickford가 전시회 1년 전쯤 리졸리Rizzoli 출판사를 통해 게리와 관련한 연구서를 엮은 게 첫 번째 책이었다. 두 책은 몇 년 전 게리의 자택이 완공된 이후, 그의 유명세가 얼마나 커졌는지 확인해 주는 결과물이었다. 하인스는 전기적인 글을 쓰며 게리에 대해 이렇게 말했다. "게리는 명백한 과거의 '실패'와 그에 대한 인정, 미래에 대한 '광적인 불안'으로 자주 우울감에 빠졌지만, 지난 10년간 자신의 주가와 평점이 꾸준히 상승했다는 사실을 부인할 수 없었다. (…) 게리는 실로 명성과 악명을 얻었으며, 이 시대의 가장 도발적이고 창의적인 건축가라는 세계적 지위를 얻었다." 하인스는 여기저기서 "행복한 극찬"이 쏟아지는 게리의 건축물에 대해 이렇게 말했다. "강렬하고 거칠고 추의 미를 추구하는 그의 건축물은 이 시대의 고통, 분노, 긴장, 모순을 반영한다."

클라스 올든버그와 결혼해 함께 작업하던 코셔 판 브뤼헌은 예술가들에 대한 게리의 이해심과 공감을 찬양하는 글이자, 그녀와 올든버그, 게리가 함께 작업하려 애썼던 지난 수년간의 기억을 되짚는 글을 썼다. 판 브뤼헌과 올든버그는 1982년, 샌타모니카의 게리네 집에 초대를 받아 처음으로 게리를 만났다. 그들은 당시 여섯 살이던 알레호와 세 살 남짓이었던 샘의 안내로 집을 구경했다. "알레호는 우리에게 체인 링크 바닥을 밟아도 된다고 안심시켜 줬고, 샘은 자신의 침대 위에 걸려 있는 엘즈워스 켈리Ellsworth Kelly의 흑백 작품 인쇄물을 손으로 가리켰어요." 판 브뤼헌이 떠올렸다.

판 브뤼헌은 게리가 과거의 예술가보다 현재 살아 있는 예술가에게 더 영향을 많이 받는다며, "그들은 저와 같은 문제를 다루니까요"라고 말한 것을 기억했다. 게리가 말했다. "특히 세 명의 예술가를 눈여겨봤고, 아직도 그들로부터 배우고 있어요. 그건 리처드 세라, 돈 저드Don Judd, 클라스 올든버그입니다." 둘의 우정은 빠르게 커 갔다. 게리를 처음 만난 지 1년 반 뒤, 판 브뤼헌과 올든버그는 베니스에 있는 게리의 사무소에서 그의 작품을 구경하고,

게리 부부가 마리나 델 레이에 정박해 둔 작은 배를 타고 항해를 즐기면서 셋이서 함께할 만한 작업이 뭐가 있나 고민했다. 판 브뤼헌과 올든버그는 〈넘어지는 사다리와 쏟아지는 페인트Toppling Ladder with Spilling Paint〉를 로욜라 캠퍼스에 설치하자는 아이디어를 떠올렸다. 하지만 일전에 리처드 코언의 건물에 올리려 했던 티백 조각품처럼, 이 또한 세 사람이 원하던 진정한 합작이 아니라 게리의 건축물에 그들의 작품을 추가하는 데 불과한 것 같았다.

1984년 3월, 기회가 찾아왔다. 피터 아넬과 테드 빅퍼드가 만든 책에 대해 글을 썼던 비평가이자 미술사학자인 제르마노 첼란트가 자신의 학생들과 함께 일주일짜리 프로젝트를 진행하도록 게리, 올든버그, 판 브뤼헌을 폴리테크니코 디밀라노Politecnico di Milano 대학교로 초대했다. 그들은 베니스에 새로운 마을을 만들 것을 제안했다. 게리는 다른 무엇보다 똬리 튼 뱀 형상의 소방서를 넣고 싶어 했고, 올든버그와 판 브뤼헌은 그랜드 피아노 형태의 사무소 건물과 쌍안경을 똑바로 세워 작은 탑 두 개처럼 보이는 도서관을 떠올렸다.

이들은 베니스 프로젝트가 실제로 실현되리라 추호도 생각지 않았다. 하지만 그 프로젝트는 게리와 올든버그, 판 브뤼헌이 1985년 베네치아 비엔날레에서 선보인 공연 〈일 코르소 델 코르텔로Il Corso del Cortello〉(칼의 여정)의 기초가 됐다. 거대한 스위스 아미 나이프를 배로도 쓰고 아르세날레 앞쪽 무대로도 쓰면서 세 사람은 각자의 예술적 야심을 담은 인물을 연기했다. 올든버그는 화가가 되고 싶은 기념품 판매상으로, 판 브뤼헌은 작가가 되고 싶은 여행사 직원으로, 게리는 건축가가 되고 싶은 이발사인 '프랭키 P. 토론토'로 분했다. 전처인 아니타와 딸 브리나도 역할극에 동참했다. 게리는 여러 고전 건축물의 일부를 본떠 만든 의상을 걸친 채, 투사되는 오래된 베네치아 건물의 이미지 위에다 자신만의 도면을 그려 나갔다. 새것이 옛것을 대신하는 이 상징적 연기는 1953년, 로버트 라우션버그가 더코닝의 그림을 지웠던 작품 행위와 다르지 않다. 라우션버그는 그 작품을 개인 작업실에서 만들어 냈다면, 게리는 생애 처음이자 마지막인 행위 예술을 통해 이를 표현해 냈다.

이탈리아를 떠나기 전, 게리는 다른 의뢰를 받았다. 소아암 환자들을 위한 단체인 캠프 굿 타임스Camp Good Times의 의뢰로, 로스앤젤레스 근처 샌타모니카산에 건물을 지어 달라고 했다. 베네치아에서 돌아온 게리는 클라이언트에게 올든버그와 판 브뤼헌, 조경사 피터 워커와 함께 작업할 수 있다면 의뢰를 받아들이겠다고 말했다. 게리, 올든버그, 판 브뤼헌은 모두 서로 맡은 부분이 아니면 신경 쓰지 않기를 원했지만, 프로젝트 전체는 하나의 팀으로서 설계하고 싶어 했다. 이들은 올든버그와 판 브뤼헌의 조각품과 다르게 일상적 물체를 곧바로 환기하지 않으면서도, 일반적인 게리의 작품보다는 그들의 작품 같은 느낌을 내고 싶어서 설계를 고민하는 데 몇 달을 썼다. 이는 게리의 건축물과 예술가들의 조각품 사이의 접점을 찾는 작업이었다. 그들은 주로 바다와 관련된 이미지를 사용했다. 치료 시설에는 펄럭이는 돛을 달아 그늘을 만들었고, 기숙사는 도랑 위쪽에 다리 형태로, 커다란 식당 건

1985년 베네치아에서 '프랭키 P. 토론토'로 분장한 게리의 모습

물은 파도 형태로 만들었다. 배의 선체를 뒤집은 듯한 모습에다 목조 구조로만 이루어진 모습이 게리의 초기 프로젝트를 떠올리게끔 하는 입구 포치도 있었고, 옛날에 쓰던 우유 통 모양으로 지어진 부엌도 있었다.

이 프로젝트는 실제 건설을 염두에 두고 있었지만, 가상으로 설계했던 베니스 프로젝트와 같은 처지가 됐다. 캠프 운영자들은 게리 팀과 함께 1년도 넘게 일한 후에 이렇게 말했다고 한다. "그들은 설계가 너무 '예술적'이라며, 아이들은 더 평범하고 일반적인 야영지 느낌을 좋아할 것 같다고 하더군요. 허클베리 핀을 예로 들었어요." 그들은 디즈니랜드까지는 아니더라도 어느 정도 감상적이고 그림 같은 설계를 원했다. 새로운 설계를 할 수도, 할 마음도 없었던 팀은 프로젝트를 포기할 수밖에 없었다. 뼈아픈 실패였다. 게리 부부와 올든버그 부부는 그간 친하게 잘 지냈던데다, 게리와 판 브뤼헌, 올든버그는 캠프 작업에 각고의 노력과 시간을 쏟아 부었기 때문이다. 그들은 '허클베리 핀' 아이디어와 달리 자의식이 과하게 묻어나지도, 지나치게 점잔 빼지도 않으며 전혀 거들먹거리지 않는 느낌으로 설계했다고 생각했다. "마크 트웨인Mark Twain을 돌이켜 보면 어떤 감성이 일어요. 하지만 그건 이 캠프를 사용할 아이들보다 내 세대에 더 걸맞죠."

이후 게리와 올든버그에게 한 번 더 협업할 기회가 찾아온다. 게리네 집 근처인 베니스의 메인 스트리트에 건물을 짓는 프로젝트였다. 프레드 와이즈먼은 오래된 산업 건물을 개조해 미술 수집품을 보관하고 싶다며 게리에게 도움을 요청했다. 적당한 부지를 둘러보던 게리는 현지 가스회사 건물로 사용되던 건물을 발견했다. 베니스의 아트 신과 가까웠던 터라 와이즈먼은 위치가 마음에 들었다. 그 건물은 로스앤젤레스의 부동산 투자자 래리 필드에게 팔린 지 얼마 안 된 참이었다. 그는 저평가된 부동산을 잘 찾아내는 귀재였다. 게리는 프레드 와이즈먼을 대신해 래리 필드를 만나러 갔다.

아직 부동산을 팔지 않았던 필드는 가격을 확 올려 커다란 이윤을 남길 기회가 굴러들어 왔음을 알아챘다. 하지만 게리가 마음에 들었던 필드는 외려 동업을 제안했다. 그는 와이즈먼이 자금을 대고 게리가 건축 서비스를 제공하는 조건으로 지분을 나눠 갖자고 했다. 게리는 필드의 제안에 동의했다. 나중에 알게 되겠지만, 이는 뜻밖에도 무척 잘 맞는 친구가 된 두 사람의 인연이 시작되는 순간이었다. 필드는 직설적으로 에둘러 말하는 법이 없는 브롱크스 출신 사업가로, 미학에는 전혀 관심 없는 보수적인 공화당 지지자였다. 하지만 그는 게리의 수더분한 태도와 결단력, 집중력이 마음에 들었다. 게리도 단순하고 명료한 필드가 좋아졌다. 게리는 이제껏 만났던 많은 사업가와 달리 필드가 공평한 사람이라고 느꼈다. 두 사람 모두 로스앤젤레스 출신은 아니지만, 현지에 깊이 뿌리내린 이민자로서, 가까운 가족의 병환 때문에 따뜻한 기후를 찾아왔다는 정착 이유도 같았다. 게리는 아버지 때문이었고 필드의 경우는 부인 때문이었다. 이후 게리의 사무소가 있는 브룩스 애비뉴의 건물이 매물로 나왔을 때, 게리는 필드에게 그 건물을 살 방법에 대한 조언을 구했다. 결국 게리는 변호사이자 미술품 컬렉터인 잭 퀸Jack Quinn, 척 아놀디와 손을 잡고 건물을 사들이기로 했다.

원하는 부지를 찾아낸 게리와 와이즈먼은 그 낡은 건물을 발판 삼아 대형 건물로 개발하고 싶었다. 그 건물에는 와이즈먼의 미술 소장품을 전시해 둘 공간뿐만 아니라 소매 상점과 사무소, 예술가들의 스튜디오를 들일 생각이었다. 하지만 그 프로젝트는 곧바로 주민의 반대에 부딪혔다. 그로 인해 프로젝트 일정이 한없이 늘어지자 와이즈먼은 부지에 관한 관심을 급격히 잃어 갔다. 그래서 그는 게리에게 특별한 제안을 했다. 게리가 가진 예술 작품 몇 점을 주면, 그 부동산에 대한 자신의 지분을 게리에게 모조리 넘겨주겠다는 것이었다. 그렇게 와이즈먼은 에드 모지스의 회화 한 점을 포함해 여러 작품을 받았고, 게리는 그 건물의 대표 건물주가 되었다. 애초에 게리가 자신의 지분을 조금 나눠 줬던 그렉 월시와 함께였다.

게리에게 충직했지만 평온한 삶을 더 좋아했던 그렉은 게리의 사무소가 커지고 게리도 온 세계를 돌아다니게 되자 불만이 쌓이기 시작했다. 그는 게리의 그림자에 가려진 삶에 만족했지만, 게리는 종종 그렉의 행복을 걱정했다. 그렉은 결혼을 하지 않았고, 파트너나 아이도 없었다. 게리는 그렉이 소소한 재밋거리를 가지길 바랐다.

그렉은 그 프로젝트에서 대략 3분의 1 정도의 소유권을 지니게 됐으나, 프레드 와이즈먼이 빠지고 나니 그 건물로 경제적인 이익을 낼 만한 뚜렷한 방안도 사라지고 말았다. 베니스는 여전히 다듬어지지 않은 독특한 매력을 지닌 동네였고, 젠트리피케이션도 거의 일어나지 않았다. 게리와 그렉은 한동안 그 건물을 예술가 니키 드생팔Niki de Saint-Phalle에게 빌려줬다. 그녀는 그곳을 작업실 삼아 대형 조각품을 만들곤 했다.

건물을 활용할 해결책을 제시해 준 건 게리의 클라이언트인 예술가 미리엄 워스크Miriam Wosk였다. 그녀는 베벌리힐스의 작은 아파트 위에 독특한 펜트하우스와 작업실을 설계하는 작업을 게리에게 의뢰했었다. 작은 마을 형태를 띤 그 프로젝트는 로욜라 캠퍼스를 루프톱에 올려놓은 것만 같았다. 워스크는 샤이엇데이Chiat/Day라는 광고 회사의 설립자이자 경영자이며, 머지않아 애플Apple 광고로 유명 인사가 될 제이 샤이엇Jay Chiat과 친한 사이였다. 워스크는 할리우드 볼에서 콘서트를 열기 전, 샤이엇과 게리를 저녁 식사 자리에 초대해 서로 소개해 줬다. 클라이언트의 지인을 소개받아 관계를 맺게 되는 건 이제 게리의 일상이나 다름없었고, 샤이엇도 그렇게 게리의 친구이자 사업 파트너가 됐다. 많은 경우, 건축가의 친구는 클라이언트가 된다. 반면, 게리는 클라이언트를 친구로 바꾸는 데 특출난 재능이 있었다. 프레드 와이즈먼과 리처드 코언, 로스앤젤레스 필하모닉의 총감독 에르네스트 플라이슈만은 게리의 클라이언트였다가 친구가 된 수많은 이들의 기나긴 명단에 적힐 첫 번째 이름에 불과했다.

인습에 얽매지 않는 샤이엇은 게리를 편하게 여겼다. 이후 그는 로스앤젤레스, 토론토, 뉴욕에 들어설 샤이엇데이 사무소 설계를 게리에게 맡긴다. 10년 뒤, 샤이엇데이는 애플의 "다른 것을 생각하라Think Different"캠페인에서 창의적인 고정관념 파괴자들의 얼굴을 내거는데, 게리의 얼굴도 거기에 포함시켰다. 또한 샤이엇은 텔류라이드와 롱아일랜드의 사가포낙에 집을 지어 달라고 게리에게 의뢰하기도 했다.*

제이 샤이엇이 처음 게리를 만났을 때, 그는 사세 확장으로 새 사무실 공간을 찾고 있었다. 그는 로스앤젤레스의 고리타분한 베벌리힐스나 센추리시티 지역은 관심도 없었다. 대신 창의력과 과감함이 넘치는 베니스를 선호했던 그는 게리에게 자신의 건축가가 되어 주겠냐고 물어봤다. 게리는 좋다고 답했으나, 처음에는 게리 자신이 소유한 건물을 추천해 줘야겠다는 데까지 생각이 미치지 못했다. 샤이엇데이 같은 대형 광고대행사가 그토록 후미진 곳에 들어선다는 것을 상상조차 못했기 때문이다. 이후 미리엄 워스크가 샤이엇에게 게리가 가진 부동산이 있다고 귀띔해 줬고, 샤이엇이 게리에게 그 건물을 보여 달라고 했다. 샤이엇은 즉시 백만 달러가 조금 넘는 가격에 그 건물을 사겠다고 했다. "우리에겐 백만 달러가 없었기 때문에 괜찮은 제안이었습니다." 그렇게 게리와 샤이엇의 거래가 성사됐다.

낡은 가스회사 건물을 개조하기 위해 게리는 가로로 길고 높이가 낮은 사무실 건물을 설계했다. 건물의 한 부분은 곡면 파사드로, 또 다른 부분은 나뭇가지를 추상화한 모습으로 디자인했다.

---

* 두 주택 모두 실제로 지어지지 않았다. 만약 지어졌다면 콜로라도나 햄프턴스에 지어진 유일한 게리의 작품이 됐을 것이다.

두 개의 서로 다른 부분을 이어 주는 무언가가 필요했다. 어느 날, 게리와 샤이엇이 게리의 사무소에서 만났다. 샤이엇은 이제껏 나온 디자인이 마음에 들었지만, 구성을 어떻게 마무리할지 몰라 계속 망설이던 게리 때문에 조바심이 났다. "샤이엇이 말했어요. '게리, 당신은 잘할 수 있어요. 그 부분은 어떻게 할 거예요?' 그래서 저는 '모르겠어요'라고 답했죠. 우리는 와인을 마시고 있었어요. 샤이엇이 '분명 생각이 날 겁니다'라고 하더군요."

당시 게리에겐 아이디어가 없었다. 그는 고개를 들어 주위를 둘러보다가, 다른 베니스 프로젝트에서 올든버그, 판 브뤼헌과 함께 만들었던 쌍안경 모양의 도서관 건물 모형을 발견했다. 게리는 모형을 집어 들어 샤이엇데이 사무소 모형에 탁 얹었다. "멋진데요." 제이 샤이엇이 말했다. 하지만 게리는 확신이 서지 않았다. 그는 진심으로 쌍안경 건물을 메인 스트리트에 짓겠다는 뜻이 아니었다. "올든버그가 절대 허락하지 않을 겁니다." 게리는 올든버그의 프로젝트는 모두 특정 장소를 위한 것으로, 애초에 그 쌍안경 탑은 지금의 부지와 무척 다른 곳에 건설할 생각이었다고 샤이엇에게 설명했다. 샤이엇은 신경 쓰지 않았다. 그는 올든버그와 판 브뤼헌에게 전화하라고 게리를 닦달했으며, 쌍안경 건물을 샤이엇 건물에 쓰고 싶다고 말하라고 했다. "하는 수 없이 저는 전화를 했어요. '안 될 걸 알면서도 한번 물어보는 거예요. 쌍안경 건물을 출입구로 쓰고 싶어 하는 사람이 있는데, 혹시 그 건물을 작업해 줄 수 있나요? 쌍안경 작업을 하려면 당신은 건축가가 돼야 합니다.' 올든버그가 그게 무슨 뜻이냐고 되물었죠. 제가

캘리포니아 베니스의 메인 스트리트에 들어선 샤이엇데이 건물과 올든버그의 쌍안경 건물

답했어요. '창문을 달아야 한다는 뜻이에요.'" 뜻밖에도 올든버그는 그 아이디어를 좋아했다. 그와 판 브뤼헌이 그토록 갈구하던, 조각과 건축물의 경계를 흐리게 해 볼 기회였기 때문이다. 그들은 쌍안경을 그저 건물 앞에 가져다 놓는 예술 작품으로 사용하는 게 아니라, 기능을 수행하는 건축의 한 부분으로 사용하는 거라면 기꺼이 샤이엇데이를 위해 재작업을 해 주겠다고 응답했다. 건물 3층을 꽉 채우는 높이의 똑바로 선 쌍안경은 검은색으로 시공했다. 구리판을 입힌 한쪽의 금속 건물과 다른 쪽의 황백색 건물이 대조를 이루게 하기 위해서였다. 커다란 포털처럼 보이는 두 렌즈 사이의 공간은 주차장으로 들어가는 출입구가 됐다. 로스앤젤레스에서는 도보 출입구보다 자동차 출입구가 더 자주 쓰인다는 사실을 은근슬쩍 반영한 선택일 것이다. 쌍안경 렌즈 내부, 즉 '탑'은 샤이엇데이의 도서관과 회의실 공간으로 사용했다.•

게리와 클라스 올든버그, 코셔 판 브뤼헌은 다시 한번 힘을 합친다. 제이 샤이엇만큼이나 게리의 인생에서 커다란 부분을 차지하게 될 클라이언트 롤프 펠바움Rolf Fehlbaum을 위해서였다. 그는 스위스 바젤 외곽에 기반을 둔 모던 가구 제작사 비트라Vitra의 회장이었다. 펠바움은 부모님의 점포 설계 회사를 물려받아 1977년

• 해당 건설 현장에서 오염된 폐기물이 발견돼 프로젝트가 연기됐고, 1991년이 되어서야 건물을 사용할 수 있었다. 어찌 보면 당연하게도, 그 건물은 '쌍안경 건물'로 금세 유명해졌다. 1998년, 더 넓은 공간이 필요해진 샤이엇데이는 그곳에서 10년을 채우지 못하고 다른 곳으로 사무실을 옮겼다. 건물은 현재는 구글Google의 로스앤젤레스 지사로 사용되고 있다.

부터 직접 운영해 오고 있었다. 그들은 1957년에 허먼 밀러로부터 찰스 앤드 레이 임스와 조지 넬슨의 가구를 유럽에서 제작할 권리를 따 내 비트라 가구 회사를 차렸다. 그로부터 몇 년 뒤, 비트라는 자사 가구를 만들기 시작했다. 프랑스의 철학자이자 사회 이론가였던 생시몽Saint-Simon에 대한 박사 논문을 쓰고, 디자인에 열정적이었던 펠바움은 예술로 고양된 이상적인 산업 환경을 만들겠다는 자신의 논문 주제를 진지하게 받아들였다. 1981년, 스위스 국경 바로 건너편인 독일 바일암라인에 있던 비트라의 제조 공장이 화재로 파괴되자, 그는 건물을 재건해서 모던 건축물의 진열장으로 바꾸겠다고 마음먹었다. 펠바움은 맨 처음 영국의 건축가 니컬러스 그림쇼Nicholas Grimshaw에게 건축을 의뢰했다. 그림쇼는 공장을 빨리 재가동할 수 있도록 빠른 시공이 가능한 조립식 골강판으로 공장을 설계했다. 그림쇼는 추후 공장 확장을 염두에 두고 있는 펠바움의 의중을 고려해 마스터플랜을 설계했다. 그때, 펠바움은 게리를 만났다.

펠바움은 이지 에지 가구를 처음 본 이후, 몇 년간 게리를 만나려 애썼다. 그는 로스앤젤레스에 매료되어 이후 찰스 앤드 레이 임스의 전체 가구 컬렉션 견본을 사들이고, 게리의 건축물도 여러 군데 방문했다. 그는 게리에게 비트라를 위한 가구 설계를 해줄 수 있냐는 편지를 썼지만, 가구라면 신물이 나던 게리는 답장도 하지 않았다. 1982년, 그림쇼의 공장이 완성된 이후, 펠바움은 아버지의 70번째 생일을 기념하기 위해 클라스 올든버그와 코셔 판 브뤼헌에게 비트라 가구 단지 출입문으로 쓸 조각품 제작을 의뢰했다. 그는 작업에 관한 논의를 하러 뉴욕에 있는 올든버그 부부의 사무실에 들렀는데, 그 자리에 게리가 있었다. 펠바움은 그 자리에서 그들 모두를 비트라 단지로 초대했다.•

베르타, 알레호, 샘과 함께 비트라에 도착한 게리는 올든버그 와 판 브뤼헌의 조각품이 놓일 위치에 대한 새로운 시각을 제시 했다. 〈밸런싱 툴Balancing Tools〉이라는 제목의 이 조각품은 소파에 천 씌우는 일을 하는 사람들이 쓰는 세 가지 도구인 해머, 펜치, 드라이버를 일종의 개선문 형태로 배치한 거대한 작품이다. 이번 에 롤프 펠바움은 게리의 가구 설계를 받아 내기 위해 직접 그를 구슬렸다. 두 사람은 둘도 없는 사이로 발전한 참이었다. 펠바움 이 말했다. "저는 가난한 집안 출신이었어요. 우리는 대단치 않은 사람들이었지만 유대감이 있었죠. 저는 저대로, 게리는 게리대로 불안감을 지니고 있었어요."

게리는 자신이 제일 좋아하는, 똑똑함과 편안함을 모두 갖춘 사람이 펠바움이라는 것을 알아챘고, 게리의 작품을 향한 그의 존경도 의심할 여지가 없다는 것을 알았다. 하지만 게리는 여전 히 다시 가구를 제작하기가 두려웠고, 자신은 의자보다 건축물을 설계하는 데 더 관심이 많다고 말했다. 그래서 펠바움은 건축을 의뢰하기로 했다. 그는 자꾸만 늘어 가는 모던 디자인 컬렉션을 보관할 '작은 창고'를 만들어 달라고 했다. 올든버그의 조각품이

• 펠바움과의 첫 만남에 대한 게리의 기억은 조금 다르다. 그는 유럽 여행이 먼저였다고 기억했다. 게리가 올든버그 부부와 아는 사이이며, 함께 여행 중이라는 사실을 알게 된 펠바움은 조각품이 들어설 자리를 보러 오라며 모두를 바일암라인으로 초대했다고 한다.

자신의 아버지를 기리기 위한 거였다면, 이 창고는 어머니를 기리는 의미가 들어가면 좋겠다고 했다. 그림쇼의 건물 옆에 새로 지을 예정이었던 제2공장 건물 앞에 게리가 설계할 작은 창고를 놓을 생각이었다.

유럽에서의 첫 작업이 될 터였는데도 게리는 마냥 기쁘지가 않았다. 건축 비용을 받는 것 자체는 물론이고, 바일암라인과 로스앤젤레스를 오가며 작업하는 시간마저도 할애하기 부담스러울 정도로 규모가 작은 작업이었기 때문이다. 게리는 펠바움에게 솔직하게 말했다. 게리는 자기 좋자고 친구인 펠바움에게 과도한 건축 비용을 지우고 싶지도 않았고, 작은 작업에 걸맞은 적은 비용을 받고 짜증 난 채로 일하면서 그들의 우정을 위태롭게 하고 싶지도 않았다. "게리는 욕심 많은 사람은 아니지만, 좋지 않은 일이 일어날까 봐 항상 돈을 걱정했어요. 하지만 그는 정말 멋지고 따스한 사람입니다." 나중에 펠바움이 말했다.

그때 펠바움에게 좋은 생각이 떠올랐다. 작은 창고와 함께 게리가 제2공장도 지어 버리는 건 어떨까? 그러면 비용을 많이 청구하고 출장을 자주 다녀도 부담 없을 만큼 커다란 프로젝트가 될 것이었다. 비트라 단지 내 그 어떤 확장 공사라도 당연히 제 몫이라 생각했던 니컬러스 그림쇼는 펠바움의 결정이 못마땅했다. 하지만 이미 펠바움은 다른 아이디어를 키우고 있었다. 그림쇼의 건축물만 늘려 가는 게 아니라, 각기 다른 건축가들이 만든 훌륭한 건축물을 수집하는 것이다. 이미 비트라는 수많은 유명 가구 디자이너들의 의자를 만들어 내고 있는데, 수많은 유명 건축가들

비트라 디자인 미술관

의 건물로 단지를 채우지 못할 이유란 없지 않은가?

게리도 프로젝트 범위를 확장하는 데 곧바로 동의했고, 그림쇼의 건물을 보완한다는 느낌으로 비교적 단순하게 제2공장 건물을 설계했다. "그림쇼와 게리의 건물을 나란히 놓고 볼 수 있는 중요한 경험이었습니다. 크기와 비용, 기능이 모두 비슷한 건물이었죠. 게리나 그림쇼의 건물이 두 개씩 있는 것보다, 서로 다른 두 사람의 건물이 하나씩 공존하는 모습이 제겐 훨씬 흥미로웠습니다." 펠바움이 말했다.•

한편, 이제껏 자기 소유의 미술관을 짓는 것을 허세라고 여겼던 펠바움은 디자인 컬렉션이 갈수록 늘어나자 창고 이상의 건물이 필요하다는 사실을 깨달았다. 그는 게리에게 모든 종류의 예술 작품과 디자인을 전시할 수 있는 고도로 표현주의적인 건물을 만들어 달라고 말했다. 원래는 하기 싫어했던 작업이었지만, 펠바움이 선사한 자유에 영감을 얻은 게리는 그의 커리어에 있어서 무척 중요한 작품인 비트라 디자인 미술관Vitra Design Museum을 탄생시켰다. 1989년에 완공된 이 미술관은 서로 충돌한 듯한 도형들이 엉켜 있는 모습이다. 휙 꺾이는 곡선과 각진 육면체가 조합되어 강렬하게 소용돌이치는 것 같은 형태다. 이처럼 강렬한 비트라에 비하면 평온한 질서의 감각을 지닌 윈턴 게스트하우스는 고상해 보인다. 외관에 덧바른 흰색 회반죽은 형태 내에 잠재한

• 이후 비트라 단지에는 헤어초크 앤드 드뫼롱Herzog & de Meuron, 안도 다다오Ando Tadao, 알바루 시자Álvaro Siza, 사나SANAA의 건축물은 물론이고, 자하 하디드Zaha Hadid의 첫 번째 완공 건축물도 들어선다. 펠바움은 비트라 단지의 주소를 '찰스-임스 슈트라세 2번지'로 지었다.

엄청난 에너지를 숨기고 있다. 10년 전에 지었던 게리 하우스 이후로 보여 준 적 없었던 강렬함이었다. 비트라 미술관 내부에는 천창과 층계가 있고, 공간 전체에서 운동감과 역동성이 느껴진다. 동시에 그림을 걸 만한 평평한 수직의 흰색 벽도 충분히 있고, 가구나 다른 오브제같이 펠바움의 더 중요한 컬렉션들을 보여 줄 수 있는 플랫폼과 진열대도 있다. 게리에게 비트라 미술관은 극적이고 색다른 건축적 형태를 위해서 꼭 건축의 기능을 희생시키지 않아도 된다는 자신의 믿음을 증명해 보일 새로운 기회였다. 게리는 마음이 편안해지는 클라이언트와 일할 때 항상 최고의 작품을 만들어 냈다. 비트라 미술관은 게리가 롤프 펠바움을 얼마나 편하게 생각했는지, 앞으로 얼마나 편안한 마음으로 미술 작품 전시장을 설계할지 확인해 주는 작업물이었다.

오랫동안, 게리의 작업을 정의하기란 쉬운 일이 아니었다. 힘차고 표현주의적인 비트라가 탄생한 이후에도 간단치가 않았다. 1988년, 역사를 가지고 소동을 벌이는 포스트모더니즘에 질리기 시작한 필립 존슨은 변화할 때라고 생각했다. 그의 작품뿐만 아니라 당대의 훌륭한 작품을 판별하는 자신의 관점까지도 말이다. 존슨은 건축계의 다음 유행이 날카롭고 각진 형태를 추구하는 모더니즘으로의 회귀이며, 다만 포스트모더니즘이 그랬듯, 이전의 모더니스트가 그려 냈던 순수하고 완벽한 기하학에 대해 반발하는 방식이 될 것이라고 정했다. 여러 비평가가 이러한 운동을 1920~1930년대의 러시아 구성주의 운동에 빗대 "해체주의"라고 불렀다. 비평가이자 건축가인 에런 베츠키Aaron Betsky를 포함한 다른 이들은 "훼손된 완벽함violated perfection"이라고 칭했다. 뉴욕 현대미술관의 초대 건축디자인부 큐레이터를 지냈던 존슨은 잠깐이나마 그 지위를 되찾아 현대미술관에서 해체주의 건축의 부상을 확실시하는 전시회를 개최하기로 했다. 적어도 신문에 기사라도 한 줄 났으면 하는 바람에서였다. 존슨과 그의 공동 큐레이터이자 프린스턴대학교Princeton university에서 교수를 맡고 있던 마크 위글리Mark Wigley가 전시회를 채울 일곱 명의 건축가를 선별했다. 위글리가 "전복의 감각"과 "불안의 건축"이라 부른 특징이 드러나는 이들이었다. 위글리는 해체주의에 대해 이렇게 썼다. "여기서 깨어지는 것은 다름 아닌 건축물을 바라보는 특정 시각에 깊이 배어 있는 문화적 가정이자, 질서, 조화, 안정성, 통일에 대한 가정이다."

대니얼 리버스킨드Daniel Libeskind, 자하 하디드, 렘 콜하스Rem Koolhaas, 베르나르 추미Bernard Tschumi, 피터 아이젠먼, 쿱 힘멜블라우Coop Himmelblau사와 함께 게리도 일곱 명의 건축가 중 하나로 뽑혔고, 샌타모니카에 있는 게리 하우스의 모형과 도면이 전시됐다. 게리는 확신에 가득 차서 자신을 선발한 필립 존슨이나, 자신의 작품을 뉴욕 현대미술관에 전시하는 것에 대한 불만은 없었다. 하지만 마음이 꺼림칙했다. 게리는 자신이 다른 여섯 명의 건축가와 공통점이 있는지, 혹은 그들과 정말로 한패로 엮이고 싶은지 확신할 수 없었다. 그는 그중 여러 건축가를 존경했지만, 그 것과는 별개의 문제였다. 게리는 자신의 작품이 질서와 조화에 관한 가정을 뒤흔들었다고 생각지 않았다. 사실 정반대였다. 해체주의 건축물에 대한 위글리의 논평은 게리가 생각하는 자신의 작업과는 반대였다. 게리는 새로운 종류의 질서를 찾고 있었고, 고전적 전통이 아닌 다른 것에서도 조화를 찾을 수 있음을 보여 주려 했다. 전시회 카탈로그는 게리 하우스에 나타나는 독특한 형태를 두고 기존 집의 표면 아래에서 들끓고 있다가 기존 형태를 전복하기 위해 터져 나온 일종의 무의식이라고 설명했다. 게리는 단 한 번도 자신의 작업이 기존의 집을 공격하고 있다고 느낀 적이 없었다. 그는 유별난 동거처럼 보일지라도, 오래된 집의 표면에서 춤추고, 그 벽을 통과하면서 기존 집을 찬양하는 화려한 옷을 덧입혀서 결국에는 의미를 창조해 내려던 것이다.

해체주의 건축물 전시회가 개최됐을 때 즈음, 게리 하우스는 완공된 지 거의 10년이 다 되어 갔고, 그즈음 게리의 창의적 충동은 게리 하우스와는 적잖이 다른 작품을 생산해 내고 있었다. 게리 하우스가 해체주의 작품으로 분류될 수 있다고 하더라도, 로욜라 로스쿨, 윈턴 하우스, 비트라 디자인 미술관 등 게리 하우스 이후 그가 해 온 프로젝트들에 해체주의라는 이름표를 붙이는 건 부적절했다. 뉴욕 현대미술관에서 해체주의자로 소개될 시점에 게리는 해체주의와는 완전히 다른 비트라 미술관의 완공을 감독하고 있었다. 그리고 앞으로 게리가 나아갈 방향을 제시해 주는 건 다름 아닌 비트라 미술관이었다.

게리는 필립 존슨이 선포한 당대의 유행을 실천하는 일곱 명의 건축가 중 한 명이라는 인식을 기쁘게 뛰어넘으며 1980년대를 마무리한다. 그건 비트라 미술관 덕이 아니라, 프리츠커 건축상 수상 덕분이다. 프리츠커상은 1979년에 시카고의 프리츠커 가문이 설립한 이후, "건축 예술을 통해 인류와 건축 환경에 일관되고 의미 있는 기여를 한 작품을 만든 건축가"에게 매년 10만 달러의 상금과 함께 수여해 왔다. 설립 후 첫 10년간 수상자는 이오 밍 페이, 필립 존슨, 케빈 로시Kevin Roche, 제임스 스털링James Stirling, 오스카르 니에메예르Oscar Niemeyer 등이 있었다. 건축가가 받을 수 있는 가장 명망 있는 상으로 알려진 프리츠커상을 받음으로써 게리는 건축의 전당에 입성한 것이다.

게리가 로스앤젤레스 필하모닉의 총감독이자 클라이언트인 에르네스트 플라이슈만과 함께 암스테르담에 있을 때, 호텔로 전화가 한 통 걸려 왔다. 발신인은 프리츠커 가문을 위해 프리츠커상 운영을 담당하던 빌 레이시Bill Lacy였다. "게리, 당신이 프리츠커상을 받으셨습니다." 이에 게리는 "뚱딴지같은 소리 마세요. 벤투리도 아직 못 받았는걸요"라고 말한 뒤 전화를 끊어 버렸다. 게리는 레이시가 다시 전화를 걸었다고 했다. "그가 그러더군요. '이봐요, 진짜예요.' 저는 곧장 베르타에게 전화했습니다. 잠들 수가 없었어요."

프리츠커상은 매년 봄, 건축적 의의가 있는 장소를 매번 새로 골라 시상식을 진행한다. 1989년에는 일본 나라의 고대 불교 사원인 도다이지 사원Todaiji Temple에서 시상식이 치러질 예정이었다. 게리는 그 장소가 마음에 들었다. "저는 원래 일본 건축을 사랑했기에 도다이지 사원을 알고 있었어요." 게리가 말했다.

프리츠커 측에서는 게리와 베르타에게 로스앤젤레스에서 일본으로 가는 일등석 비행기 표를 끊어 줬다. 게리 부부는 레이시와 국립미술관National Gallery of Art 관장이자 프리츠커상 심사 위원회 의장을 맡은 J. 카터 브라운J. Carter Brown과 같은 비행기를 탔다. 비행 도중 모든 상황이 유쾌하지만은 않았다. 레이시와 브라운은 비행 내내 수락 연설과 관련해 게리를 못살게 굴며 글로 써 두었냐고 재차 물었다. 그들은 게리 생애 가장 중요한 연설이 될 것이라며, 사전에 철저하게 구상해 두어야 한다고 말했다.

즉석에서 연설하는 건 글을 싫어하는 게리의 습관이었다. 게리는 그걸 아는 레이시와 브라운이 그냥 자신을 괴롭히려던 것이라고 생각했다. 그는 그저 자연스럽게 고맙다는 말만 몇 번 하면 될 줄 알았다. 그렇게 게리는 시상식에 도착해 행사 프로그램을 봤고, 의전을 좋아하는 일본인들은 실제로 게리가 몇 분간 연설하며 무언가 의미 있는 말을 해 주길 원한다는 것을 그제야 알아챘다. 그는 수상 당일 새벽 다섯 시에 일어나 잠든 베르타를 옆에 둔 채 호텔 방에서 머리를 싸매고 연설에서 무슨 말을 할지 적어 내려갔다.

기념식은 아침에 이뤄졌다. 제이 프리츠커Jay Pritzker가 내빈에게 환영사를 전한 뒤, 일본 건축가이자 2년 전 상을 받은 단게 겐조Tange Kenzo가 발언에 나섰다. 그는 일본어로 도다이지 사원과 프리츠커상의 영향력에 대해 말했다. 그런 뒤, 게리와 프리츠커 가문 모두가 당황할 만한 발언을 했다. 그가 아는 한 게리의 작업은 도다이지 사원이나 프리츠커상의 건축적 유산과 전혀 관련이 없다고 말한 것이다. 이는 뜻밖의 모욕이었으며, 그게 아니더라도 건축계의 많은 기존 현역들이 게리의 작품을 여전히 불편해하고 심지어는 위협적으로 본다는 사실을 강조할 뿐이었다. 즉흥 연설을 좋아하는 게리의 편안한 태도 덕분에 긴장감은 이내 해소됐다. 게리는 자리에서 일어나 그가 써 온 글을 읽기 전에 단게를 바라보며 이렇게 말했다. "앞으로 제가 더욱더 작업에 정진해야겠다는 생각이 드는군요."

게리는 기쁨과 감사의 마음을 전한 뒤 연설을 이어 갔다. 게리의 가치관과 작업 동기가 드러나는 몇 안 되는 긴 고찰이었다.

저는 건축에 푹 빠져 있습니다. 맞습니다, 저는 건축가로서 정체성을 찾기 위해, 또한 모순과 격차, 불평등, 그리고 열정과 기회로 가득 찬 이 세계에 이바지하는 최고의 방법이 무엇인지 알아내기 위해 부단히 노력합니다. 가치와 우선순위가 끊임없이 시험대에 오르는 세상입니다. 단 한 가지의 옳은 대답이란 없습니다. 건축물은 이처럼 복잡한 인간 문제의 작은 일부에 불과하지만, 우리 건축가는 건축의 가능성을 믿습니다. 변화를 만들어 내고, 인간에게 새롭고도 풍부한 경험을 선사하며, 오해의 벽을 꿰뚫고, 인생이라는 드라마에 아름다운 배경이 되어 줄 건축의 가능성 말입니다.

커리어 초기에 저는 빈 출신의 대가에게서 완벽을 만드는 법을 배웠습니다. 하지만 처음에 저는 완벽함을 성취할 방법을 찾지 못했습니다. 그런데 당시 재스퍼 존스, 로버트 라우션버그, 에드 키엔홀즈, 클라스 올든버그와 같은 제 예술가 친구들은 부러진 나무나 종이 같은 값싼 재료로 아름다움을 만들어 내고 있었습니다. 이 값싼 재료들은 표면적인 한 요소에 머물지 않은 채 본질을 겨냥했고, '아름다움이란 무엇인가'라는 질문을 던져 주었습니다. 그래서 저는 이용할 수 있는 기술을 쓰고, 엔지니어들과 일하며, 그 한계 속에서 미덕을 찾아내기로 정했습니다.

회화에는 제가 건축물에서 그토록 바라던 즉시성이 있습니다. 저는 형태에 감정과 정신을 불어넣기 위해 건축 원자재의 공정을 탐구했습니다. 제 표현력의 정수를 찾기 위해 저는 하얀 캔버스 앞에 서서 제일 먼저 무얼 할지 결정하는 예술가를 상상해 봤습니다. 저는 그걸 진실의 순간이라 부릅니다.

건축가는 복잡한 문제를 해결해야 합니다. 우리는 기술을 이해하고 사용해야 하며, 안전하고 튼튼하면서도 주위 환경과 동네를 존중하는 건물을 만들어야 하며, 사회적 책무에 얽힌 수많은 문제를 맞닥뜨려야 하는 데다, 클라이언트도 만족시켜야 합니다.

하지만 끝이 아닙니다. 요소들의 조합, 형태, 크기, 재료, 색깔 등 화가나 조각가가 마주하는 것과 같은 문제를 건축가 역시 맞닥뜨립니다. 진실의 순간이 도래하는 겁니다. 건축은 분명 예술입니다. 그리고 건축물의 예술을 실천하는 이들은 분명 건축가입니다.

시간이 지날수록 건축가가 떠안은 문제는 점점 복잡해지고 있습니다. 우리는 도시 건설 예술과 관련한 곤란함을 겪습니다. 우리는 예술가, 클라이언트, 다른 건축가와 함께 일하는 법을 탐색해야 합니다. 우리의 꿈은 엔지니어, 클라이언트, 다른 건축가 등 도시를 아름답게 가꾸는 사람들이 각각의 벽돌, 창문, 벽, 길, 나무를 정성스레 배치하는 것입니다. 건물에 더 많은 시간과 자금을 할애하는 것이 중요합니다. 수천 명의 인력과 재능을 한데 모아 영원한 아름다움을 만들어 낸 이 도다이지 사원은 당대에 있었던 놀라운 협업의 상징입니다.

게리는 자신의 멘토들과 프리츠커 가문에 감사의 마음을 전한 뒤, 연설을 시작할 때와 같이 장난스러운 말투로 얘기를 마무리했다. "수상 소식이 전해지고 난 뒤, 수많은 기자분이 제게 상금으로 뭘 할 거냐고 물어보시더군요. 그래서 저는 당연히 우리 집 시공을 마무리하고 공사장 가설 울타리를 허물어 버릴 거라고 답했습니다."

13

월트 디즈니 콘서트홀:
첫 번째 시도

게리가 프리츠커상을 받았다는 소식이 전해지자, 로스앤젤레스
의 한 무리는 축하와 동시에 안도했다. 이들은 로스앤젤레스 음
악 센터 건축가 선정 위원회로, 불과 몇 달 전 음악 센터에 딸린 콘
서트홀 설계를 게리에게 맡기겠다는 대담한 결정을 내렸던 참이
었다. 음악 센터 측은 건축가를 찾아 전 세계를 뒤졌고, 1988년 여
름 즈음 후보군을 네 명으로 좁혔다. 독일의 고트프리트 뵘Gottfried
Böhm, 영국의 제임스 스털링, 빈의 한스 홀라인, 그리고 프랭크 게
리였다. 로스앤젤레스 현대미술관의 건축가를 선정했던 6년 전,
현지 건축가를 후보자에 넣어야 했던 위원회가 그저 구색을 갖추
기 위해 게리의 이름을 후보군에 올렸다면, 이번에 게리는 진지
한 고려 대상이었다.

하지만 면접 과정이 시작된 이후에도 게리에게 승산은 거의 없

었다. 음악 센터 이사회의 몇몇 구성원이 생각하기에 게리는 여전히 권력과 문화의 중심지인 다운타운 홀보다 베니스의 아트 신에 더 잘 어울리는 로스앤젤레스의 악동 건축가였다. 그들의 관점에서 로스앤젤레스를 교양 있는 국제도시로 내보이려면 게리를 선택하는 것은 옳지 않았다. 전 세계적 슈퍼스타이자 프리츠커상 수상자인 나머지 세 건축가를 제치고 현지 건축가를 선정하는 것은 신중하지 못해 보일 뿐만 아니라, 가장 위험한 선택 같았다. 하지만 게리의 수상 소식이 전해지자 이사회의 반대 목소리는 확실히 수그러들었고, 게리를 옹호하던 위원회는 그들의 선택이 현명했다는 것을 입증받은 듯 쾌재를 불렀다. 프리츠커상 수상 이후에도 게리는 여전히 대담한 선택지였지만, 적어도 현지 건축가라 뽑혔다는 오해는 떨칠 수 있게 됐다.

게리가 맡은 프로젝트란 월트 디즈니 콘서트홀Walt Disney Concert Hall이었다. 이 프로젝트는 남편인 월트 디즈니Walt Disney를 여읜 여든일곱 살의 릴리언 디즈니Lillian Disney가 1987년 5월에 로스앤젤레스 필하모닉을 위한 새 콘서트홀을 짓는 데 5천만 달러를 기부하면서 시작됐다. 필하모닉은 음악 센터의 메인 홀인 도로시 챈들러 파빌리온Dorothy Chandler Pavilion의 형편없는 음향 시설과 지루하기 짝이 없는 건축물로 수년간 고통받아 왔고, 릴리언 디즈니는 새 콘서트홀을 짓는 것이 남편을 기리는 훌륭한 방법이라고 생각했다. 그녀는 "세상에서 가장 멋진 콘서트홀"을 원했다. 릴리언은 챈들러 파빌리온의 바로 남쪽 빈 블록에 건물을 짓고, 5년

이내에 공사를 시작해야 하며, 최종적으로 자신이 건축가를 결정하겠다는 것 외에는 아무 조건도 붙이지 않고 돈을 기부했다.

콘서트홀은 엄밀히 말하자면 음악 센터에 포함되어야 했기 때문에 릴리언 디즈니의 기부금이 들어오자 센터 이사회가 설계의 총 책임을 맡았다. 부동산 개발자이자 변호사면서, 음악 센터 이사회와 로스앤젤레스 현대미술관 이사회 양쪽에서 활발하게 활동하던 프레더릭 M. 니컬러스Frederick M. Nicholas는 이소자키 아라타가 현대미술관을 설계하고 시공하는 6년 동안 모든 과정을 감독하기도 했던 사람이라, 이번 프로젝트도 그가 책임을 맡는 게 합당해 보였다. 스스로 훌륭한 건축물을 위한 지원자라고 여겼던 니컬러스는 그 일을 담당하기 전에 릴리언 디즈니가 거물 건축가에게 설계를 맡기겠다고 확언해 주길 바랐다. 릴리언은 이에 동의하며, 좋은 음향 시설과 정원을 갖추는 것도 중요하다고 말했다. 니컬러스는 일에 착수하면서 함께 일할 설립 추진 위원회를 꾸렸다. 건축가 선정 과정에서 그 어떤 정치적 외압도 배제하기 위해 그는 소위원회도 구성했다. 그는 로스앤젤레스 주요 건축학교 두 군데, 미술관 세 군데에서 학장 두 명과 관장 세 명을 소위원회의 자문 위원으로 뒀다. 릴리언은 선정된 건축가를 거부할 권리가 있었지만, 그럴 일은 거의 없을 거라는 뜻을 비쳤다.

니컬러스는 친구이자 로스앤젤레스 현대미술관장인 리처드 코샬렉에게 소위원회를 이끌어 달라고 부탁했다. 필하모닉 경영진과 악단 중 몇 명과 함께 코샬렉과 니컬러스는 전 세계의 위대한 콘서트홀들을 견학하며 건축가 후보 리스트를 만들기 시작했다. 처음에 80명으로 시작한 후보군은 25명으로 줄었고, 이후 그 건축가들에게 자료를 제출받아 자세한 검토를 거쳤다. 릴리언 디즈니는 홈비힐스에 있는 자신의 집에 위원회와 소위원회를 초대해 각 건축가의 작품을 슬라이드로 보며 후보를 여섯 명으로 추렸다. 최종 후보는 고트프리트 뵘, 제임스 스털링, 한스 홀레인, 해리 코브Harry Cobb, 렌초 피아노, 프랭크 게리였다. 여섯 명을 모두 면접한 뒤, 콘서트홀 설립 추진 위원회와 소위원회는 코브와 피아노를 제했다. 1988년 3월 17일, 이들은 네 명의 최종 후보에게 각각 7만 5천 달러를 주고 예비 설계를 준비시켰다.

최종 후보에 게리가 들어간 것을 두고 즉각 반발이 일어났다. 프레더릭 M. 니컬러스는 로스앤젤레스의 한 유명 인사가 한 말을 떠올렸다. "프랭크 게리를 뽑으면 안 돼요. 온 세상의 웃음거리가 될 거라고요." 디즈니사를 위해 일하던 변호사 론 고더Ron Gother도 코샬렉에게 말했다. "프랭크 게리는 안 됩니다. 합판이나 체인 링크로 만든 콘서트홀을 디즈니가에 들일 수 없어요." 고더는 게리에게 전화를 걸어 더는 경쟁해 봤자 소용없다고 말하기까지 했다. "월트 디즈니는 게리 당신의 건물에 자기 이름을 붙이고 싶어 하지 않을 겁니다." 고더가 게리에게 말했다. 당시 게리는 합판과 체인 링크를 예전만큼 많이 쓰지 않았고, 워커 아트 센터가 기획한 게리의 회고전이 전국에서 열리면서 그의 높아진 위상도 한층 확고해졌지만, 로스앤젤레스의 기득 세력들은 개의치 않는 것 같았다. 때마침 워커 아트 센터의 전시회가 로스앤젤레스 현대미술관에서 개최되고 있었다는 사실은 아이러니를 더했다. 코샬렉이 이끄는 소위원회가 보기에 사람들은 게리만 아니면 그 어떤 건축가라도 괜찮아할 것 같았다. 코샬렉은 시의 권력자들이 공정한 건축가 선정 절차에 간섭한다는 기사를 내보내겠다고 으름장을 놓은 뒤에야 쏟아지는 비난을 겨우 잠재울 수 있었다. 이처럼 게리는 험난한 과정을 거쳐서 최종 후보가 됐다. 네 명의 최종 후보가 정해진 직후, 위원회는 비공식 투표를 진행했다. 당시 그 자리에 참석했던 UCLA 건축학과장 리처드 와인스타인Richard Weinstein의 기억에 따르면 스털링에 대한 선호도가 압도적이었다.

"로스앤젤레스 대표들은 게리가 뽑힐까 전전긍긍했어요." 리처드 코샬렉이 말했다. 심지어 몇 명은 유명 건축가 자체를 싫어했다. 음악 센터 이사회의 한 명은 도로시 챈들러 파빌리온의 설계도를 조금 손본 뒤, 그대로 복제한 건물을 지으면 모두가 수고를 덜 수 있다고 코샬렉에게 말하기도 했다. 하지만 어쨌건 게리가 이 프로젝트를 맡을 가능성이 있다는 사실 때문에 이사회에 적잖은 불안감이 조성됐다. 그래서 이들은 코샬렉의 소위원회에 네 명의 건축가를 선호도에 따라 순위를 매기지 말고 그저 논평만 해 달라고 요청했고, 이사회와 의견이 다른 부분이나 생각에 대해 공식 석상에서 언급하지 말라고 했다.

리처드 와인스타인이 말했다. "음악 센터 이사회는 그들과 우리 사이에 견해차가 있으면 언론에 모습을 비치지 말라고 하더군요. 그래서 우리는 즉시 공식적으로 사임할 거라는 답변을 변호사에게 들려줬습니다." 그제야 이사회가 한발 물러섰고, 위원회는 공식 석상에서 추천 건축가를 언급할 권리를 유지하게 됐

마이클 말찬Michael Maltzan과 함께 월트 디즈니 콘서트홀의 초기 모형을 작업 중인 프랭크 게리

다. 만약 음악 센터 측이나 릴리언 디즈니가 위원회의 추천에 동의하지 않는다면, 그들은 전문가 자문단의 공정한 추천을 받은 건축가를 거부하는 이유를 설명해야 할 곤란한 처지에 놓일 판국이었다.

이 모든 일이 일어나는 와중에 네 명의 건축가는 예비 설계에 매진했다. 위원회는 건축가들이 초기 콘셉트를 발표하고 피드백을 받는 자리를 마련했다. 건축가들이 비판에 얼마나 유연하게 대처하는지 알아볼 좋은 기회였다. 리처드 와인스타인이 기억하기를, 중간 점검에서 받은 피드백을 반영해 유의미한 변화를 끌어낸 사람은 게리뿐이었다. 또한 게리는 음악 센터가 의도한 건물 용도를 일일이 다 고려하고 끊임없이 질문하는 유일한 건축가였다. 와인스타인이 말했다. "모두의 건축 계획마다 비판이 있었는데, 결국 계획을 바꾼 사람은 게리뿐이었어요. 중간 점검 때 일었던 의문을 하나하나 모두 충족시킨 것도 게리뿐이었죠."

11월이 되어 경쟁자들이 콘서트홀 설립 추진 위원회와 건축 소위원회 앞에서 최종 계획 발표를 하러 하나둘 로스앤젤레스로 모여들었다. 건축가마다 준비해 온 것들을 설치하고 발표할 수 있는 회의실이 하나씩 주어졌고, 위원회가 방마다 이동하며 심사했다. 첫 번째 주자는 뵘이었다. 뵘은 심사를 받은 뒤, 발표가 순조롭게 끝났다고 했다. 일을 따 냈다는 확신에 가득 찬 미소를 띤 채로 뵘이 게리에게 말했다. "같이 점심 먹으면서 샴페인이나 딸까요?" 게리는 뵘의 제안을 거절했다. 게리의 발표는 오후에 있을 예정이었기에 무엇도 마시고 싶지 않았다. 게다가 정말로 뵘이 선정됐다고 생각하지도 않았다.

사실 해외에서 입국한 세 명의 건축가는 건축적 오류뿐만 아니라 전술적 오류도 범했다. 뵘은 헛웃음이 나올 만큼 거창한 계획을 세워 왔다. 게티 미술관Getty Museum 관장이자 코샬렉 위원회의 구성원인 존 월시John Walsh는 뵘의 계획을 두고 "억만 명의 작은 사람들"을 위한 것이라며 혀를 내둘렀다. 스털링은 중간 점검 때, 그가 설계한 홀의 발코니에서는 관객의 시선이 무대까지 닿지 않을 것 같다는 지적을 받았지만, 최종 발표 때도 그 설계를 바꾸지 않은 오만한 태도를 보여 위원회의 빈축을 샀다. 한편, 홀레인은 콘서트홀을 월트 디즈니의 캐릭터로 가득 채워서 디즈니를 찬양하는 것처럼 느껴지는 육각형의 건축물을 제시했다.

이 세 명에 비하자면, 게리는 합리적이고 겸손한 완벽한 본보기였다. 그는 자신이 제멋대로 군다는 세간의 평판에서 멀어지려 애썼고, 위원회는 게리가 초기 피드백을 받아들이는 모습을 보고 깜짝 놀랐다. 게리의 수더분한 태도는 그 뒤에 강렬한 야망을 숨기는 얇은 벽에 불과했다. 하지만 그런 태도는 고트프리트 뵘을 본 후로 크게 떠벌리고 다니는 건축가를 미덥잖게 여겼던 위원회의 입맛에 딱 맞아떨어졌다. 관객에 둘러싸인 듯한 게리의 무대는 한스 샤로운Hans Scharoun이 1963년에 완공한 베를린 필하모니 Berlin Philharmonie에 커다란 영향을 받았다. 당시 샤로운의 건축물은 20세기 후반의 가장 뛰어난 콘서트홀로 꼽혔던 동시에, 건축가 선발 과정 초기에 콘서트홀 견학을 다녀온 위원회가 가장 좋아했던 콘서트홀이기도 했다. 게리는 유리천장을 지닌 온실도 설계한 뒤, "도시를 위한 거실"이라 불렀는데, 이는 한스 홀레인의 디즈니 조각상과 달리 훨씬 민중적인 성격을 지닌 공적 요소였다. 게리는 또한 음악인을 위한 정원도 만들었다. 악단원의 필요도 충족시키고, 꽃과 정원을 좋아하는 릴리언 디즈니의 마음도 만족시키는 이해심 넘치는 설계였다.

게리는 건축 소위원회가 자신의 발표를 좋게 받아들였음을 알았지만, 음악 센터의 몇 명은 여전히 게리에게 로스앤젤레스에서 가장 중요한 공공건물 설계를 맡기기를 미심쩍어한다는 사실도 알았다. 하지만 네 건축가의 발표가 모두 끝난 뒤, 다른 건축가들은 주어진 기회를 망치는 바람에 남은 사람은 게리밖에 없다는 게 확실해졌다. 음악 센터의 콘서트홀 설립 추진 위원회는 건축 소위원회의 의견을 듣기 위해 다운타운의 크로커 은행Crocker Bank에 회의실을 빌려 모였다. 코샬렉 소위원회의 구성원들은 네 명의 건축가에 대한 각자의 의견을 나눴다. 존 월시는 게리의 설계를 두고 "실제 콘서트홀로 지어 보고 싶은 유일한 건축물"이라고 말했다. 또한 그간 겪은 바에 따르면 게리는 로스앤젤레스라는 도시와 로스앤젤레스 필하모닉이라는 악단을 잘 이해하고, "신뢰 가고 현실적이며 제 기능을 하는 건물을 짓는 효율적인 건축가"이기에 위험천만한 선택지가 아니라 가장 안전한 선택지라고 주장했다. 월시는 정확히 게리가 원하던 말들로 게리를 설명했지만, 몇 날에 걸쳐 회의한 후에야 어렵사리 음악 센터 지도부의 동의를 끌어낼 수 있었다.

"릴리언 씨께서 게리가 만든 아름다운 정원이 마음에 든다며 프랭크 게리가 좋을 것 같다고 하셨습니다." 코샬렉이 회상했다. 프레더릭 M. 니컬러스의 콘서트홀 설립 추진 위원회는 다른 의견이었을지 모르나, 결국에는 릴리언의 선택에 반대할 이유를 찾지 못했다.

게리는 비트라 프로젝트를 진행해야 했기 때문에, 최종 발표 직후 스위스와 독일로 가는 일정이었다. 그의 호텔 방 전화가 울렸을 때, 게리는 취리히에 막 도착한 상태였다. 프레더릭 M. 니컬러스의 전화였다. "일요일 오후 세 시까지 다시 돌아오셔야겠어요. 당신이 콘서트홀 설계 건축가로 선정될 것 같거든요." 게리는 부리나케 로스앤젤레스로 돌아와 마지막으로 위원회와 만나는 자리를 가졌다. 그 자리에는 한스 홀레인도 있었는데, 게리와의 얘기가 시원찮게 풀렸을 때를 대비해 부른 것 같았다. 회의가 끝날 무렵, 게리는 다음 날 아침 아홉 시까지 도로시 챈들러 파빌리온의 설립자실로 오라는 말만 들었다. 다음 날, 게리는 무슨 일로 자신을 부르는지 전혀 감도 못 잡은 채, 베르타와 함께 그곳에 갔다. 음악 센터 이사회와 로스앤젤레스 필하모닉, 위원회 구성원과 언론사 사람들이 모여 있었다. 그곳에서 새로 지을 월트 디즈니 콘서트홀의 건축가가 선정됐고, 그건 바로 프랭크 게리라는 사실이 발표됐다.

그때 게리 사무소의 직원은 40명이 채 안 됐다. 사무소 규모가 꾸준히 커졌다 한들, 라우즈와의 관계를 정리하고 사무소 덩치를 줄여야겠다고 마음먹었던 때와 비교하면 여전히 작은 규모였다. 그래도 게리 사무소에는 특출난 젊은 직원들이 몇몇 있었다. 하버드를 졸업한 후 게리 회사에 합류해 수십 년간 핵심적 역할을 맡은 건축가 에드윈 찬Edwin Chan이나, 게리와 일한 지 몇 년 후 자기 회사를 차리겠다고 나가 버렸지만 월트 디즈니 콘서트홀 설계에 중요한 역할을 한 마이클 말찬, 그리고 로욜라 로스쿨과 템퍼러리 컨템퍼러리 프로젝트에서 크게 활약한 로버트 헤일Robert Hale 같은 이들이었다.

하지만 게리 사무소의 다른 건축가 직원들은 대부분 대학에서 갓 졸업한 뒤 이력서에 프랭크 게리 사무소 근무 경력을 한 줄 적고 싶었던 사람들이었다. 경력이 많은 직원 중에서도 월트 디즈니 콘서트홀만큼 크고 복잡한 프로젝트를 진행해 본 사람은 없었다. 게리는 사무소에 변화가 필요하다는 것을 깨달았다. 건축가 선정 과정에서 선보였던 계획을 세우는 데 아무리 애를 먹었다 한들 이는 예비 설계에 불과했다. 그 계획을 현실적으로 건설할 수 있는 것으로 바꾸기 위해서는 또 몇 년이 걸릴 터였고, 게리의 사무소도 바뀌어야 했다. 디즈니 홀 프로젝트를 시작하기에 앞서, 게리는 앞으로 몇 년간 자신의 측근에서 일을 보조하고 사무소의 정체성을 확립하는 데 큰 역할을 할 두 명의 건축가를 고용했다. 바턴 마이어스Barton Myers와 함께 일했던 유능한 디자이너 크레이그 웨브Craig Webb와 그루엔 사무소에서 일하며 로스앤젤레스 컨벤션 센터Los Angeles Convention Center 건설을 감독했던 짐 글림프Jim Glymph였다. 웨브는 극장이나 콘서트홀 설계에 빠삭했고, 글림프는 복잡한 대형 프로젝트를 다뤄 본 경험이 있었다. 마이클 말찬과 함께 이들은 게리의 핵심 인력이 됐다.

웨브나 글림프 모두 대형 회사에서 경력을 쌓고 싶다는 생각은 없었지만, 그래도 처음에는 게리의 작은 사무소가 자신과 잘 맞을지 의문스러웠다. 당시 게리의 회사는 복잡한 대형 프로젝트를 다루는 건축 사무소라기보다 예술가의 작업실에 더 가까워 보였기 때문이다. 글림프는 게리가 창조적 예술가이며, 그 주위에는 일이 어떻게 돌아갈지 알려 주는 사람들이 아니라 게리를 싸고도는 사람들이 더 많다고 생각했다. 글림프는 샌타모니카의 프로민스 식품점에서 게리와 처음 면접 보는 자리에서 이렇게 말했다. "당신 회사가 지금과 같은 모습이라면 저는 함께 일할 수 없습니다." 게리는 둘의 궁합이 잘 맞지 않는다는 데 동의했고, 그렇게 둘의 첫 만남은 불편한 감정만 남긴 채 끝이 났다.

일주일 후, 게리는 글림프에게 연락해 "한 번 더 봅시다"라고 말했다. 이번에 그들은 중식당 '마담 우'에서 만나 무려 네 시간 동안 이야기를 나눴다. 게리가 말했다. "저도 제 회사의 운영 방식을 바꿔야 한다는 걸 알아요." 게리의 말을 들은 글림프는 게리 사무소에 합류하기로 했다. "저는 제가 한 짓을 곧바로 후회했어요. 입사 첫 달은 게리 빌딩의 누수공사만 주야장천 했습니다. 그렉 월시는 젊은 건축가들을 일일이 감독하느라 과부하 상태였거든요." 글림프가 보기에 젊은 직원들은 자신이 어떤 실질적 영향을 미칠지 정확하게 알지 못한 채, 그저 게리의 큰 목표에 조금이나마 도움이 되겠거니 하는 마음으로 미학적 결정을 내리고 있었다. 글림프가 게리 사무소에서 '만능 수리공'으로 가장 먼저 한 일

중 하나는 미리엄 워스크의 펜트하우스 중 방 하나가 왜 자꾸 젖는지 이유를 알아내는 것이었다. 글림프는 지붕 끄트머리에 방수를 위해 설치하는 기다란 금속 막대인 빗물 방지 장치가 뒤집힌 채로 설치된 것을 발견했다. 그 프로젝트를 담당한 한 젊은 건축가가 빗물 방지 장치를 거꾸로 설치해야 게리의 미적 감각이 더 잘 반영된다며, 시공자의 반대에도 불구하고 설치를 감행한 것이었다. 글림프는 게리가 자기만큼이나 그런 실수를 참지 못한다는 사실을 재빨리 간파해서 그 실수가 게리 책임이라고 둘러댄 뒤, 미리엄 워스크와의 관계를 소중히 여긴다면 수리와 교체 비용을 지급해야 할 것 같다고 말했고, 게리는 그렇게 했다.

체격이 다부지고 수염이 덥수룩해 어떻게 보면 컴퓨터에 푹 빠진 공대생 같고, 어떻게 보면 히피 같은 글림프는 자신이 게리의 창의적 본능과 실용적 본능 사이에 다리를 놓아 준다는 것을 깨달았다. "게리는 자신의 건물이 이상해 보이기에 더 잘 기능해야 한다는 점을 알고 있었어요. 건물의 용도가 건축물에 담기지 않으면, 자기 건축물은 아무 소용없다고 했죠." 글림프는 그런 게리의 태도를 좋아했다.

하지만 워스크 펜트하우스를 수리하는 일과 콘서트홀을 짓는 일은 딴판이었다. 문제는 삽시간에 터져 나왔다. 프로젝트는 에르네스트 플라이슈만과 함께 해외의 여러 훌륭한 콘서트홀을 견학하며 즐겁게 막을 올렸다. 프리츠커상 수상 소식을 전하는 빌 레이시의 전화를 받았을 때도 게리는 암스테르담에서 콘서트홀을 견학하는 중이었다. 하지만 곧이어 게리는 난감한 처지에 처했다는 사실을 깨달았다. 그는 콘서트홀의 주인이 될 로스앤젤레스 음악 센터와 콘서트홀을 사용할 로스앤젤레스 필하모닉, 그리고 콘서트홀 부지 소유주이자 홀 지하에 주차장 건설을 허가해준 로스앤젤레스 카운티와 로스앤젤레스시, 디즈니가, 수많은 시공자, 자문 위원 등 프로젝트에 한 자리씩 차지하고 있는 수많은 관계자 사이에 끼게 된 것이다. 가끔은 도대체 누가 클라이언트인지 분간할 수 없을 지경이었다. 서로 다른 당사자들의 이해관계는 항상 일치하지 않았고, 게리는 그중 누구라도 소외시킬 수 없었다. 이 프로젝트의 클라이언트가 알고 보니 머리가 여럿 달린 히드라라는 사실은 디즈니 홀이 완공되기까지 16년이나 걸렸던 이유 중 하나였고, 게리 인생에서 가장 길고 고통스러운 프로젝트가 된 이유이기도 했다.

하지만 게리의 앞날에는 더 큰 방해물이 있었다. 게리는 자신의 사무소가 자체적으로 콘서트홀을 설계할 수 없다는 얘기를 들었다. 실제로 건물을 지을 때 사용할 시공도 제작을 다른 업체에 맡겨야 한다는 것이었다. 이는 게리의 업무 부담을 다른 업체와 나눠 가지는 단순한 문제가 아니었다. "건축가는 건물을 짓지 않는다. 우리는 다른 사람들이 건물을 지을 수 있게 안내서를 만드는 이들이다"라는 건축가 그레그 파스쿼렐리Gregg Pasquarelli의 말에 비추어 보자면, 이는 다른 누군가가 게리의 안내서를 만들 자격을 가져간다는 뜻이었다. 게리는 굴욕적이라 생각했고, 실제로도 그랬다. 소규모 회사에서는 '총괄 건축사'라 부르는 다른 대형 업체에 시공도 준비를 맡기는 일이 비교적 일반적인 관행이었지만,

이는 프로젝트에 대한 통제권을 상당수 잃는 거나 다름없었다. 그리고 이러한 상황은 항상 게리에게 커다란 고통이었다. 하지만 이미 게리는 발이 묶여 버렸다. 그는 프로젝트를 수락하면서 온갖 축하를 다 받았으며, 이런 일로 사임하는 것도 옹졸해 보였기에 무를 수 없었다. 게다가 그토록 복잡한 설계를 게리 사무소가 제대로 다루기도 쉽지 않아 보였다. 게리 사무소는 이제껏 이토록 복잡한 시공도를 따로 제작한 적이 없었기에 음악 센터 측에서 게리를 보조할 총괄 건축사를 붙여야겠다고 판단한 것도 일리 있었다. 하지만 그러한 방식은 건물의 형태를 결정할 게리의 권한이 제한된다는 것을 의미했다. 총괄 건축사의 업무는 게리의 아이디어를 건설 가능한 형태로 전환하는 것이었지만, 게리가 원하는 형태가 너무 독특해서 총괄 건축사 측에서 건설할 방법을 찾지 못한다면 어떻게 되는 걸까?

게리는 그런 상황이 닥칠까 두려웠다. 그는 상황을 타개할 다른 방법을 찾지 못해 결국, 지인인 대니얼 드워스키Daniel Dworsky가 운영하는 회사에 일을 맡기기로 했다. 드워스키는 게리보다 2년 선배로, 로스앤젤레스에서 일을 시작하기 전에는 미시간대학교 University of Michigan에서 풋볼을 했던 건축가였다. 드워스키는 라파엘 소리아노, 윌리엄 페레이라, 찰스 럭먼과 같이 게리의 인생에 영향을 미친 건축가들과 함께 일한 경력이 있는 모더니스트였다. 드워스키 어소시에이츠Dworsky Associates의 특기였던 스포츠 시설이나 공항, 상업 건물은 게리의 건축물과 닮은 점이 거의 없었지만, 두 사람은 항상 친하게 지냈다.

언제나 그랬듯, 협력 관계는 파국으로 치달았다. 서두르고 싶었던 음악 센터 측이 게리가 설계를 미처 다 완성하기도 전에 드워스키에게 시공도 작업을 시작하라고 명령하는 바람에 시공도를 새로 고치느라 일은 더 복잡해졌다. 당시 게리는 흐르는 듯 부드러운 곡선 형태에 관심이 많았다. 비트라 프로젝트 때부터 탐구해 오던 주제였다. 그래서 월트 디즈니 콘서트홀 디자인은 게리가 선정 과정에서 보여 줬던 예비 디자인과는 점점 더 괴리되었다.

애초에 디자인은 바뀔 예정이었던 터라, 그 자체는 그리 문제가 되지 않았다. 하지만 갈수록 건설하기 어려운 방향으로 설계가 바뀌었고, 드워스키 어소시에이츠의 건축가들이 그 형태를 도통 이해하지 못하는 지경까지 이르렀다. 짐 글림프가 생각하기에, 갈수록 복잡해지는 게리의 머릿속 모양들을 실제로 지으려면 선구적인 테크놀로지를 가져다줄 컴퓨터를 게리의 사무소에 들이는 것이 유일한 방법이었다. 그는 이제껏 컴퓨터를 한 번도 써 본 적 없던 게리를 설득해, 프랑스에서 항공우주 산업용으로 개발한 소프트웨어를 사무실에 도입하게 했다. 카티아CATIA(컴퓨터 지원 3차원 설계 프로그램)는 게리의 설계처럼 복잡한 곡면을 지닌 비행기를 제작하기 위한 시공 문서를 만드는 프로그램이었다. 카티아는 압력도 계산할 수 있어서 엔지니어의 일을 보조했고, 같은 요소를 반복해서 사용하는 대신 독특한 형태를 경제적으로 만들어 낼 수 있었다.

엄청난 도약이었다. 게리의 사무소는 1980년대부터 건축 회사

490

들이 즐겨 사용하기 시작한 간단한 캐드CAD(컴퓨터 지원 설계) 프로그램에도 거의 손을 대지 않고 있었기 때문이다. 하지만 초기 캐드는 2차원 도면 준비를 원활하게 해 줄 뿐, 카티아처럼 복잡한 3차원 형태를 다루거나 3D 가상 건축 모형을 컴퓨터 화면에 띄우지는 못했다. 게리 사무소가 처음으로 카티아를 사용한 것은 바르셀로나 바닷가에 세울 거대한 물고기 조각상 도면을 만들 때였다. 이 프로젝트는 1989년에 의뢰를 받아 1992년 하계 올림픽 이전에 완성해야 했다. 디지털 테크놀로지의 도움 없이는 소화할 수 없는 빡빡한 일정이었다. 게리 사무소는 카티아 덕에 기한과 예산에 딱 맞게 프로젝트를 마칠 수 있었다. 짐 글림프가 말했다. "그제야 게리는 관심을 보이기 시작했어요. 그전까지는 컴퓨터에 눈길도 주지 않았죠."

한순간에 게리는 컴퓨터 신봉자가 됐다. 게리는 여전히 개인적으로 컴퓨터를 사용해 볼 마음은 없었지만, 컴퓨터를 설계에 이용하면 상상조차 할 수 없었던 효율성으로 자신의 아이디어를 건축 가능한 형태로 바꿀 수 있다는 사실을 깨달았다. 또한 게리의 머릿속에 그려지는 형태가 복잡해질수록 효율성이 아니라 건설 가능성 자체가 문제시되면서 디지털 테크놀로지의 도움이 절실해졌다. 그는 글림프가 자신의 설계를 마음대로 수정하는 게 아니라 지원하는 용도로 컴퓨터를 사용한다고 믿었다. "컴퓨터를 사무실로 도입할 때, 게리가 내세웠던 기본 원칙이 있습니다. 컴퓨터가 게리의 설계 과정을 방해해서는 안 된다는 거였습니다." 글림프가 말했다. "게리는 항상 3차원으로 생각했는데, 2차원 도면은 非유클리드 건물을 짓기 어렵게 만들었죠." 게리는 비트라 이후 진행한 두 중요 프로젝트의 실제 결과물이 상상했던 것보다 훨씬 야심에 미치지 못했다는 것도 알고 있었다. 그 프로젝트란 애너하임에 지은 디즈니랜드의 행정용 건물인 팀 디즈니Team Disney와 파리에 지은 아메리칸 센터American Center였는데, 둘다 정육면체에 곡선을 결합한 형태였다. 이처럼 기하학적으로 더복잡한 모양을 머릿속에서 만들어 낼 때마다 그 아이디어를 건설가능한 구조물로 바꾸는 일은 물리적으로도 경제적으로도 점점험난해졌다. 하지만 카티아를 만난 후로 게리는 원하는 건물을짓기 위해 타협할 필요가 줄었다. 게리는 컴퓨터야말로 자신을여러 한계로부터 자유롭게 해 줄 도구라는 것을 깨달았다.

첫 1년 동안 게리는 월트 디즈니 콘서트홀 설계를 진득이 밀고나가지 못했다. 프로젝트 디자이너였던 마이클 말찬이 말했다. "아마 서로 다른 형태로 50개에서 60개 정도 되는 콘서트홀 모형을 만들어 봤을 겁니다." 그러다 1991년, 카티아의 등장으로 작업에 속력이 붙었다. 최종 계획은 직사각형 형태의 홀을 거리에 비스듬히 놓고, 벗겨져 나가는 포장지 같은 모습의 조각적 형태를홀 주위에 두르는 것이었다. 카티아 사용에 익숙해지자, 게리가만드는 형태는 갈수록 유연해져 급기야 바람에 휘날리는 대형 돛을 닮아갔다. 그는 곡면을 돌로 덮고 싶었다. 그러면 건물이 지닌도시적 품격도 올라갈 테고, 게리가 커리어 초기에 애용했던 값싼 재료를 여전히 즐겨 사용한다는 오해도 말끔히 지울 수 있을것 같았다. 최소한 이론적으로라도, 카티아를 사용하면 게리가 구상한 거대하고 굴곡진 구조물의 뼈대에 맞추기 위해 돌을 여러 복잡한 모양으로 자를 수 있었다.

하지만 안타깝게도, 드워스키 어소시에이츠는 카티아를 사용해 본 적이 없었고, 디자인이 복잡해질수록 더 이해하기 어려워했다. 드워스키가 자신의 작업을 충분히 이해하지 못해 설계 방법을 찾지 못할 거라는 게리의 걱정은 현실이 됐다. 원활한 협업을 위해 크레이그 웨브를 드워스키 사무소에 파견하기까지 했지만, 시공도는 명료한 설명을 담아내지 못하고 오히려 짜증을 유발할 뿐이었다. 이해할 수 없는 시공도에 혼란에 빠진 시공자들은 손해를 보지 않기 위해 입찰가를 높게 불렀다. 그래서 이 프로젝트는 공사가 시작되기도 전에 이미 예산을 훨씬 초과할 것만 같았다. 마이클 말찬이 기억하기를, 프로젝트의 최종 비용을 맞히는 내기가 사무실 내에서 벌어지기도 했다. 1992년, 그 추정치는 릴리언의 기부금을 네 배나 능가하는 2억 1천만 달러에 달했다. 하지만 프로젝트가 진행될수록 그 숫자는 더 늘어날 수밖에 없어 보였다.

게리 사무소와 드워스키 사무소 간의 긴장감도 고조됐다. 드워스키는 시공도 준비뿐만 아니라 건축 규정에 맞게 건물을 건설하는 일도 책임지게 됐다. 그러면 프로젝트와 관련해 공무원들이 이야기를 나눌 사람은 게리가 아니라 드워스키가 되는 것이다. 엎친 데 덮친 격으로 로스앤젤레스 카운티는 지하주차장 건설을 시작해야 했다. 그 위에 올릴 콘서트홀 설계가 완성되기 전에 지하주차장을 건설해야 릴리언 디즈니가 돈을 기부하면서 내걸었던 '5년 내 공사 시작'이라는 조건을 맞출 수 있었기 때문이다. 1992년 12월에 열린 기공식은 사실상 콘서트홀이 아니라 그 아래의 지하주차장 공사의 시작을 알리는 것이었다.

1994년 초에도 콘서트홀 공사는 아직 첫발도 떼지 못한 채였다. 1월에 노스리지 지진이 발생한 이후, 콘서트홀의 기본 골격을 철골가새 구조로 재설계하자고 결정 나는 바람에 공사는 지연되고 비용은 더 들게 됐다. 그해 8월, 콘서트홀 설립 추진 위원회는 2억 1천만 달러로도 모자라 5천만 달러가 더 필요하다며 모금을 시작했지만 시원찮았다. 건물이 아예 지어지지 않을지도 모른다는 불안감이 들기 시작하자, 누구도 망하게 될 프로젝트에 돈을 기부하려 하지 않은 것이다. 카운티 공무원들의 의구심이 특히 짙어졌고, 그들은 콘서트홀이 임대차계약을 불이행했다고 공표하고 주차장을 독립 구조물로 개조하는 방안에 대해 말을 주고받기 시작했다. 카운티 측 변호사 리처드 S. 볼퍼트Richard S. Volpert는 해당 프로젝트가 로스앤젤레스의 능력 밖이라며, 카운티 행정부는 프로젝트를 포기할 준비가 되어 있다고 말하기까지 했다. "돈만 퍼부으면 원자 폭탄도 만들고, 달 착륙도 하고, 디즈니 콘서트홀도 지을 수 있습니다." 볼퍼트의 표현이었다.

1994년이 끝날 무렵까지도 프로젝트는 한 치도 진행되지 않았다. 게리는 절망스러웠다. 자신의 가장 중요한 건물이 어쩌면 영원히 교착 상태에 빠졌다는 것보다, 지을 수 없는 공상을 지으려하는 책임감 없는 건축가로 로스앤젤레스의 많은 이들에게 낙인 찍히는 것이 더 큰 문제였다. 이는 게리에게 가장 괴로운 비판이었다. 왜냐하면 그는 스스로 예전보다 훨씬 현실적인 사람이 됐다고 생각했고, 디즈니 홀로 그의 상상력이 지닌 잠재력뿐만 아니라 복잡한 대형 프로젝트를 효율적으로 관리해 내는 능력을 세상에 보여 주고 싶었기 때문이다. 하지만 디즈니 홀은 비싸기만 한 장식용 건물로 보이는 듯했다. 리처드 코샬렉의 말을 빌리자면, 드워스키의 시공도는 "사실상 무용지물"이었다. 게리는 너무 많은 것을 통제하려 해서가 아니라, 거의 아무것도 통제할 수 없기에 로스앤젤레스에서 자신의 평판이 흔들리는 것 같다고 느꼈다. 드워스키가 제대로 된 시공도를 만들어 내지 못하자, 게리는 프로젝트를 중단시켜야 했다.

그렇게 대니얼 드워스키와 게리의 관계는 끝났지만, 고행은 시작에 불과했다. 디즈니 홀 건설은 이상적인 환경이 갖추어진다고 하더라도 까다로운 작업이었기에, 복잡한 정치 구조, 서로가 이 프로젝트를 책임진다고 믿는 수많은 공기업과 사기업, 게리가 설계한 건축물을 건설할 방법을 알아내지 못하는 총괄 건축사의 조합으로는 턱도 없었다. 애초에 게리는 총괄 건축사를 따로 두는 것이 실수라고 생각했지만, 이제 와 자신이 옳았다고 목청 높여 소리쳐 봤자 프로젝트가 중단된 마당에 무의미한 일이었다.

게리는 항상 스스로 아웃사이더라 생각했지만, 자신이 원하는 곳에 속하게 되면 기뻐하는 사람이었다. 그는 월트 디즈니 홀 건설 건으로 로스앤젤레스의 진정한 일원이 될 수 있으리라 믿었다. 하지만 오히려 로스앤젤레스 사람들은 게리를 내치기 위해 공모한 것만 같았다. 몇 년 전만 해도 게리는 자신을 새 콘서트홀을 지을 건축가로 알아봐 주는 사람들의 시선이 즐거웠지만, 1994년에는 레스토랑이나 파티에 가는 것도 두려워하기 시작했다. 리처드 볼퍼트가 그랬던 것처럼 디즈니 홀은 사람들의 조롱거리가 되기 일쑤였고, 게리가 알지 못하는 이들조차 그 문제와 관련해 게리를 괴롭게 했기 때문이다. 사무실의 젊은 건축가들이 느끼기에, 게리는 디즈니 홀 프로젝트가 활기를 띨 때만큼 일에 열중하지 않는 것 같았다. "갈수록 게리의 흥미를 끌어내기 어려워졌어요. 몇 년간 게리는 게리가 아니었어요." 게리 사무소에서 디즈니 홀 팀을 이끌었던 마이클 말찬이 말했다.

게리는 속이 끓었다. 그는 예전처럼 일로 도피할 수도 없었다. 왜냐하면 자신이 맡은 가장 크고 야심만만한 프로젝트가 분노의 원인이었기 때문이다. 그래서 그는 마음을 불편하게 하는 로스앤젤레스에서 벗어나고자 기회가 있을 때마다 닥치는 대로 출장을 다녔다. 1947년, 유니언 스테이션의 기차에서 내린 후 처음으로 게리는 진지하게 다른 곳에서 살아볼 마음이 들었다. 그는 뉴욕이나 파리로 사무실을 옮기거나, 오랜 친구이자 건축가인 리처드 솔 워먼Richard Saul Wurman이 몇 년 전 정착해 사는 로드아일랜드의 뉴포트로 갈까 생각하기도 했다. 게리처럼 독특한 건축가인 워먼은 그 어떤 주제에 관해서도 즐겁게 얘기를 나눌 수 있는 사람이었고, '테크놀로지, 엔터테인먼트, 디자인Technology, Entertainment and Design' 혹은 테드TED라 불리는 강연회를 개발해 커다란 성공을 거두었다. 게리는 테드가 생긴 지 얼마 되지 않았을 때, 워먼과도 잘 아는 친구인 모셰 사프디Moshe Safdie와 함께 여러 번 강연회에 참석했었다.

뉴포트의 대저택에 정착한 워먼은 게리도 동부로 이사할지도 모른다는 생각에 한껏 들떴다. 그는 보트 타기를 좋아했던 게리에게 동부 해안을 따라 오르내리며 항해하는 즐거움을 넌지시 일러 줬다. 워먼은 건물을 조금 손본 뒤 게리의 사무실로 쓰면 좋을 것 같다며 빈 발전소까지 알아 놓았다. 하지만 베르타는 동부로 이사할 마음이 전혀 없었다. 그녀에게 동부는 그저 한번 들르는 곳이지 살고 싶은 곳이 아니었다. 또한 베르타는 게리에게 이미 자리 잡은 건축 회사를 나라 반대편으로 옮기는 일이 얼마나 고될지 생각해 보라며 꼬집어 말했다. 결국 다른 도시들이 게리에게 건넸던 유혹의 손길은 모두 환상에 불과했다. 사실 그 도시들 또한 로스앤젤레스에서 멀리 떨어져 있다는 것 외에는 그리 특별할 게 없었다. 디즈니 홀 프로젝트가 중단되고 나서 게리는 자신이 이 도시로부터 버림받은 것 같았다고 『로스앤젤레스 타임스』에서 밝혔다. 껄끄러운 상황이 오면 언제나 등을 돌렸던 게리의 전적을 본다면, 콘서트홀 프로젝트가 틀어진 뒤 가장 먼저 도시를 떠나려는 충동이 든 것도 놀랍지만은 않다.

게리가 택한 해결책은 영영 떠나 버리는 것이 아니라, 비행기에 자주 오르는 것이었다. 개중에는 분명 도피적 성격의 여행도 있었다. 1994년 봄, 게리와 베르타는 친구들과 함께 자동차를 타고 오랫동안 유럽 전역을 여행했다. 프린스턴에 살던 르네상스 시대 미술사학자 메릴린 라빈Marilyn Lavin과 그의 남편 어빙 라빈Irving

Lavin과 함께였다. 게리는 젊은 시절, 마르크 비아스와 그의 부인과 함께 떠났던 여행이 새록새록 떠올랐다. 라빈 부부와 게리 부부는 로마네스크 양식의 교회를 둘러보며 스페인과 프랑스를 돌았다. 어빙 라빈은 로마네스크 건축물에 관한 게리의 지대한 관심에 놀랐던 기억이 있다. 그러다 그들은 프랑스 동부의 디종에 들렀다. 그곳은 게리에게 뜻깊은 경험을 선사했다. 라빈 부부는 게리에게 14세기의 네덜란드 조각가 클라우스 슬뤼터르Claus Sluter의 작품을 보여 줬다. 슬뤼터르는 천이 바람에 휘날리는 듯한 느낌을 돌에 그대로 옮겨 놓는 능력이 탁월했다. 슬뤼터르의 작품은 게리에게 새로운 통찰을 가져다줬다. 예전에 유럽 여행에서 오래된 예술품을 감상했을 때 이후로 가장 놀라운 경험이었다. 라빈이 "거대하고 주름진 천을 두른, 거대하고 풍성한 인물상"이라고 묘사한 슬뤼터르의 조각상을 보고 게리는 딱딱한 재료로 천의 주름을 표현하는 것을 고민하게 됐다. 슬뤼터르의 조각상들이 많이 덮고 있는 수도사의 두건은 이후 게리가 만들어 낼 건축물의 모양에 직접적인 영향을 미쳤다.

디즈니 홀 프로젝트에는 문제가 많았지만, 그와 별개로 게리의 회사는 잘나갔다. 게리는 로스앤젤레스에서 자신의 이름이 실패와 동의어처럼 쓰이게 됐다고 여겼지만, 로스앤젤레스 바깥에서는 여전히 존경받는 선구자였다. 게리는 의뢰가 들어오는 곳이라면 어디라도 기쁜 마음으로 일하러 갔다. 게리는 수년간 유럽에서 인기가 많았지만, 1991년에 또 한 번 그 명성이 높아졌다. 그 해, 베네치아 비엔날레의 미국 출품작을 관리하던 필립 존슨은 아끼던 두 건축가인 게리와 피터 아이젠먼의 작품만 출품하기로 했다. "게리와 아이젠먼은 어울리지 않는 짝이다." 존슨은 이렇게 쓰고는 게리에 대한 말을 이어 갔다. "게리는 탐구된 적 없는 형태와 사용된 적 없는 재료가 지닌 건축적 가능성에 모험을 건다. 그의 뮤즈는 예술이다." 존슨은 아이젠먼의 뮤즈는 "철학"이라고 썼다. 프랭크 게리와 피터 아이젠먼은 실로 극과 극인 존슨의 미적 취향을 잘 보여 줬다. 게리에게 건축물은 체험적 탐구였지만, 아이젠먼에게는 지적 탐구였다.

독일과 스위스는 게리의 건축물에 특히 열광했다. 디즈니 홀 프로젝트가 중단된 1994년, 게리는 뒤셀도르프에 세 쌍의 고층 사무실 건물인 노이에 촐호프Der Neue Zollhof를 지어 달라는 의뢰를 받았다. 그뿐만 아니라, 베를린, 프랑크푸르트, 하노버, 레메, 바트 외인하우젠, 빌레펠트에서도 새로운 프로젝트가 생겼다. 비트라 디자인 미술관이 완성되기도 전에 롤프 펠바움이 게리에게 부탁해 바젤 외곽에서 짓고 있던 비트라 본사 건물도 완공이 코앞이었다. 프라하에서 시행했던 '프레드와 진저Fred and Ginger' 혹은 '댄싱 하우스Dancing House'라 부르는 건축물도 있었다. 프라하의 부활을 상징하며, 뒤틀린 곡선 형태를 지닌 이 사무실 건물은 1992년에 의뢰를 받아 디즈니 건설이 중단되었을 때 공사 중이었다. 이 건물의 부드럽게 흐르는 듯한 형태는 오래된 가두 풍경에 밀착되어 섞였다. 프라하에 새롭게 도래한 자유의 상징을 담아내면서도, 주위 도시 환경에 녹아들게 건축물을 설계하는 게리의 장기도 십분 살려야 하는 무척 까다로운 작업이었지만 게리는 성공적으로 해냈다.

끝이 아니다. 1994년은 게리가 프랑스에 세운 첫 번째 건축물인 파리의 아메리칸 센터가 거의 완공된 해다. 이 건물의 굴곡진 석회암 표면은 만약 게리가 설계해 둔 월트 디즈니 콘서트홀이 지어졌다면 어떤 모습이었을지 암시해 주고 있었다. 삼성Samsung도 게리에게 서울에 지을 대형 미술관 설계를 부탁했고, 폴 앨런Paul Allen도 시애틀에 지을 지미 헨드릭스Jimi Hendrix 헌정 기념관을 의뢰했다. 한편, 게리의 오랜 친구 프레드 와이즈먼의 이름을 따서 미니애폴리스의 미네소타대학교University of Minnesota 안에 지은 미술관도 그즈음 개관했고, 톨레도의 시각예술센터도 마찬가지였다. 게리는 이에 그치지 않고, 전 세계의 설계 공모전에 참가하며 일을 늘려 갔다. 그렇게 수없이 비행기에 몸을 싣고 수많은 곳을 다니면 디즈니 홀로 인한 우울한 후유증을 씻어 버릴 수 있다고 생각한 것 같았다.

게리에게는 딸린 입도 많았다. 디즈니 홀 프로젝트가 운영 중일 때, 게리는 사무실 규모를 조금 더 늘렸다. 1992년, 게리는 몇 년 전 자신이 맡은 엘리 브로드 하우스를 대신 완공했었고, 랭던 윌슨에서 일하던 랜디 제퍼슨을 고용했다. 엘리와 이디스 브로드가 수차례 게리를 초대했으나 매번 거절당하자, 브로드 부부도 곧 초대를 그만두었기에 게리는 완성된 브로드 하우스에 직접 가 본 적은 없었다. 하지만 그런 상황 속에서 제퍼슨이 브로드

프라하의 부활을 상징하는 '프레드와 진저' 건물 (501쪽)

하우스를 완공시킨 것을 보고, 그에게 짐 글림프처럼 복잡한 상황을 능숙하게 잘 관리하는 능력이 있다고 생각했다. 그런 사람이라면 회사의 업무도 명확하게 파악하고, 게리의 어깨에 짊어진 관리 업무도 믿고 맡길 수 있을 것 같았다. 게리는 짐 글림프와 랜디 제퍼슨에게 각각 회사 지분의 20퍼센트를 주기로 한 뒤, 사명을 게리 파트너스Gehry Partners로 바꿨다.* 게리와 글림프, 제퍼슨은 또 다른 것을 공유하면서 더 끈끈한 관계를 만들어 갔다. 그건 바로 요트였다. 글림프와 제퍼슨 모두 항해를 좋아했다. 만족스러운 여행을 여러 번 다녀온 뒤, 게리가 셋이 함께 요트를 사자고 제안해 구매했다. 게리와 글림프에게는 요트를 좋아하는 다른 이유도 있었다. 마리화나를 자주 피우는 이들에게 요트는 약에 취하기 딱 좋은 장소였다. 필립 존슨의 파트너인 데이비드 휘트니가 게리에게 주기적으로 마리화나를 가져다줬고, 게리는 이를 항상 보트에 가져와 나눠 피웠다.

월트 디즈니 콘서트홀 문제로 값비싼 장식용 건물이나 만드는 건축가라는 오명이 게리의 이름 뒤에 나붙고 있을 바로 그때, 아이러니하게도 게리는 자신의 사무소를 한층 더 전문화하고자 글림프와 제퍼슨에게 지분을 나눠 줬었다. 한편, 게리는 그 누구보다 가장 먼저 회사 지분을 줬을 것 같은 그렉 월시에게는 일절 나

---

* 게리는 미들네임 이니셜을 거의 사용하지 않았지만, 몇 년간 게리의 회사는 '프랭크 O. 게리 앤드 어소시에이츠'로 알려져 있었다. 그의 앞으로 오는 서신에는 '프랭크 오게리Frank O'Gehry'라는 오기가 종종 있었고, 게리는 처음에는 이를 재밌다고 생각했다. 하지만 그러한 실수가 너무 자주 반복되자 점점 거슬렸고, 그래서 더는 서명에 미들네임 이니셜을 쓰지 않게 됐다.

누어 주지 않았다. 그렉은 계속해서 게리에게 충실했고, 게리도 개인적으로 그렉에게 충실했지만, 그렉은 갈수록 대형 프로젝트 바깥으로 밀려났다. 그렉이 카티아나 다른 형태의 디지털 테크놀로지에 대한 의존도가 높아져 가는 상황을 불편해했기 때문이다. 그는 컴퓨터를 사용하지 않고 제도하는 게 더 편한 구식 건축가였다. 1991년에 들어서자 그렉의 경력이 중요 직책을 맡는 것으로 이어지지 않는다는 것이 명확해졌고, 주요 프로젝트에서 그렉이 게리의 곁을 지키는 일은 갈수록 줄어들었다. 사무소에서 그렉의 주 역할은 게리 못지않게 회사의 역사를 기억하는 산증인으로서 젊은 건축가의 멘토가 되어 주는 것으로 바뀌었다. 꽤 유용했지만 충분치는 않았다. 게리는 그렉과 헤어져야 할 때가 왔다고 느꼈다. 그는 두 사람의 40년 우정을 깨뜨리지 않으려면 이만 갈라서야 한다는 사실을 그렉이 눈치채 주길 바라며 은근슬쩍 얘기를 흘렸다.

그렉은 게리의 회사가 커 갈수록 자신의 입지가 좁아진다는 것을 알고 있었다. 하지만 게리가 아닌 다른 누구와도 일해 본 적 없던 그렉은 앞으로 무엇을 해야 할지 몰라 불편한 마음을 안은 채 몇 달을 버텼다. 친구를 대놓고 자르고 싶지 않았던 게리는 일부러 그렉의 작업물에 더 비판적으로 반응했다. 낙담한 그렉이 회사를 직접 그만두게 하려는 의도에서였다. 하지만 이처럼 극단적으로 사람의 신경을 살살 긁어 놓는 행동은 게리에게 죄책감만 얹어 주고, 둘 사이의 긴장감만 고조시켰지 무엇 하나 이뤄 낸 바가 없었다. 그렉은 게리의 측근에서 일하던 선배 건축가인 데이비드 덴턴David Denton과 로버트 헤일에게 고민을 나눴다. 1991년 초에는 게리에게 애원이나 다름없는 손편지를 써서 지금보다 의미 있는 일을 하고 싶되, 정규 근무 시간의 절반만 일하겠다는 뜻을 전했다.

여전히 그렉과 직접 미래에 관한 얘기를 나눌 자신이 없었던 게리는 짐 글림프에게 개입을 요청했다. 클로버필드 대로에 있는 사무실에서 글림프는 그렉을 데크로 데리고 나온 뒤, 길고도 감정 섞인 대화를 나눴다. 글림프는 회사가 변했기 때문에 그렉이 맡을 수 있는 중요한 일이 없다며, 오랜 시간 게리와 나눴던 우정을 지키려면 이제는 동료가 아니라 친구로만 지내야 한다고 말했다.

며칠 뒤, 그렉은 게리의 사무실로 가 자신이 게리 파트너스에서 할 수 있는 쓸모가 다한 것 같다고 말했다. 그렉은 새로운 일을 시작했다. 그는 로스앤젤레스의 건축학교인 사이악에서 학생을 가르치기 시작했고, 가끔은 여러 현지 회사와 작은 프로젝트를 진행하기도 했다. 그는 어린 시절 게리와의 유대를 끈끈하게 만들어 주었던 음악에 다시 많은 시간을 쏟았다. 때때로 그렉은 게리의 사무소로 돌아와 회사의 역사를 기록하거나 그와 관련된 문제를 처리하는 일을 도왔다. 이제 골치 썩을 일이 없게 된 게리는 그렉을 반겼다. 짐 글림프와 랜디 제퍼슨의 합류가 게리 사무소의 조직적 성장을 의미했다면, 그렉 월시의 이직은 작고, 엉성하고, 예술가인 체하며, 시대에 뒤떨어졌던 과거 사무소의 모습과 완전히 갈라서는 감정적 이별을 의미했다.

이 시기는 게리의 삶에도 변화를 가져왔다. 몇 년 전 프리츠커 상을 받았을 때 던진 말이 농담이었듯, 그는 10만 달러의 상금으로 자기 집을 마무리하는 데 쓰지 않고 다른 집에 투자했다. 그는 언제나 자기만의 공간을 꿈꿔 왔던 어머니 텔마를 위해 브렌트우드에 자그마한 집을 샀다. 그곳에는 소박한 뒤뜰이 있었다. 게리는 격자식 구조물인 트렐리스와 텔마가 앉을 수 있는 야외 포치를 설계했다. 1990년대 초, 텔마의 기억은 점차 희미해지기 시작했다. 어느 날 그녀는 게리에게 정원 파티를 준비해야겠다고 말했다.

"무슨 정원 파티요?" 게리가 물었다.

"있잖니, 우리가 매년 하는 거."

게리는 어머니의 장단에 맞춰 주며, 누구를 초대할지 물었다.

"항상 부르던 사람들이지." 텔마가 말했다.

그들은 이제껏 한 번도 정원 파티를 열어 본 적이 없었다. 게리는 텔마의 바람이 얼마나 간절했는지를 절감하며 삼촌 켈리와 그의 아내를 토론토에서 로스앤젤레스까지 모셨고, 텔마의 다른 친척들과 게리와 베르타의 친구들도 몇몇 불러 모았다. 게리는 몇 년 전에 가게를 설계해 줬던 뉴욕 베이글 컴퍼니New York Bagel Company에 케이터링을 맡겼다.

준비 과정에는 위기도 있었다. 파티에 대한 기대가 나날이 커졌던 텔마는 손님을 많이 들여야 한다며, 정원사에게 자신의 집 정원에 있는 나무뿐만 아니라 이웃집 정원과 거리의 나무도 모두 베어 내라고 말하기도 했다. 정원사가 텔마의 것이 아닌 나무를 베어 내지 않고 머뭇거리자, 그녀는 게리에게 전화를 걸어 도와 달라고 했다. 그는 텔마의 집으로 부리나케 달려와, 파티는 생각보다 규모가 작을 것 같다며 어머니를 달랬다. 게리는 그래도 여전히 성공적인 파티가 될 거라고 텔마에게 약속했다.

게리의 약속은 지켜졌다. 바이올린을 배우던 샘 게리가 악기를 연주했다. 텔마는 켈리를 포함한 다른 가족을 보고 무척이나 기뻐했다. 텔마는 자신을 위한 건배사를 듣고 좋아했다. 그날 단 한 번뿐이었지만, 텔마는 언제나 꿈꿔 왔던 웅장한 파티의 개최자가 됐다. 그녀는 세상을 떠나는 날까지 그날의 행복한 기억을 안고 있었다. 머지않아 텔마는 아들이 사 준 집에서 눈을 감았다. 1994년, 게리가 일본에서 강의하고 있을 때였다. 그는 어머니가 위독하다는 전화를 받고는, 모든 일정을 취소한 뒤 로스앤젤레스로 급히 돌아왔다. 하지만 너무 늦었다. 텔마는 이미 숨을 거둔 후였다.

텔마 게리는 이든 추모 공원에 묻혔다. 하지만 어빙의 옆자리는 아니었다. 어빙이 세상을 떠났을 때, 게리네 가족에게는 인접한 장지 두 개를 살 만한 여윳돈이 없었기 때문이다. 텔마는 언덕 높은 쪽에 묻혔고, 게리는 텔마가 모르는 사람들 사이에 끼여 고통받지 않도록 양옆 장지도 모두 구매했다. 텔마의 관을 땅속에 묻은 후, 가족들은 언덕을 내려와 어빙의 무덤으로 발길을 옮겼다. 32년 전, 어빙이 죽은 후로 처음 와 보는 아버지의 묘소였다. 게리의 두 아들도 처음이었다.

텔마의 장례식은 게리의 아이 네 명이 처음으로 모두 모인 자리기도 했다. 열다섯 살이었던 샘은 작은 물고기 조각을 가져와 할아버지의 묘비 위에 두었다. 그 조각은 게리의 성공뿐만 아니라 다른 모든 가족과 어빙을 상징적으로 연결했다. 이는 항상 자신을 '골드버그'라 여겼던 어빙을 '게리'로 완전히 포섭하고, 생전에 제대로 가장 노릇을 해 본 적 없던 그를 사후에야 가장으로 인정하는 것 같은 가슴 아픈 상징적 행동이었다.

게리가 가족 간의 친밀함을 느끼고, 아들의 세심함에 감탄한 순간이었다. 그때 게리의 딸들은 30대였고, 알레호와 샘은 10대였다. 네 명의 자녀들 모두 어느 정도 게리의 관심을 받지 못하고 자랐다. 게리는 네 자녀를 모두 사랑했지만, 작업에 영감을 주는 예술가, 건축가나 친구들과 어울리고 일하느라 아이들과 많은 시간을 보내지 않았던 것이 못내 후회스러웠다. 두 아들은 주말에도 게리가 으레 사무실로 나가겠거니 했다. 아들들이 조금 더 어렸을 때, 게리는 둘을 사무소로 데리고 가 일하는 동안 아이들이 마음껏 뛰어놀게 했다. 하지만 이들은 어떤 특권 의식에 젖지 않고 컸다. 어린 샘은 품행이 더 진중한 그렉 월시가 회사의 주인이고, 아버지인 게리가 그렉 밑에서 일한다고 생각했다.

가끔 베르타가 바쁜 토요일이면 게리는 아들들을 집 안에 아이들끼리 두었다. 하루는 게리가 집을 나서는데, 아이들이 TV 앞에 앉아 만화를 보고 있기에 한마디했다. "온종일 그러고 있지는 마라. 그렇게 게으르게 굴면 귀에서 풀이 돋아날 거야." 그날 오후, 밖에서 한바탕 놀고 들어온 아이들이 다시 TV 앞에 앉았다. 그러다 게리가 주차하는 소리가 들리자, 알레호는 부리나케 밖으로 달려 나가 풀을 한 움큼 뽑아 샘에게 조금 나눠 주곤 귀에 꽂아 넣었다. 위층으로 올라온 게리는 아이들이 여전히 침대에서 TV를 보고 있는 모습을 발견하고는 화가 머리끝까지 치솟았다. "내가 말한 것 같은데……." 그때, 게리는 아이들 귀 속의 풀을 발견하곤 미친 듯이 웃어 댔다. 게리가 진정으로 원한 것은 그저 아이들과 함께 편안한 시간을 보내는 것뿐이었다. 그래서 다섯 살이었던 알레호가 콧수염이 없는 게리의 모습을 궁금해하자, 게리는 곧장 욕실로 달려가 면도를 해 버리기도 했다. 여담이지만, 수염이 없는 아빠의 모습이 어색했던 알레호는 게리에게 수염을 다시 붙여 달라고 말했다. 이후 게리는 수염을 다시 기르지 않았다.

두 아들 모두 학교생활이 그리 쉽지는 않았다. 난독증이 있던 알레호는 학습 장애 학교에서 보냈던 5년을 포함해 항상 성적 기복이 컸다. 알레호는 유별나게 시각적 감각이 뛰어났다. 아직 어린아이였던 알레호는 집에 걸린 예술 작품이 어떤 예술가의 것인지 모두 구분할 수 있었다. 그는 의사가 되고 싶어 했지만, 생물학 수업을 한 번 들은 뒤 흥미를 완전히 잃었다. 샌타모니카 고등학교의 미술 선생님은 알레호에게 예술 분야로 흥미를 키워 보라고 권유했고, 나중에 알레호는 로드아일랜드디자인스쿨Rhode Island School of Design을 졸업한다.

샘은 건축에 더 관심이 많았지만, 처음에는 산업 디자이너가 되겠다고 생각했다. 그래서 샘은 1998년에 로스앤젤레스 카운티 예술고등학교를 졸업한 뒤, 볼티모어의 메릴랜드 예술대학Maryland Institute College of Art에 등록했다. 3년 뒤, 무슨 일을 해야 할지 정하

알레호, 샘, 베르타, 게리

지 못했던 샘은 1년을 휴학했다. 게리는 샘에게 로스앤젤레스로 돌아와 자기 사무실에서 일하면서 가구나 다른 제품을 만드는 일을 도와 달라고 했다. 샘이 말했다. "속은 거였어요. 아버지는 제게 건물 만드는 일을 시키셨죠." 나중에 샘은 사무실의 도제처럼 일하게 됐다. 샘은 아버지의 뒤를 따라 건축계에 발을 들여야 할지 확신이 없는 채로 몇 년을 보낸 뒤, 로스앤젤레스의 다른 건축가와 잠깐 일하기도 했고, 그 뒤로는 1년간 건축을 공부하러 빈으로 떠났다. 샘은 게리의 사무소에서 여름 동안 일하러 로스앤젤레스로 돌아왔다가 영영 발이 묶였다. 건축가 커리어를 시작한 후인 2006년, 샘은 게리에게 이메일을 한 통 보냈다. "아버지의 사무소에서 했던 일들 덕에 저는 무슨 일을 하건 최선을 다하게 됐습니다. 진심으로 감사해요. 아버지 덕분에 제가 하고 싶은 일을 찾았어요. 감사하고 사랑합니다. 샘 올림." 샘의 메일에 무척 뿌듯했던 게리는 메일을 인쇄해 책상 위에 올려 두었다. 부모로서 느끼는 자부심 이상의 감정을 느낀 순간이었다. 때때로 아이를 키우는 일은 무척 고됐지만, 아이들이 가져다주는 만족감은 다른 어디에서도 얻을 수 없다는 사실을 샘의 메일이 다시금 일깨워 줬다.

게리는 아들들에게 하키를 가르쳤다. 하지만 그건 순전한 우연이나 다름없었다. 선밸리로 가족 여행을 떠났을 때, 게리는 원래 아이들에게 스키 타는 법을 알려 주고 싶었다. 그런데 게리는 갑자기 10대 때 캐나다에서 마지막으로 타 본 뒤 한 번도 해 보지 않았던 아이스 스케이트를 타면 어떤 느낌일지 궁금해졌다. 알레호와 샘을 스키 수업에 보내고 난 뒤, 게리는 스케이트를 빌려 스케이트장으로 향했다. 게리는 곧바로 엉덩방아를 찧고 말았다. 하지만 다시 스케이트를 타고 싶다는 게리의 욕망은 오히려 더 강해졌고, 로스앤젤레스로 돌아온 뒤에 그는 샌퍼낸도밸리의 한 스케이트장에서 수업을 받기 시작했다. 그는 어린 시절 하키에 푹 빠져 지냈던 기억이 새록새록 떠올랐다. 게리는 아들들을 스케이트장으로 데리고 갔다. 곧 삼부자는 다 함께 스케이트를 탔다. 아이들은 청소년 하키 팀에 들고 싶어 했다. 아이들이 하키에 관심을 보이자 기뻤던 게리는 자신이 책임지고 아이들을 스케이트장에 데려다주고 다시 데려오겠다고 베르타에게 큰소리쳤다. 하지만 예상대로, 게리가 아이들을 데려다준 것은 몇 번 되지 않았다. 그 무렵 게리는 해외 출장이 잦아져 로스앤젤레스에서 지내지 않는 날이 많아졌기 때문이다. 베르타가 말했다. "토런스부터 파노라마시티까지 근방의 스케이트장이란 스케이트장은 모조리 알게 됐어요. 제가 '하키 맘Hockey mom'이 된 거죠."

게리의 능력이라면 능력이라 볼 수 있는, 유명인과 우연히 만나는 일은 머지않아 하키에서도 발휘됐다. 게리는 같은 스케이트장에서 수업을 듣던 제작자 제리 브룩하이머Jerry Bruckheimer를 만났다. 할리우드 하키 팀을 이제 막 창단했던 브룩하이머는 게리에게 가입을 권유했다. 당시 로스앤젤레스 킹스Los Angeles Kings 팀에서 활동하던 프로 하키 선수인 릭 차트로Rick Chartraw와 결혼한 모린 차트로Maureen Chartraw는 게리가 의자를 디자인해 준 적 있었던 가구 회사 놀의 컨설턴트였다. 그녀는 게리와 아이들에게 킹스의

게리는 하키에 대한 마음을 담아 놀을 위해 만든 곡면 합판 의자에 하키 용어인 '크로스 체크'라는
이름을 붙였다.

경기를 보러 오라고 초대했다. 게리는 아이들만큼이나 킹스의 팬이었고, 무엇보다 선수들을 만나서 무척 즐거웠다. 게리는 공식 팀을 만들었다. 그의 이름의 첫 글자를 따 팀명을 '포그FOG'라 지었다. 센터는 게리가 맡았고, 샘과 알레호, 마이클 말찬, 폴 레보비츠키 등 많은 이들이 합류했다. 게리는 요통으로 스케이트를 타기가 힘들어진 일흔 살이 넘어서까지 하키 팀에서 활동했다.

알레호나 샘과 달리, 레슬리와 브리나를 대하는 건 쉽지 않았다. 아들들은 학교생활에서 문제를 겪었지만, 어쨌건 사랑받으며 부모님과 함께 성장했다. 두 딸은 아주 어린 시절에만 잠깐 느껴보았던 사랑이었다. 게리는 딸들과 연락하며 지내려고 애썼으나, 아니타가 재혼한 후로는 직접 만나기도 쉽지 않아졌다. 한동안 게리와 딸들 사이에 연락이 완전히 끊긴 적도 있었다. 그러다 게리의 삶에 들어온 베르타가 딸들과 함께 보내는 시간을 늘리도록 게리를 부추겼다. 게리와 베르타의 결혼식에 딸들은 참석하지 않았지만, 이후 베르타는 레슬리와 브리나에게 의붓어머니가 되어주기 위해 최선을 다했고, 가족 행사가 있으면 레슬리와 브리나를 부르라고 게리에게 말했다. 하지만 당시 베르타는 아들 둘을 돌보느라 정신이 없었고, 특히 레슬리는 많은 시간을 우울해하며 집에 틀어박혀 지냈다. 레슬리와 브리나는 어린 시절, 게리에게 보고 싶다는 메모를 남긴 적이 있다. 나중에 발렌시아에 있는 캘리포니아예술대학을 졸업하는 레슬리는 재능 있는 예술가였다. 레슬리는 아이들의 얼굴과 수염 난 한 남자의 얼굴이 담긴 만화를 그린 적이 있었다. 이들은 칸마다 번갈아 가며 서로를 향해 웃고 찡그리는 모습이었다. 맨 마지막 칸에는 레슬리로 추정되는 한 아이가 게리로 추정되는 수염 난 남자의 볼에 입을 맞추자, 남자가 웃어 보이는 모습이 담겨 있었다.

알레호와 샘을 대할 때 온정과 단호함, 명료함의 균형을 잘 유지하는 베르타의 타고난 능력 덕에 가정은 평안했다. 레슬리와 브리나는 거의 겪어 보지 못한 분위기였다. 샘이 태어난 이후 베르타는 게리의 사무소에서 회계 관련 업무를 시작했지만, 부모의 책임과 직장의 일 모두를 잘해내야 한다고 생각했다. 그녀는 아이들이 집에서 과외를 받거나 하키를 할 때면 일할 거리를 집이나 스케이트장의 관람석에 가져가 작업했다. 그녀는 아니타가 할 수 없는 방식으로 게리를 다룰 줄도 알았다. 알레호가 말했다. "우리 집안은 어머니가 이끄셨어요. 아버지가 개발자나 다른 일로 화가 나서 집에 오면, 어머니가 말씀하셨죠. '게리, 우리는 당신의 직원이 아니라 가족이야. 잊지 마.'"

톡톡 튀는 예술가의 작업실 같던 베니스의 사무소에서 탈피해, 샌타모니카 클로버필드 대로의 북적거리는 산업 건물로 자리를 옮겨 테크놀로지 중심의 게리 파트너스로 변신하는 과정은 한 클라이언트와의 기나긴 인연과도 관련이 깊다. 게리의 클라이언트 중 가장 특이하고 열정이 넘치는 피터 루이스와의 관계는 독특하다는 말로밖에는 설명할 수 없다. 억만장자이자 프로그레시브 손해보험사Progressive Insurance Company의 회장인 루이스와 게리는 1984년에 처음 만났다. 루이스가 회사 본사 건물이 있는 클리블랜드의 교외에 자기 집을 짓기 위해 넓은 땅을 사들인 직후였다. 루이스는 친구를 통해 프랭크 게리가 클리블랜드 현대미술관에서 강연한다는 소식을 전해 들었다. 루이스는 이전까지 게리에 대해 아는 바가 거의 없었다. 게리가 "떠오르는 스타"라는 얘기를 언뜻 들어 본 정도였다. 루이스는 게리에 대한 첫인상에 대해 이렇게 썼다. "나는 게리가 풍채 좋은 건축가일 거라고 예상했는데, 그는 키가 작고 꽤 통통해서 교수님 같았다. 게리는 몸에 잘 맞지 않는 정장을 입고는, 테가 없는 안경 너머로 청중을 쳐다봤다. 나는 건물을 짓는 클라이언트의 목적에서 출발해 스크린에 담긴 서정적이고 편안한 건축물을 만드는 과정을 설명하는 게리의 겸손한 태도에 넋을 빼앗겼다. 내게 게리는 건축가이자 예술가였다. 그는 놀랍도록 깊은 통찰력과 심오함, 상상력을 갖췄지만, 동시에 무척 현실적인 사람 같았다. (…) 나는 내 열정과 자원을 게리의 놀라운 재능에 쏟아 붓는다면, 그가 아주 멋진 일을 해낼 수 있을 거라 믿었다." 강연이 끝난 뒤, 수많은 관중이 게리를 둘러싼 탓에 루이스는 게리와 인사를 나누지 못했다. 2년이 흐른 뒤에야 루이스는 로스앤젤레스에서 게리에게 전화를 걸었다. 루이스는 일전에 클리블랜드 강연을 들었다고 말문을 연 뒤, 클리블랜드 외곽에 있는 50만 제곱미터 크기의 부지에 집을 지어 줄 수 있냐고 물었다.

　루이스는 곧 로스앤젤레스로 날아갔고, 두 사람은 게리의 집을 포함해 게리가 지은 몇몇 집들을 둘러보며 함께 즐거운 오후를 보냈다. 둘은 급속도로 친해졌다. 루이스가 말하길, 두 사람 모두

"인습에 저항하고, 정신과 치료를 받으며, 진보적 정치 성향을 띠는" 등 여러모로 닮은 구석이 많았다고 한다. 하지만 통장 잔액은 달랐다. 프랭크 로이드 라이트에게 폴링 워터Fallingwater를 설계할 기회를 준 에드거 코프만Edgar Kaufmann처럼 루이스도 자신이 게리에게 그런 기회를 주는 존재가 됐다고 생각했고, 에드거 코프만처럼 건축사에 길이 남을 중요한 건축물을 세상으로 인도한 후원자가 되고 싶어 했다. 루이스는 여생을 기쁜 마음으로 게리가 지은 집에서 보내다가 이후 대중에게 공개하고 싶었다.

루이스는 꿈에 그리던 집을 짓기 위해 500만 달러를 준비했다고 게리에게 말한 뒤, 5천 달러를 선금으로 지급했다. 또 창의적인 프로젝트 구상을 위해 얼마가 됐건 상관없이 게리가 필요한 만큼 시간을 주기로 약속했다. 게리 하우스가 너무 흥미로웠던 루이스는 기존 집을 그대로 둔 데 어떤 의미가 있는지 궁금해하며 그와 비슷한 작업을 할 수 있을지 물었다. 그로부터 아홉 달이 지난 어느 날, 게리는 루이스에게 전화를 걸었다. 게리는 '그 문제'로 골머리를 앓고 있다며, 기존 집을 허물면 안 되겠냐고 물어왔다. 사실, 항상 낡은 집을 허물고 싶어 했던 루이스는 게리가 자신의 질문을 곧이곧대로 받아들이리라고는 생각지도 못했다.

설계는 다시금 시작됐고, 루이스는 게리에게 6주 내로 설계를 가지고 직접 클리블랜드로 와 줄 수 있냐고 물었다. 게리는 알겠다고 한 뒤, 거대한 건축 모형을 들고 나타났다. 탁 트인 안뜰 주위를 작은 건물이 U자 모양으로 둘러싼 형태였다. 안뜰 중간에 자리를 잡은 게임 방이 있는 한 건물은 똬리를 튼 뱀 형상이었다.

물고기 모양의 유리 정원 파빌리온도 있었고, 다른 쪽에는 스테인리스 스틸 지붕을 얹고, 검은색 유리로 바닥을 덮은 서로 다른 모양의 건물들이 있었다. 슈나벨 하우스와 윈턴 하우스를 작업하던 때와 비슷한 시기였기에 이 집들과 루이스의 집 사이에는 명확한 연관성이 있었다.

하지만 루이스 하우스는 그중 가장 세련됐었고, 피터 루이스는 그 점에 무척 만족했다. 루이스는 그 집을 '브룩우드Brookwood'라고 불렀고, 한시라도 빨리 이사하고 싶어 했다. 게리는 건물 설계를 시공도로 바꾸는 작업을 1986년 3월까지 마치겠다고 약속했다. 게리는 약속한 날짜에 일을 끝마치지 못했지만, 유럽에서 첫 번째 프로젝트인 비트라 건축을 진행하는 등 갈수록 세계적으로 유명해지고 있었고, 거기에 신이 난 루이스는 조금 더 기다릴 수 있다고 여겼다. 거기다 루이스는 게리에게 클리블랜드 다운타운에 지을 프로그레시브 본사를 설계해 달라고 꼬드겼다. 하지만 게리는 거절하며 필립 존슨을 추천했고, 필립 존슨은 피터 아이젠먼을 추천해 줬다. 결국 루이스는 다시 게리에게 돌아갔다. 그렇게 게리는 클라스 올든버그의 조각품을 꼭대기에 얹은 54층짜리 건물을 그려 냈다.

올든버그의 작품을 얹은 게리의 고층 건물은 클리블랜드에서 환영받지 못했고, 결국 지어지지 않았다. 프로그레시브사의 이사회는 처음엔 적극적이었지만, 이사회가 건축 논의를 위한 장으로 변질한 것 같아 스멀스멀 불만이 일기 시작했다. 그들은 게리가 프로그레시브사의 건축가가 아니라 피터 루이스의 개인 건축가로 남는 게 낫다고 생각했다. 본사 프로젝트를 하느라 잠깐 옆길로 새는 바람에 루이스 하우스 건축은 더 미뤄졌다. 월트 디즈니 콘서트홀과 프리츠커상 수상을 둘러싼 사건이 있었던 1988년과 1989년에 루이스 하우스는 거의 진척이 없었다. 게다가 게리는 계속해서 새로운 프로젝트를 받았기에 루이스 하우스는 자꾸만 연기됐다. "저는 마치 열성 팬이 된 것처럼, 게리에게 브룩우드 작업을 해 달라고 끊임없이 간청해야 했어요." 루이스가 말했다.

한편 루이스는 게리의 물고기 조각상과 램프 작업에 자금을 대주기도 하면서 게리가 브룩우드 작업으로 돌아오기만을 기다렸다. 게리가 드디어 브룩우드 프로젝트로 돌아온 건, 때마침 카티아 시스템이 도입됐을 때다. 그렇게 루이스 하우스는 사실상 게리의 실험실이 됐다. 게리는 자신이 상상하던 복잡한 모양을 설계하고 제작하는 데 디지털 소프트웨어가 얼마나 많은 도움을 줄 수 있을지 루이스 하우스를 통해 시험했다. 루이스는 계속해서 게리의 모험 정신을 부추겼다. 게다가 성인 자녀를 위한 별채를 추가로 짓기로 한 루이스의 결정 덕에 더 정밀한 건물이 탄생하게 됐다. 루이스의 사업은 이후에도 잘 풀렸고, 그는 여전히 프로젝트에 흥미가 많았다. 루이스가 말했다. "게리는 갈수록 유명해졌고, 저는 갈수록 부자가 됐습니다." 루이스는 두말할 것도 없이 행복한 나날을 보내고 있었다.

게리는 오랫동안 품어 왔던 컬래버레이션에 대한 바람을 루이스에게 털어놨다. '파티에는 언제나 한 명쯤 더 낄 자리가 있다'는 태도를 철학으로 삼던 루이스는 게리의 추천을 따라 필립 존슨의 합류에 동의했다. 클리블랜드 출신인 존슨도 프로젝트 합류를 좋아할 것 같았다. 존슨은 게스트하우스 설계를 맡았다. 게다가 루이스는 클라스 올든버그에게 거대한 골프 가방 조각품을, 리처드 세라에게 입구 도로에 놓을 자동차 크기의 터널을, 프랭크 스텔라Frank Stella에게는 정문 관리실 디자인을 의뢰했다.

루이스의 프로젝트는 꽤 크고 값비싼 파티가 됐다. 연구와 디자인 개선 작업이 3년도 더 넘게 진행됐다. 루이스는 프로젝트 비용이 원래 생각해 뒀던 500만 달러의 예산을 일찌감치 넘어 버렸다는 것을 알고 있었지만, 얼마나 초과했는지는 감이 오지 않아서 하루는 게리를 저녁 식사 자리에 초대해 비용을 물어봤다.

"아마 5천만 달러 정도일 겁니다." 게리가 말했다.

"빌 게이츠Bill Gates의 집을 짓는 데는 비용이 얼마나 들었죠?" 루이스가 물었다.

"잘은 모르지만, 5천5백만 달러였다고 신문에서 읽은 적이 있어요."

"그러면 괜찮습니다." 루이스가 게리에게 답했다.

하지만 예상은 빗나갔다. 루이스는 계속해서 게리에게 새 디자인을 달라고 말했다. 그러다 1995년 봄, 루이스는 『뉴욕 타임스 매거진』 특집호 「예술이 된 집The House as Art」을 읽었다. 거기에는 시저 펠리César Pelli, 찰스 과스메이, 로버트 벤투리가 지은 집들과 함께 루이스의 집도 소개되어 있었다. 맞춤형 건축물을 짓는 데 드는 비용도 꽤 길게 다뤄졌다. 하지만 안타깝게도 루이스 하우스는 건축가가 아니라 클라이언트의 욕망이 과잉된 경우라며,

'부자가 부리는 사치'라고 묘사되어 있었다. 루이스는 커다란 충격에 휩싸였다. 그런 상황에서 게리가 인터뷰한 내용은 전혀 도움이 되지 않았다. "저는 뼛속까지 진보주의적인 사회 개혁가라 부자의 집을 지어 주면서 어떤 사회적 문제를 해결하고 있다고 생각하긴 어렵습니다. 저는 루이스에게 '그냥 500만 달러짜리 집을 짓고 남는 돈은 사회에 기부하는 게 어때요?'라고 말한 적도 있었답니다."•

게리의 인터뷰는 오해의 소지가 다분했다. 게리는 루이스의 열정을 꺾으려는 의도가 전혀 없었다. 나중에 고백하건대, 루이스는 예술 작품이나 건축 요금 등 모든 비용에 4천만 달러까지 낼 용의가 있었다고 했다. 그 기사가 나가고 몇 주 뒤, 게리와 그 직원들을 만나러 온 루이스가 짐 글림프에게 정확한 비용을 알려 달라고 다그쳤을 때 어색한 침묵이 흘렀다. 조금 후, 글림프는 프로젝트 비용이 8천2백5십만 달러까지 치솟았다고 답해 줬다.

"믿을 수 없군요. 여기서 끝입니다." 루이스가 말했다. 그는 곧

• 그 기사의 작가는 바로 나였다. 나는 기사가 발매되기 수개월 전에 루이스 프로젝트를 주제로 게리를 인터뷰했다. 당시 게리는 루이스 프로젝트뿐만 아니라 자신이 맡은 수많은 프로젝트의 당위성에 질문을 던지며 자기 회의감에 빠져 있던 시기였다. 나는 '순수 예술' 주택과 건축가와 클라이언트의 관계 일반에 대해 질문하려는 것이 목적이었고, 클라이언트가 건축가에게 무한한 자유를 쥐여 주면 일어나는 문제를 그 기사를 통해 짚으려고 했다. "클라이언트가 건축물을 위한 답시고 건축가가 마음대로 하게 내버려 둔다면, 그건 좋은 생각이 아닐지도 모른다. 건축물의 진실은 현실 세계의 일상적인 필요들을 예술로 승화하면서 드러나기 때문이다." "거의 언제나 건축가의 최고작은 클라이언트와 건축가 간의 맹렬하고도 고통스러운 대화 속에서 탄생한다. 언제나 '아니오'라고 말하는 클라이언트를 만족시키기란 불가능하지만, 그렇다고 '예'라고만 말하는 클라이언트가 더 나은 것은 아니다." 피터 루이스는 내 글이 자신을 겨냥했다고 생각했고, 나는 그 사실을 수년 뒤에야 알게 됐다. 내 글은 루이스가 프로젝트를 취소하는 계기가 됐다.

장 공항으로 발길을 돌렸고, 프로젝트를 끝내겠다고 마음먹었다. 하지만 클리블랜드로 돌아오는 비행기 안에서 루이스는 후회하기 시작했다. 그는 프로젝트에 10년을 투자했고, 게리 파트너스에 이미 6백만 달러를 쏟아 부은 상태였다. 이 모든 것이 허탕이 된다고 생각하니 너무 괴로웠다. 루이스는 비행기에서 내려 게리에게 전화를 걸어, 프로젝트를 4천만 달러 규모 정도로 줄일 수 있겠냐고 물었다. 루이스의 기억에 따르면, 게리는 프로젝트가 그대로 진행돼야 하기에 줄일 수 없다고 답했다. 하지만 게리의 기억은 달랐다. 그는 프로젝트를 수정하고 단순화한다면 2천4백만 달러에도 맞출 수 있다고 했다. 하지만 이미 김이 빠져 버린 프로젝트는 진척되지 않았다.

이 모든 일이 있고도 피터 루이스와 게리의 관계는 계속 이어졌다. 아니, 프로젝트가 엎어지고 난 뒤 거의 말을 섞지 않다가, 몇 달 뒤 다시 관계가 시작됐다고 말하는 게 맞겠다. 게리는 루이스가 자신을 부추겼다고 생각했다. 루이스는 항상 비용에 신경 쓰지 말라고 말해 놓고서는 프로젝트의 몸집을 가정집이 아닌 기관 수준까지 키운 것이 루이스 자신이라는 사실을 깨닫지 못했다. 루이스는 거대한 규모와 독특한 형태를 원했기에 무지막지한 비용은 불가피했다. 심지어 그는 자신의 사후에도 브룩우드가 기관으로 운영되기를 원했다. 그래서 그 집은 박물관의 특징도 담고 있었다. 루이스의 입장은 달랐다. 그는 특히 『뉴욕 타임스 매거진』 기사가 자신을 바보로 만들었다고 느꼈다.

브룩우드의 몰락은 자아가 확고한 두 사람의 충돌이 빚은 상황이 아니었다. 물론 두 사람 모두 자아가 확고한 이들이었고, 심한 상처를 입긴 했지만 말이다. 게리와 피터는 궁극적으로 같은 것을 원했다. 세계가 주목할 만큼 독특한 주거용 건축물을 짓는 것이었다. 하지만 둘 중 누구도 그 금전적 비용뿐만 아니라 감정적 대가에 대해 제대로 알지 못했다. 피터 루이스는 그 집을 자신의 이상적 자아라 여겼고, 자신이 훌륭한 후원자임을 확인시켜 주는 건축물이 되길 바랐다. 그는 결과적으로 브룩우드가 자신을 대변하는 게 아니라, 바꿔 놓으리라는 사실을 미처 알지 못했다. 게리는 아무리 클라이언트가 어떤 제약도 두지 않는다고 한들, 정말 아무런 제약도 없는 건 아니라는 사실을 깨닫지 못했다.

하지만 두 사람 간의 애정은 진짜였다. 둘 다 그 우정을 포기하고 싶지는 않았다. 프로젝트가 철회되고 몇 달 뒤, 게리는 클리블랜드로 향해 루이스를 보러 갔다. 그는 프로젝트에 쏟은 그간의 시간이 자신에게 얼마나 커다란 의미였는지 털어놨다. 게리는 뛰어난 아이디어를 개발하기 위해 아무런 조건 없이 그토록 많은 돈을 써 본 경험이 마치 '천재들의 상'이라 불리는 맥아더MacArthur 상을 받은 것만 같았다고 표현했다. 루이스는 정중하게 그 찬사를 받아들이며 이렇게 썼다. "게리는 급진적일 정도로 새로운 건축물을 만들기 위한 복잡한 도구들을 스스로 익히며 21세기의 중대한 예술가로 떠올랐다. 나는 그 수업료를 지급하고, 그의 클라이언트가 됐다는 후광을 만끽했다."

피터 루이스는 끝끝내 자기 집을 건설하지 않았지만, 몇 년 후 그 자선 정신으로 게리의 건물 두 채가 지어지는 것을 도왔다. 케이스웨스턴리저브대학교의 경영대 건물인 피터 B. 루이스 빌딩 Peter B. Lewis Building은 2002년에 완공됐고, 루이스의 모교인 프린스턴에 지은 피터 루이스 과학 도서관Peter Lewis Science Library은 2008년에 개관했다. 두 건물 모두 루이스 하우스를 작업할 때 발달시켰던 아이디어와 기술을 바탕으로 지어졌다. 루이스가 게리와 계속 연락하며 지냈던 데는 또 다른 이유도 있었다. 루이스 하우스 프로젝트가 막을 내리기 2년 전인 1993년에 일어난 어느 사건 때문이었다. 그때 게리는 루이스에게 구겐하임 미술관장인 토머스 크렌스를 소개해 줬다. 크렌스와 루이스는 좋은 친구 사이가 됐다. 이후 루이스는 구겐하임 이사회에 합류했고, 결국 이사회장까지 맡는다. 10년이 넘는 시간 동안 크렌스와 루이스, 게리는 삼인조로 뭉쳐 다니며 함께 일하고 여행하고 구겐하임의 미래도 건설했다. 그로부터 크렌스는 게리 인생의 가장 중요한 클라이언트가 됐다.

14
구겐하임과 빌바오

토머스 크렌스가 맨 처음 게리에게 의뢰한 미술관 설계 건은 결실을 보지 못했다. 1987년 당시, 매사추세츠 북서쪽에 있는 윌리엄스대학 미술관Williams College Museum of Art의 관장이었던 크렌스는 대학가인 윌리엄스타운의 고상한 분위기와 극명하게 대조되는 구식 산업 도시인 노스애덤스의 거칠고 경제적으로 침체한 분위기에 충격을 받았었다. 그는 윌리엄스타운에 살았었고, 노스애덤스는 동쪽에 붙어 있었다. 노스애덤스의 중심에는 거대한 공장 단지가 있었다. 그곳은 한때 스프래그 전기회사Sprague Electric Corporation가 쓰던 곳으로, 몇 년 전 버려진 상태였다. 크렌스는 공장을 개조해 현대미술 전시장으로 쓰는 건 어떨까 하는 생각이 들었다. 최신 예술품은 대부분 일반적인 미술관보다 훨씬 많은 공간이 필요하기도 했고, 골칫덩이 도시를 다시 되살릴 방법이 될 것도 같았다.

매사추세츠 현대미술관의 탄생으로 이어진 크렌스의 아이디어는 1983년, 게리가 낡은 창고를 전시관으로 개조해 만든 템퍼러리 컨템퍼러리에 어느 정도 빚을 지고 있다. 그러니 크렌스가 게리에게 연락해 노스애덤스로 초청한 것도 놀랄 일은 아니다. 크렌스는 자신이 존경하던 다른 두 명의 건축가도 함께 불렀다. 스키드모어, 오윙스 앤드 메릴 소속의 데이비드 차일즈와 로버트 벤투리였다. 그는 차일즈에게 공장 단지의 마스터플랜을 맡겼고, 게리와 벤투리에게는 공장을 갤러리로 탈바꿈하는 공동 설계 작업을 맡겼다. 크렌스가 생각하기에, 게리의 다듬지 않은 거친 미학은 로스앤젤레스의 낡은 창고에서 그랬던 것처럼 공장의 오래된 벽돌에 잘 어울릴 것만 같았다. 거기에 어느 정도 대중적인 감수성을 갖춘 벤투리는 아주 흥미로운 파트너가 되어 주리라 생각했다.

오토바이를 즐겨 타고, 모호한 표현으로 두루뭉술하게 말하며, 항상 신경이 곤두서 있는 크렌스는 과감하게 사유하고 위험을 감수하는 것으로 정평이 난 미술관장이었다. 마땅한 자금도 없는 대형 프로젝트에 세 명의 유명 건축가를 합류시킨 것은 크렌스다운 행동이었다. 세 건축가는 어찌 보면 당연하게도 그리 비싸지 않은 건물을 설계했다. 크렌스는 낡은 건물을 전문적으로 복원하는 매사추세츠의 한 회사로 향했다. 게리의 설계는 빠르게 무산됐지만 게리와 크렌스의 관계는 깊어졌다. '게리 빌딩'을 지어 보기 위해 찾아온 많은 클라이언트와 게리의 우정은 대부분 프로젝트보다 명줄이 길었다.

토머스 크렌스의 경우, 그러한 우정이 결실을 보기까지 그리 오래 걸리지 않았다. 기나긴 매사추세츠 현대미술관 프로젝트가 진행될 동안, 크렌스는 구겐하임 미술관장 자리를 놓고 미술관 측과 협의 중이었고, 1988년 초에는 윌리엄스타운을 떠나 뉴욕에 정착했다. 크렌스는 구겐하임을 확장해 전 세계 각지에 분관을 만들고, 컬렉션을 분관마다 돌려 가며 기획 전시회를 열겠다는 포부로 관장직을 따 냈다. 그는 현대미술에 대한 수요가 늘어나는 세계적 상황을 적극적으로 이용해 구겐하임 미술관을 국제적 '브랜드'로 키우겠다는 비전을 내비쳤다. 크렌스는 곧바로 오스트리아 잘츠부르크에 구겐하임을 설립하는 협상에 착수했다. 이후 이 미술관은 빈 건축가 한스 홀레인이 설계하게 된다. 하지만 잘츠부르크 미술관은 결국 실현되지 못한다. 마드리드에서 있었던 구겐하임 컬렉션 전시회의 오프닝 날, 스페인 바스크 지방 정부 대표단이 크렌스에게 접근했다. 그들은 빌바오에 있는 오래된 대형 와인 창고를 문화 시설로 개조하려는 계획을 세우고 있었다. 그 프로젝트는 산업 경제가 쇠퇴한 빌바오의 경기를 부흥하기 위해 관광객을 끌어 모으겠다는 더 큰 계획의 한 부분이었다.

크렌스는 주류 관광지와 동떨어져 있는 빌바오가 자신이 찾고 있던 잠재력을 지닌 도시는 아니라고 봤다. 하지만 1991년 4월, 빌바오를 처음 방문한 뒤 생각을 고쳐먹었다. 그곳에서 그는 바스크 지방 주지사를 만났다. 주지사는 구겐하임 미술관 건설비뿐만 아니라 운영비까지 모든 비용을 바스크 지방 정부가 감당하겠다는 뜻을 확실히 표명했다. 크렌스는 바스크 정부 측이 미술관으로 개조하려는 화려하게 장식된 콘크리트 구조의 와인 창고를 보러 갔다. 그는 낮은 천장과 서로 너무 가까이 배치된 기둥들이 마음에 걸렸다. 크렌스는 그 건물뿐만 아니라 근처 주차장도 잘 활용할 수 있을지 의문이었다. 하지만 잘츠부르크 프로젝트도 중단된 마당에, 빌바오의 가능성을 탐구하는 데 더 많은 시간을 들여도 괜찮을 듯싶었다. 크렌스가 빌바오에 처음 발을 들이고 한 달 뒤인 5월, 그는 게리에게 함께 바스크로 가서 그 창고를 개조할 수 있을지 봐 달라고 청했다.

이전까지 빌바오에 가 본 적이 없었던 게리는 화려한 장식이 돋보이는 낡은 건물의 외관에 감탄해 이를 그대로 유지해야 한다고 했다. 하지만 로스앤젤레스나 노스애덤스의 건물과 달리, 이 창고는 좋은 미술관으로 개조하기가 쉽지 않으리라는 크렌스의 의견에도 동의했다. 바스크 측 사람들과 가진 저녁 식사 자리에서 게리는 차라리 다른 부지를 찾아 완전히 건물을 새로 짓는 게 나을 것 같다고 제안했다. 게리는 점찍어 둔 자리가 있었다. 그는 도시를 돌아다니다 네르비온강을 따라 굽어 있는 다운타운 끝자락에서 빈 산업 부지를 발견했다. 그곳은 오래된 자동차를 보관하는 곳으로 쓰였었다.* 게리는 그곳이 도시의 다양한 지점에서 보이고, 대형 다리 옆에 자리하고 있어 빌바오의 산업 유산과 연결

---

* 게리와 크렌스는 그곳을 처음 발견한 사람이 자기라고 서로 우겼다. 크렌스는 아침 운동을 하다가 그곳을 발견했고 게리보다 먼저였다고 말했다. 첫 발견자에 대한 기억은 달라도, 두 사람 모두 그곳을 보자마자 미술관 자리로 적격이라고 생각했다는 점은 같다.

된 것처럼 보여서 마음에 쏙 들었다. 토머스 크렌스는 그곳이 강가라는 점이 퍽 좋았다. 그는 바스크 관계자들에게 구겐하임 측에서 낡은 창고를 미술관으로 개조하는 프로젝트에 동의하지 않을 거라고 말하며 선수를 쳤다. 하지만 강가 부지는 소유주가 여러 명이어서 소유권 확보에 차질이 빚어졌다. 게리와 크렌스는 낡은 창고를 개조하는 작업을 하기 싫어했고, 강가 부지는 소유권을 얻을 수 없었기에 한동안 프로젝트 자체가 무산된 것처럼 보였다.

하지만 아니었다. 바스크 정부는 강가에 새 미술관을 짓자는 의견에 솔깃해 여차여차 부지를 확보했다. 크렌스에게는 건축가를 찾아오라고 말했다. 그로부터 프로젝트는 급물살을 탔다. 크렌스는 세 명의 건축가를 대상으로 간단한 지명 경쟁을 개최했다. 최종 결정은 바스크 정부에서 하되, 후보자 선발은 크렌스가 맡았다. 크렌스는 아시아, 유럽, 아메리카 대륙에서 각각 한 명씩 건축가를 뽑았다. 일본의 이소자키 아라타와 빈 기반 회사인 쿱힘멜블라우의 울프 프릭스Wolf Prix, 그리고 프랭크 게리였다. 크렌스는 친한 친구이자, 프랑크푸르트에서 전직 독일 건축박물관 Deutsches Architekturmuseum 관장을 지낸 하인리히 클로츠Heinrich Klotz 에게 전문가 자문을 부탁했다. 건축가들은 꽤 까다로운 조건으로 경쟁에 임해야 했다. 그들은 준비 비용으로 1만 달러를 받았는데, 이는 당시가 1991년임을 감안하더라도 드는 품에 비해 턱없이 적은 비용이었다. 게다가 심사위원에게 미술관 콘셉트를 설명하기 위해 사용해야 하는 자료의 종류도 따로 정해진 바 없었다. 건축가들은 6월 말에서 7월 초 사이에 부지를 방문해 둘러봤다. 설계안 마감일은 7월 20일까지였다. 부지 방문 후 콘셉트 개발까지 한 달이 채 되지 않은 것이다.

게리와 베르타는 7월 5일에야 빌바오로 향했고, 게리는 부지를 보고 호텔로 돌아온 뒤 곧바로 스케치 작업을 시작했다. 게리의 라인 드로잉은 낙서처럼 보일 만큼 대충이지만, 언제나 프로젝트의 핵심 아이디어를 담고 있다. '호텔 로페즈 데 하로'가 제공하는 메모장 위에 끼적인 게리의 스케치에는 미술관과 인접한 다리가 담겨 있다. 메모장의 자투리 공간에는 빌딩에서 바라보는 광경, 빌딩을 바라보는 시점에 관한 메모가 적혀 있다. 또한 강 건너편에서 바라본 건물의 북쪽 입면도도 한 쌍 있다. 게리는 빌바오 지도 위에 굵은 붉은색 화살표를 여럿 그려 도시의 다양한 시점에서 부지를 바라보는 전망을 표시하기도 했다. 이러한 그림에는 빌바오 구겐하임 미술관을 홀로 동떨어진 조각적 오브제로 여기지 않고, 주변 환경에 관여하는 능동적인 형태로 보는 게리의 시각이 명확하게 담겨 있다. "이렇게 거대하고 단일하면서도 인간미가 담긴 건물을 어떻게 만드냐고요? 저는 건물이 도시에 어우러질 수 있도록 노력합니다. 빌바오 프로젝트에서 저는 다리, 강, 길을 고려한 뒤에 19세기의 도시 하나 크기와 맞먹는 건물을 설계했습니다." 게리가 말했다.

게리는 미리 모양을 정해 놓고 설계를 시작하지 않는다. 설계에 관해 얘기할 때, '작업'보다 '놀이'라는 단어를 더 선호하는 게리의 말을 빌리자면, 우선 그는 설계 초기 단계에 각기 다른 크기의 나무 블록을 갖고 놀기 시작한다. 각 나무 블록은 건물의 기능적 용도를 상징한다. 그는 실용적이면서도 미학적으로 아름다운 구성으로 블록을 쌓거나 배열한다. 그렇게 만들어진 구조물은 매스 모형을 만드는 방법이기도 하고, 건물의 용도가 지정 지역에 모두 담기는지 확인해 보는 방법으로 쓰이기도 한다. 그 작업이 끝난 후에야 게리는 자기만의 독특한 형태로 설계를 장식하기 시작한다.

게리는 에드윈 찬에게 프로젝트의 리드 디자이너를 맡아 달라고 청했다. 게리가 찬을 얼마나 신뢰하는지 알 수 있는 대목이었다. 그즈음 찬은 게리 사무소에서 일한 지 거의 6년이 됐었다. 게리 사무소의 다른 건축가인 미셸 코프만Michelle Kaufmann이 말하길, 찬은 그 누구보다 게리의 아이디어를 잘 이해했다. 코프만이 말했다. "게리가 스케치를 그리면 찬은 곧바로 그 스케치로 무얼 해야 할지 알아챘어요. 클라이언트 앞에서 발표하는 자리에, 찬은 언제나 게리 옆에 딱 붙어 있었죠. 찬의 그러한 능력은 게리를 지지해 줬어요. 그 덕에 게리는 모든 세부 사항을 자신이 직접 작업한 것처럼 자신감 있게 말할 수 있었습니다." 찬은 게리 같은 사람은 아니었지만, 게리는 자신이 원하는 프로젝트의 방향성을 본능적으로 알아채는 찬의 능력을 신뢰했다. 그는 부지를 걸어 다니며 그 부지와 도시의 관계에 대해 고민할 때, 찬에게 빌바오 미술관을 위한 예비 블록 모형을 준비해 달라고 했다. 게리는 로스앤젤레스로 바로 복귀하지 않고 필립 존슨의 85번째 생일 파티가 열리는 뉴욕을 들른 뒤, 보스턴으로 가서 다른 작업을 돌봐야 했기 때문에 찬이 블록 모형을 들고 뉴욕으로 직접 왔다. 찬과 게리는 피터 아이젠먼의 사무실 공간을 빌려 하루 동안 함께 일할 수 있었다. 게리는 배의 돛과 같은 형태를 만들기 위해 찬이 준비한 모형에다 흰색 종이 쪼가리를 덧댔다.

게리가 로스앤젤레스로 돌아온 다음 주, 간단한 판지나 나무로 제작한 모형들을 계속해서 만들어 내면서 건물은 서서히 형태를 갖추기 시작했다. 많은 프로젝트에서와 마찬가지로, 게리에게는 건축 모형이 설계 도구였다. 게리의 건축 사무소는 카티아 소프트웨어 전문가로 급속히 성장하고 있었지만, 정작 게리 자신은 컴퓨터 근처에도 가지 않았다. 그는 카티아를 창작 도구가 아니라 온전히 실행 도구로 봤다. 게리의 업무는 프로젝트 담당 건축가들과 함께 건축 모형을 검토하고, 철저히 연구한 뒤, 몇 가지 수정안을 제안하는 것이었다. 그런 뒤 그의 제안을 반영한 수정 모형을 새로 제작하면 검토 과정이 다시 시작되는 식이었다.

게리는 거의 모든 프로젝트를 이런 방식으로 진행했다. 하지만 빌바오 건축 경쟁 때에는 일정이 너무 빡빡해서 게리가 빠르게 아이디어를 테스트하고 수정하느라 하루에도 여러 개의 모형이 나왔다. 다른 프로젝트와 마찬가지로, 빌바오 설계의 초기 단계에 게리는 비행기 안이든, 호텔 방이든, 짬이 나기만 하면 닥치는 대로 스케치를 했다. 게리가 항상 끝내고 싶어 하지 않아 했던 설계 과정에서 휘갈겨 그린 밑그림에는 언제나 새로운 사유가 담겨 있었다.

설계를 계속하려는 게리의 욕망은 대부분 맡은 일이 아직 제대로 풀리지 않았다는 불안과 걱정의 산물이었다. 게리는 뒤죽박죽 일관성 없는 세계를 사랑했고, 자신의 건축물도 그러한 세계를 찬양하는 형태이기를 바랐지만, 마음 깊은 곳에서는 완벽주의적 경향이 도사리고 있었다. 게다가 그는 아직 설계가 완성되지 않은 과정에서 느낄 수 있는 무한한 가능성의 감각을 좋아했다. 설계가 완성되면, 최종본을 제외한 나머지 가능성은 모두 사라지게 마련이다. 게리는 프로젝트가 여러 방향으로 발전할 수 있고, 여러 해결책을 선보일 수 있다는 느낌을 포기하는 게 싫었다. 물론 모든 건물은 지어지려면 최종 설계가 필요하다. 게리는 설계 과정에 종지부를 찍을 때 복잡하고 미묘한 감정을 느낀다는 점에서 건축가 중에서도 독특했다. 그에게 있어 그 순간은 이상적인 해결책이 도래한 감격의 순간이 아니라, 건물을 더 잘 만들기 위한 탐구를 끝내고 다른 선택지를 모두 보내 주어야 하는 순간이었다.

빌바오 건축 경쟁 과정에서 게리는 늘어지게 설계하고 수정하는 사치를 부릴 새가 없었다. 게리는 최종본을 프랑크푸르트에서 출품하기로 되어 있었다. 하인리히 클로츠가 이끄는 심사위원단은 게리와 베르타가 빌바오에서 돌아오고 난 2주 뒤, 프랑크푸르트에서 모이기로 했다. 문제를 곰곰이 숙고하길 좋아하는 게리의 욕망 아래에 잠재된 실용적 본능이 발휘되어야 할 때였다.

다행히 게리의 실용적 본능은 가감 없이 드러났다. 이번에는 게리의 미학적 욕망을 훼손하지 않은 채였다. 시간적 압박감 속에서 게리와 에드윈 찬은 아트리움이 있고, 금속으로 덮인 커다란 구조물과 그로부터 튀어나와 대부분 석회석으로 덮인 다양한 형태의 갤러리 모형을 만들었다. 프랑크푸르트로 전달된 건축 모형에서 배의 신체를 닮은 거대한 갤러리 건물은 강을 가로지르는 다리 아래쪽으로 쭉 뻗치는 형태이며, 다리가 끝나는 부분에 탑 모양의 건축물이 솟아 있었다. 비트라 이후의 수많은 게리 작품과 마찬가지로, 빌바오 구겐하임 미술관 또한 고도로 복잡하고 생동감 넘치는 조각적 형태였다. 그 모형은 예측 불가한 방향으로 펼쳐지는 요소들과 우주에 떠다닐 것 같은 모습의 곡면판으로 이루어져 있었다. 단일한 기하학적 형태의 합으로 이루어진 건축물이 아니었다. 거대하고 굽이치는 금속 조각이 모여 표면을 덮은 미술관의 메인 구조물은 누군가가 보기에 아티초크 이파리나 꽃잎처럼 보였을 것이다. 당시 여전히 개발 중이었던 월트 디즈니 콘서트홀 디자인과 비슷한 점도 있었고, 막 완공한 미니애폴리스의 와이즈먼 미술관과 1994년에 완공될 파리의 아메리칸 센터와 닮은 구석도 있었다. 와이즈먼 미술관과 아메리칸 센터는 게리의 사무소에 카티아 소프트웨어가 널리 쓰이기 이전 시기에 설계된 게리의 마지막 주요작이었고, 두 건물에는 모두 게리가 이후 카티아를 이용해 더욱 본격적으로 발달시킬 수많은 아이디어의 원형이 담겨 있었다.

빌바오 건축 경쟁에서 게리의 승리는 떼놓은 당상은 아니었다. 처음에 그는 일곱 명이 진행한 투표에서 과반수를 얻지 못했다. 하지만 그건 다른 두 건축가도 마찬가지였다. 10년 전, 로스앤젤레스 현대미술관 경쟁에서 게리에게 원통함을 안기며 승리를 거머쥐었던 이소자키는 이번에는 퍽 단조롭고 획일적인 건축물을 만들어 일찌감치 최종 선택지에서 제외됐다. 하지만 울프 프릭스의 설계는 게리의 것과 마찬가지로, 다리 밑쪽까지 쭉 뻗은 형태에 다양한 모양을 곁들인 여러 부분으로 구성되어 심사위원단의 눈길을 사로잡았다. 그때만 해도 월트 디즈니 홀 프로젝트가 중단되기 전이었기에, 바스크 정부 측도 게리가 월트 디즈니 콘서트홀 작업으로 너무 바빠 빌바오에 전념할 수 없을 거라는 점을 마음에 걸려 했다. 바스크 지방 정부의 공무원이자 이후 미술관을 건설하는 지역 당국의 책임자가 되는 후안 이그나시오 비다르테Juan Ignacio Vidarte가 말했다. "우리의 과제는 1만 5천 킬로미터 떨어진 고향에서도 게리가 이토록 덩치 큰 프로젝트에 충분히 시간을 할애하도록 하는 것입니다." 하지만 예른 웃손Jørn Utzon이 설계한 시드니 오페라 하우스Sydney Opera House처럼 빌바오 하면 단박에 떠오를 만한 상징적인 건물을 만들겠다는 바스크 측의 의지는 굳건했다. 울프 프릭스나 프랭크 게리의 디자인 둘 다 그런 역할을 해낼 수 있다는 점이 분명했지만, 게리의 디자인이 더 상징적인 위치를 점할 것처럼 보였다. 이틀간의 숙고 끝에, 심사위원단은 게리에게 구겐하임 미술관 건설을 맡기기로 한다.

진짜 작업은 이제부터 시작이었다. 디즈니 홀처럼 빌바오 구겐하임 미술관도 최종 설계가 완성될 때까지는 몇 년이 더 걸릴 터였고, 게리는 다양한 가능성을 마음껏 갖고 놀 시간이 충분했다. 예상했듯, 크렌스는 프로젝트에 무척 활발하게 관여하는 클라이

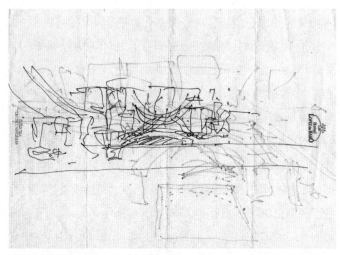

게리는 호텔 로페즈 데 하로가 제공하는 메모장 위에 구겐하임 미술관 설계를 위한 첫 번째
스케치를 그렸다.

언트였다. 그는 건축적 표현주의가 가장 잘 드러나는 형태에서 잘 드러나지 않는 형태까지, 미술관은 다양한 형태로 완성될 수 있다고 믿었고, 자신이 상상하는 빌바오 미술관의 디자인이 그 스펙트럼의 어느 지점에 위치하는지까지 정확히 그릴 수 있었다. 크렌스는 전 세계에 구겐하임 미술관 설계를 구상 중이었는데, 대부분은 그저 기존에 존재하는 건물에 전시 공간을 따로 마련하는 형태였다. 하지만 크렌스는 게리의 빌바오 구겐하임 미술관이 다른 분관과 다르게 "단독 건축물의 극치"가 되기를 원했다. 크렌스는 바스크 측만큼이나 빌바오 구겐하임이 자신만의 강력한 정체성을 지니길 바랐다.

크렌스는 프로젝트를 의뢰하고 2주 후 게리에게 장문의 편지를 썼다. 크렌스와 구겐하임 건축물 심사 위원회의 대략적인 생각이 담긴 편지였다. 그는 게리의 설계에서 재료와 디자인 모두 강가 부지와 연관성을 지닌다는 점을 칭찬했고, 대형 전시장으로 쓰일 가능성에 대해 언질을 줬다. 또한 다리가 끝나는 부분에서 바로 솟아오르는 탑 부분에 대해서는 조금 회의적이라는 입장도 내비쳤다. 그리고 그들은 건물의 정문 위치뿐만 아니라 아트리움과 갤러리의 정확한 형태도 여전히 추가 작업이 필요한 상태라는 점을 알고 있었다. 크렌스는 게리와 그 동료들과 긴밀히 협력했다. 크렌스는 게리의 사무소에서 열리는 월간 회의에 참석하기 위해 뉴욕과 로스앤젤레스를 오갔다. 수년간 계속된 월간 회의는 에드윈 찬의 도움을 받아서 게리가 다양한 모양을 다양하게 배치해 보는 시간으로 사용됐다. "저와 게리의 관계는 마치 작가와 편집자의 관계 같았습니다." 크렌스가 말했다.

바스크 정부와 최종 합의가 이루어지고 나자, 후안 이그나시오 비다르테는 '빌바오 프로젝트 컨소시엄'이라 부르는 단체의 책임자가 되었다. 그는 종종 로스엔젤레스로 오기도 했지만, 애초부터 빌바오 프로젝트의 직속 클라이언트는 바스크 정부가 아니라 크렌스였다. 구겐하임이 2천2백만 달러를 들여 구매한 100미터에 달하는 리처드 세라의 작품 〈뱀Snake〉을 설치하기 위해 빌바오 미술관 1층을 120미터로 만들기를 원한 것도 크렌스였다. 게리는 갤러리를 세 부분으로 쪼개고 싶어 했으나, 그러면 세라의 작품을 설치할 수 없었다.* 그뿐만 아니다. 조각적 형태가 아닌 관습적 형태의 갤러리도 여섯 개를 만들어 달라고 주문한 것도 크렌스였다. 이 덕에 나중에 게리는 작품 전시 공간을 충분히 만들지 않는다는 비난을 면할 수 있었다.

빌바오 구겐하임 미술관이 독특한 프로젝트가 될 수 있었던 데에는 크렌스가 구겐하임 이사회 측과 바스크 측 양쪽에서 자유를 허락받았다는 점이 적잖이 작용했다. 크렌스가 말했다. "바스크 정부 측은 오직 한 가지 기준만 요구했습니다. 예산을 넘지 말라는 것이었죠. 이는 건축가와 클라이언트 양측이 모두 바라는 사항이었습니다. 프로젝트는 2인조 작업이었습니다. 게리와 저는

• 게리와 리처드 세라는 수년간 절친한 친구로 지내며 아이디어를 교환하고, 서로의 작품을 칭찬하기도 했다. 하지만 세라의 거대한 작품을 빌바오에 설치하는 일을 둘러싸고 둘 사이에 갈등이 있었다. 이후 긴장감은 더욱 고조돼 두 사람은 결국 절교하고 만다. 자세한 내용은 17장을 참고하라.

한 달에 한 번씩 5년을 만나 함께 작업했습니다."

1억 달러의 예산은 엄청나게 풍족한 것은 아니었지만, 월트 디즈니 콘서트홀과 달리 금전적인 걱정에 시달릴 일은 없을 만큼 안심할 수 있는 수치였다. 빌바오 프로젝트는 자금이 이미 준비된 채로 시작했기에 모금이 중요하지 않았고, 그것만으로도 게리는 상상의 나래를 자유롭게 펼칠 수 있었다. 게리는 게리답게 그어떤 요소도 최종안을 확정하고 싶지 않아 해서 그와 에드윈 찬은 1992년과 1993년을 거의 통째로 설계 수정에 바쳤다. 이후 건축물의 주요 이미지가 될 꽃 모양의 조각적 패턴은 건축물 이곳저곳을 덮었다. 한번은 꽃 패턴을 버리고 아트리움의 육면체를 강조해 보기도 했지만, 게리는 곧바로 그것을 실수라고 판단했다. 바로 다음 버전에서 건축물은 원래의 형태를 되찾았고, 꽃 패턴은 아트리움 주위에만 둘렀다. 또한 꽃잎의 굴곡진 표면은 다른 갤러리에서 기다란 날개 형태로 이어지면서 미술관의 전체적인 윤곽이 선박의 형태에 가까워졌다. 하나는 석회암으로, 다른 하나는 밝은 파란색으로 덮인 상자 형태의 구조물은 주 건물의 곡선과 대조를 이루었다.

게리의 최종 설계는 프랭크 로이드 라이트가 설계한 뉴욕 구겐하임 미술관의 둥근 형태를 닮았으면서도 급격히 꺾이고, 뒤틀리고, 채광도 풍부해서 라이트의 미술관이 되레 시시하게 보이도록 만들었다. 빌바오 프로젝트 주위에는 라이트의 유령이 맴돌고 있었다. 게리는 라이트와 비슷한 종류의 건축물을 구겐하임이라는 같은 기관을 위해 만들고 있었고, 라이트라는 거장에게 경의를 표하는 동시에 그를 넘어서야 한다는 사실을 알았기 때문이다. 1959년에 라이트가 건축적 공간이 꼭 상자에 갇힐 필요가 없다는 것을 보였다면, 거의 반세기가 지난 시점에 게리는 건축적 공간이 단일한 기하학 체계로 이루어져야 할 필요가 없으며, 그렇기에 더 나아가 그 어떤 관습적 질서도 따를 필요가 없다는 것을 보였다. 라이트의 구겐하임 건물보다 시각적으로 훨씬 생동력 넘치는 게리의 건물은 혼돈을 조롱하는 듯 보였다. 처음 보면 게리의 건축물은 제멋대로일 뿐만 아니라 무작위적으로 보인다.

하지만 사실 게리의 건축물은 제멋대로도 아니고 무작위적이지도 않다. 게리는 무질서한 느낌을 불러일으키기를 좋아했는데, 그 방법은 질서를 한계까지 밀어붙이는 것이었다. 게리는 절대 그 한계를 넘어서지 않는다. 게리의 근본적인 관심사는 새로운 질서를 탐색하는 것이었고, 진정으로 무질서한 무언가를 만드는 것보다 편안함을 불어넣는 새로운 방법을 찾는 것이었다. 빌바오 구겐하임의 건축물은 게리의 궁극적 목표를 이전의 그 어느 때보다 더 명확하게 표현했다. 그는 사람들에게 충격을 주려는 게 아니라, 신선하고도 색다른 방법으로 기존의 건축물이 주는 만족감, 편안함, 기쁨의 감각을 만들어 내고 싶어 했다. 빌바오 구겐하임 미술관의 형태는 시각적으로 흥미롭지만, 이상해 보이지는 않았다. 심지어 어떤 자연스러움도 묻어나는 것 같았다. 게리의 디자인에는 공간과 비율에 대한 인간의 기본적 본능을 배반하는 구석이 전혀 없었다. 그의 건축물은 흥미로운 것이지, 혼란스럽지 않았다. 또한 게리의 구겐하임은 다양한 종류의 예술 작품

빌바오 구겐하임 미술관의 형태가 조금씩 나타나기 시작한 모습이다.

을 전시할 공간이 있다는 점에서 라이트의 구겐하임보다 기능적으로 훨씬 훌륭했다. 빌바오 미술관 내부의 갤러리에 대해 건축사학자 빅토리아 뉴하우스는 이렇게 썼다. "갤러리는 현대미술을 위한 건축적 환경을 제공한다. 이는 수많은 예술가가 수 세기 동안 요구해 온 것이다. 여기 게리의 생동하는 건축물은 특정 순간의 동작을 포착한 영화의 한 장면같이 물 흐르는 듯한 형태를 만들어 냈다." 또 뉴하우스는 빌바오 구겐하임 미술관이 여타 현대미술관과 달리 갤러리 형태와 크기가 다양해 모든 종류의 예술품을 전시하기에 적합하다고 말했다.

예산을 지켜야 한다는 압박 때문에 게리는 설계 중 몇 가지를 타협했다. 가장 중요한 변화는 부지의 동쪽 끝쪽, 다리 맞은편에 설치할 계획이었던 탑이었다. 탑은 기존 디자인의 최대 강점도 아니었다. 그 갤러리는 다른 건축물에 비해 비율상 너무 크고, 어딘가 고립된 느낌이 들기도 했다. 결국 그 구조물은 완전히 상징적인 형태로만 남았다. 철골 구조를 노출한 디자인은 산업 단지였던 부지의 과거와 연결성을 지녔고, 석회암으로 덮인 곡면판은 현재의 미술관을 떠올리게 했다. 그런데도 그 탑은 나머지 건축물과 애매하게 관계를 맺으며 어딘가 부속물처럼 느껴졌고, 그래서 빌바오 구겐하임을 찍은 유명 사진들에는 대부분 그 모습이 담겨 있지 않다. 그 탑은 구조물의 상징적 이미지와 무관한 꼬리 같았다.

시공도를 둘러싼 월트 디즈니 콘서트홀의 험난한 시련이 보여 주듯, 건물을 설계하는 것과 건축하는 것은 별개였다. 게리는 건물의 모양을 확정 짓고 나면, 햇빛을 받은 건축물의 외관이 어떻게 보일지에 특히 많은 신경을 썼다. 처음에 게리는 납을 덧칠한 구리로 건물을 덮으려 했다. 빛을 반사하며 심하게 반짝거리지도, 탁하고 어둡지도 않지만, 여전히 따스한 느낌을 간직하고 빛깔도 바뀌는 소재이기 때문이다. 하지만 납이 유발하는 환경 위협 때문에 그 아이디어는 접을 수밖에 없었다. 게리는 건축물 디자인대로 굴곡진 형태를 만들 수도 있고, 자신이 정확히 원하는 방식으로 빛을 반사하기도 하는 새로운 재료를 찾아야만 했다.

쉬운 일이 아니었다. 스테인리스 스틸도 한 가지 선택지였다. 후안 이그나시오 비다르테는 게리가 텅 빈 미술관 터 한가운데에 의자를 두고 앉아 다양한 방식으로 마감한 스테인리스 스틸 판을 이리저리 들여다보며, 정확히 그 자리의 빛 상태에서 썩 좋아 보이는 것을 찾고 있는 모습을 본 적이 있었다. 게리는 그중 무엇도 마음에 들지 않았지만, 마지못해 그나마 덜 산업 재료로 보이고 덜 차가워 보이는 하나를 골랐다. 그 후 문득, 처음에는 이상해 보일 만한 아이디어가 떠올랐다. 조금 더 낯선 금속인 티타늄을 이용해 보자는 생각이었다. 티타늄에는 게리가 원하던 특성이 있었지만, 가격이 비쌌고 건물에도 거의 쓰이지 않아서 얼마나 잘 기능하는지에 관한 데이터가 없었다. 특히 게리가 디자인한 모양대로 금속판을 굽히면 어떻게 될지는 더더욱 알 수 없었다. 게리는 새로운 재료를 사용하는 위험은 거의 신경 쓰지 않았고, 다른 모든 이들도 티타늄이 보기에 가장 좋다는 데 동의했다. 비다르테가 말했다. "하지만 우리는 티타늄의 가격을 감당할 수 없었기에 불가능하다고 생각했습니다." 게리의 결심이 요지부동이었기 때문에 티타늄을 둘러싼 논쟁은 빌바오 프로젝트에서 몇 안 되는 대립각 중 하나였다.

그런데 정말 우연하게도 시공자들이 입찰을 준비할 시점에 티타늄의 가격이 내려갔다. 그 덕에 원래라면 강철보다 더 비쌌을 티타늄의 가격이 적당해졌다. 하지만 새로운 문제도 발생했다. 티타늄은 원체 단단해서 3분의 1밀리미터 두께에서만 금속판 형태로 만들어 낼 수 있었다. 이는 강철보다 훨씬 얇은 두께였고, 너무 얇아서 우그러지고 바람에 퍼덕이기 쉬웠다. 즉, 건물의 표면이 완벽하게 매끄럽지 않을 수도 있다는 뜻이었다. 가까이서 보면 미술관 표면에 질감이 있는 것처럼 보일 터였다. 하지만 게리는 이러한 특징이 외관을 더 풍성하게 만들어 줄 것이며, 따라서 티타늄판에 물결 무늬가 생기는 현상은 완벽하게 매끄러운 표면을 만드는 데 실패한 것이 아니라고 생각했다. 부드럽게 반사되는 빛은 건물의 외관을 더 멋있게 만들어 줄 것이다.

랜디 제퍼슨의 표현을 빌리자면, 티타늄판이 "벽지처럼" 덧발라질 곡선 형태의 철골 구조는 카티아 소프트웨어의 도움이 없었다면 만들어질 수 없었다. 게리가 상상한 복잡한 형태를 뒷받침하는 데 필요한 철골 구조의 모양, 크기는 물론 모든 조각의 위치까지 카티아가 정했다. 빌바오 미술관은 설계와 공사 과정의 모든 부분에서 카티아의 역할이 두드러졌던 첫 번째 건물이었다. 카티아는 단순히 미학을 위한 조력자에 머물지 않았다. 카티아는 구조물의 뼈대 설계를 돕고, 건물 각 부분의 구조 응력을 계산하고, 편평한 강철판들을 각각 조금씩 기울여 전체 건물의 굴곡진 윤곽을 만드는 가장 경제적인 방법을 결정하고, 그런 뒤 각 조각의 크기를 정하는 등 건축가에게 커다란 도움을 주기에 필수적인 공학 도구로 자리매김했다. 후안 이그나시오 비다르테가 말했다 "카티아 덕분에 시공자들은 건물의 형태를 어떻게 만들어 낼 수 있는지 이해할 수 있었습니다. 또한 그 정확성 덕에 실수할 가능성도 줄었고요." 그래서 게리가 건물의 모양이나 굴곡을 바꾸면, 카티아가 즉시 구조적 영향을 계산해 내어 게리의 수정안이 실현 가능한 것인지 확실히 알려 주었다. 그전까지만 해도 여전히 컴퓨터를 사용하지 않는 쪽이 편했던 게리는 디지털 소프트웨어의 도움이 없다면 빌바오 프로젝트의 디자인은 그저 자신의 공상에 머무를 뿐이라는 사실을 재깍 알아챘다.

1993년 10월에 공사에 착수한 빌바오 프로젝트에는 계속해서 운이 따랐다. 그 프로젝트는 4년이 걸렸고, 바스크 측이 요구하던 예산 한도도 지킬 수 있었다. 사실 게리 사무소의 회계에 따르면 총비용은 9천7백만 달러로, 예산보다 300만 달러나 아긴 수치였다. 짐 글림프와 랜디 제퍼슨이 게리의 사무소에 데려온 기술 전문가와 운영 전문가, 그리고 카티아 시스템 모두가 비용을 절약하는 데 도움을 줬다. 또 이번에는 월트 디즈니 콘서트홀의 경우와 달리, 다른 건축가에게 시공도를 맡겨야 하는 일도 없었다. 게

네르비온강에서 바라본 빌바오 구겐하임 미술관의 야경(546~547쪽)

리는 토머스 크렌스와 바스크 정부와만 일하면 됐고, 다른 건축가는 끼어들지 않아도 됐다.•

빌바오 구겐하임 미술관이 완공되고 1년 후, 1996년 중반이 되자 빌바오에 특별한 일이 생기고 있음이 분명해졌다. 전 세계에 있는 건축학적으로 중요한 장소를 매년 새로 선정해 프리츠커상 시상식을 진행하던 프리츠커 가문은 1997년 5월 말에 열릴 시상식 장소를 게리의 빌바오 미술관으로 선정했다. 미처 공사를 마무리하지 못한 부분이 생겨서 개관식은 10월로 미뤄졌지만, 그래도 그해 프리츠커상 수상자였던 스베르 펜Sverre Fehn의 수상 소감을 들으러 빌바오로 온 건축계 유명 인사들에게 이는 거의 문제가 되지 않았다. 노르웨이 건축가인 스베르 펜은 게리가 맨 처음 끼적인 스케치에 담긴 "천재적인 아이디어"가 충실히 보존된 건축물이라며, 게리에게 감사의 인사를 전했다. 펜이 말했다. "프랭크 게리가 지은 이 건물은 자유의 순간을 나타냅니다."

수개월 전, 훨씬 더 중요한 손님이 빌바오 구겐하임 미술관을 들렀다. 유럽을 여행하던 필립 존슨이 거의 완공에 가까워진 빌바오 미술관 투어 일정을 잡은 것이다. 게리는 그 자리에 없었기에 후안 이그나시오 비다르테가 대신 존슨에게 건물을 보였다. 나중에 존슨이 찰리 로즈Charlie Rose와 시드니 폴락에게 말하기를,

---

• 현지 연락책을 담당하는 IDOM이라는 빌바오 현지 건축 회사가 개입하긴 했다. 하지만 이들은 먼 타지의 건축가가 프로젝트를 맡으면 일반적으로 함께 일하는 협조 파트너에 불과했다. 그래서 로스앤젤레스의 디즈니 홀 프로젝트에서 대니얼 드워스키가 그랬던 것과 달리, IDOM은 게리의 디자인에 수정을 가할 권한이 없었다.

548

빌바오 구겐하임의 아트리움

그는 빌바오 미술관에 너무 커다란 감명을 받아서 아트리움에 서 있는데 눈물이 났다고 했다. 존슨은 빌바오 구겐하임 미술관을 "우리 시대의 가장 위대한 건축물"이라고 선언했다.•

그때부터는 이제 누가 가장 먼저 빌바오 미술관에 방문하고 가장 높은 찬사를 던지느냐의 문제가 되었다. 허버트 무샴프는 예술 작품이 설치되기도 전인 1997년 여름에 미술관을 방문한 뒤, 『뉴욕 타임스』에 실리는 일반적인 건축 칼럼 형식이 아니라 『뉴욕 타임스 매거진』에 커버 스토리 형식으로 글을 실었다. 그 제목은 「이 시대의 걸작」이었다. 무샴프는 이렇게 썼다. "기적이 여전히 행해지고 있다는 말이 항간에 떠돈다. 그중 하나가 이곳에 펼쳐지고 있다. 프랭크 게리의 새로운 구겐하임 미술관은 다음 달에야 개관할 테지만, 이미 사람들은 그 건물을 보기 위해 스페인 빌바오로 떼 지어 몰리고 있다. '빌바오에 가 보셨나요?' 건축계에서는 이렇게 묻는 것이 하나의 관례로 자리 잡고 있다. 그 광채 보셨어요? 미래를 보셨나요? 어떻던가요? 반짝이던가요?"

이후 무샴프가 쓴 문장 중 가장 오래도록 기억될 문구가 등장한다. "빌바오 구겐하임 미술관은 마릴린 먼로Marilyn Monroe의 환생이다." 무샴프는 계속 이어 간다. "내 기억 속에서 먼로와 빌바오 미술관은 둘 다 미국적 스타일의 자유를 상징한다. 그 스타일

• 존슨은 찰리 로즈와 함께 1998년에 다시 빌바오로 돌아와 빌바오 미술관에 대한 인터뷰를 촬영한다. "건축물은 어떤 말로도 형언할 수 없습니다. 오직 눈물이 말해 줄 뿐이죠. 저는 샤르트르 대성당에 들어갈 때도 이와 비슷한 감정을 느낍니다." 존슨은 이렇게 말한 뒤, 로즈의 카메라 앞에서 다시 한번 눈물을 보였다.

은 관능적이고, 감정적이고, 직관적이며, 표현주의적이다. 유동적이고, 물질적이고, 물과 같고, 대담하고, 반짝이며 갓 태어난 아이처럼 연약하다. '아니요'라고 말하는 목소리들과 함께 춤을 추지 않고는 못 배긴다. 그 존재감으로 공간을 가득 메우려 한다. 또한 충동이 일 때면 드레스를 공중으로 한껏 휘날리기도 한다." 빌바오 구겐하임에 관해 쓰인 무수한 글 중, 두말할 것 없이 무샴프의 글이 가장 유명해졌다. 그 글은 재기가 넘치면서도 자유분방했고, 단순한 기사를 넘어서 역작의 반열에 오른 글이었다.

무샴프는 게리의 빌바오 미술관을 온전히 미국 문화의 전초기지로 봤다. 무샴프는 "오늘날 미국 예술의 진면모를 보고 싶다면, 여권을 준비해야 한다"고 썼다. 이제 무샴프만큼이나 빌바오 미술관을 비범한 작품으로 보는 비평가들은 건물의 다른 강점들, 즉 미술관으로서의 기능성, 바스크 문화나 정치와의 연관성 같은 특징을 증명해 보이는 임무를 맡게 됐다. 빌바오 프로젝트의 놀라운 점 중 하나는 바스크 지역 혹은 국가와 전혀 연고가 없는 건축가에게 의뢰해서라도 최첨단의 건축물을 만들어 민족주의적 충동을 표현하려는 바스크인들의 의지였다. 이 일은 너무나 이례적이어서 마치 아일랜드 공화국군이 시드니 오페라 하우스를 탄생시킨 격이었다. 민족주의는 많은 경우 구속력을 띠지만, 빌바오에서는 이처럼 문화적 국제주의를 낳았다. 바스크인들은 최첨단의 건축적 아이디어가 어디에 있건, 어디에서 왔건 상관없이 지지할 의사가 있음을 전 세계에 알리고 있었다.

물론 이러한 일이 가능했던 것은 바스크인은 아일랜드 공화국군이나 하마스, 알카에다가 아니었기 때문이다. 바스크 지역에는 극단적 무력행사도 불사하는 급진적인 분리주의 무장세력 ETA가 존재했지만, 바스크의 정치와 문화 기저에는 부르주아적이고 전통적인 흐름이 형성되어 있었다. 과거 스페인 북부 지방에서 산업과 금융의 중심지 역할을 하는 일반적인 유럽의 지방 도시였던 빌바오는 광장이나 동상, 분수로 가득 차 있었다. 대다수의 빌바오 사람들은 분리주의 운동을 표방해 발생하는 정치적 살인에 분노했지만, 그러한 행위에 내재한 바스크 중심주의에는 반발하지 않았다. 빌바오 주류와 ETA 간에는 극단적 차이가 존재했지만, 스페인인이라는 정체성보다 바스크인이라는 정체성을 먼저 내세운다는 점은 한마음이었다. 약삭빠른 개발자와 정치적 반역자가 기이하게 결합한 결과가 바스크인이었고, 이들 대부분은 민족주의적 충동을 표현하는 한 방식으로 선전 활동을 펼치는 데 동의했다. 세계를 놀라게 할 미술관을 짓는 일은 빌바오가 가장 원하던 소원을 성취하는 일이었다. 빌바오의 경제적 부흥뿐만 아니라, 스페인과 분리된 빌바오와 바스크 지방만의 정체성을 확립하는 것 말이다.

빌바오 구겐하임 미술관이 정식으로 개관한 1997년 10월 말, 스페인을 상징하는 왕 후안 카를로스Juan Carlos와 왕비 소피아Sofia가 개관식에 참석한다는 소식을 들은 ETA가 최후의 폭력 시위를 감행했다. 빌바오 구겐하임 앞에는 게리의 건물과 쾌활한 대조를 이루기 위해 크렌스가 설치해 둔 제프 쿤스의 작품 〈강아지〉가 있었는데, 높이가 13미터에 이르는 이 꽃 조형물에 정원사로 분장한 분리주의 단체의 일원이 폭탄을 여러 개 숨겨 둔 것이다. 그들의 의도는 조형물을 파괴하는 게 아니라, 왕을 암살하는 것이었고, 실제로 거의 성공할 뻔했다. 다행히 경찰이 폭발을 저지하긴 했지만, ETA와의 총격전이 벌어져 경찰관 한 명이 사망했다.

쿤스의 작품도, 왕도, 미술관도 상처 입지 않은 채로 개막식은 무사히 진행됐다. 정장을 차려입고 참석하는 저녁 만찬도 개최됐다. 그곳에는 수많은 예술가와 아트 컬렉터, 피터 루이스를 포함한 구겐하임 이사진과 게리와 베르타와 그 아이들뿐만 아니라, 게리의 전 처남인 리처드 스나이더도 참석했다. 리처드는 게리 부부와 꾸준히 연락하며 지냈지만, 이전까지 아이들을 만난 적은 없었다. 알레호는 저녁 만찬이 시작되기 전, 아버지 게리가 한 낯선 중년의 남성을 데려와 소개해 준 기억을 떠올렸다. "이쪽은 리처드 삼촌이야." 게리는 알레호를 아니타의 남동생에게 소개하며 말했다. 리처드와 그의 파트너이자 디자이너인 폴 빈센트 와이즈먼Paul Vincent Wiseman은 레슬리, 브리나와 항상 친하게 지냈고, 게리와 두 딸 간에 갈등이 생기면 끼어들어 상황을 중재하곤 했다. 그들은 알레호, 샘과도 곧바로 친해졌다. 리처드와 게리는 기본적으로 가족적인 관계였지만, 때때로 리처드가 게리에게 법이나 사업과 관련한 조언을 해 주었다. 특히 리처드는 게리에게 건축물 이미지에 대한 권리를 취득해 그 이미지가 담긴 기념품이나 제품에서 이윤을 창출하라고 말하기도 했다. 리처드는 게리의 친구나 가족을 통틀어 가장 먼저 게리라는 '브랜드'가 형성되고 있다는 사실을 눈치챘고, 게리가 이를 최대한 활용하도록 장려했다.

테러 시도로 인해 빌바오 미술관을 향하는 관광객이 줄었느냐
하면, 전혀 아니었다. 비공개 개관식 행사가 있었던 다음 날 아침
부터 구겐하임 미술관에는 수많이 관객이 쏟아져 들어왔다. 예상
치의 두 배가 넘는 속도였다. 미술관 측에서는 1년에 50만 명 정
도가 방문하리라 추정했지만, 거의 4백만 명에 가까운 관람객이
미술관을 방문했고, 4억 5천5백만 달러의 지역 경제 효과와 1억
1천만 달러의 지방세가 발생했다. 추가로 거두어들인 세금은 바
스크 지방 정부가 건물을 짓는 데 들였던 비용을 충당하고도 남
았다. 빌바오는 더 이상 쇠락해 가는 산업 도시나 테러리스트의
위협이 도사리는 곳이 아니라, 강력한 마력을 지닌 관광지로 급
부상했다.『포브스*Forbes*』지에 따르면, 빌바오를 방문하는 관광객
의 82퍼센트가 구겐하임 미술관을 보기 위해 왔거나, 구겐하임
미술관을 보기 위해 체류 기간을 늘렸다고 답했다. 이토록 호평
을 받는 미술관이 가져오는 이익은 경제적인 것뿐만이 아니었다.
후안 이그나시오 비다르테가『파이낸셜 타임스*Financial Times*』에서
말했듯, 빌바오 구겐하임 미술관은 바스크인의 "자부심을 회복"
하는 계기가 되기도 했다.

빌바오 구겐하임은 쉽사리 잊힐 한낱 유행이 아니었다. 그 매력
은 줄어들지 않고 여전히 남아 있다. 개관 15년 후인 2012년에도
빌바오 미술관에는 매년 100만 명의 관광객이 몰려들었다. '빌바
오 효과'라는 문구가 훌륭한 건축물이 경제 발전의 촉매제로 작

용할 수 있다는 하나의 용어로 자리 잡은 것도 놀랄 일이 아니다. 특정 건물과 정치적, 경영적, 경제적 요소가 모두 긍정적인 결과에 이바지한 빌바오와 같은 성공 사례를 찾기란 쉽지 않지만, 빌바오 구겐하임과 게리의 이름은 곧 건축물이 강력한 문화적 매력을 자아내는 깜짝 요소가 될 수 있다는 개념과 동의어가 됐다.

빌바오 구겐하임 미술관을 미국적 태도의 전형으로 보고자 했던 허버트 무샴프의 시각은 미술관을 짓고자 한 바스크인의 동기를 고려하지 않는 경향이 있었지만, 그래도 '빌바오 효과'라는 용어가 탄생하면서 어느 정도 그럴듯해졌다. 게리의 작품은 지성만큼이나 감성을 드러내고, 이론보다는 직관에서 비롯된 결과물이다. 그의 모든 건축물과 마찬가지로, 빌바오 미술관은 실용적 의도에서 시작해 이상적 형태로 마무리됐다. 빈센트 스컬리Vincent Scully의 글에 따르면, 미국 건축물의 역사적 주제는 힘이 들어간 유럽 건축물을 느슨하게 풀어 주고, 더 그림 같은 건축물, 감정에 호소하는 건축물을 만들며, 지적 경직성을 덜어 내는 것이었다.* 게리의 빌바오 구겐하임도 그러한 경향과 궤를 같이했다. 이는 수십 년 전 미국의 추상적 표현주의가 그랬듯, 유럽에 강렬한 에너지를 선보인 건축물이었다. 또한 유럽인과는 다른 미국인만의 본능이 존재한다는 생각을 건축의 영역으로 확장

---

* 이는 스컬리가 자신의 유명한 책 『미국 건축물과 도시론*American Architecture and Urbanism*』에서 줄곧 피력한 생각이다. 그는 이 책에서 미국의 미술과 절충주의 건축물이 유럽의 전형보다 더 부드럽고, 시각적으로 흥미로우며, 조금 더 느슨하다고 설명했다. 스컬리에게 이는 칭찬의 의미였다.

한 작품이었다. 게다가 게리의 빌바오 미술관으로 미국 건축물은 20세기 아방가르드의 영역에 자리매김했다. 빌바오 미술관이 탄생하기 전, 세계적인 아방가르드 건축은 학술적이랄 것까지는 아니지만 훨씬 이론 중심적이었다. 빌바오 미술관은 새로운 패러다임이자 미국인의 충동이 반영된 최첨단 건축물이었다.

빌바오 구겐하임은 1997년 그해 혹은 1990년대의 가장 중요한 건물에 그치지 않았다. 필립 존슨이 예견한 바에 따르면, 빌바오 구겐하임은 시대의 건물이었다. 비트라 프로젝트로 게리의 작품이 유럽에 처음 상륙한 지 10년이 채 되기도 전에, 게리는 세계에서 가장 중요한 건축물로 칭송받는 작품을 유럽에 또 설계한 것이었다. 이제 게리의 위상은 의심할 여지가 없었다. 그저 세계적으로 유명한 건축가 중 한 명이 아니라, 어디에 있건 가장 유명한 건축가에 가까워지고 있었다.

게리는 그답게 빌바오 구겐하임 미술관에 쏟아지는 찬사가 황홀한 동시에 의심스럽기도 했다. 사람들의 말만큼 정말 좋은 건축물인가? 아니면 어쩌다 세계를 설득시켜 버린 정신 나간 아이디어에 불과한가? 게리는 완성된 건물이 자신의 바람만큼 훌륭하다고 느꼈던 적이 단 한 번도 없었다. 이러한 감정은 자그마한 세부 사항을 더 다듬지 못했다는 후회에서 비롯된 것 아니라, 기본적인 콘셉트의 옳고 그름에 대한 의심을 떨친 적이 없었기 때문에 발생했다. 게다가 빌바오 미술관은 이제껏 게리가 만든 건물 중 가장 야심 찬 작품이었고, 그렇기에 수많은 박수갈채도 그를 걱정에서 해방해 주지 못했다.

게리가 말했다. "맨 처음 완공된 빌바오 구겐하임 미술관을 봤을 때, 저는 이렇게 생각했어요. '맙소사. 내가 이 사람들에게 무슨 짓을 저지른 거지?'"

게리는 불안에 시달렸지만, 구겐하임이 빌바오에서 거둔 놀라운 성공은 게리의 인생을 바꿔 놨다. 게리는 원대한 포부를 품고 있었지만, 언제나 실패보다 성공에 더 당황해했기 때문에 빌바오 미술관은 게리에게 독특한 과제를 안겼다. "빌바오 미술관을 짓기 전까지 게리는 항상 자신이 비주류이고 이해받지 못하기에 고군분투한다고 생각했죠." 미셸 코프만이 말했다. 사실 게리는 그러한 상황을 자연스럽고 편안하게 느꼈다. "게리는 오히려 반발의 목소리가 모두 사라진 상황을 어려워했습니다."

빌바오 구겐하임 미술관에 대한 찬사로 게리의 사무소는 편안한 작업실 같았던 초기의 분위기에서 더 멀어졌다. 빌바오 미술관 이전까지 게리는 사무소의 건축가들에게 자신이 원하는 건축 방향을 알려 주기 위해 이 책상 저 책상을 돌아다니며 간단한 스케치를 그려 줬다고 미셸 코프만이 말했다. 하지만 빌바오 미술관 이후에는 가끔 조수가 나타나 게리의 스케치를 보관용으로 가져간 뒤, 복사본을 만들어 참고용으로 건축가들에게 건네주기도 했다.

빌바오 구겐하임 이후, 게리는 이제껏 비교적 많은 관심을 받지 못했던 예술계와 건축계 바깥의 세계에서도 유명 인사가 됐다. 모두가 게리에게 잠깐이라도 시간을 내 달라고 요청했고, 빌바오 미술관의 이미지를 다른 건물에 옮겨 달라는 요청이 끊임없이 밀려들었다. 게리는 대부분의 부탁을 거절했다. 혹여 명망 있는 클라이언트가 그러한 요청을 한다면, 최대한 예의를 갖추어 거절했다. 게리는 빌바오 미술관을 향한 찬사에 기뻤지만, 그 건물을 복제하고 싶지는 않았다. 그래서 그는 빌바오 구겐하임 미술관과 닮은 건물을 지어 달라고 요구하는 클라이언트가 오면 무척 불편했다. 반면, 게리는 자신의 작품으로 놀라움을 선물 받고 싶어 하는 클라이언트가 오면 훨씬 기뻐했다. 빌바오 미술관의 성공을 하나의 공식으로 굳히지 않는 것이 게리에게는 무척 중요했다.

빌바오 구겐하임 미술관이 완공된 지 얼마 지나지 않은 시점에 카지노 운영자인 스티브 윈Steve Wynn이 연락을 취해 왔다. 그는 애틀랜틱시티에 게리가 설계한 카지노를 짓고 싶어 했다. 두 사람의 대화는 독특했다. 윈은 전용기에 게리를 태워 뉴저지로 가서 함께 부지를 둘러봤다. 그런 뒤, 아직 보지 못한 빌바오 미술관을 보러 더 동쪽으로 날아갔다. 필립 존슨과 함께였다. 존슨은 이를 기회로 빌바오 미술관을 다시 볼 수 있어서 기뻐했다. 또한 카지노계의 거물인 윈을 만나면 자신도 의뢰를 따 낼 수 있지 않을까 내심 기대했다.

세 사람은 대서양을 횡단하던 중이었다. 윈이 전용실에서 전화하는 사이, 게리와 존슨은 스케치하거나 모형을 만지작거리고 있었다. 게리는 윈의 통화 내용을 우연히 듣게 됐는데, 윈은 프랭크 게리와 필립 존슨을 자신의 전용기에 태웠다며 친구에게 자랑하고 있었다. 전용실에서 나온 윈은 정작 게리와 존슨이 스케치 중이던 실제 디자인에는 관심을 별로 보이지 않았다. 그래서 게리는 윈이 자신에게 관심을 보이는 이유가 게리의 유명세 때문인지, 게리의 작업에 관여하고 싶다는 욕망 때문인지 헷갈렸다. 빌바오에 도착했을 때, 존슨은 여느 때처럼 빌바오 구겐하임에 대해 열변을 토했고, 윈도 흡족해하는 것 같았다.

윈이 게리에게 말했다. "제가 원하던 건축가를 드디어 찾은 것 같군요."

게리는 조금 뜸을 들인 뒤에 대답했다.

"음, 저는 제가 원하던 클라이언트를 찾지 못한 것 같은데요." 윈은 빌바오 미술관에 대해 긍정적인 반응만 보였지만, 게리는 의구심을 떨칠 수 없었다. 다시 한번, 게리의 등 돌리기 본능이 작동해 짭짤한 수익이 보장된 상황을 마다했다. 게리는 마음이 불편했다. 두 사람의 협업 관계가 그가 원하는 방식으로 작동하지 않으리라는 것을 감지했기 때문이었다. 또한 이제 게리의 경력쯤 되면 그 정도는 거절할 권리가 있었다.

후에 게리가 말했다. "클라이언트와 제가 잘 지내지 못할 것 같으면, 그건 다른 모두에게도 어려운 상황이 된다는 걸 의미해요. 그런 관계라면 아예 그 일을 안 하는 게 낫죠."

토머스 크렌스는 빌바오 구겐하임 미술관을 둘러싼 상황이 특수했다는 것을 누구보다 잘 알았지만, 그런 일을 다시 벌이는 데 주저하지 않았다. 아니, 크렌스는 빌바오 미술관의 성공을 등에 업고 더욱 대담해졌다고 표현하는 편이 맞겠다. 그는 빌바오 미술관이 개관한 지 1년이 채 되기도 전에 새로운 구겐하임 미술관을 뉴욕에 세워야겠다고 마음먹었다. 하지만 이는 프랭크 로이드 라이트의 구겐하임 뉴욕 미술관을 대체하는 방식은 아니었다. 그는 라이트 건축물이 얼마나 상징적인지, 구겐하임 미술관의 이미지에 얼마나 중요한지 잘 알았다. 대신, 라이트의 건축물을 보완해서 전 세계적으로 유명해진 구겐하임의 새로운 건축물이 어떤 모습인지 뉴욕 시민들에게 보여 주고 싶었다.

이번에 크렌스는 건축가들을 경쟁 붙일 필요가 없었다. 그는 곧장 게리에게 가서 새로운 구겐하임 미술관 분관을 설계해 달라고 청했다. 크렌스는 미리 생각해 둔 곳이 있었다. 문화 활동이 활발하게 성장하고 있는 맨해튼 다운타운과 브루클린을 잇는 로어 맨해튼이었다. 크렌스는 이미 다운타운에 구겐하임 미술관을 세워 본 적이 있었다. 소호 구역의 브로드웨이에 있는 오래된 산업 건물 1층에 이소자키 아라타가 분관을 설계하는 계획이었다. 하지만 그 소박한 프로젝트는 커다란 인상을 남기지 못했다.* 크렌스는 결단을 내렸다. 다운타운의 자그마한 미술관을 두 배 축소하는 대신, 업타운에 있는 구겐하임 미술관 본관이나 빌바오 구겐하임보다 훨씬 큰 건물을 새로 짓겠다고 마음먹었다. 사실 크렌스가 상상한 그 건물은 너무 커서 일반적인 부지에는 지을 수

---

* 이소자키가 설계한 이 공간은 2001년에 문을 닫고, 크렌스가 아끼는 건축가인 렘 콜하스가 설계한 프라다Prada 매장으로 대체된다. 콜하스는 라스베이거스 베네치안 호텔에 구겐하임 미술관 분관을 설계해 2001년에 개관하기도 했다. 두 군데 모두 기대했던 것만큼 관광객을 끌지 못했다. 프라다 매장은 고작 2년간 운영됐고, 라스베이거스의 구겐하임 미술관은 2008년에 문을 닫았다.

없었다. 크렌스는 뉴욕시가 소유한 부둣가에 건설 허가를 얻고 싶어 했다. 처음에는 허드슨강 근처를 염두에 뒀지만, 프로젝트가 조금 더 발전한 뒤에는 월스트리트 끝자락의 이스트강 부근에 건설해 새 건물이 물가를 따라 넓게 펼쳐지기를 바랐다. 게리는 크렌스의 바람에 부응해 빌바오 구겐하임 미술관이 얌전해 보일 만한 건축물을 설계했다. 『뉴욕 타임스』의 데이비드 던랩David Dunlap은 그 건물을 "티타늄 구름"이라고 표현했다. 돌로 덮인 부두 위에 뜬 소용돌이치는 형태의 금속에 대한 적절한 묘사였다. 업타운의 구겐하임 본관보다 네 배나 넓은 갤러리 공간이 포함된 그 미술관은 건물 40층과 맞먹는 120미터의 높이였고, 땅과 정원의 넓이는 2만 4천 제곱미터나 됐다.

하지만 뉴욕은 빌바오가 아니었다. 빌바오 프로젝트와 달리 크렌스는 마음껏 쓸 수 있는 정부 수표도, 자유로운 프로젝트 지휘권도 얻을 수 없었다. 그는 건물에 대한 지지를 얻으려면 게리에게 의뢰해 정교한 건축 모형을 만드는 것이 최선이라고 생각했다. 그렇게 크렌스는 구겐하임이 임대한 버릭 스트리트의 밋밋한 사무실에 건축 모형을 설치했다. 그는 그곳에 언론, 컬렉터, 예술가, 미술관 후원자, 정치인을 초대해 비공개 브리핑 자리를 마련한 뒤, 거대한 미술관을 짓기 위한 자신의 계획을 발표했다. 크렌스는 그 프로젝트가 당연히 시행될 거라는 믿음으로 미리 기자들과 예술가, 기부자의 환심을 사 두려고 한 것이었다. 안타깝게도, 크렌스는 당시 구겐하임 재단의 이사장이자 프로젝트에 자금을 대줄 로널드 펄먼Ronald Perelman은 물론이고, 프로젝트 진행에 허가가 필요한 공무원들에게도 자신의 전략을 설득하는 데 실패했다. 『배니티 페어』에 따르면, 새로운 미술관 프로젝트 소식이 뉴욕 주지사 조지 퍼타키George Pataki나 뉴욕시 시장 루돌프 줄리아니Rudolph Giuliani의 귀에 들어가기도 전에 언론 쪽에 새어 나갔고, 두 사람과 모두 친분이 두터웠던 펄먼은 격노했다. 그는 그 프로젝트가 그저 무모한 모험에 지나지 않는다고 생각했다. 또, 이사회가 신규 미술관 건축을 공식적으로 결정하도 전에 게리의 건축 모형을 제삼자에 노출한 크렌스의 전략에 펄먼 자신은 물론이고 주지사와 시장도 뒤통수를 맞았다고 생각했다.

이때 피터 루이스가 크렌스의 구원자가 되어 주었다. 당시 구겐하임 이사회에서 활발하게 활동 중이었던 루이스는 재빨리 크렌스의 분관 확대 계획에 착수했다. 1998년, 크렌스와 루이스, 게리는 삼인조를 이루어 긴밀하게 협력했다. 루이스의 자금력, 크렌스의 추진력, 게리의 건축물이라는 가능성이 합쳐진 세 친구는 무슨 일이라도 해낼 수 있을 것만 같았다. 게리의 뉴욕 구겐하임 미술관을 건설하는 데 드는 추정 비용은 9억 5천만 달러였고, 루이스는 그중 2억 5천만 달러를 지원하기로 약속했다. 세 사람은 급물살을 탄 그 프로젝트를 로널드 펄먼이나 다른 이들이 저지할 이유가 없다고 생각했다. 1999년 중반에 펄먼은 이사회를 떠났고, 구겐하임 일가이자 회장직을 맡고 있던 피터 로슨존스턴Peter Lawson-Johnston이 명예회장이 되었다. 그래서 피터 루이스가 회장 직을 맡게 됐다.

하지만 상황은 크렌스, 루이스, 게리 삼인조가 바라던 대로 풀리지 않았다. 우선, 줄리아니 행정부가 태도를 바꿔 신규 미술관 계획을 승인하고 6천7백5십만 달러의 뉴욕시 지원금을 약속했지만, 다른 돈이 들어올 구멍은 보이지 않았다. 피터 루이스와 뉴욕시의 지원금을 합치면 프로젝트 전체 비용의 대략 3분의 1밖에 되지 않았고, 나머지 3분의 2를 메울 자금줄을 찾는 과정은 더뎠다. 사실, 크렌스의 다른 분관 신설 계획들은 빌바오 프로젝트만큼 잘 풀리지 않았고, 루이스와 다른 이사진이 적자를 충당하기 위해 점점 더 많은 수표를 남발하고 있었기에 구겐하임 미술관은 갈수록 전반적인 운영 비용을 감당하기 어려워졌다. 그러다가 2001년 9월 11일, 테러리스트의 공격이 발생했고, 뉴욕은 급속도로 무너졌다. 9월 11일 이후의 힘겨운 나날 속에서 뉴욕에 새로운 무언가를 짓기란 무척 어려웠을 것이다. 특히, 값비싸고 자금이 많이 모이지 않은 신규 미술관을 세계무역센터인 쌍둥이 빌딩에서 몇 블록 떨어지지 않은 로어맨해튼에 짓기란 불가능에 가까웠다. 결국 그 프로젝트는 무산되고 말았다.

9·11 테러 이후 뉴욕 재건 시도에서 구겐하임 미술관 신설 이야기가 나올지도 모른다는 가느다란 희망 때문에 그 프로젝트는 줄곧 공식적으로 폐기되지 않은 채 유지되었다. 하지만 2002년, 로어맨해튼 담당 도시설계자들이 복구 로드맵에 프랭크 게리 미술관을 포함할 생각이 없어 보이자, 프로젝트는 확실히 끝이 났다. 당시 구겐하임의 재정 문제는 더욱 심각해진 상태였다. 크렌스는 여전히 미술관 분관 확대의 꿈을 포기하지 않았다. 하지만 그즈음 7천7백만 달러를 내놓으며 미술관의 최대 기부자가 되었

던 피터 루이스는 크렌스에게 품었던 환상이 깨지고 있었다. 대담한 모습 이면에 냉철한 사업적 감각을 숨기고 있던 루이스는 되는대로 돈을 쓰면서 아랑곳하지 않고 미술관을 늘리려는 크렌스를 문제 삼기 시작했다. 그렇게 이들의 관계는 앞으로 몇 년에 걸쳐 서서히 끝을 맺는다. 2005년 초, 게리의 절친한 친구 둘의 갈등은 이사회 회의에서 절정으로 치닫는다. 루이스는 이제 크렌스가 물러날 때가 됐다며, 다른 이사진에게 자신의 결정을 지지해 달라고 부탁한다. 하지만 이사진이 그의 결정에 동의하지 않자, 루이스는 사임한다.

게리는 루이스와 크렌스 사이에서 갈등을 중재하려고 애를 썼다. 한번은 루이스와 함께 노르웨이를 여행 중일 때, 루이스의 요트에 크렌스를 초대하기까지 했다. 하지만 갈등의 골은 너무 깊었고 둘은 화해하지 않았다. 크렌스가 뉴욕 프로젝트를 포기한 뒤, 더 큰 프로젝트를 게리에게 가져오면서 게리는 둘 사이에서 더 애매한 상황에 놓였다. 그 프로젝트란, 아부다비의 사디야트 섬에 구겐하임 미술관을 짓는 것이었다. 피터 루이스가 이사회를 떠나고 1년 뒤인 2006년에 발표한 계획이었다. 게리는 푸른 유리로 만든 거대한 원뿔형 구조물 열한 개와 돌로 덮은 상자형 갤러리가 4층 높이의 아트리움 주위를 둘러싸고, 모두 유리 다리로 연결한 디자인을 만들어 냈다. 거창한 크기의 화려한 디자인이었다. 어쩌면 너무 거창했을지도 모른다.

크렌스를 축출하려는 루이스의 결정을 거부하고 3년 뒤, 구겐하임 이사진이 마음을 바꿔 크렌스의 운영 책임을 덜어 주기로 한 2008년 이후에도 게리와 크렌스는 아부다비 프로젝트 덕에 협업 관계를 끈끈하게 유지했다. 크렌스는 '국제 문제 수석 고문'으로 임명됐고, 아부다비 프로젝트의 감독을 맡았다. 크렌스는 구겐하임 미술관 분관을 늘리려고 애를 썼지만, 그즈음 실제로 추진되는 것 같았던 프로젝트는 아부다비 프로젝트뿐이었다. 하지만 오래지 않아 그마저도 진행이 불확실해지고 계속 지연되었다. 2011년, 시공이 아직 시작되지 않은 채로 크렌스는 완전히 일선에서 물러나게 된다. 게리는 여전히 남아 공사가 시작되기를 기다렸다.[*] 한편, 구겐하임 측이 이주 노동자를 차별했다는 혐의가 제기돼 게리가 애를 먹었다. 이는 아랍에미리트에서 진행되는 대형 프로젝트에서 자주 발생하는 일이었다. 인권을 침해하는 프로젝트에 참여함으로써 이제껏 표방한 진보적 가치관에 충실하지 않았다는 비난에 괴로웠던 게리는 인권 변호사인 스콧 호턴Scott Horton을 고용해 자신을 대변했고, 또 구겐하임이 노동자의 복지에 관한 국제 표준을 준수하고 있다는 사실을 확실히 했다.[**] 호

---

[*] 아부다비 프로젝트는 사디야트섬의 새로운 문화지역 내 형성될 박물관 단지의 일부였다. 단지에는 장 누벨Jean Nouvel, 노먼 포스터, 자하 하디드의 건축물도 들어설 예정이었다. 원래 아부다비 정부는 이 모든 건물을 한꺼번에 지을 생각이었다. 하지만 모든 재원을 총동원한다고 하더라도 네 개의 거대하고도 복잡한 박물관을 동시에 짓기란 여간 어려운 일이 아니었다. 결국, 건물을 하나씩 차례로 짓기로 결정했다. 게리의 프로젝트는 2015년 초에도 시작되지 않았다. 하지만 아부다비 정부 측에서 게리 사무소에 최신 설계를 준비해 달라고 요청한 것으로 보아, 확실치는 않지만 여전히 건설 가능성이 존재한다.(2021년 10월, 아부다비 구겐하임 측에서 발표한 내용에 따르면 건물은 2025년에 개관할 예정이다.—옮긴이)

[**] 2010년, 스콧 호턴과 게리의 강력한 주장으로 구겐하임과 함께 박물관 건설을 맡은 아부다비 관광 개발 및 투자사TDIC, Tourism Development and Investment Company는 "아부다비 구겐하임 미술관 건설 현장에서 일하는 직원의 권리와 복지를 충실히 보호하겠다"는 내용의 공동 성명을 냈다.

턴의 도움 덕에 게리는 건설 노동자의 처우 개선을 강력하게 옹호한다는 인상을 대중에 심어 줄 수 있었다. 게리의 공개적인 입장 표명이 실제로 노동자에게 얼마나 영향을 미쳤는지는 알 수 없지만, 적어도 아부다비에 건물을 짓고 있던 기관이나 건축가들에게 빗발치는 비난으로부터 게리는 면제될 수 있었다.•

아부다비 프로젝트가 어떻게 흘러갔건, 프랭크 게리와 토머스 크렌스의 관계는 끝났다. 둘의 관계는 세계에서 가장 유명한 건물을 탄생시켰고, 관광 산업을 혁신했고, 미술관을 재창조했으며, 건축물의 역할을 도시 재개발을 이끄는 동력으로 바꾸었다. 게리와 크렌스는 단언컨대 20세기 후반에 전 세계에서 가장 중요한 건축물을 만들어 냈다. 두 사람 모두 혼자서는 해낼 수 없었던 일이다. 하지만 그와 같은 일은 다시 일어나지 않았다. 제2의 빌바오 구겐하임 미술관은 없었다.

• 하지만 문제가 완전히 해결된 것은 아니었다. 특히, 노동 환경은 정부가 신경 써야 할 문제지 건축가의 문제가 아니라고 발언한 자하 하디드에 대해 비난이 일었던 2014년에 대중의 관심은 더욱 집중됐다. 2014년 말, 크렌스의 후임 관장으로서 아부다비에서 게리의 새로운 클라이언트가 된 리처드 암스트롱Richard Armstrong은 노동자의 권리 증진을 말하는 이들에게 구겐하임은 건물의 건축 과정을 책임지는 단체가 아니라는 사실을 짚어 줄 필요가 있다고 느꼈다. 하지만 이후 그는 미술관이 그저 중립적 방관자가 아니라는 사실을 인정했다. 그는 자신의 말을 번복하며, 구겐하임은 노동 관행에 "깊이 관여되어 있다"고 말했다.

15
월트 디즈니 콘서트홀:
두 번째 시도

미술관이 완공되기 전이자 1997년에 빌바오 구겐하임 미술관에서 프리츠커상 시상식이 열리기 전부터, 건축계는 이미 게리의 건물에 관한 숱한 이야기로 떠들썩했다. 빌바오의 성공은 이다지도 명백했기에, 중단된 로스앤젤레스의 디즈니 콘서트홀 프로젝트는 오히려 더 커다란 골칫거리로 다가왔다. 스페인 북부의 작은 지방 도시는 이제껏 설계된 적 없는 게리의 가장 진보적인 건축물을 만들어 냈는데, 게리의 본거지인 로스앤젤레스에서는 아직 프로젝트가 시작조차 못했다는 게 말이 되는가? 세계는 빌바오 구겐하임이 게리의 가장 중요한 작품이라고 확신하는 듯했고, 빌바오의 인기는 게리 덕에 이미 고공 행진 중이었다. 로스앤젤레스 크기의 10분의 1도 되지 않는 빌바오도 이런 일을 해냈는데, 로스앤젤레스는 왜 하지 못했는가? 가장 야심 찬 문화적 건축물을 지어 올리는 프로젝트가 공사에 착수하기도 전에 중단됐는데, 로스앤젤레스를 어떻게 세계적 도시라고 칭할 수 있겠는가?

로스앤젤레스 시장 리처드 라이어든Richard Riordan에게 이는 수사적인 질문이 아니었다. 1993년부터 시장직을 맡아 온 사업가 라이어든은 로스앤젤레스를 세계적 문화의 중심지로 보지 않는 세간의 시선에 괴로워했고, 디즈니 홀이 지어지기 전까지는 그러한 시선이 바뀌지 않으리라는 사실을 잘 알고 있었다. 또한 그는 잠자고 있는 프로젝트를 깨우는 데 필요한 자선적 영향력과 정치적 연줄, 문화적 자격을 모두 갖춘 사람은 단 한 명뿐이라는 사실도 알고 있었다. 그건 바로 엘리 브로드였다. 지금껏 로스앤젤레스를 문화의 중심으로 만들기 위해 많은 에너지와 돈을 투자한 브로드는 빌바오 구겐하임 미술관을 향한 박수갈채에 은근히 안타까워했다. 프랭크 게리는 국제적 위상을 지닌 건축가로 추앙받고 있었다. 브로드는 로스앤젤레스가 낳은 가장 유명한 스타의 건축적 노력을 로스앤젤레스가 거절하는 것처럼 보이고 싶지는 않았다. 그 건물은 복잡하고 비싼 건물이 맞았다. 또한 브로드는 게리가 얼마나 까다로운지도 알고 있었다. 하지만 브로드는 이 모든 문제를 해결할 방법이 있다고 시장에게 말했다. 어떻게 해서라도 그 프로젝트가 마무리돼야 한다는 점이 중요했다.

브로드와 라이어든 시장은 로스앤젤레스 다운타운의 기능을 강화하는 것이 핵심이며, 다운타운 부흥은 콘서트홀 프로젝트 중단이 아니더라도 이미 충분히 까다로운 일이라는 데 의견이 일치했다. 초기 디즈니 홀 계획에 따르면, 다운타운 전체의 부흥을 돕기 위해 디즈니 홀 부지에 호텔이나 다른 상업 공간도 들이려고 했었다. 하지만 이후 전체 블록을 디즈니 홀에 할애하기로 했고, 대신 디즈니 홀이 들어설 그랜드 애비뉴 맞은편 블록을 상업 공간으로 개발하기로 계획을 바꿨다.* 브로드는 교외에 규격형 주택을 건설하면서 처음으로 큰돈을 만져 봤지만, 로스앤젤레스를 더 전통적인 방식으로 조직하겠다는 비전을 갖고 있었고, 세계적 도시로 확실히 자리매김하려면 다운타운이 강력한 중심 역할을 해 주어야 한다고 믿었다. 처음에 그는 도시가 교외로 확장되는 스프롤 현상으로 돈을 벌었지만, 그의 신념은 밀도 높은 도시 만들기에 있었다. 브로드는 그 반대의 가능성을 무시했거나 이해하지 못했던 것 같다. 1996년, 로스앤젤레스의 문화적, 경제적 활기를 보면 브로드의 오판이 증명된다. 전통적인 유명 도시들은 밀도 높은 중심가를 지니고 있었지만, 로스앤젤레스는 그런 중심가 없이 여기저기 뻗쳐 나간 대로와 고속도로를 가지고도 세계적 도시로 발돋움했다. 로스앤젤레스의 이러한 성공을 새로운 도시 형태의 모델로 볼 수도 있었을 것이다.

강력한 로스앤젤레스를 만들려면 강력한 다운타운이 필요하다는 믿음에서였건, 아니면 빌바오의 빛나는 쾌거에 초라해진 로스앤젤레스의 굴욕을 극복하기 위해서였건, 월트 디즈니 콘서트

---

* 상업 공간 개발 계획은 여러 번의 수정을 거쳐 결국 한 쌍의 탑 형태로 게리가 디자인하기로 했다. 건설은 뉴욕의 부동산 개발사인 릴레이티드 그룹Related Group이 맡았다. 하지만 2015년 중반까지도 건설은 아직 시작되지 않았다.(이후 더 그랜드The Grand라는 이름이 붙은 이 상업 공간은 우여곡절을 거쳐 2018년에 공사를 시작했으며, 2022년 7월에 개장했다.—옮긴이)

월트 디즈니 콘서트홀 최종 디자인의 파사드를 담은 스케치

홀 프로젝트는 다시 시작돼야 했다. 그래서 브로드와 라이어든은 프로젝트를 되살리기 위한 모금 운동을 시작했다. 그들은 그 프로젝트를 "도시의 심장"이라 불렀다. 그저 건축적으로 중요한 건물 하나를 짓는다고 말하는 것보다, 로스앤젤레스에 건강한 중심가를 선사하기 위한 핵심적 건물을 짓는다고 말하면 모금 운동이 더 효과적일 것이라 판단했기 때문이다. "사람들은 디즈니 콘서트홀이 지어질 수 있을 거라고 믿지 않았어요. 사람들은 그 프로젝트가 돈을 모두 빨아먹는 블랙홀이라고 생각했죠." 브로드가 말했다. 그들은 자금을 계좌에 모아 뒀다가 만약 건설이 진행되지 않으면 기부자들에게 돈을 돌려주겠다고 약속했다. 브로드는 1천5백만 달러를, 라이어든은 5백만 달러를 기부했고, 그런 뒤 로스앤젤레스 대기업들의 후원을 받았다. 석유, 가스 회사인 아르코ARCO부터 웰스 파고Wells Fargo, 뱅크 오브 아메리카Bank of America, 그리고 당시 『로스앤젤레스 타임스』의 모기업이었던 타임스 미러Times Mirror 같은 회사들은 수백만 달러에서 수천만 달러를 기부했다. 일련의 과정은 아마추어 하키 선수였던 라이어든과 게리가 편안한 사이였기에 그나마 수월하게 흘러갔다. 모금 활동이 시작된 지 얼마 지나지 않아, 라이어든과 게리는 현지 스케이트장에서 하키 경기를 하고 있었다. 라이어든이 말했다. "하키 경기가 격렬해지자 제가 게리를 펜스 쪽으로 압박했어요. 우리는 서로 쳐다봤고, 저는 참지 못하고 게리에게 소리치고 말았죠. '게리, 디즈니 홀을 지어야 할 거야. 안 그러면 내가 널 죽일 거니까!'"

10년도 더 전에 마이클 아이스너Michael Eisner가 최고 경영자가 되면서 디즈니 가문과 껄끄러운 관계를 유지해 왔던 월트 디즈니 컴퍼니Walt Disney Company는 콘서트홀 건설에 어떤 기여도 하지 않았다. 하지만 모금 활동이 시작되자, 월트 디즈니사는 노선을 바꾸어 2천5백만 달러를 내놓았다. 디즈니랜드의 행정용 건물뿐만 아니라, 유로 디즈니Euro Disney에서도 프로젝트를 진행했고, 애너하임의 스케이트장 설계도 진행한 게리는 아이스너가 디즈니로 끌어들인 많은 유명 건축가 중 한 명이었다. 그래서 월트 디즈니사가 마음을 바꾼 건 디즈니가에 보내는 공개적 지지인 만큼 게리에게 보내는 지지이기도 했다.*

디즈니 홀 프로젝트에 다시 시동을 걸어 보려는 움직임은 그 건물의 건축적 중요성도 간과하지 않았다. 1997년 3월 4일, 프로젝트 재개 활동이 시작되면서 『로스앤젤레스 타임스』에는 전 세계 건축가들의 서명이 담긴 전면 광고가 실렸다. 건축계가 로스앤젤레스를 눈여겨보고 있음을 사업계와 정치계에 알려 주기 위해 톰 메인이 기획한 광고였다. 콘서트홀에 대한 게리의 최종 디자인 이미지가 담겨 있는 이 광고의 제목은 '지어라, 사람들이 올지니'였다. 광고의 나머지 부분에는 "프랭크 게리의 환상적인 설계를 지지하는" 200명이 넘는 건축가, 건축사학자, 비평가의 이름이 다섯 단에 걸쳐 자그마한 글씨로 빼곡히 채워져 있었다. 서명

---

* 월트 디즈니의 사위이자 다이앤 디즈니 밀러의 남편인 론 밀러Ron Miller는 아이스너 이전에 월트 디즈니 컴퍼니의 최고 경영자였는데, 1984년에 디즈니 이사회가 아이스너를 고용하기로 하면서 옆으로 밀려났다. 아이스너가 디즈니사를 성공적으로 운영하면서 그를 월트 디즈니 유산의 계승자라고 보는 시각이 많았는데도 디즈니가는 아이스너를 탐탁지 않아 했다.

자 명단에는 수많은 건축계 종사자들뿐만 아니라 필립 존슨, 렘 콜하스, 이소자키 아라타, 리처드 로저스Richard Rogers, 로버트 A. M. 스턴, 피터 아이젠먼, 로버트 벤투리, 데니즈 스콧 브라운, 안도 다다오, 해리 코브, 리처드 마이어와 같은 유명 건축가들도 있었다. 서명에 동참한 건축가 중에는 게리의 건축물과 사뭇 다른 작업을 하는 이들도 많았다. 하지만 대세가 바뀌었음을 보여 주는 가장 확실한 신호는 게리의 앙숙인 대니얼 드워스키도 서명에 참여했다는 사실이었다.

디즈니 홀 프로젝트에서 드워스키의 역할은 끝이 났다. 빌바오 구겐하임 미술관이 디즈니 홀 프로젝트에 미친 가장 큰 영향력은 디자인을 둘러싼 노파심을 누그러뜨렸다는 것보다, 건물을 지을 방법과 관련한 문제를 해결해 주었다는 데 있다. 빌바오 구겐하임을 지을 때, 게리의 사무소는 시공도 제작뿐만 아니라 프로젝트의 모든 부분을 직접 관리했지만, 프로젝트는 예산을 초과하지 않고 기간도 딱 맞춰 제때 마무리됐다. 이러한 선례로 미루어 보건대, 디즈니 프로젝트에 문제가 발생한 것은 게리의 디자인 때문이 아니라, 건축 과정에 대한 통제권이 게리에게 주어지지 않은 상황 때문이었다는 게리의 주장에 힘이 실렸다.

하지만 게리의 입지는 여전히 불안정한 상태였다. 빌바오 때와 비슷한 입지를 점하려면 아직 시간이 조금 더 걸려야 했다. 엘리 브로드는 빌바오에 가 본 뒤 미술관의 자태에 경탄했지만, 복잡하고 독특한 게리의 건축물이 실제로 지어질 수 있다는 사실을 확인했을 뿐이지, 디즈니 콘서트홀을 설계할 사람은 게리밖에

없다고 여기게 된 건 아니었다. 다행히 브로드는 콘서트홀 시공
도 제작의 문제가 실제로 건축할 수 없을 만큼 복잡한 게리의 설
계 때문이라는 드워스키의 주장을 받아들이지 않았다. 빌바오 미
술관이 드워스키의 주장을 무의미하게 만들지 않았는가? 하지만
브로드는 게리가 브로드의 자택을 건설할 때처럼 여전히 까다롭
고 느리다는 생각을 버리지 않았다. 또한 브로드가 보기에 게리
는 상상력 넘치는 모양을 만들어 낼 수 있는 예술가였지, 프로젝
트의 요구 사항을 수행할 줄 아는 건축가는 아니었다.

　결국 브로드는 첫 번째 시도의 실패가 운영상의 문제였다는 점
을 인정했다. 그러곤 콘서트홀 건축 추진 위원회를 이끌었고, 음
악 센터 측과 로스앤젤레스 필하모닉 이사진을 대리해 프로젝트
를 감독했던 프레더릭 M. 니컬러스에게 그 실패의 책임을 물었
다. 브로드는 프로젝트에서 니컬러스를 쫓아냈지만, 게리를 위한
선택은 아니었다. 브로드가 보기에 게리에게 프로젝트 통솔권을
넘겨주는 것은 해결책은 아니었다. "전적이 있으니까요." 브로드
가 『뉴요커』의 캘빈 톰킨스Calvin Tomkins에게 말했다. 브로드의 해
결책은 자신이 직접 그 일을 책임지고, 설계와 시공 과정을 통합
하는 '디자인 빌드' 방식으로 전환하는 것이었다. 디자인 빌드 방
식에서는 프로젝트를 관리하는 시공사가 고정가로 건설을 진행
하고 프로젝트를 감독할 건축가를 선정한다.

　게리는 노발대발했다. 브로드가 주택 건설을 게리에게 맡겼을
때 저질렀던 과거의 실수를 더 크게, 더 공개적으로 반복했기 때
문만은 아니었다. 브로드가 건물을 완성하기 위한 모금 운동을

시작하긴 했지만, 그렇다고 해서 프로젝트를 제집 짓듯 마음대로 할 수 있는 권리가 자동으로 브로드에게 주어지는 것은 아니라고 생각했기 때문이었다. 게리는 자신이 설계한 프로젝트에서 두 번이나 소외됐다는 사실에 격분했다. 게리는 난처한 상황에 마주하면 늘 그랬듯, 이번에도 똑같이 등을 돌렸다. 먼저, 게리는 사무소에서 열린 디즈니 홀 관련 미팅에 브로드가 참석하는 것을 보곤, 그가 자신의 사무실에 오는 것을 원치 않는다고 말하며 회의실을 박차고 나갔다. 그런 뒤 게리는 엘리 브로드가 요구하는 조건으로 일할 수 없으며, 브로드 하우스 때처럼 디즈니 홀에서 '게리'라는 이름을 뺄 것이라고 말하며 프로젝트에 사직서를 제출했다.

"어떤 사람들은 내 건물의 75퍼센트라도 있는 게 없는 것보다 낫다고 하더군요." 이는 『로스앤젤레스 타임스』에 실린 게리가 브로드에게 보낸 편지 내용이다. "당신의 집을 지을 때 그렇게 했고, 당신은 거기에 만족하셨죠. 이번에도 한 번 더 그렇게 해 보십시오. 저는 저 자신과 디즈니 가문에 대한 의무감 때문에 그러한 건축 과정에 동의할 수 없습니다." 그런 뒤 게리는 『로스앤젤레스 타임스』에 넋두리를 늘어놓는다. "그들은 제 말을 들으려 하지 않습니다. 제가 고분고분한 건축가가 아니라 창의적인 건축가이기 때문입니다. 저는 '위대한 천재'라 해고당했습니다. 그들이 이 말을 할 때마다 저는 위축됩니다. 저는 천재라는 죽을죄를 지은 듯합니다."

게리를 구해 준 건 디즈니가였다. 월트 디즈니와 릴리언 디즈니의 두 딸 중 한 명인 다이앤 디즈니 밀러Diane Disney Miller는 자신이 자란 북적이는 로스앤젤레스에서 멀리 떨어진 와인의 고장 나파에서 비교적 조용하게 살고 있었다. 하지만 그녀는 어머니를 대신해 콘서트홀 프로젝트에 활발하게 참여했다. 1997년에 세상을 떠나는 릴리언 디즈니는 당시 아흔이 넘은 나이였다. 다이앤은 게리를 좋아했다. 그에게서 아버지인 월트 디즈니의 창의적 본능을 엿봤기 때문이다. 그녀는 나파에 있는 자신의 목장에 게리와 베르타를 초대했고, 프로젝트에 대한 압박감으로 괴로운 감정을 솔직하게 털어놨다. 또한 그녀는 아버지가 살아생전에 하신 말씀을 게리에게 들려줬다. 창의적인 사람과 경영 관리자 간에 갈등이 발생하면, 대부분 창의적인 사람의 편을 들어 주는 것이 장기적 관점에서 좋은 결과를 가져온다는 얘기였다.

다이앤 디즈니 밀러도 아버지처럼 행동하고 싶었다. 그녀는 게리의 사무소가 시공도 작업을 할 수 있도록 모든 비용을 디즈니가에서 부담하기로 결정했다. 다이앤은 게리의 동의 없이는 어머니인 릴리언의 신탁에서 돈을 풀지 않겠다고 콘서트홀 건설 추진위원회에 엄포했다. 다이앤이 말했다. "우리가 로스앤젤레스시에 약속한 건 프랭크 게리의 건물입니다. 우리는 정확히 그것을 만들어야 합니다." 그녀는 게리가 이름을 붙이고 싶어 하지 않는 건물에 아버지의 이름도 붙이고 싶지 않았다. 그러니 완공된 건물이 게리 눈에 흡족하지 않다면, 그 건물에는 게리의 이름뿐만 아니라 월트 디즈니의 이름도 붙이지 않겠다고 선언했다.

다이앤 디즈니 밀러는 엘리 브로드를 꺾을 비장의 카드였다. 프로젝트를 관장하는 위원회는 이제껏 브로드의 말을 따르고 있었지만, 월트 디즈니 가족의 바람을 저버릴 수는 없었다. 추가 자금을 받을 수 없다면 더더욱 그랬다. 브로드는 두 손을 들었다. 결국 게리 파트너스가 단독 건축사로 프로젝트를 맡았다. 1999년 11월, 공사가 시작됐다. 게리가 프로젝트의 건축가로 선정된 지 10년도 더 지난 후였다.

설계는 계속해서 바뀌었다. 하지만 프로젝트가 중단된 1994년 당시의 디자인이 담고 있던 기본 골자는 그대로 유지되었다. 2천 2백여 개의 객석이 있고, 내부는 미송으로 만들었으며, 커다란 곡면판이 로비와 공용 공간, 지원 공간을 둘러싸고 있는 직사각형 비슷한 형태의 콘서트홀을 거리에 비스듬히 놓는 것이 기본 계획이었다. 건물 전체는 묘하게 아티초크를 닮았고, 직사각형 형태의 구조물은 아티초크 심 같으며, 혹은 바람에 돛이 사방으로 휘날리는 스페인 범선 같기도 했다.

원래 외관은 석재로 덮으려 했으나, 비용 문제도 있거니와 티타늄으로 성공적인 외관을 선보인 빌바오 구겐하임 미술관의 사례가 있었기에 게리는 돌 대신 스테인리스 스틸을 사용하기로 마음을 바꿨다. 그는 돌이 더 부드럽고 따뜻한 느낌을 준다며 1994년에 이미 한 차례 철재를 사용하는 선택지를 제외한 바 있었다. 하지만 철재가 석회암보다 천만 달러나 적게 든다는 것을 알곤 철재를 사용하기로 수긍했다. 그런 뒤, 철재가 석재보다 시각적으로 가벼워 보인다는 점을 보완하기 위해 곡면판 모양을 조금 더 간결하고 강렬한 형태로 조정했다.

이는 현명한 선택이었다. 돛 모양 외관은 5천1백 개의 스테인리스 스틸 판으로 이루어졌고, 모두 매끈하게 무광으로 마감 처리된 덕에 건물에는 은은한 광이 돈다.* 석재로 덮었다면 꿈도 꾸지 못했을 선명함과 청량함도 감돌았다. 사실 게리는 최첨단의 건축 구조와 밀도 높고 전통적인 돌과 같은 재료가 결합한 결과가 궁금했다. 석재의 단단함에 본질적으로 대치되는 역동감을 더하는 작업은 까다롭고 모호한 것을 표현하는 게리의 재능을 시험해 볼 하나의 도전 과제였다. 하지만 게리는 곧 시각적으로 더 밝고 강렬한 외관을 만들어 낼 수 있는 철재의 가능성을 포착했다. 이는 건축적으로도 재정적으로도 옳은 선택이었다. 물결치는 강철의 모습은 곧바로 로스앤젤레스라는 도시의 상징이 되었다.

이는 또 게리에게 새로운 사실을 깨닫게 해 줬다. 피복 재료는 그저 구조물을 덮는 것에 그치지 않는다는 사실 말이다. 즉, 물결치는 철재는 그 아래에 비슷한 형태로 물결치고 있는 구조물의 형태 이상이다. 뒤셀도르프에 지은 타워나 파리에 지은 아메리칸 센터, 혹은 미니애폴리스의 와이즈먼 미술관 같은 여러 초기작에서 게리는 독특한 형태의 구조물을 만든 뒤, 이를 어떻게 건설하고 덮을지 떠올렸다. 하지만 월트 디즈니 콘서트홀 프로젝트에서부터 게리는 구조물의 골격을 능가하고 저만의 형태를 지니는 피복제를 만들어 내기 시작했다. 달리 말하자면, 철제 곡면판은 단

---

* 콘서트홀 남서쪽에 있는 콘도미니엄 아파트 거주자들은 콘서트홀이 은은하게 빛나는 게 아니라, 오후의 햇살 아래서 불타는 듯 번쩍인다고 말했다. 이는 게리가 설립자실이 있는 구조물을 조금 특별하게 만들고자 무광 철재 대신 유광 철재를 사용해서 생긴 문제였다. 이후 빛 반사가 심한 부분을 샌딩 처리하여 나머지 외관과 비슷하게 만들어서 문제를 해결했다.

월트 디즈니 콘서트홀 최종 디자인의 입구 모습을 담은 모형

순히 무언가를 덮기 위한 용도가 아니라, 그 자체로 하나의 정교하고 역동적인 조각적 작품이 되어 어떤 외부 효과를 주는 것이다. 철제 곡면판은 건물을 비행하는 것처럼 보이게 했고, 거대한 건물에 가벼운 느낌과 운동성을 부여했다.

월트 디즈니 콘서트홀은 물론 역작이었다. 하지만 새로운 것을 향한 게리의 열정과 더불어 이전까지 시도된 적 없는 것을 시도하는 게리의 뚝심, 가장 진보한 테크놀로지를 적극적으로 이용하려는 게리의 노력을 발견하는 것보다 더 중요한 점이 있었다. 바로 모더니즘이 가장 소중히 여겼던 관례를 깨고 자신만의 장식 형태를 찾으려는 게리의 노력이 잘 드러났다는 점이다. 거대한 돛 모양 건물은 새로움의 상징인 동시에 일종의 장식이며, 오로지 시각적 만족감을 주기 위해 건물에 부여된 요소였다. 게리는 모더니스트 건축의 핏줄에 항상 흐르던 금욕주의적 충동, 즉 건물은 '정직하고', '순수하고', '이성적'이어야 한다는 믿음과 장식은 그저 방종한 겉치레나 역사적 복제로의 쓸모없는 회귀이며, 윤리 관습과 모더니즘 원칙에 대한 반발에 불과하다는 믿음을 의식적으로 거스르려 했다.

월트 디즈니 콘서트홀을 통해 게리는 완전히 모던하고 새로우면서도 풍부하고 질감이 독특한 그만의 특징이 담긴 건물을 설계함으로써, 이러한 주장이 잘못되었음을 확실히 증명해 보였다. 디즈니 홀을 통해 게리는 '전통적 건축물의 가치'를 보호하고 싶다는 바람을 이전보다 더 확실히 드러냈다. 하지만 이는 전통적 건축 형태를 통해서가 아니라, 건물의 기능적 필요와 시각적이고 감정적인 만족감도 충족시키는 새로운 건축 형태를 선보임으로써 이루어졌다. 게리에게 월트 디즈니 콘서트홀은 건축의 기쁨을 노래한 송시 같은 것이었다.

이는 또한 음악의 기쁨에 바치는 송시였다. 클래식 음악은 텔마가 게리의 손을 잡고 처음으로 토론토 콘서트장에 걸어 들어갔던 1930년대 이후로 게리의 삶에 커다란 영향을 미쳐 왔다. 게리는 그렉 월시와 친구가 되면서 음악과의 관계도 더 깊어져 이후 평생을 음악과 함께했다. 월트 디즈니 콘서트홀 작업을 시작했을 때 즈음, 게리는 꽤 음악적 지식이 풍부한 수준 높은 감상자가 됐다. 게리는 음악 전문가는 아니었지만, 이상적인 청중의 한 사람으로서 콘서트홀 설계자로는 제격이었다.

음악에 관한 관심 덕에 게리는 도쿄의 나가타 어쿠스틱Nagata Acoustics 음향 회사에서 일하며 디즈니 홀의 음향 전문가를 맡은 야스히사 도요타Yasuhisa Toyota와 좋은 파트너가 됐다. 마이클 말찬이 말했다. "건물이 아무리 화려하다 하더라도, 음향적으로 제 역할을 해내지 못한다면 콘서트홀은 실패작이라는 사실을 게리는 잘 알고 있었습니다." 한스 샤로운이 지은 베를린 필하모니를 존경하고, 단조로운 형태보다 복잡한 형태를 선호하는 게리와 도요타도 같은 마음이었기에 작업에 많은 도움이 됐지만, 성공적인 작업에 가장 중요했던 것은 게리가 공연장 설계를 먼저 다 완성한 뒤에 도요타에게 가져가 음향적으로 작동하도록 만들어 달라고 요구하지 않고, 애초부터 도요타와 함께 공연장 형태를 만들려고 했다는 점이다.

콘서트홀의 최종 형태는 게리와 도요타의 아이디어가 합쳐진 결과물이었다. 게리는 자신의 작품답지 않지만, 실내 모양을 대칭적으로 만드는 데 동의했다. 하지만 그 외의 모든 것은 게리답게 복잡하다. 관현악단이 올라갈 무대는 콘서트홀의 정중앙도, 맨 끝도 아닌 대략 4분의 1지점에 있다. 좌석은 모든 방향에서 무대를 둘러쌌고, 16개의 좌석 구역이 테라스, 발코니, 메자닌 등의 형태로 설치됐다. 2천 명이 넘는 관객을 수용할 수 있는 이 콘서트홀에는 독특한 친밀함이 느껴진다. 실내는 회반죽 위에 무늬목을 덧댔고, 천장도 마찬가지로 목재를 사용했다. 천장에는 외관의 스테인리스 스틸을 활용한 모양과 비슷하게, 딱딱한 재료가 아니라 직물과 흡사해 보이도록 굴곡을 추가한 볼록한 부분도 있다. 좌석을 덮는 천과 카펫에는 게리가 디자인한 밝은 색상의 꽃무늬가 있다. 릴리언 디즈니가 정원을 좋아한다는 점을 반영한 것이었다. 정원은 디즈니 홀 외부에도 있으며, 그곳에는 릴리언 디즈니가 수집한 델프트 도기의 조각을 재활용해 게리가 디자인한 분수도 있다.

월트 디즈니 콘서트홀 구상 기간은 너무 길었다. 그래서 30년 가까이 로스앤젤레스 필하모닉의 총감독을 맡았던, 열정 넘치고 만족을 모르며, 항상 게리의 작업에 든든한 지원군이 되어 준 에르네스트 플라이슈만은 그사이 일흔다섯 살의 나이로 1998년에 은퇴했다. 콘서트홀 시공이 막 재개되기 전이었다. 플라이슈만은 게리와 함께 긴밀히 작업하며 공연장의 좌석 배열부터 백스테이

콘서트홀의 목제 인테리어를 연구하기 위해 커다랗고 정교한 건축 모형을 만들었다.

지 시설까지 콘서트홀 프로젝트의 모든 세부 사항을 논의했었다. 그렇기에 플라이슈만의 은퇴는 프로젝트에 차질을 빚었고, 게리에게도 개인적으로 좌절감을 안겨 주었다.

게리에게는 다행히도 플라이슈만을 대신할 데버라 보르다 Deborah Borda가 찾아왔다. 에너지 넘치고, 활동적이고, 뚝심 있으며, 뉴욕 필하모닉의 감독이었던 보르다는 새로 지어질 디즈니 홀에 기대를 걸며 로스앤젤레스로 직장을 옮겼다. 보르다는 몇 년 전 『뉴욕 타임스』에서 콘서트홀의 사진을 처음 봤던 기억을 떠올렸다. "저는 시각적인 걸 중요시하는 사람은 아니지만, 디즈니 홀은 이제껏 제가 본 콘서트홀 중 가장 놀라웠어요. 저는 그 콘서트홀이 아니었으면 로스앤젤레스로 올 생각도 하지 않았을 겁니다." 일을 맡겠다고 답하기 전에, 보르다는 이사진과 음악 감독 에사 페카 살로넨 Esa-Pekka Salonen은 물론이고, 게리까지 만나보고 싶다고 했다. "저는 게리를 보자마자 마음에 쏙 들었어요. 처음 느껴 보는 종류의 동질감이었습니다." 게리는 플라이슈만과의 관계를 넘어서는 우정을 보르다와 쌓게 됐다. 열정과 통찰력을 겸비한 그녀는 프로젝트를 열렬히 옹호해 주었다. 그녀의 열정은 무척 중요한 영향력을 미쳤다. 보르다는 로스앤젤레스에 도착하자마자 게리의 가장 중요한 클라이언트가 됐다. 물론 기술적으로는 로스앤젤레스 음악 센터라는 더 큰 단체가 총책임자였지만 말이다.

상냥함 뒤에 굽히지 않는 의지를 지니고 있던 보르다는 일을 맡기 전, 게리에게 한 가지를 부탁했다. 그녀는 비용 삭감 절차 중,

오케스트라 운영단의 사무실 공간이 사라졌다는 사실에 괴로워하고 있었다. 보르다는 자신이 맡을 새 오케스트라의 보금자리를 짓는 공사를 감독하기 위해 나라 반대편에서 날아와야 할 텐데, 아무렇게나 빌린 사무실에서 그 일을 하며 지내고 싶지는 않다고 말했다. 그녀는 자신과 직원들이 새 건물에서 일할 수 있게 해 달라고 게리에게 부탁했다. "저는 로스앤젤레스의 일을 수락하기 전에 사무실 별관을 지어 주겠다는 게리의 약속을 얻어 내려 했습니다." 그러자 게리가 "제가 돈을 조금 더 모아 보겠습니다"라고 말했다. 게리는 운영 업무를 담당할 별관을 콘서트홀 남쪽에 만들었다. 석재로 덮인 정육면체 건물이었다. 1천만 달러의 비용이 더 발생했지만, 그 덕에 디즈니 콘서트홀의 전체 건물은 공연장일 뿐만 아니라, 로스앤젤레스 필하모닉 단체 전체를 위한 진정한 보금자리로 거듭났다.

건물의 최종 비용은 2억 7백만 달러로, 1988년에 처음 추정한 예산보다는 훨씬 많은 금액이었지만, 그로부터 10년 뒤 최종 설계안이 완성되고 시공이 재개된 시점에 추산한 비용과 거의 같았다.• 이후 월트 디즈니 콘서트홀 비용 문제는 게리와 로스앤젤레스 필하모니 양쪽에게 모두 민감한 사안이 된다. 왜냐하면 실제 비용은 항상 첫 번째 설계 수정안을 가지고 추정한 예산과 비교되면서 게리의 건물이 그들의 예산을 초과했다는 증거로 여겨졌

• 2억 7백만 달러라는 수치는 건물을 물리적으로 세우는 시공 비용만을 포함한다. 건축가와 엔지니어에게 지급되는 비용, 법무 관련 비용, 금리, 드워스키 어소시에이츠가 망친 시공도 제작에 날린 비용 등을 합하면 프로젝트 총비용은 2억 7천만 달러에 달한다.

기 때문이다. 콘서트홀이 완공되고 10년도 더 흐른 후에도 게리는 여전히 디즈니 홀을 초과 예산 프로젝트라고 글을 써 대는 작가들에 대응해 예산을 지킬 줄 안다고 항변해야 했다.

하지만 2억 7백만 달러라는 예산을 지키기도 여전히 쉽지 않았다. 프로젝트가 막바지에 다다를수록 지출을 줄이라는 압력이 있었고, 결국 게리 사무소가 받을 대금도 7백만 달러 정도 줄었다. 게리는 그 돈을 로스앤젤레스 필하모닉에 대한 기여금으로 처리해 줄 수 있다면 삭감하겠다고 했다. 오케스트라 측도 게리의 요구에 동의했고, 그렇게 게리와 베르타는 콘서트홀 로비 벽에 새겨진 기부자 이름 명단에 주요 후원자로 이름을 올렸다.

콘서트홀은 2003년 초에 대부분 완공됐지만, 데버라 보르다는 가을에 개관하기를 원했다. 그녀와 살로넨은 오케스트라가 새로운 공간에서 연주하는 데 익숙해질 시간이 필요하다고 생각했다. "엉망진창인 바이올린만 켜다가 갑자기 명품 스트라디바리우스가 생긴다면, 연주법을 새로 배워야죠." 보르다가 말했다. 그렇게 콘서트홀은 10월 말에 콘서트 세 개를 개최하며 개관하기로 했다. 공연장에 가장 먼저 울려 퍼질 곡을 고르는 일은 쉽지 않았다. 음악과 설계 양쪽에 모두 열정을 가지고 있던 게리는 보르다, 살로넨과 함께 머리를 맞대고 어떤 곡으로 콘서트홀을 개시할지 고민했다. 세 사람은 사실상 공연 프로그램 위원회가 됐고, 프로그램 논의를 위해 매주 브렌트우드에 있는 '빈센티스' 레스토랑에 모여 저녁을 먹었다. 결국, 그들은 첫날 밤 콘서트를 장식할 특별 프로그램으로 찰스 아이브스Charles Ives의 〈대답 없는 질문

The Unanswered Question〉과 솔로 바이올린을 위한 바흐 프렐류드, 모차르트Wolfgang Amadeus Mozart의 교향곡 제32번, 스트라빈스키Igor Stravinsky의 〈봄의 제전Rite of Spring〉을 무대에 올리기로 했다. 오케스트라의 정규 시즌은 그다음 주, 말러Gustav Mahler의 광대한 교향곡 제2번 〈부활Resurrection〉로 시작될 예정이었다. 이는 모든 콘서트홀의 음향적 역량을 최대치로 시험해 볼 기회였다.

학생들을 비롯해 다양한 단체를 초대해 무료 시사회를 진행한 그다음 주에 개관 공연이 시작됐다. 그 세대의 로스앤젤레스 다운타운에서 열린 가장 커다란 행사였다. 넘치는 스포트라이트 빛이 게리의 스테인리스 스틸 건물 위에 넘실댔다. 불꽃놀이도 벌어졌고, 공연 후 만찬이 펼쳐질 거대한 텐트를 치기 위해 그랜드 애비뉴의 교통은 통제됐다. 근 몇 년간 검은색 티셔츠를 정장 삼아 입고 다녔던 게리마저도 검은색 넥타이를 맨 채로 나타났다.

하지만 가장 놀라운 이벤트는 개관식 콘서트가 아니라 며칠 전날 밤, 무대 위에서 열렸던 비공개 만찬회였다. 게리가 준비한 자리였고, 그곳에 초대한 귀빈은 다름 아닌 엘리 브로드였다. 이는 날카로운 정치 감각에 선의를 곁들인 베르타의 제안이었다. 베르타는 게리와 브로드 간에 불화를 안고 갈 필요가 없으며, 특히나 중요한 순간에는 게리가 대부분 이겼기에 계속 껄끄러운 관계로 남아 있을 이유가 더더욱 없다고 생각해 게리를 설득했다. 이제 콘서트홀은 과거를 훌훌 털어 버리고 좋은 기운으로만 가득하니, 그 성취를 브로드와 함께 나누는 아량을 베푸는 게 어떻겠냐고 베르타가 말했다.

으레 그렇듯, 베르타의 직감은 맞았다. "브로드와 제가 그간 티격태격했던 것은 모두가 다 아실 겁니다. 하지만 결국, 우리는 이렇게 해냈습니다." 게리가 브로드에게 건배하며 말했다. "그 결과는 이토록 아름답습니다. 우리 두 사람은 무척 뿌듯합니다." 브로드가 자리에서 일어나 잔을 들며 말했다. "무슨 말이 필요하겠습니까? 게리의 말이 맞습니다. 이 콘서트홀은 값어치를 매길 수 없을 만큼 귀중한 건물입니다."

건물에 대한 비판도 곧바로 일었지만, 대부분 긍정적인 반응이었다. 오랫동안 동네북이었던 게리는 이제 다운타운의 새로운 영웅으로 등극했다. 게리를 존경했던 허버트 무샴프는 빌바오에 가봤을 때만큼이나 달뜬 마음을 『뉴욕 타임스』에 펼쳐 보였다. "디즈니 홀은 세상에서 가장 찬란한 건물이다." 무샴프는 그 건물이 자신에게 "미적 황홀경"을 선사했다며 말을 이었다. "청중, 음악, 건축물에는 깊은 통일감이 스며 있어 마치 시간이 멈춘 듯한 지경에 이르렀다."

비평가 앤서니 토마지니Anthony Tommasini는 『뉴욕 타임스』에 음향에 관한 사소한 불만을 늘어놓기도 했다. 대부분은 무샴프와 비슷한 의견을 내놨고, 그렇다고 해서 무샴프만큼 과장된 수사로 치덜은 글은 없있다. 『뉴요커』지의 알렉스 로스Alex Ross는 이렇게 썼다. "디즈니 홀처럼 풍부한 음향감을 지닌 콘서트홀은 몇 없을 것이다. 하지만 디즈니 홀의 시각적 디자인에 비견될 콘서트홀은 세상에 존재하지 않는다. (…) 그곳에서 듣는 음악은 오감을 사로잡는다. 벽에 걸린 한 폭의 그림 같은 환상은 충격적이다. 오케스트라의 소리는 빈틈없이 공기를 메운다.”

로스는 디즈니 콘서트홀이 건축적 현상에 그치지 않고, 사회적 현상으로까지 나아갔다고 짚었다. 이제껏 클래식 음악에 전혀 관심이 없던 사람들의 흥미까지 끌어내며 도시 전체의 이목을 집중시켰기 때문이다. 또, 로스는 무샴프처럼 게리가 독특한 건물을 만들어 냈다는 것과 월트 디즈니 콘서트홀은 단순히 형태와 공간에 대한 흥미로운 실험 그 이상이라는 점을 알았다. 이는 전자 음원을 복제하는 기술로 인해 전통적인 콘서트홀이 무용지물이 되는 21세기에 찾아보기 힘든 방식으로 음악을 제공하는 건축물이었다. 아이팟iPod을 가진 이들이라면 누구나 고품질의 음원을 주머니에 넣고 다니며 언제 어디서나 원하는 대로 재생할 수 있는 시대인데, 클래식 음악 콘서트를 직접 보러 올 이유가 어디에 있을까? 하지만 디즈니 홀은 사람들이 이어폰을 내려놓고 콘서트 티켓을 사는 이유가 됐다. 게리의 새로운 콘서트홀은 건축물이 선사하는 감정적 힘이 음악의 감정적 힘과 동급이 되는 곳이자, 훌륭한 공공장소에 머무르는 기쁨이 다시 한번 라이브 공연이 주는 설렘과 결속하는 곳이다. 월트 디즈니 콘서트홀은 음악적 체험을 새로운 환희의 차원으로 끌어올리는 공간이다.

월트 디즈니 홀이 개관한 그해, 게리가 그보다 훨씬 작은 크기로 뉴욕의 바드대학Bard College에 건설한 공연 예술 무대인 리처드 B. 피셔 센터Richard B. Fisher Center도 완공됐다. 게리는 바드대학의 총장이자 저명한 음악 연구가이며 지휘자라는 제2의 인생을 시작한 리언 밧스타인Leon Botstein에 대한 존경심을 담아 이 프로 젝트를 맡았다. 바드대학 캠퍼스에 제대로 된 공연장이 들어서기를 오랫동안 꿈꿔 온 밧스타인은 1997년, 디즈니 홀 프로젝트가 재시동을 걸기 전에 게리에게 연락을 취했다. 바드대학의 예산은 많지 않았고, 뉴욕시에서 북쪽으로 145킬로미터 정도 떨어진 곳에 있었지만, 콘서트홀 설계를 한 번 더 작업할 기회였기에 게리는 솔깃했다. 특히나 클라이언트가 음악가였기에 더더욱 좋았다.

내부 공연장에는 목판을, 파사드에는 굴곡이 살아 있는 스테인리스 스틸 판을 덧댄 피셔 센터의 모습은 거대한 디즈니 홀을 간단하게 스케치한 형태로 보이기도 한다. 하지만 바드대학의 탁트인 캠퍼스에서 보면 스테인리스 스틸이 하늘과 나무를 반사해 부드럽고도 찰나적인 느낌이 드는데, 이는 영속성이 묻어나는 디즈니 홀과 대비되는 점이다. 반면 이 건물의 가장 특징적인 부분은 부드럽게 물결치는 스틸 판이 기능적 부분을 담당하는 육면체 형태의 건물 후면까지 덮지 않아 그저 장식적인 파사드 역할에 그친다는 점이다. 게리의 건축적 감수성은 고전적 모더니스트가 수사적으로 '정직함'이라 일컫는 기하학적 순수성 등과 거리가 멀었고, 이는 게리의 초기작에서만큼이나 피셔 센터에서도 잘 드러났다. 피셔 센터는 추상적이고 현대적인 콘서트홀이라기보다, 19세기 극장이나 오페라 하우스 같은 평범한 건물에 물 흐르는 듯한 게리의 장식이 더해진 모습에 가깝다.

빌바오 구겐하임 미술관 이후 모든 프로젝트가 간단했던 것은 아니었다. 게리는 1995년, 시애틀의 억만장자이자 마이크로소프

바드대학의 피셔 센터

트Microsoft 공동 창업자인 폴 앨런에게 연락을 받았다. 시애틀 토박이였던 그는 록 기타리스트 지미 헨드릭스의 열렬한 팬이었다. 폴은 자신의 음악 영웅에게 헌정하는 기념관을 짓고 싶어 했다. 폴 자신도 인정했듯, 그때 당시 보수적인 건축 취향을 지녔던 폴은 어떤 건물을 짓고 싶은지 명확히 그릴 수는 없었지만, 헨드릭스 음악의 창의성을 어느 정도 반영하는 독특한 건물이기를 바랐다. 폴이 말했다. "그의 음악은 무척 유기적이고 사이키델릭해요. 고저를 오가는 소리는 섬세하고도 파워풀합니다. '유려하다'라는 단어가 떠올랐어요. 저는 색감이 풍부하고 사이키델릭한 예술을 원했죠."

폴의 여동생이자 앞으로 있을 익스피어리언스 뮤직 프로젝트 Experience Music Project에서 커다란 활약을 할 조디 앨런Jody Allen은 폴이 구상한 특이한 건물을 만드는 데 게리가 제격이라고 생각했다. 폴 앨런은 아직 빌바오 미술관에 가 본 적이 없었고, 들려오는 얘기로만 게리를 알고 있었지만, 게리의 작품을 몇 개 보고서는 조디의 선택이 맞았음을 직감했다. 헨드릭스 음악의 관념을 건축물로 표현할 사람이 있다면, 그건 바로 게리였다. 두 사람은 샌타모니카에 있는 게리 사무소에서 만나기로 약속을 잡았다. 폴 앨런은 수줍음이 많은 것으로 유명해 이메일로 작업 관련 내용을 주고받기를 원했지만, 게리는 최소한의 대면 회의 없이는 일을 진행하지 않는다며 만남을 추진했다. 또한 게리는 폴이 사무소의 분위기에 젖어 들고 그의 다른 작품들도 둘러보기를 원했다. 두 사람이 처음 만났을 때, 폴은 입을 꾹 닫은 채 주위를 둘러보며 게리가 말을 걸어 주기만을 기다렸다. 게리는 폴에게 사무소를 구경시켜 주었다. 게리가 기억하기로, 폴은 베를린에 있는 DZ 은행의 아트리움을 지을 때 만들었던 말 머리 모양의 회의실 모형을 보곤 감탄했다. 폴은 게리에게 그 "유려한 형태"가 멋지다고 말했다. 폴은 당시 잠시 중단됐던 월트 디즈니 콘서트홀의 건축 모형을 보고 흥분감을 감출 수 없었다고 기억했다.

게리의 차분한 태도는 몇몇 클라이언트의 짜증을 유발하기도 했지만, 폴과는 궁합이 잘 맞았다. 폴도 건축 모형을 직접 바라보며 대화를 나누는 시간을 즐겼다. 폴은 곧 게리와 있는 것이 편안해졌고, 지미 헨드릭스의 음악에 대한 사랑과 자신이 원하는 건물의 형태에 대해 털어놓기 시작했다. 게리는 지미 헨드릭스의 팬은 아니었다. "진보적인 좌파 유대인인 저는 피트 시거Pete Seeger나 우디 거스리Woody Guthrie를 더 좋아했습니다." 하지만 게리는 헨드릭스의 음악을 듣고, 록 기타를 직접 연주했던 크레이그 웨브나 짐 글림프와 얘기를 나누며 헨드릭스에 대한 애정을 키우려 노력했다. 그런 뒤, 그는 샌타모니카의 한 기타 제작자를 찾아가 오래된 기타의 부서진 조각을 받아왔다. 건축물 일부로 쓸 수 있을지 보기 위해서였다.

처음에 그 건물은 너무 도식적이었다. 게리가 말했다. "기타 줄이 공중에 휘날리는 것 같았어요. 저는 조금 더 지붕다운 형태를 만들어야 했죠." 수많은 수정을 거쳤지만, 다른 일로 바빴던 폴이 프로젝트 조정 작업의 대부분을 게리에게 떠맡기는 바람에 게리는 클라이언트와 자주 대화를 주고받으며 아이디어를 다듬을 기회가 없었다. 최종 설계안은 다소 타협한 결과물로, 부서진 펜더 스트라토캐스트Fender Stratocaster 기타의 형상이 연상되게끔 다양한 색과 모양의 철재로 만든 구조물이었다. 하지만 그 대담하고 날카로운 아이디어는 산산조각난 형태가 아니라 비정형적이고 물 흐르는 듯한 건축물의 형태로 인해 소실되고 만다. 그래도 그 속에는 결국 지어지지 못한 피터 루이스 하우스를 설계할 때 개발한 아이디어가 일부 들어가 있었다. 비유하자면 '맥아더 상금'의 배당금이 계속 지급되고 있는 것만 같았다.

익스피어리언스 뮤직 프로젝트는 2001년에 개관했다. 기념관 개관식이라기보다는 록 콘서트의 분위기가 더 짙게 풍기는 자리였다. 짐 글림프는 동료들과 함께 개관식에 참석하기 전, 게리의 호텔 방에서 마리화나를 피우고 있었다. 하지만 게리는 자신이 마리화나 파티를 개최했다는 오해 섞인 말이 나올까 봐 걱정돼 모두를 쫓아냈다. 개관식의 열띤 분위기에도 불구하고, 익스피어리언스 뮤직 프로젝트는 게리가 빌바오 구겐하임 미술관을 설계한 이후 줄곧 익숙하게 받아 온 찬사를 받지 못했다. 게리가 하는 일이라면 무엇이든 열성적이었던 허버트 무샴프마저도 익스피어리언스 뮤직 프로젝트가 "바다에서 힘겹게 기어 올라와 몸을 뒤집은 뒤 그 자리에서 죽어 버린" 생물 같다고 표현했다. 하지만 폴은 독특하면서도 거의 액체에 가까운 이 건축물의 형태에 흡족했다. 폴은 헨드릭스의 음악 자체가 모두의 취향을 아우르지 않는다며, 그의 음악을 적확하게 반영하는 건물이라면 그게 무엇이건 논란은 피할 수 없다고 생각했다. 폴에게 중요했던 것은 따로

시애틀의 익스피어리언스 뮤직 프로젝트

있었다. "게리는 지미 헨드릭스 음악의 충만함을 건축물에 포착해 넣는 방법을 알아냈습니다. 다른 이들은 잘 소화하지 못했을 거예요. 제게 익스피어리언스 뮤직 프로젝트는 걸작입니다."

익스피어리언스 뮤직 프로젝트는 그저 빌바오 구겐하임 미술관에 미치지 못했을 뿐이었다면, 매사추세츠공과대학교MIT, Massachusetts Institute of Technology에 지은 지식정보센터인 레이 앤드 마리아 스타타 컴퓨터 센터Ray and Maria Stata Center for Computer는 비평가들의 커다란 질타를 받았다. MIT는 컴퓨터 및 인공지능 센터를 새로 짓기 위해 1998년에 게리를 고용했다. 스타타 센터를 새로 지을 곳은 제2차 세계대전 당시 레이더를 개발하던 곳이자 캠퍼스에서 가장 역사적인 건물이며, 무심한 듯 여러 갈래로 뻗어 나가는 구조가 특징이었던 '빌딩 20'이 있던 자리였다. 군대 막사처럼 약식으로 만들었던 이전 빌딩은 그곳에서 일하던 과학자들에게 잘 어울렸다. 그들은 그 건물이 사라지는 것을 달가워하지 않았다. 게리는 반대의 목소리를 떠안은 채 설계 과정을 시작해야 했다. 게리가 말했다. "그들은 건축의 본질을 의심했습니다." 더 큰 문제는 따로 있었다. 일곱 개의 서로 다른 부서를 한 건물에 담아내야 한다는 것이었다. 그래서 건축가에게 전달되는 대학교 측의 목소리는 단일하지 않았다. "대학교 총장과 200여 명의 교직원, 그리고 400여 명의 학생까지, 클라이언트가 700명은 되는 것 같았어요."

산발적이고 명확한 형체가 없는 클라이언트의 의견을 수용하기 위해 게리 파트너스는 설계를 위한 전용 웹사이트를 만들어 매주 최신 스케치와 아이디어, 메모 등을 업데이트했다. MIT 학생들과 교직원은 사이트를 통해 그에 관한 의견을 보낼 수 있었다. 게리가 말했다. "개발 초기에 저는 항의 메일을 수도 없이 받았어요." 클라이언트의 의견은 점차 건설적 방향으로 바뀌었으나, 게리는 그 건물을 사용하게 될 과학자들 간의 의견 불일치 때문에 골머리를 앓았다. "그들은 혼자이면서도 함께이고 싶다고 말했습니다. 그래서 우리는 그들이 따로 방을 쓸 수도 있고, 벽을 밀어내면 함께 쓸 수 있게 해 주는 설계를 보여 줬습니다. 무척 싫어하더군요." 게리는 다른 방식으로 공간이 배치된 모형들을 보여 줬고, 마침내 개인 공간과 공동 공간을 적절히 섞은 모형 중 하나로 결정 났다. 기다란 건물을 가로지르는, 복도이자 아트리움으로 쓰이는 공용 공간을 중심으로 하는 모형이었다. 게리는 빌딩 20에 편안한 느낌을 가미한 디자인을 만들기 위해 애썼다.

게리의 그러한 노력은 일부 빛을 발휘했다. 게리는 다양한 색깔과 재료를 사용해 사방팔방 뻗쳐 있고, 굴곡지고, 뒤틀렸으며, 비스듬히 기울어 고도로 표현주의적인 건물을 만들었다. 소형 도시라고 해도 무방할 이 여러 채의 타워는 경쾌하고 유쾌하기까지 했다. 실내에 난 거리 같은 중앙의 공용 공간은 성공적이었다. 『보스턴 글로브』지의 로버트 캠벨은 스타타 센터 건물을 두고 "그 안에서 펼쳐질 연구의 자유와 모험심, 창의성에 대한 비유"라고 썼다. 하지만 과학적 창의성에 대한 비유를 건축물로 만들어 내는 일은 실제 과학자들의 창의성 발휘에 복무하는 것과는 다른 일이었다. 스타타 센터에서 일하는 몇몇 과학자들에게 게리의 경쾌한 건물은 미스 반데어로에의 건물만큼이나 경직된 것이었다. 그들의 눈에 스타타 센터는 그들이 원했던 유연성은 온데간데없고, 고집 센 건축기의 융통성 없는 주장만 있는 것처럼 보였다. 게리와 그의 동료들은 MIT 과학자들의 필요를 충족시키는 건물을 만들기 위해 그들과 한 달간 가까이 협력하며 지냈다. 하지만 문제는 많은 연구자가 원하는 것은 빌딩 20만큼 특징 없이 심심한 건물이라는 점이었다. 연구자의 요구를 충족하기 위한 노력이 깃든 건축물이 아니라, 건축적 열망이 전혀 없는 건물 말이다.

하지만 모두가 스타타 센터를 그렇게 보는 것은 아니었다. 많은 과학자가 그 건물이 경쾌하고 활력 넘친다며 좋아했다. 미술사학인인 어빙 라빈과 메릴린 라빈은 게리가 지은 건축물 대부분을 방문해 본 게리와 베르타의 친구였다. 이들은 스타타 센터를 거닐며 메인 공용 공간인 '학생 거리' 한구석에서 컴퓨터로 일하는 한 학생을 본 기억을 떠올렸다. 라빈 부부는 그 학생에게 다가가 이 건물이 마음에 드는지, 길을 찾기 너무 복잡하지 않은지 물어봤다. "그 학생이 말하더군요. '저는 정말 마음에 들어요. 지구상에서 제가 제일 좋아하는 장소죠. 왜냐하면 이 건물을 거닐다 보면 어떤 장소를 맞닥뜨리게 될지 알 수 없거든요.' 그녀는 모든 걸음걸음이 뜻밖의 여정이라고 말했습니다. 연결할 수 없는 것을 연결하는 컴퓨터 프로그래머가 되려는 학생들에게 그 건물이 작용하는 방식이 무척 감명 깊었어요." 결국 게리의 건물은 비유인 동시에 영감으로 작용하고 있었다.

독창적인 건축물을 후원하겠다는 MIT의 추진력으로 스티븐 홀Steven Holl, 찰스 코레아Charles Correa, 케빈 로시와 같은 건축가들의 작품도 MIT에 들어섰다. 스타타 센터를 향한 뒤섞인 반응에도 불구하고, 스타타 센터는 2004년에 개관한 이후 몇 년간은 건축에 대한 MIT의 노력이 빚어낸 여타 건축물 중 가장 뛰어난 작품의 자리를 유지했다. 그러다 2007년, MIT 행정부는 갑자기 게리에게 등을 돌려 야외 계단식 극장이 건축물에 누수와 결함을 초래한다며 게리 파트너스와 그 시공사인 스칸스카Skanska와 NER 시공 관리사NER Construction Management에 소송을 제기했다. 실제로 스타타 센터에는 여러 군데 누수가 발생했다. 이는 비용을 절약하라는 MIT의 주문에 따라 마지막 순간에 게리가 설계를 조금 바꾸면서 생긴 문제였다. 게리는 바뀐 설계 중 일부가 자신의 사무소에서 제기한 아이디어임을 인정했고, 발생한 문제에 자신의 책임이 있음을 부인하지 않았다.

2010년, 문제는 시정됐고 양측은 '평화적으로' 합의를 봤다. 그렇게 모든 문제는 해결되는 듯 보였으나, 존 실버John Silber가 나타났다. 보스턴대학교Boston University의 전 총장이었던 그는 하자가 있는 모든 현대 건축물의 상징으로 스타타 센터를 내세웠다. 스타타 센터는 보험 회사의 보험료로 누수 문제를 해결한 첫 사례가 아니었다. 실버는 자신의 책 『황당한 건축물: 천재는 어떻게 실용성을 훼손하는가Architecture of the Absurd: How "Genius" Disfigured a Practical Art』 표지에 게리의 스타타 센터를 실었다. 책 제목에서 지목된 '건축물을 망치는 천재'란 명백히 프랭크 게리였다. 실버가 한 짓은 스타타 센터를 변명 불가능할 정도로 비이성적인 건축물로 만드는 것보다 더했다. 그 책에는 대니얼 리버스킨드, 이오 밍 페이를 포함한 수많은 건축가의 건축물이 포함돼 있었지만, 실버는 게리의 건축물을 논할 때 숨겨 뒀던 독니를 드러냈다. 그는 스타타 센터뿐만 아니라 이제껏 게리가 설계해 온 모든 건축물이 공학적으로도 설계적으로도 형편없다고 말했다. 실버는 게리의 건축물이 모두 적정가나 그 가치에 비해서도 훨씬 비용이 많이 들었다는 터무니없는 혐의를 제기하며 헐뜯었다. 실버는 바드대학의 피셔 센터에 대해 언급하며 이렇게 결론을 내렸다. "[게리 건축물의 모든 요소에는] 모든 방문객이 건축가의 비대한 자의식 앞에 머리를 조아리게끔 만들려는 것 이외에는 그 어떤 명백한 목적도 없다."

실버의 책은 제멋대로인 것처럼 보이는 게리의 건축물을 손쉬운 먹잇감 삼아 쓴 논쟁술에 불과했다. 실버는 게리 건축물의 기이한 모양이 합리적인 설계 과정을 통해서, 그리고 클라이언트와의 협력을 통해서 탄생했다는 생각을 미처 하지 못했다. 게리가 스스로 인정하고 바로잡은 오류를 제외한다면, 실버가 스타타 센터에 제기한 그 어떤 혐의도 사실이 아니었다. 또한 사실 게리 파트너스가 아니라 시공사에 가장 큰 책임이 있었고, 시공사의 심각한 실수 중 하나로 인해 야외극장을 아예 새로 지어야만 했다. 결국 게리의 책임은 비교적 경미한 것이었음이 드러났다. 하지만 어찌 됐건 그는 건물의 설계자였고, 시공사나 MIT 총장, 혹은 다른 어떤 건물 관계자보다 더 공적으로 얼굴이 알려진 사람이었기에 자연스럽게 모든 비난의 표적이 됐다. 스타타 센터는 여러모로 게리의 가장 사려 깊은 건축물 중 하나였지만, 실버의 시비와 소송, 그리고 MIT 과학자들이 비정통적 건축물에 느끼는 당혹감으로 얼룩져 복합적인 유산이 됐다.

유럽에서 펼쳐진 다음 모험들은 훨씬 잘 풀렸다. 1998년에는 뒤셀도르프에서 '노이에 촐호프'라는 둥그스름하고 기울어진 세 쌍의 타워가 완공됐고, 게리 사무소에 놓인 건축 모형 중 폴 앨런의 마음을 빼앗은 베를린의 'DZ 은행' 프로젝트도 있었다. DZ 은행 프로젝트는 이제껏 게리에게 들어온 의뢰와 여러모로 달랐다. 우선 예산이 넉넉한 은행 본사 건물이었다. 그리고 그 부지는 꽤 유명한 파리저 광장에 있었다. 브란덴부르크문의 맞은편이자 호텔 아들론 옆이며, 피터 아이젠먼이 홀로코스트로 학살당한 유대인을 기리기 위해 만든 추모공원과도 가까운 곳이었다. 게리가 독일에서 맡은 이전 프로젝트는 게리의 유대인 정체성에 아무런 감흥도 불러일으키지 못했지만, 유대인 정체성을 자극하면서도 베를린의 중심부에 자리 잡은 부지에 건물을 설계하는 이번 프로젝트는 달랐다.

DZ 은행 프로젝트의 위치 때문에 게리는 또 다른 어려움에 직면했다. 1990년대부터 통일 베를린을 담당한 도시 계획 당국은 전통적인 도시관을 지니고 있었다. 건물은 너무 높거나 특이한 모양이어서는 안 됐고, 도로선에 맞추어 건설해 옆 건물과 정렬을 맞춰야 했다. 여타 많은 도시와 같이, 이러한 규정은 모든 건축물을 어느 정도 획일적으로 만들기도 하지만, 한편으로는 재앙 같은 설계를 미리 방지하는 역할을 했다. 하지만 역시나 창의성이 제한되는 조치였기에 건축물을 대하는 게리의 태도를 방해하는 규정이었다.

게리가 내놓은 해결책은 독특했다. 게리의 전작을 놓고 비교해 봐도 눈에 띄는 건물이 탄생했다. 게리는 5층짜리 미끈한 파사드를 만들었다. 게리는 주위 건물과 잘 어우러지는 노란색 석회암을 파사드 재료로 골랐지만, 그렇다고 해서 다른 건물의 세부 사항까지 그대로 복제하지는 않았다. 그는 자신만의 아이디어를 표현하면서도 도시 계획 당국의 지시를 잘 준수하는 방법을 찾아 냈다. 창문은 깊숙이 매몰된 형태고, 발코니 난간은 유리로 만들어 공중에 뜬 것 같다. 파사드의 기하학적 구조는 내부의 무언가를 보호하려는 듯, 묵직하고 견고한 느낌이다. 그리고 실제로도 그런 기능을 수행한다. 건물의 안쪽 주요 부분에는 목판을 붙이고 유리 지붕을 덮은 아트리움이 있고, 그 주위를 사무실이 둘러싼다. 아트리움의 중심에는 굴곡진 형태의 거대하고도 추상적인 말 머리를 닮은 4층 높이의 스테인리스 스틸 구조물이 있다. 게리의 다른 독특한 형태들과 마찬가지로, 말 머리는 카티아를 이용해 만들었다. 특히 DZ 은행 측이 게리의 빌바오 구겐하임 미술관이나 다른 프로젝트보다 훨씬 세련된 수준을 요구했기에 디지털 기술의 활용이 더욱 중요했다. DZ 은행 프로젝트에서 스테인리스 스틸 판은 이음매까지 완벽하게 배치되어, 한 조각씩 덧댔다는 느낌이 아니라 마치 비행기처럼 전체가 하나의 구조물처럼 보인다.

베를린 DZ 은행의 아트리움에 있는 '말 머리' 모양의 회의실이다.

말 머리 구조물 내부에는 정교한 회의실이 있지만, 그 실제 목적은 그저 조개가 품은 진주 같은 존재가 되는 것이다. 바깥의 육중한 껍질이 필요한 이유도 바로 이러한 중요한 건축적 핵심을 지키기 위해서다. 베를린 도시 계획자들이 요구한 문제를 풀기 위해 게리가 고안해 낸 방법은 건축물의 안과 밖을 뒤바꾸는 '인사이드 아웃'이었다. 늘 하던 대로 조각적 형태의 건축물을 만들었다면 도시의 나머지 부분과 삐걱거리며 불협화음을 냈을 테지만, 게리는 그렇게 하지 않고 자기 자신에 맞서기로 택했다. 건물 전체가 마치 일종의 데카르트식 좌표 같은 합리적 배경이 되어줌으로써 비합리적 형태의 말 머리 모양이 서정적 대조를 이루었다. 마치 정신 분석가의 소파에 앉아 있을 때처럼 감정이 선연히 드러나는 게리의 다른 빌딩과 달리, 베를린의 DZ 은행 건물은 절제된 인테리어 속에 감정을 숨겼다. 이는 크리스토프 드메닐을 위해 설계했던 타운하우스에서 선보였던 방식이다. 그로부터 수십 년이 지난 후, 게리는 다시 한번 일반적인 파사드 뒤에 강렬한 건축적 공간을 완전히 숨기는 실험을 감행했다. 어떤 의미에서 드메닐의 타운하우스는 공적인 정중함과 사적이고 내밀한 열정에 대한 비유나 다름없었다. 하지만 베를린 프로젝트의 딱딱하고 진중한 파사드는 게리의 복합적 심경을 닮았다는 점에서 다른 의미를 띠기도 했다. 그 심경이란, 과거에 유대인이 살아남기 위해 자기 생각을 꾹 눌러 담아야만 했던 바로 그 도시의 중심부에 건물을 설계하는 유대인 건축가라면 필연적으로 느낄 수밖에 없는 것이다. 무엇보다 게리는 이제껏 대놓고 드러낸 적 없던, 열정과 존엄을 동시에 담아내는 능력을 보여 줬다.

까다로운 제약 속에서 진행한 베를린 프로젝트는 하나의 본보기가 되어 필라델피아 미술관Philadelphia Museum of Art을 지을 때 도움을 준다. 필라델피아 미술관은 빌바오 구겐하임 미술관 이후 게리가 짓는 몇몇 대형 미술관 중 하나다. 미술관 측은 게리에게 1928년에 지어졌고, 그 유명한 '록키 계단'이 있는 고전적이고 상징적 파사드를 그대로 둔 채로 갤러리를 재배치하고 확장해 달라고 요청했다. 필라델피아 미술관에서 오랫동안 관장을 지냈고, 빌바오 미술관을 찬양하던 앤 다논코트Anne d'Harnoncourt는 2002년에 게리에게 연락을 취했다. 그녀는 호러스 트럼바우어Horace Trumbauer와 줄리언 아벨Julian Abele이 설계한 원래 구조물의 영역을 그대로 유지하면서도 빌바오 미술관만큼 멋지게 필라델피아 미술관을 확장하고 개선할 방법이 없을지 게리에게 물었다. 게리는 그 도전이 무척 흥미로웠다. 그 프로젝트는 게리가 독특한 조각적 오브제를 만드는 데만 관심이 있는 게 아니라, 관련 요청이 있다면 다른 건축가에게 존경을 표하는 방식으로 작업할 수도 있다는 사실을 증명해 보일 절호의 기회였다. 2008년, 다논코트의 갑작스러운 사망에 프로젝트는 잠깐 연기됐지만, 빌바오 프로젝트에서 토머스 크렌스의 부사수 중 하나이자 필라델피아 미술관의 최고 운영 책임자가 된 게일 해리티Gail Harrity와 다논코트의 후임인 티모시 루브Timothy Rub의 감독하에 재개됐다. 그들은 정문 계단 아래쪽에 새로운 갤러리 공간을 짓고, 미술관 내부의 사무 공간이나 전시 공간 대부분을 재조직하기 위해 게리와 함께 작업했다. 게리의 작업물이 외부가 아니라 모두 내부에 숨겨진 필라델피아 미술관은 빌바오 구겐하임 미술관의 개념적 보완물이었다.

　게리는 1989년에 프리츠커상을 받으면서 프리츠커 가문과 좋은 친구로 지내 왔다. 빌바오 구겐하임 미술관을 지은 후, 시카고에 머물던 게리는 상징적 차원에서 그들을 클라이언트로 맞았다. 프리츠커가 사람들은 자신의 이름을 딴 상을 받은 수상자와 어울려 지내는 법이 잘 없었지만, 여기서도 게리는 자신만의 특별한 입지를 직접 개척했다. 제이 프리츠커와 그의 부인 신디 프리츠커Cindy Pritzker는 샌디에이고 외곽 랜초 샌타페이에 겨울 별장을 갖고 있었는데, 게리에게 시간 날 때 베르타와 아들들을 데리고 한번 들르라고 말한 적이 있었다. 프리츠커가의 가벼운 초대를 계기로 두 가족은 지속해서 우정을 이어 왔다. 또한 게리는 프리츠커상 심사위원단에 초청되어 수상자 선정을 돕기도 했다. 두 가족의 우정은 건축에 대한 사랑만으로 싹튼 것이 아니었다. 신디와 제이는 게리와 베르타에게 편안한 모습을 보여 줬고, 고민과 걱정을 드러내는 데도 스스럼이 없었다. 또한 게리와 베르타처럼 프리츠커 부부도 그들의 점잖고 침착한 태도가 커다란 야망에 잡아먹히지 않은 교양 있는 사람들이었다. 특히 신디 프리츠커는 많은 사람이 그러듯, 게리를 편안하게 생각해 자신의 속마음까지 툭 털어놓곤 했다.

　1997년, 시카고 시장인 리처드 M. 데일리Richard M. Daley가 민관 협력 관계를 구축해 시카고 미술관 근처의 철도역에 새로운 공원을 건설하자는 아이디어를 제안했을 때, 그 지역의 유명한 자선적 사업가인 프리츠커가를 빼놓고 일을 진행하기란 불가능해 보였다. 제이는 그해 초에 뇌졸중을 겪은 후 고생하고 있었지만, 신디는 2000년 완공 예정이었던 밀레니엄 파크Millennium Park 건설을 위한 예술 위원회에서 활발한 활동을 펼치고 있었다. 그 공원의 마스터플랜은 스키드모어, 오윙스 앤드 메릴이 제작했고, 꽃과 화단을 좋아하는 시장의 취향에 따라 전통적인 스타일로 설계했다. 신디 프리츠커는 시큰둥했다. 그녀에게 가스등과 장식적인 철제 부품이 있는 그 공원은 21세기의 도래를 기념할 좋은 방식이 아니었다.

신디가 말했다. "저는 그들이 얘기하는 '밀레니엄'이 새천년이 맞는지 의심스러웠어요. 최악이었죠. 그건 우리가 지어야 할 공원이 아니었어요. 저는 그들에게 프랭크 게리와 같은 사람과 함께 작업한다면, 다른 건 다 필요 없을 거라고 툭 던졌습니다." 그러자 그들은 신디 가족들도 게리를 끌어들이는 데 동의할지 되물었다. 그녀는 자녀들의 의견을 취합했다. 그들은 신디만큼이나 게리의 첫 번째 시카고 건축물을 보고 싶어 했다. 프리츠커 가족들의 머릿속에는 계획이 완벽하게 맞아떨어졌다. 미국에서 제일가는 건축의 도시인 시카고에 빌바오 구겐하임으로 미국의 대표적 건축가 반열에 올라선 게리와 프리츠커상을 시상하는 프리츠커가가 손을 맞잡고 중요한 건축물을 새로 짓는 계획 말이다. 게리에게 밀레니엄 파크 설계를 맡기기만 하면 계획이 실행될 터였다.

한평생을 시카고 정계와 가까이 살았던 신디 프리츠커는 뒤로 물러서 있어야 할 때를 잘 파악했다. 그녀는 시장과 설계 위원회의 입에서 직접 게리의 이름이 거론돼야 이 프로젝트의 성공 확률이 높아지리라 판단했다. 그녀와 자녀들의 기부는 잇따른 투자에 물꼬를 터 줄 테지만, 그녀는 시카고시가 나서서 투자해 주기를 바랐다. 대표단은 시카고에서 로스앤젤레스로 가서 게리에게 밀레니엄 파크의 중심이 될 음악당을 설계해 줄 수 있냐고 물었다. 처음에 게리는 거절했다. 왜냐하면 새천년이 2년 후인데 그 기간 안에 프로젝트를 끝마칠 방법은 눈 씻고 찾아봐도 없었기 때문이다. 프리츠커가 당시 기억을 더듬으며 말했다. "대표단 중 한 명이 게리에게 이렇게 말했다고 해요. '안타깝네요, 우리가 아는 누군가가 당신에게 무척 실망할 텐데요.' 그러자 게리는 그게 누구냐고 물었고, '신디'라는 대답을 듣자, '그러면 제가 프로젝트를 맡겠습니다'라고 답했답니다."

게리는 커리어 초기에 만들었던 할리우드 볼이나 메리웨더 포스트 파빌리온보다 훨씬 새롭고 정교한 야외 음악 공연장을 설계했다. 1999년에 눈을 감은 제이 프리츠커의 이름을 딴 '제이 프리츠커 파빌리온'의 최종 디자인에는 게리 특유의 스테인리스 스틸 리본이 무대 주위에 풍성하게 부풀어 있다. 4천 개의 고정석과 추가로 7천 명을 수용할 수 있는 잔디밭 위에는 아치 모양의 금속 트렐리스를 쳤다. 트렐리스에 달린 소리 증폭 장비는 야외 공연장이 아니라 실내 콘서트홀에 가까운 음향을 제공한다.

게리는 다른 프로젝트에서처럼 여러 번 디자인 수정을 거쳤다.

처음에는 최종안보다 훨씬 눈에 띄는 구조물을 지닌 간단하고 육중한 버전이었다. 신디 프리츠커가 말했다. "그건 게리가 시카고와 연관 지으려고 애쓴 흔적이 역력한 정말 간단한 모델이었어요. 아마 루이스 설리번이나 프랭크 로이드 라이트의 건물을 닮았었죠. 그가 말하더군요. '정말 시카고다운 건 이 모델이에요.' 그래서 제가 답했습니다. '알아요, 하지만 저는 게리다웠으면 좋겠어요.'"

그래서 그렇게 됐다. 신디 프리츠커는 게리가 시카고를 얼마나 사랑하건, 시카고의 건축 유산 목록에 자신의 작품을 더한다는 생각에 얼마나 설레건 간에, 그가 과거의 전통에 자신을 끼워 맞추려 한다면 최고의 기량을 발휘하지 못하리라는 사실을 너무나도 잘 알았다. 그녀는 게리가 너무 주위 시선을 의식해서 설계할라치면 언제나 그러한 점을 짚어 주며 긴장을 풀고 그답게 하라고 조언해 줬다. 애초에 파빌리온 설계에 게리를 추천한 것도 신디였는데, 그녀가 게리를 추천한 이유는 시카고에 '프랭크 게리'의 건물이 생기는 게 좋아서였지, 게리가 자신의 건축물을 '시카고화'하는 게 좋아서가 아니었다. 게리의 첫 번째 결정을 꺾은 신디의 설득은 어떻게 보자면 이 프로젝트에서 가장 중요한 기여였다.

애니시 커푸어Anish Kapoor의 기념비적인 조각상과 하우메 플렌자Jaume Plensa의 전자 분수 조각품이 포함된 밀레니엄 파크 프로젝트는 예정보다 작업이 미뤄져 2004년에도 공원을 열지 못했다. 제이 프리츠커 파빌리온이 개관했을 즈음, 프리츠커가는 게리의 공을 두 번이나 기렸다. 2005년 프리츠커 시상식을 제이 프리츠커 파빌리온에서 개최한 것이다. 매년 새로운 곳에서 개최되는 프리츠커 시상식에 게리의 건축물이 개최 장소로 선정된 것은 벌써 두 번째였다. 게다가 아버지의 뒤를 이어 가족 사업을 물려받은 톰 프리츠커Tom Pritzker는 자신과 아내 마고Margot, 어머니 신디가 중국으로 떠나는 여행에 게리와 베르타를 초대하기도 했다. 이는 게리의 75번째 생일과 겹치는 시기였다.

프리츠커 가족과 게리 가족은 이후 인도를 포함해 여러 군데로 함께 여행을 떠났다. 수년에 걸쳐 게리와 프리츠커 가족이 점점 허물없이 편안한 사이가 되면서 게리는 자신이 프리츠커상을 또 받는 날이 언제냐며 톰과 그의 가족에게 장난삼아 묻곤 했다. 신디 프리츠커가 말했다. "게리가 그런 장난을 치면 우린 모두 '맞아요, 게리. 당신은 두 번 받을 만합니다. 근데 그럴 일은 없을 거예요'라고 말하곤 했죠." 톰 프리츠커는 중국 여행에서 이번에는 자신이 게리를 놀려야겠다고 생각했다. 프리츠커 가족은 게리에게 재건 중인 불교 사원에서 있을 식사 자리에 함께 가 줄 수 있냐고 물었다. 하지만 사실 그들은 게리의 생일을 축하하는 오찬을 준비해 둔 터였다. 게리는 그 사원의 담당자라고 소개받은 법복을 입은 스님 옆자리에 앉게 됐다. 스님이 통역사를 통해 이렇게 말했다. "저는 게리 당신의 작품을 잘 알고, 프리츠커상을 한 번 수상한 것도 압니다. 하지만 당신은 그 이후로 중요한 작업을 너무 많이 했기에, 마땅히 한 번 더 상을 받아야 한다고 생각해요."

"보셨죠?" 게리가 프리츠커 가족에게 의기양양 말했다. 신디 프리츠커가 그날을 회고했다. "톰이 자리에서 일어서서 입을 뗐습니다. '프리츠커상 수상자이자 특별 수상자 한 분을 소개합니다. 그분의 이름은 프랭크 게리입니다. 게리는 프리츠커상을 위해 너무 많은 수고를 해 주었기에 우리는 그에게 메달을 하나 더 수여하기로 했습니다.'" 게리는 앞으로 불려 나가 상자를 건네받았다. 그 안에는 가짜 프리츠커상 메달이 들어 있었다. 알고 보니 스님과 사원 직원들은 모두 프리츠커 가족이 상하이에 소유한 호텔의 직원이었고, 게리에게 두 번째 프리츠커상을 시상하는 척하기 위해 고용된 사람들이었다. 게리는 메달을 들여다봤다. 메달에는 '프랭크 게리' 대신 '프랭크 골드버그'라는 이름이 새겨져 있었다.

16
뉴욕: 시련과 승리

경력 초기에 크리스토프 드메닐의 타운하우스를 건설하려던 프로젝트가 어그러지고 난 후, 게리에게 뉴욕시란 오르려고 할수록 자꾸만 아래로 미끄러지고 마는, 정복할 수 없는 산과 같은 존재였다. 1987년, 게리의 친구이자 스키드모어, 오윙스 앤드 메릴의 잘나가는 설계 파트너인 데이비드 차일즈는 매디슨 스퀘어 가든Madison Square Garden을 개조할 건축가를 가려내기 위한 지명 경쟁에 게리를 끌어들였다. 그 프로젝트는 매디슨 스퀘어 가든을 세 쌍의 사무용 타워로 대체하고, 그 아래의 펜실베이니아 기차역을 개조하는 작업이었다. 출전 소득은 없었다. 하지만 두 사람은 서로 다른 감수성에도 불구하고 경쟁을 준비하는 동안 잘 어울려지냈고, 언젠가 다시 함께 작업하자는 약속을 남겼다. 차일즈는 게리를 이렇게 기억했다. "게리는 키가 큰 사무용 빌딩의 모든 것이 어떻게 작동하는지 알아내려고 안달이었어요. 그는 마치 스펀지 같았죠. 게리는 미적 요소 말고 기술적 요소에 푹 빠져 있었어요." 1996년에는 워너 브라더스Warner Bros.가 게리를 초대해 원 타임스 스퀘어One Times Square의 외관을 재설계하기 위한 제안을 요청했고, 몇 년 뒤에는 개발자 이안 슈레거가 애스터 플레이스Astor Place 자리에 세울 호텔을 설계해 달라고 했다. 하지만 두 프로젝트도 역시 더 진행되지는 않았다.

뉴욕에서 실제로 완공된 게리의 첫 작품은 고층 건물 자체는 아니지만, 고층 건물 내부의 방 몇 칸이었다. 그건 『뉴요커』, 『보그Vogue』, 『배니티 페어』를 소유한 잡지 출판사 콘데 나스트Condé Nast를 위한 구내식당과 분리형 식사실이었다. 게리는 콘데 나스트 소유자이자 발행인인 새뮤얼 어빙 뉴하우스S. I. Newhouse와 그의 아내이자 건축사학자인 빅토리아 뉴하우스와 몇 년간 우정을 쌓아 왔다. 뉴하우스 부부는 유명한 아트 컬렉터로 건축의 열렬한 추종자였고, 필립 존슨과 데이비드 휘트니와도 절친했다. 게리 부부와 뉴하우스 부부는 서로 아는 친구인 질 스폴딩Jill Spalding이 1990년대 초, 브렌트우드에서 개최한 파티에서 처음 만났다. 그들은 예술과 건축에 관한 얘기뿐만 아니라, 음악이라는 공통 관심사도 발견하면서 급속도로 친해졌다. 머지않아 뉴하우스 부부는 게리의 자택과 게리가 설계한 집 몇 군데를 둘러봤다. 몇 년 뒤, 게리와 뉴하우스 부부는 함께 일본 여행을 떠나기도 했다. 또 게리가 자신이 특히 존경하던 헝가리 출신의 20세기 작곡가인 죄르지 산도르 리게티György Sándor Ligeti를 소개해 주려 뉴하우스 부부를 링컨 센터Lincoln Center에 데려갔을 때, 이들의 우정은 더욱 끈끈해졌다. 빅토리아와 새뮤얼은 현대음악의 열성적 팬이 됐다. 이후 게리는 현대미술관 건축물에 관한 책을 쓰며 빌바오 구겐하임 미술관을 찬양한 빅토리아가 다음 집필 주제로 콘서트홀과 오페라 하우스를 선정했다기에 새로 지어진 관련 건물들을 그녀에게 구경시켜 주기도 했다.[•]

  뉴하우스 가족과 게리가 만난 지 얼마 되지 않은 시점에 브렌트우드의 슈나벨 하우스를 구경하고 있을 때, 그들은 게리의 친구에 머물지 않고 클라이언트가 되어야겠다고 생각하기 시작했다. 1995년, 뉴하우스 부부는 롱아일랜드 동부의 벨포트 해안가에 땅을 사들인 뒤, 게리에게 주말 별장을 지어 달라고 의뢰했다. 게리는 새뮤얼과 함께 맨해튼에서 헬리콥터를 타고 그 부지를 둘러본 뒤, 뉴하우스 부부를 위한 건물 설계에 들어갔다. 그는 마당 주위에 육면체와 둥근 구조물을 두르고, 그 위에 물가를 향하고 있는 거대한 조각적 형태를 덮을 계획이었다. 그 집은 슈나벨 하우스와 윈턴 게스트하우스를 연상케 했고, 당시 게리가 베를린에서 작업 중이던 '말 머리 모양' 회의실같이 공적 성격을 띠는 건물들과 비슷한 느낌을 주는 고깔 형태로 한데 묶여 있었다. 뉴하우스 부부는 게리의 작업 과정에 적극적으로 참여했고, 끊임없이 대화를 나눈 덕에 그들이 상상했던 집이 차츰 모습을 드러내고 있었

• 빅토리아 뉴하우스는 자신의 책 『건축물과 소리Site and Sound』에서 게리가 설계한 디즈니 홀을 "21세기의 랜드마크"라 칭한다.

다. 하지만 최종 설계 단계로 나아갈 때쯤 외부적인 요소가 끼어들었다. 뉴하우스 부부가 구매한 매력적인 해안가 부지는 대로와도 가까웠기에 소음도 잦았다. 뉴하우스 부부는 생각을 거듭할수록 도로 소음이 가득한 곳에 꿈꾸던 집을 짓고 싶지 않아졌다. 게다가 그 지역에 새로운 건물을 짓지 말라는 이웃의 협박이 더해지자, 그들은 프로젝트를 모두 폐기하기로 했다.

"그 일로 저희는 게리와 일하고 싶어 더 안달 나게 됐어요." 빅토리아 뉴하우스가 말했다. 집 설계가 한창일 때 콘데 나스트는 타임스 스퀘어의 새 고층 빌딩으로 자리를 옮길 계획을 세우고 있었다. 그래서 새뮤얼 뉴하우스는 사무실 설계에는 관심이 없느냐고 게리를 한번 떠봤다. 게리는 거절했다. 클라이언트가 누구건 간에, 똑같이 생긴 편집장실 수백 개를 설계하는 일은 자기 일이 아니라고 생각했기 때문이다. 또한 게리는 최첨단 건축물을 향한 뉴하우스의 애정이 얼마나 진심이건 간에 그 마음은 개인적인 열정이지 사업상의 문제가 아니라고 봤다. 그래서 게리는 뉴하우스가 집을 지을 때보다 사무실을 지을 때 덜 협조적인 클라이언트가 될까 봐 두려웠다. 당시 콘데 나스트의 편집장이었던 제임스 트루먼James Truman은 게리에게 사무실 전체를 설계해 달라고 의뢰하는 대신 일부만 맡기는 건 어떻겠냐고 말했다. "직원들이 쓸 구내식당은 어떤가요?" 트루먼이 제안했다. 구내식당에 분리형 식사실도 몇 개 추가된 그 프로젝트는 한 층의 절반 정도 크기밖에 되지 않았지만, 게리는 사무소 설계보다 훨씬 흥미로운 기회라고 생각했다. 빅토리아 뉴하우스가 말했다. "그 프로젝트를 함께 작업하는 시간은 정말 최고였습니다. 우리는 매달 현장으로 가서 게리와 함께 '놀았어요.'"

구내식당 프로젝트는 당시 게리가 맡던 다른 프로젝트의 규모에 비해 훨씬 작은 크기였지만, 그는 뉴하우스 부부가 특별한 공간을 원한다는 점을 알았다. 또한 세계에서 가장 영향력 있는 잡지의 편집자들이 다 같이 모이는 공간을 설계하는 것이 단독 건물 몇 채를 설계하는 것보다 훨씬 더 많은 이목이 쏠리리라는 것도 알았다. 게다가 마침내 뉴욕에 자신의 발자취를 남기는 프로젝트가 될 터였다. 게리의 바람은 그렇게 실현됐다. 주말 별장 프로젝트가 취소되어 무척이나 아쉬웠던 뉴하우스 부부는 게리에게 모든 권한을 일임했다. 게리는 이제껏 철재로만 만들었던 굴곡진 형태를 유리 파티션으로 만드는 실험을 진행했다. 1천2백만 달러가 든 이 프로젝트에는 70개가 넘는 거대한 유리 조각이 포함됐다. 티타늄 천장 아래에 설치된 각 유리는 조금씩 다른 형태로 꺾이고 굽었다. 유리 조각은 주로 둥근 부스 형태로 배치됐다. 그렇게 이 공간은 콘데 나스트 편집자들의 오랜 사랑을 받았던 필립 존슨이 설계한 포시즌스 레스토랑 못지않게 편안한 좌석을 제공했다.

하지만 모든 자재가 고급스러웠던 포시즌스 레스토랑과는 달리, 게리는 평범한 재료에서 특별한 효과를 끌어내고 싶었다. 풍만하게 굴곡진 유리와 함께 밝은 노란색의 포마이카를 테이블 톱으로 사용했다. 게리는 화려하게 굴곡진 유리 파티션과 대조를 이루도록 일상적으로 사용하는 포마이카를 배치했다. 빅토리아

왼쪽의 에드윈 찬이 뉴욕 타임스 빌딩의 모형을 마무리하고 있는 데이비드 남David Nam과
아난드 데바라잔Anand Devarajan을 감독하고 있다.

뉴하우스는 다양한 재료를 적절하게 배합하는 게리의 결정력이 무척 인상 깊었다며 옛날 기억을 떠올렸다. "한번은 현장에 들러 게리가 작업해 놓은 것들을 보고 있었는데, 게리가 그러더군요. '아, 이건 정말 엉망이에요. 나이트클럽 같잖아요.' 우리는 적절치 못한 것을 스스로 분별해 내는 게리의 능력에 감탄했어요. 우리 는 게리가 잘못된 것을 바로잡으리라는 믿음이 있었죠."

2000년, 콘데 나스트의 구내식당 프로젝트가 마무리된 후, 게 리와 데이비드 차일즈에게 고층 건물을 함께 설계할 기회가 또 한 번 주어졌다. 이번에는 독특하게 부동산 개발사 포레스트 시 티 래트너와 손잡은 뉴욕 타임스 컴퍼니New York Times Company가 클 라이언트였다. 뉴욕 타임스 컴퍼니는 오랜 시간 머물렀던 타임스 스퀘어에서 그리 멀리 않은 8번가에 새 본사를 짓고 싶어 했다. 뉴욕 타임스 컴퍼니는 『뉴욕 타임스』를 통해 열변을 토하며 건축 물의 가치를 옹호해 왔지만, 정작 그 본사 건물에 가해지는 오래 된 비판에 대해서는 모른 체했었다. 주요 보도국을 포함한 사무 실 대부분은 좋게 말해 봤자 평범한 정도였고, 효율적이지도 않 고 디자인이 훌륭하지도 않았다. 애초에 본사 건물은 인쇄 공장 과 가까운 곳에 자리를 잡은 것이었다. 1990년대 후반, 젊은 발행 인 아서 옥스 설즈버거 2세Arthur Ochs Sulzberger Jr.는 이제 신문이 다 른 곳에서 인쇄되기에 사무실이 원래 건물에 남아 있을 이유가 더는 없다고 봤다. 또한 그는 디지털 시대를 맞이해 회사가 더 신 선하고 진보적인 얼굴을 갖기를 원했다. 설즈버거는 건물 디자인 선정 위원회를 꾸려 걸출한 건축가 목록을 뽑아 오라는 일을 시

컸다. 그 위원회에는 건축 비평가 허버트 무샴프도 포함돼 있었다. 그렇게 뉴욕 타임스 컴퍼니는 소수의 건축가에게 새 건물 구상안을 만들어 달라고 의뢰했다.

무샴프가 뽑은 리스트 상단에 게리의 이름이 있었다는 사실은 그리 놀랍지 않았다. 그런데 위원회의 다른 이들도 게리가 건축 경쟁에 참여해야 한다는 데 이견이 없었다. 고층 건물을 설계해 본 경험이 없다는 사실이 부적격 사유가 될 수 있었기에, 게리는 데이비드 차일즈에게 협업을 제안했다. 그렇게 그들은 다른 후보인 노먼 포스터, 시저 펠리, 렌초 피아노와 경쟁하며 설계안 작업에 착수했다. 『뉴욕 타임스』의 정신과 활력을 표현할 건물을 디자인할 생각에 설렜던 게리와 차일즈는 잡지를 꼼꼼히 연구하고, 편집자와 작가를 만나며 일간지를 제작하는 과정을 이해하기 위해 부단히 노력했다. 그들은 게리의 취향에 맞춰 물결처럼 구불구불한 형태의 디자인을 구상했고, 차일즈의 회사인 스키드모어, 오윙스 앤드 메릴이 잘 다루는 유리로 타워를 설계하는 방안을 제시했다. 커다란 유리로 둘러싸인 보도국이 제일 아랫부분을 점하고, 조금씩 뒤틀려서 일렁이는 유리판이 건물 40층 높이까지 치솟아 있으며, 건물의 가장 윗부분에서 유리판이 다시 갈라져 나오는 형태였다. 건물 꼭대기에 있는 게리의 구불구불한 유리판에는 타임스의 고딕체 로고가 희미하게 새겨져 있었다. 조금은 놀랍게도, 타임스지와 포레스트 시티 래트너 경영진의 반응은 긍정적이었다. 게리와 차일즈는 유리한 위치를 점했다고 생각했다.

하지만 모든 계획이 엇나가기 시작했다. 차일즈는 이 프로젝트가 자신이 의도했던 만큼 협업으로 진행된 게 맞는지 의구심이 들었다. 차일즈는 최종 결과물이 마음에 들었지만, 스키드모어, 오윙스 앤드 메릴보다 게리의 손길이 더 많이 묻었다는 데 의심할 여지가 없었고, 자신은 그저 보조적 역할로 비쳤기에 마음이 언짢았다. 차일즈는 프로젝트에서 빠지고 싶다는 의사를 조심스레 내비쳤다. 하지만 그렇게 되면 게리는 프로젝트를 실행하는 데 어려움이 많을 터였다. 엎친 데 덮친 격으로 포레스트 시티와 타임스 컴퍼니의 운영진은 프로젝트가 시작되면 뉴욕에서 매주 회의해야 한다며, 게리를 포함한 모든 당사자가 반드시 참석해야 한다고 통보했다.

게리는 뉴욕에 자주 올 수 있다는 생각에 기뻤지만, 매주 갈 수 있다고 확신할 수는 없었다. 이는 뉴욕으로 이사하는 거나 다름없었다. 다른 어떤 클라이언트도 게리에게 그토록 엄한 일정을 요구한 적 없었기에 게리는 타임스가 그 좋은 의도에도 불구하고, 이제는 건축을 후원하는 이상적인 신문사 노릇을 그만두고 그저 다른 대기업이나 부동산 개발자처럼 되려는 것인지 의아해졌다. 게리는 데이비드 차일즈에게 전화해서 경쟁에서 빠지자고 제안했다. 이미 자신이 게리의 예술성에 실용성을 부여해 주는 기술자 정도로만 보일까 봐 초조했던 차일즈는 군말하지 않았다. 차일즈와 게리는 각각 경쟁에서 사퇴한다는 간단한 서류를 작성했다. 차일즈는 게리가 쓴 사퇴서가 아니라 건축물에 대한 열망이 감정적으로 잘 드러나는 자신의 사퇴서를 보내자고 게리를 설득했다. 그렇게 그들은 차일즈가 쓴 사퇴서를 보냈고, 각 참가자에게 설계 준비비로 주어지는 5만 달러도 돌려보냈다.

그렇게 게리는 또 한 번, 자신의 커리어에서 획기적인 순간이 될 뻔한 상황에서 등을 돌려 나왔다. 경쟁에서 게리와 차일즈가 공식적으로 선발되지는 않았지만, 모든 정황상 그들이 뽑힐 확률이 높았다. 그래서 신문사 측과 포레스트 시티의 브루스 래트너도 그들이 기권하자 충격을 받았다. 그들은 고용하기도 전인 건축가에게 오히려 자기네가 해고 통보를 받으리라고는 꿈에도 생각지 못했었다. 게리는 타임스에서 만난 사람 대부분이 마음에 들었지만, 아서 설즈버거는 새뮤얼 뉴하우스 같은 클라이언트가 아니고, 뉴욕 타임스 컴퍼니의 회장일지라도 이사진, 주주, 수많은 관리자와 편집자들의 목소리에 귀 기울여야 한다는 사실을 정확히 꿰뚫고 있었다. 게리는 누가 진짜 클라이언트인가 하는 문제 앞에서 괴로웠다. 복수의 클라이언트 문제로 MIT와 월트 디즈니 홀 프로젝트에서 데었던 상처가 여전히 생생히 남아 있던 때였다. 대형 상장 기업과 일하는 것은 오래전 빅터 그루엔이 파리에서 제안했던 기회를 걷어차 버렸을 때와 같은 긴장감을 가져다줬다. 즉, 게리는 스스로 통제할 수 없을 것 같은 일은 할 필요가 없다고 느꼈다.

2001년 9월 11일, 게리는 26번째 결혼기념일에 다른 프로젝트 때문에 뉴욕으로 돌아왔다. 이는 링컨 센터 개조 프로젝트였지만, 끝끝내 실행되지는 못한다. 링컨 센터 이사진으로 활발하게 활동하고 있던 마샬 로즈는 매디슨 스퀘어 가든 프로젝트에서 게리와 처음 만난 부동산 개발자이자 배우 캔디스 버겐의 남편이었다. 마샬 로즈는 고루한 복합문화공간에 화끈한 한 방을 더할 건축가가 게리라고 믿었다. 링컨 센터는 주요 빌딩이 지어진 지 반세기가 다 되어 가는 꽤 오래된 건물이었다. 한번은 게리에게 링컨 센터의 중앙 광장에 유리 지붕을 얹을 수 있을지 봐 달라는 요청이 들어왔고, 게리는 실현 가능성을 조사해 보기로 했다. 유리 지붕을 얹겠다는 계획은 게리의 조사가 끝나기도 전인 2002년에 대중에 알려졌다. 게리는 공개된 계획이 자신의 최종 디자인이라고 생각하지 않았지만, 어쨌건 링컨 센터의 유명한 광장이 아치형 유리 지붕으로 덮인 이미지가 공개되자 대중의 뭇매를 맞았다. 그래서 링컨 센터 이사진은 그 계획을 진행하지 않기로 했을 뿐만 아니라, 더는 게리와도 작업하지 않기로 했다. 링컨 센터에서 게리의 이름은 빌바오 구겐하임 미술관에서와 정반대의 의미를 함축하게 됐다. 즉, 게리가 실제로 제시하려 했던 계획과는 무관하게, 대중적이지 않은 디자인을 만들어 냄으로써 프로젝트에 적합하지 않은 건축가로 판명 난 것이다.

하지만 게리가 링컨 센터 프로젝트에서 완전히 위신을 잃기까지 아직 1년은 더 지나야 했고, 9월 11일 아침 뉴욕은 모든 것이 평화로워 보였다. 거대하고 사방으로 뻗친 새 구겐하임 미술관을 다운타운에 짓겠다는 프로젝트는 모금에 차질을 빚고 있기는 했지만, 그래도 여전히 가능성이 있어 보였다. 게리는 그의 의견을 목 빠지게 기다리던 링컨 센터 건설 위원회 앞에서 발표할 내용을 준비하고 있었다. 로드아일랜드디자인스쿨을 졸업한 뒤 뉴욕에서 지내던 알레호는 그 주에 로어맨해튼에 새로 개장하는 이세이 미야케Issey Miyake 매장의 벽화를 마무리하던 중이었다. 게리는 아들과 함께 일해 보기 위해 작은 일이지만 그 매장의 인테리어 디자인을 맡고 있었다. 그날 아침 일찍 베르타는 결혼기념일을 축하하고 알레호의 벽화도 볼 겸, 뉴욕행 비행기에 오르기 위해 로스앤젤레스 공항에 도착했던 참이었다. 모든 것이 순조롭게 흘러갔더라면 게리 가족은 뉴욕에서 아주 멋진 한 주를 보냈을 터였다.

세계무역센터를 무너뜨린 9·11 테러 공격이 일어난 당시, 게리는 이스트 57번가에 있는 포시즌스 호텔의 자기 방에 머물고 있었다. 게리는 TV에서 그 사건을 접한 뒤, 창문 너머로 으스러진 고층 건물을 목격했다. 당연하게도 베르타의 비행기는 뜨지 않았고, 이세이 미야케 매장의 개장 파티도 취소됐다. 도시 전체가 멈췄다. 하지만 게리는 회의를 그대로 진행한다는 링컨 센터 측의 얘기를 듣고 아연실색했다. 회의에 참석한 게리는 큰 충격에 휩싸여 최선을 다하지 못한 채 힘겹게 발표를 이어 가다가 마음이 너무 불편하다고 말하며 양해를 구한 뒤 호텔로 돌아왔다. 게리는 알레호뿐만 아니라 뉴욕에서 지내던 레슬리와 브리나에게도 연락했고, 그들은 모두 가까스로 포시즌스 호텔로 모였다. 베르타와 샘이 로스앤젤레스에 머무르는 동안 게리는 포시즌스 호텔에 며칠을 더 묵었다. 게리는 뉴욕에 사는 친구들에게 연락을 취했다. 세계무역센터에서 불과 몇 블록 떨어지지 않은 곳에 살던 허버트 무샴프는 충격이 너무 커서 집 밖으로 나가지도 못했다고 했다. 마찬가지로 매우 놀란 이세이 미야케도 메르세르 호텔의 객실 안에 계속 머물렀다고 했다. 게리는 어퍼웨스트사이드에 복식 아파트를 소유하고 있던 피터 루이스와 클라이언트 대신 뉴욕에 잠깐 들렀던 렌초 피아노가 항공편 결항으로 자신처럼 오도 가도 못하고 뉴욕에 발이 묶였다는 얘기를 들었다. 게리는 모든 것이 정상화되어 베르타가 있는 로스앤젤레스로 돌아가기 전까지 루이스와 피아노, 자녀들과 지내며 버텼다.

다른 건축가도 마찬가지였겠지만, 게리는 세계무역센터가 있던 자리에 앞으로 무슨 일이 벌어질지 생각하지 않을 수 없었다. 게리는 그 자리에 무언가가 지어져야 한다고 강하게 확신했다. 그 땅을 그대로 비워 두는 것은 일종의 무응답처럼 느껴졌다. 그는 『뉴욕 타임스 매거진』에서 데버라 솔로몬Deborah Solomon과 진행한 인터뷰에서 "전 세계를 사로잡을 만큼 아름다운 공간"이 들어서면 좋겠다며, "호수를 갖춘 실내 공원" 아이디어를 꺼냈다. 2002년 봄, 매년 예일대학교에서 해 온 강연을 진행하던 중, 게리는 학생들에게 세계무역센터가 있던 자리를 위해 "개방성과 관용의 상징이 될 만한 숭고한 건물"을 설계해 보라는 과제를 던져 주었다. 게리는 아야 소피아Hagia Sophia 성당이 학생들에게 영감을 줄 수 있을 거로 기대하며 학급 여행 경비를 사용해 학생들을 이스탄불로 데려갔다.

하지만 몇 달 뒤, 세계무역센터 자리의 재건축을 감독하기 위해 꾸려진 로어맨해튼 개발공사가 마스터플랜 작성 공모를 열었을 때, 게리는 참가를 거부했다. 게리는 『뉴욕 타임스』를 통해 설계 준비비로 쥐꼬리만 한 4만 달러를 주는 건 "모욕적"인 처사라고 말했다. "젊은이들이 그 일을 한 건 이해할 수 있습니다. 하지만 제 나이대 사람들은 그 일에 뛰어들 이유가 없어요. 4만 달러를 받고 일한다는 긴, 자신의 가치가 4만 딜러어치밖에 되지 않는다는 뜻입니다."

이는 게리가 공식 석상에서 뱉은 몇 안 되는 실언 중 하나다. 존경과 돈을 향한 평생의 열망과 그 둘을 동일시하는 태도에 눈이 먼 게리는 동료 건축가들이 세계무역센터 재건 공모에 참여한 이유가 돈이 아니라 애국적 의무감이라는 사실을 놓치고 말았다. 게리와 데버라 솔로몬의 인터뷰 내용이 출판되고 난 이후, 피터 아이젠먼과 찰스 과스메이는 공개 토론 자리에서 게리를 공격했다. 게리의 발언은 건축가의 전문적 지위를 옹호한 것이 아니라, 많은 동료 건축가가 시민의 의무라고 생각한 일에 더 많은 돈을 요구한 것처럼 보였다. 게다가 게리의 발언은 동료 건축가들이 자신을 헐값에 팔아넘긴다는 비난처럼 들렸다.

몇 년 전, 빌바오 구겐하임 미술관으로 대중의 열광적인 지지를 받은 후부터 게리와 동료들, 특히 필립 존슨의 '아이들' 무리 사이에는 미묘한 긴장감이 감돌고 있었다. 게리는 '아이들' 중 한 명이었고, 멤버들은 게리의 작품에 감탄했다. 하지만 남들은 얻지 못한 명성을 얻은 게리를 향한 질투심도 도사리고 있었다. 게리는 대중의 취향에 영합하거나 건축물을 지나치게 쉽게 만들어서 명성을 얻은 게 아니었기에, 동료들은 그러한 점으로 게리를 나무랄 수 없었다. 그들은 게리가 헛발을 디디기만을 기다리고 있었다. 그런 상황에서 세계무역센터가 있던 그라운드 제로Ground Zero 에 대한 게리의 발언은 그들이 물고 뜯을 먹잇감을 던져 준 셈이었다.

하지만 정작 로어맨해튼 개발공사는 아무런 원한도 없어 보였다. 사무실 건물 여러 채와 기념비, 두 채의 문화 공간 건물이 포함된 대니얼 리버스킨드의 마스터플랜이 선정된 후, 개발공사는 게리에게 문화 공간 중 하나인 공연예술센터 설계를 의뢰했다. 유명한 댄스 공연장 조이스Joyce와 브로드웨이 출신이 아닌 비영리 공연장인 시그니처 시어터 컴퍼니Signature Theater Company의 새 보금자리가 들어갈 건물이었다. 하지만 이 또한 결국에는 기나긴 논의 끝에 물거품이 되고 만다. 육면체가 연속적으로 반복되는 게리의 설계는 건설에 4억 달러가 넘을 거로 추정됐지만, 개발공사의 예산은 그 추정치의 4분의 1밖에 되지 않았고, 나머지 비용은 개인 모금을 통해 충당해야 했다. 정치적 혼란, 프로그램 성격의 잦은 변화, 모금 문제, 인근 건물 공사로 인한 부지에 얽힌 문제 등으로 인해 프로젝트는 언제 시작하겠다는 기약 없이 계속 미뤄졌고, 그럴 때마다 게리는 재설계를 요청받았다. 결국 시그니처 시어터 컴퍼니는 입주를 포기했다. 마침 웨스트 42번가에 새로 들어 선 고층 건물의 저층부에 맞춤형 보금자리를 만들어 주겠다는 제안을 받은 터였던 그들은 대신 미드타운에 자리를 잡았다. 시그니처 시어터 컴퍼니의 경영진은 게리와 함께하는 작업이 즐거웠지만, 프로젝트가 자꾸만 밀리자 짜증이 이만저만이 아니었다. 그래서 그들은 게리에게 함께 새로운 공연 단지를 설계하자고 청했다. 규모는 아담했지만 기꺼운 작업이었기에 게리는 세 개의 독특한 공연장 인테리어를 작업해 최고의 결과물을 뽑아냈다. 바드대학 피셔 센터의 경우처럼 이 공연장 또한 게리가 딱 맞는 클라이언트를 만나면 빠듯한 예산으로도 창의적이면서 기능적으로도 우수한 건물을 설계해 낼 수 있다는 사실을 증명해 보인 건축물이 됐다.

퍼싱 스퀘어 시그니처 시어터Pershing Square Signature Theater가 개장한 2012년, 세계무역센터 땅에 짓기로 한 공연예술센터는 아직 시공을 시작하지도 않은 채였다. 게다가 프로젝트는 공연예술센터가 아니라 종합예술센터 건설로 방향을 틀었다. 그렇게 되면 지난 10년간 묵묵히 기다렸던 조이스 시어터가 차지하는 중요성이 줄어들 수밖에 없었다. 시그니처 공연 단지의 개관식에서 시장 마이클 블룸버그Michael Bloomberg는 게리를 찬양했고, "뉴욕에는 프랭크 게리의 건물이 더 많이 필요하다"고 말했다. 하지만 종합예술센터의 새로운 단장 매기 베이플Maggie Boepple은 시장이나 시그니처 시어터 컴퍼니만큼 게리를 믿지 않는다고 이미 소신을 밝힌 바 있었다. 그녀는 문제 많은 예술센터 운영권을 2012년에 떠맡은 뒤, 게리와 소통한 적이 거의 없었다. 게리는 프로젝트 수정과 관련한 지시사항이 내려오기를 기다렸지만, 그녀로부터 어떤 얘기도 듣지 못했다. 대신 게리가 공연예술센터를 설계하게 됐다는 얘기를 듣고 팡파르를 울렸던 날로부터 10년이 지난 2014년의 어느 늦은 여름날, 관계자는 새 건축가와 함께 프로젝트를 처음부터 다시 시작하기로 정했다고 『뉴욕 타임스』에서 밝혔다. 게리는 이에 관해 전혀 들은 바가 없었다. 타임스의 기자가 게리에게 한 말씀 부탁한다며 전화를 걸어왔을 때, 그제야 게리는 자신이 해고됐다는 사실을 알게 됐다.

하지만 그즈음 뉴욕의 저주는 어느 정도 풀린 상태였다. 뉴욕에 들어선 게리의 첫 번째 단독 건축물인 IAC 본사 빌딩이 2007년에 완공됐다. 인터넷 지주회사인 IAC의 회장은 배리 딜러였다. 새로움을 향한 강력한 본능을 지닌 딜러는 본사를 첼시 해안가로 옮기고 싶어서 웨스트 18번가에 땅을 매입했다. 지상의 화물 선로를 새로운 공원으로 바꾸는 작업이 한창 진행 중이었던 하이라인High Line에서 한 블록 떨어진 곳이었다. 딜러는 과거 세대가 시그램 빌딩, 레버 하우스, 울워스 빌딩Woolworth Building과 같은 본사 건물을 지어 올린 것처럼 자신의 회사를 사람들에게 각인시킬 만한 상징적 건물을 짓고 싶었다.

딜러는 오랜 지인인 마샬 로즈에게 연락해 건축가 찾는 일을 도와 달라고 했다. 링컨 센터 사건 이후, 여전히 게리가 뉴욕에 발자취를 남길 수 있도록 열성적으로 돕고 있던 로즈는 이때다 싶어 게리를 추천했다. 처음에 딜러는 거절했다. 프랭크 게리는 너무 고집이 센 데다 비용이 많이 들고 자신이 통제하기 어려운 사람일 것 같다는 이유에서였다. 로즈는 게리가 딜러와 마찬가지로 배 타는 걸 좋아한다며, 건축에 대해서는 서로 의견이 맞지 않을 수 있지만, 그래도 게리를 직접 만나 배 타는 얘기라도 편하게 나눠 보라며 고집스럽게 타일렀다. 그렇게 두 사람은 함께 로스앤젤레스에서 하루를 보냈고, 몇 시간 동안 얘기를 나눴다. 두 사람은 월트 디즈니 콘서트홀도 함께 둘러봤다. 딜러는 콘서트홀에 감명받은 만큼이나 게리의 차분한 태도가 마음에 들었다. 딜러는 게리와 함께 일할 수 있겠다고 생각을 고쳐먹고, 다른 건축가는 거들떠보지도 않은 채 2003년에 게리를 고용했다.

게리의 사업 파트너가 된 마샬 로즈의 회사와 IAC를 위해 게리가 설계한 10층짜리 유리 건물은 게리가 콘데 나스트 구내식당에서 탐구했던 아이디어의 연장선에 있었다. 당시 일부 유리에 굴곡을 더해 봤던 시도가 이번에는 건물 전체로 확장됐다. 딜러는 건물이 흰색이었으면 했고, 게리는 그 요구를 따랐다. 두 사람 모두 건물의 형태가 바람에 부풀어 오른 돛과 닮았다는 점이 꽤 마음에 들었다. 유리 건물은 날카로운 느낌을 주는 경우가 많지만, 이 건물의 유리만큼은 진흙으로 빚은 듯 느긋한 느낌을 풍겼다. 하얀 유리와 굴곡진 모양의 건물은 컴퓨터 렌더링처럼 보이기도 했다.

게리는 설계 기간인 1년 동안 51개의 모델을 만들어 냄으로써 게리가 융통성 없이 굴까 봐 걱정했던 딜러의 고민을 불식시켰다. 하지만 게리의 관점에서 가장 중요했던 것은 미학적 문제뿐만 아니라 경제적 문제와도 연관되어 있었다. 딜러는 IAC 빌딩이 맨해튼의 다른 고급 사무실 건물과 나란히 어깨를 견주기를 바랐다. 즉, 예산을 넘지 않으면서도 싸구려로 보이지 않는 건물을 만들어야 한다는 과제가 게리에게 주어진 것이다. 하지만 게리는 그러한 제약에 괴로워하기는커녕 즐거워했다. IAC 프로젝트가

맨해튼에 있는 IAC 빌딩

뉴욕의 만만찮은 환경에서도 건물을 지을 수 있는 게리의 능력을 증명해 보일 기회라면, 이왕이면 합리적인 비용으로 해내는 모습도 보여 주면 좋지 않은가? 게리는 뉴욕 프로젝트를 통해 수년간 그를 귀찮게 따라다녔던 불만을 잠재우기로 했다. 게리의 작품은 사치스럽고 비싸다는 불만 말이다. 까다로운 배리 딜러를 만족시키고 독특하면서도 기능적이며, 경제적으로도 그럴싸한 건물을 맨해튼에 짓는 모습을 세상에 내보일 수만 있다면, 게리는 빌바오 미술관이나 월트 디즈니 콘서트홀을 지을 때 품었던 높은 야심을 포기할 준비가 되어 있었다. 그렇게 되면 게리가 건축물의 실용적 측면에는 전혀 관심 없는 미친 예술가라는 세간의 시선을 물리칠 수 있으리라 생각했다.

하지만 프로젝트는 꽤 고역이었다. 알고 보니 딜러가 맞춤형 빌딩을 원하는 클라이언트였다는 사실이 한몫했다. 빌딩의 초기 버전 중 몇몇에는 평평한 유리 조각이 서로 다른 각도로 놓여 깎아지른 듯한 면이 포함되어 있었다. 게리는 그렇게 하면 멀리서 봤을 때 표면이 휘어져 보이는 효과를 값싸게 구현할 수 있다고 생각했다. 하지만 딜러는 각진 유리 부분의 창문 너머로 보이는 작은 이음매마저 없애 달라고 주문했다. 딜러가 외관의 유리를 실제로 휠 방법을 찾아보라고 게리를 압박한 결과, 게리 파트너스는 유럽의 유리 외벽 제작 업체 퍼마스틸리사Permasteelisa와 손잡게 됐다. 게리는 딜러와 마샬 로즈가 수긍할 수 있는 가격선에서 각기 모양이 조금씩 다른 유백색의 유리판 1,437개를 제작 의뢰했다.

게리의 잦은 뉴욕 출장 때문에 클라스 올든버그, 리처드 코언, 마틴 프리드먼과 밀드러드 프리드먼을 비롯해 매주 일요일 아침이면 안부 전화를 주고받던 허버트 무샴프까지 수많은 뉴욕 친구들과 함께 저녁 먹을 기회도 많았다. 하지만 정작 게리는 당시 뉴욕에서 지내고 있던 두 딸과는 자주 만나지 않았다. 예술가이자 보석 디자이너이며, 『하우스 앤드 가든』지의 교열 담당자로 수년간 일했던 레슬리는 작가가 되기 위한 준비를 하며 게리가 사 준 아파트에서 생활하고 있었다. 게리의 오랜 친구이자 꼬마 시절의 레슬리를 봤던 기어 캐버노는 『하우스 앤드 가든』지가 발행되던 콘데 나스트 건물의 구내식당에서 레슬리와 다시 만나 함께 점심을 먹었던 때를 떠올렸다. 그들은 게리가 만든 굴곡진 유리 파티션과 티타늄판, 노란색 테이블에 둘러싸여 있었지만, 레슬리는 아버지에 관해 얘기하고 싶지 않다는 뜻을 명확히 밝혔다. 레슬리가 마음에 들어서 다시 사이좋게 지내고 싶었던 기어는 게리에 대해 입도 뻥긋하지 않았다. 그래서 두 사람은 온정 넘치고 활기찬 대화를 나눌 수 있었다. 하지만 기어는 당시의 아이러니한 상황에 관한 생각을 떨치지 못했다. 처음에 두 사람은 전혀 눈치채지 못했지만, 기어는 오랜 친구가 설계한 유명 공간에서 그의 딸과 얘기를 나누고 있다는 사실을 문득 깨달았고 그녀는 이렇게 회상했다. "저는 이것이야말로 삶의 콜라주라고 생각했습니다. 하지만 우리는 좋은 시간을 보냈어요."

　브리나는 문예지 『뉴욕 리뷰 오브 북스*The New York Review of Books*』에서 몇 년간 일한 뒤, 브루클린에서 요가 강사로 일하며 지내고

레슬리 게리 브레너

있었다. 게리가 뉴욕에서 브리나와 함께한 몇 안 되는 저녁 식사 자리 중, 한번은 『뉴욕 리뷰 오브 북스』에 자주 언급되던 작가 조앤 디디온Joan Didion과 존 그레고리 던John Gregory Dunne이 게리네와 같은 레스토랑에 있었다. 그들은 게리와 브리나 쪽으로 다가오더니, 게리가 아닌 브리나에게 인사를 건넸다. 유명인에 너무 익숙해 있던 게리는 두 유명인이 자신이 아니라 딸에게 인사를 건네리라고는 상상도 못했기에 깜짝 놀랐다. 게리는 그 상황이 재미있다고 여겼지만, 유명세와 그에 따라붙는 요구 사항은 여전히 두 딸에게 아픈 기억이라는 사실을 다시금 깨달았다. 두 딸은 자라면서 게리와 함께 많은 시간을 보내지 못했다고 느꼈다. 거절하는 것 외에는 자신의 목소리를 낼 방법이 없다고 느끼는 많은 무력한 이들이 그러하듯, 뉴욕에 들른 게리가 두 딸에게 보고 싶다고 전화를 걸 때면 딸들은 바쁘다는 이유로 만남을 미루기 일쑤였다.

광고 및 브랜딩 자문회사에서 게리에 관한 첫 번째 연구서를 썼던 게리의 친구 피터 아넬이 브리나와 함께 일하고 있던 1990년대 중반, 당시 발생한 일은 게리와 브리나의 관계를 개선하는 데 도움을 주지 못했다. 아넬은 로드아일랜드디자인스쿨로 인재 채용 출장을 나가 알레호를 만났는데, 예술가와 그래픽 디자이너로서의 그의 능력에 감탄했다고 게리에게 말했다. 게리는 아들에게 일자리를 연결해 주는 것을 잠시 망설였다. 왜냐하면 이미 아넬과 일하고 있던 브리나의 입지에 문제가 생길 수도 있었기 때문이다. 게리는 브리나가 그녀의 이복동생과 동료로 잘 지낼 수 있게 해 달라고 아넬에게 신신당부했다. 브리나는 떨떠름했다. 보통은 가족 간의 긴장을 누그러뜨리는 역할을 맡았던 베르타였지만, 이번만큼은 벌컥 화를 냈다. 정확하진 않지만, 그녀는 브리나에게 이 상황에 대해 언짢아할 권리가 없다는 식으로 말을 했다. 결국 브리나와 알레호는 모두 아넬의 회사에서 일하게 됐지만, 긴장감은 사그라지지 않았다.

레슬리와 브리나는 둘 다 꽤 예민한 편이었고, 게리와의 관계만큼이나 그들 간에도 심각한 긴장감이 존재했다. 2008년, 게리는 물론이고 두 자매도 서로 말을 섞은 지 오래된 어느 날, 리처드 스나이더가 게리에게 전화해 레슬리의 상태가 좋지 않으니 어서 연락해 보라고 말했다. 당시 레슬리는 은둔 생활하며 거의 집 밖으로 나가지 않고 있었다. 그녀와 꾸준히 연락하는 몇 안 되는 사람 중 하나가 삼촌인 리처드였다. 사실, 리처드는 자신의 전 매형인 게리를 포함해 가족 모두와 잘 지내는 유일한 구성원이었다.

게리는 레슬리에게 전화했다. 레슬리는 그녀의 건강에 대한 그 어떤 질문도 무시로 일관했다. "심각한 건 아니고 여자들이 겪는 일이에요." 레슬리는 게리에게 이렇게 말했다. 게리는 지난 몇 달간 딸과 통화하지 않았지만, 그래도 레슬리의 목소리를 듣자마자 뭔가 심상치 않은 일이 일어나고 있다는 알 수 있었다. 레슬리는 예전에도 게리에게 말하지 않고 수술을 받은 적이 있었다.

"저는 레슬리에게 이렇게 말했어요. '레슬리, 내가 해결해 주마, 내가 도와주마.'" 게리는 그의 친구이자 밀턴 웩슬러의 딸인 낸시 웩슬러Nancy Wexler에게 전화를 걸었다. 낸시는 뉴욕에서 지내며 뉴욕 장로병원을 이끌던 허버트 파데스Herbert Pardes의 파트너가 되어 아버지가 시작한 헌팅턴병 및 유전병 치료를 위한 재단을 운영하고 있었다. 웩슬러와 파데스는 168번가에 있는 뉴욕 장로병원에서 레슬리의 예비 수술 일정을 잡았다. 그 결과, 레슬리는 자궁암 3기 판정을 받았다. 이전에 진료를 봤던 의사가 눈치채지 못하는 바람에 병은 깊어졌고, 그녀는 심각한 상태였다.

게리가 레슬리를 돌보려 하자, 그녀는 도움을 거절하지 않고 환영하는 듯했다. "저는 드디어 아버지 역할을 하게 됐어요. 진작했어야 하는 일이라는 걸 깨달았죠." 게리가 말했다. 게리는 자신을 피하는 레슬리에게 더 적극적으로 다가가지 않고, 레슬리의 거절을 핑계 삼아 딸에게 거리를 두고 있었다는 사실을 깨닫고는, 밀려오는 후회에 잠을 이루지 못했다. 그는 레슬리와 잘 지내지 못했기에 얼굴 보기가 망설여진다는 브리나에게 전화를 걸었다. 게리는 마음이 불편했지만, 그래도 브리나에게 레슬리의 소식을 알려 주는 것이 옳다고 생각했다. 그다음에는 아니타와의 통화라는 더 어려운 시간이 기다리고 있었다. 게리는 전 부인에게 자신들의 딸이 암에 걸렸고, 상태가 매우 좋지 않다는 얘기를 들려줬다. 게리는 아니타에게 최대한 서둘러 뉴욕으로 오라고 했고, 비행기 삯은 자신이 내겠다고 말했다.

다음 몇 달간, 게리는 이전 가정의 가장 노릇을 톡톡히 수행했다. 브리나는 레슬리의 반대를 무릅쓰고 병문안을 왔다. 브리나가 도착하자 게리는 두 자매를 병실에 함께 남겨 두고 자리를 피했다. 잠시 뒤에 병실을 살짝 들여다보니, 자매는 서로 껴안고 있었다. 게리는 망가진 가족의 상처를 소박하게나마 자신이 치료해 주기 시작했다고 생각했다. 그 과정에서 게리에게 주어진 임무 중 일부는 이제껏 분리하려 애썼던 서로 다른 세계를 잘 조율하는 것이었다. 아니타는 레슬리의 수술을 지켜보기 위해 뉴욕으로 가는 도중, 샘과 알레호를 처음으로 만났다. 샘은 레슬리의 병실에서 아니타와 함께 보내는 시간이 꽤 가시방석 같았다. 그래서 그는 자신의 약혼자 조이스Joyce와 함께 다운타운으로 가서 레슬리의 아파트를 대신 치워 주겠다고 했다. 레슬리에게 도움이 되면서도 숨 막히는 병실에서 벗어날 유일한 방법이라 판단했다. 아니타와 게리, 브리나가 병원 대기실에 있을 때, 곤란한 상황이 발생하기도 했다. 일레인 메이와 다이앤 소여Diane Sawyer가 레슬리와 같은 층에 입원해 있던 마이크 니컬스Mike Nichols를 보러 가던 길에 게리를 발견한 것이다. 메이와 소여는 너무 신난 나머지 게리에게 니컬스를 함께 보러 가자고 재촉하며, 아니타와 브리나에게는 신경을 쓰지 않았다. 브리나와 아니타에게 그 상황은 게리의 공적 활동 때문에 가족 간의 시간을 희생해야 했던 과거를 다시금 떠올리게 해서 또 한 번 속이 탔다.

종종 베르타나 알레호, 샘과 함께 병문안했던 게리는 레슬리의 병실에 가장 주기적으로 들르는 사람이었다. 알레호와 샘은 레슬리, 브리나와 곧잘 어울렸다. 레슬리는 배급받던 의료용 마리화나를 알레호와 함께 피웠고, 그들은 이제껏 함께 지낸 시간 중 가장 즐거운 한때를 보냈다. "우리는 약에 흠뻑 취해 재밌게 놀았어요." 알레호가 말했다. 낸시 웩슬러와 허버트 파데스도 병실에 자주 들렀다. 게리가 뉴욕에서 레슬리와 함께 있어 주지 못할 때면 하루에도 몇 번씩 전화했다. 또한 병원 음식을 싫어하는 레슬리를 위해 게리는 자신이 자주 머물던 이스트 63번가의 로웰 호텔에서 음식을 배송해 주었다. 레슬리는 좋아했다. 음식 때문만이 아니라, 평생 처음으로 자신의 행복이 아버지의 우선순위가 됐기 때문일 테다. 그들은 긴 대화를 나눴다. 게리는 레슬리의 침대에 걸터앉아 그녀의 손을 잡았다. 그토록 오랜 시간이 흐른 후에 게리는 레슬리와 가까워졌다는 생각에 가슴이 벅찼다. 그들은 서로 솔직히 마음을 터놓았고, 레슬리의 병을 치료하지 못한다는 사실을 받아들였다. 상속인이 없던 레슬리는 그녀의 재산을 웩슬러의 유전병 재단에 기증하자는 게리의 뜻에 동의했다.•

레슬리는 병명을 진단받고 6개월도 채 되지 않은 2008년 11월 16일에 눈을 감았다. 레슬리가 54번째 생일을 맞은 지 한 달 후였다. 레슬리가 숨을 거두기 며칠 전 뉴욕으로 온 아니타와 베르타, 게리의 여동생 도린이 곁을 지키고 있었다. 게리는 잠깐 자리를 비웠다. 가족들은 다음 날 아침, 그와 베르타가 묵고 있던 페닌슐라 호텔에 모였고, 도린과 브리나는 레슬리의 유골을 받으러 함께 장례식장으로 갔다. 게리는 레슬리가 죽을 거란 사실을 알고 있었지만, 실제로 그 순간을 맞닥뜨리자 엄청난 충격이 몰려와

• 레슬리의 주요 재산은 그녀의 아파트였다. 게리는 레슬리가 기증한 것과 자신의 기금을 합쳐 유전병 재단에서 매년 레슬리의 이름으로 상을 주는 데 써 달라고 했다. 게리는 한 친구에게 보내는 편지에서 '레슬리 게리 브레너 과학 혁신상'은 "독창성, 창의성, 즉흥성, 정확성, 엄격성과 같이 과학자에게 필요한 덕목이자 레슬리의 수많은 재능을 반영"한다고 썼다.

정신이 멍해졌다. 게리는 아부다비 구겐하임 프로젝트와 관련해 토머스 크렌스로부터 급한 전화가 걸려 왔던 것을 기억했다. 게리는 잠깐이나마 슬픔에서 벗어날 수 있을까 싶어서 전화를 계속 이어 갔다.

레슬리의 유골은 고향인 캘리포니아로 보내졌다. 몇 주 후, 게리의 가족들은 그녀를 기리기 위해 한 번 더 모였다. 게리는 레슬리의 유골을 말리부 앞바다에 뿌리기 위해 요트를 빌려 가족을 모두 태웠다. 5킬로미터 정도 떨어진 바다로 향하는 느리고 고통스러운 항해였다. 그곳은 합법적으로 유골을 뿌릴 수 있는 지점 중 가장 가까운 곳이었다. 침묵을 깨는 건 보트의 시끄러운 모터 소리뿐이었다. 풍향 때문에 돛의 동력으로 그곳까지 가려면 몇 시간은 걸린다며 모터를 쓸 수밖에 없다고 선장이 설명했다. 게리는 그 모터의 소음이 너무 거슬렸지만, 돌아올 때는 모터를 끄고 항해할 수 있었기에 그나마 안정을 되찾았다.

5킬로미터 지점에 다다르자 게리와 아니타는 함께 서서 딸의 유골을 물에 뿌렸다. 리처드 스나이더가 기억하기를, 베르타는 존중의 표시로 그들과 거리를 유지하며 알레호, 샘과 함께 반대편 갑판에 서 있었다. 베르타는 본능적인 예절 감각에 따라, 이번만큼은 게리가 아니타의 곁으로 돌아갈 때라는 것을 이해했다. 요트가 해안가로 돌아오자, 게리는 샌타모니카의 자기 집 근처에 있는 정통 스테이크집인 '퍼시픽 다이닝 카'로 모두를 데리고 갔다. 게리는 그곳에 단체실을 예약해 오랫동안 보지 못한 아니타의 남동생 마크와 아니타의 남편 조지 브레너까지 함께할 수 있는 자리를 마련했다. 이는 스나이더 가족과 게리 가족이 한자리에 모였던 유일한 시간이었다. 게리는 긴 테이블의 맨 끝자리에 앉아 있었다. 그는 레슬리가 자라 온 시간을 회상하며 감정이 북받쳐 올랐다. 그는 자리에서 일어나 잔을 들었고, 아니타를 향해 건배했다. "난 여전히 당신을 사랑해." 게리가 아니타에게 말했다.

타임스 빌딩 프로젝트와 관련한 회의에서 만난 게리의 태도가 마음에 쏙 들었던 브루스 래트너는 게리와 데이비드 차일즈가 프로젝트에서 기권한 후에도 게리에게 꾸준히 연락을 취했다. 래트너는 자신의 회사 포레스트 시티 래트너에 다른 일감도 많다는 얘기를 게리에게 은근슬쩍 흘렸다. 그중에는 브루클린 브리지 바로 남쪽에 있는 독특한 로어맨해튼 부지 프로젝트도 있었다. 래트너는 그곳에 높은 아파트 타워가 세워지면 좋을 것 같다고 생각하고 있었다. 또한 그는 애틀랜틱 야드 프로젝트를 막 시작하려던 참이었다. 애틀랜틱 야드 프로젝트는 넓이가 9만 제곱미터에 이르는 브루클린의 롱아일랜드 조차장을 손보는 프로젝트로, 총 74만 제곱미터의 주거 공간, 가게, 사무소와 새 농구 경기장이 들어설 예정이었다. 새 농구장의 주인은 래트너가 사들인 뉴저지 네츠New Jersey Nets였다. 네츠 팀은 연고지를 브루클린으로 옮기고 팀명도 브루클린 네츠Brooklyn Nets로 바꿀 계획이었다.

로어맨해튼 프로젝트나 애틀랜틱 야드 프로젝트 모두 미드타운 맨해튼에 뉴욕 타임스 빌딩을 짓는 프로젝트와는 달랐다. 하지만 합쳐서 보자면 이 프로젝트들은 뉴욕 타임스 타워보다 몇 배나 더 넓었다. 래트너는 게리에게 이 모든 일을 다 맡아 달라고 말했다. 우선 애틀랜틱 야드의 마스터플랜 제작과 고층 건물 몇 채, 네츠 경기장의 설계를 부탁했고, 머지않아 맨해튼의 아파트 타워 설계도 부탁했다. 뉴욕 프로젝트는 게리 사무소의 중심 일거리가 됐고, 한때는 직원이 240명에 이르렀다.

하지만 애틀랜틱 야드는 게리의 커리어 사상 가장 짜증 나는 프로젝트가 된다. 애틀랜틱 야드는 게리가 맡은 프로젝트 중 가장 규모가 컸다. 게리는 대규모 도시 설계를 맡을 기회가 반갑기는 했지만, 그의 강점을 마음껏 펼쳐 보일 수 있는 장이 되어 주지는 못했다. 게리가 유리로 설계한 네츠 경기장은 프로젝트의 야심작으로, 그저 환상적이라는 말밖에는 나오지 않았다. 실현됐다면 게리의 가장 뛰어난 프로젝트 중 하나가 됐을지도 모른다. 게리는 경기장의 열기와 더불어 도시 경관 속 경기장의 역할까지 제대로 이해했다. 하지만 타워 건물은 또 달랐다. 게리의 최고작 대부분은 도시 환경과 대조를 이루며 독특한 디자인을 선보일 때 탄생했다. 빌바오 구겐하임 미술관이나 여타 프로젝트에서 볼 수 있듯, 그는 주위 환경에 민감하게 반응하면서도 자신의 건축물이 전경에 두드러질 수 있게 건축물을 설계했다. 하지만 애틀랜틱 야드에서는 게리의 설계 자체가 도시 환경이 되어야 했다. 전경과 배경의 느낌을 살리기 위해 게리는 절제된 디자인의 타워 16채를 설계한 뒤, 190미터 높이의 메인 타워만 집중적으로 장식했다. 그는 이 메인 타워를 '미스 브루클린Miss Brooklyn'이라 불렀다. 하지만 평범한 타워들과 화려한 타워를 나란히 놓으니, 게리 건축물을 한 채만 제값 주고 구매하고, 나머지는 떨이로 사들인 것 같은 분위기를 풍겼다.

프로젝트는 처음부터 말이 많았다. 사람들은 그 거대한 규모와 프로젝트의 위치에 반대했다. 애틀랜틱 야드 프로젝트가 완성되면 포트 그린Fort Greene과 프로스펙트 하이츠Prospect Heights 사이에 거대한 빌딩 장벽이 들어서기 때문이었다. 공공 지원금 지급에 반대하는 목소리도 있었다. 그중 게리에게 가장 뼈아팠던 반대는 래트너가 게리를 선택한 이유가 설계 실력이 아니라 명성 때문이라는 얘기였다. 래트너는 프로젝트의 문제점들이 게리의 유명세에 묻히기를 바랐다는 것이다. 애틀랜틱 야드가 프랭크 게리의 프로젝트가 되면, 그저 개발자가 이끄는 거대한 부동산 프로젝트라는 이유로 철회되지 않을 테니 말이다. 실제로 이 프로젝트는 게리의 명성 덕에 몇 가지 정치적 큰 산을 넘을 수 있었다. 하지만 이는 게리의 유명세를 희생한 결과였다. 소설가 조너선 레뎀Jonathan Lethem도 수많은 브루클린 사람들과 마찬가지로 프로젝트에 반대하며, 게리에게 보내는 공개 서한을 온라인 매거진 『슬레이트Slate』에 실었다. "저는 당신과 같은 감수성을 지닌 이가 어쩌다 그토록 끔찍한 결과를 낳을지도 모르는 유감스러운 동맹을 맺었는지 이해하려 무진히 애를 썼습니다."

게리는 그 편지에 답하지 않았다. 설령 진짜로 브루스 래트너가 게리의 이름을 반대 목소리를 잠재울 보증 수표로 쓰려 했다 하더라도, 이는 잘못된 선택이었을 것이다. 프로젝트에는 수많은 소송이 걸렸고, 대부분 포레스트 시티 래트너가 승소했지만, 수차례의 법정 공방으로 개발은 수년간 지연됐다. 이름값으로 보자면, 게리는 포레스트 시티 래트너보다 더 많은 돈을 냈을지도 모른다. 게리가 용납받을 수 없는 타협을 했다고 보는 이는 조너선 레뎀만은 아니었다. 이제껏 게리의 작품에 호평을 보내 왔던 많은 비평가도 이번만큼은 게리의 실수라고 평했다. 특히 비용 절감을 이유로 수차례 수정을 거치면서 게리의 많은 아이디어가 폐기됐기 때문이다. "게리와 다른 재능 넘치는 건축가들이 사상 최대의 의뢰를 위해 그들의 가치마저 팔아넘기고 악마와 계약을 맺은 건지 의문을 품는 건 합당하다." 허버트 무샴프의 『뉴욕 타임스』 후임인 니콜라이 우루소프Nicolai Ouroussoff가 쓴 글이다.

그로부터 4년도 더 지난 2008년 하반기에도 여전히 아무것도 시작하지 못한 채로, 래트너에게 심각한 문제가 생겼다. 그해 가을 발생한 경제 위기로 아파트 타워 건설을 위한 자금을 충당하기가 불가능해진 것이다. 그들은 상황이 나아질 때까지 기다릴 수밖에 없었다. 하지만 경기장 건설은 미룰 수 없었다. 새 경기장에 대한 세금을 면제해 주는 법령이 2009년 말에 만료될 예정이었는데, 세금 면제 혜택 없이 래트너는 경기장을 지을 수 없었기 때문이다. 래트너는 프로 농구 팀을 브루클린으로 데려오겠다는 약속을 무를 수도 늦출 수도 없었다. 래트너의 요구로 게리는 프로젝트의 다른 부분과 잘 어우러질 수 있게 경기장을 설계해 뒀다. 그러한 연결감이 경기장 설계의 강점 중 하나였다. 하지만 아파트 타워가 세워질 수 없게 되었으니, 경기장을 다시 설계해야만 했다. 이전과 완전히 다르고, 독립적인 건물을 내년이 끝나기 전에는 시공에 착수할 수 있을 만큼 빨리 만들어 내야 했다.

래트너가 말했다. "게리가 그 일을 해낼 방법은 없었습니다. 우리는 맨땅에서 다시 시작해야만 했죠." 하지만 사실 래트너는 맨땅에서 시작할 마음이 없었다. 그는 일정을 지키기 위한 가장 효율적인 방법은 애틀랜틱 야드 부지의 크기에 딱 맞는 것으로 이미 존재하는 경기장을 찾은 뒤, 그 건축가가 같은 건물을 브루클린에 다시 지을 수 있는지 알아보는 것이었다. 빡빡한 일정 때문에 게리가 경기장을 설계하기가 어려워졌다면, 다른 건축가의 건물을 가져다 쓰겠다는 래트너의 생각 때문에 게리가 경기장을 설계하는 건 불가능해졌다.•

애틀랜틱 야드와 경기장 프로젝트마저 잃어버린 것은 그러잖아도 게리가 레슬리의 죽음 때문에 무척 힘든 시간을 보내던 때에 일어난 일이었다. 그는 정치적 문제와 경제적 문제가 뒤섞이면서 애틀랜틱 야드의 아파트 타워 건설은 앞으로 몇 년 후로 미뤄지리라 예상했었고, 그래서 래트너를 탓하지 않았다. 하지만 게리는 경기장 건설만큼은 굳게 믿고 있었다. 경기장 설계는 게리가 애틀랜틱 야드 프로젝트를 통틀어 가장 흥미로워하던 부분이었다. 또한 네츠 팀의 브루클린 이적이 얼마나 인기가 많았는

• 래트너가 가져다 쓴 경기장 모델은 엘러비 베킷Ellerbe Becket이 설계한 인디애나폴리스 페이서스Indianapolis Pacers의 홈구장이었다. 하지만 그 건물은 너무 평범해서 래트너의 마음에 들지 않았다. 그래서 그는 인디애나 경기장을 대략적인 모델로만 채택하고, 건설사 숍SHoP을 고용해 엘러비 베킷의 설계를 재작업하고 경기장에 특색을 불어넣어 달라고 주문했다. 그렇게 완성된 경기장은 바클레이스 센터Barclays Center라 이름 붙였다.

지를 고려한다면, 애틀랜틱 야드 프로젝트의 나머지 부분을 쫓아 다니던 논쟁거리에서 경기장만큼은 자유로웠다. 그러니 다른 건축사가 그 프로젝트를 진행하게 됐다는 소식을 들은 게리는 무너져 내릴 수밖에 없었다.

래트너는 게리의 다른 일감은 건재하다는 사실을 확신시켜 주기 위해 부단히 애썼다. 두 사람은 맨해튼 아파트 타워만큼은 진행되리라 확신했다. 게리로서는 70대 후반에 접어들어 마침내 고층 건물을 지어 볼 기회였고, 래트너로서는 프로젝트에 잡음이 많더라도 게리의 이름이 아파트 타워에 가치를 더해 줄 거라는 자신의 직감적 믿음을 시험해 볼 기회였다. 게리에게 아파트 타워 설계를 맡기자고 처음 제안한 2004년, 래트너는 자기 회사의 경영진에게 게리가 만든 건물이라면 더 많은 임대료를 받을 수 있을 거라고 호언장담했었다. 그중 몇몇은 회의적이었다. "제가 말했어요. '돌아가면서 모두가 생각하는 최고 임대료를 적어봅시다.' 몇 명은 1제곱미터당 4달러 또는 5달러라고 썼어요. 누구는 거기에 10퍼센트를 더했고요. 그래서 제가 말했죠. '걱정들 붙들어 매세요. 비용이 많이 들더라도 그보다 더 많은 임대료를 받게 될 테니까요.'"

배리 딜러처럼 래트너도 비용에 민감했다. 게리는 예산을 지키면서도 전통적인 구조물들과 조금은 다른 건물을 만들어야 했다. 다시 한번, 그는 비용 제한을 자신을 증명할 기회로 삼았다. 게리가 싸구려 건축가가 아니라면, 본질적으로 비이성적이고, 난해하고, 비싸기만 한 건물을 만드는 건축가도 아니라는 점을 증명할 기회 말이다. "싸구려를 만드는 비용으로도 좋은 건축물을 만들 수 있다는 걸 보여 주고 싶었습니다." 게리가 말했다.

결국엔 싸구려 건축물보다 더 큰 비용이 들긴 했지만, 래트너가 펄쩍 뛸 만한 금액은 아니었다. 효율을 극대화하기 위해 엘리베이터, 계단, 아파트 배치와 같은 건물 내부만큼은 비교적 전통적인 방식으로 디자인하라는 아이디어를 게리가 받아들였기 때문이다. 여기서도 게리는 이 비용 제한을 자존심의 문제로 받아들였다. 이는 게리가 개발자에게 현실적으로 타당한 범위 내에서 대단히 독창적이고 독특한 건물을 만들어 낼 수 있음을 보여 줄 기회였다. 하지만 그 안에는 역설이 숨어 있었다. 아파트 타워는 경제성을 위해 게리의 다른 작품과 다르면서도 '프랭크 게리'의 건물이라는 것이 한눈에 드러나도록 게리의 다른 작품과 닮아야 했다. 즉, 전통성과 독특함을 동시에 갖춰야 했다. 또한 그 건물은 니콜라이 우루소프가 틀렸음을 증명해 보여야 했다. 게리는 악마와 계약한 게 아니라는 사실 말이다.

게리는 가장 먼저, 뉴욕시의 토지사용제한법에 딱 맞춰 66층짜리 건물을 만들면 짧고 통통한 건물이 탄생하고 말 거라고 포레스트 시티 래트너 측에 말했다. 게리는 더 높고, 더 날씬한 타워를 만들고 싶다며, 비용은 더 들겠지만, 그만큼 환상적인 전망을 지닌 더 비싼 고층 아파트도 더 많이 생길 거라고 설득했다. 게리는 여러 모양을 실험했다. 뉴욕 타임스 빌딩 디자인을 조금 더 좁게 만든 것 같은 물결 모양의 타워, 비틀린 타워, 외벽이 움푹 뒤로 물러난 굴곡진 타워, 비틀림이 서로 다른 블록을 차곡차곡 쌓듯 올린 듯한 타워 등이었다. 여타 프로젝트와 마찬가지로, 그는 건축 모형 만들기를 설계 과정의 핵심으로 여겼다. 2년간의 설계 과정 중, 게리 사무소는 각기 다른 수십 개의 모형을 만들었다. 게리는 아파트 타워 모형이 마치 작은 조각품인 양 하나하나 들어다봤다. 그보다, 로어맨해튼을 옮겨 둔 모형에다 아파트 타워 모형을 대보며 스카이라인에서 어떻게 보일지 살펴보는 게 더 중요한 작업이었다.

동시에 게리는 뉴욕으로 오는 길에 이전보다 훨씬 꼼꼼한 눈길로 오래된 타워 건물들을 뜯어봤다. 게리의 아파트 타워가 들어설 부지 근처에는 울워스 빌딩이 있었다. 게리는 한때 세계에서 가장 높은 건물이라 불렸던 카스 길버트Cass Gilbert의 그 빛나는 테라코타 타워가 지닌 섬세함을 들여다봤다. 그는 시저 펠리가 지은 새 타워로 눈길을 돌렸다. 게리는 펠리의 높은 빌딩을 존경했다. "펠리는 본질에 가닿는 방법을 잘 알고, 이를 지나치게 과장하지 않습니다. 그게 바로 명료함이죠." 게리가 말했다. 게리는 펠리의 건물은 항상 형태가 명확하고, 모서리 부분에는 대개 창문이 없다는 사실을 알아냈다. "그래서 저도 건물의 모서리는 단단하게 남겨 두기로 정했습니다. 남은 선택지는 돌출 창뿐이었어요." 그는 파사드가 안팎으로 들어갔다 나올 수만 있다면, 골격 구조도 물결치는 모양일 필요는 없다는 것을 깨달았다. 그리고 돌출 창이 그러한 역할을 해 줄 수 있었다. 커다랗게 돌출된 창에는 다른 장점도 있었다. 건물 내부의 방은 꽤 일반적인 형태이기에 돌출 창을 지닌 벽면은 평범한 방에 조금 더 위풍당당하고 게리다운 느낌을 더해 줄 수 있었다.

하지만 건축적 특이점이라곤 돌출 창뿐인 타워는 평범하기 그지없었다. 만약 창들이 차곡차곡 쌓인 형태라면 줄무늬처럼 보일 것이고, 그러면 게리가 별로 좋아하지 않던, 돌출 창과 흰색 대리석 기둥이 파사드에 번갈아 나타나는 직사각형 석판 모양의 제너럴모터스 빌딩General Motors Building과 비슷해질 것 같았다. 그래서 그는 돌출 창을 수직선이 아닌 창의적인 배열로 놓을 방법을 고심하기 시작했다. 게리가 물 흐르는 듯한 조각적 형태의 굴곡진 파사드를 상상한 건 바로 그때부터다. 그는 친구이자 르네상스 미술사학자인 어빙 라빈과 함께 베르니니Bernini와 미켈란젤로Michelangelo에 대해 나눴던 얘기를 떠올렸고, 석판 위에 금속을 드리우는 형태의 아파트 타워가 미켈란젤로의 조각이 품은 유려한 형태를 떠올리게끔 한다고 생각했다. 하지만 어딘가 께름칙한 구석이 있었다. 게리가 느끼기에 곡면부는 너무 둥글었고, 금속 곡면판이 그 아래에 있는 석면의 날카로운 외곽과 잘 어우러지지 못하고 삐걱거리는 것 같았다.

온종일 설계에 열중한 후, 게리는 집으로 돌아가 잠을 청했다. 그러다 그는 한밤중에 눈을 떴다. "잠에서 깬 저는 베르니니를 생각했습니다. 베르니니 조각에서 접힌 부분을 살펴보면 조금 각진 느낌이 드는데, 그런 느낌이 더 건축적이라는 생각이 뇌리를 스쳤습니다." 게리는 조금 더 날렵한 선을 지닌 타워를 재빨리 스케치한 뒤, 다시 잠들었다. 다음 날 아침, 사무실로 출근한 게리는 아파트 타워 프로젝트에 배정된 수전 베닝필드Susan Beningfield라는 한 젊은 디자이너의 책상으로 다가가 이렇게 물었다. "자네는 미켈란젤로의 곡선과 베르니니의 곡선이 어떻게 다른지 아는가?" 베닝필드가 "안다"고 답했다. 게리는 간밤에 그린 스케치를 그녀에게 건네주며, 아파트 타워의 파사드를 베르니니의 날렵한 곡선으로 다시 작업해 달라고 말했다. 베닝필드는 72층짜리 아파트 타워의 가장 최신 디자인을 가져와 그 건축적 형태를 덜 부드럽게 만들고, 수백 미터에 이르는 천이 주름진 것 같은 형태로 바꿨으며, 소용돌이치는 주름의 맨 꼭대기에는 돌출 창을 달았다. 건물의 전체 파사드에 베르니니의 주름이 얕은 양각으로 새겨진 듯했다. 어떤 각도에서 보면, 산들바람이 불어와 표면에 물결이 생긴 것 같았다.

게리의 다른 프로젝트들이 그러했듯, 설계와 시공은 다른 문제였다. 타워의 외관을 덮으려면 대략 1만 개의 금속판이 필요했다. 게다가 베르니니가 조각한 듯한 돌출창의 불규칙한 패턴이 구불구불 파사드를 휘감고 있는 바람에 1만 개의 금속판은 거의 모두 모양이 달라야만 했다. 다른 건축물 작업을 함께했던 이탈리아의 외벽 제작 업체 퍼마스틸리사가 아파트 타워의 예비 디자인을 검토했고, 추정 비용은 래트너의 예산을 훨씬 초과했다. 게리의 아이디어를 포기하지 않으면서도 비용을 끌어내리기 위해 재료는 같으나 더 간단한 금속판을 만들 수 있도록 디자인을 다듬는 데는 2년이 더 걸렸다.

스프루스 스트리트 8번지 전경. 왼쪽에는 울워스 빌딩이 서 있다.(651쪽)

커다란 변화가 하나 있었다. 처음에 게리는 창문의 유리가 파사드의 굴곡과 딱 맞아떨어지도록 설계했지만, 곡면 유리를 만드는 가격은 너무 비쌌다. 그래서 곡면 유리 대신 평면 유리를 사용해 돌출된 주름보다 안쪽으로 움푹 들어가게 설치했다. 여기서도 게리 사무소의 디지털 소프트웨어는 중요한 차이를 만들어 냈다. 예전 같았으면 시공사는 예상 비용을 부풀려 말했을 테다. 왜냐하면 실제로 시공에 착수하기 전까지 어떤 요소가 서로 어울릴지 결정하는 과정에서 변경 사항이나 예기치 못한 문제가 발생할 수도 있기 때문이다. 하지만 디지털 소프트웨어가 각 금속판의 정확한 모양과 전체 패턴 내 금속판이 들어갈 정확한 위치를 깔끔하게 계산하니 시공사가 예상치를 부풀릴 필요도 없었다. 설계가 완성되고 나자, 여섯 군데의 하청 업체가 스테인리스 스틸 판 설치 작업에 입찰했고, 모두 예산보다 적은 비용이었다.

곡선의 시작 부분이 서로 달랐기에 내부 배치가 다른 200여 종류의 유닛이 생겼다. 하지만 층마다 그 변화는 그리 크지 않았다. 게리는 건물의 남쪽 외벽은 완전히 편평하게 만들었다. 비용을 아끼기 위해서가 아니라, 다른 쪽에서 봤을 때 두 개로 나뉜 것처럼 달리 보이게 만든다는 아이디어가 마음에 들어서였다. 그 디자인은 지오드geode를 떠올리게끔 했고, 모든 면이 같은 패턴으로 덮인 건물보다 훨씬 힘차게 느껴졌다. 게리에게 그 아파트 타워는 크라이슬러 빌딩과 달리 하나의 완전한 조각이 아니라, 외벽에 달린 장식적인 금속판 덕에 생명이 부여된 기능적인 석판에 가까웠다. 그리고 타워의 한 면을 완전히 편평하게 만드는 것이 처음의 정교했던 디자인과 작별하는 마지막 설계 과정이자, 평범한 석판에 장식을 걸어 둔 형태에 가깝다는 것을 확인시키는 과정이었다. 게리에게 테크놀로지란 규격화로 향하는 길이 아니라 적당한 가격으로 독특하면서 장식적인 형태를 만드는 방법이었다.

처음에 브루스 래트너는 아파트의 저층부는 임대를 내놓더라도 고층부는 콘도미니엄으로 판매할 생각이었다. 하지만 2008년에 닥친 경제 위기로 그는 생각을 바꿔 아파트 전체 유닛을 임대하기로 했다. 한번은 래트너가 돈을 아끼기 위해 건물을 중간 부분까지만 짓자는 더 극단적인 얘기를 해서 게리의 가슴을 철렁 내려앉게 한 적도 있었다. 래트너는 900개가 넘는 유닛이 임대되지 않고 남을까 봐 걱정이 이만저만이 아니었다. 게리는 건물 일부를 없애자는 제안에 기함했다. 그는 뎅강 잘린 건물 밑동을 만들고자 이 프로젝트를 시작한 게 아니었고, 길이가 짧아져 건축물의 비율도 어색해지면 자신의 건축적 아이디어가 전부 죽어 버릴 거라고 반발했다. 애초에 더 작은 건물을 지으려 했다면 설계는 하나부터 열까지 전부 다 달라졌을 거라고 말했다. 래트너는 경기가 회복하리라는 게리의 직감을 믿고 프로젝트를 그대로 밀고 나갔다.

완공된 아파트 타워는 '뉴욕 바이 게리'라는 이름을 달고 시장에 등장했다. 그 이름이 게리의 어깨를 으쓱하게 했을지도 모르지만, 한편으로는 브루스 래트너가 만들고 있는 도시의 비전을 지닌 건축가로 게리를 임명하는 듯했다. 게다가 래트너의 초기 희망 사항은 실현되고도 남았다. 스프루스 스트리트 8번지라는 주소로도 유명했던 그 건물은 엄청난 크기에도 불구하고 빠른 속도로 임대됐다. 타워를 반토막 낼 뻔했던 불경기도 물러간 덕에 로어맨해튼의 그 어느 곳보다 가장 높은 임대료를 받을 수 있었다. 게리는 스프루스 스트리트 8번지 아파트로 뉴욕에서 커다란 미학적 성공을 이룬 동시에, 화려한 미술관이나 콘서트홀 외에 다른 작업도 가능하다는 것과 개발자에게 떼돈을 안겨 줄 수도 있다는 것을 증명해 보였다. 게리는 그간의 숱한 패배를 뒤로한 채, 2011년에는 뉴욕에 대해 승리의 감정을 조금이나마 느낄 수 있었다.

17
80대에 접어든 게리

좋은 건축물, 혹은 적어도 게리 자신의 건축물은 엄청나게 비쌀 필요가 없다는 사실을 증명해 보이려는 게리의 결심은 브루스 래트너나 배리 딜러 같은 클라이언트를 만족시키려는 것 이상의 의미를 지니고 있었다. 이는 게리의 깊은 신념과도 같았다. 실용성이 떨어지고 비싼 건축물을 짓는 건축가라는 오명보다 게리를 괴롭히는 건 없었다. 많은 시간이 흘러 빌바오 구겐하임 미술관이 당대의 가장 중요한 건축물 중 하나라는 논쟁이 종결된 후로도 게리는 그 미술관이 고비용 프로젝트의 상징처럼 여겨지는 데 반박하고 나서야 했다. "제 건물은 예산에 딱 맞춰 제시간에 완공된다는 사실을 아무도 모르더군요." 게리는 2014년, 『아트 뉴스페이퍼*The Art Newspaper*』의 조리 핀켈Jori Finkel에게 이렇게 말했다. "빌바오 구겐하임 미술관은 1제곱미터당 3천 달러라는 예산에 맞게 건설됐습니다."

사실 게리가 모든 프로젝트를 제시간에 끝마쳤던 건 아니었다. 1999년, 그는 라틴 아메리카에서 첫 번째 프로젝트를 맡았다. 파나마의 천연 자연을 전시하는 자연사 박물관인 '바이오무세오 Biomuseo'였다. 설립자들은 베르타의 고향이 파나마라는 것을 파악했기에 게리에게 파나마 프로젝트를 의뢰하면 거절하지 않을 것임을 정확히 알고 있었다. 특히 파나마에서 가장 유명한 파나마 운하의 태평양 쪽 입구에 건물을 짓는 프로젝트라면 더욱더 거절할 이유가 없었다. 게리는 주황색, 빨간색, 노란색, 파란색, 초록색 지붕을 인 오두막 같은 구조물을 한데 모아 활기찬 건물을 설계했다. 게리의 프로젝트 중 가장 색감이 다양한 건물이었다. 하지만 자금 문제와 현지 인력 관련 문제 때문에 프로젝트는 수년간 미뤄졌고, 2014년이 되어서야 완공됐다.

사치스럽지 않은 건축가로 보이고 싶다는 게리의 고집은 그의 서로 다른 두 자아를 융합하는 방법이었다. 두 자아 중 하나는 평범한 사람, 즉 자신의 가족과 동일시하는 자아였다. 게리는 부모의 세계보다 훨씬 멀리까지 발을 내디딘 후에도 그러한 자아를 절대 저버리지 않았다. 다른 하나는 명성, 지위, 유명인과의 우정을 갈망하는 자아였다. 게리는 성공한 이후에도 그러한 자신의 가치는 바뀌지 않았다고 믿고 싶어 했다. 대부분 실제로도 그랬다. 게리와 베르타는 계속해서 샌타모니카의 자택에서 지냈다. 분명 유명한 집이었지만, 웅장하다고 할 수는 없었다. 게리 하우스는 악명 높았지만, 로스앤젤레스 기준으로 보자면 유명인의 집이라기에는 땅도 크지 않고 은밀하게 동떨어져 있지도 않았기에 검소한 축에 속했다. 1993년에 게리네 가족은 자라나는 아들들을 위해 집을 조금 확장했고,* 그 후 몇 년 뒤 그들은 인근 땅을 사들여 정원을 틔우고 차고와 작업실 공간을 더 확보했다. 하지만 게리의 친구이자 조경사인 로리 올린Laurie Olin이 새 정원 만드는 일을 도와준 이후에도 부지는 비교적 비좁고 꽉 막힌 느낌이 들었다.

건축가가 어디서 어떻게 사는지는 필연적으로 과도한 의미를 지니고, 게리의 경우에는 특히 더 그랬다. 게리는 자신이 선택한 자택이 자기 이미지와 직결된다고 생각했기 때문이다. 너무 평범한 집이라면 성공을 누릴 자격이 충분한데도 이를 부정한다고 보일 테고, 너무 웅장한 집이라면 그가 계속 동일시하며 자랑스러워했던 자기 출신을 부정한다고 보일 터였다. 윌셔 대로의 복잡한 번화가로부터 북쪽으로 몇 블록 떨어진, 독특하면서도 평범한 느낌의 조화가 살아 있는 샌타모니카의 '게리 하우스'는 여전히 적절한 선택처럼 보였다.

게리가 이사에 관해 종종 말을 꺼내긴 했지만, 이는 다른 게 아니라 초조함에서 비롯된 말이었다. 2002년, 그는 베니스 남쪽의

---

* 확장 공사 후에도 거리에서 바라본 게리 하우스의 모습은 거의 달라지지 않았다. 하지만 내부의 어떤 부분은 더 일반적인 형태로 변했다. 게리도 집의 급진적인 모습을 조금 떼어 냈다는 사실을 알고 있었다. 게리는 이를 두고 "팀을 위한 희생"이라고 바버라 아이젠버그에게 말했다. 필립 존슨은 감독 시드니 폴락에게 말하기를, 게리가 그 집을 망쳤지만, 가족을 위한 일이었으니 용납할 수 있다고 했다. "그는 건축보다 더 위대한 것을 마음에 품고 있습니다. 사랑 말이죠. 좋습니다. 다 좋은데 그냥 새로 집을 지었으면 해요."

하딩 애비뉴에 있는 세 개의 인접한 부지를 사들이기도 했다. 그곳은 게리의 보트를 정박해 둔 마리나 델 레이 근처로, 게리가 직접 가족을 위해 주거지 설계까지 했다. 샌타모니카에 자택을 지은 지 25년이 지난 지금, 그는 다시 한번 마음을 먹고 자택을 지으면 어떤 결과물을 만들 수 있을지 호기심이 일었다. 하지만 그는 새로 집을 짓는 데 양가적인 감정이 들었다. 급진적인 건축물과 소박한 환경이 잘 조합된 샌타모니카 자택이 여전히 마음에 들었기 때문이다. 게리와 베르타 모두 샌타모니카 자택에 자신들을 깊이 동일시하고 있던 데다, 2012년 미국건축가협회가 세월의 시험을 견뎌 낸 탁월한 건축물에 바치는 '25주년상'을 게리 하우스에 수여하자, 그 정당성을 증명받은 기분이 들었다.

하지만 샌타모니카 자택이 역사적 건축물의 반열에 오를 정도라면 이제 게리는 새로운 것을 시도해 볼 때였을지도 모른다. 에즈라 파운드Ezra Pound의 유명한 경구인 "새롭게 하라!"가 여전히 그에게 커다란 의미임을 보이기 위해서라도 새로운 시도를 해야만 했다. 게리는 수년간 베니스 자택 설계에 매달렸고, 피터 루이스 자택에 이은 새로운 건축 실험실이 됐다. 이는 피터 루이스의 집보다 크기가 작고 자금도 직접 대야 했지만 말이다. 하지만 로스앤젤레스 필하모닉이 연습실이나 연주회 공간으로 사용할 수 있는 음악실과 객실, 그리고 점점 나이가 들어가는 게리와 베르타를 돌봐 줄 직원이 묵을 공간까지 전부 들어갈 만큼은 충분히 큰 집이었다. 하지만 게리와 베르타 모두 베니스 자택 프로젝트에 깊이 전념하지 못했다. 그처럼 마음의 거리가 생기기 시작한 것은 설계 승인을 기다리는 동안 발생한 일 때문이었다. 이웃들이 게리의 빈 부지에 쓰레기를 버리기 시작한 것이다. 게리네 가족은 정원사를 고용해 부지를 말끔하게 정돈했지만 그래도 쓰레기 투기를 막지 못했고, 그래서 부지 주위를 울타리로 두르고 문을 잠갔다. 하지만 사람들이 자물쇠를 계속해서 파괴하자 베르타는 그 동네에 살고 싶지 않다는 생각이 진지하게 들었다. 친절한 이웃도 많았지만, 베니스는 확실히 샌타모니카만큼 안전하지는 않았다. 또한 그토록 정교한 건축물을 베니스에 짓는 것이 경제적 관점에서 옳지 않아 보이기도 했다. 게다가 베르타는 자신이 그토록 커다란 집을 관리할 수 있을지도 의문이었다. 베르타는 물론이고 게리도 집사가 되고 싶지는 않았다. 그래서 게리 부부는 샌타모니카에서 사는 것이 더 낫다는 결론을 내렸다. 베니스의 부지를 사들이고 설계를 시작한 뒤 5년이 지난 2007년, 부부는 프로젝트를 폐기했다.*

2002년에 게리의 사무소는 베니스 남쪽 플레이야 비스타의 비어트리스 스트리트에 있는 창고 같은 건물로 이전했던 터라, 게리 부부는 사무실뿐만 아니라 공항에도 가까운 베니스로 이사하고 싶었다. 샌타모니카 자택에서 비어트리스 스트리트까지 걸리는

---

* 게리와 베르타는 그 땅을 팔지는 않았다. 그들은 그곳에 투자용으로 집을 지을까 생각하기도 했었다. 결국 그 땅은 2015년에 그곳에 집을 지으려는 알레호와 그의 부인 캐리Carrie에게 넘겨졌다. 그 집은 게리가 설계했지만, 게리 부부를 위해 설계했던 집보다는 훨씬 단출하고 규모도 작았다.

통근 시간은 로스앤젤레스 평균치를 놓고 보자면 그리 길지는 않았지만, 사무실이 자택에서 바로 몇 블록 떨어져 있던 클로버필드 대로에 있던 때와 비교하자면 꽤 오래 걸렸고, 1980년에 게리의 베니스 작업실이 있던 브룩스 에비뉴보다도 더 멀었다.

래리 필드와 게리는 비어트리스 스트리트 12541번지에 있는 콘크리트와 유리로 만든 흰색 건물을 사들였다. 2층 높이의 개방형 실내를 지닌 미드센추리 모던 스타일의 육면체 건물이었다. 그들은 투자 겸 사무실로 쓰기 위해 그곳을 사들였고, 게리는 임대인이자 임차인이 됐다. 그는 일부러 건물을 아주 조금만 손봤다. 그 건물 외관에서 게리의 손길을 느낄 수 있는 데라곤 '게리 파트너스'라고 적힌 채, 건물에서 작게 튀어나와 수직으로 걸려 있는 알루미늄 표지판밖에 없었다. 건물의 한쪽은 미디어아트 랩 TBWA에게 임대를 내줬다. TBWA는 애플 광고를 작업했던 회사로, 게리가 베니스 메인 스트리트에 설계한 쌍안경 건물을 쓰던 광고 회사 샤이엇데이에서 분리되어 나온 회사였다. 건물의 나머지 부분은 게리 파트너스가 차지했고, 두 회사 사이에는 게리가 헬러Heller사를 위해 디자인한 밝은색의 야외 가구로 채워진 개방형 회랑이 있었다. 게리가 조각한 합성수지로 만들어진 가구는 범인의 사무실이 아니라는 사실을 알려 주는 첫 번째 표시다. 하지만 합판 가구, 흰색 벽, 척 아놀디의 회화, 크레이그 코프만Craig Kaufman이 만든 아크릴 조각, 게리가 포마이카사를 통해 만든 물고기 조각품과 나중에는 그 대신 들어설 금속 곰 조각품으로 가득 찬 손님 안내실로 들어선 후에야 그곳이 프랭크 게리의 사무소라는 느낌을 확실히 받을 수 있다.

안내실을 지나면 건축 모형으로 꽉 들어찬 개방된 공간 주위로 유리 벽 사무실이 배치돼 있다. 베르타를 포함한 행정 직원들이 일하는 곳이다. 유리 벽이 게리가 건축한 박물관의 일부라면, 그 안에 들어 있는 것은 게리의 건축물 그 이상이다. 국가대표 하키 선수들의 사인이 담긴 운동복, 게리 작품 전시회의 포스터, 마사 스튜어트Martha Stewart 같은 유명인들과 게리가 함께 찍은 사진, 그리고 게리 캐릭터가 출연하고 게리가 성우를 맡은 〈심슨 가족〉의 한 장면 등이 그곳에 있다. 게리의 사무 공간은 원래라면 건축가들이 작업하는 천장이 높은 제도실과 행정직 사무실 사이에 있었다. 이는 전략적인 위치였다. 모든 직원이 사무소 내부를 오가면서 게리의 자리를 지나쳐야 했고, 세 방향을 향해 난 유리 벽을 통해 게리는 사무소에서 일어나는 일 대부분을 볼 수 있었다. 모든 직원이 게리를 볼 수 있다는 점 또한 중요했다. 그에게는 자기 회사에서 일하는 사람과 방문객에게 자신을 드러내는 것이 사생활을 지키는 것보다 더 중요했다.

게리는 자기 사무실의 한쪽 벽면 전체와 옆 벽면 일부를 따라 작업용 책상을 설치해 뒀다. 또한 그가 만든 판지 안락의자인 '익스페리멘탈 에지Experimental Edges' 두 개가 놓여 있고,• 합판 테이블

• 익스페리멘탈 에지는 1979년부터 3년간 생산됐던 제품 라인이다. 이는 기존의 이지 에지보다 게리의 골판지 가구 아이디어를 더 대범하고 거친 모습으로 재탄생시키려는 노력의 결과물이었다. 이번에 게리는 대중 시장에 가구를 내놓지 않았다. 이지 에지보다 크기도 큰 동시에 더 거칠었던 익스페리멘탈 에지는 예술 작품으로서 세상에 나왔다.

비어트리스 스트리트 12541번지의 게리 파트너스 사무소

톱을 얹은 회의 책상과 게리가 놀을 위해 하키 채 여덟 개로 디자인했던 의자도 있다. 벽과 선반을 따라 죽 늘어선 기념품 때문에 게리의 사무실은 그 바깥보다 훨씬 '게리 박물관' 같다. 필립 존슨과 함께 찍은 사진이 담긴 액자뿐만 아니라 레너드 번스타인 Leonard Bernstein과 찍은 사진, 월트 디즈니 콘서트홀이 지어졌을 때 로스앤젤레스 필하모닉의 음악 감독 에사 페카 살로넨과 찍은 사진, 빌 클린턴Bill Clinton, 아널드 슈워제네거Arnold Schwarzenegger, 시몬 페레스Shimon Peres와 찍은 사진이 있다. 또한 게리의 오랜 친구 제이 샤이엇의 사진, 젊은 시절 베르타의 사진, 샘과 알레호의 사진도 있다. 길고 낮은 선반의 위에는 토머스 제퍼슨Thomas Jefferson 의 소형 흉상과 자그마한 월트 디즈니 콘서트홀의 모형이 담긴 스노 글로브, 댈러스에 지으려 했으나 지어지지 못한 터틀 크리크 프로젝트의 건축 모형,• 그리고 스키드모어, 오윙스 앤드 메릴사가 시카고에 지은 모더니즘 타워 인랜드 스틸 빌딩Inland Steel Building의 모형도 놓여 있다.•• 또 작은 물고기 조각도 두 개 있고, 요트 모형, 고층 건물용 소형 매싱 모형 여러 개, 게리와 베르타의 샌타모니카 자택을 작게 제작한 모형도 있다.

책 선반에는 대부분 예술과 관련된 책들이 자리를 차지하고 있다. 베르니니에 관한 책 네 권,『중세시대 스페인의 성Medieval Castles of Spain』이라는 제목의 책, 이탈리아 프레스코에 관한 책, 그리고

• 자세한 내용은 12장을 살펴보라.
•• 게리는 친구 리처드 코언이 주선한 파트너십으로 인랜드 스틸 빌딩의 지분을 조금 갖고 있으며, 로비의 경비실을 게리가 디자인했다.

조르주 쇠라Georges Seurat, 바넷 뉴먼Barnett Newman, 루이즈 부르주아 Louise Bourgeois, 데이비드 스미스David Smith, 척 아놀디, 리처드 프린스Richard Prince 등 다른 인물에 관한 책도 많다. 몇 없는 건축물 관련 서적에는 게리가 가장 좋아하는 건물 중 하나인 포츠담의 아인슈타인 타워를 지은 에리히 멘델존의 전집이 있다. 이 책은 『세계 최고의 요트The World's Best Sailboats』라는 이름이 붙은 커다란 책 옆에 놓여 있다. 게리 건축 사무소의 디자인은 모던하게 보일지라도 게리답게 미니멀한 스타일과는 거리가 멀다. 그의 자택과 같이 사무소 공간 또한 일종의 콜라주로, 얼핏 보기에는 어수선해 보이지만 정확하게 배열된 오브제의 집합체다. 그 무엇도 우연히 놓인 것이 없으며, 모든 사물이 그에게 유의미하다.

사무소의 메인 룸에는 공장의 조립 공정 구역같이 어수선한 웅장함이 깃들어 있다. 높이는 7.5미터, 길이는 84미터에 이르는 거대한 공간에는 백 명은 거뜬히 둘러앉을 수 있는 합판 책상이 놓여 있다. 작업대는 오래 쓸 목적으로 배치되었으나, 합판 가구이기에 어딘가 임시로 배치된 듯한 느낌을 풍긴다. 크레이그 웨브부터 신입 인턴까지 모든 건축가가 비슷한 개방형 책상에서 일한다. 건축 모형은 여기저기 널브러져 있다. 작은 모형은 책상 위에 얹어 두기도 하지만, 어떤 모형은 작은 방 하나를 차지할 만큼 크다. 그중에는 완벽하게 깔끔한 발표용 모형은 거의 없다. 판지나 나무로 만들지 않은 경우도 허다하고, 같은 프로젝트의 다양한 모형이 게리의 기억 저장고 역할을 하며 한데 모여 있기도 하다.

2012년, 게리는 이사할 때가 됐다고 판단했다. 하지만 사무소 전체를 옮기는 게 아니라, 자기만 빠져나올 생각이었다. 게리의 원래 사무실은 회의실로 바뀌었다. 그 모든 기념품은 그대로 남겨 둔 채여서 업무 공간인 동시에 성소처럼 느껴졌다. 게리 자신과 참모 메건 로이드Meaghan Lloyd와 소수의 조수를 위해 사무실을 회의실로 바꾸면서 게리는 메인 룸이 바라다보이는 업무 공간을 2층에 지었다. 게리의 커다란 사무실에는 이전 사무실에는 없던 바깥으로 난 창문과 테라스가 있었고, 테라스에는 그가 헬러를 통해 제작한 야외 가구가 가득했다. 그뿐만 아니라 서재에는 미술 관련 서적뿐만 아니라 건축 전집을 가득 채웠고, 회의실 하나와 욕실 두 개에 소형 부엌도 있었다. 게리의 사무실은 미닫이 유리문이 달렸고, 여전히 유리로 둘러싸여 있다. 게리의 조수들이 앉는 커다란 발코니는 메인 공간을 내려다본다. 그곳에서도 게리는 여전히 모든 상황을 볼 수 있고, 예전과 똑같이 모든 직원이 게리 사무실 안을 들여다볼 수 있다. 하지만 직원들이 게리 사무실을 편하게 들를 수 있었던 예전과 달리, 계단이 생긴 뒤부터는 쉽지 않아졌다. 게리의 사무실은 이제 확실히 내밀한 공간이 됐다. 유리 벽 때문에 여전히 투명했지만, 그 공간은 호기롭게 나머지 사무실을 관장한다. 이번에 게리는 커피 테이블을 놓고, 황갈색 가죽으로 만든 르코르뷔지에의 '그랑 콩포르Grand Confort' 의자를 공간 중간에 둥글게 뒀다. 클래식하고 모던한 르코르뷔지에의 의자가 아무렇게나 배치돼 있다고 한들, 과거의 아래층 사무실보다는 확실히 더 점잖은 분위기였다. 2층의 새 사무실은 예전 사무실보다 더 편안했지만, 피난처이자 감시탑 같다는 느낌을 지우기는 어려웠다.

　게리와 베르타의 베니스 주거지는 끝내 지어지지 않았지만, 그 프로젝트에 들였던 시간이 모두 허사는 아니었다. 그 덕에 게리는 사무소 소속인 한 건축가의 설계 솜씨와 관리 능력을 지척에서 지켜볼 수 있었다. 그는 게리가 그 프로젝트에 배정한 젊은 예일대 대학원생인 메건 로이드였다. 두 사람은 1999년, 예일대학교에서 처음 만났다. 그녀는 건축대학원 2학년이었고, 게리가 격년으로 가르치던 실습수업에 참여했었다.* 게리는 학생들에게 로스앤젤레스 맥아더 공원MacArthur Park 근처에 대성당을 설계하는 과제를 내줬다. 하지만 로이드가 과제를 막 시작했을 때, 아버지가 돌아가시는 바람에 그녀는 뉴헤이븐을 떠나 고향인 일리노이로 가야만 했다. 그녀는 학기 말에 다시 학교로 돌아왔다. 일정에서 한참 뒤처진 탓에 그녀는 대성당 설계 과제를 완성하지 못할까 봐 걱정이었다. 게리의 수업 조교 중 한 명은 로이드에게 프로젝트를 포기하고 수업도 수강 취소하는 게 나을지도 모른다고 조언해 줬다. 게리 수업의 학생들이 최종 설계 발표를 하루 앞둔 날 밤, 실습실에서 게리와 마주친 그녀는 고민 중이었다. 게리가 그

---

* 게리는 시저 펠리가 학과장이었던 1980년대에 예일대학교에서 시간 강사로 강의를 시작했지만, 서부와 동부를 오가는 일정이 너무 힘들어서 그만두었다. 로버트 A. M. 스턴이 예일대학교 건축학과의 학과장이 되자, 게리에게 복귀해 달라고 부탁했다. 게리는 격년 봄마다 실습수업 하나를 가르치고, 매주 뉴헤이븐으로 올 필요가 없게끔 게리를 도와줄 조수를 붙인다는 조건으로 승낙했다. 몇 년간 게리는 그의 친구이자 예일대학교 건축대학원생인 스탠리 타이거맨과 프랭크 이즈리얼에게 경의를 표하기 위해 강의료가 장학금으로 쓰일 수 있도록 예일대학교에 기부했다.

때를 떠올리며 말했다. "저는 혼자 앉아서 종이를 잘라 건축 모형을 만들고 있는 로이드를 발견했습니다. 마음이 저며 오더군요. 그녀는 궁지에 빠져 있었습니다." 로이드는 그날 게리가 자신에게 다가오더니 프로젝트에 대해서는 아무 말도 하지 않았다고 기억했다. "그가 제게 '괜찮나, 학생? 어머니는 괜찮으시고?'라고 물었어요. 와, 그전까지 저는 게리를 잘 몰랐지만, 그 한 마디로 세상에서 제일 멋진 사람처럼 보이더군요. 그는 인간적이고 솔직했어요. 저는 그에게 함께 일하고 싶다고 말했죠."

게리가 기억을 떠올렸다. "로이드는 가까스로 과제를 해냈는데, 꽤 훌륭했어요." 그는 로이드가 제출한 프로젝트에 깊은 인상을 받았다. 이후 게리가 여러 학생과 함께 술을 마시는 자리가 있었고, 그중 몇몇은 게리의 사무실에서 일하고 싶다는 뜻을 내비쳤다. "학생들이 물었어요. '어떻게 하면 당신처럼 될 수 있나요?' 그래서 답했죠. '뭐, 내 사무소에서 일하며 알아봐도 돼. 하지만 정규직까지는 장담해 줄 수 없어.' 저는 근무 기간으로 6개월 정도를 제안했던 것 같아요." 로이드가 기억하기를, 게리는 경고를 덧붙였다. 그들이 게리가 가르쳤던 학생이라는 사실이 사내에 드러나면 난처해질지도 모른다는 거였다. "게리가 말했어요. '너희들이 나와 아는 사이라는 사실을 회사 직원들이 알게 된다면 우리 회사에 다니고 싶지 않아질 거야. 그들은 너희에게 말도 붙이지 않을 테니까.'" 이로써 게리는 이상한 방식이기는 하지만, 자신의 사무소는 그리 살가운 곳이 아닐 수도 있으며, 그의 털털하고 태평한 인상과 달리 사내 문화는 게리 내면의 욕망을 더 반영한다는 사실을 인정했다.

게리의 경고에도 불구하고, 로이드와 아난드 데바라잔은 게리의 제안을 받아들여 건축 모형 작업장에서 일했다. 두 사람 모두 급속도로 성장했다. 데바라잔은 곧바로 설계 파트너가 됐다. 하지만 로이드는 게리의 베니스 자택 프로젝트에 배정되기 전과 후에 독특한 노선 변경을 몇 번 거쳤다. 2000년, 그녀가 게리 파트너스에서 일하기 시작한 지 얼마 되지 않았을 무렵 게리는 로이드와 다른 여성 건축가들이 로스앤젤레스에서 젊은 남성을 만나기가 어렵다고 얘기를 나누는 걸 어쩌다 들었다. "제가 말했어요. '일요일에 아들 알레호랑 그 친구들까지 다 함께 요트 타러 갈 건데 같이 가지 않겠니?'" 그날 일로 게리는 생각지도 못한 결과를 맞았다. 로이드는 요트를 타러 가서 마음에 드는 남자를 만나긴 했는데, 그 남자가 바로 알레호 게리였다. 두 사람은 한동안 관계를 비밀로 했다. "그러다 차츰 로이드가 가족 행사에 모습을 드러내더군요." 게리가 말했다. 로이드는 무척 침착하면서도 밝고 편안한 사람이었다. 그녀는 중서부 출신답게 강렬한 야욕을 가졌을 뿐만 아니라, 따뜻함과 친절함도 지녔다. 베르타는 로이드를 무척이나 좋아했다. 이후 로이드와 알레호의 관계는 결국 끝이 났지만, 그즈음 그녀는 베니스 프로젝트를 맡게 됐다. 그래서 로이드는 게리나 베르타와 계속해서 함께 시간을 보냈다. 그녀는 몇 년 전 미셸 코프만이 그랬던 것처럼, 게리의 가족 같은 직원이 되어 가고 있었다.

게리와 베르타가 건설 계획을 무를 즈음, 게리는 80번째 생일

지어지지 못한 게리의 베니스 하우스 모형으로 작업 중인 메건 로이드

이 코앞이었지만 여전히 여느 때만큼이나 활발한 활동을 펼치고 있었다. 그래서 그는 출장에 동행하며 세부 일정을 관리해 주고 수준 높은 도움을 제공할 수 있는 젊은 직원을 일종의 '참모'로 뽑고 싶었다. 그는 젊은 건축가들이 돌아가며 그 직책을 맡으면 좋겠다고 생각했다. 베르타는 게리와 함께 출장 다니는 걸 즐겼지만, 게리의 조수가 되고 싶은 생각은 없었다. 베르타는 로이드가 그 직책의 첫 적임자라고 게리에게 조언했다. 아버지가 돌아가신 뒤에도 어려운 상황을 꿋꿋이 헤쳐 나가는 로이드를 옆에서 지켜본 이후로 줄곧 그녀의 태도가 마음에 들었던 게리는 베르타의 조언을 받아들이고 로이드에게 직책을 제안했다. 그녀는 한두 해 동안 게리 곁에서 일한다면 좋은 경험이 되리라 판단해 제안을 받아들였다. 이후 그녀는 게리와 함께 전 세계를 돌아다니며 그의 클라이언트를 만났다. 함께 보낸 수많은 시간과 로이드의 판단력에 대한 신뢰가 더해져 게리는 자신의 건축 아이디어와 계획을 주로 로이드와 의논하게 됐다.

십수 년 전 월트 디즈니 콘서트홀로 고통받던 암흑기에 로스앤젤레스를 떠나기 위해 닥치는 대로 유럽 프로젝트를 맡던 때처럼 게리가 여든을 앞둔 이 시기에도 해외 작업이 물밀 듯이 밀려오고 있었다. 참모 직책을 맡은 첫해, 로이드는 구겐하임 프로젝트를 위해 아부다비에도 갔고 부동산 회사 스와이어Swire가 의뢰한 콘도미니엄 타워 설계를 위한 부지를 둘러보러 홍콩에도 갔으며, 유럽의 여러 개국과 미국 전역을 돌아다녔다. 그녀가 추정하기로, 첫해에 60퍼센트 정도를 출장으로 보냈다고 했다. 로이드는 게리와 업무상 관계도 성공적으로 구축했기에 게리는 대법원 서기직처럼 젊은 건축가들이 돌아가며 참모를 맡게 하려 했던 처음의 계획을 철수했다. 그는 로이드의 재직 기간을 따로 한정하지 않았고, 그녀는 이후 더 큰 업무를 맡으며 몇 년간 더 참모 일을 수행한다. 머지않아 게리의 클라이언트들은 '게리가 회의에 참석한다'는 말이 '게리가 로이드와 함께 회의에 참석한다'는 말과 동의어라는 것을 인식했다.

게리와 베르타가 베니스 하우스 프로젝트를 포기한 뒤, 그간 허비한 시간을 긍정적인 무언가로 채우고자 베르타는 게리의 여든 번째 생일을 축하하기 위한 계획을 세웠다. 게리는 파티를 개최할 마음은 없다며, 성대한 파티는 더욱더 싫다고 했다. 하지만 베르타는 그의 말을 곧이곧대로 믿으면 안 된다는 것도 잘 알고 있었다. 베르타는 게리의 조수 에이미 애콘Amy Achorn과 함께 게리의 연락처를 뒤적거리며 누구를 초대하는 게 좋을지 살펴봤다.

생일 축하 행사는 베르타가 처음에 예상했던 것보다 훨씬 규모가 커졌다. 그녀와 에이미는 게리의 커리어에서 중요했던 인물이 누구였는지, 두 사람과 친분이 두텁진 않지만 그래도 게리가 인생을 회고하는 행사에 얼굴을 비춰야 하는 사람들이 누구인지, 게리에게 커다란 의미를 지닌 사람이 누구인지를 계속해서 고민하느라 그렇게 되고 말았다. 그러자 게리의 집에서 열 수 없을 정도로 커져 버린 파티를 어디서 개최할지 장소를 정하는 문제가 생겼다. 에이미 애콘은 로스앤젤레스에 있는 파티장이란 파티장은 모두 뒤졌다. 베르타는 게리와 연이 있는 피터슨 자동차 박물관Peterson Automobile Museum에도 연락해 볼 만하다고 얘기했다. "로스앤젤레스 현대미술관의 템퍼러리 컨템퍼러리는 어때요?" 베르타는 당시 게펜 컨템퍼러리Geffen Contemporary로 이름이 바뀌었던 그곳을 제안했다. 미술관 측은 기꺼이 장소를 제공하겠다고 했다. 게리가 로스앤젤레스에 지은 건축물 중, 가족, 클라이언트, 예술가, 직원, 동료 건축가를 포함해 대략 500명 정도 되는 사람을 수용할 수 있는 곳은 월트 디즈니 콘서트홀 이외에는 템퍼러리 컨템퍼러리밖에 없었다. 베르타와 에이미는 게리에게 중요한 사람이라고 생각되는 이들은 모두 부르고, 게리가 불편해할 만한 사람들은 부르지 않도록 최선을 다했다. 베르타가 보기에 게리를 막 대했다고 생각되는 몇몇은 초대자 명단에서 제외했다. 편파적일 만큼 게리를 비난했던 건축가 몇 명도 함께 제외됐다.

베르타는 게리에게 악의적이었던 건축가들의 글을 가리키며 말했다. "그건 유치원에서나 하는 짓이었어요. 하지만 여기는 어른들의 파티였고요. 저는 초대하고 싶지 않은 사람들을 모아 놓은 '입장 불가' 명단이 있었어요. 게리는 아량이 넓을지 몰라도, 스페인인의 피가 흐르는 저는 그렇게는 못 해요."

파티는 게리의 생일 하루 전날 밤인 2009년 2월 27일 금요일에 열렸다. 생일 파티로 게펜 컨템퍼러리 미술관은 가득 찼다. 베르타는 월트 디즈니 콘서트홀 안에서 레스토랑을 운영하는 파티나 그룹Patina Group에 케이터링을 맡겼지만, 그날 밤은 느긋한 식사를 즐기는 자리라기보다는 커다란 음악과 술에 거나하게 취하는 자리였다. 손님 명단은 이제 게리가 그저 국제적으로 유명한 건축가에 지나지 않는다는 의심을 잠재우기에 충분했다. 그는 모두의 유명인에 가까웠고, 파티 자리에는 유명 건축가보다 할리우드의 유명 인사들이 더 많이 보이는 것 같았다. 몇 년 전에 게리와 안면을 트고, 건축에 대해 알고 싶어서 게리 사무소에도 여러 차례 들렀던 건축광 브래드 피트Brad Pitt도 그 자리에 있었다. 그는 게리가 열정적인 선생님이라고 말하곤 했다. 빌 마허Bill Maher, 모린 다우드Maureen Dowd, 도널드 서덜랜드Donald Sutherland, 로런스 피시번Laurence Fishburne, 케빈 매카시Kevin McCarthy도 참석했다. 부인인 케이트 크레인Kate Crane과 함께 참석했고, 게리가 처음으로 알게 된 할리우드 친구 중 하나였던 매카시는 얼마 전 아흔다섯 살이 된 터였다. 그는 이듬해 숨을 거두기에 게리의 여든 살 생일 파티가 두 사람이 마지막으로 만난 자리가 되고 말았다.

샐리 켈러먼Sally Kellerman이 '생일 축하합니다' 노래를 선창하고 사람들이 따라 부르자, 파티나 그룹이 월트 디즈니 콘서트홀의 구불거리는 스테인리스 스틸 모양을 본떠 만든 거대한 케이크가 모습을 드러냈다. 시장 앤토니오 비어라고사Antonio Villaraigosa가 도시를 대표해 게리를 위해 축배를 들었다. 토머스 크렌스는 예술계와 건축계를 대표해 축배를 들며, 빌바오 구겐하임 미술관을 설계할 때 계속해서 설계도를 만지작거리던 게리가 얼마나 만족을 모르는 건축가였는지에 관해 얘기했다. 이어서 아리아나 허핑턴Arianna Huffington은 군중에게 이렇게 말했다. "저는 피카소에 관한 책을 쓰기도 했지만, 프랭크 게리를 만나기 전까지 친절한 천

게리의 80번째 생일 파티에서 손님들을 맞이하는 게리와 베르타(위),
건배사를 지켜보는 샘, 알레호, 게리의 여동생 도린 넬슨(아래)

게리의 80번째 생일 파티에 참석한 브래드 피트와 게리

재는 본 적이 없었습니다. 프랭크 게리는 정말 친근한 천재입니다." 크렌스와 함께 오토바이 모임에 속해 있던 피시번은 게리와 함께 오토바이를 탔던 얘기를 들려주었다. "저는 가끔 오토바이를 타면서 마리화나를 피우곤 해요. 그때 게리가 저와 함께 오토바이를 타면 생각하죠. '맙소사, 현존하는 가장 위대한 건축가가 내 오토바이에 타고 있는데 내가 사고라도 내면 어떡하지?'"

게리는 언제나처럼 검은색 티셔츠에 검은색 재킷을 입고 있었고, 모든 사람과 얘기를 나눴다. 그에게 그 자리는 세상에서 가장 큰 칵테일 파티였고, 그것이 어디건 게리가 서 있는 곳이 거대한 공간의 중심이 됐다. 게리는 보드카를 얼근하게 마셔서 그날 저녁의 기억이 흐릿했지만, 따스하고 행복한 기분이었다는 것은 분명했다. 게리는 그날 밤 이렇게 말했다. "저는 여든 살이 되면 속도를 줄이겠다고 말하곤 했죠. 음, 실제로 얼마간 그러긴 했지만, 아주 느긋해지지는 못했습니다. 제가 느끼기에 저는 여든 살 같지가 않아요. 아마 여기 계신 모든 분도 자기 나이처럼 느끼지 않으시리라 생각합니다."

게리의 많은 예술가 친구들도 그날 밤 자리를 채웠다. 하지만 참석하지 않은 한 사람이 있었는데, 게리의 커리어와 독특한 공통점이 있던 조각가 리처드 세라였다. 세라는 게리처럼 폭풍 같은 야망과 일을 향한 강렬한 사랑을 지녔을 뿐만 아니라, 빌바오 구겐하임 미술관 작업으로 게리와 끈끈하게 묶인 사이기도 했다. 토머스 크렌스가 세라의 거대한 작품 〈뱀〉을 빌바오 구겐하임에 설치하기 위해 게리에게 커다란 갤러리를 설계해 달라고 주문했었기 때문이다. 무엇보다 세라와 게리는 모두 형태를 변형하고, 비꼬고, 뒤트는 데 관심이 있었다. 세라가 조각을 통해 많은 모양을 탐구했듯, 게리는 건축물을 통해 모양을 탐구했다. 두 사람은 몇 년간 서로에게 열심히 배웠다. 게리의 굴곡진 금속판은 확실히 세라에게 빚진 데가 있었다. 세라도 게리의 작업에 흥미가 많았기에 게리가 없는 날에도 게리 사무소에 들러 그의 최신 프로젝트를 살펴보고, 젊은 건축가에게 의견을 제시하기도 했다.

게리와 세라는 순수 예술과 건축물이 추구하는 바가 서로 다르다는 점을 이해했다. 두 사람은 그 다른 점을 찬양했지만, 서로의 영역을 침범하지 않는지는 확신할 수 없었다. 세라의 책『회전 타원 _Torqued Ellipses_』시리즈에 실린 그의 역작들은 지붕이 없는 예배당과 같이 조용하고 아름다우며 심오한 공간감을 만들어 낸다. 세라의 작품에 들어가면 일종의 건축적 경험을 체험할 수 있다. 게리의 작품 또한 역으로 마찬가지다. 게리의 작업은 건축물로 기능적 문제를 해결하려는 것이지 순수하고 추상적인 형태를 만들려는 시도는 아니라고 공공연하게 자신의 의견을 밝혔지만, 그의 작품 대부분은 감상자에게 순수 예술적 체험을 선사한다. 사실, 건축물의 기능적 필요를 충족하는 과정에서 미학적 경험을 더하려는 게리의 욕구야말로 게리 작업의 핵심이다.

이런 점으로 인해 건축물이 예술보다 더 높은 고지를 점하게 됐을까? 세라가 보기에 일상적이고 평범한 문제를 다뤄야 한다는 필요가 건축을 평범하게 만들었다. 그는 건축가가 예술가일 수 있다는 생각에 점차 분개했다. 게리의 빌바오 미술관이 그 안에 설치된 세라의 기념비적인 작품보다 더 많은 관심을 받은 이후, 세라는 게리가 위대한 예술가로 언급되는 것을 더는 참을 수 없었다. 한 TV 프로그램에서 찰리 로즈가 세라에게 이와 관련한 질문을 던지자, 그는 게리를 예술가로 부르는 말을 듣기 싫다며 대놓고 말했다. 그런 뒤, 예술가인 자신이 도면을 더 잘 그릴 수 있다고 덧붙였다. 이후 『뉴요커』의 캘빈 톰킨스에게 이렇게 말했다. "요즘 예술가입네 하는 건축가가 많습니다. 저는 그 말을 믿지 않아요. 전 프랑크 게리도, 렘 콜하스도 예술가라고 생각하지 않습니다. 물론 조각가의 언어와 건축가의 언어에는 통하는 부분이 상당수 존재해요. 모든 인간 행위 사이에는 일부분 공통점이 존재하듯 말입니다. 하지만 수 세기 동안 이어져 온 차이점도 분명 존재합니다."

비슷한 길을 걸어왔고, 게리의 말을 빌리자면 오랜 시간 "서로의 작품을 통해 소통했던" 친구이자, 예술과 공간 제작에 커다란 열정을 보였던 두 친구의 의견 충돌 정도로 마무리될 수 있었던 일이 빌바오 미술관 이후 수년간 점차 골이 깊어져 심각한 싸움이 됐다. 세라는 게리만큼 사람들의 호감을 사고 싶은 열망이 없었다. 게리와 달리 세라에게는 야망이라는 대리석 위에 또렷이 새겨진 상냥함이라는 줄무늬가 없었다. 세라는 건축가인 게리가 의식적이고 악의적으로 예술가인 자신의 영역에 침범했다고 말하기 시작했다. 쉬이 상처받는 게리는 험악해진 상황에서 도피했고, 두 친구의 불화는 서로 간의 거리 속에서 더 확고해졌다.

아마 베르타의 '입장 불가' 명단에 올랐기 때문에 게리의 생일 파티에 불참했던 또 다른 오랜 지인은 프레더릭 M. 니컬러스였다. 변호사인 그는 로스앤젤레스 현대미술관과 월트 디즈니 콘서트홀의 건축가 선정 과정에 모두 개입했던 인물이다. 게리가 두 프로젝트 모두에서 거절당하며 커다란 실망감을 겪었기에 그들의 관계에는 우여곡절이 많았다. 하지만 2007년, 게리가 티파니앤코를 위해 디자인한 주얼리의 로열티와 관련해 니컬러스가 관리하는 써카 퍼블리싱 기업Circa Publishing Enterprises LLC이 게리에게 소송을 걸면서 그 위태로웠던 관계는 완전히 무너져 내렸다.

사건의 배경은 논쟁거리가 아니었다. 2003년, 게리는 이전부터 게리와 관련한 아이템을 상품으로 판매하던 써카와 계약을 맺었다. 게리가 디자인한 주얼리의 수익금 절반을 써카에 주겠다는 내용이었다. 2004년, 니컬러스가 계약서를 반환하자 게리는 그 계약이 더는 효력이 없다고 생각했다. 하지만 나중에 게리가 티파니 측과 직접 계약하고 주얼리뿐만 아니라 꽃병, 그릇, 컵을 디자인해 2006년에 출시하자, 니컬러스는 그 수익의 절반이 자기 것이라고 주장하고 나섰다. 게리의 변호사인 퍼트리샤 글레이저Patricia Glaser는 니컬러스가 이전 계약을 들먹인다고 해서 게리가 그에 따를 의무가 없다고 주장했다. 그 소송은 게리의 80번째 생일 파티가 열린 날에도 여전히 계류 중이었고, 2009년 말에 로스앤젤레스 고등법원의 판사 제인 L. 존슨Jane L. Johnson에게 재판을 받았다. 2010년 1월, 변호사들이 최종 변론을 제기하기 바로 직전, 판사는 글레이저의 소송 취하 신청을 받아들였다. 존슨 판사는 더는 존재하지 않는 계약을 강제할 수 없기에 니컬러스에게는 어떠한 권한도 없다고 말했다. 이 소송으로 게리가 항상 마뜩잖아 했던 니컬러스와의 40년 우정이 우울하게 막을 내렸다. 게리의 눈에 니컬러스는 게리를 돕는 척하지만, 사실은 항상 자기 이익을 위해 행동하는 사람이었다.

불쾌한 소송이 얽혀 있긴 했지만, 게리의 주얼리계 진출은 성공적이었다. 적어도 한동안은 그랬다. 이는 게리가 유명인이라는 확실한 방증이었다. 게리가 그런 지위를 이용해 새로운 영역을 기웃거리는 것으로 보일 수도 있었지만, 게리는 수준 높은 티파니 직원들과 일하는 것이 진정으로 즐거웠다. 티파니는 게리의 제품을 최선을 다해 홍보했다. 게리는 티파니사가 사반세기 만에 오리지널 제품을 의뢰한 첫 번째 디자이너였다. 그런 만큼 프랭크 게리 컬렉션Frank Gehry Collection은 뉴욕 5번가의 메인 상점과 베벌리힐스의 티파니 지사에서 화려한 기념 파티를 개최하며 출시됐다. 티파니의 보도자료에는 이렇게 쓰여 있다. "재료와 구조에 관한 탁월한 이해력을 바탕으로 프랭크 게리 컬렉션은 값비싼 금속, 목재, 석재에 잠재된 표현력을 탐구합니다. 게리의 독창적 스타일인 자연스러운 뒤틀림과 비꼼을 티파니가 노련하게 실현함으로써 게리의 주얼리 및 홈 컬렉션에는 그의 건물에 담긴 활력이 물씬 배어납니다."

과장이 두드러지는 부분도 있었지만, 실로 게리의 작품은 우아했고, 게리가 가장 좋아하는 모양 중 몇몇은 주얼리에서 꽤 잘 구현됐다. 컬렉션에는 피시, 오키드, 폴드, 에쿠스, 액시스, 토크까지 총 여섯 개의 제품 '라인'과 팔찌, 펜던트, 반지, 목걸이, 커프스단추가 있었다. 게리가 '피시'라고 부른 것은 물고기 램프에서처럼 비늘 달린 물고기 모양이라기보다는 작은 눈물방울 모양에 가까웠다. 특히 스틸링 실버와 흑단, 다른 나무 조각으로 만든 피시를 하나의 커다랗고 치렁치렁한 팔찌에 모아 놓으니 무척 예뻤다. 토크 라인에는 각 면이 뒤틀린 네모난 은반지도 포함되어 있었다.

산뜻하게 출발한 게리와 티파니의 협업은 오래가지 못했다. 놀라운 합작에 초반에는 판매량이 많았지만, 그와 같은 판매량이 계속 유지되지는 않았다. 게리는 컬렉션 출시를 둘러싼 뜨거운 열기에도 불구하고, 티파니사가 게리를 차기 팔로마 피카소Paloma Picasso로 만들 마음이 없었기에 매출이 많이 나올 만큼 충분히 광고에 투자하지 않았다고 느꼈다. 이처럼 게리와 티파니사는 앞으로의 합작에 대해 서로 생각하는 바가 달랐다. 3년 만에 프랭크 게리 컬렉션은 중단됐고, 두 당사자의 관계는 와해됐으며, 게리의 주얼리는 이베이eBay에서나 유행하는 아이템으로 전락했다.

하지만 게리가 티파니와 협업을 시작하고 제품 홍보에 뛰어들며 보여 줬던 열정은 1970년, 성공 가도를 달리고 있던 그의 가구 브랜드인 이지 에지를 갑작스레 그만뒀던 때와는 완전히 대조됐다. 당시 그는 이지 에지가 성공하면 대중은 그를 건축가가 아니라 가구 디자이너로 볼 테고, 그러면 앞으로 자신의 창의력을 건축물에 쏟기란 어려워질까 봐 두려워했다. 하지만 티파니와의 협업은 그로부터 30년은 족히 지난 시점이었고, 건축가로서 그의 명성은 조금 느슨해져도 괜찮을 만큼 확고했기에 재밌어 보이거나 수완이 좋아 보이는 다른 일을 즐기는 것도 가능했다. 게리는 여러 대상에 대해 양가적인 태도를 보였지만, 유명세에 대해서만큼은 아니었다.

그렇기에 게리는 애니메이션 〈심슨 가족〉이 그와 그의 작품에 관한 에피소드를 만든다기에 한 치의 망설임도 없이 승낙했다. 줄거리는 단순했다. 월트 디즈니 콘서트홀의 명성에 대해 익히 알고 있고, 자기네 마을도 더 교양을 갖출 필요가 있다고 생각하는 스프링필드 주민들의 마음에 마지 심슨이 불을 지펴 게리에게 스프링필드를 위한 콘서트홀 제작을 의뢰한다는 이야기다. 마지는 게리에게 설계를 의뢰하는 내용의 편지를 쓰지만, 게리는 그 제안에 시큰둥해하며 편지를 구겨 바닥에 던져 버린다. 하지만 그 구겨진 종이에 영감을 받은 게리가 그 모양을 건축물 디자인의 골자로 사용하기로 한다. "프랭크 게리, 넌 천재야!" 게리는 구겨진 종이 뭉치를 쳐다보며 자기 자신에게 이렇게 외친다. 콘서트홀은 완공됐지만, 비참하기 짝이 없는 개관식 이후, 사실 스프링필드 주민들은 클래식 음악에 눈곱만큼도 관심이 없다는 사실이 서서히 드러나고, 게리의 콘서트홀은 감옥으로 전락하고 만다. 2005년 4월 3일에 방영된 이 에피소드에서 게리는 직접 목소리를 연기했다. 그는 심슨 애니메이션의 점잖은 풍자를 즐겼지만, 머지않아 그 모든 도전을 후회했다. 이제껏 〈심슨 가족〉이 건축가를 중점적으로 다룬 적은 한 번도 없었다. 게리는 자신의 유명세에 대가가 따른다는 것을 느끼기 시작했다. 좋은 의도였음에

〈심슨 가족〉에서 스프링필드를 위한 콘서트홀을 선보이고 있는 게리

도 불구하고, 〈심슨 가족〉은 게리에 대한 편견을 강화했다. 게리가 진지하고 사려 깊은 설계자가 아니며, 그의 건물은 제멋대로고 비이성적인 창작물로, 구겨진 종잇조각보다 나을 것이 없다는 편견 말이다. "그런 비난은 저를 계속해서 따라다녔어요. 〈심슨 가족〉을 본 사람은 모두 그렇게 생각했죠." CNN에 출연한 게리가 퍼리드 저카리아Fareed Zakaria에게 말했다.

더 사려 깊다고 할 것까지는 없지만, 게리에 관한 더 정확한 정보는 그의 오랜 할리우드 친구인 시드니 폴락이 만든 장편 다큐멘터리 영화에 담겨 있었다. 소니Sony가 배급하고 2006년 5월에 개봉한 〈프랭크 게리의 스케치〉는 폴락이 감독했고, 예술과 건축물에 관한 영화를 다수 만든 경력이 있는 저명한 촬영 감독 울탄 길포일Ultan Guilfoyle이 제작했다. 영화의 내레이션을 맡은 폴락은 소재에 솔직하게 접근했다. 그는 영화가 시작할 때 이제껏 다큐멘터리를 만들어 본 적이 없으며, 건축물에 대해서도 아는 게 별로 없다고 시인한다. 하지만 순수 예술보다 훨씬 엄격한 제약에 대응하며 창의적 작업을 수행하는 게리의 방식이 자신과 비슷해 커다란 흥미가 일었다고 말한다. 영화에는 척 아놀디, 에드 루샤, 로버트 라우션버그와 같은 예술가들이 게리를 찬양하는 인터뷰와 마이클 아이스너, 마이클 오비츠Michael Ovitz, 데니스 호퍼, 배리 딜러 같은 사람들의 모습도 담겨 있다. 하지만 이 영화의 가장 훌륭한 부분은 아무래도 폴락이 게리와 편안하게 대화하는 장면이다. 영리하게도 게리를 너무 직설적으로 다루거나 분석하지 않은 폴락 덕에 영화는 게리의 불안감을 쾌활하고 자연스러운 분위기로 포착했다. "저는 무엇을 해야 할지 알아내지 못할까 봐 항상 두렵습니다." 영화가 시작하면 게리가 이렇게 말한다.

게리에 대한 칭찬 일색인 영화에서 단 하나의 예외가 있다면, 그건 프린스턴의 미술사학자 할 포스터Hal Foster의 인터뷰 부분이었다. 그는 게리가 건축물을 조각의 영역으로 끌어들이려고 필요 이상으로 애를 쓰며, 건축적 엄숙함보다 화려함이 더 돋보이는 건물을 만든다고 말했다. 새로운 주장은 아니었다. 어떻게 보면 포스터의 주장은 〈심슨 가족〉이 보여 주었던 게리에 대한 인식을 학문적 용어로 재정립한 것뿐이었다. 하지만 그것은 영화가 세상에 나올 즈음에는 학자들 사이에서 이미 논의가 완결되어 더는 거론되지 않던 문제였다. 영화에는 게리에게 가장 중요한 멘토인 밀턴 웩슬러와 필립 존슨도 등장한다. 이는 아마 두 사람의 인터뷰가 기록된 마지막 영상일 것이다. 2005년 초에는 존슨이, 그리고 2007년 3월에는 웩슬러가 모두 아흔여덟 살의 나이로 일기를 마감하기 때문이다. 이들은 자부심과 존경심을 담아 게리에 관해 이야기했다. 두 사람은 무척이나 달랐지만, 카메라 앞에서 게리에 관해 얘기할 마지막 기회라는 것을 알고 있기라도 한 듯, 똑같이 부드러운 말투로 이야기를 들려줬다.

프랭크 로이드 라이트라기보다 우디 앨런과 더 비슷하게 자신을 잘 드러내지 않는 게리의 수더분한 태도는 그의 모든 성격을 설명해 주지는 않았지만, 항상 진짜였다. 게리의 그러한 태도는 시드니 폴락의 영화가 로스앤젤레스에서 개봉했을 때 명확하게 드러났다. 그는 너무 긴장돼서 관객의 반응을 살피며 객석에 앉아 있을 수가 없었다. "그냥 나갑시다." 게리가 폴락에게 말했다. 사무소에서부터 게리와 동행했던 미셸 코프만, 에드윈 찬과 함께 게리는 웨스트 할리우드에 있는 샤토 마몽 호텔의 바에 가서 와인 한 병을 털어 마셨다. 그런 뒤 그들은 영화가 끝나기 직전에 스리슬쩍 극장 안으로 다시 들어갔다. 고향인 토론토에서 영화가 개봉한 날, 게리는 너무 긴장해 옆자리에 앉아 있던『글로브 앤드 메일*Globe and Mail*』지의 건축 비평가 리사 로촌Lisa Rochon의 손을 꼭 붙들었다.

18
테크놀로지가 남긴 것

두각을 보이겠다는 맹렬한 야망과 의지를 지녔음에도 불구하고, 게리는 자신이 엘리트 건축가라고 생각하지 않았다. 그는 모두를 위한 건물을 설계하고 모두의 인정을 받는 건축가로 보이고 싶었다. 그가 보기에 자신은 다른 유명 건축가들과 달리 대중에 영합하지 않으면서 대중을 만족시킬 수 있었다. 게리는 대중의 취향에 맞게 작품 수준을 낮추는 게 아니라, 대중의 취향을 끌어올려서 인기를 얻기를 갈망했다. 이는 그저 자만심에 그치지 않았다. 건축물과 관련한 것이라면 그게 무엇이건 관심을 두지 않던 대중의 눈길을 진지하고 독창적인 건축물로 끌어 온 것은 게리가 빌바오 구겐하임 미술관을 통해, 또 월트 디즈니 콘서트홀을 통해 다시 한번 해낸 일이었다. 게리는 이후에도 고급 건축 문화와 일반적인 대중문화 간의 간극을 메우는 독특한 건물을 만들면서 그와 같은 일을 계속해서 해냈다.

한편 게리는 건축적 포퓰리즘의 다른 측면에도 점차 눈길이 갔다. 사람들이 살고, 일하고, 공부하고, 노는 일상적 공간을 설계하는 데 관심이 생기기 시작한 것이다. 게리는 특별한 건축적 경험이란 빌바오 구겐하임과 같은 독특한 건축물을 통해서뿐만 아니라 상업적 건물을 더 개선해서 성취할 수도 있다는 사실을 보여주고 싶었다. 게리가 평범한 것을 고양해 보인다면, 명성과 돈에 자신을 팔아 버린 건축가가 되지 않을 터였다. 그렇게 되면 비평가 마이클 소킨Michael Sorkin이 말한 것처럼 게리는 부자와 유명인의 세계에 더 자주 발을 담그게 되더라도 자신의 출신과 정치적 신념을 배반하지 않은 "동정심 많고 소심한 캐나다인"이자 겸손한 건축가로 남을 수 있었다. 그는 이미 수십 년 전에 갈라섰지만, 여전히 이루지 못한 욕망을 상징하는 라우즈 컴퍼니와 일했던 때에 품었던 야망을 실현하기도 한다. 게리는 샌타모니카 플레이스 쇼핑센터를 설계할 때, 라우즈의 요구나 게리 자신의 기준 둘 중 어느 하나도 제대로 만족시키지 못했던 것을 항상 자책했었다. 그 실패는 여전히 그의 정신을 갉아먹고 있었다.

게리가 자신의 미학적 아이디어를 희생하지 않으면서 개발자를 만족시키는 건물을 지을 수 있다면, 합판과 체인 링크 울타리를 사용해 게리가 처음으로 발명한 초창기의 '싸구려 건축물'을 저버리지 않았다는 사실도 보일 수 있을 터였다. 이제 게리의 건축물은 초기작의 거친 색깔에서 벗어났다. 하지만 게리는 그 초기작에 스며 있던 아이디어가 여전히 자기 안의 DNA처럼 살아 있음을 느끼고 싶었고, 실제 세계에서 커다란 건물을 설계해야 하는 도전 과제에서 실용성과 우아함을 조화시키는 방법을 알아냈음을 알리고 싶었다. 그는 실용성, 수준 높은 미학을 향한 열망, 창의적인 상상력은 로스앤젤레스에 지은 작은 집에서만큼이나 고층 건물에서도 잘 구현될 수 있다는 것을 세상에 내보이고 싶었다.

실용적이면서도 수완이 좋은 건물을 만들어 내는 능력을 증명하려는 게리의 욕망은 라우즈와 작업하던 그 옛날부터 시작됐지만, 디지털 테크놀로지의 시대에 접어들자 새로운 모습으로 더 활개를 쳤다. 그는 자기 사무소에서 그토록 열심히 개발해 온 디지털 소프트웨어가 건설 과정에 효율을 더하는 데 그치지 않고, 어느 때보다 빠른 속도로 획일화되고 있는 세상에 게리가 원하는 창의적이고 독특한 건축물을 내놓을 수 있다는 점을 보이고 싶었다. 그런 점에서 게리는 다른 건축가들과 확연히 달랐다. 많은 건축가나 엔지니어에게 디지털 건축은 과거라면 일일이 손수 설계해야 했을 요소들을 표준화해 그저 건물을 더 빠르고 싸게 설계하고 시공하도록 도와주는 수단에 불과했다.

게리에게는 그 반대였다. 그에게 디지털 건축은 테크놀로지가 아니라면 비용을 감당할 수 없을 비범한 건축물을 설계하고 건설하는 방법이었다. IAC 본사 건물이나 브루스 래트너의 아파트처럼 건물의 사용 용도가 평범하기 짝이 없는 프로젝트일지라도 테크놀로지를 이용하면 독특한 건축물로 탄생할 수 있고, 그 비용은 일반적인 건물을 짓는 비용에서 크게 벗어나지 않을 수 있음을 증명하는 것이 게리에게 갈수록 중요해졌다. 하지만 사람들이 '프랭크 게리'라는 이름에서 기대하는 독특한 특징들이 이러한 건물에 일부 빠져 있어도 게리는 별로 신경 쓰지 않았고, 애초에 그런 건물을 만들 수 있느냐가 더 중요했다. 빌바오 구겐하임 미술관이나 월트 디즈니 콘서트홀이 훌륭함을 넘어서 위대함을 성취한 건축물이라 할지라도, 게리는 이를 뛰어넘는 건축물을 세상에 남기고 싶었다. 게리는 맞춤형 건축물을 그 누구 못지않게, 혹은 그 누구보다 잘 설계할 수 있었지만, 그러한 작업에 안주하는 건 그의 천성에 맞지 않았다.

행정 업무나 경영 문제에 무심한 듯한 게리의 태도는 어느 정도 꾸며 낸 모습이었다. 그는 돈에 관해 자주 생각했다. 게리는 사업 초기부터 지녔던 돈에 대한 불안감을 끝끝내 모두 떨쳐 버리지는 못했다. 그래도 사업의 본질에 관한 그의 관심은 진심이었다. 래리 필드와 함께 시작한 부동산 투자 같은 문제에 모든 시간을 쏟아 붓고 싶다는 건 아니었지만, 그렇다고 없는 셈 덮어 버리지도 않았다. 게리는 필드와 함께 그런 문제에 관해 얘기하기를 즐겼다. 클라이언트와 계약을 맺을 때, 게리는 비록 수십 년간 직접 클라이언트와 협상한 적은 한 번도 없었지만, 계약의 세부 사항을 속속들이 이해하는 것을 자기 업으로 삼았다. 그는 게리 파트너스를 전략적 관점에서 따져 보는 것을 좋아했다. 게리가 랜디 제퍼슨과 짐 글림프를 고용한 이유는 단지 빌바오 미술관이나 월트 디즈니 콘서트홀 프로젝트 때문만이 아니라, 복잡한 대형 프로젝트를 맡을 수 있도록 사무소를 조직하는 업무 때문이기도 했다. 그렇게 게리는 게리 파트너스를 다른 창의력이 부족한 대형 건축 사와 경쟁할 수 있는 건축사로 만들고자 했다. 게리가 보기에, 전 문가들의 기술력에 게리의 창의력이 합쳐지면 그의 사무소는 비 길 데가 없었다.

한동안 그러한 작전은 아주 잘 통했다. 제퍼슨은 회사의 행정 업무 전반을 감독했다. 일반 사무 업무뿐만 아니라, 주요 건축 프 로젝트를 수행하는 팀 관리와 시공도 제작처럼 손이 더 많이 가 는 업무의 감독까지 도맡았다. 글림프는 테크놀로지를 책임지고, 경영 분야에서도 역할을 했다. 크레이그 웨브와 에드윈 찬은 공 동으로 설계 책임자를 맡았고, 서로 다른 프로젝트를 작업하는 설계자 팀들을 두 그룹으로 나눈 뒤, 하나씩 감독했다. 게리와 그 의 명성에 설계가 의미하는 바로 미루어 보건대, 크레이그 웨브, 에드윈 찬이 아니라 랜디 제퍼슨, 짐 글림프와 소유권을 나눠 갖 는 게리의 결정은 흥미로웠다. 게리의 논리는 이랬다. 웨브와 찬 의 능력이 아무리 뛰어난들, 유사시에는 그들의 일을 게리가 대 신할 수 있겠지만, 테크놀로지나 경영은 제퍼슨과 글림프의 도움 없이는 게리가 손댈 수 없는 분야였다. 특히 제퍼슨은 그런 점을 잘 알고 있었다. 그래서 그는 회사명이 '게리 파트너스'로 결정 나 기 전, 게리에게 '게리, 글림프 앤드 제퍼슨Gehry, Glymph & Jefferson'이 라는 이름이 더 나은 것 같다고 제안했다.

게리는 마지못해 동의했다. 회사명을 변경하기 직전, 차분한 짐 글림프가 목소리를 냈다. "게리, 제정신인가요? 이 브랜드는 게리 당신에 뿌리를 두고 있어요. 회사 이름을 그렇게 바꾸면 그 기반이 흔들린다고요." 게리는 글림프의 말에 동의해서 '게리 파트너스'로 방향을 틀었고, 그 이름은 현재에도 그대로다. 랜디 제퍼슨이 입사한 1992년부터 그가 떠난 2004년까지 대략 십수 년간 다섯 사람은 그렇게 함께 회사를 운영했다. "우리가 바로 프랭크 게리였습니다." 랜디 제퍼슨이 말했다.

게리의 경력에 있어서 오래도록 유지되거나, 사생활의 압박을 견딘 것은 몇 없었다. 다섯 명으로 이루어진 운영 팀의 경우, 첫 번째 균열은 게리가 아니라 랜디 제퍼슨의 가족에게 악재가 두 개나 겹쳤을 때 발생했다. 10대 아들이 오토바이 사고로 세상을 떠난 지 얼마 지나지 않아 그의 부인도 유명을 달리한 것이다. 게리는 제퍼슨에게 애도할 시간을 주기 위해 몇 달간 거의 일을 주지 않았다. 하지만 그로 인해 상황은 더 복잡해졌다. 왜냐하면 제퍼슨은 그의 부인이 세상을 뜨기 전부터 사무소의 다른 여성 동료와 만나고 있었기 때문이다. 두 사람은 결국 결혼하지만, 게리는 제퍼슨을 존중하기 위해 했던 행동이 그의 회복을 도운 게 아니라, 생산적 업무를 방해하는 사내 연애의 밑거름이 된 게 아닐까 하고 회의를 품었다.

그렉 월시에게 그랬던 것처럼, 상황을 직면하기 싫어하는 게리의 성향 때문에 제퍼슨을 곧바로 자르기는 어려웠다. 더는 참을 수 없는 상황에 이르자, 게리는 짐 글림프에게 대신 말을 전해 달라고 부탁했다. 게리가 보기에 제퍼슨은 자기 업무를 제대로 수행하지 않았을 뿐만 아니라, 행정 업무를 담당하던 제퍼슨의 예비 부인 또한 최고 재무 책임자를 맡고 있던 베르타와 사이가 좋지 않았다. 베르타의 권위에 도전하는 행위는 게리 파트너스에서 성공할 수 있는 길이 아니었다. 제퍼슨과의 관계를 끝맺을 때가 온 것이다. 그는 빌바오 구겐하임 미술관과 월트 디즈니 콘서트홀 프로젝트를 겪으며 게리의 회사를 쭉 지켜봤고, 회사를 게리가 혼자 꾸리던 때와 완전히 다른 모습 탈바꿈시키는 데 혁혁한 공을 세웠다. 하지만 그러한 임무는 이제 끝이 났다. 이제 그 모습을 유지하는 것은 글림프와 게리의 손에 달려 있었다.

게리는 사무소를 운영하는 방법에 대해 공공연하게 말하는 법이 거의 없었지만, 피터 루이스가 케이스웨스턴리저브대학교Case Western Reserve University의 웨더헤드 경영대에 기부한 건물의 개관을 기념하는 좌담식에서 그에 관해 연설할 기회가 생겼다. 2002년, 게리는 이 기회를 이용해 사무소의 운영 방식에 관해 얘기하고, 자신의 효율적 면모를 보여 주기로 마음먹었다. "제가 사무실을 꾸려 가는 방법에 대해 말해 볼까 합니다. 이건 무척이나 사무적인 이야기라, 들으면 깜짝 놀라실 겁니다. 사람들은 우리를 괴짜 예술가 집단이라고 생각하죠. 하지만 우리 회사는 꽤 수익성이 좋습니다."

게리는 다른 건축가 동료와 달리 물려받은 돈으로 회사를 세운 게 아니라 푼돈으로 시작해 이만큼 사업을 키웠다는 사실을 무척이나 자랑스러워했다. 그 덕에 그는 함께 일하는 이들을 절대 착취하지 않으며, 특정 규율을 지니게 됐다고 생각했다. 게리는 무급 인턴을 고용하지 않았다. "저를 위해 일하는 사람들에게 크리스마스 보너스, 물가 수당, 휴가 등을 매년 지급해야 한다고 주장했습니다. 회사가 시작할 때부터 뿌리내린 문화죠." 특히 게리는 건축 공모전 설계를 위해 학생의 노동력을 무료로 사용하는 건축가들의 관행에 매우 분개했다. "땡전 한 푼 받지 않고도 일할 의사가 있는 아이들을 모으기란 무척 쉽습니다. 많은 건축가가 그런 일을 하죠. 그건 마치 마약과도 같아요. 한번 손을 대면 뗄 수가 없습니다."

게리는 다른 건축사와 다른 방식으로 자신의 서비스 요금을 책정했다. 전반적인 요금은 게리 파트너스의 작업에 관한 것이었고, 자신이 개입하는 경우 '디자인 요금'을 따로 책정했다. 이는 설계자로서 게리의 유명세를 이용하는 것처럼 보일 수도 있다. 물론 그런 부분도 없지 않다. 하지만 이는 프로젝트에서 동료가 맡은 작업과 자신의 역할을 분리하려는 의도였다. '게리 파트너스'에서 게리가 빠질 그 어느 날, '파트너스'가 앞으로 가야 할 길을 닦아 놓기 위함이었다.

하지만 그건 먼 훗날의 일이었다. 게리는 은퇴할 생각이 없었을 뿐더러, 이 일은 무척 사적인 업무라 자신이 떠나고 난 뒤에 회사가 자기 일을 대신할 수 없다는 사실을 깨달았다. 게리는 시간이 지난 후에도 홀로 설 수 있는 젊고 재능 있는 후계자를 양성하고 싶었다. 그는 에드윈 찬을 가장 높이 샀다. 게리가 말하기를, 찬은 게리 사무소의 설계자 중 가장 재능이 많으면서도 가장 불가사의한 인물이었다. 게리가 말했다. "찬은 우리 회사에 들어오고 처음

5년간은 거의 말 한마디 하지 않았어요. 한번은 제가 그에게 물었죠. '우리가 하는 일에 대해 어떻게 생각하는가?' 그는 저를 빤히 쳐다보더니 이렇게 말하더군요. '몰라요, 당신은 어떻게 생각하시나요?' 그 상태로 5년을 지냈습니다. 그러다 어느 날 문득, 그가 괴물이 되어 있음을 깨달았죠. 그는 건축 모형을 이리저리 조물거리기 시작했습니다. 실제로 지어지진 않았지만, 그때 우리는 한국에서 삼성 미술관 프로젝트를 진행하고 있었는데, 제가 출장을 다녀올 때마다 찬이 강당 모형을 움직여 놓더라고요. 그런데 그 결과는 나무랄 데 없었습니다. 그의 결정에는 항상 놀랄 만한 이유가 있었습니다. 그는 정말 똑똑해요. 찬은 밤에 한숨도 자지 않고 다음 날 아침에 슬그머니 나타나 강당을 옮겼습니다."

강당 모형을 움직이는 행위는 게리의 용어를 빌리자면 일종의 '놀이'였고 직관적인 행동이었다. "사람들은 진지한 CEO라면 창조력을 놀이로 여기지 않는다고 믿습니다. 하지만 그건 놀이입니다. 창의성이란 목표는 있으나 어디로 향할지 알지 못한 채로, 무언가를 찾아 나서는 행위입니다. 그래서 사람들을 만나 생각을 하거나 건축 모형을 만드는 일은 제게 놀이와도 같습니다." 게리는 월트 디즈니 콘서트홀 디자인을 정하기 위해 여러 가지 선택지를 만들어 보던 때를 떠올렸다. 그는 사유의 자극을 받기 위해 "롤링, 롤링, 롤링"이라는 코러스가 인상적인 옛날 TV 프로그램 〈로하이드Rawhide〉의 주제곡을 틀어 놓고 일하기도 했다. 하지만 게리가 대안을 떠올리고, 사소한 수정을 하느라 건축 모형을 뚫어지게 쳐다보는 시간이 더 많았기에 사무실은 대부분 조용했다.

게리는 에드윈 찬의 능력에 감탄했고, 찬이 자신이 원했던 능력을 갖췄다고 믿었지만, 정작 게리 자신이 누군가에게 회사를 물려줄 준비가 되지 않았다. 자기가 없는 게리 파트너스의 모습에 대한 게리의 상상은 모호했고 계속해서 변화했다. 그는 여러 가지 조직 제도에 대해 이리저리 추상적으로 구상해 보는 것을 즐겼다. 여러 건축 설계안 중 무엇을 선택할지 고심할 때와 똑같이, 결정을 미루는 것은 모든 선택지의 가능성이 열려 있다는 환상을 유지하는 방법이었다. 건설 프로젝트에서는 결국 하나의 설계를 선택하도록 압박하는 클라이언트가 존재했지만, 사무소를 넘겨주는 문제에서는 어떤 압박도 없었다. 게리의 건강 상태는 양호했던 데다, 유명해지면서 일과 가족, 사교 생활의 경계가 더욱더 흐려진 게리는 그 이외의 삶을 상상하지 못했다.

어떻게 서서히 자기 존재를 지워 갈까를 고민하는 대신, 게리는 일흔세 살이던 2002년에 회사의 디지털 소프트웨어 전문가들을 따로 떼어 낸 독립 회사를 차렸다. 게리의 사무소가 항공우주 산업에서 이용되던 카티아 소프트웨어를 사용해 과감한 디자인에 건설 가능성을 불어넣기 시작했을 때, 게리는 이 소프트웨어를 게리 파트너스에서만 사용하리라 생각했다. 게리와 같은 건축물을 만든 사람은 없었고, 설령 그런 건축을 시도하는 사람이 있다고 한들, 그들의 수고를 게리가 나서서 덜어 줄 필요는 없지 않은가? 하지만 카티아를 만든 프랑스 회사 다쏘Dassault와 게리 사무소가 함께 오랜 시간 개발한 소프트웨어의 가장 중요한 기능은 설계, 엔지니어링, 시공 과정을 더 자세히 관찰하고, 프로젝트에 연루된 수많은 건축가, 엔지니어, 자문 위원, 시공사 간의 오해와 불통을 최소화하는 것이었다. 이런 문제는 모든 프로젝트에 영향을 미쳤기에 게리는 카티아가 거의 모든 복잡한 시공 절차에 질서와 효율을 가져다주리라는 점을 깨달았다.

게리는 짐 글림프에게 게리 파트너스가 개발하고 있던 테크놀로지를 다른 건축사에 제공해 주는 회사를 만드는 방법을 알아봐 달라고 말했다. 짐 글림프가 생각하기에 건축 회사로서 게리가 없는 게리 파트너스의 미래는 불투명했기에, 테크놀로지 회사를 따로 만들면 장기적으로 베르타와 그의 자녀들이 경제적으로 안정될 수 있을 만큼 커다란 이윤을 가져다줄 것 같았다. 게리가 모든 불확실성을 극복하고 그럴싸한 승계 계획을 세운다고 하더라도, 여러 세대를 넘어 살아남은 건축 회사의 선례는 그리 고무적이지 않았다. 한 명의 창의적인 설계자를 중심으로 조직된 회사 중 그 설계자가 은퇴한 후에도 명맥을 이어 가는 경우는 거의 없었다. 게리 파트너스를 순수한 창의적 작업장이 아니라 실무적인 사업장으로 꾸리려는 게리의 그 모든 노력에도 불구하고, 그 명성은 게리의 창의적 아이디어에서 탄생했다는 사실을 그는 너무나도 잘 알고 있었다. 그렇기에 테크놀로지 회사라면 적어도 그의 가족들에게 조금 더 안정적인 자산을 남겨 줄 수 있을 거라고 글림프가 말했다.

테크놀로지 회사가 그만한 재정적 안정을 가져다줄지에 대해 게리는 글림프만큼 확신하지 못했다. 하지만 게리가 그 아이디어에 끌렸던 더 확실한 이유는 자신의 공적 유산에 커다란 의미를 지닐 것이기 때문이었다. 테크놀로지는 시공 과정이 갈수록 복잡해짐에 따라 건축가의 권한이 점차 줄어드는 건축계의 가장 골치 아픈 문제를 해결해 줄 방법이었다. 월트 디즈니 콘서트홀을 처음 작업했을 때, 시공도 감독을 직접 하시 못했던 경험은 극단적인 예시일지도 모르겠으나, 유일무이한 일도 아니었다. 더 전통적인 설계를 시행하는 상황에서도 건축가는 통제권을 잃어 가고 있었다. 한때 '마스터 빌더master builder'로 불리며 설계부터 시공까지 모든 건설 과정에서 권위를 지녔던 건축가들은 자꾸만 주변부로 밀려났다. 건축가들은 복잡한 시공 과정을 이해하지 못한다며 그 과정에서 서서히 제외됐다. 게리 파트너스가 개발하고 있던 테크놀로지를 특허 등록한다면 데이터에 기반한 엔지니어, 개발자, 금융 기관 사이에서 건축가의 지위를 다지고 전문성을 강화할 수 있다고 게리는 판단했다. 그의 말을 빌리자면, 테크놀로지는 "건축가에게 다시 권리를 되찾아줄 것"이었다.

짐 글림프와 함께 게리 테크놀로지Gehry Technologies를 설립하는 일을 맡았던 건축가 데니스 셸든Dennis Shelden은 그러한 건축계의 흐름을 '설계와 시행의 분리'라고 표현했다. 이는 효율성과 경제성을 보장하기 위해 시공 관리자, 특별 자문 위원, 금융 당국에 더 많은 권한을 부여했다. 게리는 이러한 방식에서 건축가는 설계만 통과하면 제 몫을 다하는 모양 제작자로 전락한다는 사실이 심히 불쾌했다. 그는 자기 자신의 유명세뿐만 아니라 건축가라는 직업 자체의 지위에 대해 갈수록 관심을 쏟게 됐고, 게리 파트너스가 개발한 소프트웨어가 이런 풍토에 어떤 변화의 바람을 불러올 수도 있겠다고 확신했다.

2002년에 이르면 거의 모든 건축 사무소가 디지털 시스템을 갖추게 된다. 하지만 게리 파트너스가 개발한 카티아 소프트웨어만큼 정교한 프로그램은 없었다. 게리는 컴퓨터를 직접 쓰는 일이 거의 없었고, 컴퓨터란 단지 자신이 종이에 그린 디자인이나 건축 모형을 실제로 구현하는 과정에서 다른 사람이 사용하는 도구라고 여겼다. 그렇기에 게리는 스키드모어, 오윙스 앤드 메릴이나 콘 페더슨 폭스Kohn Pedersen Fox처럼 더 크고 기업적인 건축 회사보다 자기 사무소의 테크놀로지가 더 앞서 나간다는 사실을 알았을 때 무척 놀랐다. 게리가 말했다. "우리는 기술적으로나 조직적으로 그들보다 훨씬 앞서고 있습니다. 정말 놀라웠어요. 전 항상 그들을 사업가라고 여겼거든요." 데니스 셸든은 빌바오 구겐하임 미술관에 관해 이렇게 말했다. "빌바오 미술관은 건축적인 측면에서뿐만 아니라 테크놀로지와 방법적 측면에서도 한 획을 그었습니다. 지금은 많은 사람이 그와 같은 방식을 사용하죠." 하지만 그러한 시도의 시작점에는 게리 파트너스가 있었다. 게리 파트너스가 다른 회사보다 앞서 나갈 수 있었던 이유는 직접 개발한 소프트웨어의 역할이 건축가를 도와 독특한 설계를 만드는 데 집중되어 있었기 때문이었다. 바르셀로나의 물고기 조각상 프로젝트부터 빌바오 구겐하임과 IAC 본사 건물을 만드는 프로젝트까지 전부 마찬가지였다. 게리는 그것이야말로 독립적인 테크놀로지 회사가 성공할 수 있는 이유임을 깨달았다. 테크놀로지 회사는 소프트웨어 판매부터 사용법 교육까지 모든 것을 할 수 있었다.

디쏘와 함께 세운 새 회사의 이름은 '게리 테크놀로지'였다. 처음에 게리는 다른 건축가들이 같은 영역에서 함께 경쟁하던 사람의 이름이 붙은 회사와 함께 일하기를 꺼릴 것 같다는 노파심에 자기 이름을 회사에 붙이기를 망설였다. 하지만 예전에도 한번 그랬듯, 이번에도 짐 글림프가 나서서 그의 이름 자체가 강력한 셀링 포인트라는 점을 확실히 설득했다. 또한 게리의 이름이 없다면 그 회사는 게리와 전혀 연관이 없는 테크놀로지 회사로 오해받을 수도 있었다.

게리 테크놀로지 설립이라는 도전에는 득도 있었고 실도 있었다. "빌바오 구겐하임 미술관과 월트 디즈니 콘서트홀이 성공했으니 게리 테크놀로지도 당연히 성공하리라 생각했는데, 꼭 그렇지는 않았습니다." 글림프가 말했다. 글림프는 그 이유 중 하나가 자신이 회사를 세우는 것보다 테크놀로지를 개발하는 데 더 뛰어났기 때문이라고 생각했다. "저는 물 밖에 난 물고기처럼 어울리지 않는 일을 해야 했지만, 회사의 가장 큰 자산은 저였죠." 글림프가 말했다. 그는 새로운 사업 때문에 게리 파트너스에서 주요 업무를 맡지 못했고, 게리와의 관계도 소원해지기 시작했다. 또한 글림프는 개인적으로 심각한 문제도 겪고 있었다. 그의 부인이 조현병 진단을 받은 것이다. 게리는 그에게 밀턴 웩슬러를 만나 보라고 강하게 권했기에 글림프와 부인은 웩슬러를 찾아갔다. 하지만 이는 계속 소원해지는 부인과의 관계에도, 게리와의 관계에도 거의 도움이 되지 않았다. 게리와의 오래된 친밀감이 서서히 사라져 가는 걸 느꼈던 불행했던 2년을 끝으로, 글림프는 게리

파트너스와 게리 테크놀로지를 모두 떠나 달라는 게리의 부탁에 알겠다고 답했다. 랜디 제퍼슨을 해고할 때보다 훨씬 우호적인 이별이었다. 글림프는 게리가 합당한 조건을 제시할 것이라 믿기에 변호사를 고용하지 않겠다고 말했다. 게리는 글림프의 지분을 사들였고, 그렇게 글림프는 제퍼슨과 마찬가지로 회사를 나갔다. 이후 게리는 그 누구에게도 회사 지분을 나눠 주지 않았다. 게리는 제퍼슨, 글림프와 함께 썼던 요트를 팔아치우고 혼자만의 새 요트를 구매했다. 유리 섬유로 만든 13미터 크기의 베네토 퍼스트Beneteau First 모델로, 게리는 자기 이름의 첫 글자들을 이용해 포기Foggy라는 별명을 붙였다. 게리는 몇 년 전 시드니 폴락과 존 캘리John Calley가 멤버십을 제안했던 마리나 델 레이의 캘리포니아 요트 클럽California Yacht Club에 배를 정박했다. 그 무렵, 게리와 함께 가장 자주 항해를 즐기던 건축가는 그레그 린Greg Lynn이었다. 그는 요트광이었고, 디지털 건축 테크놀로지 분야의 전문가였기에 게리가 게리 테크놀로지에 영입하려고 시도하기도 했었다.

데니스 셸든을 최고 기술 책임자로 내세운 게리 테크놀로지는 운영을 계속해 나갔다. 2005년, 회사를 시작할 때 25명이었던 직원 수는 2008년에 이르자 100명이 넘었고, 여러 유명 프로젝트의 디지털 모형을 만들기도 했다. 그중에는 중국 베이징의 올림픽 경기장인 '새 둥지Bird's Nest' 작업을 맡은 헤어초크 앤드 드뫼롱이나, 몇 년 전 게리가 수주에 실패했던 뉴욕 링컨 센터에 있는 앨리스 툴리 홀Alice Tully Hall 개조 작업을 맡은 딜러, 스코피디오+렌프로Diller, Scofidio+Renfro의 의뢰도 있었다. 또 억만장자 카를로스 슬

림Carlos Slim의 미술 소장품을 보관하기 위한 미술관을 멕시코시티
에 설계하는 프로젝트에도 참여했다. 게리는 전문 경영인을 쓰기
로 했다. 그는 전직 매킨지McKinsey의 경영 컨설턴트이자, 인터넷
판타지 스포츠 게임 회사인 이매진 스포츠Imagine Sports를 설립했
던 데인 마이어스Dayne Myers를 고용했다. 마이어스는 건축이나 건
설과 관련한 경험은 부족하지만, 자신의 전문성이 부족한 부분을
메울 수 있다고 게리를 설득한 끝에 2009년에 게리 테크놀로지에
합류했다. 하지만 게리도 마이어스도 게리 테크놀로지가 나아갈
방향을 확실히 알지 못했다. 새로운 버전의 소프트웨어를 개발하
는 것에서부터 건축 회사에 다양한 기술 시스템에 관한 조언을 하
는 것, 건설 산업에 봉사하는 것까지 강조하려는 역할이 무척 다
양했다.

　게리는 2011년 가을, 게리 테크놀로지의 방향성을 제대로 설정
하고자 하는 바람에서 건축 자문 위원회를 소집했다. 게리는 게
리 테크놀로지가 디지털 건축 분야의 일류 컨설팅 회사로 자리매
김하기를 원했다. 그는 모셰 사프디, 데이비드 차일즈, 쿱 힘멜블
라우의 울프 프릭스, UN 스튜디오UN Studio의 벤 판베르컬Ben van
Berkel, 데이비드 록웰David Rockwell, 리처드 솔 워먼, 그레그 린에 이
르는 화려한 인사들을 한자리에 모았다. 게리보다 한참이나 젊은
린 같은 몇몇 건축가들은 디지털 테크놀로지의 선봉에서 경력을
쌓은 이들이었다. 나머지는 게리의 오랜 친구이자, 게리처럼 테
크놀로지의 중요성을 인식하는 동시대인이지만, 건축적 뿌리는
디지털 이전의 세상에 두고 있는 사프디나 워먼 같은 건축가들이

었다. 이들은 뉴욕에 있는 제7세계무역센터의 한 회의실에 모였다. 그때까지만 해도 여전히 게리가 공연예술센터를 설계하리라 믿고 있던 그 부지가 내려다보이는 곳이었다.

종일 대화를 나누며 그들은 건축 과정에서 건축가의 역할이 줄어들고 있음을 몸소 느꼈던 경험에 대한 푸념을 늘어놓았다. "사람들이 건설 회의에 왜 모일까요? 그들은 믿을 만한 확실한 정보를 원하는 거예요. 그리고 건축가들은 그런 정보를 줄 수 없다고 생각하죠." 사프디가 말했다.

"사람들은 그저 우리를 장식가 정도로만 생각해요." 게리가 말했다.

사프디가 물었다. "그래서 정보의 통일성을 재정립하고 건축가의 통제권을 되찾기 위해 게리 테크놀로지가 우리에게 해 줄 수 있는 게 뭐죠? 업계에서는 희망 사항이 넘쳐나요."

"우리 자리는 이미 오래전에 빼앗겼어요." 판베르컬이 말했다.

게리는 조금 더 현실적인 방향으로 대화를 틀었다. "많은 문제가 보험에 얽혀 있습니다." 게리는 건축가의 과실을 보상하는 보험 회사가 프로젝트에서 건축가의 책임감을 더하는 방향이 아니라 덜어 내는 쪽으로 오래전부터 유도했다며, 게리 테크놀로지는 이 과정을 뒤집을 역량이 있다고 말했다. 게리는 "만약 게리 테크놀로지가 프로젝트에서 일어나는 모든 일을 관리하게 된다면" 보험 회사는 이를 반기리라 생각했다. 왜냐하면 게리 테크놀로지가 프로젝트의 설계와 시공의 매 순간을 추적하고, 설계 수정의 책임이 누구에게 있는지를 명확하고 반박 불가능한 기록으로 남기는 것만으로도 도움이 되기 때문이다.

데인 마이어스와 게리는 원래 궁합이 잘 맞는 조합이 아니었다. 게리가 마이어스를 고용한 이유는 기술 분야에 경력이 있는 전문 경영인이 게리 테크놀로지에 필요하다는 마이어스의 설득 때문이었다. 게리는 회사의 기술 전문성으로 건축가의 영향력과 권한을 되찾길 원했는데, 마이어스도 그와 같은 목표를 바란다고 생각하지 않았다. 그는 건축가도 아닐뿐더러 건축에 특출난 관심을 보이지도 않는, 그저 고용된 경영인에 불과했다. 그의 관심은 건설 산업인 것 같았다. 게리가 건축인이 마주한 어려움을 해결하는 데 회사의 기술을 이용하고 싶다는 바람을 마이어스에게 밝혔을 때, 게리가 기억하기에 마이어스는 어딘가 거들먹거리는 말투였다. 마이어스는 게리의 반대를 무릅쓰고, 건축용 소프트웨어 제작 시장에서 가장 큰 회사인 오토데스크Autodesk에 연락해 게리 테크놀로지에 투자해 달라고 말했다. 게리 테크놀로지는 카티아 소프트웨어를 만든 프랑스 회사 다쏘와 오랜 시간 협업했고, 다쏘와 오토데스크는 피 튀기는 경쟁을 펼치던 사이였다. 게리는 두 회사가 서로 적대적으로 경쟁하게 만들려는 마이어스의 계획이 성공할 리 없다고 보았고 실제로도 실패했다. 이일로 인해 원래 협업해 왔던 다쏘와의 관계도 급속도로 나빠졌다. 게리가 느끼기에 마이어스의 우선순위는 게리 테크놀로지를 경영하는 게 아니라 미래에 오토데스크나 다쏘와 같은 대형 기술 회사에 곧바로 팔아 버릴 수 있는 눈에 띄는 상품으로 만드는 것이었다.

더 시급한 문제는 마이어스가 게리나 래리 필드를 포함한 소규모 이사진이 합리적이라고 생각하는 수준을 넘어 게리 테크놀로지를 확장하느라 돈을 물 쓰듯 써 버리는 바람에 회사의 재정이 통제 불가 상태에 치달았다는 점이다. 게리는 마이어스를 해고하기로 결정했다. 짐 글럼프와 달리 마이어스는 순순히, 우아하게 물러나지 않았다. 그는 게리가 제안한 합의금을 받아들이지 않았고, 계약서에 명시되어 있는 대로 문제를 중재 재판에 넘기겠다고 엄포했다. 게리는 무척 속상했다. 중재 재판으로 게리가 싫어하는 갈등도 피할 수 없게 됐고, 재판장에서 게리가 최고 경영 책임자로 고용한 마이어스를 부당하게 대우했다는 마이어스 변호사의 주장을 듣고 앉아 있어야 했기 때문이다. 중재 재판으로 인한 불안감에 게리는 수개월 동안 유난히 예민해져 있었다.

하지만 그래도 고통을 감내한 보람이 있는 결과가 나왔다. 게리는 티파니 주얼리와 관련해 프레더릭 M. 니컬러스가 걸었던 소송을 취하시켰던 퍼트리샤 글레이저에게 다시 한번 도움을 요청했다. 그녀는 강단 있으면서도 게리에게 헌신적인 변호사였고, 이번에도 게리를 대신해 상대측을 완파했다. 중재자는 모든 쟁점에서 마이어스에게 불리한 판결을 내렸다. 중재자는 마이어스를 해고할 정당한 사유가 게리에게 있었다며, 불공정한 행동이 아니었다고 말했다. 글레이저의 주장은 너무나도 강력했기에 중재자는 마이어스가 그 어떤 합의금을 받을 자격도 없을뿐더러, 수십만 달러에 이르는 게리의 소송 비용을 오히려 마이어스가 부담해야 한다고 결론 냈다. 중재 재판에서 승소하고 난 뒤 게리의 첫 반응은 완공된 건물을 처음 봤을 때 느끼는 의심스러운 감정과 별반 다르지 않았다. 그는 죄책감을 느꼈고, 한순간 뭔가를 훔친 것만 같은 느낌이 들었다. 그는 게리 테크놀로지의 주주에 대한 신의성실의무에 따라 중재자가 내린 판결대로 마이어스에게 소송 비용을 전부 받아야 하는지 의문이 들었다. 하지만 최초의 순간에 드는 건축물의 정당성에 대한 게리의 의심과 마찬가지로 그러한 생각도 재빨리 사그라졌고, 안도하며 중재자의 판결을 받아들였다.•

　게리가 데인 마이어스를 쳐내기로 했을 때, 게리 테크놀로지에서 가장 경험이 풍부한 직원은 최고 기술 책임자인 데니스 셸든이었다. 하지만 셸든의 능력이 아무리 출중하더라도 경영난에 빠진 회사를 건져 올릴 만한 인물은 아니라고 게리는 판단했다. 대신 그는 문제를 해결하고, 동선을 조정하는 데 크게 의지하게 된 사람이자, 게리가 생각하고 행동하는 모든 것을 이해하는 메건 로이드를 해결사로 떠올렸다. 로이드를 좋아했으나 그녀의 회사 운영 능력에 대해서는 의구심을 품었던 래리 필드의 반대에도 불구하고, 게리는 메건 로이드를 게리 테크놀로지의 최고 경영 책임자로 임명했다.

　이번에 게리의 직감은 정확히 들어맞았다. 1년 내에 그녀는 회

• 마이어스는 자금이 없다고 주장하며, 두 번째 중재 재판을 신청했다. 2015년 3월, 당사자 양측은 수정한 금액에 합의했다.

사를 안정화하고 손실을 틀어막았다. 하지만 로이드는 게리가 원했던 것처럼 게리 테크놀로지를 독립적인 대형 회사로 키우지는 못했다. 회사가 독립하기에는 너무 어려움이 많았다. 다쏘나 오토데스크에 회사를 파는 것도 고려할 만한 선택지였으나, 그렇게 되면 게리 테크놀로지는 완전히 잠식당할 게 뻔했다. 게리 테크놀로지만의 독립적인 정체성을 적어도 일부라도 지키고 싶다는 바람으로, 로이드는 위성 항법 시스템GPS 제조사인 트림블 내비게이션Trimble Navigation Ltd.과 합병 협상을 벌였다. 트림블은 당시 구글로부터 3차원의 건축 모형을 제작하는 소프트웨어인 스케치업SketchUp을 사들인 지 얼마 되지 않았고, 건축과 관련한 소프트웨어로 영역을 확장하려던 참이었다. 하지만 트림블과의 거래가 성사된다고 하더라도 문제가 있었다. 테크놀로지를 사용해 건축 과정에서 건축가의 권한을 늘리는 데 이바지하고 싶다던 게리의 과업은 계속 이어질 수 있을지 몰라도, 게리 테크놀로지를 지속적인 사업체로 유지하고 싶다던 게리의 꿈은 막을 내릴 터였다.

게리가 자기 사업의 막대한 권한을 넘겨준 후로 환상이 깨져 버린 인물은 랜디 제퍼슨, 짐 글림프, 데인 마이어스뿐만이 아니다. 마이어스와의 관계가 어그러지기 오래전부터 게리는 에드윈 찬에게 느꼈던 깊은 애정을 조금씩 잃어 가고 있었다. 홍콩의 부유한 집안 출신이자 부드럽고 품격 있는 건축가인 찬이 하버드를 졸업한 뒤 게리의 사무소에 입사한 것은 우연에 가까웠다. 건축학교 재학 시절에 그는 게리의 작품에 관심이 별로 없었다. 그의 영웅은 조금 더 이지적인 피터 아이젠먼이었다. 하지만 찬은 게리가 예술가들과 가깝게 지낸다는 사실에 흥미를 느꼈고, '밀실 공포증'을 느끼게 하는 보스턴 대신 로스앤젤레스에서 생활하는 것도 좋을 것 같다는 생각이 들었다. 그렇게 찬은 다른 젊은 건축가들도 그러듯, 게리와 함께 몇 년 일한다고 해서 나쁠 것은 없다는 생각에 게리 사무소에 지원했다. "저도 제가 그렇게 오래 일하게 될 줄 몰랐어요." 찬이 말했다. 1985년 에드윈 찬이 하버드 건축학과를 졸업할 때 학과장이었고 게리의 오랜 친구이기도 한 해리 코브가 이제껏 자신이 가르쳤던 학생 중 찬이 손에 꼽을 정도로 뛰어나다고 게리에게 말한 것이 도움 되어 찬은 일자리를 제안받았다.

케이스웨스턴리저브대학교 강연에서 게리가 했던 말에 따르면, 처음에 찬은 거의 눈에 띄지 않았다. 찬은 설계뿐만 아니라 게리도 세심하게 관찰하며 조용히 작업하는 사람이었다. 그때는 월트 디즈니 콘서트홀을 의뢰받기 3년 전이었고, 당시 게리 사무소는 이제 막 대형 프로젝트를 맡기 시작하던 때였다. "당시 게리 사무실의 건축은 중요한 발전 단계를 지나고 있었습니다. 우리는 더 새롭고 유려한 형태를 찾고 있었어요." 찬이 말했다. 그즈음 바젤 외곽의 비트라 디자인 미술관과 파리의 아메리칸 센터, 미니애폴리스의 와이즈먼 미술관이 설계됐다. 이 프로젝트들은 게리 작품의 지리적 범위를 넓혀 주는 데 그치지 않았고, 빌바오 구겐하임 미술관의 탄생으로 향하는 확실한 첫걸음이 되어 주었다.

에드윈 찬은 게리의 디자인이 지향하는 방향성에 신이 났고, 갈수록 적극적으로 참여했다. 그렇게 찬이 사무소 내에서 적극적으로 나선 덕에 게리와 찬은 가까워졌고, 게리는 찬에게 자주 자신의 아이디어를 들려주며 의견을 물었다. 게리는 설계에 관한 찬의 직감뿐만 아니라 그의 태도에도 감탄했다. 그는 교양 있는 데다 자신의 의견을 분명히 표명했고, 게리가 자신을 대신해 클라이언트 회의에 믿고 내보낼 수 있는 똑똑한 차석 같은 존재였다. 곧 찬은 게리 옆에서 아메리칸 센터 프로젝트 작업을 진행했고, 이후에는 와이즈먼 미술관도 함께 맡았다. 빌바오 프로젝트가 시작됐을 때, 찬이 설계 팀의 핵심 멤버가 되는 것은 너무나도 자명해 보였다. 게리는 찬의 직관이 자신의 직관과 얼마나 닮았는지, 서로 의견을 주고받는 과정이 얼마나 재미있는지 얘기하기 시작했다. 찬은 게리의 가장 중요한 설계 보좌관 중 하나가 됐고, 언제나 "함께 노닥거릴 상대"의 존재에서 활력을 얻었던 게리는 정말 아끼는 후배들에게만 하는 말을 찬에게 했다. "찬은 제게 가족 같은 존재입니다."

빌바오 구겐하임 미술관이 완공된 이후, 에드윈 찬은 다른 두 개의 주요 프로젝트에서 더 중요한 역할을 맡는다. 제약회사 노바티스Novartis의 연구소 건물을 바젤에 짓는 프로젝트와 파리에 있는 불로뉴의 숲에 루이뷔통 재단Fondation Louis Vuitton의 미술관을 짓는 프로젝트였다. 두 건물 모두 게리가 빌바오 미술관과 월트 디즈니 콘서트홀에서 불투명한 금속으로 만들었던 형태들을 투명한 유리로 재해석한 조각품 같았다. 두 프로젝트는 모두 새로운 시각적 연출법을 담은 형태인 데다 엄청난 기술의 발전을 보여 줬다. 2009년에 노바티스의 건물이 먼저 완공됐다. 안도 다다오나 데이비드 치퍼필드David Chipperfield, 사나가 야심 차게 만든 조금 더 정적인 느낌의 노바티스 캠퍼스와 달리, 거대하면서도 쾌활하고 속이 들여다보이는 게리의 노바티스 건물은 서정적이고 동적인 느낌을 전달했다. 유리 아래에 훤히 드러난 목제 구조물은 풍성하게 굴곡진 유리와 대조를 이루었다. 어떤 면에서는 그때까지 게리가 만든 건물 중 가장 진보한 작품이었지만, 건물의 전반에 드러나는 가벼운 느낌은 게리의 초기작과 의도치 않은 연관성을 보이기도 했다. 2014년에 개관한 루이뷔통 재단 미술관은 더 크고 정교하고 놀라웠다.

두 건물을 개발하는 데 있어서 에드윈 찬의 역할은 게리와 이제는 어느 때보다 중요해진 디지털 소프트웨어의 역할 다음으로 막중했다. 하지만 노바티스 건물이 개관하고 루이뷔통 재단 미술관은 완공까지 아직 많이 남아 있을 즈음, 찬은 더는 게리의 직원이 아니었다. 원래라면 끽해야 몇 년 정도만 보낼 생각으로 입사했던 회사에서 25년이라는 세월을 보낸 후, 2010년이 되자 그는 이제 자기만의 사무소를 운영할 때가 왔다고 말했다. 하지만 찬의 이러한 결정에는 게리의 입김이 다소 작용했다. 회사의 여러 고위직 직원에게 그랬듯, 게리는 이제 찬에게도 애정이 시들해지기 시작했다. 게리의 생각을 그대로 읽어 내는 찬의 능력은 처음에는 설계 과정에서 꽤 요긴했지만, 점점 게리를 불편하게 만들었다. 찬이 게리와 가깝게 협력하며 디자인을 개발하는 데 그러한 능력을 사용하는 것과 찬이 게리를 대신해 클라이언트를 만나는 데

게리와 오른쪽의 에드윈 찬이 노바티스의 최고 경영 책임자인 대니얼 바셀라Daniel Vasella에게 건축 모형을 보이는 모습이다.

그러한 능력을 남용하는 것은 다른 문제였다. 루이뷔통을 소유한 프랑스의 대기업 LVMH의 경영진과 직접적인 관계가 있는 직원이 있다는 점은 여러모로 게리 회사의 자산이 되기도 했지만, 한편으로는 걱정거리이기도 했다. 사명에 한 사람의 이름만 내걸기로 정해진 건 이미 오래전 일이었다. 그런데 찬이 LVMH의 임원들에게 게리가 승인하기도 전인 루이뷔통 재단 미술관의 중간 설계를 보여 주자, 게리는 이를 자신의 권위에 대한 도전으로 받아들였다.

하지만 게리 파트너스와 에드윈 찬의 관계가 완전히 끝난 것은 더 내부적인 문제 때문이었다. 게리 파트너스의 주요 설계 팀 두 개는 각각 크레이그 웨브와 에드윈 찬이 이끌었다. 찬은 커다란 작업장의 서쪽 끝에 모여 앉은 그룹을 감독했다. 그런데 찬이 자신이 감독하는 건축가들과 사무실의 나머지 사람들을 분리하는 파티션을 세우기 시작했다. 이는 게리의 사무소를 포함해 사무소 전체의 핵심이었던 시각적인 개방성을 저해하는 행동이었다. 거기다가 게리 사무소의 경영 관리자들이 게리에게 귀띔하길, 찬의 그룹은 프로젝트에 할당된 것보다 더 많은 시간을 설계 과정에 들였다. 그렇게 되면 게리 파트너스는 이미 책정된 설계 대금을 넘어서는 상당한 금액을 LVMH 측에 지급하거나, 프로젝트의 유명세 덕에 기대되는 이윤을 상당수 포기해야 할지도 모를 일이었다. 그 어떤 쪽도 썩 유쾌하지 않았다. 그뿐 아니다. 게리 파트너스가 작업을 제대로 관리하는 데 실패했다는 사실을 인정하는 것 말고는 다른 방법이 없을 테니, LVMH 측과 민망한 협상을 진행해야 할 터였다.

문제의 책임이 찬에게만 있는 건 아니었다. 또 다른 파트너인 마크 살레트Mark Salette도 LVMH와의 계약상 관계를 감독했기에 프로젝트를 가장 밀접하게 관리하는 건축가로서 상황을 미연에 방지했었어야 했다. 그는 문제가 들통 난 뒤 머지않아 회사를 떠났다. 에드윈 찬을 무척이나 신뢰했던 게리가 주제넘게 행동한 찬에게 느낀 실망감은 이루 말할 수 없었다. 게리는 이제 오랜 시간 봐 왔던 후배를 보내야 할 때라고 느꼈다. 이번만큼은 게리가 직접 찬에게 말을 전했다. 그래도 부드러운 태도였다. 게리가 찬에게 말했다. "이런 말을 꺼내기 조금 뭣하군. 어떻게 말해야 할지 모르겠어. 하지만 이제 자네를 돌봐 줄 사람은 없다네. 이제 홀로 서기를 시도하고 자네에게 필요한 경험을 쌓을 때가 온 것 같아." 게리는 찬이 혼자서 회사를 운영해 보면 이제껏 그의 삶에서도, 게리의 회사에서도 경험해 본 적 없는 사업의 현실을 배울 수 있으리라 하는 마음에서 말을 꺼냈다.

찬은 게리의 제안을 고민하기 위해 기나긴 휴가를 떠났다. 찬의 퇴사를 '휴가'라고 에둘러 표현한다고 해서 회사 사람들의 충격이 덜어지지는 않았다. 왜냐하면 직원 대부분은 이제껏 찬이 없는 회사를 본 적이 없었기 때문이다. 그로부터 1년 뒤, 게리는 중국 베이징에 국립미술관을 짓기 위한 건축 공모전에 참여했고, 그 까다로운 프로젝트를 돕기 위해 찬이 일시적으로 게리 사무소로 돌아왔을 때 두 사람의 사이는 화기애애했다. 하지만 이 프로젝트에서 찬은 카메오 출연이었을 뿐이다. 찬은 베니스에 작은 건축 사무소를 차렸고, 직접 일을 찾아 나섰다. 그는 게리 파트너스로 영원히 돌아오지 못하리라는 사실을 잘 알았다.

19

드와이트 아이젠하워에서
루이뷔통까지

월트 디즈니 콘서트홀이 열화와 같은 칭송을 받으며 개관한 이후, 게리는 원하는 프로젝트를 골라서 맡을 수 있을 만한 위치에 올라섰고, 어느 정도는 실제로 그렇게 했다. 하지만 그는 의뢰를 거절하는 만큼 자주 수락했다. 돈이나 사무실 운영이 걱정되어서 그랬고, 게리의 건축은 독특하고 비범한 '맞춤형' 건축물에 안주하지 않는다는 점을 보여 주고 싶다는 욕망 때문이기도 했으며, 좋아하는 클라이언트나 흥미로운 문제를 지닌 클라이언트의 부탁을 거절하지 못했기 때문이기도 했다. 예를 들어, 2004년에 게리는 보스턴에 있는 보일스턴 스트리트와 뉴욕의 첼시, 로스앤젤레스 그랜드 애비뉴의 월트 디즈니 콘서트홀 맞은편에 시행한 도시 프로젝트나 찰스강 건너 올스턴까지 캠퍼스를 확장하려는 하버드의 마스터플랜에서 실험적인 작업을 선보였다. 게리는 홍콩의 한 미술관, 헤스Hess사의 주유소, 디어필드 아카데미Deerfield Academy의 도서관, 뉴올리언스의 원형 극장, 뉴욕 삭스 피프스 애비뉴Saks Fifth Avenue의 파사드 개조 설계와 함께 만약 2012년에 뉴욕이 하계 올림픽 개최지로 선정됐다면 설치됐을 물고기 조각상 등의 설계도 맡았다.

이 중에는 초기 스케치만 작성하거나 그마저도 그리지 않은 채로 더는 진행되지 못한 프로젝트도 있지만, 게리 사무소 내부용으로 쓰기 위해 제작된 연대순 작업 목록에는 모두 포함되어 있다. 이듬해에 게리는 이스탄불에 문화 센터를 짓는 프로젝트, '파크 센트럴Park Central'이라 부르는 라스베이거스의 도시 재정비 프로젝트, 바르셀로나의 삼각형 모양 부지를 위한 세 개의 재개발안 중 두 번째 재개발안뿐만 아니라, 친구인 그레그 린과 함께 고급 호텔 원앤온리One & Only의 분점을 싱가포르에 짓는 대형 리조트 건설 계획도 시작했다. 하지만 이 중 그 무엇도 더 진행되지 않았다.

그래도 2005년은 특별한 해였다. 근 10년간 게리가 맡은 프로젝트 중 가장 독특한 프로젝트 두 개가 공식적으로 시작된 해이기 때문이다. 그건 바로 파리에 루이뷔통 재단 미술관을 짓는 프로젝트와 라스베이거스에 클리블랜드 클리닉Cleveland Clinic의 알츠하이머 연구 및 치료를 위한 루 루보 뇌 건강 센터Lou Ruvo Center for Brain Health를 짓는 프로젝트였다. 이 건물들은 게리의 클라이언트 중 가장 독특한 인물인 베르나르 아르노Bernard Arnault와 래리 루보Larry Ruvo가 의뢰했다. 아르노는 프랑스의 명품 기업인 LVMH

의 회장이었고, 래리 루보는 라스베이거스의 주류 유통업자였다. 두 사람은 모두 게리의 작품을 존경했고, 그 어떤 역경이 닥치더라도 프로젝트를 완수하고 말겠다는 굳은 의지를 지니고 있었다.

게리와 아르노의 관계는 2002년에 시작됐다. 게리는 아르노가 빌바오의 구겐하임 미술관에 들른 뒤, 자신을 만나고 싶어 한다는 얘기를 전해 들었다. 게리는 당장 파리에 갈 계획이 없었지만, 아르노는 뉴욕을 자주 방문했기에 그들은 약 한 달 후에 함께 점심을 먹기로 약속했다. 아르노는 처음에 빌바오 미술관을 둘러볼 것을 권했던 문화 고문 장폴 클라베리Jean-Paul Claverie와 함께 나왔다. 그는 넋이 나갈 정도로 빌바오 미술관이 좋았고, 그런 건축물을 상상하는 사람이 있다는 사실에 무척 놀랐다며 게리와 함께 일하고 싶다는 뜻을 전했다.

게리는 아르노의 극찬에 고마웠지만, 아르노가 도쿄의 루이뷔통 매장 이야기를 꺼내자 약간 흠칫했다. LVMH는 최신 디자인이라는 측면에서 커다란 명성을 떨치고 있었고, 세계적 대도시에 프랭크 게리의 매장을 세우는 것은 LVMH가 추구하는 전략에 딱 맞아떨어졌지만, 이는 게리가 꿈꾸던 의뢰도 아니었거니와, 자신 있어 하는 분야도 아니었기 때문이다. 하지만 아르노의 진의는 이후의 대화에서 명확히 드러났다. 그는 자신과 회사가 소장한 미술품을 보관하고, 문화 후원자라는 LVMH의 역할을 강조해 줄 커다란 미술관을 짓고 싶어 했다. 아르노는 파리에 그 미술관을 짓고, 게리가 건축을 맡아 주길 원했다.

게리가 그 제안에 일차적으로 동의하는 데는 그리 오래 걸리지 않았다. 하지만 아르노와 그의 부인인 엘렌Hélène, 클라베리와 함께 그 독특한 부지를 직접 보기 전까지는 확답을 줄 수 없었다. 그곳은 아이들을 위한 놀이동산이 있는 다클리마타시옹 공원Jardin d'Acclimatation의 일부로, 불로뉴 숲의 끝자락에 있었다. 그 땅은 크리스챤 디올Christian Dior의 모회사인 부삭Boussac 소유였는데, 아르노의 회사가 부삭을 인수한 후로 그 땅의 임대를 관리해 왔다. 그 땅에는 볼링장이 있었고, 특별할 것 없는 2층짜리 건물이 있었다. 이는 거대한 공원 안에 미술관을 짓는 것이 가능했던 이유기도 하다. 왜냐하면 LVMH는 인간의 손길이 닿지 않은 곳에 새 건물을 지어 올리는 게 아니라, 원래 있던 볼품없는 오래된 건물을 새 것으로 교체하는 거라고 말할 수 있었기 때문이다. 그런데도 그 프로젝트에 대한 대중의 반발은 빗발쳤다. 특히 불로뉴의 숲 바깥쪽, 부지 근처에 있는 마을의 반대가 거셌다. 그래서 미술관을 설계하고, 건축 승인을 받고, 건물을 짓는 데까지 꼬박 12년이 걸렸다. 이는 빌바오 구겐하임을 설계하고 건설하는 데 걸린 시간의 두 배이자, 월트 디즈니 콘서트홀을 완공하는 데 걸린 시간과 엇비슷한 수치였다.

아르노는 단념하지 않았다. LVMH의 경쟁자인 명품 기업 케링Kering을 소유했고, 아르노의 오랜 라이벌인 프랑수아 피노François Pinault는 대중의 반대에 못 이겨 센강에 있는 스갱섬에 개인 미술관을 지으려는 계획을 막 철수한 뒤, 대신 베네치아에 미술품을 보관하기로 정한 터였다. 아르노는 라이벌인 피노가 실패한 파리에서 보란 듯이 미술관 건설에 성공하는 게 중요했다. LVMH는 미술관을 짓는 데 1억 4천3백만 달러를 기꺼이 투자할 준비가 되어 있었다. 그 프로젝트에는 월트 디즈니 콘서트홀과 같은 재정적 문제는 없었을지 몰라도, 정부가 거의 모든 문화 기관을 소유하고 운영하고 비용을 대는 프랑스 내에서 개인 미술관에 돈을 퍼부으려는 아르노의 의지는 새로운 반발을 불러일으켰다. 일부 비판자들은 미술관을 짓는 것은 정부의 일이지, 사기업이 할 일이 아니라고 목소리를 높였다. 게리는 갑부 기업이 이미지를 향상하는 데 자신을 사용하도록 내버려 둔 것이었을까? 세계에서 제일가는 부자 중 하나가 자신을 추종하는 기쁨에 눈이 멀어 상업적 가치보다 건축물을 우선시하는 게리의 건전한 판단력이 흐려졌던 것일까?

아르노와 클라베리는 상업적 가치보다 건축물을 더 중시하겠다는 의지가 명확했다. 그들은 가장 선진적인 디자인을 원한다는 점을 확실히 밝혔고, 게리에게 그 어떤 제약도 없이 자유롭게 생각할 것을 주문했다. 그들이 요구한 단 한 가지는 퍽 전통적인 갤러리 공간을 넉넉하게 만들어 달라는 것뿐이었다. 즉, 흰색 벽에 쭉 뻗은 네모난 공간만 내부에 갖추어진다면 미술관의 생김새는 게리가 원하는 대로 만들 수 있다는 말이었다. 또한 LVMH는 개관 55년 후에 미술관을 파리시에 양도하겠다고 했다. 그 덕에 기업의 사적 성격에 대한 반대의 목소리를 일부 누그러뜨릴 수 있었다. 시간이 지나면 루이뷔통 재단 미술관은 그 어떤 비용도 없이 다른 미술관과 마찬가지로 공공 자원이 될 터였다.

처음에 게리가 보기에 불로뉴 숲의 자연적인 환경은 텅 빈 백지 같았다. 빌바오 구겐하임 미술관의 경우처럼 게리가 자신의 건축물과 대조시키기 즐겼던 도시적 요소가 단 하나도 없었다. 고도로 표현주의적인 건물을 정원에 지어 올리면 조각품으로 보일 위험도 컸다. 하지만 불로뉴의 숲과 같은 19세기 공원에 유리 건물을 짓는 것은 과거의 전통적 풍경을 떠올리게끔 해서 게리에게 흥미로운 시작점으로 다가왔다. 또한 게리는 미술관을 샹젤리제에서 그리 멀지 않은 그랑 팔레Grand Palais의 21세기 버전으로 만들겠다고 말했다. 게다가 유리로 만드는 거대한 건물이라는 점에서 당시 게리가 곡면 유리로 이런저런 실험을 했던 바젤의 노바티스 건물이나 뉴욕의 IAC 본사 건물과도 모종의 연관성을 띤다는 장점도 있었다.

그림을 걸 벽을 세우면서 곡면 유리 벽을 부러 선택하는 사람은 없을 것이다. 하지만 그런 모순 속에서 루이뷔통 재단 미술관 디자인의 핵심적 아이디어가 탄생했고, 그렇게 사실상 두 개의 건축물이 만들어졌다. 갤러리가 있는 불투명한 구조물은 흰색의 섬유 강화 콘크리트판 1만 9천 개로 덮여 있다. 게리가 초기작에서 몇 번 시도했던 것처럼 육면체 구조물이 서로 엇나가게 쌓여 있다. 그런 뒤, 그 주위를 다른 유리 구조물이 덮는다. 열두 개의 거대하고도 유려하게 굽이진 돛 형태의 유리가 천장이자 벽이 되어 건물 정면과 윗면을 이룬다. 유리 돛의 배치는 미술관 건물을 극적으로 연출한다. 반면, 게리와 동료들이 '빙산'이라고 부르는 흰색 건축물 내부의 갤러리는 미술품 전시의 기본 역할에 충실하게 배열되어 있다. 이러한 분리 전략은 게리의 미술관이 미술품을 제대로 전시하기에는 너무 기이하다는, 과장됐지만 계속해서 따라붙던 비판에 대한 응답이었다. 게리는 이처럼 바깥에서 보기에는 놀라운 모습이지만, 내부에는 꽤 평범한 전시 공간을 갖춘 건물을 만듦으로써 "나다움을 지킬 수 있었다"라고 결론지었다.

LVMH 프로젝트를 감독한 베르나르 아르노와 클라베리는 게리가 제시한 전반적인 미술관 콘셉트를 일찌감치 승낙했다. 클라베리는 이를 두고 "구름에 싸인 빙산"이라고 표현했다. 만족하는 법이 없는 게리는 역시나 이번에도 계속해서 디자인을 수정하고 싶어 했다. 아르노는 초기 디자인과 너무 동떨어지지 않았으면 하고 바랐지만, 그와 에드윈 찬은 유리 돛을 이리저리 배치하며 몇 달을 보냈다. 엘리 브로드가 게리에게 자택 설계를 맡겼을 때처럼, 아르노도 게리의 초기 스케치에 만족스러웠기에 처음의 생각대로 건물을 짓기를 바랐다. 그가 원한 것은 디자인 변경이 아니라 다듬기였다. 하지만 브로드와 달리 아르노는 공개 검토 과정을 거치고, 엔지니어링 방법을 정하기 위한 고되고도 기나긴 시간을 진득이 감내할 준비가 되어 있었다. 그러한 과정 중에 디자인의 일부 요소를 변경해야 할 위험이 따랐음에도 말이다.

게리 테크놀로지의 도움으로 찾아낸 엔지니어링은 고도로 복잡했다. 거대한 철재 트러스와 대들보, 기둥뿐만 아니라 접합부에 비스듬히 설치돼 '삼각대'라는 이름이 붙은 철재와 목재 지지대가 있는 상부 구조가 필요했다. 게리는 게리답게, 충분한 융통성을 갖추고 미술품 전시도 까다롭지 않은 전통적인 상자 모양 갤러리를 만들면서도 평범한 육면체 형태를 거부했다. 그 구조물에도 곡선과 휜 부분이 꽤 많았고, 1만 9천 개의 콘크리트판 중 대략 60퍼센트가 고유한 형태를 띠었다. 콘크리트판은 용접 강관을 골조로 이용한 구조물에 부착되어 있고, 게리가 설계한 형태의 벽을 반영하기 위해 휘고 굽었다.

철재와 목재로 만들었고, '삼각대'에 접합된 두 번째 분리된 구조물은 열두 개의 유리 돛을 지지한다. 이 구조물은 3천6백 개의 유리판으로 이루어져 있는데, 모두 곡면 유리판인 데다 각자 다른 모양이다. 유리는 이 두 번째 구조물에 부착된 세 번째 구조물인 스테인리스 스틸 구조물에 끼워져 있다. 이 구조물은 거대한 창문의 문설주 같은 역할을 하며 각 유리를 제자리에 붙들어 준다. 순수 구조물의 측면에서 보자면 이는 게리의 가장 대담한 작품이며, 가장 투명하게 화려한 작품이다. 빌바오 구겐하임 미술관과 월트 디즈니 콘서트홀의 하부 구조는 대부분 숨겨져 있지만, 루이뷔통 재단 미술관의 하부 구조는 대부분 훤히 드러나 있고, 거대한 목제 트러스와 철제 트러스, 대들보가 건물의 시각적 효과를 대부분 연출한다.

루이뷔통 재단 미술관은 건축물의 구조적 문제만큼이나 정치적 문제도 거대했다. 일부 파리 사람들이 원했던 것처럼 아무것도 짓지 않는 게 가장 좋다는 의견은 차치하더라도, 가장 큰 걸림돌은 건물 높이에 관한 문제였다. 게리의 설계에 따르면, 건물의 가장 높은 부분은 49미터에 이르렀는데, 파리시는 2007년에 건축 허가를 내어 주면서 새 건물은 예전 건물과 똑같이 건물 2층 높이여야 한다는 점을 명확히 했다. 그 결과, 미술관은 지상 2층까지

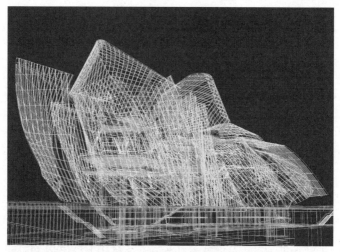

카티아 시스템으로 생성한 루이뷔통 재단 미술관의 3D 이미지

밖에 짓지 못했다. 하지만 건물이 2층 높이여야 한다는 것은 비유까지는 아니더라도 형식적인 문제에 지나지 않았다. 왜냐하면 육면체 갤러리 구조물의 측면과 옥상에 야외 테라스가 있을 뿐만 아니라, 그 위를 덮은 유리 돛은 루프톱 공간보다 훨씬 높이 솟아 있기 때문이다. 게리의 '2층' 건물은 원래 있던 2층 건물보다 두 배는 더 높았다.

불로뉴 숲을 보호하려는 한 단체가 프로젝트를 중단시키기 위해 소송을 제기했고, 그들은 2011년 2월에 건설 허가를 취소하고 작업을 멈추는 데 성공했다. 게리는 크게 노여워했다. 프로젝트의 강경한 옹호자였던 건축가 장 누벨은 시위대를 가리켜 "이기적이고 교양 없는 속물들"이라고 말했다. 그는 게리만큼 화가 난 것 같았지만, 스스로 이기적이라는 것을 자랑스레 여기며 '속물'이라고 불리는 데 이골이 난 사람이 선택했다기에는 다소 이상한 단어들이었다. 게리는 그 말을 뱉은 건 자신이 아니라 누벨이라고 말했다. 게리는 누벨의 지지가 고맙긴 했지만, "게리가 이기적이고, 시민의 자긍심이 부족하며, 무지한 사람들에 분노"했다는 누벨의 말 또한 사실이 아니라고 밝혔다.

루이뷔통 재단 미술관 프로젝트는 막후의 정치 공작으로 되살아났다. 행정 법원이 자신의 건설 허가를 기각한 데 화가 난 프랑스 시장이 항소를 제기한 것이다. 이에 프랑스 상원이 개입했고, 공사가 중단된 지 두 달만인 3월 말, 국가적 중요성을 띠는 새로운 문화 건축물을 특정 규제로부터 면제해 주는 법안이 통과되어 결과적으로 승소했다. 장폴 클라베리의 정치적 영향력은 물론, 베르나르 아르노의 결단력은 게리에게 커다란 이익을 가져다줬다.

전 세계적으로 유명한 명품이 아니라, 라스베이거스에서 주류를 유통하는 일로 큰돈을 번 래리 루보만큼 베르나르 아르노와 대조되는 클라이언트도 찾기 어려울 것이다. 아르노가 과묵했다면, 루보는 수다스러웠다. 아르노가 흐트러짐 없는 집중력으로 작업에 임했다면, 루보는 경쾌하게 들뜬 인상을 줬다. 그래도 두 사람은 게리에 대한 존경과 게리의 건축물로 개인적 꿈을 이룩할 수 있다는 믿음을 공유했다. 아르노의 꿈은 전 세계에서 자신과 자기 회사가 그저 성공한 부자로 보이는 게 아니라, 프랑스 문화를 상징하는 존재로 인식되는 것이었다. 루보의 꿈은 1994년에 알츠하이머로 세상을 떠난 아버지를 기리기 위해 새롭고도 더 진보한 간병 시스템을 갖춘 치료소 겸 연구소를 세우는 것이었다.

아르노는 장폴 클라베리와 함께 루이뷔통 재단의 비전에 관해 설명하고 나니, 그리 어렵지 않게 게리의 동의를 받을 수 있었다. 반면 루보의 경우는 달랐다. 아버지가 숨을 거두고 1년 후부터 그는 유명 셰프가 요리한 음식을 대접하는 만찬회 같은 자선 행사를 개최해 알츠하이머 연구를 위한 기금을 모아 왔다. 2005년에는 자신이 꿈에 그리던 시설을 설계하기 위해 라스베이거스의 한 건축 회사를 고용했다. 루보가 보기에 그 설계는 그럴싸했지만, 건설 비용 모금 활동에서 열렬한 지지를 얻지는 못했다. 이에 루보가 말했다. "레스토랑에 유명 셰프가 필요한 것처럼, 세상이 우리의 진지한 의도를 알아챌 수 있도록 포장하고 광고해야 했어요." 그는 알츠하이머 센터 건설에서 유명 건축가가 그렇게 역할을 할 수 있겠다고 판단했다.

루보의 집을 설계했던 캘리포니아의 건축가 마크 애플턴Mark Appleton은 루보에게 프랭크 게리가 적격이라고 알려 줬다. 루보는 여차여차해 게리와 약속을 잡았다. 하지만 루보가 비어트리스 스트리트에 도착해 게리의 사무실로 안내받았을 때, 게리는 그리 살가운 태도가 아니었다. 게리는 주류 유통업자를 만나는 데 별 관심이 없었을뿐더러, 그와 약속을 잡은 기억도 나지 않았고, 라스베이거스에서 작업하고 싶지도 않았다. 게리는 그 자리에서 더 대단한 일도 거절해 본 전적이 있었다. 게다가 루보는 게리가 생각하는 가장 최악의 이유로 그를 찾아왔다. 베르나르 아르노처럼 넋을 잃을 정도로 게리의 작품이 좋아서가 아니라, 게리의 유명세 때문이었으니 말이다.

게리는 심지어 자리에서 일어나 루보에게 악수를 청하지도 않았다. 게리가 말했다. "이봐요, 저는 라스베이거스에 건물을 짓지 않을 겁니다." 루보는 화가 나서 얼굴이 붉으락푸르락했다. "라스베이거스에 건물을 짓지 않을 거라는 말을 하려고 저를 여기까지 오도록 부른 겁니까? 당신처럼 고약하고 비열한 인간은 또 없을 겁니다." 그런 뒤 루보는 라스베이거스식으로 게리에게 온갖 욕을 퍼붓기 시작했다.

게리가 노년에 사귄 절친한 친구 중 하나와의 우정은 그렇게 시작됐다. "앉아 보세요." 루보가 한바탕 욕지거리를 내뱉고 난 뒤 게리가 말했다. 루보는 라스베이거스에서 레스토랑을 운영하던 아버지와 그의 병에 관한 이야기, 그리고 고향에서 아버지의 병을 치료할 적절한 방법을 찾지 못했다는 이야기를 게리에게 들려줬다. 점차 관심이 생기기 시작한 게리는 루보에게 밀턴 웩슬러에 관해 얘기했고, 웩슬러 재단에서 시작한 헌팅턴병 연구를 지원하는 것이 자신에게 얼마나 중요한 의미가 됐는지도 털어놓았다. 두 사람은 세 시간이 넘게 이야기를 나눴다. 그날 만남이 끝날 무렵, 게리는 루보가 밀턴 웩슬러를 만나 본 뒤 헌팅턴 연구소를 건축물에 포함하는 데 동의한다면 프로젝트를 고려해 보겠다고 말했다. 3주 후, 루보와 그의 부인 카밀 루보Camille Ruvo는 게리의 사무소에 다시 들렀다. 게리는 카밀을 바라보고 이렇게 말했다. "카밀 씨, 당신 남편과 함께 흙 놀이를 해 보려 합니다. 저는 그가 마음에 들어요. 그 건물, 제가 짓겠습니다."

과학과 의학 연구에 관한 게리의 오랜 관심으로 미루어 보건대, 이전까지 게리에게 의료 시설 설계 의뢰가 들어온 적이 없었던 것은 의아한 일이었다. 병원이나 대학 시설이 아니라 개인 클라이언트가 이런 부탁을 해 오는 건 너무 좋은 기회라 거절할 수 없었다. 게다가 게리는 래리 루보가 정말로 마음에 들었다. 부산스럽고 열정적이며 배움을 갈구하는 루보는 결국에는 천성적으로 베르나르 아르노보다 게리와 더 잘 맞는 사람이었다. 하지만 야심 찬 건축가라면 누구라도 그러하듯, 라스베이거스의 넘쳐 나는 카지노 한복판에 진지한 건축물을 지으려 할 때 발생하는 고민을 게리도 마주해야만 했다. 즉, 어떻게 해야 게리의 건축물이 존 필립 수자John Philip Sousa를 연주하는 브라스 밴드 사이에서 모차르트를 연주하는 현악 4중주단처럼 보이지 않을 수 있을까 하는 문제였다. 이 문제는 1만 6천 제곱미터인 루보의 부지가 라스베이거스 스트립The Strip이 아니라 다운타운에 있었기에 어느 정도 해결됐지만, 스트립이 풍기는 인상은 도시 전체에 감돌고 있었다. 루보의 부지와 인접한 환경은 재개발 때문에 비교적 황량해서 스트립의 통속적인 활기마저 없었다.

건물을 짓게 된 동기가 뭐였건 간에, 알고 보니 래리 루보는 자신이 원하는 바를 신나게 늘어놓지만 건물의 물리적 형태를 부여하는 데 있어서 전적으로 게리를 신뢰하는, 게리가 좋아하는 부류의 클라이언트였다. 루보는 클리블랜드 클리닉 루 루보 뇌 건강 센터를 대형 오하이오 병원과 연계했고, 다발성경화증과 파킨슨병 환자를 돌보는 데까지 그 범위를 넓혔다. 루 루보 뇌 건강 센터의 디자인은 게리가 로스앤젤레스 다운타운에 로욜라 로스쿨을 지은 이후로 시도하지 않은 미니어처 캠퍼스 같은 형태였다. 이곳 건축물은 로욜라보다 훨씬 모험적이었다. 부속 건물 중 하나는 센터가 사용하기도 하고 주요 행사가 있을 시 행사장으로 쓸 수 있게 만든 커다란 홀이었는데, 이는 게리가 지은 가장 놀라운 공간 중 하나가 됐다. 굴곡이 여러 번 나타나는 스테인리스 스틸 표면은 무언가와 충돌해 찌그러진 것처럼 서로 면을 맞대고 있다. 그러한 배치로 스테인리스 스틸은 공간의 벽이자 천장 역할을 한다. 스테인리스 스틸 전체에는 수많은 창문 구멍이 나 있다. 그래서 멀리서 보면 마치 건물이 폭발하는 도중인 것처럼 보인다. 전통적인 형태의 창문 구멍과 게리만의 독특하고도 찌그러진 형태의 조합은 매력적이다. 마치 정상성의 해체가 이미 시작되어 버린 것 같은 모습이다.

내부에는 독특한 요소들이 하나의 화려한 공간을 채우고 있다. 창문이 마치 벽지처럼 벽과 천장의 모든 곡면 표면을 덮고 있다. 충돌의 감각은 증발하고, 게리가 만든 모든 정교한 공간이 그렇듯, 공간을 독특하게 만드는 요소들이 불편함을 유발하지 않고, 장엄함과 폐쇄감이 공존한다. 단지의 나머지 부분에는 흰색 상자를 쌓아 둔 형태의 치료소와 연구소 건물이 있다. 각 층이 위층보다 조금씩 삐져나와 있어 실용성을 보장하면서도 강렬한 활동성이 느껴지는 조각적 구조물을 위한 시각적으로 매력 있는 배경 역할을 한다. 이처럼 기능적인 육면체와 조각적인 볼거리를 병치하는 형태는 루이뷔통 재단 미술관에서도 있었다. 하지만 센터는 미술관보다 규모가 더 작았고, 센터의 조각적 구조물은 육면체를 윗부분까지 전부 감싸기보다 정면에만 배치되는 형태였다. 이로써 래리 루보는 센터를 갖게 됐고, 게리는 최소한의 타협으로 라스베이거스에 진지한 건축물을 짓는 데 성공했다.

월트 디즈니 콘서트홀의 성공은 게리에게 많은 것을 안겨 주었지만, 빌바오 구겐하임 미술관의 성공이 미술관 설계 의뢰의 홍수로 이어지지 않았듯, 콘서트홀을 지어 달라는 의뢰도 마찬가지로 그리 많지 않았다. 빌바오 구겐하임과 마찬가지로 월트 디즈니 콘서트홀을 둘러싼 상황이 다른 도시에서 그대로 펼쳐지기에는 너무 특별한 것이었을지도 모른다. 혹은 다른 교향악단 조직의 관리자들은 디즈니 홀에 찬사를 보내더라도, 디즈니 홀의 건축가가 걸어온 길을 따라가기에 두려웠을지도 모른다. 게리에게 주눅 들지 않은 단 한 명의 음악 감독은 당연하게도, 어릴 적부터 게리와 알고 지낸 마이클 틸슨 토머스였다. 월트 디즈니 콘서트홀이 완공되기 몇 년 전, 토머스가 로스앤젤레스 필하모닉에서 부지휘자로 일할 때 게리와 두 사람은 다시 만났다. 이후 두 사람은 음악에 대한 사랑과 두 사람이 함께 아는 친구이자 게리의 전 처남인 리처드 스나이더를 연결 고리 삼아 연락을 주고받으며 지냈다.

래리 루보가 베르나르 아르노와 다른 만큼, 토머스도 래리 루보와 달랐다. 명석한 지휘자인 토머스는 음악 연출이라는 측면에서뿐만 아니라, 그의 스승인 레너드 번스타인에게서 물려받은 음악 교육에 대한 열정으로도 유명했다. 1987년, 토머스는 뉴 월드 심포니New World Symphony를 창단했다. 교향악단에서 활동할 음악 영재를 교육하기 위해 만들어진 미국 유일의 고급 아카데미였다. 카니발 크루즈 라인Carnival Cruise Lines을 설립한 테드 애리슨Ted Arison은 뉴 월드 심포니의 초기 자금을 제공하면서 자신의 고향인 마이애미 해변에 악단이 터를 잡기를 원했다. 뉴 월드 심포니는 링컨 로드의 한 영화관을 개조해 몇 년간 사용했다. 단체가 커질수록, 좋은 음향 시설을 갖춘 정식 콘서트홀뿐만 아니라 교육 공간과 연습 공간도 더 많이 필요했다. 토머스는 그 임시 거처에 대한 불만을 리처드 스나이더에게 토로했고, 이후 리처드가 게리에게 그 내용을 귀띔했다.

토머스가 말했다. "게리가 그러더군요. '너 건물을 짓고 싶은 거야? 내가 지어 줄게.' 그냥 그렇게 된 거예요." 두 사람은 2002년에 애스펀에서 대화를 나눴다. 마침 토머스는 애스펀 음악 페스티벌에서 수업 중이었고, 게리도 피터 루이스가 제작 의뢰한, 게리와 함께 집을 만들어 보려고 고군분투했던 기나긴 여정을 담은 영화를 처음 상영하는 자리에 참석하기 위해 애스펀에 있던 참이었다. 토머스가 말했다. "정말 감동적이었어요. 게리가 제게 말했죠. '건물을 지을 공간만 있으면 돼, 내가 다 알아서 할 테니. 난 진심으로 너를 위해 건물을 지어 주고 싶어.' 정말 영광이었어요. 게리 같은 사람이 그런 말을 해 준다고 생각해 보세요." 토머스는 마이애미로 돌아가 게리가 콘서트홀 설계에 관심을 보인다는 사실을 이사회의 여러 사람에게 말했다. 토머스에 따르면, 그들은 "황홀한 기쁨과 두려움이 공존"하는 표정이었다. 사실 단체는 새 건물을 지을지조차 제대로 정하지 못한 상태였는데, 세계에서 가장 유명한 건축가 중 한 사람이 직접 건축을 제안했으니 그럴 만도 했다. 토머스는 게리의 관심이 양극단의 반응을 끌어냈다고 했다. 일부는 게리의 건축물로 뉴 월드 심포니가 단번에 전 세계에서 각광받을 거라며 흥분했고, 나머지는 건물을 설계하고, 건설하고, 게리에게 건축 대금을 지급하는 그 모든 고난을 마이애미의 자그마한 교향악단 아카데미가 감당하지 못할 거라며 두려워했다. 이 일을 두려워한 일부 이사진은 1990년대 초반에 파리에 지어진 아메리칸 센터를 염두에 두었을지도 모른다. 아메리칸 센터 측은 자신이 감당할 수 있는 것보다 훨씬 야심 찬 건물을 게리에게 지어 달라고 의뢰했었다.

하지만 우려하던 일은 마이애미 해변에서 일어나지 않았다. 악단에 협력하려는 마음이 컸던 마이애미시 측에서 재개발 지역의 땅을 제공해 주기로 한 것이다. 새로 조성된 공원과 마주 보고 있는 컨벤션센터 근처 땅이었다. 게리는 그곳에서 작업했다. 옛날부터 게리를 알았던 마이클 틸슨 토머스는 게리가 음악인들의 요구를 진지하게 받아들인다는 것을 확신할 수 있었다. 이에 그치지 않고, 토머스는 단체가 일하는 아주 사소한 방식까지도 배우려고 하는 게리의 태도에 감탄했다. "게리가 말했어요. '우리 관계에 대한 건데, 네가 무엇을 원하고 좋아하는지, 무엇을 싫어하는지 많이 말해 줄수록 더 좋은 건물을 얻을 수 있을 거야. 그러니 내게 뭐든 말해야 해.'" 또한 토머스는 게리가 자신에게 마이애미 해변 근처의 건축적 특징을 파악하고, 새 건물이 도시의 나머지 부분과 어떻게 어우러질지 살펴보기 위해 드라이브를 시켜 달라고 했을 때도 놀랐다. 그런데 토머스는 게리에게 전할 다른 부탁이 있었다. 마이애미시와 관련된 것이라기보다는 게리의 건축 성향에 관련된 것이었다.

"제가 물었어요. '쿠르트 슈비터스Kurt Schwitters의 아파트와 비슷하게 만들 수 있어요?'" 함부르크에 있는 그 집은 슈비터스가 1930년대에 손수 만든 곳으로, 복잡한 조형적 환경으로 유명했다. 그는 방 전체를 거대한 모더니스트 콜라주로 바꿔 놓았다. "게리가 답했죠. '물론 할 수 있지.'"

게리가 만든 '뉴 월드 센터New World Center' 프로젝트의 첫 번째 설계는 슈비터스 집 같아 보이지는 않았다. 대신 서로 다른 요소를 개별적 건물로 만들었던 게리의 다른 프로젝트들과 더 닮아 보였다. 게리는 토머스가 "종잡을 수 없이 구불구불한 길"이라고 부르는 거리를 따라 연습실, 교습실, 리허설 홀 같은 구조물을 순서대로 배치한 뒤, 뒤로 갈수록 커지게 만들어 맨 마지막 콘서트 홀을 가장 크게 지으려 했다. 전체 건축물은 유리로 만든 차양이 위를 덮을 예정이었다. 이는 뉴 월드 심포니를 위한 건물이라기에 너무 웅장했거나, 비용이 많이 들었다. 그래서 게리는 그 모든 건축물을 하나의 거대한 정육면체 구조물 안에 넣는 게 어떻겠느냐고 제안했다. "핵심을 모두 안에 담는 거야." 게리가 말했다. 뉴 월드 심포니 측은 게리의 아이디어에 동의했다. 토머스의 말을 빌리자면, 그들은 이를 서글픈 타협으로 보지 않기로 했다. "어째서인지 그 이후에 건축 과정은 정말 흥미로워졌어요. 게리의 건물이 안과 밖이 뒤집힌 것 같았죠." 토머스가 말했다.

최종 건설된 뉴 월드 센터에는 극적인 느낌이 전혀 부족하지 않았다. 멀리서 보면 유리와 철로 만든 꽤 전통적인 육면체 구조물이다. 하지만 더 가까이 가면 내부에 확실히 강렬한 활동이 펼쳐지고 있다는 게 느껴진다. 공원을 바라보는 건물 파사드는 수직으로 이등분되어 있다. 왼쪽 파사드는 속이 훤히 들여다보이는 유리로 되어 있어 중요 인테리어 요소이자 게리만의 조각적 형태가 여실히 드러나는 리허설 홀과 중앙 아트리움, 거대한 계단이 보인다. 다른 반쪽 파사드는 거대한 영상 스크린이 대부분을 덮고 있다. 이 스크린에는 내부에서 펼쳐지는 콘서트의 라이브 영상을 영사해 공원에 나들이 나온 사람들이 가상으로 콘서트에 참석할 수 있도록 해 준다. 뉴 월드 센터는 투과성이 좋다고 할 수 있다. 내부에서 일어나는 일이 외부로 드러나고, 외부의 사람들이 내부를 들여다볼 수 있으니 말이다. 786석이 들어간 뉴 월드 센터의 콘서트홀 자체는 월트 디즈니 홀 수용량의 3분의 1 정도 수준이지만, 콘서트홀이 품은 고요함과 활기의 조화는 그에 맞먹는다. 다만 더 단순하고 덜 비싼 재료를 사용해 만들었을 뿐이다. 몇 년 전, 바드대학 콘서트홀을 지었을 때처럼, 게리는 클라이언트의 예산을 지키면서도 게리다운 건축물을 만들 수 있음을 증명하려 했다.

마이애미의 뉴 월드 센터 프로젝트를 통해 게리는 적당한 비용으로 화려한 효과를 만들어 내는 새로운 방법을 찾아냈다. 무대 위에 드리워진 거대한 흰색의 곡면판은 언뜻 보면 그저 게리다운 값싼 장식물인 것처럼 보이지만, 사실은 영사 스크린이다. 스크린은 영상을 틀거나 특정 음악 프로그램에 맞춰 색깔을 영사할 때 사용할 수도 있다. 혹은 그저 기술을 사용해 계속해서 내부의 외형을 다듬기 위한 수단이 되어 무한한 재설계의 가능성을 선사하기도 한다. 뉴 월드 센터는 게리가 만든 가장 호화로운 건물은 아니지만, 가장 에너지 넘치는 건물 중 하나고, 테크놀로지를 가장 너르게 품은 건물 중 하나다. 이 건물에서 테크놀로지는 단지 건물이 지어질 수 있게 도움을 주는 도구에 그치지 않고, 사람들이 건축물을 통해 느끼는 경험을 모양 짓는다.

뉴 월드 심포니

게리는 음악 연구를 위한 새 건물 설계에 착수할 뻔했으나, 2014년에 그 계획이 무산되자 크게 동요했다. 그건 바로 줄리아드음악대학교Juilliard School of Music 건물이었다. 학장이자 학과장을 맡고 있던 게리의 친구 아라 구젤리미안Ara Guzelimian은 중국의 파트너와 함께 분교를 차릴 생각이었다. 그는 게리에게 기획을 부탁했다. 게리는 줄리아드음대에 이바지한다는 생각으로 사비를 들여 두 번이나 중국으로 출장을 다녀왔다. 게리는 계약서를 따로 작성하지는 않았지만, 의뢰를 받은 거나 다름없다는 생각으로 프로젝트 설계를 시작했다. 하지만 줄리아드음대 측은 확실히 다른 생각을 품고 있었다. 뉴욕, 로스앤젤레스, 중국에서 1년이 넘는 시간 동안 게리와 함께 기획 회의를 해 놓고, 음대 총장인 조지프 폴리시Joseph Polisi는 다른 건축가를 물색하겠다고 게리에게 통보했다. 그 이유는 구체적으로 밝혀지지 않았으나, 게리는 자신이 제안한 건축 대금을 중국 측에서 반대해 계약이 무산된 것 같다고 추측했다. 일이 틀어지면 항상 그랬듯, 게리는 이번에도 이렇게 생각했다. "가장 먼저 한 일은 제가 잘못한 게 없는지 되짚는 거였습니다. 전 유대인이잖아요, 계속 질문하죠." 하지만 아무리 돌이켜봐도, 줄리아드음대 측이 게리 말고 다른 건축가에게 중국 프로젝트를 맡기려 했다는 의도가 없어 보였다. 계약상의 문제에 너무 까다롭게 군다는 비판을 종종 받던 게리였지만, 이번만큼은 너무 물렁물렁하게 대응해 줄리아드를 위해 선의로 일한 게 되어버렸다. 2014년 봄, 줄리아드음대가 게리에게 명예 학위를 수여했다. 게리는 이 학위가 아차상인지 순간 의문이 들었다. 그는 줄리아드 이사회장인 브루스 코브너Bruce Kovner에게 자신이 정당한 대우를 받지 못한 것 같다고 말했다. 코브너는 그 문제를 다시 한 번 검토하겠다고 밝혔다. 하지만 이후 게리는 그 어떤 얘기도 듣지 못했다.

줄리아드음대 프로젝트가 무산되기 1년 전, 게리는 중국에서 더 큰 실망을 겪기도 했다. 2012년, 게리는 베이징에 중국국립미술관을 짓는 대형 프로젝트 공모전에 초대받았다. 경쟁자는 자하 하디드, 모셰 사프디, 장 누벨이었다. 이는 에드윈 찬이 게리를 도우러 잠시 다시 사무소로 돌아온 기획이었다. 게리는 유달리 그 결과물에 만족스러워했다. 심지어 루이뷔통 재단 미술관을 뛰어넘는 작품이었다. 이번 프로젝트를 위해 "반투명 석재"라고 부르는 최첨단 유리 블록을 특별히 개발하기도 했다. 게리는 데이비드 남과 함께 반투명 석재를 사용해 물결치는 파사드를 디자인했다. 이전 작품과 달리 이번 건물은 커다랗고 대칭성이 살아 있는 육면체였다. 게리의 다른 건물에서처럼 대조적이고 역동적인 요소가 없었지만, 물결 모양과 유리를 관통한 빛의 움직임이 이를 대체했다. '위풍당당'하고 '장엄'하다는 단어가 어울리는 게리의 첫 번째 디자인이자, 이제껏 게리가 만든 건축물 중 느슨하게나마 고전적 건축물과 가장 가깝다고 할 수 있는 디자인이었다. 이러한 특징에도 불구하고 게리다움이 사라지지 않았다는 점이 이 디자인의 가장 놀라운 점이었다. 물결치고, 육중하고, 반투명한 유리 블록은 게리의 작품 대다수를 특징짓는 생기와 활동력을 지닌 듯 보였다. 특히 이 작품에서는 전통적인 석조 건물의 위엄과 격식도 더해진 것 같았다.

　게리는 그 프로젝트가 무척 만족스러웠기에 어떤 상황에서라도 공모전에서 탈락하면 슬플 것 같았다. 하지만 그는 탈락했다. 그것도 흔치 않고 뼈저린 상황에서였다. 2013년, 베이징에서 세 명의 건축가가 공무원들 앞에서 기획을 발표하고서 꽤 긴 시간이 지났지만, 건축가 선정 소식이 들려오지 않았다. 그러다 이윽고 장 누벨이 선정됐다는 소식이 전해졌다. 하지만 선정된 누벨의 디자인은 초기의 어두운 버전에서 반투명한 건물로 수정된 버전이었다. 언뜻 보기에는 게리의 설계와 별로 닮은 구석이 없었다. 하지만 게리는 분개했다. 누벨이 게리의 디자인을 대놓고 베끼지는 않았지만, 그래도 게리 눈에는 불편할 정도로 비슷한 부분이 많았기 때문이다. 이후 2014년 9월에 공식적으로 모습을 드러낸 누벨의 건축물은 게리의 건축물과 닮은 점만큼 다른 점도 많긴 했다. 게리와 누벨은 항상 경쟁하는 사이였지만, 게리가 보기에 이번 공모전에서 누벨이 미술관 설계를 수정한 것은 정상적인 경쟁의 범위를 넘어선 것이었다.

　디즈니 콘서트홀 이후, 게리가 함께 작업한 유명 클라이언트는 베르나르 아르노, 래리 루보, 마이클 틸슨 토머스뿐만이 아니었다. 유니비전Univision의 회장 제리 페렌치오Jerry Perenchio는 게리에게 베벌리힐스 중심부에 있는 부지에 작은 사무실 건물을 지어달라고 부탁했다. 여전히 로스앤젤레스에 자신의 발자취를 더 많이 남기고 싶어 했던 게리는 기꺼이 그 일을 맡았다. 페렌치오는 게리에게 디자인이 마음에 쏙 든다고 말한 뒤, 시공이 시작되기 직전 난데없이 프로젝트를 엎었다. 이런 종류의 좌절은 잠시나마 게리를 아무것도 할 수 없는 상태로 몰아넣었다. 이후 게리는 훌훌 털고, 미술품 컬렉터이자, 제약회사인 호프만라로슈Hoffmann-La Roche의 재산을 상속받은, 시드니 폴락의 영화 〈프랭크 게리의 스케치〉를 공동 제작한 마야 호프만Maja Hoffmann 같은 클라이언트의 의뢰에 몰두했다.• 자신을 예술의 "조력자"라고 표현하던 호프만은 프랑스 남부 아를을 현대 예술의 중심지로 만들겠다는 포부를 품고 '아틀리에의 공원Parc des Ateliers'이라 이름 붙인 프로젝트를 기획했고, 그 계획의 핵심 건축물을 게리에게 설계해 달라고 부탁했다. 잡지 『더블유W』는 그 프로젝트를 두고 현대 예술을 위한 우수 지성 집합소라는 의미의 "싱크탱큼래버러토리think tank-cum-laboratory이며, 예술가들이 지낼 수 있도록 오래된 공장을 개조해 만든 집, 공공 정원, 전시 공간, 기록 보관소가 더해져 완성"됐다고 묘사했다. 그중 몇몇 건축물은 뉴욕의 건축가 아나벨레 젤도르프Annabelle Selldorf가 설계를 맡았다. 아를의 중심에 두 개의 타워를 세우려 했던 게리의 초기 계획은 역사적 건물을 시야에서 가리고 유네스코 세계문화유산 보호지인 아를의 지위를 위태롭게 할 수 있다는 역사 유적 국가 위원회의 반대로 규모를 줄여야만 했다. 2014년, 유리 지붕을 인 원통형 유리 기지에서 솟아 나온 12층 높이의 뒤틀린 알루미늄 타워 하나만 짓는 수정안으로 시공이 시작됐다. 타워는 2018년에 완공될 예정이었다.(루마 아를LUMA Arles

---

• 17장을 참고하라.

이라 이름 붙은 이 건물은 2021년에 완공되었다.—옮긴이)

마야 호프만은 예술계와 게리의 커리어 전체를 그 누구보다 잘 꿰뚫고 있었다. 반면, 페이스북Facebook 설립자인 마크 저커버그 Mark Zuckerberg는 멘로 공원에 새 본사를 짓기 위해 게리를 고용하기 전까지 게리에 대해 아는 바가 거의 없었다. 저커버그는 건축에 관심이 있다고 말하지 않았다. 그의 회사는 새 본사 작업을 위해 기업 건물 건축에 특화된 대형 건축 회사 겐슬러Gensler와 얘기를 주고받고 있었다. 여동생 마리아Maria가 캘리포니아 주지사인 아널드 슈워제네거와 결혼했으며, 그 자신은 게리의 친한 친구인 보비 슈라이버가 페이스북의 최고 운영 책임자인 셰릴 샌드버그 Sheryl Sandberg에게 게리와 얘기해 볼 것을 제안했다. 슈라이버는 게리가 더 큰 상업 프로젝트를 원하고 있다는 점을 알았고, 특히 게리의 집과 비교적 가까운 곳에서 그런 작업을 할 기회가 있으면 두 팔 벌려 환영하리라 생각했다.

당시 페이스북은 설립자가 아직 30대도 되지 않은 젊은 회사였는데, 80대에 접어든 건축가를 선택하는 것이 어쩐지 자연스러워 보이지 않았다. 게다가 실리콘 밸리는 건축물로 유명한 게 아니었다. 진지한 건축물을 대하는 그들의 태도는 고급 패션에 후드 티셔츠로 응답하는 태도와 비슷했다. 게리는 크레이그 웨브와 함께 멘로 공원으로 가서 저커버그를 만났던 때를 떠올렸다. 게리는 저커버그의 첫 마디를 기억하고 있었다. "'당신같이 유명한 사람이 이 프로젝트를 하려는 이유가 뭔가요?' 제가 답했죠. '저에 관한 환상이 있으시군요.' 그런 뒤 저커버그에게 물었습니다. '당신이 꿈꾸는 건물은 뭔가요? 무엇을 원하세요?' 그는 커다란 공간 하나를 원한다고 답했습니다. 그래서 저는 그에게 제 사무소 사진을 보여 줬죠."

저커버그가 게리를 고용하겠다고 확정 지은 것은 이후 몇 번의 회의를 더 거친 뒤였지만, 게리는 계약 체결에 자신의 사무소 사진이 결정적으로 작용했다고 생각했다. 게리와 베르타는 어느 토요일 밤, 샌타모니카 자택에 저커버그와 그의 부인 프리실라 찬 Priscilla Chan을 초대해 저녁 식사를 함께했다. 네 사람은 좋은 시간을 보냈고, 이제껏 페이스북을 사용해 본 적 없던 게리를 위해 저커버그가 회원가입을 시켜 줬다. 소셜 미디어에 별로 관심이 없는 게리는 이후에도 페이스북에 자주 접속하지는 않을 터였지만, 어쨌든 계정이 생겼다.

저커버그는 머지않아 게리를 대하는 게 완전히 편안해졌지만, 게리와 크레이그 웨브는 페이스북을 위해 일하는 것이 편안해지기까지 시간이 더 걸렸다. 그들은 실리콘 밸리의 방식에 대해 아는 바가 거의 없었다. 하지만 페이스북 이전에 건축에 진지한 관심을 내보였던 애플은 그들이 원하던 클라이언트가 아니었다는 사실만큼은 확실히 알았다. 애플은 그즈음 거대한 유리 도넛 형태의 미끈한 미니멀리즘 본사를 짓기 위해 노먼 포스터를 고용했었다. 게리의 건축물과 달라도 그렇게 다를 수 없을 만큼 추상적이고 기하학적인 형태였다. 자연스러운 느낌과 부드러운 모서리를 선호하는 게리의 성향은 스티브 잡스 Steve Jobs와 잘 어울리지 못했을 것이다. 실리콘 밸리가 순수하고 완벽한 기하학적 형태의

게리와 함께 새로운 페이스북 본사의 모형을 검토하는 마크 저커버그

건축물만을 원하는 거였다면, 페이스북은 게리 사무소가 아닌 다른 곳을 찾아봐야 했다. 하지만 페이스북은 애플이 아니었다. 페이스북은 선 마이크로시스템Sun Microsystems사로부터 사들인 당시 회사 캠퍼스를 펑키하고 헝클어진 스타일로 개조했었는데, 이는 잡스가 선호했던 미니멀리즘보다 게리의 작업물에 더 가까운 스타일이었다. 페이스북 사무실에는 마치 게리를 따라 하려는 젊은 건축가들이 작업해 놓은 양, 합판으로 만든 파티션도 있었다.

페이스북의 부동산 팀이 비어트리스 스트리트에 있는 게리 사무소로 찾아왔을 때, 그들은 게리의 사무소와 비슷한 건물을 단지 더 크게 만들기를 원한다는 의사를 명확히 밝혔다. 그들이 말하는 '더 크게'란, 엄청난 크기였다. 하지만 모든 사람이 하나의 공간에 있기를 원하는 저커버그의 바람과 애플과 달리 비용을 최소한으로 유지하려는 회사 측의 의지가 합쳐져 페이스북의 새로운 본사 건물은 자동차의 바다에 둘러싸인 월마트Wal-Mart 같은 창고 건물로 전락할 위기에 놓였다. 이 위기를 타개할 유일한 방법은 주차장을 지하에 숨기고 전체 건물의 지붕을 잘 가꾼 공원으로 대체하는 것이었다. 게리는 아마 세상에서 가장 커다란 작업장이 될 건물을 설계했다. 1,600명이 넘는 직원을 수용할 수 있는 4만 제곱미터의 땅이 하나의 공간으로 묶이는 그 건물에서 직원들은 자기 자동차를 책상 밑에다 주차하는 셈이다. 천장의 채광창은 자연광을 가득 들이고, 지붕 전체뿐만 아니라 공간 안에도 정원 구역이 있다. 게리는 공간이 자연스럽게 퍼져 나가 세계를 향해 열려 있다는 느낌을 주기 위해 최선을 다했다. 하지만 그

만한 크기로 딱딱한 느낌이나 컨벤션센터와 같은 밋밋한 광활함
이 담기지 않기란 불가능했을지도 모른다. 어떻게 보이건 간에
그 건축물은 직원 대부분이 차로 통근하고 실리콘 밸리의 스프롤
현상을 강화할 교외의 거대한 사무실 복합 단지였다.

하지만 페이스북은 유쾌한 클라이언트였다. 2015년 건물이 완
공되어 갈 무렵, 페이스북은 게리에게 같은 크기의 건물을 하나
더 만들어 주고, 멘로 공원에서 페이스북이 더 커다란 존재감을
뽐낼 수 있게 주거 건물 및 기타 건물 설계를 위해 예비 조사를 시
행해 달라고 부탁했다. 직원들이 처음으로 새 건물로 이동한 4월,
저커버그는 페이스북에 다음과 같은 글을 올렸다. "이 프로젝트
는 예정보다 일찍, 예산보다 적은 비용으로 마무리됐습니다. 제
가 아는 한 이러한 일을 성공시킨 건설 프로젝트는 전 세계에서
이 프로젝트밖에 없습니다." 자신의 건물이 너무 비싸다는 오해
에 가장 예민한 게리에게 저커버그의 글은 그를 옹호해 주는 친
절한 말이 되어 주었다.

루이뷔통 재단 미술관, 루 루보 뇌 건강 센터, 뉴 월드 센터, 페
이스북 본사는 물론이고 디즈니 콘서트홀 설계 이후 10년간 진
행된 게리의 여러 프로젝트에는 열광적 반응이 쏟아졌다. 이런
반응에 익숙해 있던 게리는 2009년에 드와이트 D. 아이젠하워
Dwight D. Eisenhower 전 대통령의 국립기념관 설계 의뢰를 받은 뒤 워
싱턴 D.C.에서 벌어질 상황에 무방비 상태였다. 이전까지 게리
는 수도에 건물을 지어 본 적이 없었다. 1998년에 맡았던 코르코

란 미술관Corcoran Gallery of Art 확장 프로젝트는 미술관 측의 재정 문제로 폐기됐었다. 게다가 정부 기관이 설립하는 기념관은 게리가 추구하던 성격의 프로젝트도 아니었다. 정부와 함께하는 작업은 절대 쉽지 않았으며, 특히 다양한 층위의 검토를 거쳐야 하는 이런 프로젝트는 게리의 설계를 검토할 법적 권리가 있는 국공립 기관이 다수 존재한다는 뜻이기도 했다. 게리가 함께 적극적으로 '놀기를' 원하는 깨어 있는 클라이언트도 없었다. 코르코란 미술관 프로젝트에서는 이상적인 클라이언트가 한 명 있었는데, 그건 바로 미술관장 데이비드 레비David Levy였다. 그의 재정적 자원은 토머스 크렌스와 달랐지만, 열정만큼은 크렌스 못지않았다. 반면 이번 프로젝트에는 놀이 상대 대신 정부 관료뿐만 아니라 전직 대통령의 기념관에 관해 이러쿵저러쿵 의견을 늘어놓을 대중이 있었다. 하지만 당시 브루클린의 대형 프로젝트였던 애틀랜틱 야드를 놓쳤던 게리 사무소는 일감이 필요했고, 게리는 원하는 프로젝트를 까다롭게 고를 만한 처지가 못 된다는 사실을 잘 알았다. 1999년 의회가 담당하는 공공 단체인 '드와이트 D. 아이젠하워 기념관 설립 위원회'가 제2차 세계대전 참전 장교이자 제34대 미국 대통령인 아이젠하워 기념관Eisenhower Memorial 설립 프로젝트에 건축가들의 관심을 촉구하자, 크레이그 웨브는 게리에게 도전해 보라고 권유했다. 처음에 게리는 44명의 후보자 중 한 명이었다. 다수의 건축가를 솎아 낸 뒤, 게리는 최종 후보자가 됐고, 결국 일을 맡았다.

놀랄 것 없이, 격식 차린 워싱턴의 따분한 고전주의와는 비슷한 점이 거의 없었던 게리의 디자인은 미학적, 정치적 논란에 불을 붙였다. 아이젠하워의 손자이자 역사학자인 데이비드 아이젠하워David Eisenhower도 포함되어 있던 위원회는 만장일치로 게리의 예비 디자인을 선정했있다. 하지만 데이비드 아이젠하워의 두 여동생인 앤 아이젠하워Anne Eisenhower와 수전 아이젠하워Susan Eisenhower가 게리의 설계는 할아버지의 취향과 맞지 않는다며 강력하게 반대하고 나서자, 데이비드 아이젠하워는 불현듯 위원회에서 사임한 뒤 게리를 향한 지지를 슬며시 거두기 시작했다. 한편 두 자매는 보수적 성향의 사립 단체인 전국시민예술협회 National Civic Art Society와 의견이 같았다. 이들은 워싱턴에는 고전주의적 기념관만 적합한데, 게리의 디자인은 고전주의적이지 않다는 이유로 프로젝트를 중단시키려 힘썼다.

군 생활을 할 때, 아이젠하워가 지휘했던 부대에 배치된 적도 있었고 아이젠하워를 무척 존경했던 게리는 언제나처럼 열과 성을 다해 설계를 시작했다. 크레이그 웨브의 추천으로 게리는 아이젠하워에 관한 책과 그의 연설문을 탐독했다. 게리는 특히 아이젠하워가 유럽에서 돌아와 고향인 캔자스의 애빌린에서 했던 연설에 특히 감명받았다. 1945년 제2차 세계대전 승전 기념일 다음 날 있었던 연설로, 승리한 연합군의 지휘관이었지만 자신의 공에 관해서는 거의 언급하지 않으면서 고향으로 돌아온 것의 의미를 강조하고 유년 시절의 기억을 반추하는 내용이었다. 게리는 아이젠하워의 정신을 물리적 형태로 담아내는 데 애를 먹었다. 왜냐하면 율리시스 S. 그랜트Ulysses S. Grant 이후 처음으로 승전 장교로 이름을 떨친 대통령이자, 그랜트와 다른 겸손함으로 유명했던 대통령이었기 때문이다. 제2차 세계대전을 승리로 이끈 업적뿐만 아니라 우주 계획 시행, 주간고속도로 체계 마련, 남부 학교의 인종 차별 철폐와 같은 평시의 지도력과 겸손함까지 이 모든 것을 어떻게 동시에 표현할 수 있을까? 게리가 말했다. "저는 아이젠하워를 무척 좋아하게 됐어요. 겸손함이야말로 그의 강점이었죠. 그는 자신이 원하는 바를 명확히 알았고, 강철같이 의연했습니다."

아이젠하워 기념관 프로젝트는 이중으로 고역이었다. 아이젠하워라는 인물을 건축물에 설득력 있게 담아내야 할 뿐만 아니라 건축 조건도 까다로웠다. 1만 6천 제곱미터 넓이의 그 땅은 사선 대로로 이등분 난 콘크리트 광장이자 미국 국회 의사당 근처인 내셔널 몰National Mall의 남쪽에 있었다. 워싱턴이 건축적으로 가장 뒤처진 시기에 만들어진 관료주의적이고 모더니즘적인 육면체 형태의 교육부 건물이 바로 앞에 놓여 있는 그 부지를 개선하기 위해 게리가 내놓은 해결책은 기념관을 건축물 형태로 만드는 게 아니라, 일종의 공원으로 만드는 것이었다. 게리는 감독 로버트 윌슨Robert Wilson에게 조언을 구했고, 그는 미국 중부에서 자란 아이젠하워가 유년 시절에 품었던 꿈에 집중해 기념관을 만들라고 얘기했다. 게리는 윌슨의 제안을 곰곰이 곱씹어 보고 기념관을 어떻게 정의할지 고민하는 동시에, 교육부 건물의 볼품없는 파사드를 가리면서도 교육부 근무자들의 빛을 차단하지 않을 방법을 찾아보다가 거대하면서도 반투명한 무언가가 필요하다는

게리 파트너스가 설계한 아이젠하워 기념관

생각이 번쩍 들었다. 그즈음 게리는 척 클로스가 디지털 테크놀로지를 이용해 직물을 짜서 사진과 흡사하게 만든 태피스트리를 본 적이 있었다. 게리는 직조 금속망으로 그와 비슷한 작업을 할 수 있는지 문득 궁금해졌다. 게리의 첫 번째 아이디어는 아이젠하워의 삶을 구성하는 장면들을 엮는 것이었다. 제2차 세계대전 승전 기념일을 축하하는 사람들의 모습도 그중 하나였다.

하지만 안타깝게도 그 모든 기술적 독창성에도 불구하고, 초기 모형은 불편할 정도로 광고판과 닮아 있었다. 결국 태피스트리는 아이젠하워가 자란 농장 같은 교외의 풍경을 떠올리게끔 하는 배경으로 바뀌었다. 게리는 이 태피스트리가 새로운 공원의 실제 나무들과 정갈하게 대조되었으면 하고 바랐다. 무엇보다 태피스트리는 콘크리트로 만든 거대한 교육부 건물이 기념관을 압도하고 미적으로 결정적인 요인이 되는 상황을 막아 줄 수 있었다.

수전 아이젠하워는 기념관 디자인을 대부분 좋아하지 않았지만, 태피스트리를 특히나 싫어했다. 그녀는 태피스트리를 지지하기 위해 석회암과 마주 보게 설계된 높이 24미터에 폭이 3미터인 원통형 콘크리트도 성에 차지 않았고, 그 앞에 아이젠하워 연설의 일부 문구가 담긴 커다란 돌과 대통령이자 장교인 아이젠하워의 모습이 담긴 동상을 놓는 것도 마음에 들지 않았다. 2012년에 열렸던 의회 소위원회 공청회에서 수전 아이젠하워는 게리의 디자인이 광고판, 미사일 격납고, 전체주의적 건축물, 나치 수용소를 둘러싼 울타리, 철의 장막, 그리고 호치민, 마오Mao Zedong, 마르크스Karl Marx, 레닌Vladimir Lenin을 묘사한 태피스트리와 비슷하다고 말했다. 그녀는 이것이 다른 이들의 의견을 종합한 것이라고 말했지만, 게리가 설계한 건물이 나치 수용소 같다는 얘기만큼이나 게리에게 상처를 입힐 말은 없다는 사실을 너무나도 잘 알면서 일부러 내뱉은 말이었다.

앤 아이젠하워도 태피스트리의 유지 및 관리가 불가능할 것 같고, 새똥 같은 오물로 금방 더럽혀질 것 같다고 말했다. 두 자매는 게리, 메건 로이드와 퇴역 준장이자 아이젠하워 기념관 설립 위원회의 상무인 칼 W. 레델Carl W. Reddel, 부상무 빅토리아 티그웰Victoria Tigwell과 함께 게리가 뉴욕에서 묵고 있던 페닌슐라 호텔 방에서 회동했다. 만남은 화기애애한 분위기였다. 앤 아이젠하워는 게리에게 "경청하는 사람"이라고 말했다. 게리는 자신의 디자인이 내포한 기본적인 아이디어가 존중받고 이해받는 한, 디자인 수정을 꺼리지 않는다는 점을 다시 한번 강조했다. 게리는 자신의 전반적인 콘셉트 폐기하지 않는 한, 얼마든지 더 많은 수정을 거쳐도 된다고 말했다. 하지만 전체 콘셉트 폐기야말로 두 자매가 원하는 것이었다. 결과적으로 그 회의는 무엇도 바꿔 놓지 못했다.

게리는 아이젠하워 기념관 설립 위원회가 아니라 자신들이 기념관 디자인을 결정할 권리가 있다고 믿는 두 자매는 물론이고, 자신의 설계를 무례하다고 느끼는 건축적 고전주의자들의 목소리에도 대응해야만 했다. 위원회에 가장 헌신적이었던 하와이 상원 의원 대니얼 이노우에Daniel Inouye가 2012년에 유명을 달리하는 어려움도 겪었다. 또한 공공 기념물을 설계할 때 단계마다 국가수도계획 위원회와 순수예술 위원회의 승인을 받아야 하는 복잡하고 관료적인 워싱턴의 절차도 있었다. 이 모든 역경을 모두 극복한다손 치더라도, 이제껏 받은 비용이라곤 설계 비용뿐이었기에 시공에 드는 비용을 책정해 줄 용의가 의회에 있어야 했다. 2012년, 의회는 예산에서 기념관 시공 비용을 빼 버렸다. 애초에 기념관은 시공 준비가 되지 않았기에, 이는 게리에게 반대한다는 것을 보여 주기 위한 정치 공작의 일환이었다. 최종 설계안은 아직 정해진 바 없었고, 최종 승인도 나지 않았으며, 시공도도 만들지 않은 상태였다. 하지만 상황은 불쾌하기 짝이 없었고, 내무장관 켄 살라사르Ken Salazar가 끼어들어 중재하는 데까지 이르렀다. 하지만 소용없었다. 오바마Barack Obama 정부가 게리의 설계를 얼마나 지지하는지도 확실치 않았다. 왜냐하면 오바마 대통령은 유명한 게리 반대파 브루스 콜Bruce Cole을 설립 위원으로 임명했기 때문이다. 2014년 봄, 하원 위원회는 한발 더 나아가 건축 공모전을 새로 진행하기를 원했다. 그렇게 되면 게리는 해고되고 모든 과정이 처음부터 새로 시작될 터였다. 전직『뉴요커』편집자이자 아이젠하워 전기를 썼던 제프리 프랭크Jeffrey Frank가 게리의 기념관 디자인에 대해 다음과 같이 쓴 것도 그리 무리는 아니었다. "그 디자인은 워싱턴에서 일어날 수 없는 일을 해냈다. 당파를 초월해 모두의 뜻을 하나로 모았기 때문이다. 거의 모든 이가 그 디자인을 싫어한다."

게리는 사임을 고려했고, 실제로 사임하려고 했다. 그는 건물의 배열과 동상의 종류를 수정하고, 아이젠하워의 인용구를 바꾸거나, 심지어는 고전적인 원주를 대신할 태피스트리와 원통형 콘크리트의 수를 줄일 용의가 있었다. 하지만 그게 아니라 모든 것을 삭제해야 한다면 그건 더는 설계 수정이 아니었다. 게리는 자기 아이디어가 아예 없어지는 거라고 느꼈다.

게리는 또한 건축계에서도 자신을 옹호해 주는 사람이 없다고 느꼈다. 빌바오 구겐하임 미술관이나 월트 디즈니 콘서트홀을 설계했을 때 게리는 영웅이나 다름없었지만, 게리가 비판에 직면하자 그간 게리를 향해 입이 마르도록 찬사를 보냈던 수많은 비평가와 동료 건축가들은 다른 일로 바쁜 듯 온데간데없었다. 하지만 의외의 옹호를 보내는 위톨드 립진스키Witold Rybczynski 같은 사람들도 있었다. 그는 펜실베이니아대학교의 건축학 교수이자 작가이며, 순수예술 위원회의 구성원이며 대체로 전통적인 건축물을 좋아하는 사람이었다. 립진스키는 『뉴욕 타임스』에서 게리의 디자인을 두고 "지붕 없는 고전적인 신전"이라며, 워싱턴에 아주 적절한 건축물임이 확실하다고 썼다. 그는 게리의 디자인을 비판하는 이들에게 그만 트집 잡고 게리가 자기 일을 할 수 있도록 내버려 두라고 촉구했다. 립진스키는 다음과 같이 썼다. "타협과 합의는 입법에서는 중요한 방식일지 몰라도, 기념관을 짓는 데는 형편없는 방식이다."

그 어느 때보다도 자신의 평판이 걱정스러웠던 게리는 동료들이 목소리를 내지 않는 것은 의리가 부족해서가 아니라, 게리의 기념관 디자인에 마음이 동하지 않은, 그들의 건축적 판단에 의한 행동이라는 가능성을 고려하지 않았다. 게리는 사람들이 자신을 어떻게 생각할지 평생을 고민해 왔지만, 자신이 존경하는 건축가와 게리를 존경하는 건축가가 이번 프로젝트만큼은 야구 선수 베이브 루스Babe Ruth가 삼진을 당한 경우처럼 단순한 게리의 실수로 여긴다는 데까지는 미처 생각하지 못했다. 아이젠하워 기념관 프로젝트는 1981년에 마야 린Maya Lin이 세운 베트남 참전 용사 기념관Vietnam Veterans Memorial 이후 새로운 기념관의 언어를 정립하려는 가장 진지하고 야욕 넘치는 시도임이 분명한 한편, 이제껏 게리도 시도한 적 없는 종류의 건축물이었다. 시각화도 어려웠고, 비교해 볼 만한 대상도 없었다. 대형 태피스트리가 잘 작동할지, 건물 8층 높이에 이르는 원통형 기둥이 거리 풍경에서 어떻게 보일지도 확신할 수 없었다. 기품이 넘치는 모습일까, 고압적인 모습일까?

2014년 하원 의원이 아이젠하워 기념관 프로젝트를 폐기하고 공모전을 새로 열어야 한다고 맹렬히 비난한 후, 오히려 상황이 점차 나아지기 시작했다. 그럴 의도가 없었을지는 모르겠으나, 의외의 출처에서 도움의 손길이 뻗어 왔다. 서던 캘리포니아 출신의 보수적인 공화당원이자 미 하원 정부 감시 및 정부 개혁 위원회장을 맡았고, 게리와 정치 성향이 정반대였던 대릴 아이사Darrell Issa가 프로젝트를 처음부터 다시 시작하는 데 반대했다. 아이사는 게리를 만나 디자인의 규모를 줄이라고 요구했다. 그는 아이젠하워 기념관 설립 위원회에게 두 개의 대안 계획을 더 만들어 순수예술 위원회와 국가수도계획 위원회에 제출하라고 말했다. 두 계획 중 하나는 게리의 태피스트리와 기둥이 없는 버전이었다. 아이사는 아마 의회와 아이젠하워 기념관 설립 위원회의 짐을 덜고, 미학적 결정권에 대한 게리의 짐도 덜면서 관료 체제 순서상 다음번 담당자에게 책임을 넘기려고 했을 것이다.

　게리는 아이사가 기념관 프로젝트를 단박에 날려 버리지 않아서 기뻤다. 하지만 게리의 손에는 두 개의 대안 디자인이 없었다. 게리는 모든 걸 다 빼고 너덜너덜해진 설계를 제출할 바에야 사임하겠다고 했다. 아이젠하워 설립 위원회는 분열했다. 대다수 위원은 여전히 게리를 지지하며, 조금 더 규모를 줄이고 단순화해 게리가 승인한 버전의 설계 하나를 제출하자고 했다. 게리는 부지 동쪽에서 서쪽 끝까지 설치될 예정이었던 태피스트리를 빼고 메인 태피스트리 다섯 개를 센터에 남겨 두며, 기둥의 숫자를 줄이는 데 동의했다. 10월, 순수예술 위원회는 그 설계를 승인했고, 2015년 6월에 최종 승인 투표를 시행했다.『뉴욕 타임스』의 사설은 그 결과물에 찬사를 보냈다. "위원회는 인내했고, 게리는 잘 적응했다. 게리는 창의적으로 몇몇 부분을 수정했지만, 예술적 분노에 사로잡혀 전장을 떠나지 않았다."

20

기록물과 유산

순수예술 위원회의 승인을 받아 냈다고 아이젠하워 기념관 설립을 둘러싼 전쟁에서 게리가 승리를 거머쥔 것은 아니었다. 디자인을 향한 빗발치는 비난은 끊일 줄 몰랐고, 특히 게리는 중국에 지으려 했던 프로젝트 두 개를 잃은 뒤라 감정적 타격이 더 컸다. 장 누벨에게 빼앗긴 중국국립미술관과 게리가 설립할 거라 굳게 믿었던 줄리아드음대가 지원하는 음악학교 프로젝트 말이다. 게리에게 두 경험은 모두 일종의 배신이었다. 게리는 파리에 지은 루이뷔통 재단 미술관 디자인을 누구보다 열렬히 지지해 주었던 누벨과 오랜 친구였고, 2014년 봄에 게리에게 명예 학위를 수여한 줄리아드음대에도 친구가 많았다. 그래서 점점 게리는 음악을 위한 공간을 설계할 그 어떤 기회라도 영광이라고 느끼게 됐다.

그간 게리는 수많은 의뢰를 놓치기도 하고 자신의 작품을 둘러싼 논란에 익숙해지기도 했지만, 아이젠하워 기념관과 관련한 논쟁에서처럼 인신공격을 받아본 적은 없었다. 2015년, 이스라엘의 전직 대통령인 시몬 페레스가 로스앤젤레스의 게리 사무소를 방문했을 때처럼 때때로 게리는 그런 비난을 가볍게 넘기기도 한다. 게리는 유명인이 사무실을 방문하면 주로 그랬듯, 페레스에게 사무실을 직접 구경시켜 줬다. 페레스는 아이젠하워 기념관 건축 모델 앞에서 걸음을 멈춰 감탄했다. 게리는 하소연하듯 페레스를 바라보며 아이젠하워 자매가 이 디자인을 거절했다고 설명했다. 게리가 말했다. "앞으로 어떻게 될지 모르겠습니다. 지금 그 친구들과 문제가 좀 있거든요."

전국시민예술협회의 핵심 인물인 저스틴 슈보Justin Shubow는 게리가 아이젠하워의 유산을 지지하려는 게 아니라, 오히려 망치기 위해 이 일을 하고 있다고 주장하는 데까지 나아갔다. 건축 관련 논문이랍시고 대부분이 게리를 향한 인신공격에 지나지 않는 153쪽짜리 글에서 슈보는 게리를 이렇게 묘사했다. "무질서와 위험, 대혼란을 찬양하며 아방가르드를 중시하는 그의 작업은 아이젠하워가 표방하는 그 모든 것과 반대다." 슈보는 게리의 이러한 가치들이 "균형 잡힌 미국의 정부 형태와는 물론이고, 질서 정연하고 조화로운 모뉴멘털 코어Monumental Core나 수도와도 잘 어울리지 않는다"고 썼다. 슈보는 프리츠커상 심사위원이 게리를 "우상 파괴적"이고 "찰나적"이라고 묘사한 부분과 건축물에 "현대사회와 그 양면적 가치"를 담아내는 게리의 능력을 상찬한 부분을 증거 삼아 이렇게 결론 내렸다. "두말할 것 없이, 우상 파괴적이고 찰나적이고 양면적인 가치들은 대통령 기념관이 추구해야할 미덕이 아니다." 슈보는 자신이 인용한 문구가 23년 전에 쓰였고, 게리가 기념관에 담으려던 의도와는 전혀 관련 없다는 사실을 손쉽게 무시했다.

게리의 작품이 싫다고 말하는 것과 게리의 작품이 미국적이지 않다고 말하는 것은 다른 차원의 문제였다. 게리는 대민 관계 전략을 도와줄 연줄 많은 워싱턴 변호사 그레고리 크레이그Gregory Craig를 고용하는 데까지 나아갔다. 게리나 게리 건축물의 존재는 워싱턴에서 골칫거리처럼 보였다. 그곳에서는 게리의 모든 말들이 맥락에서 떨어져 돌아다니며 고의로 곡해됐다. 불성실함이 통용되는 구역에서 게리의 성실함은 통하지 않았다. 결국 게리의 경영 스타일 중 하나였지만 클라이언트를 대할 때는 거의 발동되지 않았던 갈등 회피 본능에 게리는 굴했고, 기념관 프로젝트를 책임지는 디자인 파트너인 존 바워스John Bowers와 메건 로이드가 게리를 대신해 워싱턴의 청문회와 모임에 참석했다.

어쨌건 게리는 80대였고, 그 스스로 어느 정도 스트레스에서 벗어나고 싶어 하는 것도 이상할 게 없었다. 운 좋게도 건강은 양호했지만, 그는 기력과 체중뿐 아니라 특히 갈수록 통증이 심해지는 등 때문에 걱정이 많았다. 게리는 척추의 공간이 좁아져 중앙 척추관과 신경근관에 커다란 압력이 가해지고 극심한 통증을 야기할 수 있는 척추관협착증이 있었다. 그는 로스앤젤레스에서 수술을 한 번 받긴 했지만, 일시적으로 통증을 완화해 줄 뿐이었다. 2011년, 낸시 웩슬러와 허버트 파데스가 게리에게 뉴욕의 저명한 신경외과 의사인 로버트 스노Robert Snow 박사를 만나 보라고 권했다. 2011년 여름, 스프루스 스트리트 8번지의 아파트 타워에서 게리의 82번째 생일 파티를 개최한 후 몇 달 뒤, 게리는 레슬리가 3년 전 눈을 감은 컬럼비아 장로병원에서 수술을 받으러 뉴욕으로 왔다. 고통스러운 수술이었다. 게리는 며칠간 트라이베카의 그리니치 호텔에서 회복한 뒤, 로스앤젤레스의 집으로 돌아갔다.

게리는 조그마한 전세기를 타고 돌아왔다. 지난 몇 년간, 게리는 국내 비행 시 전세기를 이용했다. 그는 비행기를 살 마음은 없었지만, 80대에도 계속해서 비행기를 타고 돌아다니는 생활을 지속하려면 공항의 보안 검색대에서 줄을 서고, 좁은 상용기에 몸을 욱여넣는 고통을 줄여야겠다는 생각이 들었다. 게리는 클라이언트와의 계약으로 상용기의 일등석 비용을 충당할 수 있었다. 게리 사무소가 계산한 결과, 일등석 비용으로 1년간 소비한 비용과 전세기를 빌리는 비용은 대략 20만 달러 정도 차이가 났다. 게리는 비교적 편안한 전세기를 타기 위해 그 정도 비용은 기꺼이 투자하기로 마음먹었다. 이제 게리는 전용기가 아니라면 이전과 같이 활발하게 활동하지 못할 것 같았다.

2011년 9월 초, 게리는 사무실로 복귀할 만큼 건강을 회복했다. 게리의 평범하고도 정신없이 바쁜 일상이 다시 시작됐다. 그 어느 때보다 일감이 많은 것 같았다. 파리의 루이뷔통 재단 미술관이나 아부다비 구겐하임 같은 대형 프로젝트만 있는 건 아니었다. 게리는 온타리오 미술관의 확장 및 개조 공사를 막 끝낸 터였다. 이는 특히 게리에게 의미 있는 프로젝트였는데, 왜냐하면 온타리오 미술관은 게리 조부모의 집이 있던 베벌리 스트리트의 코너에 있었을 뿐만 아니라, 게리가 태어나 처음으로 간 미술관이었기 때문이다. 반세기도 더 전에 떠나온 고향에서 프로젝트를 의뢰해 온 것은 게리를 향해 보내는 뜻깊은 존경의 표시였다. 토론토의 유명한 무대 제작자이자 부동산 개발자인 데이비드 미르비쉬David Mirvish의 의뢰도 마찬가지였다. 그는 온타리오 미술관에서 몇 블록 떨어지지 않은 곳에 고층 콘도미니엄 복합 단지 설계를 의뢰했다. 토론토에서 가장 높은 건물 중 하나를 지을 기회이자, 게리가 뉴욕의 스프루스 스트리트 8번지의 아파트 타워를 지으면서 탐구하기 시작한 아이디어를 더 확장할 기회가 되어 줄 터였다.

훨씬 더 먼 곳에서도 작업 의뢰가 많았다. 호주의 비즈니스 스쿨, 홍콩의 콘도미니엄 타워 건설 프로젝트나, 런던의 배터시 발전소 근처에 새로 들어선 마을에 고급 콘도미니엄을 짓는 일 등이 들어왔다. 2015년 초에 게리는 집과 가까운 웨스트할리우드의 선셋 대로에서 거대한 복합용도개발 작업을 시작했다. 1만 제곱미터 크기의 부지에 200개가 넘는 아파트와 상점 공간, 거대한 광장이 포함된 도시 마을을 만드는 계획이었다. 또한 게리는 하와이에서도 첫 프로젝트를 맡았다. 호놀룰루의 워드 빌리지Ward Village에 들어갈 하워드 휴즈Howard Hughes Corporation사를 위한 고층 건물을 설계하는 프로젝트였다. 하워드 휴즈의 최고 책임자 데이비드 와인렙David Weinreb은 가수로 커리어를 시작해 투자자와 부동산 개발자로 성공한 사람으로, 게리와 일로 관계를 맺은 뒤, 예상치도 못하게 친구로 발전한 독특한 이들 중 가장 최근에 만난 클라이언트였다.

게리는 크레이그 웨브, 데이비드 남, 존 바워스 같은 신뢰하는 설계자들에게 대형 프로젝트의 많은 부분을 맡겼고, 게리는 자신에게 유의미하다고 여겨지는 작은 프로젝트 여러 개를 자진해서 맡았다. 애스펀에 있는 마이클 아이스너의 집에 작은 파빌리온을 짓는 작업이라던가, 다니엘 바렌보임의 웨스트이스턴 디반 오케스트라West-Eastern Divan Orchestra를 위해 베를린에 타원형의 아늑한 콘서트홀을 짓는 작업 같은 것이었다. 게리는 이 베를린 프로젝트를 진행하며 돈을 받지 않았다. 바렌보임에게 바치는 개인적 헌사로서의 의미도 있었지만, 음악을 이용해 중동의 정치적, 문화적 균열을 메우려는 바렌보임의 노력에 존경을 표하는 게리만의 방법이었다.

게리가 깊이 마음을 쓴 음악 관련 프로젝트가 또 있었다. 국립 사회행동 음악 센터National Center for Social Action Through Music를 위해 베네수엘라 바르키시메토에 음악학교와 공연장 복합 건물을 짓는 프로젝트로, 베네수엘라 출신의 젊은 지휘자 구스타보 두다멜Gustavo Dudamel이 2012년에 게리에게 설계를 부탁했다. 두다멜은 2009년 가을에 에사 페카 살로넨의 뒤를 이어 로스앤젤레스 필하모닉의 음악 감독을 맡은 지휘자다. 어린이에게 클래식 음악을 가르치겠다는 베네수엘라의 야심 찬 교육 프로그램이 낳은 두다멜은 자국에서 청소년 오케스트라를 감독하는 일도 계속했다. 게리가 예술 교육에 관심이 많다는 사실을 안 두다멜은 베네수엘

온타리오 미술관 확장 작업을 진행할 때, 베벌리 스트리트
15번지에 있었던 조부모의 집을 다시 방문한 게리의 모습

라의 음악 프로그램에 게리와 데버라 보르다를 초청했다. 게리가
말했다. "그 조그만 아이들이 클래식 곡을 연주하는 모습을 보고
있자니 놀라 자빠질 뻔했습니다. 이런 음악 교육 프로그램은 이
세상 다른 어디에도 존재하지 않습니다." 이러한 프로그램을 위
한 보금자리를 두다멜의 고향인 베네수엘라 바르키시메토에 설
계하는 프로젝트는 게리의 관심사를 종합한 것이었기에 그는 재
빨리 의뢰를 수락했다.

그 프로젝트는 수년간 뒷전으로 밀려나 있었다. 처음에는 베네
수엘라의 대통령인 우고 차베스Hugo Chávez의 병세 때문이었고, 차
베스가 사망한 후에는 프로젝트의 미래 자체가 불투명해졌었다.
베네수엘라와 미국의 껄끄러운 관계는 반민주적 성향으로 잘 알
려진 니콜라스 마두로Nicolás Maduro가 차베스의 뒤를 이으면서 더
험악해졌기 때문이다. 2014년 말, 게리와 두다멜이 베네수엘라에
서 마두로를 만났을 때, 베네수엘라의 정세는 상당히 혼란스러운
상태였다. 두다멜은 베네수엘라 출신이기에 마두로 정부와 계속
작업하는 데 관심이 있었을 수 있겠으나, 반미 성향이 짙은 마두
로 정권에 서비스를 제공하겠다는 게리의 결정은 이해하기 어려
워 보였다. 게리는 뻔한 얘기로 자기 선택을 변호했다. "정치와는
아무런 관련이 없습니다. 저는 예술 교육을 위해 작업하는 겁니
다. 제 일이 그들의 정치 행각에 조금이라도 이바지한다면 저는
하지 않을 겁니다." 베네수엘라에서 개발된 예술 교육 프로그램
을 향한 게리의 존경심은 진심이었다. 게리 자신의 관심사로 시
작한 프로젝트지, 클라이언트인 정부의 정치 때문이 아니라는 말

도 진심이었다. 하지만 게리가 중동에서 구겐하임 프로젝트를 진행할 때 노동자들의 권리를 위해 보여 줬던 강건한 태도에 비하자면 훨씬 설득력이 떨어지는 주장이었다. 게리는 베네수엘라 정부의 일을 맡으면 정치적으로 악용되지 않기 힘들다는 사실을 인정하지 못했다.

게리는 적어도 로스앤젤레스에서는 정치와 아무런 연관 없는 프로젝트에 집중할 수 있었다. 그는 모차르트 오페라 무대를 여럿 만들려는 로스앤젤레스 필하모닉의 제안을 받아들여 건축 조언을 하는 동시에 그중 첫 번째 무대를 직접 짓기로 했다. 2012년 봄, 월트 디즈니 콘서트홀에서 두다멜이 직접 지휘하는 〈돈 조반니Don Giovanni〉의 무대였다. 재커리 울프Zachary Woolfe는 『뉴욕 타임스』에 그 오페라에 대한 다음과 같은 논평을 썼다. "무대에는 구겨진 종이로 만든 거대한 빙산이 놓여 있었다. (…) 기괴하고도 우아한 방식으로 백색을 탐구한 결과였다. 그 생경함은 〈돈 조반니〉에도 깊이 스며들어 있는 것이다." 게리의 오페라 무대가 상연된 이듬해에는 장 누벨이 제작한 〈피가로의 결혼The Marriage of Figaro〉 무대가, 2014년에는 자하 하디드가 제작한 〈여자는 다 그래Così Fan Tutte〉 무대가 상연됐다.

게리는 또한 로스앤젤레스 카운티 미술관에서 개최되는 대형 전시회의 설치 작업을 두 번 맡기도 했다. 한번은 2013년 후반기에 열린 알렉산더 콜더Alexander Calder 전시회였는데, 게리는 '활기찬 절제'라고 불릴 만한 콜더 조각품의 색감과 움직임에 대응하는 흰색의 플랫폼과 곡선이 살아 있는 배경을 설계했다. 그 전시회가 있기 전, 1960년대 이후 게리가 로스앤젤레스 아트 신에서 가장 아끼는 친구 중 하나이며, 조각가이자 도예가인 켄 프라이스 작품의 회고전이 2012년 후반기에 열렸었다. 게리와 베르타는 프라이스의 작품 활동 초기부터 그의 작품을 모아 왔기에 회고전에는 게리 부부가 소장한 작품도 몇 점 포함됐다.

프라이스는 1971년부터 뉴멕시코에서 살았고, 암에 걸렸었다. 그가 회고전이 열릴 때까지 살 수 있을지는 불확실했다. 게리는 프라이스와 함께 작업하며 그가 자신의 작품이 어떻게 전시됐으면 하는지 세심히 살폈다. 게리는 미술관의 큐레이터인 스테파니 배런Stephanie Barron 못지않게 프라이스도 그의 클라이언트인 것처럼 대했다. 프라이스는 9월 전시회가 개최되기 몇 달 전, 그러니까 게리가 친구에게 보내는 개인적 헌사로서 완성한 최종 설계를 프라이스에게 보여 주기 위해 타오스에 방문한 뒤 머지않아 2월 말에 사망했다.

켄 프라이스의 전시회는 렌초 피아노가 설계한 레스닉 파빌리온Resnick Pavilion 내 전람회장에서 개최됐다. 커다랗고 단조로운 육면체 형태의 레스닉 파빌리온을 그대로 둔 채 전시회가 열렸다면, 도자기 찻잔만큼이나 자그마한 프라이스의 작품이 건축물에 묻혔을 것이다. 게리는 한 공간 안에 여러 개의 공간을 만들어 프라이스의 조그만 조각품에 어울리도록 규모를 축소해서 행렬하는 것 같은 움직임을 만들어 냈다. 게리는 마치 귓속말하는 듯한 정도로만 자신의 존재감을 알리고 싶었던 듯, 게리 특유의 각진 요소를 전시장에 가미하긴 했지만 거의 두드러지지 않는 모습이었다. 설치물들은 완전히 흰색으로 색칠했다. 설계의 모든 요소는 형형색색인 프라이스의 작품이 전면에 드러나고 중심에 설수 있도록 의도됐다. 프라이스는 말년에 대형 조각품도 몇 점 만들었는데, 게리는 이 대형 작품들을 대부분 갤러리 제일 끝 쪽에 배치했다. 그곳은 유일하게 창문이 있어서 채광이 드는 공간이었다. 게리는 이 마지막 공간을 대체로 불확정적인 상태로 남겨 두었다. 게리는 한 걸음 옆으로 비켜서 존재감을 잠시 감춘 채, 그의 친구가 탁 트인 공간에서 자연광과 함께 있을 수 있도록 내버려 두려는 듯했다.

글쓰기를 좋아하지 않는 게리지만, 이번만큼은 프라이스에 관한 짧은 글을 써서 미술관 카탈로그에 싣기로 했다. 게리가 쓴 글 중 가장 유려하고 유창한 글이었다. 게리는 "나는 도자기에 개인적인 친밀감을 느낀다"라는 문장으로 이야기를 시작한다. "건축을 공부하기 전, 내가 처음으로 수강한 예술 수업이 도예 수업이었다. 내가 만든 작품들은 괴상하고 웃겼다. 그래서 나는 건축가가 된 것이다." 게리는 초창기에 프라이스의 작품을 샀던 일을 떠올렸다. 그는 200달러에 달팽이가 컵을 이고 있는 작품을 산 적도 있었다. "처음부터 나는 프라이스의 컵과 조각의 형태에 대해 생각했다. 마치 건물 같았다. 프라이스의 작품 중에는 꼭대기에 뒤틀린 작은 조각이 얹어진 컵이 하나 있었다. 1980년대 초에 내가 설계한 건물이자, 비행기가 건물을 뚫고 나오는 것 같은 캘리포니아 항공우주박물관을 본 뒤 프라이스의 컵을 보노라면 발견되는 그 형태의 유사성은 완전히 무의식적이라고 생각한다." 게리는 전시회에서 자신의 작업과 프라이스의 작업이 어떻게 보이기를 원했었는지 기술하면서, 말년에도 계속해서 새로운 작업을 시도한 프라이스를 향한 존경심을 드러냈다. "완전히 성공적이라고 할 수는 없을지라도, 프라이스는 시도할 줄 아는 용기를 지녔다. 그것이 내가 사랑한 그의 모습이고, 이토록 오랜 시간 그에게 영감을 얻을 수 있었던 이유기도 하다. (…) 그의 작품에는 명료함과 젠체하지 않는 유머 감각이 깃들어 있다. 그의 작품은 많은 것을 말한다. 객기 부리지 않으면서 기쁨과 사랑, 아름다움에 대해 말한다."

켄 프라이스를 여읜 것과 같은 아픔은 앞으로 수차례 반복될 터였다. 게리의 최측근들이 하나둘씩 사라져 갔다. 프라이스가 눈을 감기 불과 몇 주 전, 벤 가자라도 뉴욕에서 췌장암으로 세상을 떠났다. 그렇게 2012년 2월은 게리에게 유독 가혹한 달이 됐다. 작가이자 비평가였고, 게리와 함께 프리츠커상 심사위원단으로 활동하며 썩 가깝게 지냈던 에이다 루이즈 헉스터블도 2013년 초에 암으로 숨을 거뒀다. 게리는 그녀의 추도식에서 발언하기 위해 뉴욕으로 향했다. 몇 년 전, 허버트 무샴프가 오랜 시간 폐암을 앓다가 생을 마감했을 때도 게리는 자신이 지을 뻔했지만 결국 렌초 피아노가 짓게 된 뉴욕 타임스 건물의 강당에서 발언하기도 했었다. 2014년 말쯤, 게리는 또 한 번 비슷한 일을 위해 비행기에 몸을 실었다. 밀드러드 프리드먼의 추도식을 위해서였다. 그녀는 1980년대 중반, 미니애폴리스의 워커 아트 센터에서 게리의 첫 번째 회고전을 개최함으로써 게리의 커리어에 중요한 영향력을 미쳤을 뿐만 아니라, 그녀의 남편 마틴과 함께 게리와 무척 친한 친구가 되어 주었다.

게리가 가장 힘들어했던 상실은 갑자기 찾아온 이별이기도 했다. 그건 2013년 11월 23일, 여든의 나이에 심장 마비로 갑자기 유명을 달리한 피터 루이스의 죽음이었다. 게리는 루이스의 장례식에 참석하기 위해 유니버시티서클 지역의 황금색 돔이 인상적인 티페레스 이스라엘Tifereth Israel 사원으로 향했다. 그곳에서 게리는 미국시민자유연맹American Civil Liberties Union의 회장 앤서니 로메로Anthony Romero와 루이스의 모교이자 게리가 설계한 피터 루이스 과학 도서관이 있는 프린스턴의 학장이었던 셜리 틸먼Shirley Tilghman과 함께 추모 발언할 기회를 얻었다. 글을 썼다면 더 유창하게 말할 수도 있었겠으나, 게리는 연설을 미리 준비하지 않은 채, 그의 따스함과 상냥함, 진정성에 기대어 즉석에서 말하는 걸 더 선호했다. 게리는 숨김이 없어 보였고, 우물쭈물 망설이기도 했으나 추도식에 적합한 진지함이면 충분히 소통할 수 있다는 것을 알고 있었다.

게리는 루이스의 죽음에 특히 커다란 충격을 받았다. 또한 게리는 반유대주의에 예민하게 반응했고, 대부분 걱정과 불안에서 기인한 것이긴 하지만 자신이 유대인임을 완곡하게 자주 언급하기도 했으나, 유대교 회당이나 회당의 설교단을 특별히 편안하게 느낀 적은 없었다. 게리는 루이스가 자신보다 어리니, 자신의 장례식에는 당연히 루이스가 추모 연설을 해 주리라 생각했는데 그 반대가 되어 버렸다는 말로 연설을 시작했다. "그래서 저는 전혀 준비하지 않았습니다." 루이스는 분명 게리의 추모식 연설을 준비해 뒀을 거라고 게리는 말했다. 게리는 루이스의 지원으로 두 사람이 함께했던 "놀라운 모험"에 관해 얘기했다. 끝내 지어지지 못했던 루이스의 집과 케이스웨스턴리저브대학교와 프린스턴의 건물, 그리고 구겐하임 미술관을 짓기 위해 함께 애썼던 이야기였다. "저는 루이스를 사랑했기에 무척 슬픕니다." 하지만 게리는 루이스가 자신을 믿어 준 후원자였다는 사실을 칭찬하는 것 외에는 다른 말을 충분히 하지 않았다. 게리가 켄 프라이스에게 헌정한 글과 달리, 루이스를 위한 추모사는 기발하고, 열정적이고, 활달하고, 과감한 루이스의 성격을 잘 담아내지 못했다. 게리와 루이스의 절친한 관계는 사랑, 경외, 공통된 정체성, 깊은 경쟁심과 같은 어색한 조합의 단어들로 표현됐다. 게리는 그 관계를 제대로 설명하지 못한 것처럼 보였다.

게리는 친구들을 잃어 슬픔이 컸지만, 절대 절망하지 않았다. 언제나처럼 게리가 계속해서 살아가도록 붙든 것은 일이었고, 여전히 주위에 남아 있는 사회적 관계들이었다. 무리의 몇 명이 세상을 떠나 빈자리가 생기면 항상 새로운 사람이 자리를 메꾸는 것 같았다. 또, 아주 드문 상황이긴 하지만 건축과 잠시 거리를 두어야 할 때가 오더라도 게리는 언제나 기댈 곳이 있었다. 게리와 베르타는 로스앤젤레스 필하모닉 공연에 더 자주 참석했다. 두 사람은 오케스트라의 총감독이자 그들의 친구인 데버라 보르다의 옆자리에 앉았다. 콘서트홀의 성공 덕에 게리는 음악에 더욱더 집중할 수 있었다. 그는 더는 건물의 잘못된 점을 걱정하거나, 사람들이 뭐라고 생각할지 궁금해하지 않았다.

게리와 베르타는 종종 공연이 끝난 후 백스테이지로 가서 구스타보 두다멜을 만나곤 했다. 피아니스트 이매뉴얼 엑스Emanuel Ax와 같은 게리의 친구가 연주를 위해 로스앤젤레스를 들르면 게리와 베르타는 보르다, 두다멜과 함께 월트 디즈니 콘서트홀 1층에 있는 '파티나 레스토랑'에서 열리는 연주 후 만찬에 참석하기도 했다. 한때 게리는 활동성의 대가들이었던 하키 선수들과 연결감을 느끼고 싶어 했었다. 이제는 그들의 자리를 음악인들이 대신했다. 그는 하키 선수 친구들처럼 경쟁심을 느끼지 않으면서 음악인 친구들을 존경했다. 그러면 그들도 게리를 중요한 건축가로 존중해 줬고, 다른 건축가 동료들과 달리 그들은 게리를 질투하지 않았다.

2012년 여름, 음악과 건축물이 새로운 방식으로 만난 날이 있었다. 게리와 베르타는 첼리스트 요요 마Yo-Yo Ma를 샌타모니카 자택으로 초대해 오바마 대통령 선거 운동을 위한 작은 자선 콘서트를 열었다. 콘서트 입장료는 최소 기부금 1만 달러였다. 행사에 들뜬 게리는 집 뒤뜰에 텐트를 치겠다는 오바마 선거 운동 코디네이터들을 어렵사리 저지했다. 게리는 집 안에서 콘서트를 열고 싶었다. 그는 거실의 모든 가구를 치우고 접이식 의자를 들여놓았을 때 어떤 모습일지, 그리고 거실의 나무 천장이 음향적으로 어떻게 작용할지 궁금했다. 2012년, 게리는 특히 오바마에게 열정적이었다. 오바마가 게리의 디자인을 반대하는 브루스 콜을 아이젠하워 기념관 위원회에 지명한 것은 그로부터 1년 뒤다. 이에 게리는 실망하긴 했지만, 배신감을 느낀 것까지는 아니었다.

뒤뜰에서 칵테일을 즐긴 후, 70명이 전부 게리의 집 거실로 비집고 들어왔다. 대부분은 반원 모양으로 배치된 흰색 접이식 의자에 앉았다. 게리의 물고기 램프와 할리우드 사인이 담긴 에드 루샤의 유명한 실크스크린 작품이 그 뒤편에 놓여 있었다. 정치적인 발언은 없었다. 게리가 원치 않았을뿐더러, 그곳에 모인 모두가 이미 오바마를 지지하고 있었기 때문이다. 대신 게리는 청중 앞에 나서서 이렇게 말했다. "저는 우리 집에 월트 디즈니 콘서트홀을 옮겨 오고 싶었습니다. 자, 소개합니다!" 그런 뒤 요요 마가 등장해 반원의 중앙에 놓인 의자에 앉았다. 게리처럼 자기 분야에서 전문가로 인정받는 동시에 대중적 인기를 얻었던 요요 마는 게리의 집에 넋을 잃은 것처럼 보였다. "이게 바로 액체 건축물인가요? 음악을 그대로 멈춰 둔 것 같아요. 당신의 집에서 연주할 수 있어서 영광입니다." 요요 마가 이렇게 게리와 베르타에게 말한 뒤, "바흐가 어울릴 것 같군요"라고 말을 이었다. "바흐는 최고의 음악 건축가 중 한 명이었죠. 바흐는 여섯 개의 조곡을 썼는데, 오바마의 임기가 끝이 아닌 중반에 도달한 거였으면 하는 모두의 바람을 담아서 중간 숫자인 세 번째 조곡을 연주하기로 했습니다."

요요 마는 바흐를 연주했다. 게리가 기대했던 것보다 더는 아니지만 그만큼 음향이 좋았다. 소리는 산뜻하면서도 깊이 울렸다. 60여 년 전, 그렉 월시가 '게리 변주곡'이라 이름 붙인 곡을 연주하는 것을 들은 뒤부터 게리는 줄곧 바흐를 사랑해 마지않았다. 바흐의 음악은 게리 건축물과 비슷한 부분이 많았다. 복잡하지만 부조화하지 않고, 그 풍부한 구조는 항상 두드러지지만, 이는 언제나 편안함과 심미감을 위해 봉사한다. 바버라 아이젠버그의 책에 실린 게리와의 대화를 살펴보면, 게리는 애틀랜틱 야드 프로젝트의 설계 과정을 바흐와 비교하기도 했다. "그 과정은 마치 코다는 있지만 레이어링은 없는 브란덴부르크 협주곡을 작곡하는 것 같습니다. 음표를 차근차근 쌓아가다가 갑자기 다른 옥타브로 뛰어넘는 것처럼요. 음악이 전개될수록 다른 악기가 추가되어 성격이 바뀌는 그런 곡 말입니다." 요요 마가 연주할 때 게리는 평온한 미소를 띤 채 열중해서 들으며 두 번째 줄의 데버라 보르다 옆자리에 앉아 있었다. 게리는 그 집에서 34년간 살았지만, 요요 마의 음악이 울려 퍼진 그날 밤, 게리는 그 집을 다시금 새롭게 체험했다.

게리는 2013년 벽두부터 기관지염에 걸리는 바람에 유럽과 아시아로 떠날 예정이었던 출장을 취소할 수밖에 없었다. 게리는 심장이 덜컥 내려앉는 것 같았다. 여든세 살의 나이에는 가벼운 감기가 아니고서야 그 무엇이라도 그를 서서히 죽음으로 내몰 수 있었기에 두려웠다. 다행히 기관지염은 일시적인 증상에 그쳤다. 1월 말이 되자 게리는 1월 31일에 일흔 살이 되는 베르타를 위한 깜짝 생일 파티를 준비할 수 있을 정도로 건강을 회복했다. 베르타의 의심을 사지 않기 위해 게리는 생일 당일인 화요일 저녁, 가족들과의 식사 약속을 잡아 뒀다. 베르타의 자매도 파나마에서 와서 식사 자리에 참석했다. 그녀의 생일이 지나고 이틀 뒤, 두 아들은 샌타모니카에 새로운 레스토랑을 발견했다며 게리와 함께 그리로 오라고 베르타에게 말했다. 그들이 레스토랑에 도착하자, 베르타가 가장 사랑하는 사람들이 그곳에 모두 모여 부부를 반겨 주었다. 그녀의 가족과 게리의 여동생 도린, 게리의 전 처남 리처드 슈나이더, 오랜 시간 게리의 곁을 지켜 온 기어 캐버노, 작가 조지프 모겐스턴Joseph Morgenstern, 리처드 와인스타인과 에디나 와인스타인Edina Weinstein, 보비 슈라이버와 말리사 슈라이버까지 모두 모여 있었다. 판화 스튜디오 제미니 G.E.L.를 운영하는 시드 펠슨과 조니 웰리Joni Weil도 참석했고, 오랜 예술가 친구인 에드 모지스, 에드 루샤, 척 아놀디도 자리를 빛내 주었다. 게리의 사적인 행사에서는 으레 그랬듯, 이번에도 건축가 참석자는 비교적 적었다. 그레그 린과 그의 부인이자 건축사학자인 실비아 라빈Sylvia Lavin, 그리고 크레이그 호젯과 그의 부인이자 파트너인 밍 펑Ming Fung과 가족이나 다름없는 그렉 월시가 그 극소수 중 일부였다. 라틴 밴드가 라이브 재즈를 연주했고, 샘과 알레호가 어머니인 베르타에게 건배했다. "저희를 낳아 주셔서 감사합니다." 알레호가 말했다. "그리고 아버지를 잘 다뤄 주신 것도 감사해요."

파티는 베르타가 게리의 80번째 생일에 열어 줬던 파티만큼이나 화기애애했지만, 전반적으로 완전히 달랐다. 베르타의 생일 파티는 활기찼으나 규모가 작고 사적인 분위기였다면, 게리의 생일 파티는 그의 공적 지위를 거하게 축하하는 자리였다. 두 파티의 차이가 두 사람이 원하는 것의 차이를 보여 주는 만큼이나 부부로서 그들의 강점을 보여 주기도 한다. 그들은 상대방이 무엇을 원하는지 정확히 파악하고 있었고, 상대가 원하는 것을 해 주기 위해 총대를 멨으며, 서로의 욕망이 다르다고 해서 비판적으로 판단하려 들지 않았다.

2014년 2월, 빌바오 구겐하임 미술관에서 열린 게리의 85번째 생일 파티에는 베르타의 손길이 닿지 않았다. 게리는 가족들과 함께 빌바오 미술관을 돌아보면 좋을 것 같다고 생각했다. 그래서 그는 2013년 말, 전직 바스크 지방 정부의 관리이자 미술관 건설에 혁혁한 공을 세웠고, 미술관 건설 이후에 구겐하임에서 일했던 후안 이그나시오 비다르테*에게 자신이 이제 곧 여든다섯 살이 되니, 이듬해 2월 28일에 빌바오 미술관에서 가족들과 함께 축하하는 자리를 마련하고 싶다고 넌지시 말했다. 비다르테는 저녁 식사 자리를 마련하겠다고 말했다. "게리는 호화로운 걸 원치 않는다고 말했죠." 하지만 비다르테와 그의 빌바오 동료들은 생각이 달랐다. "게리가 온다면 우리는 그에게 경의를 표하고 빌바오와 바스크가 그에게 얼마나 감사해하는지를 보여 줘야 한다고 모두가 입을 모아 말했습니다." 그 후, 새해 전야에 집에서 TV를 보고 있던 비다르테는 다니엘 바렌보임이 빈 필하모닉에서 지휘하고 있는 모습을 보곤, 바렌보임과 그가 창단한 웨스트이스턴 디반 오케스트라를 게리가 얼마나 좋아하고 존경하는지 떠올

• 자세한 내용은 14장을 참고하라.

랐다. "저는 그들의 관계를 알았기에 게리에게 깜짝 이벤트가 될 수 있겠구나 싶었죠." 비다르테가 말했다. 그는 바렌보임에게 연락했다. 바렌보임은 오케스트라를 전부 데려갈 수는 없지만, 게리를 위해 자신이 무료로 독주회를 열어 주겠다고 했다. 바렌보임은 400명이 모인 구겐하임 강당에서 슈베르트Schubert의 피아노 소나타를 연주한 뒤, 원형 미술관에서 열린 만찬 자리에 참석했다. 비다르테가 말했다. "게리는 조금 더 소박한 축하를 원한다고 했지만, 그래도 무척 감동적이었습니다." 실제로 게리는 감격했다. "바렌보임이 제 생일을 맞아 빌바오 구겐하임에서 곡을 연주하다니요. 저는 눈물을 보이고 말았습니다." 게리는 빌바오에서 이렇게 이메일을 썼다. 게리의 85번째 생일 파티는 두 마리 토끼를 모두 잡은 행사였다. 그는 진정으로 소소한 축하를 원한 데서 오는 좋은 기분도 느꼈고, 그러한 그의 요구를 너무 심각하게 받아들이지 않은 사람들이 정성 들여 준비한 축하 파티의 분위기도 느낄 수 있었다.

빌바오에서 비다르테와 그의 동료가 준비한 것 중 하나는 축사 영상이었다. 애니시 커푸어, 제임스 로젠퀴스트, 클라스 올든버그(그는 재치 있게 쌍안경을 들고 등장했다), 제니 홀저Jenny Holzer, 마리나 아브라모비치Marina Abramović와 같은 예술가뿐만 아니라 피터 아이젠먼, 노먼 포스터, 라파엘 모네오Rafael Moneo, 자크 헤어초크Jacques Herzog, 알바루 시자와 같은 게리의 동료들이 축사 영상을 남겼다. 당연하게도 건축가들은 조심스러운 것까지는 아니었지만 공손한 모습이었다. 헤어초크는 게리가 설계한 스페인의

2014년 빌바오 구겐하임 미술관에서 열린 게리의 85번째 생일 파티에서 게리가 카메라 쪽에 전경으로 포착된 다니엘 바렌보임에게 말을 걸고 있다. 그 오른쪽은 후안 이그나시오 비다르테다.

마르케스 데 리스칼Marqués de Riscal 포도원의 호텔에 묵으며 게리에게 건배했다. 아이젠먼은 게리와 자신을 경주용 자동차로 비유하며 이렇게 말했다. "제 차가 얼마나 빨리 달리느냐는 상관없습니다. 제 앞에는 언제나 흙먼지를 풀풀 날리며 앞서가는 차가 한 대 있으니까요." 예술가들은 그보다 조금 더 떠들썩했다. 제니 홀저가 말했다. "미술관을 새로운 수준으로 발전시켜 줘서 고마워요. 수천수만의 미술관 방문객에게 더욱더 풍부한 체험을 선사해 준 것도요." 구겐하임의 큐레이터인 카르멘 히메네스Carmen Jiménez도 "세계사에 길이 남을 기념비적 작품"을 빌바오에 세워 줘서 감사하다고 거들었다. 애니시 커푸어도 입을 열었다. "친애하는 게리, 그간의 오랜 세월 동안 우리는 당신이 진지하게 놀이하는 모습을 지켜봤습니다. 진지해 봤자 놀이는 놀이죠. 당신은 여든다섯인데 여전히 놀고 있어요. 그거야말로 좋은 삶의 비결이 아닌가 싶습니다." 빌바오 구겐하임 미술관이 개관한 지 어언 17년이 지났지만, 확실히 그 미술관과 바스크 지방의 가치, 혹은 건축물로서 빌바오 미술관의 의의는 전혀 빛바래지 않았으며, 세계의 이목을 한 몸에 받았던 1997년 당시와 마찬가지로 바스크인들은 여전히 미술관을 자랑스러워했다. 게리의 85번째 생일은 그가 이룩한 가장 위대한 업적이 담긴 장소 중 하나로 금의환향한 것이나 다름없었다. 그는 기쁨과 환희를 가득 안은 채로 로스앤젤레스로 돌아왔다.

하지만 돌아온 일상생활에는 여전히 기쁨과 고역이 공존했다. 게리와 베르타는 계속해서 샌타모니카 자택에서 살았다. 부부는 차고지로 쓰던 자리에 필요한 경우 가사를 도와줄 직원이 입주해서 살 수 있도록 자그마한 스튜디오를 만들긴 했지만, 청소부나 정원사를 시간제로 고용하는 것 이상의 도움이 필요하다는 사실을 아직 받아들이지 않은 상태였다. 게리는 아우디 S6를 직접 몰고 출퇴근했다. 그 슈퍼차저 자동차는 유행을 선도하는 유명인들에게 차를 대여해 주는 아우디의 프로그램을 통해 처음 만났다. 프로그램은 확실히 게리에게 효과가 있었다. 그 차가 마음에 쏙 들었던 게리는 대여 기간이 끝나자 차를 구매했다. 베르타도 BMW를 직접 몰고 사무실로 출퇴근했다. 로스앤젤레스에 사는 많은 가구원들처럼 그들도 1인당 차 한 대는 꼭 있어야 한다고 생각했다.

2012년이 되자, 게리는 밤이면 코앞 거리라도 혼자 운전할 수 없다는 사실을 인정할 수밖에 없었다. 저녁 파티나 월트 디즈니 홀이 있는 다운타운에 갈 때면 부부는 운전기사를 고용했다. 그들은 주로 저녁에 외식했다. 브렌트우드의 활력 넘치는 이탈리안 레스토랑 '비센티'에 가거나, 샌타모니카 자택 근처에 있는 목조 건물의 조용한 스테이크하우스이자 레슬리의 추모 만찬을 열었던 '퍼시픽 다이닝 카'에 주로 들렀다. 퍼시픽 다이닝 카는 로스앤젤레스의 그 어느 레스토랑보다 게리의 디자인 감각에 어긋났지만, 조용하고 가까우며 언제나 믿을 만한 음식을 내놓는다는 장점이 있었다. 그들은 이 두 레스토랑에서 주로 시간을 보냈다.

집에서 포장 음식을 먹을 때도 있었다. 2014년의 어느 여름밤, 게리와 베르타는 베니스에서 가장 좋아하는 음식점에서 스시를 포장해 와 친구에게 대접하고 있었다. 식사가 한창일 때, 갑자기 집 안의 경보 장치가 깔깍깔깍 울리기 시작하더니 나중에는 계속해서 울어 대는 바람에 대화조차 어려워질 정도가 됐다. 게리는 경보 회사에 전화해 문제를 알리기 위해 몇 분간 전화기를 부여잡고 기다렸다. 그때는 늦은 금요일 밤이었다. 게리를 대신해 문제해결을 도와줄 사람도, 가정부도, 비서도 없었다. 게리는 기다리고 또 기다리다가 간신히 회사 측 직원과 전화가 연결됐다. 게리는 정비사를 보내 달라고 직원에게 부탁했다. "우리는 이곳에 우리끼리만 사는 노부부예요. 도와줄 방법이 없는 건가요? 우리는 갈 데도 없고, 이대로는 잠도 못 잡니다." 게리가 말했다. 직원은 최대한 노력하겠지만 기대는 말라고 게리에게 말했다. 30분쯤 지나자, 노쇠한 게리와 베르타에게 이 문제는 비상사태나 마찬가지라는 점을 회사 측에 설득하는 데 실패했다는 것이 명확해졌다. 그래서 게리는 집 밖으로 걸어 나가 상부 구조 아래쪽에 기어들어 갈 만한 공간을 찾아내어 그리로 들어갔다. 게리는 경보 장치 선을 발견한 뒤 연결을 해제했다. 게리가 줄곧 말했던 것처럼, 그는 그리 기력이 없지 않았다.

게리와 베르타는 샌타모니카 자택에서 계속 행복하게 지냈다. 하지만 베니스 프로젝트가 취소된 뒤, 게리는 새로운 집을 짓고 싶다는 욕망을 완전히 떨쳐 내지는 못한 상태였다. 브루스 래트너는 게리가 맨해튼에 들렀을 때 머무를 수 있도록 스프루스 스트리트 8번지 건물의 55층에 있는 아파트를 내어 줬다. 게리와 베르타는 브루클린 브리지가 바라다보이는 그곳에서 지내는 시간을 즐겼다. 하지만 자신만의 단독주택을 짓고 싶다는 게리의 갈증은 그 아파트로도 채워지지 않았다. 그는 샌타모니카 부동산 브로커들과 함께 계속해서 부지를 보러 다녔다. 2011년 1월 31일, 게리는 애들레이드 드라이브 316번지에 샌타모니카캐넌의 풍경이 보이는 스페인 식민지풍의 오래된 분홍색 주택을 730만 달러에 사들였다. 샌타모니카의 다른 반대편인 22번가에서 집을 사기 위해 돈을 빌려야 했던 그때로부터 게리는 엄청난 발전을 일군 것이다. 애들레이드 부동산 유한책임회사Adelaide Properties LLC를 통해서 구매한 이번 집은 바다와 가깝지만 조용하고 한적했으며, 샌타모니카에서 가장 좋은 동네의 가장 좋은 거리에 자리 잡고 있었다. 이 집에 붙는 연간 세금은 6만 5,800달러에 달했다.

1919년에 지어진 그 집은 1980년에 대공사를 거치면서 과거의 흔적이 대부분 사라진 터였다. 게리는 이전 집을 지을 때 그랬던 것과 달리, 남아 있는 집을 시작점으로 삼고 싶은 마음이 없었다. 그는 그 집을 철거로 봤고, 탁 트인 부지에서 시작해 완전히 새로운 건물을 짓고 싶었다. 게리는 오래된 집을 부수고 처음부터 다시 시작하는 일은 비교적 쉬우리라 생각했다. 그가 보기에 원래 주택에서 남길 만한 부분은 없었다. 하지만 샌타모니카 사적지 보존 운동가들의 생각은 달랐다. 과거 대공사 때 비교적 손을 많이 대지 않은 주택의 북쪽 부분을 역사 유적지로 지정하자는 운동이 잠깐 벌어지기도 했다. 그들은 게리에게 집의 북쪽 부분을 허물지 말라고 요구했을 뿐 아니라, 나머지 부분에 대한 게리의 설계조차 도시의 유적지 위원회의 승인을 받아야 한다고 주장했다. 최종적으로 위원회는 그 집을 유적지로 지정하지 않았다. 실제로 그 집이 유적지로서의 가치가 없다고 판단해서인지, 혹은 게리가 스페인 식민지풍 주택 일부와 조화롭게 집을 설계했는지를 둘러싸고 벌어질 사소한 언쟁이 두려워서인지는 알 수 없다. 어쨌건 이제 게리는 원하는 것을 자유롭게 할 수 있게 됐다.

게리와 베르타는 이사에 양면적인 감정이었다. 집이 완공될 즈음에 게리는 80대 후반일 터였는데, 그 나이대 사람들은 화려하게 설계된 맞춤형 주택이 아니라 요양 시설에 들어가는 게 일반적이었다. 22번가의 집을 떠나는 것도 마음에 걸렸다. 앞으로 그 집을 어떻게 처리해야 할지 몰랐기 때문이다. 하지만 게리는 잃을 것이 별로 없다고 생각했다. 베니스의 하딩 애비뉴에 있던 부지와 달리, 샌타모니카의 가장 인기 있는 동네에 게리 하우스가 들어서면 뭐가 됐건 가치 있다고 생각했다. 그래서 베니스에서와 달리 게리는 공사를 진행하기로 마음을 굳혔다. 게리와 베르타는 이사할 마음이 없어지면 그냥 그 집을 팔아서 이익을 챙기면 그만이었다. 당장에 이사 결정을 내려야 할 이유는 없었다.

게리는 설계의 많은 부분을 아들 샘에게 맡겼다. 그 프로젝트는 샘에게 프로젝트 전체를 책임지고 끌어가는 중요한 경험을 선사한다는 점에서 매력적이었다. 그렇기에 베르타는 아들의 클라이언트가 되어 줄 수 있었고, 게리는 베르타와 샘을 모두 지원해 줄 수 있었다. 모두가 만족해하는 가운데 설계 과정은 무탈하게 흘러갔다. 설계 자문역을 하는 게리와 함께 샘은 거대한 목재가 사선으로 배치된 게리풍 설계안을 내놨다. 게리의 초기작에 담긴 뼈대나 최근작인 루이뷔통 재단 미술관의 하부 구조를 어렴풋이 떠올리게끔 하는 형태였다. 건물 대부분은 유리로 만들었으나, 파리 건물의 '돛' 같은 곡면 유리가 아니었고 철제 트러스도 없었다. 편평한 유리판을 끼운 삐딱한 목재 구조가 서로 겹쳐져 전체적인 형상을 띠는 커다란 산장에 가까웠다. 내부에 침실은 몇 개 없었지만 확실히 거대한 저택이었다. 방문객을 위한 별채 또한 있었으며, 게리와 베르타는 항상 필요 없다고 손사래 쳤지만 입주 직원이 필요할 경우를 대비한 별채도 있었다. 설계의 몇몇 부분은 게리가 2008년 런던의 하이드파크에 임시로 지었었던 서펜타인 파빌리온Serpentine Pavilion을 떠올리게 했다.[*] 게리는 샘의 능력을 시험해 보기 위해 서펜타인 파빌리온의 설계와 감독의 책임을 전적으로 샘에게 넘겨줬고 그 결과물에 흡족했었다. 게리는 자신의 집을 설계할 권리를 샘이 직접 얻었다고 보았다. 2014년 말, 시공이 순조롭게 진행 중이었다. 게리는 서서히 드러나는 집의 모습에 유난히 기뻐했고, 그렇게 탄생한 새집을 팔겠다는 생각은 고이 접어 뒀다.

반세기 가까이 사무소를 운영하며 게리는 거의 아무것도 버리

---

[*] 2000년 이후, 서펜타인 갤러리는 이전까지 영국에 공공건물을 지어 본 적 없는 건축가들에게 여름철 임시 파빌리온을 지어 달라고 의뢰해 왔다. 서펜타인 파빌리온을 설계한 건축가 중에는 헤어초크 앤드 드뫼롱, 대니얼 리버스킨드, 렘 콜하스, 이토 도요Ito Toyo, 피터 줌터Peter Zumthor, 알바루 시자, 에두아르도 소투 드모라Eduardo Souto de Moura와 같은 이들이 있다.

지 않은 바람에 엄청난 양의 기록물이 쌓였다. 업무 관련 기록으로 가득 찬 상자가 수백 개에 달했다. 오래된 메모장, 초대장, 청탁서, 달력, 편지, 전화 기록부 등 게리 비서의 책상을 거쳤던 종이란 종이는 모두 고이 잠들어 있었다. 개중에는 건축가 라파엘 비뇰리Rafael Viñoly가 2000년에 빌바오 구겐하임 미술관을 처음 방문한 뒤 게리에게 보낸 자필 편지도 있었다. 비뇰리는 이렇게 썼다. "제 평생 그토록 힘차고, 명민하고, 포용력 있는 건물은 본 적이 없습니다. 당신 덕에 제 인생이 한결 나아졌습니다." 이 편지를 보고 게리는 "재능 넘치는 동료에게 이런 편지를 받게 되어 기쁘다"고 말했다. 그만한 찬사가 담긴 다른 편지는 거의 없었다. 시계 회사 파슬Fossil 측에서 보낸 잔뜩 화가 난 편지도 있었다. 그들은 게리에게 시계 디자인을 부탁했었는데, 예비 스케치를 본 뒤 충격을 받고 프로젝트를 진행하지 않기로 마음을 바꿨다며 편지를 보냈다. "당신은 전 세계적으로 유명한 아이콘을 탄생시켰을지도 모르는 기회를 놓친 겁니다. (…) 스페인에 당신이 지은 건물이 아무리 유명하다고 한들, 아르마니Armani나 랠프 로런Ralph Lauren의 자리를 대체하지는 못할 겁니다." 기록물에는 이란-콘트라 청문회 때 수석자문 위원이었던 아서 리먼Arthur Liman이 1987년에 보낸 편지도 있었다. 또한 이란에 불법적으로 무기를 팔아 그 수익으로 니카라과의 반군을 지원하는 계획을 옹호한 올리버 노스Oliver North의 증언에 항의하기 위한 글을 써 준 게리에게 감사한다는 내용을 담은 캘리포니아 의원 멜 레빈Mel Levine의 편지도 있었다. 베르타의 고향이 파나마였기에 게리와 베르타는 이 정치적 문제를 특히 더 중요하게 들여다봤다.

정치에서 멀찌감치 떨어져 있는 게리의 기록물 중에는 1970년대 초, 친구인 에드 루샤에게 일부 영감을 받은 게리가 로스앤젤레스의 산업용 건물을 담은 놀라운 사진들도 있었다. 주로 받은 영향력을 곧장 건축물에 녹여 내는 게리의 익숙한 습관과 달리, 채유탑, 공장, 야적장, 창고 등의 사진은 게리가 영향을 받은 대상을 기록으로 남겨 둔 희귀한 경우였다. 게리는 2005년에 열린 배니티 페어 오스카 파티에 참석하라는 그레이든 카터Graydon Carter의 초대장도 보관하고 있었다. 또한 게리가 〈심슨 가족〉에 '잠깐 등장'한 것으로 2005년에는 1,825달러를, 2007년에는 34.22달러를 벌어들였고, 미국배우조합의 회원 자격도 얻었다는 내용으로 미국배우조합에서 발행한 서류도 그대로였다. 1999년에 미국건축가협회의 최고 영예인 골드 메달을 수상한 게리가 2000년에는 그레이브스에게 수여하기를 촉구하며 협회 측에 쓴 편지도 있었다. 이처럼 게리는 필립 존슨처럼 주로 동료들을 지지하며 직접 행동에 나서기도 하면서 스스로 대부 역할을 한다고 생각했다. 한번은 영국의 개발자 피터 팔룸보Peter Palumbo가 건축가 제임스 스털링과 함께 런던에 포스트모던 사무실 건물인 No.1 폴트리No.1 Paultry를 지으려 하는데 논란이 많다며, 게리에게 프로젝트를 지지하는 글을 써 달라고 부탁한 적도 있었다. 하지만 이때 게리는 그 요청을 거절하는 편지를 쓰며 동료애를 저버리기도 했다. "저는 설득력 있는 의견을 낼 자신이 없습니다." 의리보다 진솔함을 선택한 게리가 팔룸보에게 이렇게 고백했다. "저는 미래를 다루기 위해 현재가 과거로 퇴행해야 한다는 포스트모던의 그 생각이 못 미덥습니다. 이는 제 사견일 뿐이나 제게는 본능과도 같은 것입니다."

게리는 수백 쪽에 달하는 전화 기록도 간직하고 있었다. 예를 들면, 2004년 4월 오후에 엘리 브로드, 브래드 피트, 마샬 로즈, 마이클 말찬, 건축 비평가 세 명, 미술관장, 의사에게 걸려 온 전화 기록과 더불어, 돈을 빌리는 전화 같은 기록들이었다. 1984년 7월 21일, 게리가 오랜 친구 리처드 솔 워먼에게 쓴 편지도 그대로였다. 곧 여행을 떠날 예정이라며 로스앤젤레스에서 게리가 가장 좋아하는 것들을 알려 달라는 워먼의 부탁을 게리가 거절하는 내용이었다. 편지의 전체 내용은 이랬다. "너도 알다시피 나는 온종일 일만 해. 사무실에 와서 일하고, 집으로 돌아가 가족들과 시간을 보내지. 그게 내가 하는 일의 전부이자 내가 좋아하는 전부야. 나는 일 중독자야. 내가 나를 파괴하기 전에 날 구해 줘."

2000년 7월에는 매사추세츠 케임브리지의 가정법원 판사인 베벌리 웨인저 부어스타인Beverly Weinger Boorstein이 게리에게 편지를 보냈다. 그녀는 게리에게 카운티에 새로 지을 법원의 건축가가 되어 달라고 부탁했다. "당신은 아직 '정의의 전당'을 지어 본 적 없는 것 같군요. 미국 법원의 디자인을 재고하는 데 매사추세츠가 앞장서는 것만큼이나 흥미로운 일은 없을 겁니다." 이에 게리가 답했다. "제 어머니가 살아 계셨다면 이 편지를 보여드렸을 텐데요. 법에 관심이 많으셨던 분이라 저를 무척이나 자랑스러워하셨을 겁니다. 어쨌건 문의해 주셔서 감사합니다. 당신의 말씀이 정확합니다. 우리는 이제껏 정의의 전당을 지어 본 적이 없습니다. 왜냐하면 그런 일을 다루는 관료 체계는 저 같은 사람들을 두려워하니까요."

이보다 더 중요한 도면이나 서류, 프로젝트 디자인 관련 모형들도 그대로였다. 프로젝트마다 크기와 규모가 제각각인 십수 개의 모형이 있었고, 그런 프로젝트가 총 수백 가지는 됐다. 오래된 도면이나 서류는 이론상 디지털화가 가능하고, 최근 것들은 애초에 디지털 형식으로 생성됐다. 건축 모형도 3D 프린팅 기술이라는 디지털 체제로 만들긴 했지만, 그 자체는 물리적 공간을 잡아먹는 물체였다. 그러니 모형만 보관해도 엄청난 짐이었다. 이미 오래전부터 사무소의 기록물 저장 공간은 가득 찬 상태였다.

2014년, 게리는 1년에 백만 달러가 조금 안 되는 비용을 들여 각기 다른 세 곳에 창고를 대여했다. 기록물 보관에 나가는 회사의 간접비만 해도 엄청난 액수였다. 하지만 그 비용이 가져오는 이익은 별로 없었다. 왜냐하면 기록물을 분류하거나 정리한 적이 한 번도 없었기 때문이다. 때때로 게리 회사의 작업을 기록하려는 학자들이 들춰 보긴 했다. 1980년대에 워커 아트센터에서 전시회를 기획했고, 2001년의 더 큰 전시회를 기획한 초대 큐레이터로서 게리의 작품으로 뉴욕 구겐하임 미술관을 가득 메운 밀드러드 프리드먼이 이 기록물의 도움을 받았다.[*] 2014년, 루이뷔통

---

[*] 워커 아트 센터에서 개최됐던 전시회와 마찬가지로, 게리의 사무소가 설치한 뉴욕 구겐하임 전시회는 당시 시점까지 게리 회사가 해 온 작업을 가장 진지하고도 포괄적으로 톺아본 시도였다. 그 전시는 뉴욕 구겐하임 미술관의 최고 관람객 수를 갱신하기도 했다. 건축 모형과 도면을 한자

재단 미술관이 개관하던 때에 맞춰 게리의 커리어를 종합적으로 돌아보는 회고전을 파리 퐁피두 센터에서 개최한 프레데리크 미게루도 마찬가지다. 두 큐레이터를 포함한 많은 연구자가 이 오래된 자료들을 뒤적거렸고, 그 과정에서 여기저기 널브러져 있던 기록물들은 어느 정도 모양새를 갖췄다. 이 기록물의 도움을 받아 탄생한 게리의 작품에 관한 서적이나 전시회, 카탈로그를 보자면 그만큼 엄청난 자료를 이제껏 껴안고 있던 게리가 그저 미련하기만 했던 것은 아니라는 사실을 알 수 있다. 하지만 게리는 얼마나 더 오래 기록물을 보관할 수 있을지 장담할 수 없었다. 특히 사무소의 활동이 무척 활발했기에 자료의 양은 계속해서 늘어날 게 뻔했다. 한 달이 지날 때마다 창고 대여금이 청구됐을 뿐만 아니라, 보관해야 할 기록물도 더 늘어 갔다.

게리는 방대한 자료의 양을 줄이려고 시도하기도 했으나, 그러다가 문제가 더 늘어난 적도 있었다. 아부다비 구겐하임 미술관 프로젝트가 더는 진척되지 않으리라는 확신이 들자, 게리는 거대한 인테리어 모형을 폐기하라고 지시했다. 지어질 리 만무한 건

<hr />

리에 모았다는 점뿐만 아니라, 설치 측면에서도 주목할 만한 전시였다. 게리는 거대한 알루미늄 그물망을 구겐하임 미술관 꼭대기 돔에 있는 천창에서부터 프랭크 로이드 라이트 건물의 원형 경사로까지 늘어뜨린 채 매달아 게리의 초기작에 쓰였던 체인 링크를 연상케 했다. 전시회에 얽힌 사소한 역사적 사실 중 하나는 전시회의 주 후원사가 엔론Enron이었다는 것이다. 엔론은 전시회가 끝나고 몇 달 뒤, 대형 분식회계 사건으로 파산했다. 구겐하임이 발표한 보도자료에 따르면, 엔론의 최고 경영자인 제프 스킬링Jeff Skilling이 "혁신적 산물"을 향한 게리의 헌신을 "기존의 사업 관행에 매일같이 질문을 던지는 엔론의 태도"와 같다고 칭송하며, "우리는 프랭크 게리의 천재성을 내보이는 데 일조하게 되어 무척 기쁘다"라고 말했다. 엔론의 "혁신적 산물"은 알고 보니 불법적 회계 조작이었고, 스킬링은 중범죄로 연방 교도소에 보내졌기에 게리의 창의력에서 영감을 얻었다는 스킬링의 말은 게리에게 전혀 도움이 되지 않았다.

물의 덩치 큰 모형이 저장 공간을 잡아먹게 내버려 둘 이유가 없다고 판단했기 때문이다. 그 모형을 버린 뒤 오래지 않아, 잠들어 있던 프로젝트가 소생할 조짐이 보이기 시작했다. 프로젝트가 실제로 더 진행된다면 사무소는 같은 모형을 만드는 데 시간과 비용을 또 들여야만 했다.

수년간 게리는 큐레이터, 미술관장, 대학, 경매 회사, 잠재적 후원자들과 함께 기록물의 향방에 관한 모든 가능성을 논의했다. 보물 같은 게리의 자료들을 맡는 데 관심을 보인 대학도 있었다. 하지만 기록물 보관을 지원해야 한다고 생각하지 않는 게리의 태도와 기록물 자체의 어마어마한 양 때문에 무산됐다. 게리는 기록물을 개별적으로 판매하는 것도 고려해 봤으나, 그러면 시장에 물건이 넘쳐서 가치가 확 떨어질 것 같았다. 금전적 가치의 문제만이 아니었다. 프로젝트의 매 과정에서 만든 다양한 건축 모형이 각기 다른 사람의 손에 들어간다면, 프로젝트의 발전 과정을 추적하기가 불가능해져 기록물의 학문적 가치도 떨어질 것이다. 간단한 판지 모형들은 하나의 세트에 포함되어 있을 때 빛을 발했다. 초기 콘셉트부터 최종 설계까지 게리의 아이디어가 어떻게 발전했는지 보여 줄 수 있기 때문이다. 하지만 그 과정을 보여 주기에는 너무 많은 공간이 필요했다. 2001년 구겐하임과 2014년 퐁피두 센터에서 열렸던 대형 회고전을 포함해 게리 작품의 전시회를 개최한 미술관 대부분이 프로젝트마다 건축 모형의 발전 과정 전체를 단계별로 전시하지 않고, 하나의 모형만 전시한 이유기도 했다. 2015년 말, 퐁피두 센터의 전시회를 로스앤젤레스 카운티 미술관에서 다시 개최하려 했을 때, 게리는 몇몇 프로젝트의 전체 과정을 보여 주기 위해 공간을 조금 더 확보해 달라고 미술관 측을 설득하기도 했다. 하지만 그마저도 산더미 같은 기록물의 한 조각에 불과했다.

어떻게 보면 기록물 중에서도 너무 커서 창고에 묵혀 둘 수조차 없는 것이 있다. 바로 샌타모니카 22번가의 '게리 하우스'다. 게리와 베르타가 애들레이드의 새집으로 이사하건, 22번가에 머물건 간에 낡은 집은 언젠가 처분해야만 했다. 게리는 그 집에 거주할 구매자를 찾는다고 하더라도 그 집을 넘기는 게 싫었고, 바람직하다고 생각지도 않았다. 게리 하우스는 모든 면에서 게리 그 자체였고, 그 집을 신봉하는 자라고 하더라도 사실 게리가 아닌 다른 누군가 그 집에서 산다는 게 상상이 되지 않았다. 게리의 두 아들이 그 집에 깊은 애착을 지니고 있긴 했지만, 두 사람 모두 유년기를 보냈던 집을 자기가 돌보겠다고 나설 마음은 없었다. 둘 다자기만의 공간에서 살고 싶어 했기 때문이다. 22번가 집을 박물관으로 개조하기에는 비용도 많이 들고, 손도 많이 갈 터였다. 상자에 담긴 도면이나 선반에 놓인 건축 모형과 달리, 실제 주택을 보존하려면 엄청난 돈과 시간이 필요했다.

근 몇 년간, 게리의 친구 여럿이 문제 해결을 도와주려고 힘썼다. 리처드 코샬렉은 2008년, 그 집을 박물관 겸 연구 센터로 개조하기 위한 계획을 세웠다. 그는 게티 트러스트Getty Trust의 자금을 받아 게리의 건축 모형을 사들이는 방안을 제안했다. 코샬렉의 계획대로 진행한다면 게리는 자신의 도면을 기부하고, 로스앤젤레스 현대미술관 측은 2009년에 게리의 80번째 생일 파티가 열렸던 게펜 컨템퍼러리에 컬렉션을 보관할 생각이었다. 샌타모니카의 게리 하우스도 보존해 대중에게 공개하는 것이 계획의 한 부분이었다.

보스턴에 건물을 설계해 달라고 1985년에 게리를 고용했던 부동산 개발자 리처드 코언은 자기 소유의 인랜드 스틸 빌딩에 게리 박물관을 만들겠다는 생각을 떠올렸다.* 그 빌딩은 1957년에 스키드모어, 오윙스 앤드 메릴이 지어 올린 시카고의 유명 고층 건물이었다. 게리는 특히 그 건물을 좋아했다. 그는 건물의 소유주였던 시카고 투자자들을 도운 대가로 2004년부터 건물 지분을 조금 갖고 있었다. 그 투자자들은 게리와의 우정을 새로이 쌓고 싶어 하는 코언에게 건물을 팔았고, 그는 게리의 지분을 조금 늘리며 건물 내 은행이 있던 자리에 게리 박물관이 들어서면 좋을 것 같다고 말했다. 끝내 아무런 결실도 보지 못했지만, 잘된 일이었을지도 모른다. 왜냐하면 로스앤젤레스도 아닌 다른 도시에 다른 건축가가 지은 유명 건물에 게리의 기록물을 보관해야 할 이유를 논리적으로 납득하기 어려웠기 때문이다. 그래도 게리는 코언이 인랜드 스틸 빌딩을 개조할 때, 유리로 만든 로비 접수처를 설계해 줬다. 게리는 가장 훌륭한 모더니즘 랜드마크 중 하나라고 믿는 건물에 조금이나마 지분을 갖고 있다는 사실에 계속해서 자부심을 지녔다.

• 자세한 내용은 12장을 참고하라.

시카고에 아담한 박물관을 짓겠다는 생각은 제쳐 두고, 리처드 코언은 게리에게 기록물을 처리할 다른 방법을 함께 찾아봐 주겠다고 말했다. 그는 자기 회사가 로스앤젤레스에 창고를 사들여 당시 게리가 자료를 보관하고 있던 상업 창고보다 훨씬 실속 있는 보관처를 제공해 주겠다고 제안했다. 그때 리처드 코샬렉은 워싱턴의 허시혼 미술관Hirshhorn Museum 관장직을 막 내려놓은 상태였다. 게리는 기록물에 얽힌 어려움을 코샬렉이 잘 알고 있으니, 코샬렉을 고용해 계획을 세워 보는 게 어떻겠냐고 코언에게 말했다. 게리는 두 사람이 서로에게 도움이 될 수 있다고 생각해 둘 사이의 가교 역할을 하고 싶었다.

하지만 이마저도 잘 풀리지 않았다. 코샬렉이 게리의 또 다른 친구 리처드 와인스타인을 끌어들였기 때문이다. 게다가 두 사람은 코언이 원했던 것처럼 게리의 자료를 새 창고 공간에서 분류하고 보관할 단순한 계획을 준비한 게 아니라, 더 정교하고 완전한 프랭크 게리 박물관 설계를 준비해 왔다. 이는 코언이 생각했던 게 아니었다. 코언은 코샬렉을 해고했고, 그 바람에 게리는 두 친구의 싸움에 어정쩡하게 끼게 됐다. 수년 전, 박물관장이었던 토머스 크렌스에게 재력을 지닌 피터 루이스가 해답이 되었으면 하는 마음에 둘을 소개해 줬다가 씁쓸한 뒷맛만 남겼던 그때와 비슷한 상황이었다.* 루이스와 크렌스의 관계는 그래도 몇 년간은 유지됐었다. 하지만 코언과 코샬렉의 관계는 기껏해야

---

* 자세한 내용은 14장을 참고하라.

몇 달이었다.

게리는 이 문제로 그 어떤 친구도 잃고 싶지 않았다. 그는 코샬렉, 와인스타인과 함께 조심스레 균열을 이어 붙이려 노력했다. 게리는 그들에게 이 문제가 코언과의 사업상의 분쟁일 뿐이지, 게리와 그들의 우정에는 아무런 영향을 미치지 않는다고 강조했다. 코언은 변덕스럽긴 하지만 게리와 평생 의리를 지켰다. 그는 클라이언트라기보다는 게리의 후원자이자 팬이자 친구에 더 가까웠다. 배 타는 걸 무척 즐겼던 코언은 메인주의 조선소에서 제작될 요트를 디자인해 달라고 게리에게 부탁했다. 코언은 어떤 때는 똑같은 배를 두 개 만들어 하나는 동부 해안에서 자신이 사용하고, 다른 하나는 게리가 로스앤젤레스에 정박해 두도록 할 생각이라고 했다가, 다른 때는 유일무이한 디자인의 배를 하나 만들어 동부에서 항해를 즐긴 뒤, 파나마 운하를 통해 로스앤젤레스로 들어오겠다고 말하기도 했다. 그는 게리의 요트 이름을 따라서 자기 배도 '포기'라고 부르고 싶었다. 그 배는 2015년에 건조됐지만, 그 배를 어떻게 관리할지에 관한 장기적 계획은 여전히 없는 채였다. 그래도 그는 게리가 종종 탈 수 있도록 게리가 회원이었던 캘리포니아 요트 클럽에 배를 정박해 둘 생각이 있다고 말하기도 했다.

코언은 계속해서 게리의 기록물 보관과 관련한 문제를 함께 해결하려 애썼다. 2014년 말, 게리는 줄곧 창고 대여료를 대고 있던 게리 파트너스의 짐을 덜어 주기 위해 로스앤젤레스 다운타운에 있는 창고 하나를 사서 거대한 저장 시설로 사용할까 생각하고 있었다. 하지만 여전히 게리의 기록물에 관심을 보이는 기관들이 남아 있었다. 피터 아이젠먼을 포함한 다수 건축가의 기록물을 소장하고 있던 캐나다 건축 센터Canadian Centre for Architecture의 설립자 필리스 램버트Phyllis Lambert가 2014년에 게리를 만나러 왔다. 그는 게리가 캐나다 출생이니 몬트리올에 게리의 기록물 일부를 보관하는 게 어떨지 물어왔다. 또한 게티 트러스트도 기록물 일부를 사들이겠다고 제안했었다. 완벽한 계획은 아닐지라도 최소한의 협상의 여지는 있는 계획이었다. 샌타모니카 바로 근처인 브렌트우드에 자리 잡은 게티 캠퍼스에 기록물이 보관될 가능성도 있었다. 게리는 보관 비용이 새어 나가고, 손쉬운 해결책이 보이지 않는 고통스러운 상황과 여러 명이 구애해 오는 기쁜 상황 사이에 놓여 있었다.

에드윈 찬의 부재를 틈타 샘 게리의 책임은 갈수록 막중해졌다. 이제 게리는 사무실의 미래를 고민하지 않으면 안 되었다. 회사의 초창기 시절부터 쭉 남아 있던 고참 설계 파트너는 크레이그 웨브밖에 없었다. 하지만 데이비드 남, 아난드 데바라잔, 존 바워스 같은 여러 젊은 건축가들의 어깨도 무거워지고 있었고, 브라이언 아모스Brian Aamoth, 래리 타이Larry Tighe도 프로젝트 관리에 어지간한 자신감이 붙은 모양이었다. 게리는 때때로 이들에 대한 불만을 늘어놓기도 했지만, 이들 모두를 진심으로 좋아했고 그들의 작업을 존중했다. 게리의 불만은 나이를 먹을수록 덩달아 늘어나는 조바심과 짜증에 더 가까워 보였다. 80대 중반에 접어든 게리는 그 어느 때보다 더 예민했고 더 빨리 지쳤다. 에드윈 찬을 보내고 난 후로, 게리는 이제 다른 누구를 자식처럼 대하는 것을 경계했다.

하지만 여전히 게리의 마음속 한구석을 차지하고 있는 건축가가 두 명 있었다. 한 명은 물론 그의 아들 샘이었다. 처음에 게리는 샘의 성장을 회의적인 시선으로 지켜봤지만, 나중에는 크게 기뻐했다. 샘은 절제할 줄 알고 차분했고 회사를 물려받을 내정자로 보이지 않도록 언행을 조심했다. 샘은 게리의 불안은 빼고 온화한 성품만 그대로 물려받은 것 같은 인상을 주었다. 게리가 점찍어 둔 다른 한 명은 메건 로이드였다. 게리는 그녀라면 어떤 회사라도 운영할 수 있다고 믿었다. 로이드는 게리의 참모이자 게리 테크놀로지의 수장으로 활동했기에 예일대학교에서 갈고닦은 설계 기술을 제대로 발휘할 기회는 별로 많지 않았지만, 로이드가 경영자 중 한 명이 된다면 그 설계 기술은 더욱더 가치를 발할 터였다.

게리는 시니어 건축가들에게 '파트너'라는 지위를 부여했지만, 짐 글림프나 랜디 제퍼슨에게 그랬던 것과 달리 회사 지분을 나눠 주지는 않았다. 게리가 지목한 대로 베르타가 회사를 상속받으면 샘도 사실상 지분을 갖게 될 것이다. 게리는 파트너들과 회사의 미래를 논하는 자리를 수차례 마련했지만, 항상 이렇다 할 결론을 내리지 못했다. "우리가 내린 결론은 그저 함께 일하는 게 좋다는 것뿐이었어요." 샘 게리가 말했다.

사실 게리는 회사의 미래에 관한 결정을 내리지 않고 계속해서 논의하는 걸 즐겼다. 여기서 한 가지 결정을 내린다면, 다른 선택지들은 영영 사라지는데 이는 게리가 무척 싫어하는 상황일 뿐만 아니라, 매일같이 일하고 전 세계를 돌아다니느라 바빴던 게리 자신의 일정이 이제 끝난다는 뜻이기 때문이었다. 게리는 80대 중반에 들어선 사람치고 건강 상태가 매우 양호했기에 괜히 결정을 내려서 긁어 부스럼을 만들 때가 아니었다.

2014년 초, 크레이그 웨브가 게리에게 한 가지 의견을 제안했다. 투자자 그룹을 꾸려서 게리 파트너스를 3천만 달러에 팔자는 생각이었다. 한때 게리도 회사를 다른 대기업에 매각할까 고민한 적이 몇 번 있었다. 최근에는 옴니콤Omnicom이라는 지주회사가 물망에 올랐었다. 옴니콤은 광고 회사와 통신 회사를 여러 개 소유했다. 그중에는 샤이엇데이도 있었고, 약 30년 전 게리에 관한 첫 번째 연구서를 작업한 이후로 게리의 인생에서 드문드문 존재감을 드러내 온 피터 아넬이 운영하던 브랜딩 회사 아넬Arnell도 있었다. 2000년대 중반, 게리의 회사 경영 문제에 관해 조언해 주곤 했던 아넬은 "게리는 브랜딩의 제왕 같았다"고 말했다. 아넬이 생각하기에 기업들은 앞으로 점점 더 실제 세계의 건축물과 기업의 이미지를 연관 지으려 할 텐데, 이를 게리보다 잘할 사람은 없었다. "게리는 타고났어요. 그는 가구 디자인, 산업 디자인을 하고 있었어요. 전 세계의 기업들을 소개받았을 겁니다." 거래가 성사된다면 옴니콤은 게리에게 기업체 클라이언트를 꾸준히 소개해 줄 수 있었고, 아넬의 말을 빌리자면, 옴니콤의 포트폴리오에 "우리 시대의 가장 위대한 창의력"을 추가할 수도 있었을 것이다.

게리가 보기에 옴니콤에 회사를 팔면 회사의 통제권을 잃지 않으면서도 가족들에게 엄청난 재산을 남겨 줄 수 있을 것 같았다. 옴니콤의 최고 경영자인 존 렌John Wren과 게리는 실제로 잘 어울려 지냈지만, 옴니콤은 자신의 사업과 게리의 회사가 너무 다르다는 것을 깨달았고, 건축을 어떤 경제적 지표로 측정해야 할지도 불명확하며, 건축 회사에 얽힌 법적 책임 문제도 걱정스러웠기에 거래하지 않기로 정했다. 이 또한 외려 잘된 일이었다. 게리. 파트너스가 대기업의 방계 회사가 된다는 생각은 이제껏 게리가 추구해 온 모든 가치와 맞지 않아 보였다. 피터 아넬과 친구 사이가 아니었거나, 게리가 친구와 사업을 함께하고 싶어 하는 성격이 아니었다면 진지하게 고려조차 되지 않았을 거래였다. 옴니콤과의 거래가 성사됐다면, 은행 계좌에 돈이 얼마가 꽂히건 간에 게리는 원래 방식대로 회사를 운영하지 못하거나, 이사진에게 보고를 올릴 때마다 언짢았을 것이다. 게다가 옴니콤은 광고나 통신 분야 외에서 창의적인 인재를 지원해 본 적이 없었다.* 건축업은 일반적인 사업이 아닌 데다, 게리 파트너스는 일반적인 건축 회사도 아니었다.

  크레이그 웨브의 제안은 달랐다. 그는 게리가 키워 온 다음 세대 건축가들에게 회사의 통제권을 넘겨주겠다고 했다. 게리는 거절했다. 게리는 돈이 필요하지 않았을뿐더러 평가액도 너무 낮았

---

* 광고계에서도 항상 창의적인 인물을 지원했던 것은 아니었다. 2011년, 옴니콤은 피터 아넬을 해고했고, 2년 뒤 아넬 그룹의 사업을 모두 철수시켰다.

다. 옴니콤과 논의했던 금액의 20퍼센트 정도밖에 되지 않았다. 그러다 문득, 게리는 꼭 최종 결정을 내려야만 하는 건 아니라는 생각이 들었다. 데이비드 남이 말했다. "프랭크 게리 없이는 프랭크 게리 회사도 존재하지 않는다는 데에 우리는 모두 동의했습니다. 게리가 곧 이 사무소입니다." 즉, 게리가 없다면 예전과 같은 사무소가 아니라는 뜻이었다. 게리가 없다고 해도 이 사무소는 여전히 재능 있는 건축가들이 함께 일하는 곳일 테지만, 다른 이름을 내걸고 지금과는 다른 일을 하는 곳일 수밖에 없었다.

데이비드 남이 떠올린 한 가지 시나리오는 에로 사리넨의 전철을 밟는 것이었다. 사리넨은 게리처럼 평단에서 중요한 작업을 하는 건축가로 인정받는 동시에 대중적인 성공도 거머쥔, 미국 모던 건축사에 몇 없는 인물이었다. 그는 1961년에 돌연 사망했지만, 그의 회사는 파트너들의 지휘하에 계속해서 두드러지는 작업물을 만들어 냈다. 사리넨은 직접 설계하지 않은 건축물에 자기 이름이 따라붙는 걸 원치 않았기에 파트너들은 사무실을 케빈 로시, 존 딩켈루 앤드 어소시에이츠Kevin Roche, John Dinkeloo & Associates로 재편했다. 승계에 관한 모든 것이 아직 두루뭉술했던 때까지만 해도 게리는 미래의 회사에 자신의 이름을 넣고 싶은지 아직 마음을 정하지 못했었다. 하지만 사리넨이 그러했듯 게리가 강렬하게 느낀 바는 그의 동료들이 함께 일하고, 후대 건축가들이 각자 자신이 정한 역할을 담당해야만 한다는 것이었다. 게리는 새로운 업무 수행에 대한 젊은 파트너들의 책임을 계속해서 늘려 가야겠다고 생각했다. 당시 게리 파트너스가 맡고 있던 공익 프로젝트 중에는 와츠에 폭력 피해 아동을 위한 쉼터를 짓는 일이 있었는데, 게리는 샘이 그 프로젝트의 발표를 잘 마무리해서 무척 뿌듯해했다. 또한 선셋 대로에 새 복합용도 건물을 짓는 프로젝트에서 데바라잔이 클라이언트와 함께 작업하는 방식도 마음에 들었다. 하지만 게리는 물러날 마음이 없었기에 젊은 직원 중 한 명을 리더로 임명하거나 향후 회사의 구조를 미리 규정 짓는다면 커다란 실수가 되리라 생각했다. 모두가 서로에게 헌신해 온 좋은 사람들이었다. 어쩐지 게리의 마음에는 그들이 함께 힘을 모아 앞길을 잘 헤쳐 나가리라는 확신이 샘솟았다.

21
파리에서 과거를 살피고
미래를 내다보기

루이뷔통 재단 미술관은 2014년 가을에 완공됐고, 프랑스의 대형 문화기관에 걸맞은 광경과 새로이 선보이는 유행의 화려함을 모두 갖춘 모습으로 10월에 개관했다. 그 건물이 불로뉴 숲에 적절하냐 마냐 하는 논쟁은 완전히는 아니지만 대개 잊혔다. 하지만 그 프로젝트가 얼마나 많은 문화적 이익을 가져다주느냐와 무관하게, LVMH가 거대하고 반짝이는 유명 LV 모노그램을 정문 위에 보석 장식처럼 얹어 놓겠다고 결정하는 바람에 그 건물이 상업적 후원을 받은 사업임이 새삼스레 다시 분명히 드러났다. 모노그램을 비판하는 비평가들처럼 게리 또한 그저 그 결정을 안고 가는 수밖에 없었다. 그래도 그 반짝거리는 모노그램이 건축물의 위세에 영향을 미치지 않았다는 점은 좋은 소식이었다. 지지용 철제 트러스가 벽에 맞닿는 부분의 내부 벽이 조금 이상해서 그 부분을 손보는 등의 사소한 수정을 제외하면 건축물 설계 자체는 별다른 타협 없이 진행됐다. 미술관 건물에 대한 비판이 있다면, 그건 갤러리 주위의 여러 테라스와 루프 데크로 이어지는 동선이 조금 헷갈릴 수 있다는 점이었다. 하지만 이는 미로에서 길을 잃은 듯한 불안감을 유발하는 느낌이 아니라, 다른 멋진 공간이나 전망을 볼 수 있는 플랫폼으로 이동하고 싶을 때, 어느 길로 가야할지 명확히 알 수 없다는 가벼운 혼란이었다. 계단, 에스컬레이터, 엘리베이터가 꽁꽁 감춰져 있는 구조는 아니었다.

게리는 파리에서 일주일을 보냈고 개관식에서 국빈 대접을 받았다. 게리와 베르타, 샘과 그의 부인 조이스, 알레호와 그의 부인 캐리, 게리의 여동생 도린, 메건 로이드, 래리 루보와 그의 부인, 래리 필드와 그의 딸을 포함한 게리의 측근들은 모두 조지 V 호텔에 머물렀다. 게리가 종종 로비에서 기자들과 인터뷰하며 얘기를 나누던 곳이었다. 게리는 파리 일정을 시작하며 우선 기자 회견을 개최하고 미술관을 둘러본 뒤, 비공식 인터뷰를 여러 차례 진행했다. 젊은 사람도 지칠 만한 일정이었다. 하지만 이번에 게리는 평소보다 훨씬 깊은 인내심을 발휘했고, 불쑥 튀어나오곤 했던 짜증도 부리지 않았다. 점잖고 겸손한 태도로 기자들의 환심을 사며 언론을 능숙하게 다뤘던 왕년의 게리가 엿보이는 모습이었다. 파리에서 게리는 활력이 넘쳤고, 그가 원하던 인정도 받고 있었다. 조지 V 호텔 로비에서 인터뷰를 진행하고 있던 게리가 지인과 함께 가수 퍼렐 윌리엄스Pharrell Williams가 걸어가는 모습을 발견하곤 인터뷰를 잠시 중단했을 때, 수십 년 전 친구들이 그토록 놀렸던 유명인에 끌리는 게리의 모습이 또 튀어나온 것 같았다. "안녕하세요, 퍼렐 씨." 게리가 자리에서 벌떡 일어나 인사를 건넸다. "프랭크 게리 씨." 하루 전, 루이뷔통 재단 미술관을 개인적으로 둘러봤던 퍼렐은 오히려 자신이 유명인을 만난 듯 행동했다. 퍼렐이 말했다. "당신의 건물은 정말 놀랍던데요. 건물 안을 걷다 보니 마치 당신의 마음속을 걸어 다니는 것 같았습니다."

미술관의 정식 개관일은 월요일 밤이었다. 하지만 그 전에 게리를 위해 준비된 특별 이벤트들이 있었다. 미술관이 완공된 때에 맞춰 퐁피두 센터에서 게리의 회고전을 크게 개최하고 있었는데, 토요일 아침에 베르나르 아르노가 게리에게 그 전시회를 함께 보러 가자고 얘기했다. 게리는 그 자리가 무척 불편했다. 아르노 때문이 아니라, 그 시점에 과거에 진행했던 프로젝트들을 돌아보고 싶지는 않았기 때문이다. 특히 이러저러한 이유로 완성되지 못한 프로젝트를 회고하는 건 더욱더 괴로웠다. 파리에서의 성취로 느끼는 게리의 행복이 얼마나 확실하건 간에, 과거를 돌아보는 데서 오는 불안감을 극복할 만큼 강렬하지는 않았다. "과거에 제가 한 일을 들여다보니 까무러칠 것 같았습니다. 예전의 상처들이 다시 떠올라서요. 이걸 안 한 이유와 저걸 안 한 이유가 자꾸 떠올라서 만감이 교차하더군요." 게리는 예전의 프로젝트에서 받았던 모욕감을 다시 떠올리며 곱씹기도 했다.

그날 저녁, 아르노와 그의 가족은 루이뷔통 재단 미술관에 있는 레스토랑에서 자그마한 식사 자리를 마련했다. 개관식 전에 가족들과 함께 셰프의 음식을 점검하기 위해서였다. 게리도 내빈

2014년 10월 20일, 루이뷔통 재단 미술관의 준공식에 참석한 베르나르 아르노, 프랭크 게리, 프랑스 대통령 프랑수아 올랑드François Hollande

으로 자리했고, 배우 캐서린 키너Catherine Keener와 게리의 변호사인 퍼트리샤 글레이저를 포함해 함께 게리를 축하하기 위해 파리까지 와 준 친구들도 몇몇 동행했다. 총 열다섯 명이 참석했고, 저녁 시간 앞뒤로 그들은 텅 빈 건물을 걸어 다니며 사진을 찍었다. 아르노조차 관광객처럼 핸드폰으로 건물 사진을 찍고, 아들들에게 건물 앞에서 게리와 함께 포즈를 취해 보라고 주문하기도 했다. 그들은 미술관 내부 상점에 들어가 게리가 루이뷔통을 위해 디자인한 뒤틀린 육면체 모양의 3,775달러짜리 가방을 구경했다.* 그런 뒤 그들은 그 미술관에 관한 전시회가 준비된 갤러리를 둘러봤다. 퐁피두 센터의 대형 전시회와 협력해 프레데리크 미게루가 큐레이팅한 것이었다. 미게루는 게리의 바람대로 루이뷔통 재단 미술관 디자인의 진화 과정을 보이기 위해 여러 개의 건축 모형을 전시했다. 이는 퐁피두의 제한적인 공간에서는 꿈도 못 꿀 호사였다.

다음 날 저녁, 래리 루보는 게리네 가족과 음악가 허비 행콕Herbie Hancock을 포함한 몇몇 손님을 샹젤리제의 '라틀리에 드조엘 로브숑L'Atelier de Joël Robuchon'으로 초대해 식사를 대접했다. 공들인 시식회 같은 그 저녁 식사 자리는 여덟 시 반부터 자정까지 계속 이어졌다. 다음 날, 게리와 베르타는 미술관 개관식을 축하하러

---

* 게리는 새 건물을 기념하기 위해 미술관 상점 창문에 달 금속 리본과 이 가방을 디자인했다. LVMH는 유명한 LV 로고를 사용한 새로운 물건을 만들어 달라고 여러 디자이너에게 의뢰했고, 이 가방도 그중 하나였다. 그중에는 카를 라거펠트Karl Lagerfeld, 신디 셔먼Cindy Sherman, 크리스찬 루부탱Christian Louboutin, 레이 가와쿠보Rei Kawakubo, 마크 뉴슨Marc Newson의 작품도 있다.

파리까지 와 준 뉴하우스 부부와 함께 느긋하게 점심을 먹었다. 공식 행사는 그날 저녁 일곱 시에 준공식과 함께 시작됐다. 준공식에서는 아르노, 게리, 그리고 프랑스 대통령 프랑수아 올랑드의 발언이 있었다.

원래 넥타이는커녕 깃이 달린 셔츠도 거의 입지 않는 게리였지만, 그날만큼은 검은 정장에 흰색 셔츠를 차려입고 푸른 넥타이까지 매고 나타났다. "아르노와 함께 놀 수 있어서 크나큰 영광이었습니다." 아르노와 올랑드 대통령을 옆에 두고 연단 위에 올라선 게리가 말했다. '놀다'라는, 게리가 즐겨 쓰는 그 평범한 동사는 엄숙한 분위기와 동떨어져 있었지만, 그런 모습이야말로 사람들이 가장 좋아하는 건축가의 모습이었다. "다들 아르노를 훌륭한 사업가로 알고 계실 겁니다. 하지만 그는 직관적인 놀이도 할 수 있는 사람입니다. 그는 예술가이기도 하니까요. 감사합니다, 정말 감사해요." 올랑드가 게리를 축하하며 "프랭크 게리는 프랑스를 사랑합니다"라고 말했다. 그런 뒤, 그는 미술관을 "문화의 결정체, 유일무이한 건물, 지성과 창의성과 기술이 일구어 낸 기적"이라고 묘사했다. 계속해서 올랑드는 그 건물을 파리의 역사와 연관시키고 에펠탑과 함께 언급하기도 했다.

준공식이 끝난 뒤 400여 명의 내빈이 참석한 저녁 식사가 시작됐다. 흰 송로 버섯을 곁들인 밤 수프, 송아지 고기, 설탕에 졸인 배가 제공됐고, 아르노가 소유한 포도원에서 생산한 르 쁘띠 슈발 2005, 샤토 디켐 2011도 맛볼 수 있었다. 그곳은 예술계와 패션계의 유명인들이 모인 사교의 장이기도 했다. 안나 윈투어Anna

Wintour, 카를 라거펠트, 제프 쿤스, 래리 거고지언, 아르네 글림처 Arne Glimcher, 글렌 라우리Glenn Lowry, 마이클 고반Michael Govan 등이 자리를 빛냈다. 게리는 가족과 친구는 물론이고, 사무소의 파트너들까지 합하면 총 수십여 명에 이르는 측근을 준공식에 데려왔다.

게리의 측근들은 새벽 한 시까지도 준공식에 남아 있었고, 조지 V 호텔로 돌아간 뒤에도 그곳 바에서 두세 시간 더 이야기를 나누며 시간을 보냈다. 게리는 자신의 커리어가 앞으로 얼마나 계속될지는 알 수 없지만, 이런 행사를 두 번 다시 열기는 어려우리라 생각했다. 그래서 그는 행사를 최대한 즐기기 위해 만반의 준비를 한 상태였다. 그는 진정으로 축하받는다고 느꼈지만 그런 자신의 감정을 의심했고, 사서 걱정하는 성향이 또 발동해 파리에서의 시간을 왜 더 즐기지 못하는지 스스로 의구심이 들었다. 게리가 말했다. "저도 최대한 즐기고 싶습니다. 단 한 시간이라도 저 남자가 되고 싶군요. 사람들이 저를 위해 준비해 준 무대를 온전히 누빌 수 있으면 좋으련만. 저는 사랑받고 싶어 할 뿐, 사랑받고 있다고 믿지 않아요."

영광스러운 순간은 다음 날에도 계속됐다. 게리네 가족은 엘리제 궁전의 점심 만찬에 초대됐고, 그곳에서 올랑드 대통령이 게리에게 프랑스 최고 권위를 지닌 레지옹 도뇌르Légion d'Honneur 훈장의 코망되르Commandeur 등급을 수여했다. 두 사람은 두 시간 동안 영어로 대화했고, 게리가 소싯적 조그마한 티민스에서 살았던 것도 알 정도로 많은 조사를 해온 올랑드의 모습을 보고 게리는 감명받았다. 그들은 건축물만큼이나 정치에 관한 얘기도 많이 나눴고, 게리는 올랑드가 유럽에 만연한 반유대주의에 유감을 표하자 기뻤다. 올랑드는 힐러리 클린턴Hillary Clinton이 출간한 지 얼마 되지 않은 책에서 영리하고 창의적인 외교 정책을 게리의 건축물에 빗댄 사실도 알고 있었다.[*] 게리는 올랑드가 마음에 들었다. 게리는 올랑드가 "허세 없이 담백하다"고 말했다. 대통령과의 만찬 자리에 게리가 가족 이외에 초대한 유일한 손님은 마르크 비아스였다. 마르크는 엘리제 궁전에 초대받으면 특히 더 자부심을 느낄 것 같았다. 만찬이 파한 후, 차를 타고 궁전의 뜰을 빠져나가는데 게리는 우비를 뒤집어쓰고 걸어가는 마르크의 조그맣고 고독한 모습을 발견했다. 게리는 운전기사에게 차를 세워 달라고 말한 뒤, 문을 열고 뛰쳐나가 마르크를 꼭 껴안았다.

게리는 아니타와 함께 처음 프랑스에 왔던 때를 떠올리지 않을 수 없었다. 당시 자신이 파리와 유럽 건축물 전반에 얼마나 무지했는지도 되돌아봤다. 그는 파리에 도착하자마자 마르크 비아스가 노트르담 대성당에 자신을 데려갔던 그날, 난생처음 고딕 대성당에 걸어 들어가서 그레고리오 성가를 들었던 날이자, 건축물

---

[*] 건축물을 국제관계에 대한 은유로 사용한 문구는 클린턴의 회고록인 『힘든 선택들*Hard Choices*』의 33쪽에 등장한다. "나는 오래된 건축물, 즉 오래된 외교 정책을 딱 떨어지는 라인과 명확한 규칙이 깃든 그리스의 파르테논 신전에 빗댔다. 그 신전을 받드는 기둥인 몇 안 되는 주요 기관, 동맹, 협약은 놀라우리만치 튼튼했다. 하지만 제아무리 훌륭한 건축물이라 하더라도 시간 앞에서는 무력하다. 이제 우리는 새로운 세상을 위한 새로운 건축물이 필요해졌다. 형식적인 그리스의 고전주의적 건물이 아니라 프랭크 게리와 같은 정신이 깃든 새로운 건물 말이다." 이를 본 게리는 무척 기뻐하며 클린턴의 글을 복사해 사무실의 커피 테이블에 놓고 몇 주간 보았다.

이 육중하면서도 극적일 수 있다는 사실을 처음 깨달았던 그날을 떠올렸다. 게리는 프랑스가 자신에게 얼마나 중요한 의미인지 알았다. 프랑스는 게리가 완전히 다른 역사적 깊이와 너비로 건축물을 바라보기 시작한 곳이었고, 게리를 끊임없이 감동케 하는 것들, 즉 로마네스크 대성당과 고딕 대성당이 지닌 힘뿐만 아니라, 르코르뷔지에의 롱샹 성당이 지닌 서정성도 체험한 곳이었다. 이제야 게리는 프랑스에 진 빚을 갚을 수 있었다. 게리는 프랑스에서 가장 중요한 새 건축물을 설계해 프랑스 대통령에게 훈장을 받았으니 말이다.

게리는 또한 비평가들에게도 호평을 받았다. 하지만 모든 비평가로부터 호평을 받은 건 아니었다. 이상하게도 영국 비평가들은 루이뷔통 재단 미술관을 좋아하지 않는 것 같았다. 『옵저버 *The Observer*』지의 로언 무어Rowan Moore는 돛 모양의 유리 구조물은 없는 편이 더 나았을 거라고 평했고, 『가디언 *The Guardian*』지의 올리버 웨인라이트Oliver Wainwright는 미술관을 두고 "과잉 엔지니어링에 대한 광적인 탐닉"이라고 불렀다. 『아키텍처럴 리뷰 *Architectural Review*』의 엘리스 우드먼Ellis Woodman은 미술관을 "내가 아는 한 공간적, 구조적으로 가장 낭비가 심한" 건물이라고 표현하면서, 그 평면도는 "이루 말할 수 없을 정도로 난잡하다"며 미술관의 약점인 내부 동선 문제를 콕 집어냈다. 예민한 게리는 쏟아지는 호평들 사이에 드물게 존재하는 부정적인 평가들에 더 집중하는 것 같았다. 『뉴욕 타임스』의 조지프 조반니니가 게리의 미술관이 "큐비즘적 요트"며, 게리 커리어의 "정점"에 해당하는 작품이라고 평한 내용이나, 루이뷔통 재단 미술관은 "새로운 대호황 시대를 맞아 개인 미술관"을 갖고 싶어 하는 억만장자의 방종한 놀음에 그칠 수도 있다고 의문을 제기하면서도 건축물 자체는 "눈부신, 경력 후반에 일군 대업"이라고 묘사한『로스앤젤레스 타임스』의 크리스토퍼 호손Chistopher Hawthorne의 글은 게리의 눈에 들어오지 않았다. 후원과 건축물의 관계가 낯설지 않은 미술사학자 어빙 라빈은 아르노가 그 미술관 건축을 의뢰하고 비용을 댔다는 사실을 전혀 껄끄러워하지 않았고, 그 과잉에 오히려 즐거워했다. 그는 미술관에 관한 전시회에 쓰일 카탈로그에 "게리가 평생 다뤄 온 두 가지 위대한 주제, 물고기와 요트가 루이뷔통 재단 미술관이라는 단일한 창작물에 수렴한다. 그 융합의 결과물은 건축물 그 자체를 대체하는 신화적 생명체다. 방문객은 매 걸음이 새롭고, 아찔한 공간으로 이어지며, 끝없는 경이가 펼쳐지는 무아의 영역에 당도한다."

비평가들의 평가는 반으로 나뉘는 것 같았다. 어빙 라빈이나 조지프 조반니니처럼 루이뷔통 재단 미술관을 게리 커리어의 정점으로 보는 이들도 있었고, 게리의 초기작과 비교했을 때 신선한 아이디어보다는 장식만 늘어나서 피카소Pablo Picasso나 프랭크 로이드 라이트의 후기작처럼 그저 과잉에 불과한 건물이라고 보는 이들도 있었다. 마틴 필러Martin Filler는 잡지『뉴욕 리뷰 오브 북스』에서 게리의 영향력과 위상을 미스 반데어로에와 필적할 만하다고 찬사를 보냈지만, 파리의 루이뷔통 재단 미술관은 "안정감이 현저히 떨어진다"고 평한 뒤, 노출 구조물은 밖으로 드러나서는 안 되었다며 특히 싫어했다.

하지만 내부를 훤히 드러내는 방식은 게리의 초기작을 연상케 하고, 여러 면에서 일관성을 띤다. 루이뷔통 재단 미술관은 그 모든 화려한 효과에도 불구하고, 몇몇 장소는 세련된 하나의 완전한 오브제처럼 느껴지지만 어떤 장소는 아직 시공이 덜 끝난 느낌을 주기도 한다. 미끈한 표면과 투박한 구조물을 병치한 건축물은 게리의 경력 초기 주택들과 미완을 향한 게리의 사랑을 상기시킨다. '빙산'이라고 부르는 갤러리 구조물은 상자를 삐뚤삐뚤하게 쌓아 올린 모양으로, 게리가 초기 프로젝트에서 시도했던 배치를 엿볼 수 있다. 그 거대한 규모에도 불구하고 대담한 형태와 거창한 야망이 담긴 루이뷔통 재단 미술관은 게리의 초기작과 중기작의 경향을 망라한 후기작으로, 자신의 과거를 돌아보고 미래를 내다보는 작업이라고 해도 과언이 아니다. 2014년 가을, 파리에서 개최된 게리의 회고전은 프레데리크 미게루가 기획해 퐁피두 센터에서 열린 전시회가 다가 아니었다. 게리는 루이뷔통 재단 미술관이라는 건물로서 직접 회고전을 개최한 셈이다.

파리에서 일정이 끝난 뒤 게리와 가족들은 곧장 스페인 오비에도로 향했다. 그곳에서 게리는 펠리페 6세Felipe VI가 수여하는 2014년 예술 부문 아스투리아스 공상Prince of Asturias Award을 받을 예정이었다. 수여식 전날 게리네 가족이 스페인에 도착했을 때, 게리는 녹초가 되어 있었다. 그는 첫 번째 일정 전까지 몇 시간이나마 낮잠을 잘 수 있겠다고 생각했다. 그는 옷을 벗고 침대로 기어올랐다. 20분쯤 흘렀을까, 기자 회견에 참석해야 한다는 전화가 걸려 와 게리는 잠에서 깼다. 잠을 자는 둥 마는 둥 했지만, 하는 수 없이 다시 옷을 걸치고 기자 회견 자리에 참석해야 했다.

첫 번째 기자가 게리에게 물었다. 게리의 건물이 기능적인 건축물이라기보다 화려한 눈요깃거리에 가깝다는 평가에 대해 어떻게 생각하느냐 질문했다. 게리는 너무 피곤해서 정중한 답변을 내놓지 못했다. 그는 가운뎃손가락을 펼쳐 들었다. 일순간 어색한 침묵이 흘렀다. 그런 뒤, 다른 기자가 앞으로도 도시에는 "전형적인" 건물이 계속해서 들어설 것 같으냐고 물었다. 게리는 이전 질문보다 조금 더 인내심을 갖춘 채 대답했다. "우리가 사는 지금 이 세계에 지어지는 건물의 98퍼센트는 순전히 쓰레기입니다. 디자인 감각도 인간성에 대한 존중도 뭣도 없습니다. 하지만 일부 사람들은 특별한 일을 해내죠. 한 줌에 불과한 사람들 말입니다. 그러니 제발 우리를 내버려 두세요. 우리는 우리의 작업에 헌신합니다. (⋯) 저는 건축의 예술을 존중하는 클라이언트들과 일합니다. 그러니 제발 그런 멍청한 얘기를 질문이랍시고 하지 마세요."•

게리가 중지를 치켜든 모습은 사진에 찍혀 삽시간에 인터넷에 퍼졌다. 그가 한 말도 마찬가지였다. 나중에 게리는 피곤해서 무례한 모습을 보이고 말았다며 사과했다. 하지만 게리는 자신의

• 스페인 신문 『엘 문도 *El Mundo*』는 "이 세계에 지어지고 디자인된 건물의 98퍼센트는 순전히 쓰레기입니다"라고 게리의 말을 인용했다. 게리는 건축가가 아닌 다른 사람들이 일구어 놓은 건축 환경을 비판하고자 했으나, '디자인'이라는 단어는 게리가 마치 동료 건축가를 비난하는 것처럼 들리게 했다. 게리는 자신의 말이 의도적으로 잘못 옮겨졌다고 생각했다.

발언을 철회할 이유는 없다고 생각했다. 실제로 게리는 건물 대부분이 형편없으며, 사람들은 그들을 둘러싼 건물의 평범함을 부인한다고 믿었다. "제가 체인 링크를 사용한 것도 그런 이유에서입니다." 게리가 말했다.

이는 물의를 빚은 사건이라기보다는 웃기고 사소한 해프닝에 가까웠다. 또한 일거수일투족이 포착되고, 가끔은 과도하게 관심을 받을 만큼 게리의 유명세가 높아졌음을 확인하는 일화기도 했다. 이런 논란 때문에 게리가 피곤함을 무릅쓰고 던지려 했던 다음의 물음들은 묻혀 버렸다. 건축은 시공이라는 실질적인 작업과 달리 얼마나 인본주의적인 활동이고 예술적인 사업이며, 문화적인 사건이라고 할 수 있는가? 건축이 가장 고상한 목적을 추구한다고 하더라도, 그 영향력은 얼마나 발휘될 수 있는가?

게리가 중요하다고 믿는 것은 이러한 질문들이었다. 건축물은 우리에게 비를 피할 곳을 제공할 책임이 있지만, 그러한 기능이 전부라면 별 볼 일 없다고 게리는 믿었다. 건축물이 비를 피할 장소를 제공해 주는 동시에 감정까지 불러일으킨다면, 그제야 어떤 고지를 달성하게 된다. 건물을 그런 시각으로 바라보는 사람이 많아질수록 우리 주위를 둘러싼 건물을 내키지 않아 하는 사람들도 많아질 테고, 그래야 더 나은 건물을 요구하는 목소리도 커진다. 게리는 자신의 건축과 사람들의 감정적 반응을 잘 분리하지 못했고, 게리가 자신의 작품에 감정적으로 연결감을 느끼는 것은 사람들을 기쁘게 해 주고 싶다는 그 자신의 욕망에서 비롯된 경우가 대부분이었다. 때로는 그것이야말로 게리가 가장 마음 쓰는 부분처럼 보였다. 필립 존슨은 시드니 폴락에게 이렇게 말했다. "사실, 게리는 본인이 건축하는 걸 즐기는 것보다 자네와 내가 게리의 건축물을 즐기는 걸 더 좋아한다네."

하지만 게리는 온전히 타인을 기쁘게 하려고 일하는 금욕적인 성격은 또 아니었다. 게리의 능력을 의심하는 아버지에게 자신의 가치를 증명해 보이려는 욕구가 어빙이 세상을 떠난 뒤에도 게리에게 평생 남아 있긴 했지만, 훨씬 더 근본적인 동인은 인정을 바라는 마음이 아니라 창의력을 향한 야망이었다. 그래도 게리는 인정을 갈구했다. 그는 소설 속 하워드 로크가 아니었다. 게리는 사람들이 무슨 생각을 하는지에 많은 신경을 쏟았다. 세간에 게리는 논쟁적인 인물이라고 여겨졌지만, 그 자신은 논란을 일으키기보다는 만족을 선사하고 싶었다. 게리는 언제나 신선한 충격을 추구했다. 그는 항상 작업에 놀라움을 담고 싶어 했고, 기쁨이나 만족감을 전달하고 싶어 했다.

게리는 자신이 사람들을 감정적 개입으로 이끄는 일종의 전도사라고 생각했다. "저는 삼차원의 사물로 감정을 표현하는 방법을 탐구했습니다." 게리가 폴락에게 빌바오 구겐하임 미술관에 관해 이렇게 말했다. 하지만 이는 게리의 초기작 주택부터 중기, 후기에 맡았던 콘서트홀, 미술관, 공공건물 등 모든 작업에 해당하는 말이었다. 학생을 가르치는 것뿐만 아니라 티파니 주얼리에서 의자 디자인에 이르기까지, 그의 목표는 사람들이 예술에 기대하는 것과 같은 종류의 감정적 개입을 건축물이나 디자인에서도 가능하게 만드는 것이었다. 하지만 여기서 그친다면 게리의 이러한 능력은 그를 건축가가 아니라 예술가에 머물게 한다. 조각품으로 유의미한 공간을 만들어 내는 리처드 세라가 예술가인 것처럼 말이다. 하지만 "아니요, 저는 건축가입니다"라고 응수하는 게리의 대답은 언제나 옳았다. 게리는 예술의 기술을 사용하지만, 이는 항상 건축적 목적을 위해서다. 즉, 특정 목적을 잘 수행하고, 제대로 시공됐으며, 주변 세계와 유의미한 관계를 맺는 물체를 만들기 위한 기능적이고 건축적인 문제를 해결하기 위한 것이다. 게리의 여정은 언제나 데이터보다 직관에 더 많은 영향을 받았고, 게리의 작업에서 디지털 소프트웨어가 차지하는 그 중요성에도 불구하고 그의 건축물은 테크놀로지가 탄생시킨 것이 아니었다. 게리에게 테크놀로지는 목적이 아니라 머릿속 아이디어를 세상에 실제로 세워 보이기 위한 수단이었다. 게리 작업의 시작점은 언제나 게리의 머릿속이다. 앞으로 나아가고, 새로운 공간과 모양을 만들 새로운 방법을 찾아내고자 하는 상상력 말이다.

그 새로운 방식이란 항상 게리만의 것이었다. 게리는 결코 그 방식이 모든 건축물에 적용되는 하나의 체계나 모델이 돼야 한다고 보지 않았다. 그는 현대 건축물의 문제를 해결하기 위해 자신처럼 설계를 시작하는 게 모두를 위한 일은 아니라는 데 누구보다 먼저 동의할 것이다. 독특하고 톡톡 튀는 게리의 건물은 나쁜 본보기이며, 게리의 작품 같은 건축물이 도시를 메우면 혼돈 그 자체가 될 거라는 의견은 게리의 건축물에 가해지는 가장 흔한 비판이다. 맞는 말이다. 왜냐하면 애초에 게리의 건축물은 모든 건축물이 따라야 하는 규정이 아니기 때문이다. 게리의 조각적 건축물의 성공 여부는 게리와 다른 작업을 하는 건축가들에게도 어느 정도 영향을 받는다. 게리의 건축물은 여러 가지가 될 수 있지만, '전형'만큼은 아니다. 그의 작업은 기능성만큼이나 기쁨과 사색을 위해 만들어진 건축물이다.

새로운 것을 만들겠다는 게리의 집념은 또 다른 오해를 불러일으켰다. 즉, 게리는 자신이 속했던 세계에 무관심을 넘어서 적대적이기까지 하다는 시선이었다. 사실, 진실은 그 반대다. 게리의 건축물은 과거의 건축물에 대한 깊은 이해에서 비롯됐다. 또한 게리가 과거와의 연속성을 표현하는 새롭고 색다른 방법을 탐구했다는 점에서 그의 작품이 과거와 완전히 단절된 것도 아니다. 작곡가 이고르 스트라빈스키가 하버드에서 진행했던 찰스 엘리엇 노턴 강의에 기반한 『음악의 시학*Poetics of Music*』을 게리가 가장 좋아하는 책 중 하나로 꼽은 데는 그럴 만한 이유가 있었다. 왜냐하면 게리처럼 과거를 모두 거부하는 작품을 만든다는 비판을 받았던 스트라빈스키는 이 책을 통해 자신의 작품이 과거에 얼마나 많은 빚을 지고 있는지 명확히 드러내며 자신의 작품은 그리 혁명적이지 않다고 말하고 있기 때문이다. "저는 저를 혁명가로 보는 시선이 틀렸다고 생각합니다." 스트라빈스키는 이렇게 말했다. "혁명은 일시적 혼돈입니다. 하지만 예술은 혼돈과 거리가 멉니다. (…) 저는 가장 뛰어나고 위대한 행위의 원동력이 대담함이라는 사실을 깨달았습니다. 그렇기에 어떻게 해서든 센세이션을 불러일으키겠다는 생각으로 무질서나 저급한 욕망을 위해 대담함을 이용하지 않아야 합니다. 저는 대담함에 찬성합니다. 거기에는 그 어떤 한계도 없죠. 하지만 마찬가지로, 무분별한 행동이 초래한 실수에도 한계는 없습니다."

스트라빈스키가 말하는 위대한 예술이란 무분별한 것이 아니다. 이는 지식과 규율에서 우러나며, 현실의 한계 속에서 새로운 종류의 질서를 만드는 새롭고 대담한 방식에서 탄생한다. 스트라빈스키의 작품은 종종 불협화음으로 오해받지만, 사실 그는 불협화음을 비판한다. 게리의 아이젠하워 기념관을 반대하는 이들이 그러하듯,• 게리의 작품도 혼돈을 초래하는 불규칙한 형태로 오해받지만, 게리는 건물 용도와 부지의 한계에 부딪힌 건축물보다 개인적인 충동에서 비롯된 건축물을 더 싫어한다. 게리가 항상 추구해 온 것은 제약 없는 자유가 아니라, 바로 그 제약에 대응하는 새로운 방식이었다. 마이클 소킨의 말을 빌리자면, 게리의 작품은 "대안 체제"가 아니라, "낡은 형태에 주입된 새 삶의 숨결"을 좇아 왔다. 게리는 "새로운 무언가를 만드는 방법은 전통을 앞으로 밀고 나아가는 것이다"라는 스트라빈스키의 말에 깊이 동의한다.

"규칙을 부수려면 규칙을 알아야 한다. 규칙을 부수되 전통을 유지하는 것, 그게 바로 내가 하는 일이다"라고 말한 알렉산더 맥퀸Alexander McQueen처럼, 프랭크 게리도 자기 작품이 전통을 파괴하는 게 아니라 윤택하게 만들기를 원한다. 불멸의 가치가 새로

• 자세한 내용은 19장과 20장을 참고하라.

움에 대한 거부가 아니듯, 새로움은 옛것에 대한 거부가 아니다. 모든 예술 중 가장 훌륭한 예술은 당대에 단단히 뿌리를 내리고 있으면서도 그 시간을 초월하는 것이다. 막스 라파엘Max Raphael은 선사시대 동굴 벽화에 대한 글을 쓰며 이렇게 말했다. "당대의 영향을 가장 심오하게 받아들이면서도 불멸의 영역으로 나아가는 것이 가장 완벽에 가까운 예술 작품이다."

스트라빈스키는 음악을 "명확한 조화의 점으로 수렴하는 충동의 연쇄에 불과"하다고 말하며, 게리의 감수성에 또 다른 통찰을 안겨 주었다. 게리 또한 항상 어느 정도 해결책을 찾으려 노력했고, 자신의 작업을 의식적으로 불안정하게 만든 적은 없었다. 게리의 작품은 전통적인 의미의 평온함이 담겨 있지는 않지만, 그렇다고 해서 불편감이나 불안, 혼동을 초래하지도 않는다. 스트라빈스키처럼 게리는 색다른 경로로 전통적인 목적을 달성하려 했다. 건축에 있어 그 전통적 목적이란, 시각적이고 감각적인 올바름과 자연스러움의 추구로, 불안과 정반대의 의미다. 인정한다. 게리의 건축물은 으레 '고요함'이라고 말하는 것과 거리가 멀다. 하지만 게리의 건축물은 그와 똑같은 행복의 감정을 불러일으키는 능력이 있다.

게리의 작품은 어떤 면에서는 전통적이라고도 할 수 있다. 중요한 감정을 창조하기 위해 구체적이고 물리적인 형태를 사용한다는 점에서 그렇다. 한때 이는 건축적 경험을 빚어내는 유일한 방법이라고 여겨졌지만, 디지털 테크놀로지와 가상 공간의 시대에서는 더는 그렇지 않다. 디지털 테크놀로지를 이용해 물리적 사물의 이미지를 환기하면서 무한정 복사될 수 있는 물리적 형태나 가상 공간을 만드는 게 아니라, 유일무이한 물리적 공간을 만들기 위해 물리적 재료를 다룬다는 점에서 보자면 스트라빈스키가 전통적인 작곡가이고 라우션버그가 전통적인 예술가인 만큼 게리도 전통적인 건축가라고 할 수 있다. 그는 물리적 세계에서 존재하지 않는 환각을 끌어내려고 테크놀로지를 사용하지 않는다. 그는 건축물을 예술의 경지로 끌어올릴 만한 감정을 불어넣기 위해 비율, 빛, 재료, 규모, 공간과 같은 고전적인 건축 수단을 동원해 물리적 실체가 있는 건물을 만든다.

스트라빈스키는 이렇게 썼다. "창작하는 능력은 저절로 주어지지 않는다. 이는 언제나 관찰하는 능력과 함께 다닌다." 이 또한 게리의 감수성과 일치하는 부분이다. "진정한 창작자는 가장 평범하고 하잘것없는 것 속에서 자신을 발견하고, 주목할 만한 가치를 발견해 낸다. 진정한 창작자는 아름다운 풍경도, 값비싼 물건도 필요하지 않다. 창작자는 새로운 발견을 찾아 부러 나서지 않아도 된다. 새로운 발견은 언제나 그들 곁에 있기 때문이다. 창작자는 그저 자신을 향해 눈길을 돌리면 된다. 그들의 관심을 잡아끄는 대상은 익숙한 것, 사방에 존재하는 것들이다."

게리 건축물의 주변 환경도 마찬가지다. 주변 환경은 게리의 디자인과는 다른 종류지만, 언제나 게리에게 영향을 미치고 그의 작업을 모양 짓는다. 빌바오의 강과 다리나, 로어맨해튼 스프루스 스트리트 8번지 근처의 울워스 빌딩, 베를린의 파리저 광장이 그 예다. 물론 무엇보다 게리의 눈길을 사로잡고 게리가 새로운 공간과 형태를 만들어 낼 수 있도록 영감을 준 것은 단연 편의 시설, 자동차 창고, 공장, 간판, 주택이 펼쳐진 투박한 풍경을 지닌 로스앤젤레스였다. 도시의 혼돈을 찬찬히 솎아 내면 부인할 수 없는 심오한 힘을 지닌 새로움이 모습을 드러낸다. 이 공간과 형태가 의미하는 바는 게리의 권한 밖이다. 음악에서 특정 박자나 조성이 자아내는 분위기가 있듯, 건축물에서도 어떤 종류의 공간은 그 자체로 감탄을 부르거나 활기가 넘치지만 어떤 공간은 무겁고 음울한 분위기를 지니기도 한다. 이처럼 음악같이 건축물도 내재적으로 형식적인 단서를 품고 있지만, 이 단서들은 어떤 건축물의 의미나 건축물에 대한 우리의 반응을 규정짓지 않는다. 위대한 음악, 문학, 회화와 마찬가지로 게리의 건축물도 무수한 생각과 감정을 불러온다. 게리의 건축물이 선사하는 가장 위대한 선물은 어떤 생각과 감정이 촉발되느냐가 아니라, 그것이 우리에게 미치는 영향력의 깊이와 명료성, 절묘함이다. 사실, 게리가 만든 형태의 강렬함에도 불구하고 그는 그가 세상을 바라보는 방식을 우리에게 강요하지 않는다. 게리의 건축물은 그만의 이야기를 초월한다. 여느 위대한 예술가, 작곡가, 작가, 영화감독의 작품도 마찬가지다. 모든 예술 작품은 창작자 개인의 삶에서 비롯되지만, 위대한 예술 작품은 우리로 하여금 내면으로 들어가 작품의 경험을 나 자신의 것으로 받아들이게 하는 내재적 힘을 지닌다. 게리의 건축물은 프랭크 게리의 삶과 감정을 드러내는 것만큼이나 우리의 삶과 감정을 드러낸다.

언젠가 건축물 하나가 완공된 후에, 게리는 자신의 설계 과정과 영감의 원천에 대해 말해 달라는 질문을 받은 적이 있었다. 게리는 이러저러한 일화를 여럿 들려줬지만, 결국에는 클라이언트와 제약 사항, 자신의 지식, 직감이 모두 함께 작용한다는 결론에 도달했다. 그리고 그 결과물은 게리가 예측할 수 있는 것이 아니었다. 다만, 게리는 자신의 건축물이 하나의 공식으로 환원될 수 없으며, 정교한 이론으로 설명될 수도 없다고 굳게 믿었다. 게리에게 창조를 택한다는 것은 그 과정 끝에 어디에 도달할지 알 수 없는 여정을 택하는 것이었다. 게리는 이러한 막막함에 괴로워하기는커녕, 항상 바로 그 지점에서 자유를 느꼈다.

"건물을 만들기 시작할 때면 저조차도 제가 어디로 향할지 모릅니다. 만약 알았다면 시작조차 하지 않았을 거예요. 아무렴요."

감사의 말

이 세상에 혼자서 만들 수 있는 책은 없다. 특히 이런 책은 더욱더 그러하다. 나는 평생을 건축에 관해 글을 썼지만, 누군가의 작품에 관해 쓰는 일과 누군가의 삶에 관해 쓰는 일은 엄연히 다르다. 나는 이 책을 쓰기 위해 프랭크 게리에 관한 조사뿐만 아니라, 전기를 쓰는 법도 익혔다. 이처럼 다른 전기 작가에게도 빚을 졌으니 감사의 인사를 전하는 게 마땅할 듯하다. 데이비드 세실 경 같은 과거의 작가들과 로버트 케이로, 진 스트라우스, 진 엘먼, 데이비드 매컬러프, 메이너드 솔로몬, 월터 아이작슨, 아담 베이글리, 론 체르노, 스테이시 시프, 마크 스티븐스, 애널린 스완과 같은 당대의 전기 작가들은 내게 많은 가르침을 줬다.

하지만 가장 큰 도움을 받은 건 아무래도 이 책의 주인공이다. 게리는 내게 친절과 선의를 베풀며 시간과 에너지를 내주었다.

그는 이 글의 편집 방향에 아무런 권한도 지니지 않겠다고 동의해 주었기에 더욱더 감사하다. 이 전기는 프랭크 게리가 협력했다는 점에 있어서 그의 '동의'를 받은 거나 다름없지만, 그가 글을 검토하거나 승인하지는 않았다.

이 책의 머리말에서 언급했듯, 게리와 나는 40년 이상 대화를 주고받았다. 하지만 이 책을 집필하기 시작하면서 우리의 대화를 되는대로 흘러가게 두는 게 아니라, 게리가 어렸을 때부터 지금까지 겪었던 사건들을 시간순으로 찬찬히 짚어 보는 게 중요하겠다는 생각이 들었다. 나는 처음으로 우리의 대화를 녹음했다. 흐릿한 기억을 더듬는 작업은 쉬운 일이 아니다. 행복한 기억만 있는 게 아닐 땐 더 그렇다. 그래서 내가 로스앤젤레스에 갈 때마다 자신의 꽉 찬 일정을 비워 주면서까지 이 기나긴 여정에 기꺼이 동참해 준 게리에게 깊은 감사의 인사를 전하지 않을 수 없다. 그간 게리의 사무실, 집, 레스토랑, 비행기에서 수없이 많은 시간을 함께했다. 어떤 때는 그의 가족이나 동료도 함께였지만, 대부분은 우리 둘뿐이었다. 한번은 게리의 요트인 '포기'에서 대화를 나눴다. 그레그 린이 조타수를 잡고 마리나 델 레이에서 말리부까지 항해하는 경로였다. 또 한번은 파리 조지 V 호텔의 로비에서였다. 나는 로스앤젤레스의 유행하는 레스토랑에 가득한 활기찬 소음을 좋아하지만, 퍼시픽 다이닝 카의 차분하고 조용한 분위기도 그만큼 좋아하게 됐다. 게리의 샌타모니카 주택에서 그리 멀지 않은 그 구식 레스토랑에서 우리는 셀 수 없이 많은 아침, 점심, 저녁을 함께 먹었다. 게리의 따스함과 재치가 거기 스며 있었다. 게리가 이 책에 붙일 가장 완벽한 제목이 떠올랐다고 말한 것도 이 레스토랑에서였을 거다. "『골드버거가 쓴 골드버그』 어떤가요?"

우리의 대화에는 항상 핵심 내용이 있긴 했지만, 녹음 전사본을 훑어보고 있노라면 게리의 삶을 질서정연하게 들여다보겠다는 내 의도가 번번이 실패하는 모습에 충격을 받기도 했다. 거기에는 그럴 만한 이유가 있다. 노년에도 활발하게 일하고 있는 프랭크 게리와 같은 많은 이들은 현재에 충실한 경향이 있어 지금 자신이 하는 일에 대해 말하는 걸 더 편안해한다. 혹은 다음 주, 다음 달, 내년에 하고 싶은 일을 더 중요하게 말한다. 과거를 돌아보는 것은 게리가 썩 좋아하지 않는 일이다. 그 결과, 게리는 그때 당시 몰두하고 있던 것에 관해 한참을 신나게 떠든 다음, 몸이 조금 풀리고 나면 그제야 기억 속으로 침잠하는 경우가 대부분이었다. 여기서 게리의 중요한 특징이 드러난다. 그는 자기가 지나온 삶과 성취를 자랑스러워하는 동시에 다가올 일에서 동력을 얻는다. 게리는 과거에 머물지 않는다.

게리의 최측근들도 기꺼이 내게 그들의 시간과 생각을 나눠 주었다. 내 모든 질문에 특유의 친근함과 품위로 대답해 준 베르타 게리에게 큰 빚을 졌다. 알레호 게리, 샘 게리와 그들의 부인인 캐리와 조이스도 계속해서 친절을 베풀어 줬다. 도린 게리 넬슨은 게리네 가족이 로스앤젤레스에서 지낸 세월에 관한 중요한 기억은 물론이고, 그들의 부모와 조부모에 관한 훌륭한 통찰력을 제공했다. 책 작업 초반에 도린은 그녀의 집에 나를 초대해 멋진 저녁 식사를 대접해 줬고, 그곳에서 우리는 오래된 가족사진 앨범을 골똘히 들여다봤다. 2014년, 파리에서 열리는 루이뷔통 재단 미술관 개관식에 우리 둘 다 참석한다는 사실을 알게 된 도린은 자신과 게리의 어린 시절 사진이 담긴 어머니의 오래된 목걸이를 내게 내밀었다. 내게 보여 주기 위해 지구 반대편에서 그 목걸이를 가져다준 것이다.

변호사이자 게리의 전 처남이었고, 지금은 게리의 친한 친구인 리처드 스나이더와 폴 빈센트 와이즈먼도 특히나 친절했고, 자신들의 생각을 가감 없이 나눠 줬다. 이들과 우정을 쌓은 것도 이 책이 가져다준 커다란 기쁨 중 하나다. 두 사람과 모두 친분을 쌓게 된 것을 영광으로 여기고 있다. 게리는 "한쪽 얘기만 들어선 안 된다"며, 자신의 전 부인이자 리처드 스나이더의 누나인 아니타 브레너와도 얘기를 나눠 보라고 말했다. 유감스럽게도 아니타는 전 남편에 관해 얘기해 달라는 내 부탁을 거절했다. 하지만 리처드 스나이더의 도움 덕에 나는 그들의 결혼 생활을 꽤 공정하게 쓸 수 있었다고 생각한다.

프랭크 게리의 사무소 직원들은 그의 가족만큼이나 크나큰 도움이 됐다. 메건 로이드는 이 책의 처음부터 끝까지 이루 말할 수 없을 정도로 많은 도움을 줬다. 자료 송부부터 그녀의 날카로운 통찰까지 따뜻한 태도로 도와준 그녀에게 깊은 감사를 전한다. 게리 사무소의 기록물과 사진 파일 안내를 담당해 준 조이스 신과 질 아우어바흐뿐만 아니라 스테파니 피지오르니, 서맨사 메식, 다이애나 워드, 에이미 애콘과 게리의 여러 조수도 귀찮은 내 질문에 정중하고도 신속하게 답변해 줬다. 게리의 건축계 동료들도 시간을 내어 게리와 있었던 일들을 얘기해 주는 등 여러 방법으로 도움의 손길을 건넸다. 크레이그 웨브, 에드윈 찬, 미셸 코프만, 데이비드 남, 폴 루보비츠키, 브라이언 아모스, 아난드 데바라잔, 짐 글림프, 랜디 제퍼슨, 존 클래겟, 존 바워스, 로런스 타이, 텐쇼 다케모리, 데니스 셸든, 제니퍼 어먼, 마이클 말찬에게 감사하다. 그렉 월시는 게리의 전 동료 이상의 존재다. 60년 이상을 게리와 함께한 그도 너그러이 자신의 기억을 공유해 주었다.

프랭크 게리의 공적 삶과 사적 삶은 때때로 구분이 흐릿했는데, 이는 게리에게 잘 맞았다. 이 책에 중요한 자양분이 되어 준 대화들은 주로 게리와 공과 사 양쪽으로 관계를 맺던 이들에게서 나왔다. 그중에서도 나는 2012년, 작고한 피터 루이스와 함께 뉴욕에 있는 그의 아파트에서 아주 멋진 시간을 보냈다. 그는 결국 지어지지 못한 집 이야기와 게리의 다른 프로젝트에 관한 이야기를 들려줬다. 또한 토머스 크렌스와는 뉴욕에서도, 윌리엄스타운에 있는 비범한 그의 집에서도 이야기를 나눴다. 그는 게리와 함께 빌바오 구겐하임 미술관을 짓게 된 이야기를 들려줬는데, 그것만 해도 책 한 권을 쓸 수 있을 것이다. 데버라 보르다와 함께 보내는 저녁은 언제라도 환영이다. 좋은 와인을 마시며 게리에 관한 이야기를 나눈다면 더할 나위 없을 테다. 바젤 외곽의 비트라 디자인 미술관과 그 주위 건물을 다니며 롤프 펠바움과 함께한 점심도 잊을 수 없다. 감사하게도 시카고로 초대해 준 신디 프리츠커는 그녀가 가장 좋아하는 주제 중 하나인 프랭크 게리에 관한 이야기를 들려줬고, 마이클 틸슨 토머스도 마이애미 해변에 게리가 설계한 뉴 월드 센터에서 나를 반갑게 맞아 주었으며, 우리는 게리에 관한 이야기를 몇 시간 동안 나눴다. 래리 필드, 래리 루보, 리처드 코샬렉, 리처드 와인스타인, 리처드 코언, 리처드 솔 위먼, 피터 아넬, 마샬 로즈, 브루스 래트너, 빅토리아 뉴하우스와 새뮤얼 어빙 뉴하우스, 엘리스 그린스타인과 작고한 스탠리 그린스타인, 시드 펠슨, 조니 모이젠 웰리, 어빙 라빈과 메릴린 라빈, 후안 이그나시오 비다르테, 마르크 비아스, 기어 캐버노, 마틴 프리드먼과 작고한 밀드러드 프리드먼 또한 게리와 업무상 관계로 만났다가 점차 개인적 관계를 맺은 게리의 친구들이다. 게리의 동료 건축가이자 요트 친구인 그레그 린처럼 이들 모두 중요한 기억과 통찰력을 내게 나눠 줬다. 엘리 브로드, 노먼 리어, 베르나르 아르노, 장폴 클라베리, 뱁스 앨튼, 토머스 하인스, 낸시 웩슬러, 지니 맨시니, 마이클 고반, 게일 해리티, 난 펠레츠, 앨런 헬러, 애덤 플라토, 데이비드 와인렙, 닉 밴더붐, 존 버넘, 폴 앨런, 스테파니 배런, 바버라 구겐하임, 안나 갱바, 하틀리 게일로드, 미셸 드밀리, 필리파 폴스타인, 매슈 테이텔바움, 도미닉 로스칼조, 로코 시칠리아노, 알 트레비노, 잭 브로건, 릭 살로몬, 배리 딜러, 캐럴 버넷과 나눈 가벼운 대화 혹은 인터뷰도 많은 도움을 받았다.

이 책을 쓰기 위한 정식 인터뷰였건 아니었건 간에, 건축가나 비평가 들과 게리에 관한 대화를 나눈 것도 큰 도움이 됐다. 크리스토퍼 호손, 작고한 에이다 루이즈 헉스터블, 마이클 소킨, 니콜라이 우루소프, 알렉산더 가빈, 올리비에 보이지에르, 데이비드 차일즈, 에릭 오웬 모스, 모셰 사프디, 마크 라칸탄스키, 아론 베츠키, 스탠리 타이거맨, 마거릿 맥커리, 재클린 T. 로버트슨, 로버트 A. M. 스턴, 토머스 파이퍼, 폴 마시, 빈센트 스컬리, 작고한 필립 존슨에게 모두 감사의 뜻을 표한다. 바버라 아이젠버그는 너그럽게도 그녀의 수작인 『프랭크 게리와의 대담』에 담긴 자료를 쓸 수 있게 허락해 줬고, 작고한 시드니 폴락의 영화 〈프랭크 게리의 스케치〉를 제작한 울탄 길포일은 인터뷰 전문을 제공해 줬으며, 영화 제작 과정에 얽힌 이야기를 들려줬다. 그에게도 심심한 감사의 인사를 전한다.

프랭크 게리의 삶에서 무척 중요한 부분을 차지했던 예술가들도 이 책이 완성되는 데 커다란 공을 세웠다. 특히 1960년대 로스앤젤레스 예술가 그룹의 핵심 멤버였던 에드 모지스, 피터 알렉산더, 척 아놀디, 토니 벌랜트, 래디 딜, 에드 루샤, 빌리 알 벵스턴에게 감사하다. 이들은 모두 게리에 관한 많은 이야기를 들려주었다. 뉴욕의 예술가 제임스 로젠퀴스트도 마찬가지다. 『낙원에서 일어난 저항: 로스앤젤레스 아트 신과 1960년대』의 작가인 헌터 드로호조스카필프는 감사하게도 게리에 관한 그녀의 글을 공유해 줬다. 발 빠른 도움을 줬던 USC의 기록 보관 담당자들과 사서들과 게티 연구소에도 감사한다.

뉴욕에 기반을 둔 작가로서 책 작업을 하는 몇 달 동안이라도 로스앤젤레스로 거처를 옮겨 지내는 것이 이치에 맞았을지도 모른다. 하지만 나는 양쪽을 왔다 갔다 하는 편을 택했다. 그래서 이 책 작업으로 아메리칸 항공의 배를 꽤 불려 줬지만, 그럴 목적은 아니었다. 사실 프랭크 게리의 일정과 정신 건강을 위해서 수십 차례 정도는 다른 곳에서 인터뷰를 진행해야만 했다. 나는 우리가 서로에게 질리지 않기를 바랐다. 나는 로스앤젤레스에는 마땅히 소유하고 있는 집이 없기에 호텔에 묵은 적도 있었지만, 때때로 호의를 보이는 친구들에게 신세를 지기도 했다. 그들에게 특별히 기쁜 마음으로 감사 인사를 전한다. 로버트 북먼과 로스앤젤레스 건축물을 사색하기에 완벽했던 버프 앤드 헨스먼이 지은 훌륭한 집을 내어 준 토비아스 마이어와 마크 플레처에게도 감사하다. 누구보다 수차례 신세를 졌음에도 불구하고 베네딕트캐년에서 언제나 따뜻하게 맞이해 준 마사 드로렌티스와 랜디 셔먼에게 감사하다. 이들에게는 특별히 감사의 말을 전하고 싶다.

동부에 있는 나의 친구 중에서는 찰스 카이저, 스티븐 래트너, 클리포드 로스, 조엘 플레시먼, 댄 라비노비츠, 파멜라 플래허티와 피터 플래허티에게 감사 인사를 전한다. 이들은 게리나 이 책을 위한 조사와 아무런 연관도 없지만, 이들과 나눴던 즐거운 대화 덕에 이 책을 준비하는 수년간 내 생각을 잘 정리할 수 있었다.

2010년, 내가 파슨스디자인스쿨에서 건축 비평 강의를 할 때 수강생이었던 패트릭 코리건을 만난 것은 엄청난 행운이었다. 2011년에 건축 석사 학위를 받은 그는 바로 건축계에 뛰어들 기회를 포기하고 나를 도와 이 책 집필에 필요한 조사 작업을 함께 해 주었다. 2011년 후반부터 2014년 가을에 자기 일을 찾아 나서기 전까지 기쁘게도 그는 이 책 작업에 항상 함께해 줬다. 그는 언제나 뛰어난 기량을 발휘해 정보를 모으고, 자료를 정리하고, 사진을 찾아보고, 때때로 인터뷰도 진행했다. 그의 지식과 판단력은 이 책에 혁혁한 공을 세웠고, 이러한 경험으로 그는 연구자이면서 명민한 독자이자 통찰력 있는 비평가로 성장했다. 이 책에 대한 그의 기여는 값을 헤아릴 수 없다. 패트릭은 나만큼 프랭크 게리에 관한 전문가가 됐다. 나는 이 책이 내 책인 만큼 패트릭의 책이기도 하다고 장담한다.

몇 년 전, 다른 책을 작업하면서 앤 클로스를 편집자로 만난 것도 행운이었다. 그녀의 온화한 지혜와 안목은 당시에도 반가운 것이었지만, 이번 책에서는 더욱더 중요한 역할을 했다. 앤뿐만 아니라 사소한 정보들까지 정리하는 것을 도와준 그녀의 조수 애니 이거스와 알렉스 톤네티와 다시 함께 일할 수 있어서 기뻤다. 이 책의 내부를 멋지게 디자인해 준 아이리스 와인스타인에게도 감사한다. 또한 존경하던 피터 멘델선드가 이 책의 표지 디자인을 맡아 주어 무척 영광이었다.

에이전트 아만다 어반은 수년간 많은 작업을 도와줬지만, 개중에서도 이번 책에서 그녀의 도움을 특히 많이 받았다. 언제나 그랬듯 그녀의 적극적인 지지와 개입에 감사의 마음을 전한다. 그녀는 내가 이 책 작업을 맡도록 격려해 줬다. 그녀의 열정은 책 전반에 걸쳐 고스란히 드러난다.

나를 사랑으로 감싸 주고 내 작업에 진심 어린 관심을 보이며, 그들의 창의력으로 내게 영감을 주는 가족이 있다는 점은 커다란 행운이다. 로스앤젤레스에 사는 아들 애덤 허쉬와 그의 아내 델

핀, 그리고 손주 티보와 조세핀은 이 책을 작업하는 동안 특히 가깝게 지냈다. 내가 로스앤젤레스에 머무는 동안 이들의 집을 들르면 이들은 꾸준히 내 책 작업 진행 상황에 관해 궁금해했고, 그 덕분에 캘리포니아에서 환영받는 듯한 느낌을 강하게 받을 수 있었다. 기자 형제인 내 아들 벤 골드버거와 알렉스 골드버거, 그리고 며느리 멜리사 로스버그는 내가 생각을 깔끔하게 정리하고 다듬는 데 도움을 줬다. 캐롤리나 드로렌티스도 마찬가지다. 벤과 알렉스는 장성해 집 밖에서 많은 시간을 보내느라 내가 집을 자주 비워도 눈치채지 못했겠지만, 내 아내 수전 솔로몬은 아니었다. 이 책 작업으로 가장 큰 피해를 짊어진 사람은 그녀다. 내가 게리의 건물을 하나 더 둘러보고, 게리의 클라이언트를 한 명이라도 더 만나고, 책의 주제에 관한 대화를 한 번이라도 더 나눈다는 핑계로 그간 그녀와 많은 시간을 보내지 못했다. 이에 불평을 늘어놓는 대신, 수전은 내 원고를 읽어 주고 중요한 제안을 곁들였으며, 이 책의 처음부터 끝까지 방향성을 잡는 데 많은 도움을 줬다.

기쁘고 감사한 마음으로 이 책을 그녀에게 바친다.

주석

1. 슈퍼문이 뜨던 밤

19 "여든한 살의 캐나다 태생 프랭크 게리야말로": 맷 터나워Matt Tyrnauer, 「게리
시대의 건축물」, 『배니티 페어』, 2010년 8월.

25 "게리는 건축물이 인정받으면": 뱁스 톰프슨, 저자와의 인터뷰, 2013년 7월 10일.
"온화하고 겸손하다": 피터 알렉산더, 저자와의 인터뷰, 2011년 12월 12일.

28 "화장실이 딸린 건물에다": 바버라 아이젠버그, 『프랭크 게리와의 대담』(뉴욕,
앨프리드 A. 크노프, 2009), 56쪽.
"내 생각에 게리는 현대 세계에서": 빌리 알 벵스턴, 저자와의 인터뷰, 2013년 6월
13일.

29 "실패보다 성공에 대처하기가": 이 책을 위해 진행한 정식 인터뷰에는 없는
내용이지만, 평소에 프랭크 게리는 저자에게 이런 얘기를 자주 했다.
"게리, 당신 인생의 사명은 따로 있는데": 조슈아 올슨Joshua Olsen, 『더 나은
집에서 더 나은 삶을 살기: 제임스 라우즈 전기』(워싱턴 DC, 어반랜드연구소,
2004), 266쪽.

33 "저는 뼛속까지 진보주의적인 사회 개혁가라": 폴 골드버거, 「예술로서의 주택」,
『뉴욕 타임스 매거진』, 1995년 3월 12일, 44쪽.

36 "게리는 와서 이렇게 말했어요.": 브루스 래트너, 저자와의 인터뷰, 2013년 11월
26일.

41 "멋진 사람들을 만날 수 있다는 건": 브루스 래트너, 저자 참관, 2011년 3월 19일.

42   "이곳은 제 아버지가": 프랭크 게리, 저자 참관, 2011년 3월 19일.

2. 캐나다 시절

45   "1930년대 초반, 도시 인구의": 제임스 레몬James Lemon, 『1918년 이후의 토론토: 사진으로 보는 역사』(토론토, 제임스 로리머 앤드 컴퍼니, 1985), 197쪽.
"공식적 수치상 일요일마다": 어니스트 헤밍웨이, 『편지 선집』, 1917-1961, ed. 칼로스 베이커(뉴욕, 스크라이브너, 1981), 84, 88, 95쪽.
"캐나다는 1923년에 중국 이민자를": 레몬, 『토론토』, 53쪽.

47   "토론토의 유대인은 3,100명이었고": 제럴드 툴친스키Gerald Tulchinsky, 『뻗어 나가기: 캐나다 유대인 공동체의 변신』(토론토, 스토다트 퍼블리싱 컴퍼니, 1998), 17쪽.
"1920년에는 시의회 의원이": 레몬, 『토론토』, 53쪽.

48   "생선, 고기 등의 상품과": 위의 책, 51쪽.

49   "하지만 할머니도 뜯어말리지는 않으셨어요.": 프랭크 게리, 저자와의 인터뷰, 2011년 7월 14일.
"새뮤얼이 가게를 보는 날이면": 도린 넬슨, 저자와의 인터뷰, 2012년 1월 14일.
"하지만 리아는 요리만": 바버라 아이젠버그, 『프랭크 게리와의 대담』(뉴욕, 앨프리드 A. 크노프, 2009), 15쪽.

50   "창문은 태피스트리와 비슷한": 프랭크 게리, 저자와의 인터뷰, 2011년 7월 14일.

52   "아버지는 어머니에게 푹 빠져 있었어요.": 도린 넬슨, 저자와의 인터뷰, 2012년 1월 14일.
"다듬어지지 않은 다이아몬드": 아이젠버그, 『대담』, 17쪽.
"골드버그라는 성을 썩 좋아하지": 프랭크 게리, 저자와의 인터뷰, 2014년 12월 18일.

53   "게리는 새뮤얼과 리아의 트윈베드": 아이젠버그, 『대담』, 16쪽.

54   "나중에 게리는 할아버지를 도와": 위의 책.
"다리나 고속도로처럼 생긴": 프랭크 게리, 저자와의 인터뷰, 2011년 7월 14일.

56   "인생에서 가장 재미있는": 아이젠버그, 『대담』, 16쪽.
"저는 거기서 잉어를 관찰했어요.": 프랭크 게리, 저자와의 인터뷰, 2011년 7월 14일.

57   "반지성주의를 가장하는 한 방법": 프랭크 게리, 저자와의 인터뷰, 2012년 3월 12일.

"여름 별장": 아이젠버그, 『대담』, 14쪽.

"왜 태양은 아침에 뜰까?": 위의 책.

"이건 왜 이렇고": 프랭크 게리, 저자와의 인터뷰, 2011년 7월 14일.

"이건 유대인이어서 가장 좋은 점": 프랭크 게리, 저자와의 인터뷰, 2012년 1월 29일.

58 〈언덕과 푸름과 바다〉": 프랭크 게리, 저자와의 인터뷰, 2011년 7월 14일.

59 "아버지는 물건 다루는 걸": 도린 넬슨, 저자와의 인터뷰, 2012년 1월 14일.

"그 돈이 어디서 났는지": 프랭크 게리, 저자와의 인터뷰, 2012년 8월 9일.

60 "고국의 맛이 새록새록 떠오른다": 도린 넬슨, 저자와의 인터뷰, 2012년 1월 14일.

61 "도박 사업": 프랭크 게리, 저자와의 인터뷰, 2012년 3월 12일.

62 "티민스에서 유년기를": 안나 갬바, 패트릭 코리건과의 인터뷰, 2012년 10월 11일.

63 "학생들은 대부분 폴란드인이었어요.": 프랭크 게리, 저자와의 인터뷰, 2012년 8월 7일.

"내가 맞고 다니는 걸 본": 프랭크 게리, 저자와의 인터뷰, 2012년 1월 29일.

64 "저는 기차 타는 걸": 위의 인터뷰.

65 "아버지는 차에 저를 태우고": 프랭크 게리, 저자와의 인터뷰, 2012년 8월 7일.

66 "아버지는 그 작은 아이와 함께": 프랭크 게리, 저자와의 인터뷰, 2011년 7월 14일.

"멍청이 또는 몽상가": 위의 인터뷰.

67 "비록 농담이었을지 몰라도": 위의 인터뷰.

"제가 보기에 이상한 쪽은": 도린 넬슨, 저자와의 인터뷰, 2012년 1월 28일.

"물론 티민스에는 그런 기회가": 프랭크 게리, 저자와의 인터뷰, 2011년 6월 20일.

"악기 다루는 법을": 프랭크 게리, 저자와의 인터뷰, 2012년 8월 7일.

68 "손재주를 타고났다": 프랭크 게리, 저자와의 인터뷰, 2011년 7월 14일.

70 "슈퍼 유대인": 프랭크 게리, 저자와의 인터뷰, 2011년 6월 20일.

"솔리와 저는 종교와 유대교에": 프랭크 게리, 저자와의 인터뷰, 2012년 8월 7일.

"저는 이제 깨달았어요.": 프랭크 게리, 저자와의 인터뷰, 2011년 6월 20일.

72 "모더니즘 스타일 창문이": 프랭크 게리, 저자와의 인터뷰, 2011년 7월 14일.

"그 시절을 더듬어 보던 게리는": 프랭크 게리, 저자와의 인터뷰, 2012년 8월 7일.

73 "로스는 저랑 비슷했어요.": 위의 인터뷰.

"지구의 핵에 가까이 가 보고 싶다": 프랭크 게리, 저자와의 인터뷰, 2011년 6월 20일.

"게리보다 여덟 살이 어린 도린은": 도린 넬슨, 저자와의 인터뷰, 2012년 1월 14일.

"로스는 쇼팽에 대해": 프랭크 게리, 저자와의 인터뷰, 2011년 6월 20일.

74 "큰 코에 낯빛은 불그스름하고": 프랭크 게리, 저자와의 인터뷰, 2011년 7월 14일.

"쥐구멍으로 숨고 싶은": 프랭크 게리, 저자와의 인터뷰, 2011년 6월 20일.

75 "거기 가면 어째서인지": 프랭크 게리, 저자와의 인터뷰, 2012년 8월 7일.

76 "그 책은 돌로 작은 집을": 프랭크 게리, 저자와의 인터뷰, 2011년 6월 20일.
"북쪽 지방인 티민스는": 프랭크 게리, 저자와의 인터뷰, 2011년 6월 20일, 2011년 7월 14일.

78 "게리, 이 일은 너에게 맞지 않아.": 프랭크 게리, 저자와의 인터뷰, 2012년 8월 8일.
"당시 어빙은 감정적으로": 프랭크 게리, 저자와의 인터뷰, 2011년 6월 20일.

79 "오빠를 먼지 나게 두들겨 팼다": 도린 넬슨, 저자와의 인터뷰, 2012년 1월 28일.
"어릴 적 아버지와의 기억은": 도린 넬슨, 저자와의 인터뷰, 2012년 1월 14일.
"그 모든 광기 너머에는": 도린 넬슨, 저자와의 인터뷰, 2012년 1월 28일.
"시간이 흐른 뒤 도린은": 도린 넬슨, 저자와의 인터뷰, 2012년 1월 14일.
"게리는 아버지가 감정을": 프랭크 게리, 저자와의 인터뷰, 2011년 7월 14일.

80 "아버지는 사업에 실패한 상황이었어요.": 프랭크 게리, 저자와의 인터뷰, 2011년 6월 20일.
"마음의 짐": 프랭크 게리, 저자와의 인터뷰, 2011년 6월 20일.
"아버지는 마흔일곱의 나이에": 아이젠버그, 『대담』, 18쪽.
"그래도 어빙은 텔마가 일하는 걸 반대했다.": 프랭크 게리, 저자와의 인터뷰, 2012년 8월 8일.

3. 햇볕 내리쬐는 삶을 향해

84 "화창하고 따뜻했어요.": 바버라 아이젠버그, 『프랭크 게리와의 대담』, (뉴욕, 앨프리드 A. 크노프, 2009), 18쪽.

85 "479개의 군수 공장이": 아서 C. 버지Arthur C. Verge, 「제2차 세계대전이 로스앤젤레스에 미친 영향」, 『태평양 역사 비평』 63, no.30(1994년 8월), 294쪽.
"전쟁이 발발하기 전인 1938년에": 위의 책, 293쪽.
"제2차 세계대전이 있기 전": 위의 책, 303~304쪽.

86 "값싸고 탁 트인 부지에": 위의 책, 292쪽.
"정부가 전후 기술과": 위의 책, 313쪽.

90 "방이 두 개였어요.": 도린 넬슨, 저자와의 인터뷰, 2012년 1월 14일.
"어머니는 왕족을 위한 상차림을": 위의 인터뷰.
"격이 떨어진": 프랭크 게리, 저자와의 인터뷰, 2011년 7월 14일.

91 "어빙은 다른 일자리를 찾아": 프랭크 게리, 저자와의 인터뷰, 2012년 8월 9일.

"그는 늦은 밤 가게를 들르는": 위의 인터뷰.

92 "기껏해야 65제곱미터도": 하틀리 게일로드, 패트릭 코리건과의 인터뷰, 2012년 11월 13일.

"우리 아버지는 넉살이 좋아서": 아이젠버그, 『대담』, 18쪽.

93 "하틀리 게일로드의 아버지이자": 하틀리 게일로드, 패트릭 코리건과의 인터뷰, 2012년 11월 13일.

"그는 플리머스 컨버터블 자동차를": 도린 넬슨, 저자와의 인터뷰, 2012년 1월 28일, 하틀리 게일로드, 패트릭 코리건과의 인터뷰, 2012년 11월 13일.

94 "게리는 블로어 고등학교에서": 아이젠버그, 『대담』, 19쪽.

"유명인 부부가 크리스마스 때": 위의 책, 20쪽.

"'예뻐했고'": 프랭크 게리, 저자와의 인터뷰, 2011년 7월 14일.

"어빙과 텔마를 무척 놀라게 했다.": 아이젠버그, 『대담』, 20쪽.

"이후 어느 날 밤": 프랭크 게리, 저자와의 인터뷰, 2011년 7월 14일.

95 "아서를 도와 보석을 닦고": 아이젠버그, 『대담』, 19쪽.

"제 손재주를 보곤": 프랭크 게리, 저자와의 인터뷰, 2012년 8월 9일.

"당시 저는 오래된 빅토리아풍 주택이": 아이젠버그, 『대담』, 19쪽.

"게리는 보석 가게에서 일했지만": 프랭크 게리, 저자와의 인터뷰, 2012년 8월 9일.

96 "비행기는 샌퍼낸도밸리에 있는": 프랭크 게리, 저자와의 인터뷰, 2011년 6월 20일.

"커서 뭐가 되고 싶은지": 프랭크 게리, 저자와의 인터뷰, 2012년 8월 9일.

"로스앤젤레스에 도착하고 얼마 지나지 않아": 아이젠버그, 『대담』, 20~21쪽.

97 "풋내기를 위한 전문 훈련": 프랭크 게리, 저자와의 인터뷰, 2011년 7월 14일.

"순수 예술은 수강 조건이": 프랭크 게리, 저자와의 인터뷰, 2012년 1월 29일.

98 "나이가 맞다": 프랭크 게리, 저자와의 인터뷰, 2011년 7월 14일.

"주위에서 계속 아니타에게": 프랭크 게리, 저자와의 인터뷰, 2011년 7월 14일.

99 "아니타의 어머니가 이 모든 일을": 프랭크 게리, 저자와의 인터뷰, 2012년 1월 29일.

"리처드는 누나 아니타와 아버지의": 리처드 스나이더, 저자와의 인터뷰, 2012년 8월 1일.

"영특하다": 프랭크 게리, 저자와의 인터뷰, 2012년 1월 29일.

100 "그 집에는 TV가 있었어요.": 위의 인터뷰.

"마이클 틸슨 토머스는 스나이더 가족이": 마이클 틸슨 토머스, 저자와의 인터뷰, 2014년 1월 30일.

101 "리처드는 게리와 마이클이": 리처드 스나이더, 저자와의 인터뷰, 2012년 5월 22일.

"한번은 가마에 구운 냄비가": 아이젠버그, 『대담』, 21쪽.

103 "소리아노는 검은색 베레모에": 위의 책, 22쪽.

"그는 일종의 프리마돈나였죠.": 프랭크 게리, 저자와의 인터뷰, 2012년 11월 12일.

104 "철을 다루고 사람들을 지휘하는": 아이젠버그, 『대담』, 22쪽.

"저는 모든 건물, 모든 거리": 프랭크 게리, 저자와의 인터뷰, 2012년 11월 12일.

105 "신들러는 재미있고 다가가기 쉬운": 아이젠버그, 『대담』, 23쪽.

106 "신들러는 훗날 제가 받을 평가를": 프랭크 게리, 저자와의 인터뷰, 2011년 7월 14일.

"무척 거만했어요": 아이젠버그, 『대담』, 23쪽.

"당시 노이트라는 슐먼에게": 프랭크 게리, 저자와의 인터뷰, 2011년 7월 14일.

4. 건축가 되기

109 "저는 할머니를 정말 좋아했어요.": 프랭크 게리, 저자와의 인터뷰, 2011년 7월 14일.

"도린은 화가 잔뜩 난": 도린 넬슨, 저자와의 인터뷰, 2012년 1월 28일.

110 "우리는 무작정 헬렌에게": 프랭크 게리, 저자와의 인터뷰, 2012년 1월 29일.

111 "텔마는 브로드웨이 백화점의": 프랭크 게리, 저자와의 인터뷰, 2011년 7월 14일, 2012년 1월 29일.

"파티에는 25~30명쯤 있는 것": 산드라 게일로드, 패트릭 코리건과의 인터뷰, 2012년 11월 13일.

112 "어머니는 오빠가 방에서": 도린 넬슨, 저자와의 인터뷰, 2012년 1월 28일.

"어빙은 스탠더드 커피 컴퍼니": 1952년 개인 소득세 신고서, 도린 넬슨 기록.

"어빙은 친구들이나 자신이 좋아하는": 하틀리 게일로드, 패트릭 코리건과의 인터뷰, 2012년 11월 13일, 프랭크 게리, 저자와의 인터뷰, 2011년 7월 14일.

113 "너무 우울해서": 도린 넬슨, 저자와의 인터뷰, 2012년 1월 28일.

"아버지는 하루에 인슐린 주사를": 위의 인터뷰.

"의사가 그런 말을 한 건": 프랭크 게리, 저자와의 인터뷰, 2014년 8월 12일.

"복지 차원으로 시에서": 도린 넬슨, 저자와의 인터뷰, 2012년 1월 28일.

114 "누군가가 제게 좋은": 바버라 아이젠버그, 『프랭크 게리와의 대담』, (뉴욕, 앨프리드 A. 크노프, 2009), 22쪽.

116 "단순하고 복잡하지도 않아서": 프랭크 게리, 저자와의 인터뷰, 2012년 11월 12일.

117 "반유대주의 때문이었을 수도": 위의 인터뷰.

118 "샤르트르 대성당 같은 것들이 담긴": 프랭크 게리, 저자와의 인터뷰, 2012년 3월 12일.

119 "그땐 판즈워스 하우스를": 프랭크 게리, 저자와의 인터뷰, 2012년 8월 9일.
"당시에는 일본의 영향력만": 위의 인터뷰.

120 "저는 그렇게 이입할 수가": 프랭크 게리, 저자와의 인터뷰, 2012년 11월 12일.

121 "착한 유대인": 그렉 월시, 저자와의 인터뷰, 2012년 1월 28일.
"흥미로운 대화가 가능했던 사람은": 위의 인터뷰.

122 "그렉과 저는 곧장 친해졌어요.": 프랭크 게리, 저자와의 인터뷰, 2011년 7월 14일.
"게리는 그렉과 함께": 프랭크 게리, 저자와의 인터뷰, 2013년 1월 10일.
"저는 노이트라, 라이트, 신들러의": 프랭크 게리, 저자와의 인터뷰, 2013년 1월 4일.

123 "그렉은 제게 푹 빠졌었어요.": 프랭크 게리, 저자와의 인터뷰, 2012년 11월 12일.
"그렉 덕에 오빠가 하나 더": 도린 넬슨, 저자와의 인터뷰, 2012년 1월 14일.
"게리는 아주 개성이 뚜렷한": 그렉 월시, 「프랭크 게리와의 추억」, 미출간 원고, 2012년.

125 "매우 중요한": 위의 글.
"캘빈 스트라우브는 3학년을": 프랭크 게리, 저자와의 인터뷰, 2013년 1월 4일.
"이상적인 전원도시": 그렉 월시, 저자와의 인터뷰, 2012년 1월 28일.
"하루는 스트라우브가 제게": 프랭크 게리, 저자와의 인터뷰, 2012년 11월 12일.

126 "스트라우브와 함께하는 학기 초에는": 그렉, 「추억」.
"우리는 시각적인 평가 대신": 위의 글.

127 "그는 이미 설계한 주택을": 위의 글.
"버지는 소설 속에 사는": 프랭크 게리, 저자와의 인터뷰, 2012년 11월 12일.

128 "에크보는 저의 가장 친한": 프랭크 게리, 저자와의 인터뷰, 2011년 7월 14일.
"못살게 굴 만큼": 위의 인터뷰.

129 "게리, 모든 길에는 경계가 있게 마련이야.": 프랭크 게리, 저자와의 인터뷰, 2012년 11월 12일.

131 "나중에 게리는 멤버가 전부": 프랭크 게리, 저자와의 인터뷰, 2012년 1월 29일.

132 "그들이 무슨 꿍꿍이인지": 프랭크 게리, 저자와의 인터뷰, 2012년 11월 12일.
"텔마는 활기차고 똑 부러지는": 리처드 스나이더, 저자와의 인터뷰, 2012년 8월 1일.

133 "게리는 항상 물고기를 좋아했어요.": 위의 인터뷰.

134 "이들은 데저트 핫 스프링스 모텔": 프랭크 게리, 저자와의 인터뷰, 2012년 1월 29일.

"냉소와 환멸": 그렉 월시, 저자와의 인터뷰, 2012년 1월 28일.

135 "아인이 저나 제 작품을 좋아하는지": 프랭크 게리, 저자와의 인터뷰, 2012년 11월 12일.

"디자인에 대한 엄격하고 논리적인": 그렉, 「추억」.

137 "정말 들떴었죠.": 프랭크 게리, 패트릭 코리건과의 인터뷰, 2012년 9월 28일.

"5학년 실습을 가르쳤던": 위의 인터뷰.

138 "게리와 그렉은 그렇게 몇 주간": 도린 넬슨, 저자와의 인터뷰, 2012년 1월 14일.

139 "'골드버그'라는 이름은 잘못된 것이": 도린 넬슨, 저자와의 인터뷰, 2012년 1월 28일.

140 "전 이름을 바꾸고 싶지 않았습니다.": 프랭크 게리, 저자와의 인터뷰, 2012년 1월 29일.

"요지부동이었어요.": 위의 인터뷰.

"아니타를 아는 사람이라면": 프랭크 게리, 저자와의 인터뷰, 2011년 7월 14일.

"아니타를 끝없이 만족시켜 주기": 프랭크 게리, 저자와의 인터뷰, 2012년 1월 29일.

141 "1954년 5월 6일에 최종적으로": 프랭크 게리, 저자와의 인터뷰, 2011년 7월 14일.

143 "게리에게 역정을 냈다.": 프랭크 게리, 저자와의 인터뷰, 2012년 1월 29일.

"그렇게 제 삶에서 사라져 버린": 프랭크 게리, 저자와의 인터뷰, 2011년 7월 14일.

144 "그 말을 남긴 채": 프랭크 게리, 저자와의 인터뷰, 2012년 1월 29일.

145 "'우리가 실수했군.'": 프랭크 게리, 저자와의 인터뷰, 2012년 11월 12일.

"나중에 게리는 그토록 무심하게": 프랭크 게리, 저자와의 인터뷰, 2014년 8월 12일.

146 "군의관은 제 다리를 보더니": 아이젠버그, 『대담』, 29쪽.

5. 권위와 씨름하기

147 "아니타는 게리의 군 복무로": 프랭크 게리, 저자와의 인터뷰, 2012년 11월 12일.

148 "그 시기에 아니타는 정말": 프랭크 게리, 저자와의 인터뷰, 2012년 1월 29일.

"어머니는 아니타를 최대한": 리처드 스나이더, 저자와의 인터뷰, 2012년 8월 1일.

"스나이더 집에는 확실히 긴장감이": 프랭크 게리, 저자와의 인터뷰, 2012년 1월 29일.

149 "시원찮은 다리 때문에": 바버라 아이젠버그, 『프랭크 게리와의 대담』(뉴욕, 앨프리드 A. 크노프, 2009), 30쪽.

150 "걱정하지 말고 그 사람 이름만 알려 줘요.": 위의 책, 33쪽.

"그들은 모두를 위해": 프랭크 게리, 저자와의 인터뷰, 2013년 1월 11일.

"그자가 알래스카로 갔다고": 아이젠버그, 『대담』, 33쪽.

"그래서 대체 네가": 프랭크 게리, 저자와의 인터뷰, 2012년 11월 12일.

151 "위험한 작업이었습니다.": 아이젠버그, 『대담』, 34쪽.

"제 그래픽 디자인은": 프랭크 게리, 저자와의 인터뷰, 2013년 1월 11일.

153 "자네는 건실한 애국자 아닌가?": 프랭크 게리, 저자와의 인터뷰, 2013년 1월 11일.

"그때 그 모든 진보주의 단체들이": 프랭크 게리, 저자와의 인터뷰, 2013년 1월
11일.

"하지만 '저는 우리나라에'": 프랭크 게리, 저자와의 인터뷰, 2011년 7월 14일.

"그때는 프랭크 로이드 라이트에": 프랭크 게리, 저자와의 인터뷰, 2013년 7월
11일, 아이젠버그, 『대담』, 36쪽.

154 "알고 보니 사령관도": 프랭크 게리, 저자와의 인터뷰, 2013년 1월 11일.

"저는 새벽 서너 시까지": 아이젠버그, 『대담』, 37쪽.

156 "제 작품은 디자인이 과한": 위의 책, 38쪽.

"아마 사각형 구조가 아니었다면": 도미닉 로스칼조, 저자와의 인터뷰, 2012년
6월 7일.

157 "조지 넬슨이 의자를 만들고": 위의 인터뷰.

"그중에서도 게리는 자신보다": 아이젠버그, 『대담』, 45쪽.

158 "리처드는 푹푹 찌는 듯 후텁지근한": 리처드 스나이더, 저자와의 인터뷰, 2012년
8월 2일.

"그분들은 제가 부잣집 건축이 아니라": 아이젠버그, 『대담』, 40쪽.

"그들은 게리에게 다시 학교로": 프랭크 게리, 저자와의 인터뷰, 2012년 11월 12일.

160 "저는 여러 프랑스인 학생들과": 마르크 비아스, 저자와의 인터뷰, 2013년 4월
20일.

161 "돈이 넉넉지 않아서": 아이젠버그, 『대담』, 41쪽.

162 "저는 망연자실한 채로": 프랭크 게리, 저자와의 인터뷰, 2013년 1월 11일.

164 "자네는 부잣집 건설에": 프랭크 게리, 저자와의 인터뷰, 2012년 1월 29일.

165 "저는 당시 그 프로젝트를": 아이젠버그, 『대담』, 42쪽.

166 "게리 씨, 당신은": 위의 책.

"저는 그 작자를 쳐다보고": 프랭크 게리, 저자와의 인터뷰, 2012년 1월 29일.

"세르트 교수님": 아이젠버그, 『대담』, 42쪽.

167 "세르트는 '그 방법밖에": 아이젠버그, 『대담』, 43쪽.

"게리는 가족을 부양하기 위해": 프랭크 게리, 저자와의 인터뷰, 2012년 1월 11일.

168 "인류학과에는 마거릿 미드와": 프랭크 게리, 저자와의 인터뷰, 2012년 1월 29일.
"부지와 건물 용도가 엄격하게": 마르크 비아스, 저자와의 인터뷰, 2013년 월 20일.

169 "세르트는 마르크를 정말": 프랭크 게리, 저자와의 인터뷰, 2013년 1월 11일.

170 "르코르뷔지에는 문화 속에 확실히": 아이젠버그, 『대담』, 43쪽.
"하버드에 입학하기 전까지": 위의 책, 43~44쪽.
"뉴욕 갤러리에서 사 갈 만한": 위의 책, 44~45쪽.

171 "하지만 그루엔 사무소장 베다 즈비커와": 프랭크 게리, 저자와의 인터뷰, 2013년
1월 11일.

6. 유럽의 발견

173 "저는 그런 처사가 불쾌했습니다.": 프랭크 게리, 저자와의 인터뷰, 2012년 11월
12일, 2012년 1월 29일.

177 "연극 같았어요.": 프랭크 게리, 저자와의 인터뷰, 2011년 7월 14일.
"저는 페레이라 앤드 럭먼 회사가": 프랭크 게리, 저자와의 인터뷰, 2013년 1월
11일.

185 "대재앙 같은 도시 계획": 로버트 캠벨, 「35주년을 맞은 찰스 리버 파크」, 『보스턴
글로브』, 1995년 5월 26일.
"내가 싫어하는 저 커다란 괴물": 프랭크 게리, 저자와의 인터뷰, 2013년 1월 4일.
"저는 주택 건설이 좋았어요.": 아이젠버그, 『프랭크 게리와의 대담』, (뉴욕,
앨프리드 A. 크노프, 2009), 48쪽.
"전 결혼 생활을 조지고 있었어요.": 프랭크 게리, 저자와의 인터뷰, 2013년 1월
4일.

186 "딸의 불행한 모습을 본 벨라는": 프랭크 게리, 저자와의 인터뷰, 2012년 11월 11일.

187 "그루엔 사무소는 확실히": 아이젠버그, 『대담』, 47쪽.

188 "저는 저만의 생각이 있었어요.": 위의 책.
"지나고 나서 보니": 존 패스티어, 「질의응답: 여든 살이 된 게리」, 『아키텍츠
뉴스페이퍼』, 2019년 3월 24일.

190 "카우보이 시공자": 밀드러드 프리드먼, 『프랭크 게리의 주택』(뉴욕, 리졸리, 2009),
103쪽.

192 "게리는 로스앤젤레스 너머까지": 프랭크 게리, 저자와의 인터뷰, 2013년 1월 4일.

193 "세공된 목재로 덮이기 전의": 위의 인터뷰.
"투박함은 만듦새의 측면과": 위의 인터뷰.

194 "저는 평범하고 값싼 재료들": 프랭크 게리, 저자와의 인터뷰, 2015년 3월 13일.
"파리에 와 달라": 프랭크 게리, 저자와의 인터뷰, 2013년 1월 4일.
"게리는 그곳에서의 삶이 지겹다고": 마르크 비아스, 저자와의 인터뷰, 2013년 4월 20일.

195 "아니타에게 해 주지 못했던": 아이젠버그, 『대담』, 47쪽.
"저는 사무소의 루디 바움펠드에게": 프랭크 게리, 저자와의 인터뷰, 2011년 7월 14일.
"떠나기 세 달 전에": 프랭크 게리, 저자와의 인터뷰, 2013년 1월 4일.

196 "뭐, 이제껏 안 해 주셨는데": 위의 인터뷰.

198 "아이가 둘이나 딸려 있는데": 위의 인터뷰.
"게리가 기억하는 레몽데는": 위의 인터뷰.

199 "봉주르, 무슈!": 위의 인터뷰.
"왕궁 책임 건축가도 맡고 있던": 오두앵 돌퓌스 Audouin Dollfus, 『뫼동 천문대의 굴절 망원경』(뉴욕, 스프링어, 2013).

200 "마르크 비아스가 발 벗고 나서": 프랭크 게리, 저자와의 인터뷰, 2014년 10월 21일.
"우리는 파리와 그 근방을": 마르크 비아스, 저자와의 인터뷰, 2013년 4월 20일.

201 "저는 일본, 아시아 중심적이고": 프랭크 게리, 저자와의 인터뷰, 2011년 7월 14일.
"저는 모더니즘 스타일에": 위의 인터뷰.

202 "저는 유럽 건축물에": 위의 인터뷰.
"수도원 회랑은 여성의 입장을": 마르크 비아스, 저자와의 인터뷰, 2013년 4월 20일.

204 "그쪽 친구들은 고급 레스토랑에": 프랭크 게리, 저자와의 인터뷰, 2011년 7월 14일.
"게리는 미국으로 돌아가야": 마르크 비아스, 저자와의 인터뷰, 2013년 4월 20일.

205 "그루엔은 제게 '파리 관광을 시켜다오'": 프랭크 게리, 저자와의 인터뷰, 2011년 7월 14일.

206 "그루엔이 말했어요.": 위의 인터뷰.

7. 로스앤젤레스에서 다시 시작하기

207 "하지만 빅터 그루엔 사무소에서": 바버라 아이젠버그, 『프랭크 게리와의 대담』(뉴욕, 앨프리드 A. 크노프, 2009), 49쪽.

208 "허섭스레기 같은 건물도": 도린 넬슨, 저자와의 인터뷰, 2012년 1월 28일.

209 "아버지는 한번 당신의 손에": 리처드 스나이더, 저자와의 인터뷰, 2012년 8월 1일.

"게리와 아니타는 결국": 프랭크 게리, 저자와의 인터뷰, 2012년 1월 29일.

"그 뒤로는 작은 프로젝트나마": 아이젠버그, 『대담』, 50쪽.

210 "저는 고층 빌딩 프로젝트도": 위의 책, 49쪽.

"살길을 찾아 함께": 프랭크 게리, 저자와의 인터뷰, 2013년 5월 18일.

211 "저는 부끄럼이 많았고": 위의 인터뷰.

212 "게리는 자기가 얼마나 재능 있는지": 도린 넬슨, 저자와의 인터뷰, 2012년 1월 28일.

218 "나는 '순수한' 것보다": 로버트 벤투리, 『건축의 복합성과 대립성』(뉴욕, 현대미술관, 1966), 16쪽.

219 "매코이는 힐크레스트 아파트를": 프랭크 게리, 저자와의 인터뷰, 2013년 5월 18일.

220 "게리와 웨슬리 빌슨 사이에도": 위의 인터뷰.

225 "상황이 어떻게 됐건 간에": 위의 인터뷰.

227 "능란한 기량": 레이너 밴험, 『로스앤젤레스: 네 가지 생태 속 건축물』(버클리, 캘리포니아대학교 출판부, 1971), 180쪽.

230 "그건 보상이었을까요, 관대함이었을까요?" 리처드 스나이더, 저자와의 인터뷰, 2012년 8월 1일.

232 "어느 날 프로젝트 현장에 갔더니": 아이젠버그, 『대담』, 56쪽.

"게리는 베벌리 글렌에 있는": 에드 모지스, 저자와의 인터뷰, 2011년 9월 13일.

234 "키엔홀츠와 홉스가 페루스 갤러리의": 헌터 드로호조스카필프, 『낙원에서 일어난 저항: 로스앤젤레스 아트 신과 1960년대』(뉴욕, 헨리 홀트, 2011), 30쪽.

235 "우리는 뉴욕 예술가들이 느끼던": 척 아놀디, 저자와의 인터뷰, 2011년 9월 13일.

236 "매일 데리고 다니는": 에드 모지스, 저자와의 인터뷰, 2011년 9월 13일.

"벵스턴은 '얼씨구' 하는": 에드 루샤, 저자와의 인터뷰, 2011년 9월 13일.

"게리의 호기심은 채워지는 법이": 「프랭크 게리와 로스앤젤레스 아트 신」, 로스앤젤레스 게티 센터에서 열린 토론회, 2011년 9월 13일, 프랭크 게리, 피터 알렉산더, 척 아놀디, 토니 벌랜트, 빌리 알 벵스턴, 에드 모지스, 저자 참석.

237 "만들기와 예술은 별개의": 아이젠버그, 『대담』, 57~58쪽.

238 "그렇게 해서 우리는 간주를": 위의 책, 59쪽.

240 "저는 큐레이터들에게 창고로": 아람 모샤예디 Aram Moshayedi, 「장식적 예술: 빌리 알 벵스턴과 프랭크 게리가 LACMA 전시회 협업에 관해 얘기하다」, 『이스트 오브 보르네오 East of Borneo』, 2014년 2월 4일.

241 "벵스턴은 제게 소리를 지르며": 위의 책.

242 "웩슬러는 앨툰이 카마릴로의": 저자와의 인터뷰, 2011년 9월 13일.

243 "왜냐하면 창의력에 의존하는": 말로 토마스 Marlo Thomas의 『적시 적소의 말들』(뉴욕, 아트리아 북스, 2002), 109~111쪽 발췌.
"그 이후로 모든 것이": 위의 책.

244 "게리는 치료를 시작했을 때": 〈프랭크 게리의 스케치〉 중 밀턴 웩슬러, 시드니 폴락 감독, 소니 픽처스 클래식, 2006년.

246 "웩슬러 덕에 게리는 다시": 난 펠레츠, 저자와의 인터뷰, 2014년 9월 4일.

247 "아니타가 저를 밀어내면": 프랭크 게리, 저자와의 인터뷰, 2013년 1월 10일.

248 "웩슬러가 말하기를": 프랭크 게리, 저자와의 인터뷰, 2013년 6월 6일(두 번째 인터뷰).
"그런 뒤 배우 벤 가자라와": 뱁스 톰프슨, 저자와의 인터뷰, 2013년 7월 10일.
"눈물 젖은 독신남 아파트": 프랭크 게리, 저자와의 인터뷰, 2013년 5월 18일.
"아니타는 남동생인": 리처드 스나이더, 저자와의 인터뷰, 2012년 5월 22일.
"그녀는 레슬리와 브리나를": 도린 넬슨, 저자와의 인터뷰, 2012년 1월 14일.

8. 홀로서기

251 "게리는 상처를 보듬을 곳이": 도린 넬슨, 저자와의 인터뷰, 2012년 1월 28일.

254 "죽고 못 살았다": 프랭크 게리, 헌터 드로호조스카필프와의 인터뷰, 2007년 9월 28일.

256 "저는 오닐 부부를 만나러": 위의 인터뷰.

257 "두 사람의 연인 관계가 끝나고": 「당나귀 경주의 하이라이트 '시골에서의 하루' 자선 행사에 참가한 스타들」, 『로스앤젤레스 타임스』, 1973년 11월 7일.

260 "우리는 모두 앨툰의 스타일과": 빌리 알 벵스턴, 저자와의 인터뷰, 2013년 6월 13일.

261 "우리를 하나로 뭉쳐 주는 건": 바버라 아이젠버그, 『프랭크 게리와의 대담』(뉴욕, 앨프리드 A. 크노프, 2009), 57쪽.

262 "저는 뱁스에게 이렇게": 프랭크 게리, 헌터 드로호조스카필프와의 인터뷰, 2007년 9월 28일.

263 "실제로 예순다섯 살이 되자": 뱁스 톰프슨, 저자와의 인터뷰, 2013년 7월 10일.

264 "추억 여행": 위의 인터뷰.
"뱁스와 저는 에펠탑 꼭대기에서": 프랭크 게리, 저자와의 인터뷰, 2013년 5월

18일.

266 "아직 너무 일러요.": 뱁스 톰프슨, 저자와의 인터뷰, 2013년 7월 10일.

267 "저는 저도 모르는 사이에": 프랭크 게리, 저자와의 인터뷰, 2013년 1월 4일.

268 "라우즈는 저처럼": 조슈아 올슨, 『더 나은 집에서 더 나은 삶을 살기: 제임스 라우즈 전기』(워싱턴 DC, 어반랜드연구소, 2004), 189쪽.
"제 대답은 이랬어요.": 프랭크 게리, 저자와의 인터뷰, 2013년 1월 4일.
"모트 호펜펠드였어요.": 위의 인터뷰.

270 "완전무결한 건축과": 해럴드 숀버그, 「기근에서 진수성찬으로」, 『뉴욕 타임스』, 1967년 7월 23일.

271 "에스더 윌리엄스와 페르난도 라마스를 포함해": 아이젠버그, 『대담』, 53쪽.

272 "맙소사, 우리는 당신에게": 프랭크 게리, 저자와의 인터뷰, 2013년 1월 4일.

275 "일반 백화점은 정적인 느낌을": 「앞으로 펼쳐질 미래의 모습」, 『퍼니싱 데일리』, 1968년 7월 2일.
"진열 체계와 장식을": 『스토어: 소매관리 잡지』, 1971년 9월 5일.

276 "한동안 게리는 라우즈 컴퍼니의 간부이자": 프랭크 게리, 저자와의 인터뷰, 2014년 8월 12일.
"요트는 건축적 공간을": 프랭크 게리, 알렉스 브라운Alex Browne의 「항해를 향한 사랑」 발췌, 『뉴욕 타임스』, 2009년 4월 16일.

277 "그는 제가 제 아파트로 이사하고": 프랭크 게리, 저자와의 인터뷰, 2013년 5월 18일.

278 "지지하면서도 저지하는": 빌리 알 벵스턴, 저자와의 인터뷰, 2013년 6월 13일.

279 "데이비스가 소실점을 정하기 위해": 에스더 매코이, 「말리부힐스 보고서」, 『프로그레시브 아키텍처』, 1974년 9월, 40쪽.
"그건 게리의 사랑이 담긴": 마셜 버지스Marshall Berges, 「론 데이비스: 차원을 가지고 놀다」, 『로스앤젤레스 타임스 홈』, 1975년 8월 17일.

282 "데이비스는 방을 원했어요.": 폴 골드버거, 「디자인 노트북: 이름 없는 도시의 집들」, 『뉴욕 타임스』, 1977년 3월 24일, C 14.
"우리가 놀 수 있는 커다란 헛간": 폴 골드버거, 「세심한 휘갈김」, 『뉴욕 타임스 매거진』, 1976년 1월 18일, 49쪽.

285 "게리는 엄청난 자유도를 가능케 하는": 위의 글, 50쪽.

9. 모서리 깎아 내기

288 "건축가는 대부분 클라이언트를": 프랭크 게리, 『디자이너스 웨스트』, 1969년 5월, 31쪽.

290 "건물은 예전만큼 오래갈 수 없다.": 위의 글.

291 "우리는 정확히 파악하지도 못하는": 위의 글.
"주거 공간을 두 부분으로": 위의 글.

292 "우리가 지닌 가치 체계와 함께": 위의 글.

293 "우리는 환상에 깊이": 위의 글.

295 "집을 지을 때": 바버라 아이젠버그, 『프랭크 게리와의 대담』, (뉴욕, 앨프리드 A. 크노프, 2009), 6쪽.

298 "남매가 기획한 수업의": 〈키드 시티〉, 존 부어스틴 감독, USC 제작, 1972년.

300 "론 데이비스는 존슨이": 프랭크 게리, 저자와의 인터뷰, 2014년 1월 18일.

303 "아름답다고 생각했어요.": 아이젠버그, 『대담』, 189~190쪽.

304 "그는 이후 이 사이드 테이블을": 프랭크 게리, 저자와의 인터뷰, 2014년 1월 17일.

306 "이후 게리는 로버트 어윈, 잭 브로건과 함께": 잭 브로건, 저자와의 인터뷰, 2014년 1월 16일.

307 "『하우스 앤드 가든』은 바버라 다시가": 『하우스 앤드 가든』, 1972년 8월, 34~35쪽.
"우리 세대의 가장 기발한 가구다.": 댄 맥마스터, 「이지 에지: 이제껏 왜 아무도 이런 생각을 하지 못했나?」, 『로스앤젤레스 타임스 홈』, 1972년 4월 30일, 13쪽.
"플라스틱과 강철로 만든": 노마 스쿠르카Norma Skurka, 「구두쇠를 위한 종이 가구」, 『뉴욕 타임스 매거진』, 1972년 4월 9일.

308 "사업가들에 대해": 프랭크 게리, 저자와의 인터뷰, 2014년 1월 17일.

310 "그는 제게 전화해": 위의 인터뷰.
"하지만 그것도 마음처럼": 잭 브로건, 저자와의 인터뷰, 2014년 1월 16일.

316 "콩코드 파빌리온은 로버트 스미스슨의": 피터 아넬, 테드 빅퍼드, 『프랭크 게리의 건물과 프로젝트』(뉴욕, 리졸리, 1985), 84쪽.

317 "저는 계속 울타리를 쳐다보며": 위의 책, 98쪽.

318 "그런 말씀을 하시다니": 위의 책.

320 "알토의 직원은 제가": 프랭크 게리, 저자와의 인터뷰, 2011년 6월 20일.

322 "처음에 텔마 게리는": 도린 넬슨, 저자와의 인터뷰, 2012년 1월 28일.

323 "노턴 때문에 겪어야 하는 수모": 프랭크 게리, 저자와의 인터뷰, 2014년 1월 18일.

324 "신혼여행 중에 그런 전화를": 위의 인터뷰.
"당장 이리 튀어 와서": 위의 인터뷰.

325 "저는 치열하게 일했어요.": 아넬, 빅퍼드, 『프랭크 게리』, xiv.

"정말로 서구 문명을": 프랭크 게리, 저자와의 인터뷰, 2014년 1월 18일.

326 "두 사람은 온 동네를 돌아다니며": 에드 모지스, 저자와의 인터뷰, 2012년 12월 13일.

329 "게리는 어찌할 바를 몰라": 도린 넬슨, 저자와의 인터뷰, 2012년 1월 28일.

10. 샌타모니카 주택

337 "그 박물관 터는 주차장이었습니다.": 피터 아넬, 테드 빅퍼드, 『프랭크 게리의 건물과 프로젝트』(뉴욕, 리졸리, 1985), 154쪽.

"모두 체인 링크를 싫어합니다.": 프랭크 게리, 저자와의 인터뷰, 2013년 1월 4일.

338 "제가 당신에게 체인 링크의": 위의 인터뷰.

"체인 링크 공장에 전화해": 바버라 아이젠버그, 『프랭크 게리와의 대담』, (뉴욕, 앨프리드 A. 크노프, 2009), 61쪽.

339 "체인 링크 그대로의 모습이": 프랭크 게리, 저자와의 인터뷰, 2014년 1월 18일.

"웩슬러는 제가 체인 링크로": 위의 인터뷰.

"전 웩슬러에게 대들었어요.": 위의 인터뷰.

342 "'그 애 있잖아,'": 베르타 게리, 저자와의 인터뷰, 2014년 12월 28일.

"엄마는 베르타에게 이렇게 말씀하셨어요.": 도린 넬슨, 저자와의 인터뷰, 2012년 1월 14일.

343 "그 집을 처음 보자마자": 베르타 게리, 밀드러드 프리드먼과의 인터뷰, 『프랭크 게리의 주택』(뉴욕, 리졸리, 2009), 65쪽.

344 "저는 그 작업으로": 아넬, 빅퍼드, 『프랭크 게리』, 134쪽.

345 "게리처럼 저도 할머니 댁에 가면": 베르타 게리, 밀드러드 프리드먼과의 인터뷰, 『프랭크 게리의 주택』, 65, 68쪽.

347 "나무로 그린 스케치": 아넬, 빅퍼드, 『프랭크 게리』, 128쪽.

349 "저는 '정말 마음에 들어요'라고": 폴 루보비츠키, 밀드러드 프리드먼과의 인터뷰, 『프랭크 게리의 주택』, 61쪽.

351 "게리에게 자택 작업은 일종의": 위의 책, 61~62쪽.

352 "그 집은 가공되지 않은 산업 재료의": 허버트 무샴프, 「이 시대의 걸작」, 『뉴욕 타임스 매거진』, 1997년 9월 7일, 54쪽.

354 "우리는 세상의 물건들을": 『프랭크 O. 게리/커트 W. 포스터: 예술과 건축의 대화』, 크리스티나 베첼러Christina Bechtler 편저(오스트필더른-루트, 칸츠 베를라그,

1999), 20쪽.

355 "티후아나 소시지 공장처럼": 알렉스 호이트 Alex Hoyt, 「미국건축가협회 25주년 상」, 『아키텍트』, 2012년 5월, 208쪽.

356 "게리는 자신의 마음이 이끄는 곳에": 존 드레이퍼스, 「이웃 주민들을 당황케 하고, 화나게 하는 게리의 감각 있는 주택」, 『로스앤젤레스 타임스』, 1978년 7월 23일.
"저는 많은 중산층 동네에": 프랭크 게리, 밀드러드 프리드먼과의 인터뷰, 『프랭크 게리의 주택』, 64~65쪽.

357 "그 모든 난리에도 불구하고": 위의 책, 65쪽.

358 "건축계의 대작": 조지프 모겐스턴, 『뉴욕 타임스』, 1979년 5월 17일, 48쪽.

359 "그 집에서는 항상": 알레호 게리, 저자와의 인터뷰, 2014년 6월 23일.
"친구들 집에 놀러 갔다가": 샘 게리, 저자와의 인터뷰, 2014년 6월 25일.

360 "그자는 우리 집을": 아이젠버그, 『대담』, 67쪽.

361 "제게 화나셨군요.": 프랭크 게리, 저자와의 인터뷰, 2015년 5월 8일.

365 "저와 게리는 머리를 맞대고": 제인 스필러, 밀드러드 프리드먼과의 인터뷰, 『프랭크 게리의 주택』, 159~160쪽.

366 "게리는 건축가니까": 척 아놀디, 밀드러드 프리드먼과의 인터뷰, 『프랭크 게리의 주택』, 167쪽.

368 "돈을 벌어다 주지는 못했다.": 프랭크 게리, 저자와의 인터뷰, 2015년 3월 13일.
게리는 건축 대금을 포기하는 대가로 그 건물에서 나는 수익을 나눠 갖기로 했지만, 게리의 기억이 바르다면 그들은 손해를 보고 건물을 팔았다.
"게리, 샌타모니카 플레이스가": 조슈아 올슨, 『더 나은 집에서 더 나은 삶을 살기: 제임스 라우즈 전기』(워싱턴 DC, 어반랜드연구소, 2004), 266쪽.

11. 물고기 모양, 다양한 모양

375 "나는 이곳 건축계에서": 톰 메인, 「1979년의 건축」, 『이단들의 연합』, 토드 개넌Todd Gannon, 이완 브란다Ewan Branda 편저(로스앤젤레스, J. 폴 게티 미술관, 2013), 208쪽.

376 "이즈리얼과 나는 공통점이 많다.": 프랭크 게리, 『프랭클린 D. 이즈리얼』(뉴욕, 리졸리, 1993), 서문, 10~11쪽.

377 "그들의 작품은 아직 많이": 존 드레이퍼스, 『로스앤젤레스 타임스』, 1979년 10월 11일, 『이단들의 연합』, 35쪽 발췌.

380 "당시 널찍한 로프트 사무실에서": 크레이그 호젯, 로버트 맹구리안, 「건축가 선언문」, 『이단들의 연합』, 85쪽.

384 "가장 급진적인 개입은 단연코": 제르마노 첼란트, 「스트라다 노비시마」, 『아트포럼』, 1980년 12월.
"포스트모던 건축물은 장식적이고": 바버라 아이젠버그, 『프랭크 게리와의 대담』, (뉴욕, 앨프리드 A. 크노프, 2009), 127쪽.

385 "게리는 UCLA의 한 강연에서": 프랭크 게리, 저자와의 인터뷰, 2013년 10월 19일. 강의록이 없기에 게리는 UCLA 강연에서 했던 말을 기억으로 더듬어 옮겼다.
"물고기는 제가 길어 낼 수 있는": 아이젠버그, 『대담』, 129쪽.

391 "그래서 우리 모두 냅킨에": 프랭크 게리, 저자와의 인터뷰, 2013년 10월 19일.

392 "우리는 이 세 작품의 정물화를": 위의 인터뷰.

397 "벤슨은 배짱이 대단했어요.": 프랭크 게리, 저자와의 인터뷰, 2014년 4월 23일.

398 "저는 포스트모더니즘으로 빠지지 않으면서": 위의 인터뷰.

399 "계단은 그 어떤": 헨리 N. 코브, 『프랭크 게리의 건축물』(미니애폴리스, 워커 아트 센터/뉴욕, 리졸리, 1986), 서문.

400 "애프스가 딸린 단독주택": 프랭크 게리, 저자와의 인터뷰, 2014년 4월 23일.

402 "저는 항상 사업 쪽 일을": 프랭크 게리, 저자와의 인터뷰, 2014년 12월 28일.

405 "의심의 여지없이": 마이크 데이비스, 『석영의 도시』(런던, 베르소, 1990), 239쪽.

407 "그런 뒤 그는 상자의": 존 클라겟, 저자에게 보낸 쪽지, 2013년 5월 14일.

408 "그건 제가 유대인으로서 지닌": 프랭크 게리, 저자와의 인터뷰, 2014년 5월 5일.

409 "산산이 조각난 모양들을": 레온 화이트슨, 「프랭크 게리의 건물은 자기만의 질서를 지닌다」, 『로스앤젤레스 헤럴드 이그재미너』, 1984년 7월 29일.

412 "게리는 위원회에게 지구 반대편에": 아이젠버그, 『대담』, 110쪽.

413 "저는 그들을 쳐다보며 말했죠.": 위의 책.

12. 세계 무대로

434 "우리는 이전까지 해 보지": 줄리 라자르Julie Lazar, 프랭크 게리 인터뷰, 「자연광」, 로스앤젤레스 현대미술관, 1983년.
"저는 후원자들이 미술관의 크기를": 『프랭크 게리의 건축물』, 103쪽.

435 "게리는 많은 건축가가": 밀드러드 프리드먼, 「패스트푸드」, 『프랭크 게리의 건축물』, 108쪽.

438 "건축물 덕분": 리처드 코언, 저자와의 인터뷰, 2014년 6월 9일.

441 "저는 존슨의 자식 같은": 저넬 사라Janelle Zara, 「모란디에게 영감을 얻은 프랑크 게리의 어린이 장난감 같은 건물이 대학으로 옮겨진다」, 블루인 아트인포, 2011년 9월 30일. http://www.blouinartinfo.com/news/story/749201/all-grown-up-frank-gehrys-morandi-inspired-kiddie-playhouse.

443 "게리는 베르타와 함께 그녀의 가족을": 『프랑크 게리의 건축물』, 201쪽.

446 "하지만 게리는 너무 화가 나서": 코니 브루크Connie Bruck, 「억만장자의 예술」, 『뉴요커』, 2010년 12월 6일.

447 "저는 출간물에 실린": 밀드러드 프리드먼, 저자와의 인터뷰, 2012년 6월 18일.

449 "게리는 명백한 과거의": 토머스 하인스, 「헤비 메탈: F.O.G.의 교육」, 『프랑크 게리의 건축물』, 11쪽.

450 "알레호는 우리에게": 코셔 판 브뤼헌, 「미지로의 도약」, 『프랑크 게리의 건축물』, 123쪽.
"그들은 저와 같은 문제를": 위의 책.

454 "그들은 설계가 너무": 위의 책.

458 "우리에겐 백만 달러가": 프랑크 게리, 저자와의 인터뷰, 2014년 5월 6일.

459 "샤이엇이 말했어요.": 위의 인터뷰.
"멋진데요.": 위의 인터뷰.

463 "저는 가난한 집안 출신이었어요.": 롤프 펠바움, 저자와의 인터뷰, 2012년 10월 19일.

464 "게리는 욕심 많은 사람은 아니지만": 위의 인터뷰.

466 "그림쇼와 게리의 건물을": 「큐레이터로서의 클라이언트」, 롤프 펠바움과의 인터뷰, 『비트라 캠퍼스』 발췌, 비트라 디자인 미술관, 2014년.

468 "전복의 감각": 마크 위글리, 「해체주의 건축」, 『해체주의 건축』(뉴욕, 현대미술관, 1988).

470 "게리, 당신이 프리츠커상을": 프랑크 게리, 저자와의 인터뷰, 2014년 6월 20일.
"저는 원래 일본 건축을": 위의 인터뷰.

472 "앞으로 제가 더욱더": 위의 인터뷰.
"저는 건축에 푹 빠져 있습니다.": 프랑크 게리, 프리츠커상 수락 연설, 1989년 5월 18일.

13. 월트 디즈니 콘서트홀: 첫 번째 시도

476 "세상에서 가장 멋진 콘서트홀": 릴리언 디즈니, 테드 볼머Ted Vollmer, 「디즈니

콘서트홀을 위해: 5천만 달러를 기부받다」, 『로스앤젤레스 타임스』, 1987년 6월 12일.

477 "릴리언은 이에 동의하며": 리처드 코샬렉, 다나 허트Dana Hutt, 「불가능을 가능케 하다: 월트 디즈니 콘서트홀 제작기」, 『심포니: 프랭크 게리의 월트 디즈니 콘서트홀』, 개릿 화이트Garrett White, 글로리아 제라스Gloria Gerace 편저(뉴욕, 해리 N. 에이브럼스, 2003), 38쪽.
"니컬러스는 일에 착수하면서": 위의 책, 40쪽.

478 "프랭크 게리를 뽑으면": 위의 책, 41쪽.
"프랭크 게리는 안 됩니다.": 리처드 코샬렉, 저자와의 인터뷰, 2014년 6월 23일.
"월트 디즈니는 게리 당신의 건물에": 프랭크 게리, 저자와의 인터뷰, 2014년 6월 22일.

479 "네 명의 최종 후보가 정해진": 리처드 와인스타인의 회상, 코샬렉, 허트의 「불가능을 가능케 하다」, 42쪽 발췌.
"로스앤젤레스 대표들은": 리처드 코샬렉, 저자와의 인터뷰, 2014년 6월 23일.
"음악 센터 이사회는 그들과": 리처드 와인스타인, 저자와의 인터뷰, 2012년 2월 2일.

481 "모두의 건축 계획마다": 위의 인터뷰.
"같이 점심 먹으면서": 프랭크 게리, 저자와의 인터뷰, 2014년 6월 22일.

482 "억만 명의 작은 사람들": 코샬렉, 허트, 「불가능을 가능케 하다」, 44쪽.

483 "도시를 위한 거실": 프랭크 게리, 저자와의 인터뷰, 2014년 6월 22일.
"실제 콘서트홀로 지어 보고": 코샬렉, 허트, 「불가능을 가능케 하다」, 48쪽.
"릴리언 씨께서 게리가 만든": 리처드 코샬렉, 저자와의 인터뷰, 2014년 6월 23일.

484 "일요일 오후 세 시까지": 프랭크 게리, 저자와의 인터뷰, 2014년 6월 22일.

486 "당신 회사가 지금과 같은": 짐 글림프, 저자와의 인터뷰, 2014년 6월 20일.
"한 번 더 봅시다": 위의 인터뷰.

487 "게리는 자신의 건물이": 위의 인터뷰.

488 "건축가는 건물을 짓지": 그레그 파스쿼렐리, 뉴욕시에서 열린 미국건축가협회 토론회에 저자가 참석해 들은 발언, 2014년 5월 16일.

491 "그제야 게리는 관심을": 짐 글림프, 저자와의 인터뷰, 1998년.
"컴퓨터를 사무실로 도입할 때": 위의 인터뷰.

492 "아마 서로 다른 형태로": 마이클 말찬, 저자와의 인터뷰, 2014년 6월 25일.
"카티아 사용에 익숙해지자": 마이클 웹Michael Webb, 「부푼 돛을 단 바지선」, 『심포니』, 121~122쪽.
"마이클 말찬이 기억하기를": 마이클 말찬, 저자와의 인터뷰, 2014년 6월 25일.

494 "돈만 퍼부으면 원자 폭탄도": 다이앤 헤이스먼Diane Haithman, 칼라 리베라Carla Rivera, 「임대차계약 불이행의 위험에 빠진 디즈니 부지, 카운티의 경고를 받다」, 『로스앤젤레스 타임스』, 1994년 12월 21일.

495 "사실상 무용지물": 코샬렉, 허트, 「불가능을 가능케 하다」, 50쪽.

496 "갈수록 게리의 흥미를": 마이클 말찬, 저자와의 인터뷰, 2014년 6월 25일.

497 "뉴포트의 대저택에 정착한 워먼은": 리처드 솔 워먼, 저자와의 인터뷰, 2014년 9월 22일.

"디즈니 홀 프로젝트가 중단되고 나서": 래리 고든Larry Gordon, 「디즈니 홀 이후 이미지를 재건하는 게리」, 『로스앤젤레스 타임스』, 1996년 5월 30일.

498 "거대하고 주름진 천을 두른": 어빙 라빈, 메릴린 라빈, 저자와의 인터뷰, 2014년 10월 21일.

499 "게리와 아이젠먼은 어울리지 않는": 필립 존슨, 『피터 아이젠먼과 프랭크 게리』(뉴욕, 리졸리, 1991), 서문.

502 "게리와 글림프에게는 요트를 좋아하는": 프랭크 게리, 저자와의 인터뷰, 2014년 8월 12일.

505 "무슨 정원 파티요?": 프랭크 게리, 저자와의 인터뷰, 2011년 7월 14일.

506 "텔마 게리는 이든 추모 공원에": 프랭크 게리, 저자와의 인터뷰, 2014년 4월 23일.

507 "열다섯 살이었던 샘은": 위의 인터뷰.

"게리가 가족 간의 친밀함을": 위의 인터뷰.

"어린 샘은 품행이 더 진중한": 샘 게리, 저자와의 인터뷰, 2014년 6월 25일.

"온종일 그러고 있지는 마라.": 알레호 게리, 저자와의 인터뷰, 2014년 6월 24일.

508 "게리가 진정으로 원한 것은": 알레호 게리, 저자와의 인터뷰, 2014년 10월 19일.

"난독증이 있던 알레호는": 알레호 게리, 저자와의 인터뷰, 2014년 6월 23일.

510 "속은 거였어요.: 샘 게리, 저자와의 인터뷰, 2014년 6월 25일.

511 "토런스부터 파노라마시티까지": 베르타 게리, 저자와의 인터뷰, 2014년 12월 28일.

513 "센터는 게리가 맡았고": 프랭크 게리, 저자와의 인터뷰, 2014년 8월 12일.

"레슬리는 아이들의 얼굴": 게리네 가족 신문, 도린 넬슨 제공.

514 "우리 집안은 어머니가": 알레호 게리, 저자와의 인터뷰, 2014년 6월 23일.

515 "떠오르는 스타": 피터 루이스, 미출간 회고록 제25장, 「프랭크 게리와의 모험, 1984~2010년」.

516 "인습에 저항하고, 정신과 치료를 받으며": 위의 책.

518 "저는 마치 열성 팬이": 위의 책.

"게리는 갈수록 유명해졌고": 피터 루이스, 저자와의 인터뷰, 2012년 4월 25일.

519 "아마 5천만 달러": 프랭크 게리가 저자와의 인터뷰에서 당시 루이스와의 대화 내용을 떠올려봤다. 인터뷰는 루이스가 세상을 뜬 뒤인 2015년 3월 13일에 이루어졌다. 루이스는 저자와의 인터뷰에서 해당 대화와 관련한 내용을 언급한 적은 없지만, 최대 4천만 달러까지 생각했다던 루이스의 얘기와 모순되는 부분이다.

520 "저는 뼛속까지 진보주의적인 사회 개혁가라": 폴 골드버거, 「예술로서의 주택」, 「뉴욕 타임스 매거진」, 1995년 3월 12일.
"게리와 그 직원들을 만나러 온": 피터 루이스, 저자와의 인터뷰, 2012년 4월 25일.
"믿을 수 없군요.": 루이스, 「프랭크 게리와의 모험」.

521 "그는 프로젝트를 수정하고": 프랭크 게리, 저자와의 인터뷰, 2015년 3월 13일.

522 "게리는 급진적일 정도로": 루이스, 「프랭크 게리와의 모험」.

14. 구겐하임과 빌바오

530 "이렇게 거대하고 단일하면서도": 밀드러드 프리드먼, 「게리가 말한다: 건축물과 절차」(뉴욕, 리졸리, 1999), 140쪽.

531 "게리가 스케치를 그리면": 미셸 코프만, 저자와의 인터뷰, 2014년 3월 20일.

535 "우리의 과제는": 후안 이그나시오 비다르테, 저자와의 인터뷰, 2014년 5월 16일.

537 "단독 건축물의 극치": 토머스 크렌스, 코셔 판 브뤼헌의 「프랭크 O. 게리: 빌바오 구겐하임 미술관」(뉴욕, 구겐하임/해리 N. 에이브럼스, 1997) 96쪽 발췌.
"저와 게리의 관계는": 토머스 크렌스, 저자와의 인터뷰, 2014년 5월 15일.

538 "구겐하임이 2천2백만 달러를 들여": 위의 인터뷰.
"조각적 형태가 아닌": 프랭크 게리, 저자와의 인터뷰, 2014년 8월 12일.
"바스크 정부 측은": 토머스 크렌스, 저자와의 인터뷰, 2014년 5월 15일.

542 "갤러리는 현대미술을 위한": 빅토리아 뉴하우스, 「새로운 미술관을 향하여」(뉴욕, 모나첼리 프레스, 2006), 254~256쪽.

543 "하지만 우리는 티타늄의 가격을": 후안 이그나시오 비다르테, 저자와의 인터뷰, 2014년 5월 16일.

544 "벽지처럼": 랜디 제퍼슨, 저자와의 인터뷰, 2014년 6월 25일.

545 "카티아 덕분에 시공자들은": 후안 이그나시오 비다르테, 저자와의 인터뷰, 2014년 5월 16일.
"예산보다 300만 달러나": 메건 로이드, 편집자에게 보낸 편지, 「프로비던스 저널」, 2012년 9월 18일.

548 "천재적인 아이디어": 스베르 펜, 프리츠커상 수락 연설, 1997년 5월 31일.
http://www.pritzkerprize.com/1997/ceremony.

550 "우리 시대의 가장 위대한": 맷 터나워, 「게리 시대의 건축물」, 『배니티 페어』,
2010년 8월.

"기적이 여전히 행해지고": 허버트 무샴프, 「이 시대의 걸작」, 『뉴욕 타임스
매거진』, 1997년 9월 7일, 54쪽.

"빌바오 구겐하임 미술관은 마릴린 먼로의": 위의 글, 82쪽.

553 "이쪽은 리처드 삼촌이야.": 알레호 게리, 저자와의 인터뷰, 2014년 6월 24일.

554 "1년에 50만 명 정도가": 레슬리 크로퍼드 Leslie Crawford, 「구겐하임, 빌바오,
그리고 '핫 바나나'」, 『파이낸셜 타임스』, 2001년 9월 4일.

"『포브스』지에 따르면": 마틴 베일리 Martin Bailey, 「빌바오 효과」, 『포브스』,
2002년 2월 2일.

"자부심을 회복": 크로퍼드, 「구겐하임, 빌바오, 그리고 '핫 바나나'」.

"개관 15년 후인 2012년에도": 「빌바오 효과」, 『이코노미스트』, 2013년 12월 21일.

557 "맨 처음 완공된 빌바오 구겐하임 미술관을": 바버라 아이젠버그, 「빌바오
구겐하임에 쏟아지는 찬사에 대해 게리가 입을 열다」, 『허핑턴 포스트』, 2010년
7월 3일.

"빌바오 미술관을 짓기 전까지": 미셸 코프만, 저자와의 인터뷰, 2014년 3월 20일.

"빌바오 구겐하임 미술관에 대한 찬사로 게리의 사무소는": 위의 인터뷰.

559 "제가 원하던 건축가를": 프랭크 게리, 저자와의 인터뷰, 2014년 5월 18일.

"클라이언트와 제가 잘 지내지": 프랭크 게리, 저자와의 인터뷰, 2014년 5월 6일.

561 "티타늄 구름": 데이비드 던랩, 「구겐하임이 이스트강 미술관 건설 계획을
중단하다」, 『뉴욕타임스』, 2002년 12월 31일.

『배니티 페어』에 따르면: 비키 워드 Vicky Ward, 「내분이 발생한 구겐하임」, 『배니티
페어』, 2005년 8월.

15. 월트 디즈니 콘서트홀: 두 번째 시도

571 "사람들은 디즈니 콘서트홀이": 엘리 브로드, 저자와의 인터뷰, 2012년 4월 18일.

"하키 경기가 격렬해지자": 리처드 J. 라이어든, 『시장』(프랭클린, TN, 포스트힐
프레스, 2014), 171쪽.

572 "'지어라, 사람들이 올지니'": 광고, 『로스앤젤레스 타임스』, 1997년 3월 4일.

574 "전적이 있으니까요.": 캘빈 톰킨스, 「독불장군」(프랭크 게리 소개), 『뉴요커』,

1997년 7월 7일.

"먼저, 게리는 사무소에서 열린": 코니 브루크, 「억만장자의 예술」(엘리 브로드 소개), 『뉴요커』, 2010년 12월 6일.

"그런 뒤 게리는 엘리 브로드가": 톰킨스, 「독불장군」.

"어떤 사람들은 내 건물의": 프랭크 게리, 엘리 브로드에게 부친 편지, 『로스앤젤레스 타임스』발간, 1997년 5월 30일.

"그들은 제 말을 들으려 하지": 조지프 조반니니, 「디즈니 홀과 게리의 거래」, 『뉴욕 타임스』, 1997년 8월 7일.

576 "또한 그녀는 아버지가 살아생전에": 프랭크 게리, 저자와의 인터뷰, 2013년 1월 11일.

"다이앤은 게리의 동의 없이는": 위의 인터뷰.

"우리가 로스앤젤레스시에": 조반니니, 「디즈니 홀과 게리의 거래」.

581 "건물이 아무리 화려하다 하더라도": 마이클 웹, 「부푼 돛을 단 바지선」, 『심포니: 프랭크 게리의 월트 디즈니 콘서트홀』, 개릿 화이트, 글로리아 제라스 편저(뉴욕, 해리 N. 에이브럼스, 2003), 117쪽.

584 "저는 시각적인 걸 중요시하는": 데버라 보르다, 저자와의 인터뷰, 2014년 6월 22일.

585 "저는 로스앤젤레스의 일을": 위의 인터뷰.

586 "엉망진창인 바이올린만 켜다가": 위의 인터뷰.

588 "브로드와 제가 그간": 밥 콜라셀로Bob Colacello, 「엘리 브로드의 거시적 계획」, 『배니티 페어』, 2006년 12월.

"디즈니 홀은 세상에서 가장": 허버트 무샴프, 「할리우드 드림을 위한 달의 궁전」, 『뉴욕 타임스』, 2003년 10월 23일.

"디즈니 홀처럼 풍부한": 알렉스 로스, 「천국의 도래」, 『뉴요커』, 2003년 11월 17일.

592 "그의 음악은 무척 유기적이고": 폴 앨런, 저자와의 인터뷰, 2014년 9월 5일.

593 "유려한 형태": 폴 골드버거, 「꿈의 건축물」, 『배니티 페어』, 2000년 6월.

"폴은 당시 잠시 중단됐었던": 폴 앨런, 저자와의 인터뷰, 2014년 9월 5일.

"진보적인 좌파 유대인인 저는": 골드버거, 「꿈의 건축물」.

"기타 줄이 공중에": 위의 글.

594 "짐 글림프는 동료들과 함께": 짐 글림프, 저자와의 인터뷰, 2014년 6월 20일.

"바다에서 힘겹게 기어 올라와": 허버트 무샴프, 「그물을 걸친 채 디스코에 몸을 맡기는 도서관」, 『뉴욕 타임스』, 2004년 5월 16일.

596 "게리는 지미 헨드릭스 음악의": 폴 앨런, 저자와의 인터뷰, 2014년 9월 5일.

"그들은 건축의 본질을": 2002년, 피터 B. 루이스 건물의 개관을 맞아

클리블랜드의 케이스웨스턴리저브대학교에서 열렸던 심포지엄에서 게리가
연설한 '설계와 건축적 실천에 대한 반추'라는 제목의 강연에서 인용 및 편집했다.
심포지엄의 자료집은 『설계로서의 관리』 리처드 J. 볼랜드 2세Richard J. Boland Jr,
프레드 콜로피Fred Collopy 편저(스탠포드, CA, 스탠포드대학교 출판부, 2004).

597 "개발 초기에 저는": 위의 책.

"그 안에서 펼쳐질 연구의": 로버트 캠벨, 「현기증을 일으키는 고도」, 『보스턴
글로브』, 2004년 4월 25일.

598 "그 학생이 말하더군요.": 어빙 라빈, 메릴린 라빈, 저자와의 인터뷰, 2012년 6월
19일.

600 "모든 방문객이 건축가의": 존 실버, 『황당한 건축물: 천재는 어떻게 실용성을
훼손하는가』(뉴욕, 퀸턱 레인 프레스), 75쪽.

605 "그 프로젝트는 게리가 독특한": 2014년에 있었던 게리의 전시회를 준비하며
진행한 영상 인터뷰에서 게리가 필라델피아 미술관에 대해 언급한다.
인터뷰는 미술관의 웹사이트에서 볼 수 있다. http://www.philamuseum.org/
exhibitions/2014/809.html. 2015년 3월 19일, 게리는 저자와 주고받은 메일에서
필라델피아 미술관을 빌바오 구겐하임 미술관의 보완물로 본다는 사실을
시인했다.

607 "저는 그들이 얘기하는": 신디 프리츠커, 저자와의 인터뷰, 2012년 5월 10일.

608 "대표단 중 한 명이 게리에게": 위의 인터뷰.

609 "그건 게리가 시카고와": 위의 인터뷰.

610 "게리가 그런 장난을 치면": 위의 인터뷰.

"저는 게리 당신의": 프랭크 게리, 저자와의 인터뷰, 2015년 3월 13일.

611 "톰이 자리에서 일어서서": 신디 프리츠커, 저자와의 인터뷰, 2012년 5월 10일.

16. 뉴욕: 시련과 승리

613 "그는 키가 큰 사무용 빌딩의": 데이비드 차일즈, 저자와의 인터뷰, 2013년 2월
12일.

616 "그 일로 저희는": 빅토리아 뉴하우스, 새뮤얼 어빙 뉴하우스, 저자와의 인터뷰,
2014년 7월 1일.

619 "한번은 현장에 들러": 위의 인터뷰.

625 "전 세계를 사로잡을 만큼": 데버라 솔로몬, 「프랭크 게리에게 묻다」, 『뉴욕 타임스
매거진』, 2003년 1월 5일.

"개방성과 관용의 상징이": 위의 글.

626 "모욕적": 위의 글.

628 "게리가 공연예술센터를 설계하게 됐다는": 로빈 포그레빈Robin Pogrebin, 「그라운드 제로의 예술센터가 게리의 설계를 보류하다」, 『뉴욕 타임스』, 2014년 9월 3일.

633 "저는 이것이야말로 삶의": 기어 캐버노, 저자와의 인터뷰, 2013년 2월 3일.

636 "심각한 건 아니고": 프랭크 게리, 저자와의 인터뷰, 2014년 8월 13일.
"저는 레슬리에게 이렇게": 위의 인터뷰.

637 "저는 드디어 아버지 역할을": 위의 인터뷰.

638 "아니타는 레슬리의 수술을": 샘 게리, 저자와의 인터뷰, 2014년 6월 25일.
"우리는 약에 흠뻑 취해": 알레호 게리, 저자와의 인터뷰, 2014년 6월 24일.

641 "난 여전히 당신을": 프랭크 게리, 저자와의 인터뷰, 2014년 12월 27일.

643 "저는 당신과 같은": 조너선 레뎀, 「브루클린의 트로이 목마」, 『슬레이트』, 2006년 6월 19일.

644 "게리와 다른 재능 넘치는": 니콜라이 우루소프, 「스카이라인을 팝니다」, 『뉴욕 타임스』, 2006년 6월 4일.

645 "게리가 그 일을 해낼": 브루스 래트너, 저자와의 인터뷰, 2013년 11월 26일.

646 "제가 말했어요.": 위의 인터뷰.

647 "싸구려를 만드는 비용으로도": 프랭크 게리, 저자와의 인터뷰, 2011년 3월 20일.

648 "펠리는 본질에 가닿는": 위의 인터뷰.

649 "잠에서 깬 저는 베르니니를": 위의 인터뷰.

652 "여섯 군데의 하청 업체가": 위의 인터뷰.

17. 80대에 접어든 게리

655 "제 건물은 예산에 딱 맞춰": 조리 핀켈, 「미술관장들은 빌바오 구겐하임 미술관을 싫어한다: 프랭크 게리와의 인터뷰」, 『아트 뉴스페이퍼』, 2014년 10월.

668 "저는 혼자 앉아서": 프랭크 게리, 저자와의 인터뷰, 2014년 8월 14일.
"그가 제게 '괜찮나, 학생?'": 메건 로이드, 저자와의 인터뷰, 2014년 8월 13일.
"로이드는 가까스로 과제를": 프랭크 게리, 저자와의 인터뷰, 2014년 8월 14일.
"게리가 말했어요. '너희들이'": 메건 로이드, 저자와의 인터뷰, 2014년 8월 13일.

669 "게리의 경고에도 불구하고": 프랭크 게리, 저자와의 인터뷰, 2014년 8월 14일.

671 "이후 그녀는 게리와 함께": 메건 로이드, 저자와의 인터뷰, 2014년 8월 13일.

673 "로스앤젤레스 현대미술관의": 베르타 게리, 저자와의 인터뷰, 2012년 9월 19일.
"그건 유치원에서나 하는 짓이었어요.": 위의 인터뷰.

674 "샐리 켈러먼이 '생일 축하합니다'": 폴 골드버거, '옛것과 새것: 80대에 접어든
게리', 「장안의 화제」, 『뉴요커』, 2009년 3월 16일.

678 "세라도 게리의 작업에 흥미가": 미셸 코프만, 저자와의 인터뷰, 2014년 3월 20일.

679 "요즘 예술가입네 하는": 캘빈 톰킨스, 「강철의 인간」, 『뉴요커』, 2002년 8월 5일.
"서로의 작품을 통해": 위의 글.

682 "게리는 컬렉션 출시를 둘러싼": 프랭크 게리, 저자와의 인터뷰, 2015년 3월 13일.

685 "그런 비난은 저를 계속해서": 프랭크 게리, GPS에서 퍼리드 저카리아와의 인터뷰,
CNN, 2011년 9월 4일.

687 "그냥 나갑시다.": 미셸 코프만, 저자와의 인터뷰, 2014년 3월 20일.
"고향인 토론토에서 영화가": 리사 로촌, 저자와의 인터뷰, 2012년 8월 1일.

18. 테크놀로지가 남긴 것

690 "동정심 많고 소심한 캐나다인": 마이클 소킨, 「공간에 생기를 불어넣다」, 『조립
필요』(미니애폴리스, 미네소타대학교 출판부, 2001), 98쪽.

693 "게리, 제정신인가요?": 프랭크 게리, 저자와의 인터뷰, 2014년 10월 19일.

694 "우리가 바로 프랭크 게리였습니다.": 랜디 제퍼슨, 저자와의 인터뷰, 2014년 5월
5일.

695 "제가 사무실을 꾸려 가는": 프랭크 게리, 2002년 '설계와 건축적 실천에
대한 반추' 강연, 『설계로서의 관리』 리처드 J. 볼랜드 2세, 프레드 콜로피
편저(스탠포드, CA, 스탠포드대학교 출판부, 2004).

696 "저를 위해 일하는 사람들에게": 위의 책.
"이 일은 무척 사적인 업무라": 위의 책.

697 "사람들은 진지한 CEO라면": 위의 책.

700 "건축가에게 다시 권리를": 프랭크 게리, 저자와의 인터뷰, 2015년 3월 13일.

701 "우리는 기술적으로나": 위의 인터뷰.
"빌바오 미술관은 건축적인": 데니스 셸든, 저자와의 인터뷰, 2015년 3월 18일.

702 "빌바오 구겐하임 미술관과 월트 디즈니 콘서트홀이": 짐 글림프, 저자와의
인터뷰, 2014년 6월 20일.

703 "유리 섬유로 만든 13미터 크기의": 프랭크 게리, 저자와의 인터뷰, 2014년 8월
12일.

705 "사람들이 건설 회의에": 2011년 10월 17일, 제7 세계무역센터에서 열렸던 게리 테크놀로지 건축 자문 위원회의 미기록 회의에서 인용, 저자 참석.

706 "게리가 느끼기에 마이어스의": 프랭크 게리, 저자와의 인터뷰, 2015년 3월 13일.

710 "저도 제가 그렇게": 에드윈 찬, 저자와의 인터뷰, 2014년 4월 25일.
"당시 게리 사무실의 건축은": 위의 인터뷰.

711 "함께 노닥거릴 상대": 프랭크 게리, 저자와의 인터뷰, 2014년 4월 25일.
"찬은 제게 가족 같은 존재입니다.": 프랭크 게리, 저자와의 인터뷰, 2014년 6월 20일.

712 "원래라면 끽해야": 에드윈 찬, 저자와의 인터뷰, 2014년 4월 25일.

715 "이런 말을 꺼내기 조금": 프랭크 게리, 저자와의 인터뷰, 2014년 6월 20일.

19. 드와이트 아이젠하워에서 루이뷔통까지

723 "구름에 싸인 빙산": 장폴 클라베리, 저자와의 인터뷰, 2014년 5월 21일.
"게리 테크놀로지의 도움으로 찾아낸": 케이틀린 맥기건Cathleen McGuigan, 「이런! 파리의 루이뷔통 재단 미술관」, 『아키텍처럴 레코드』, 2014년 10월.

726 "이기적이고 교양 없는 속물들": 헨리 새뮤얼Henri Samuel, 「세계 최고 건축가 프랭크 게리, 건설 허가가 취소된 뒤 파리 주민을 '속물'이라 칭하다」, 『텔레그래프』, 2011년 2월 6일.
"게리는 누벨의 지지가 고맙긴 했지만": 프랭크 게리, 저자와의 인터뷰, 2015년 3월 13일.
"게리가 이기적이고": 존 리치필드 John Lichfield, 「파리 주민이 게리의 건설을 저지하다」, 『인디펜던트』, 2011년 2월 7일.

727 "레스토랑에 유명 셰프가": 래리 루보, 맷 제이콥스Matt Jacobs의 「루보의 등장」, 『베가스 세븐』(4월), 24~30쪽 발췌.

728 "이봐요, 저는 라스베이거스에": 프랭크 게리, 제이콥스의 「루보의 등장」 인용, 저자와의 인터뷰, 2014년 8월 14일.

733 "게리가 그러더군요.": 마이클 틸슨 토머스, 저자와의 인터뷰, 2014년 1월 30일.

734 "게리가 말했어요. '우리 관계에'": 위의 인터뷰.
"제가 물었어요. '쿠르트 슈비터스의'": 위의 인터뷰.

735 "핵심을 모두 안에 담는 거야.": 위의 인터뷰.

738 "가장 먼저 한 일은": 프랭크 게리, 저자와의 인터뷰, 2014년 8월 15일.

741 "싱크탱쿰래버러토리이며": 다이앤 솔웨이, 「인사이더」, 『더블유』, 2012년 9월.

742 "'당신같이 유명한'": 프랭크 게리, 저자와의 인터뷰, 2013년 1월 4일.

746 "이 프로젝트는 예정보다": 마크 저커버그, 페이스북 게시글, 2015년 4월 6일, 오전 5시 7분.

749 "저는 아이젠하워를 무척": 프랭크 게리, 폴 골드버거의 「기념비적 분쟁」 발췌, 『배니티 페어』, 2012년 8월.

753 "그 디자인은 워싱턴에서": 제프리 프랭크, 「아이젠하워 기념관 구하기」, 『뉴요커』, 2013년 3월 25일.

754 "지붕 없는 고전적인 신전": 위톨드 립진스키, 「나는 아이젠하워와 그의 기념관이 좋다」, 『뉴욕 타임스』, 2012년 3월 22일.

756 "위원회는 인내했고": 「아이젠하워를 둘러싼 또 다른 전쟁」, 『뉴욕 타임스』 사설, 2014년 11월 3일.

20. 기록물과 유산

758 "앞으로 어떻게 될지": 저자 참관, 2015년 2월 12일.
"무질서와 위험": 전국시민예술협회, 『프랭크 게리의 아이젠하워 기념관 작업 보고서』, 2012년 2월.

764 "그 조그만 아이들이": 프랭크 게리, 저자와의 인터뷰, 2015년 1월 19일.
"정치와는 아무런 관련이": 위의 인터뷰.

765 "무대에는 구겨진 종이로": 재커리 울프, 「달을 배경으로 한 모차르트의 〈돈〉, 게리의 로스앤젤레스 콘서트홀에서 펼쳐지다」, 『뉴욕 타임스』, 2012년 5월 27일.

767 "나는 도자기에 개인적인": 프랭크 게리, 「켄 프라이스가 없는 세상에서의 삶은 상상할 수 없다」, 『켄 프라이스』(로스앤젤레스, 로스앤젤레스 카운티 미술관, 2012).

772 "이게 바로 액체": 저자 참관, 2012년 8월 6일.

773 "그 과정은 마치": 바버라 아이젠버그, 『프랭크 게리와의 대담』(뉴욕, 앨프리드 A. 크노프, 2009), 208쪽.

775 "게리는 호화로운 걸": 후안 이그나시오 비다르테, 저자와의 인터뷰, 2014년 5월 16일.

776 "바렌보임은 400명이 모인": 게리가 저자에게 보낸 이메일, 2014년 3월 1일.

780 "우리는 이곳에 우리끼리만 사는": 프랭크 게리, 저자 참관, 2014년 6월 20일.

781 "2011년 1월 31일, 게리는": propertyshark.com에서 조회한 애들레이드 드라이브 316번지의 기록.

793 "코언은 어떤 때는 똑같은 배를": 프랭크 게리, 저자와의 인터뷰, 2014년 11월 17일.

795 "우리가 내린 결론은": 샘 게리, 저자와의 인터뷰, 2014년 8월 14일.

796 "게리는 브랜딩의 제왕 같았다": 피터 아넬, 저자와의 인터뷰, 2014년 12월 18일.

797 "게리가 보기에 옴니콤에 회사를": 프랭크 게리, 저자와의 인터뷰, 2014년 6월 24일.

"게리는 거절했다.": 프랭크 게리, 저자와의 인터뷰, 2014년 8월 14일.

798 "옴니콤과 논의했던 금액의": 프랭크 게리, 저자와의 인터뷰, 2014년 6월 24일.

"프랭크 게리 없이는": 데이비드 남, 저자와의 인터뷰, 2014년 8월 14일.

21 . 파리에서 과거를 살피고 미래를 내다보기

803 "과거에 제가 한 일을": 프랭크 게리, 저자와의 인터뷰, 2014년 10월 18일.

807 "저도 최대한 즐기고 싶습니다.": 위의 인터뷰.

808 "허세 없이 담백하다": 프랭크 게리, 저자와의 인터뷰, 2014년 10월 21일.

809 "『옵저버』지의 로언 무어는": 「프랭크 게리의 허와 실」, 『옵저버』, 2014년 10월 19일.

"과잉 엔지니어링에 대한": 올리버 웨인라이트, 「프랭크 게리의 루이뷔통 재단 미술관은 그의 무절제함을 보여 준다」, 『가디언』, 2014년 10월 21일.

"내가 아는 한 공간적, 구조적으로": 엘리스 우드먼, 「카르트 블랑슈: 게리 파트너스가 만든 루이뷔통 재단 미술관, 파리, 프랑스」, 『아키텍처럴 리뷰』, 2014년 10월 27일.

"큐비즘적 요트": 조지프 조반니니, 「어느 건축가의 파리에서의 한때」, 『뉴욕 타임스』, 2014년 10월 20일.

810 "새로운 대호황 시대를": 크리스토퍼 호손, 「게리의 루이뷔통 재단 미술관은 놀랍다. 그러나 무엇을 위한 것일까?」, 『로스앤젤레스 타임스』, 2014년 10월 17일.

"게리가 평생 다뤄 온 두 가지": 어빙 라빈, 「프랭크 게리의 마법: 역사상 가장 복잡한 건축물」, 『프랭크 게리: 루이뷔통 재단 미술관』 카탈로그(2014).

"안정감이 현저히 떨어진다": 마틴 필러, 「프랭크 게리의 파리 작업」, 『뉴욕 리뷰 오브 북스』, 2015년 1월 8일.

813 "제가 체인 링크를 사용한 것도": 프랭크 게리, 저자와의 인터뷰, 2014년 11월 17일.

814 "사실, 게리는 본인이": 필립 존슨, 〈프랭크 게리의 스케치〉, 시드니 폴락 감독, 소니 픽처스 클래식, 2006년.

"저는 삼차원의 사물로": 프랭크 게리, 〈프랭크 게리의 스케치〉.

816 "저는 저를 혁명가로": 이고르 스트라빈스키, 『여섯 개의 강연에 담긴 음악의 시학』(케임브리지, MA: 하버드대학교 출판부, 1942), 9~11쪽.

817 "대안 체제": 마이클 소킨, 『조립 필요』(미니애폴리스, 미네소타대학교 출판부, 2001), 100쪽.

"새로운 무언가를 만드는": 스트라빈스키, 『음악의 시학』, 57쪽.

"규칙을 부수려면 규칙을 알아야 한다.": 알렉산더 맥퀸, 《알렉산더 맥퀸: 야만의 미》 전시회의 벽 라벨, 빅토리아 앤드 앨버트 미술관, 런던, 2015년.

818 "당대의 영향을 가장": 막스 라파엘, 『선사시대 동굴 벽화』(뉴욕, 판테온, 1945), 17쪽.

"명확한 조화의 점으로": 스트라빈스키, 『음악의 시학』, 35쪽.

819 "창작하는 능력은 저절로": 위의 책, 54쪽.

821 "건물을 만들기 시작할 때면": 게리는 이러한 생각을 수년에 걸쳐 수차례 피력했다. 이는 2002년에 있었던 '설계와 건축적 실천에 대한 반추' 강연에서 가장 잘 드러난다. 『설계로서의 관리』리처드 J. 볼랜드 2세, 프레드 콜로피 편저(스탠포드, CA, 스탠포드대학교 출판부, 2004).

도판 출처

Ave Pildas: 382

DBox/OTTO: 651

Facebook: 744

Forest City Ratner: 17, 40

Frank Gehry Partners: 46, 51, 55, 69, 102, 142, 175, 191 (photograph by Greg Walsh), 217, 258, 281, 297, 350, 393 (photograph by Greg Walsh), 440, 453, 480, 501, 509, 512, 536, 541, 570, 579, 583, 591, 595, 603, 618, 634, 662, 663, 670, 675, 676, 713, 725, 750, 763, 777

Frank Gehry and Ed Moses: 327

The IAC Building: 631

Iwan Baan: 737

The Guggenheim: 546, 547, 549, 777

Michael Moran/OTTO: 226

Oliver Brossiere: 255

Paul Goldberger: 804

The Simpsons® & © 2005 Twentieth Century Fox Film Corporation. All Rights Reserved: 684

Squire Haskins: 378

Thomas Mayer: 465

Tim Street-Porter/OTTO: 353

Todd Eberle: 675, 676

컬러 도판(417-432쪽)

프랭크 게리. 출처: Gehry Partners
물고기 램프. 출처: Fred Hoffman
이지 에지 가구 셀렉션. 출처: © Bettina Mathiessen
론 데이비스 하우스. 출처: Gehry Partners
로욜라 로스쿨 캠퍼스. 출처: Gehry Partners
빌바오 구겐하임 미술관의 후면 파사드. 출처: Guggenheim
빌바오 구겐하임 미술관의 메인 파사드. 출처: Guggenheim
파나마의 자연사 박물관. 사진: Fernando Alda. 출처: Biomuseo de Panama
월트 디즈니 콘서트홀. 출처: Gehry Partners
월트 디즈니 콘서트홀의 내부. 출처: Gehry Partners
루이뷔통 재단(사진 3개). 출처: Fondation Louis Vuitton
로스앤젤레스 카운티 미술관. 출처: Frederick Nilsen
포기에 승선한 게리의 모습. 출처: Richard Snyder

참고 문헌

Arnell, Peter, and Ted Bickford, eds. *Frank Gehry: Buildings and Projects*. New York: Rizzoli, 1985.

Banham, Reyner. *Los Angeles: The Architecture of Four Ecologies*. Berkeley: University of California Press, 1971.

Barron, Stephanie, and Lauren Bergman. *Ken Price Sculpture: A Retrospective*. New York: Prestel USA, 2012.

Bechtler, Cristina, ed. *Frank O. Gehry/Kurt W. Forster: Art and Architecture in Discussion*. Ostfildern, Germany: Hatje Cantz Verlag, 1999.

Begiristain Mitxelena, Iñaki. *Building Time: The Relatus in Frank Gehry's Architecture*. Reno: University of Nevada Press, 2014.

Bletter, Rosemarie Haag. *The Architecture of Frank Gehry*. New York: Rizzoli, 1986.

Boissière, Olivier, and Martin Filler. *The Vitra Design Museum*. New York: Rizzoli, 1990.

Boland, Richard J., Jr., and Fred Collopy, eds. *Managing as Designing*. Stanford, CA: Stanford University Press, 2004.

Caughey, John, and LaRee Caughey. *Los Angeles: Biography of a City*. Berkeley: University of California Press, 1977.

Celant, Germano. *Frank O. Gehry Since 1997*. New York: Skira Rizzoli, 2010.

_____, ed. *Il Corso del Coltello (The Course of the Knife)*. New York: Rizzoli, 1986.

Dal Co, Francesco, and Kurt W. Forster. *Frank O. Gehry: The Complete Works*. New York: Monacelli Press, 1998.

Davis, Mike. *City of Quartz*. London: Verso, 1990.

De Wit, Wim, and Christopher James Alexander, eds. *Overdrive: L.A. Constructs the Future, 1940–1990*. Los Angeles: Getty Research Institute, 2013.

Dollfus, Audouin. *The Great Refractor of Meudon Observatory*. New York: Springer, 2013.

Drohojowska-Philp, Hunter. *Rebels in Paradise: The Los Angeles Art Scene and the 1960s*. New York: Henry Holt, 2011.

Ferguson, Russell, ed. *At the End of the Century: One Hundred Years of Architecture*. Los Angeles and New York: Museum of Contemporary Art / Harry N. Abrams, 1998.

Filler, Martin. *Makers of Modern Architecture: From Frank Lloyd Wright to Frank Gehry*. New York: New York Review of Books, 2007.

FOG: Flowing in All Directions. Los Angeles: Circa Publishing / Museum of Contemporary Art, 2003.

Foster, Hal. *Design and Crime and Other Diatribes*. London: Verso, 2002.

Frank Gehry, 1987–2003. Madrid: El Croquis, 2006.

Frank Gehry, GA Document 130. Tokyo: ADA Edita, 2014.

Frank Gehry: New Bentwood Furniture Designs. Montreal: Montreal Museum of Decorative Arts, 1992.

Frank Gehry: Recent Projects. Tokyo: ADA Edita, 2011.

Frank Gehry: Toronto. Toronto: Art Gallery of Toronto, 2006.

Frank O. Gehry: Design and Architecture. Weil am Rhein, Germany: Vitra Design Museum, 1996.

Frank O. Gehry: European Projects. Berlin: Aedes Gallery, 1994.

Friedman, Mildred. *Frank Gehry: The Houses*. New York: Rizzoli, 2009.

_____. *Gehry Talks: Architecture + Process*. New York: Rizzoli, 1999; rev. ed., New York: Universe, 2002.

Fulford, Robert. *Frank Gehry in Toronto: Transforming the Art Gallery of Ontario*. New York: Merrell, 2009.

Futagawa, Yukio. *GA Architect 10: Frank Gehry*. Tokyo: ADA Edita, 1993.

_____. *GA Document: Frank O. Gehry 13 Projects After Bilbao*. Tokyo: ADA Edita, 2002.

Gannon, Todd, and Ewan Branda, eds. *A Confederacy of Heretics*. Los Angeles: J. Paul Getty Museum, 2013.

Garcetti, Gil. *Iron: Erecting the Walt Disney Concert Hall*. South Pasadena, CA: Balcony Press, 2002.

Gilbert-Rolfe, Jeremy. *Frank Gehry: The City and Music*. Amsterdam: G+B Arts International, 2001.

Goldberger, Paul. *Building Up and Tearing Down: Reflections on the Age of Architecture*. New York: Monacelli Press, 2009.

_____. *Frank Gehry at Gemini*. Los Angeles: Gemini G.E.L., 2000.

_____. *Frank Gehry Fish Lamps*. New York: Gagosian Gallery, 2014.

_____. *Why Architecture Matters*. New Haven, CT: Yale University Press, 2009.

Goldberger, Paul, and Frank Gehry. *Frank Gehry IAC Building*. New York: Georgetown Company, 2009.

Hines, Thomas S. *Architecture of the Sun: Los Angeles Modernism, 1940–1970*. New York: Rizzoli, 2010.

Huxtable, Ada Louise. *On Architecture: Collected Reflections on a Century of Change*. New York: Walker & Co., 2008.

Isenberg, Barbara. *Conversations with Frank Gehry*. New York: Alfred A. Knopf, 2009.

Israel, Franklin D. *Franklin D. Israel: Buildings and Projects*. New York: Rizzoli, 1992.

Janmohamed, Hanif, and James Glymph. *Confluences: The Design and Realization of Frank Gehry's Walt Disney Concert Hall*. Los Angeles: Gehry Technologies, 2004.

Jencks, Charles. *The New Moderns*. New York: Rizzoli, 1990.

Joyce, Nancy E. *Building Stata: The Design and Construction of Frank O. Gehry's Stata Center at MIT*. Cambridge, MA: MIT Press, 2004.

Kamin, Blair. *Terror and Wonder: Architecture in a Tumultuous Age*. Chicago: University of Chicago Press, 2010.

Kaplan, Wendy, ed. *California Design: Living in a Modern Way*. Cambridge, MA: MIT Press, 2011.

Kornblau, Gary, ed. *Frank Gehry Designs the Lou Ruvo Brain Institute, Las Vegas*. Bright City Books, 2006.

Lavin, Sylvia, ed. *Everything Loose Will Land: 1970s Art and Architecture in Los Angeles*. Nuremberg: Moderne Kunst Nürnberg, 2014.

Lemon, James. *Toronto Since 1918: An Illustrated History*. Toronto: James Lorimer & Co., 1985.

Lindsey, Bruce. *Digital Gehry*. Boston: Birkhäuser, 2002.

Lubell, Sam, and Douglas Woods. *Julius Shulman Los Angeles*. New York: Rizzoli, 2011.

Lynn, Greg, ed. *Archaeology of the Digital*. Berlin: Canadian Centre for Architecture / Sternberg Press, 2013.

Meyer, Esther Da Costa. *Frank Gehry: On Line*. New Haven, CT: Yale University Press, 2008.

Migayrou, Frédéric. *Frank Gehry*. Paris: Centre Georges Pompidou, 2014.

Moore, Charles, with Peter Becker and Regula Campbell. *The City Observed: Los Angeles*. New York: Random House, 1984.

Morgan, Susan, ed. *Piecing Together Los Angeles: An Esther McCoy Reader*. Valencia, CA: East of Borneo Books, 2012.

Mount, Christopher, and Jeffrey Deitch. *A New Sculpturalism: Contemporary Architecture from Southern California*. New York: Skira Rizzoli, 2013.

Muschamp, Herbert. *Hearts of the City: The Selected Writings of Herbert Muschamp*. New York: Alfred A. Knopf, 2009.

Nero, Irene. *Transformations in Architecture: Frank Gehry's Techno-Morphism at the Guggenheim Bilbao*. Lambert Academic Publishing, 2009.

Newhouse, Victoria. *Sight and Sound: The Architecture and Acoustics of New Opera Houses and Concert Halls*. New York: Monacelli Press, 2012.

_____. *Towards a New Museum*. New York: Monacelli Press, 1998; expanded ed., 2006.

Novartis Campus—Fabrikstrasse 15, Frank O. Gehry. Basel: Christoph Merian Verlag, 2010.

Olsen, Joshua. *Better Places, Better Lives: A Biography of James Rouse*. Washington, DC: Urban Land Institute, 2004.

Peabody, Rebecca, and Andrew Perchuk, eds. *Pacific Standard Time: Los Angeles Art, 1945–80*. Los Angeles: Getty Research Institute, 2011.

Peter Eisenman and Frank Gehry. New York: Rizzoli, 1991.

Ragheb, J. Fiona, ed. *Frank Gehry, Architect*. New York: Guggenheim Museum Publications, 2001.

Rappolt, Mark, and Robert Violette, eds. *Gehry Draws*. Cambridge, MA: MIT Press, 2004.

Robertson, Colin M., ed. *Modernist Maverick: The Architecture of William L. Pereira*. Reno: Nevada Museum of Art, 2013.

Robertson, Jacquelin, intro. *The Charlottesville Tapes*. New York: Rizzoli, 1985.

Roccati, Anne-Line, ed. *The Fondation Louis Vuitton by Frank Gehry: A Building for the Twenty-First Century*. Paris: Flammarion, 2014.

Silber, John. *The Architecture of the Absurd: How "Genius" Disfigured a Practical Art*. New York: Quantuck Lane Press, 2007.

Sims, Peter. *Little Bets: How Breakthrough Ideas Emerge from Small Discoveries*. New

York: Free Press, 2011.

Sorkin, Michael. *Some Assembly Required*. Minneapolis: University of Minnesota Press, 2001.

Steele, James. *California Aerospace Museum: Frank Gehry, Architecture in Detail*. London: Phaidon Press, 1992.

Stravinsky, Igor. *Poetics of Music in the Form of Six Lessons*. Cambridge, MA: Harvard University Press, 1942.

Street-Porter, Tim. *L.A. Modern*. New York: Rizzoli, 2008.

Symphony: Frank Gehry's Walt Disney Concert Hall. Los Angeles: Los Angeles Philharmonic / New York: Harry N. Abrams, 2003.

Tigerman, Stanley, intro. *The Chicago Tapes*. New York: Rizzoli, 1987.

Tulchinsky, Gerald. *Branching Out: The Transformation of the Canadian Jewish Community*. Toronto: Stoddart Publishing Co., 1998.

Van Bruggen, Coosje. *Frank O. Gehry: Guggenheim Museum Bilbao*. New York: Guggenheim Museum Publications, 1997.

Venturi, Robert. *Complexity and Contradiction in Architecture*. New York: Museum of Modern Art, 1966.

Weisman Art Museum: Frank Gehry Designs the Building. Minneapolis: University of Minnesota Press, 2004.

프랭크 게리에 대한 아동 도서

Bodden, Valerie. *Xtraordinary Artists: Frank Gehry*. Mankato, MN: Creative Co., 2008.

Chollet, Laurence B. *The Essential Frank O. Gehry*. New York: Harry N. Abrams, 2001.

Greenberg, Jan, and Sandra Jordan. *Frank O. Gehry: Outside In*. London: Dorling Kindersley, 2000.

Johnson, Jinny, and Roland Lewis. *Frank Gehry in Pop-up*. San Diego: Thunder Bay Press, 2007.

Lazo, Caroline Evensen. *Frank Gehry*. Minneapolis: Twenty-First Century Books, 2005.

Miller, Jason. *Frank Gehry*. New York: MetroBooks, 2002.

Poulakidas, Georgene. *The Guggenheim Museum Bilbao: Transforming a City*. New York: Children's Press, 2004.

Stungo, Naomi, *Frank Gehry*. London: Carlton Books, 2000.

찾아보기

지은이 폴 골드버거 Paul Goldberger

『배니티 페어』의 객원 편집자이자 15년간 『뉴요커』의 건축 비평가로 활동했다. 『뉴욕 타임스』에서 커리어를 시작해 재직 당시 탁월한 비평으로 퓰리처상을 받았다. 『건축은 왜 중요한가 Why Architecture Matters』, 『건축과 해체: 건축의 시대에 대한 고찰 Building Up and Tearing Down: Reflections on the Age of Architecture』, 『제로로부터: 정치, 건축, 그리고 뉴욕의 재건 Up from Zero: Politics, Architecture, and the Rebuilding of New York』 등 여러 책을 썼다. 현재 뉴욕에 거주하며 뉴스쿨대학교에서 학생들을 가르치고 미국 전역에서 건축, 디자인, 역사 보존, 도시에 대한 주제로 강의하고 있다.

옮긴이 강경아

미국에서 인문학과 미술사학을, 한국에서 영문학과 문화 연구를 공부했다. 영화, 게임, 문학같이 상상력이 담긴 콘텐츠를 사회학적 시선으로 들여다보는 일을 좋아한다. 약한 것들, 낯선 것들의 목소리를 전하는 번역가가 되고자 한다. 현재 바른번역 회원으로 활동 중이다.

현대 예술의 거장 시리즈
우리에게 새로운 세상을 열어 준 위대한 인간과 예술 세계로의 오디세이

구스타프 말러 1·2, 프랭크 로이드 라이트, 알렉산더 맥퀸, 시나트라, 메이플소프, 빌 에반스, 앙리 카르티에 브레송, 조니 미첼, 짐 모리슨, 코코 샤넬, 스트라빈스키, 니진스키, 에릭 로메르, 자코메티, 루이스 부뉴엘, 페기 구겐하임, 트뤼포, 프랭크 게리, 글렌 굴드, 찰스 밍거스, 피나 바우쉬, 이브 생 로랑, 마르셀 뒤샹, 에드바르트 뭉크, 오즈 야스지로, 카라얀, 잉마르 베리만, 타르콥스키, 리게티 등

현대 예술의 거장 시리즈는 계속 출간됩니다.